本书系

国家社会科学基金项目"中国文学外译批评研究"
（16BYY009）阶段性成果

翻译理论与文学译介研究文丛 总主编 许钧

葛浩文翻译研究

刘云虹 主编

南京大学出版社

目录

351　下编　翻译文本分析

　　进入新时期,我国的翻译活动越来越呈现出多维度特征,翻译在主流对象、方式、工具与手段、方向以及内涵与外延等方面都发生着深刻改变①,尤其在中国文化"走出去"的国家战略背景下,翻译路径呈现出显著的变化。以往,无论是实践层面还是研究层面,翻译界主要把目光投向"外译中",对翻译的关注也往往基于对我国翻译史上的三次翻译高潮的考察与反思。目前,随着中国的快速发展和经济实力的不断上升,中外交流的广度和深度日益拓展,"讲好中国故事""传播好中国声音"不仅是我国推动对外文化交流的需要,也正符合世界了解中国、了解中国文化的愿望。许钧曾就中西古今关系之变下的翻译活动进行了深入思考,他认为,"在民族复兴的振兴语境中,新世纪的中西关系出现了以'中国文化走向世界'诉求中的文化自觉与文化输出为特征的新态势"②。在谢天振看来,"就像 10 年前我们很难想象今天的网购居然会成为我们生活中一个主要的购物方式一样,今天翻译所发生的变化同样也可与之比拟","翻译巨变"之一就是"两千多年来以译

---

　　① 谢天振,《翻译巨变与翻译的重新定位与定义——从 2015 年国际翻译日主题谈起》,《东方翻译》,2015 年第 6 期,第 5 页。

　　② 许钧,《中西古今关系之变下的翻译思考》,《中国外语》,2015 年第 4 期,第 1 页。

入行为为主的翻译活动发生了一个非常重要的变化,即翻译领域不再是译入行为的一统天下,民族文化的外译也成为当前许多国家翻译活动中的一个越来越重要的领域"。① 而中国文化要走出去,中国文学的外译是必经之路,因此,在多元文明与文化交融互鉴的共同诉求下,在中外文化交流日趋深入的历史语境中,"中译外"在翻译活动中越来越占据重要位置,也越来越受到学界的关注与重视。

作为语言、文化、历史、社会及意识形态等多种要素作用与影响下的一项跨文化交流活动,翻译随着方方面面新变化的凸显,也日益彰显出其复杂性与丰富性。因此,近年来,中国文学外译在引发普遍关注的同时,已成为翻译界、文化界探讨与思考的焦点问题之一。而在中国文学外译的实践与研究中,美国翻译家、汉学家葛浩文(Howard Goldblatt)的名字是无论如何都不能也不应被忽略的。

无法被忽略,因为他对中国文学的热爱与研究。葛浩文 1970 年毕业于旧金山州立大学,获文学硕士学位,1971 年进入印第安纳大学继续博士阶段的学习与深造,师从著名的中国文学教授柳无忌先生,钻研中国古典小说、元杂剧及鲁迅和左翼作家的作品,后确定以萧红研究为其博士论文的选题。1976 年,他在博士论文基础上完成并出版专著《萧红》,1985 年,该书被译为中文并以"萧红评传"为题出版,2011 年,在首届"萧红文学奖"评选中,葛浩文以《萧红评传》获得萧红研究奖。自 1974 年受聘于旧金山州立大学起,葛浩文从事中国文学的教学与研究三十余年,其间发表学术文章,创办并主编学术性刊物《中国现代文学》,主编或参编多部有关中国现当代文学的选集,研究范围

---

① 谢天振,《翻译巨变与翻译的重新定位与定义——从 2015 年国际翻译日主题谈起》,《东方翻译》,2015 年第 6 期,第 5 页。

"由萧红扩展到以萧军和端木蕻良为代表的东北作家群,继而转到伪满洲国时期的中国文学史,直至包括港台地区文学在内的中国现当代文学"①。葛浩文对中国文学持续而广泛的关注与探索,不仅大大推动了美国学界对中国文学的研究,也为其中国文学译介奠定了坚实基础。

无法被忽略,因为他在中国文学外译中做出的重要贡献。葛浩文的文学翻译与文学研究并驾齐驱、相辅相成,共同源自对中国文学的热爱。从1974年首次发表译文至今,他先后翻译了朱自清、萧红、杨绛、王蒙、端木蕻良、张洁、白先勇、贾平凹、莫言、王朔、虹影、苏童、毕飞宇、姜戎、老舍、刘震云、阿来等近三十位中国作家的五十余部作品,其中以小说为主,也包括一些散文和诗歌。正如有学者所言,"葛浩文的翻译书单如同一本中国当代作家的'名人录',不仅译品数量众多、选择精细,而且翻译功力深厚、文学性强"②。因其在中国文学译介上的重要成就,葛浩文获得"美国文学翻译家协会年度翻译奖""古根海姆基金""中华图书特殊贡献奖"等多项荣誉,其译作也多次斩获"曼氏亚洲文学奖""纽曼华语文学奖"等奖项③,更被夏志清先生誉为"公认的中国现代、当代文学之首席翻译家"。2012年,在葛浩文及瑞典语译者陈安娜、法语译者杜特莱夫妇、日语译者藤井省三等多位翻译家的助力下,中国作家莫言获得诺贝尔文学奖,中国文学在其走向世界的进程中迈出了至关重要的一步,中国文学界经历数十年焦虑等待的"诺奖情结"也终于有了着落。在他们之中,由于英语在全球无可比拟

---

① 吕敏宏,《论葛浩文现当代小说译介》,《小说评论》,2012年第5期,第5页。

② 覃江华、刘军平,《一心翻译梦,万古芳风流——葛浩文翻译人生与翻译思想》,《东方翻译》,2012年第6期,第42页。

③ 同上。

的地位,葛浩文自然是最重要也最具代表性的一位。

无法被忽略,因为葛浩文的翻译不仅是中国文学外译中一个引人瞩目的成功个案,更在中国文学"走出去"的背景下引发了国内学界对翻译问题广泛的关注、探讨甚至争议,折射出涉及翻译的诸多根本性问题。有学者认为,莫言获诺贝尔奖主要涉及两个问题:"一个是莫言该不该获奖的问题,另一个是莫言凭什么获奖,或者说为什么获奖的问题。"[1]其中第二个问题可以说正与翻译密切相关。目前汉语在全球范围内的非主流地位是不争的事实,中国文学在世界范围内的阅读与接受必然依赖于翻译。尽管莫言作品本身的精神价值、艺术魅力与东方文化特质等对其获奖而言是不可或缺的关键因素,但葛浩文对莫言作品的译介在一定程度甚或很大程度上提升了莫言作品在世界范围内的知名度与影响力,并最终助力莫言获得以诺贝尔文学奖为代表的国际认可,这同样毋庸置疑。2012年度诺贝尔文学奖一经揭晓,国内媒体和学界都不约而同把莫言的获奖首先归功于翻译,认为葛浩文、陈安娜等莫言作品的主要译者在其获奖中发挥了至关重要的甚至是决定性的作用。王宁的观点颇有代表性,在他看来,"如果没有汉学家葛浩文和陈安娜将他的主要作品译成优美的英文和瑞典文的话,莫言的获奖至少会延宕十年左右,或许他一生都有可能与这项崇高的奖项"无缘。[2]莫言本人也多次在不同场合表示,其获奖离不开各国翻译者的创造性工作。

虽然葛浩文的名字因其对中国现当代文学的深入研究与有力推介而早已被熟知,但葛浩文在中国学界最绚丽的出场无疑得益于莫言

---

① 曾艳兵,《走向"后诺奖"时代——也从莫言获奖说起》,《广东社会科学》,2013年第2期,第188页。

② 王宁,《翻译与文化的重新定位》,《中国翻译》,2013年第2期,第7页。

获得诺贝尔奖以及由此产生的各界对翻译重要性的空前关注、对翻译相关问题的热切探讨。除了各界对葛浩文翻译贡献的肯定和赞誉之外，他在译介中国文学作品时所采用的特色鲜明的翻译方法也是普遍关注的焦点之一，引发了翻译界、文学评论界乃至整个文化界的热议。一时间，在众多媒体上，"删节""改译"甚至"整体编译"等翻译策略俨然成为葛浩文翻译的标签，葛浩文式的翻译也几乎被看作中国文学外译中成功翻译的代名词。然而，围绕所谓葛浩文式的翻译策略与方法，各界存在不同的声音，出现了不同观点的交锋。尤其在文学界和翻译界这两个与中国文学外译最直接相关的领域，尽管两者对中国文学"走出去"具有高度一致的目标与愿望，但在翻译方法、翻译观念等翻译根本性问题上却存在迥然相异的认识。有文学评论者对翻译的"包装"和"美化"作用及阅读翻译这一"象征性文本"可能导致的对中国文学与文化的误读深感忧虑并提出质疑，认为由于语言与文化的隔阂，"诺贝尔文学奖的评委们无法读懂原汁原味的'实质性文本'，只能阅读经过翻译家'改头换面'的'象征性文本'"，"他们从莫言的作品里看到的，是符合自己想象的'中国''中国人'和'中国文化'，而不是真正的'中国''中国人'和'中国文化'"。[1] 文学评论界甚至有观点从伦理层面对葛浩文式的翻译提出谴责："葛浩文式的'偷天换日'的'改写'，实在太不严肃，太不诚实，简直近乎对外国读者的欺骗。"[2]某些汉学家也对葛浩文的翻译方法颇有微词，如顾彬认为葛浩文的翻译"在很大程度上是创造了译本畅销书，而不是严肃的文学翻译"，因为"他

---

① 李建军，《直议莫言与诺奖》，《文学报》，2013 年 1 月 10 日。
② 李建军，《为顾彬先生辩诬》，《文学报》，2014 年 2 月 13 日。

根本不是从作家原来的意思和意义来考虑,他只考虑到美国和西方的立场"。① 相反,翻译界多有对葛浩文式的翻译方法加以推崇的声音,部分学者甚至将其视为译介与传播中国文学唯一可行的翻译策略,并据此呼吁在中国文学"走出去"的进程中要尽快更新翻译观念、转换翻译方法,认为传统译学观念是"建立在千百年来以引进、译入外来文化为目的的'译入翻译'基础上的","很难有效地指导今天的'译出翻译'的行为和实践"②,进而明确提出在向国外译介中国文学时"不能操之过急,贪多、贪大、贪全,在现阶段不妨考虑多出节译本、改写本"③。基于这样的立场,有媒体甚至将矛头直指翻译的忠实性原则:"做翻译就要'忠实于原文',这几乎是绝大多数人对于翻译的常识。但沪上翻译界的一些专家却试图告诉人们:常识需要更新了! 这种陈旧的翻译理念,已经成了影响中国文学和文化'走出去'的绊脚石",并明确提出,莫言的获奖与葛浩文的成功带给翻译界的启示应该是"好的翻译可'连译带改'"。④

我们知道,文学译介活动具有复杂而丰富的内涵,就围绕葛浩文翻译的种种关注、探讨与争议,至少有两个问题值得提出并思考。首先,葛浩文的翻译是否应被定性为"连译带改"式、有悖于翻译忠实性原则的翻译? 其次,如果说葛浩文的翻译方法确实在某种程度上对翻译忠实性有所违背,那么将这种"不忠实"的翻译方法上升为中国文学

---

① 李雪涛,《顾彬中国现当代文学研究三题》,《文汇读书周报》,2011 年 11 月 23 日。

② 谢天振,《新时代语境期待中国翻译研究的新突破》,《中国翻译》,2012 年第 1 期,第 14 页。

③ 张毅、綦亮,《从莫言获诺奖看中国文学如何走出去——作家、译家和评论家三家谈》,《当代外语研究》,2013 年第 7 期,第 55 页。

④ 樊丽萍,《"抠字眼"的翻译理念该更新了》,《文汇报》,2013 年 9 月 11 日。

外译中唯一正确的方法与模式,并据此对以"忠实"为原则的翻译观念提出质疑,这是否合理?

对于第一个问题,首先要排除任何印象式或人云亦云的主观判断,真正深入文本,通过细致的文本对照有理有据地加以分析,同时应充分认识翻译"忠实"概念的不同层面与维度,并结合影响翻译行为的文本内外诸多要素进行全面考察。葛浩文在回答关于翻译标准的提问时,曾表示:"忠实是大前提,也必须以读者为中心。"[①]这个回答在某种程度上颇能说明问题,一方面葛浩文对翻译忠实性有自己的理解与追求,这从他选择重译老舍的《骆驼祥子》可见一斑。之所以要重译,正是力求忠实地再现老舍作品的精神价值和美学趣味,因为在他看来,几个已有的译本要么"完全歪曲了原著",要么"没了老舍作品的味儿"。[②] 另一方面,满足读者的审美需求和阅读趣味是葛浩文在翻译中进行删改,或更准确地说,是葛浩文应译文编辑、出版商要求对原著进行删改的一个重要原因,文学译介与传播都不可能在真空中进行,读者接受是其中必然被考量的要素。

第二个问题则不仅与如何认识葛浩文的翻译方法有关,与如何把握翻译观念、翻译价值和目标等深层次的问题有关,更深深关涉到能否真正从自我与他者的互动关系与文化双向交流的宏观视野来看待中国文学外译中的文化交流不平衡性、文学接受阶段性等问题。对此,译学界力求通过进一步思考,澄清目前存在的一些模糊认识,进而推动中国文学更好地"走出去"。如许钧从文学译介活动中"无法避免

---

① 孟祥春,《"我只能是我自己"——葛浩文访谈》,《东方翻译》,2014 年第 3 期,第 47 页。

② 季进,《我译故我在——葛浩文访谈录》,《当代作家评论》,2009 年第 6 期,第 50 页。

的阶段性和不平衡性"出发,指出"如果将葛浩文式的翻译方法绝对化、唯一化和模式化,甚至据此质疑以忠实为原则的翻译观念,这恐怕是有失偏颇的,也无益于在中国文化'走出去'的深层次意义上来讨论翻译的作用和价值等根本性问题"。①另有学者认为,各界就葛浩文翻译方法的探讨与争议在很大程度上表明,"在受到学界和文化界普遍关注与空前重视的同时,翻译在种种现实问题下无疑也面临着巨大的挑战"②,并呼吁译学界充分重视中国文化"走出去"战略背景下翻译遭遇的新问题与新挑战,从历史与文化的高度对翻译方法、翻译观念、翻译价值等根本性问题展开深入思考,为实现不同文化间平等而长远的交流创造条件。

不难看出,莫言获得诺贝尔奖之后,葛浩文的翻译因其对中国文学外译发挥的重要推动作用,也因其翻译本身呈现出的鲜明特色,不仅引起了热议,更引发了思考,既有译学界对翻译活动的复杂性与丰富性、对涉及翻译的诸多根本性问题的深入反思,也有各界对中国文学、文化走向世界进程中翻译的价值和作用等具有深层次意义的问题的探讨。从呼兰河畔"热泪纵横"的萧红迷,到没有翻译"就不能生活"的中国现当代文学首席翻译家,再到作者与译者"不安而脆弱"的关系中"我行我素"的葛浩文,汉学家葛浩文及其翻译无疑是中国现当代文学译介史上最为重要的个案之一,甚至在一定程度上已经超出了个案层面而具有某种普遍意义。如何从整体上认识与把握这一重要个案,进而在此基础上探寻与构建其对于中国文学外译可能存在的普遍意义?唯一可靠的路径就是更全面而深入的研究。实际上,葛浩文的翻

---

① 许钧,《"忠实于原文"还是"连译带改"》,《人民日报》,2014年8月8日。
② 刘云虹,《翻译的挑战与批评的责任》,《中国外语》,2014年第5期,第90页。

译就像一个多棱镜，折射出文学译介活动的方方面面，对葛浩文翻译的研究也因而具有多重意义，至少可以表现为以下几点：其一，加强"中译外"研究，推动中国文学、文化"走出去"，必然呼唤译学界对具有代表性的重要文学译介活动与成果进行深入考察；其二，有助于译学界对中国文学外译实践与研究中凸显的现实问题进行深刻反思；其三，有助于译学界从历史维度对翻译方法与译介效果进行整体把握；其四，有助于译学界在全面考察从翻译选择到读者接受的整个翻译过程基础上，深化对重要翻译家作用的认识。

基于此，这部《葛浩文翻译研究》遴选了国内葛浩文翻译研究中的代表性成果，力求呈现出这一研究领域的核心问题与整体样貌。全书共分为四个部分，分别是上编"翻译理念与原则"、中编"翻译策略与方法"、下编"翻译文本分析"以及附录"访谈与评述"。

上编"翻译理念与原则"着重对葛浩文翻译观、翻译思想与翻译原则进行探讨。所选论文主要通过具体实例分析或重要文献解读，结合葛浩文的生平及文学翻译实践经历，对葛浩文翻译观、翻译思想与翻译原则进行整体的观照与把握。各篇论文普遍认为葛浩文的文学翻译实践与其翻译理念、翻译思想密切相关，是良好的翻译理论意识指导下的一种理性行为，并着重从文学翻译的本质、文学翻译的可能性与必要性、文学翻译的文本选择、译者的角色与社会地位、文学翻译的读者因素及翻译出版商与编辑的干预等方面考察与评价葛浩文的翻译观与翻译思想，同时对葛浩文翻译实践中采取的在尽可能保持原文风貌基础上注重译文可读性的易化原则加以探讨。此外，本编论文还分别从翻译与东方主义、翻译与语言变异以及全球视野与文化身份、译者行为、翻译过程等不同视角对葛浩文的翻译态度、立场、动机及其影响下的种种翻译选择进行考察与分析，并探究葛浩文翻译对中国文学"走出去"的多重意义,其中既有共同的认识与理解,也不乏某些相异观点的直接交锋。

中编"翻译策略与方法"主要关注葛浩文在翻译过程中采用的策略、方法及其译文呈现出的个人风格与基本特征,但各篇论文的侧重点不尽相同,大致涉及以下几方面。① 以葛浩文翻译个案为例,着重对中国文学"走出去"背景下的译者模式、翻译策略进行宏观探讨与整体把握,既对汉学家译者模式及着眼于"准确性""可读性"与"可接受性"的葛浩文式归化译法给予肯定,也对某种将葛浩文翻译方法绝对化或模式化的倾向提出质疑与反思。② 立足于对葛译莫言小说的总体考察,或从细致的案例分析入手,揭示译者在内容细节与叙述手法上采取的调整策略,或借助语料库等研究途径,关注葛浩文翻译中凸显的译者风格,并剖析葛浩文英译莫言小说获得巨大成功的主要原因。③ 对葛浩文翻译中的"误译"问题加以探究,部分观点认为所谓"误译"实则是译者突破文字束缚,通过创新性重构的策略,提高译本的可读性,实现对原文更好的忠实,同时促进了翻译跨文化交流目标的达成;另有论述则在总体肯定的基础上专门考察并分析葛译莫言小说在方言处理上的失误及其原因,力求引起学界对葛浩文翻译更为客观的探讨与反思。④ 通过考察葛浩文译介莫言小说过程中采用的回顾式编译法,揭示译文编辑和出版商对文学译介活动的隐形制约因素,并借以探寻文学外译中的作者—译者—原/译文编辑合作机制,为提升国家文化软实力提供参考。⑤ 基于对部分葛浩文英译莫言小说中意象话语翻译的考察,从发展的角度探讨葛浩文翻译策略的历时演变,并就其背后的原因进行分析。

下编"翻译文本分析"侧重对葛浩文代表性译著进行文本分析。实践性是翻译的根本属性,因此以文本为归依、以方法为对象必然是翻译研究不可或缺的重要途径,特别在对葛浩文翻译这一某种程度上已成为"现象"甚至"事件"的代表性个案的研究中,唯有细致、深入的文本分析与探讨才能避免印象式或标签化的评判,也才能切实深入翻译过程,力求客观地揭示翻译之"真"。总体来看,本编收录的论文呈现出以下特点。① 以某部具体翻译文本,尤其是葛浩文最重要的译本为研究对象,主要集中于《红高粱家族》《丰乳肥臀》《生死疲劳》等莫言的代表性小说,兼有杨绛、毕飞宇和阿来等重要作家的作品。② 通过对葛浩文译著的文本分析与整体把握,从叙事模式的转变、概念隐喻的处理、异化与归化策略的灵活运用、"陌生化"翻译准则的遵循及译者主体性发挥等多重角度,结合副文本、翻译过程、翻译诗学等不同路径,揭示译本的整体风格特征并探讨葛浩文的文学翻译方法与策略。③ 从文本分析出发,借助葛浩文翻译个案研究,以更为宏观的视角观照译者—作者—读者之间的视界融合、中国文化的海外传播及翻译与世界主义、文学文化民族性等问题。

附录中选编了关于葛浩文翻译的部分访谈与评述,主要包括《中华读书报》《外滩画报》《文汇报》等国内媒体对葛浩文的采访,学界对葛浩文与林丽君的访谈,另有葛浩文本人关于中国文学与中国文学外译的评论。该部分以问答或评述的直接方式,对葛浩文文学翻译的理念与原则、策略与方法、目标与选择以及这位著名汉学家对中国文学及其译介与传播问题的认识等方面均有所涉及,并且更为鲜活地展现了葛浩文翻译实践经历中的各种酸甜苦辣,或可成为学术研究之外的一种有益参考与补充。

应该说,在中国文化、文学"走出去"的历史语境中,葛浩文翻译研究凸显出鲜明的时代意义。这一研究涉及翻译文本、翻译原则与策略、翻译理念与目标等多方面的内容,深层次考察了这位对中国文学外译做出杰出贡献的汉学家、翻译家四十余年的翻译实践经历与成果,力求系统回答翻译个案研究所涉及的重要问题:他翻译了什么?他如何认识与理解翻译?他是如何翻译的?他为什么如此翻译?同时,在新时期翻译路径等发生重要变化、译学界普遍关注与探讨如何重新定位翻译的背景下,这一研究对进一步理解翻译本质、认识翻译功能、把握翻译价值、深化翻译理论构建等具有积极的启示与推动作用,并在很大程度上有助于反思并促进中国文学在世界范围内的译介、传播与接受。这样的研究必须依赖于细致的文本分析、深入的理论探寻,更需要一种批评的目光。丰富的翻译实践活动,尤其是葛浩文对中国现当代文学的英译这样极具代表性的个案,既是翻译理论研究得以深化、发展的源泉,也必然呼唤翻译批评的在场与介入。作为"联接翻译理论与翻译实践的一条重要纽带",翻译批评不仅是沟通翻译理论与翻译实践的桥梁,更是促使两者形成积极互动的推动力。以批评的理性目光关注翻译实践与翻译重大现实问题,从历史发展与文化交流的高度认识与理解翻译及其涉及的译本选择、翻译策略、翻译标准、文化立场和价值重构等重要问题,从而推动翻译事业健康发展,促进多元文化的交流互鉴,这是翻译研究者与批评者的共同责任所在。

刘云虹

2018 年 9 月

上编　翻译理念与原则

葛浩文翻译观探究

文　军　王小川　赖　甜

一、引　言

美国著名的中国现当代文学学者和翻译家葛浩文是近年来翻译中国现当代文学作品数量最多、贡献最大的西方学者。葛浩文三十多年来共翻译中文作品四十余部,其中包括萧红的《萧红小说选》《商市街》《呼兰河传》《生死场》,李锐的《旧址》,贾平凹的《浮躁》,刘衡的《黑的雪》,王朔的《玩的就是心跳》《千万别把我当人》,苏童的《米》,王祯和的《玫瑰玫瑰我爱你》,莫言的《红高粱家族》《愤怒的蒜薹》《丰乳肥臀》《酒国》《师傅越来越幽默》等。他的翻译对于中国文学、文化在国外的传播起到了非常大的促进作用,其中贾平凹的《浮躁》借助他的翻译于 1989 年获美孚飞马文学奖,他与夫人林丽君合译的《荒人手记》于 1999 年获美国翻译协会年度奖。①

---

① 张耀平,《拿汉语读,用英文写——说说葛浩文的翻译》,《中国翻译》,2005 年第 2 期,第 75 页。

对翻译家的研究包括对其思想、翻译实践的研究,是翻译研究必不可少的部分。[①] 然而,近年来国内对翻译家的研究更多地集中在对中国籍或海外华人翻译家的研究,对于外籍汉译英翻译家的研究稍显薄弱,本文拟在这一方面做一探讨。

二、翻译家葛浩文

葛浩文于 1939 年出生在美国加州的长滩(Long Beach),1961 年于长滩州立学院获得学士学位,1971 年于旧金山州立大学获得硕士学位,1974 年于印第安纳大学获得博士学位。他现在是圣母大学中文系教授,教授现代中国文学和文化已经二十多年了。在翻译了大量文学作品的同时,他还编著了一些关于中国文学的书籍。他是《现代中国文学》学术期刊的创始人之一,还为《华盛顿邮报》《伦敦时报》《时代周刊》《今日世界文学》《洛杉矶时报》等报刊供稿。他对翻译的贡献得到了越来越多学者的肯定。

葛浩文于 1961 年从长滩州立大学毕业后成为美国海军军官,并被派往中国台湾地区,后来在那里专门学习了中文。越战期间葛浩文被送到美国海军军官学校学习,这段学习经历引导他走上了后来的研究之路。夏志清教授在《大时代——端木蕻良四十年代作品选》的序

---

① 文军,《科学翻译批评导论》,北京:中国对外翻译出版公司,2006 年,第 71—72 页。

言中说,葛浩文是"公认的中国现代、当代文学之首席翻译家"①。由于葛浩文的英文、中文都出类拔萃,再加上他又异常勤奋,所以他在将中国文学翻译成英文方面成就十分惊人。"到目前为止,我翻译了约二十五位作家(大陆与台湾)的四十来本书,包括长篇和短篇小说集。有五六本是和别人合译的。翻译得最多有两位(各五本):民国时代的作家萧红和当代作家莫言。我在美国读研究院时已经开始阅读及翻译中文小说。那时(20世纪70年代)基本上只能看民国时期中国大陆的作品和60年代台湾地区的文学。"②1974年,他于印第安纳大学取得东亚语言文学的博士学位,并在最后一年到日本做了一年的富布赖特访问学者。葛浩文曾在《亚太同济会季刊》(*ASPAC Quarterly*)、《抖擞》《译丛》(*Renditions*)、《中国笔会季刊》(*Chinese PEN Quarterly*)上发表过关于翻译的文章。

葛浩文的翻译使中国的作家在美国的影响力大大提高,由他撰写的《萧红传》和翻译的萧红的五部小说使得萧红在国际上的声望大增。莫言的《红高粱》等作品经过葛浩文的翻译也在美国取得了巨大的反响。正如莫言2000年3月在科罗拉多大学博尔德校区的演讲中所说:"如果没有他杰出的工作,我的小说也可能由别人翻成英文在美国出版,但绝对没有今天这样完美的译本。许多既精通英语又精通汉语的朋友对我说:葛浩文教授的翻译与我的原著是一种旗鼓相当的搭配,但我更愿意相信,他的译本为我的原著增添了光彩。……我与葛浩文教授1988年便开始了合作,他写给我的信大概有一百多封,他打给我的电话更是无法统计……教授经常为了一个字、为了我在小说中

---

① 舒晋瑜,《十问葛浩文》,《中华读书报》,2005年8月31日。
② 同上。

写到的他不熟悉的一件东西,而反复磋商……由此可见,葛浩文教授不但是一个才华横溢的翻译家,而且还是一个作风严谨的翻译家……"①

三、葛浩文的翻译观

葛浩文教授三十多年来从未间断对中文小说的翻译,同时也出版了一些关于中国文学的书籍,并发表了大量关于中国文学的文章。其中,2002 年在《华盛顿邮报》上发表的《写作生涯》("The Writing Life")是他系统阐述他自己翻译观的一篇文章。下面对之做一介绍,并辅以实例加以说明。

(一)忠实

知道自己忠实服务于两方的满足感使我愉快地将好的、不好的、无关紧要的中文翻译成可读性强、易于接受甚至畅销的英文书籍。②

因为译者的工作就是将其他人的思想用不同的语言表达出来,所

---

① 莫言,《我在美国出版的三本书》,《小说界》,2000 年第 5 期,第 170 页。

② Goldblatt, H., "The Writing Life", *The Washington Post*, 28 April 2002 (BW 10).

以翻译的内容必须与原文的内容一致,忠实就成了译者的首要任务。葛浩文所译作品的原作者都有自己独特的写作风格和内容。比如莫言就是一位创作天才,他的作品结构清楚、语言生动、用词丰富而尖锐。他的许多作品都是关于他所熟悉的农村生活的。"我关注我的父老乡亲们。这种感情不只是同情,我与他们是不能分开的。"①忠实一直都是指导葛浩文翻译的第一准则。《酒国》是莫言最有影响力的作品之一,这本书的译本在美国市场也引起了巨大反响。书中的谈话和生活方式都是典型的中国式的。以下分析的例子均选自该书。

例1　一盆热咕嘟的洗脸水在空中展开。②

A basinful of scalding bath water fanned out in the air above him.③

"热咕嘟"是用来形容热水的口语化词语。此处译者用了一个非常口语化的词组"scalding bath water"准确而传神地表达了作者对当时环境的描写。"展开"是水被抛出后的动作,此处译者采用了"fanned out"这个词组,形象地表现了水在空中形成扇形这一过程。

例2　她有时非常可爱有时非常可怕。有时像太阳,有时像月亮。有时像妩媚的猫,有时像疯狂的狗。有时像美酒,有时像毒药。他想和妻子离婚又不想离婚。他想和情妇好下去又不想

---

①　Mo,Yan,"My Three American Books",*World Literature Today*,2000 (74),pp.473 - 476.

②　莫言,《酒国》,辽宁:春风文艺出版社,2005 年,第 8 页。

③　Mo,Yan,*The Republic of Wine*. London:Hamish Hamilton,2000,p.7.

好下去。他每次犯病都幻想癌症又惧怕癌症。他对生活既热爱又厌烦。他摇摆不定。①

He had a mistress, who was sometimes adorable and sometimes downright spooky. Sometimes she was like the sun, at other times the moon. Sometimes she was a seductive feline, at other times a mad dog. The idea of divorcing his wife appealed to him, but not enough to actually go through with it. Staying with his mistress was tempting, but not enough to actually do it. Anytime he took sick, he fantasized the onset of cancer, yet was terrified by the thought of the disease, he loved life dearly, and was tired to death of it. He had trouble being decisive.②

这段文章生动地描写了小说主人公丁钩儿关于他的情妇和妻子的内心活动和感受。葛浩文的翻译以"sometimes"和"other times"等传达了原文的重复,形式和意义相得益彰。

例3　孔夫子门前念《三字经》,关云长面前耍大刀。③

This is like reciting the *Tree Character Classic* at the door of Confucius, or engaging in swordplay in front of the warrior Guan Yu.④

---

① 莫言,《酒国》,辽宁:春风文艺出版社,2005年,第12—13页。

② Mo,Yan, *The Republic of Wine*. London:Hamish Hamilton, 2000, pp.11 - 12.

③ 莫言,《酒国》,辽宁:春风文艺出版社,2005年,第22页。

④ Mo,Yan, *The Republic of Wine*. London:Hamish Hamilton, 2000, p.22.

"孔夫子""《三字经》""关云长"都是中国人所共知的传统中国文化的代表。每个词的背后都有一段很长的典故和历史。考虑到复杂的文化背景和这些传统中国文化在西方的影响力,葛浩文在此处进行了直译。

例 4　李玉和被鸠山逮捕前喝了李奶奶那杯酒一样。[①]

Your judgement would be my liquor of assurance, serving the same purpose as that glass of liquor the martyred hero Li Yuhe took from Aunt Li just before he was arrested.[②]

"李玉和""鸠山"和"李奶奶"都是样板戏《红灯记》中的人物,如果译者想清楚解释这一背景关系,着实要费一番笔墨,也会影响读者的阅读兴趣,因此此处也采取了直译的方式。

(二)翻译即背叛

事实上,翻译即背叛的特征是在翻译不可能完全对等的基础上产生的。没有哪个翻译能够达到与原文完全一致。翻译就像读诗,每个人在读诗的时候都会把自己的经历和知识融合进去,有的是认同,有的是反对,有的是延伸。翻译的过程必然涉及变化。[③]

---

① 莫言,《酒国》,辽宁:春风文艺出版社,2005 年,第 23 页。

② Mo,Yan, *The Republic of Wine*. London: Hamish Hamilton, 2000, p.23.

③ Goldblatt, H., "The Writing Life", *The Washington Post*, 28 April 2002 (BW 10).

由于语言和文化的差异,翻译过程中对原文加以改变是必然的。但这种"背叛"并非随意改变,而是依据接受语的特点、接受语文化和接受环境加以"变化",使译文更易于理解。如:

例5　一个酱紫色的大瓶子,轮着嘬,你一口,他一口,喝得十分有趣。①

... they drank from a large purple bottle, passing it around with great enjoyment.②

葛译中省略了原文的"你一口,他一口",但仍然是很好的翻译,这是由于汉语有个语言习惯,就是采用不同的方式叙述同一件事或同一个行为,以增强形象性。原文中"你一口,他一口"属于冗余信息③,是"轮着嘬"的具体化描写,省略以后对原文意义无损。

例6　——信马由缰式的——④

Prepared to go with the flow—that was how he lived his life—he followed the man inside.⑤

"信马由缰"这个成语的意思是说骑着马无目的地闲逛,比喻随便走走,也比喻无主见,随外力而转移。葛浩文不但翻译了该成语字面

---

① 莫言,《酒国》,辽宁:春风文艺出版社,2005年,第6页。

② Mo, Yan, *The Republic of Wine*. London: Hamish Hamilton, 2000, p.5.

③ 文军,《冗余信息与翻译中的省略》,《中国翻译》,1990年第3期,第20—22页。

④ 莫言,《酒国》,辽宁:春风文艺出版社,2005年,第11页。

⑤ Mo, Yan, *The Republic of Wine*. London: Hamish Hamilton, 2000, p.10.

的意思,还结合具体情况将该成语在文中的含义也解释了出来。

(三)翻译是重写

　　根据我的经验,大多数作家至少应该宽容那些被赋予了将他们的作品用其他语言重写的任务的男女,因为翻译的性质就是重写。①

　　葛曾举阿来《尘埃落定》中经常出现的一个感叹词"天哪"为例。从字面看,英语中同"天哪"意思最接近的词应该是"Heavens",但把原文中所有的"天哪"统统翻译成"Heavens"显然不能保证每一处都贴切。在尝试几种选择之后,他和夫人商量引入其他语言,让不同人物说不同的"天哪",如"Ai caramba""Achdu lieber""Mama mia""Oy gevalt""Merde"。他认为,这些非英语感叹词要比"Heavens"来得更传神。因此,翻译从来不是复制,而是换一种语言重写,是对原文的某种完成,甚至是完善。② 如:

　　例7　人生得意须尽欢③

　　Anybody who doesn't drink doesn't deserve to be called a man...④

---

　　① Goldblatt, H., "The Writing Life", *The Washington Post*, 28 April 2002 (BW 10).

　　② 张耀平,《拿汉语读,用英文写——说说葛浩文的翻译》,《中国翻译》,2005 年第 2 期,第 76 页。

　　③ 莫言,《酒国》,辽宁:春风文艺出版社,2005 年,第 43 页。

　　④ Mo, Yan, *The Republic of Wine*. London: Hamish Hamilton, 2000, p.46.

"人生得意须尽欢"是李白的一句诗,意思是说人在能够玩乐的时候就应该充分享受,这句话经常被用来劝其他人及时享乐。在这本小说中,这句诗被用来劝酒了。葛浩文没有直接将诗的原意翻译出来,而是直接表达了劝酒的意思,虽然两者在形式上不一致,但在作用和含义上却是相同的。

例 8 您这些话犹如醍醐灌顶,使我顿开茅塞。①

Those refreshing words filled my head with the clarified butter of great wisdom, removed all obstacles to understanding.②

"醍醐灌顶"在佛教中指灌输智慧,使人彻底觉悟,比喻听了高明的意见使人受到很大启发。此处的翻译结合该成语的原义和引伸义。这种字面义加引伸义的翻译方式使得处于不同文化中的读者也能够很好地理解原文的意思。

(四) 翻译是一种跨文化交流活动

译者如何处理翻译问题,我们如何应付复杂的跨文化交流活动是我们要思考的问题。③

翻译涉及将一个社会群体的思想用另一个社会群体的语言来表

---

① 莫言,《酒国》,辽宁:春风文艺出版社,2005 年,第 23 页。

② Mo, Yan, *The Republic of Wine*. London: Hamish Hamilton, 2000, p.22.

③ Goldblatt, H., "The Writing Life", *The Washington Post*, 28 April 2002 (BW 10).

达,这就涉及一个文化解码和重新编码的过程。由于当今社会中一种文化与其他文化的接触越来越多,多元文化思考的程度也越来越高。比如,在汉语中,"老子"可以是对一个人父亲的称呼,也可以是对自己的称呼。在莫言的《酒国》中,这个词出现了 29 次,笔者将其分为以下三类。

例 9 "二等? 他妈的,你们欺负老子!"①

"Second-grade? You're trying to cheat me, damn you!"②

此处的"老子"是对说话者本人的称呼,多用在与人争吵时,表示自己的厉害程度,表示自己不是好欺负的。

例 10 听老子说。③

Listen to what your sire has to say. ④

此处的"老子"也是对自己的称呼,但表达的却是"父亲"的意思。在《酒国》中,小妖精让所有被卖的孩子叫他爸爸,这是非常口语化的说法,而葛浩文在此处的用词也是非常口语化的,完全传达出了原文的态度。

---

① 莫言,《酒国》,辽宁:春风文艺出版社,2005 年,第 67 页。

② Mo,Yan, *The Republic of Wine*. London:Hamish Hamilton, 2000,p.72.

③ 莫言,《酒国》,辽宁:春风文艺出版社,2005 年,第 89 页。

④ Mo,Yan, *The Republic of Wine*. London:Hamish Hamilton, 2000,p.97.

例 11　⋯⋯喝道:"兔崽子,你敢骂老子? 老子毙了你!"①

...and roared, "You bastard, who the hell do you think you're talking to? You're dead meat!"②

此处的"老子"弱化了称呼的作用,主要传达的是压人的气势。葛浩文的译文中并没有出现该词的翻译,却清晰地表达了原文的含义。

依据不同的情景,进行不同的处理,以适应文化交流的需要,葛浩文的翻译给我们树立了楷模。

四、结　论

上面我们结合具体实例,对葛浩文的翻译观进行了分析。可以看出,葛浩文的翻译观主要有以下四点:

(一)对源语和译入语的忠实;

(二)翻译即背叛;

(三)翻译是重写;

(四)翻译是一种跨文化交流活动。

但这四点并不是平行并列的关系,它们说明了葛浩文对翻译的认识:他认为翻译是背叛、重写,但忠实始终是葛浩文翻译实践的第一准

---

① 莫言,《酒国》,辽宁:春风文艺出版社,2005 年,第 116 页。

② Mo, Yan, *The Republic of Wine*. London: Hamish Hamilton, 2000, p.127.

则。而翻译是跨文化交流活动这一观点则是他对翻译本质的认识,正是翻译的这一特性,使得"背叛"与"重写"成为必要的手段,目的是更为"忠实"地把原文传达给译文读者。

(原载《外语教学》2007 年第 6 期)

从几篇重要文献看葛浩文的翻译思想

孙会军

一、引　言

　　葛浩文先生不仅是一个才华横溢、译作等身的翻译家,还是一个学养深厚、思想敏锐、受到广泛认可的学者,发表过很多专著、文选、论文和散文。在这些著述当中,我们可以整理出对葛氏的翻译实践有直接影响的翻译思想之脉络。近几年,国内对于葛浩文翻译艺术的讨论可以说是非常常见,甚至还有专门探讨葛氏翻译的博士论文①。这些论文大多是从某一种理论视角来审视葛浩文的翻译实践,而专门对葛浩文翻译思想进行研究的只有为数不多的几位学者②,而且这为数不多的几篇论文都是前几年发表的,对于有些反映葛氏翻译思想的重要

---

　　① 郑贞,《苏童作品〈米〉英译研究》,洛阳:解放军国际关系学院,2010 年。

　　② 文军、王小川、赖甜,《葛浩文翻译观探究》,《外语教学》,2007 年第 6 期,第 78—80 页;靳秀莹,《葛浩文译学见解初探》,《重庆交通大学学报(社科版)》,2009 年第 1 期,第 121—123 页。

文献没有讨论,最新文献也没有被包括进去。因而笔者认为有必要讨论几篇反映葛氏翻译思想的重要文献,挖掘葛浩文翻译思想的具体内容,同时结合葛氏具体的翻译实践及其翻译效果,探讨这些翻译思想的价值和得失。涉及的几篇文献分别为:《写作生涯》①《中文写作的跨界旅行》②《校对与翻译:作为编辑的译者》③《我为什么憎恨阿瑟·韦利? 后维多利亚时代的中国文学翻译》④《忠于原著》⑤以及《走自己的路:家中的葛浩文——自访录》⑥。

二、译者角色、译作对目的语文化的意义以及原作的可译性

在《中文写作的跨界旅行》一文中,葛浩文对译者的角色进行了界定,认为文学翻译工作者所扮演的角色是文化之间的协调员。⑦ 葛浩

---

① Goldblatt, H., "The Writing Life", *The Washington Post*, 28 April 2002 (BW 10).

② Goldblatt, H., "Border Crossings: Chinese Writing, in Their World and Ours", in Corinne Dale (ed.), *Chinese Aesthetics and Literature*. New York: State University of New York Press, 2004, pp.211 - 228.

③ Goldblatt, H., "Blue Pencil Translating: Translator as Editor", *Translation Quarterly*, 2004 (33), pp.21 - 29.

④ Goldblatt, H., "Why I hate Arthur Waley? Translating Chinese in a Post-Victorian Era", *Translation Quarterly*, 1999 (13 - 14), pp.33 - 47.

⑤ Liu, Jun, "Faithful to the Original", *China Daily*, 12 March 2008 (BW 18).

⑥ Ge, Haowen, "A Mi Manera: Howard Goldblatt at Home: A Self-Interview", *Chinese Literature Today*, 2011, Vol. 2, No. 1, pp.97 - 104.

⑦ Goldblatt, H., "Border Crossings: Chinese Writing, in Their World and Ours", in Corinne Dale (ed.), *Chinese Aesthetics and Literature*. New York: State University of New York Press, 2004, pp.211 - 213.

文把毕生的经历都投入了文化协调员的事业,致力于中国现当代文学(以小说为主)在英语世界的推介工作。但这个工作注定是困难重重的,因为美国文学市场上翻译作品一向只占很小的比重。要想让中国当代的文学作品像马尔克斯、略萨、昆德拉以及其他作家那样进入西方文学的主流更是难上加难。葛浩文所做的正是通过切实的努力增进不同文化、文学之间的理解和沟通,用目的语文化和文学系统能够接受的形式翻译外国文学,但又尽量传达出中国文学中所特有的语言、文学表达,以对目的语的文化和文学起到丰富和充实的作用。

作为文化协调员,葛浩文对西方文学领域一些学者的自我文化中心主义进行了尖锐的批评,同时阐述翻译文学对于丰富本土文学的重要意义,希望英语世界的读者能够用一种开放的心态来吸纳中国文学作品:"很遗憾厄普代克先生不大喜欢莫言的《丰乳肥臀》以及苏童的《我的帝王生涯》。我是为厄普代克先生感到遗憾,而不是为我自己以及我的作者感到遗憾。他错失了一次开阔视野、进入一个陌生的文学王国的机会。在我看来,对于'优秀'文学的狭窄而刻板的理解会封闭很多艺术欣赏的渠道。译者把文学瑰宝展示给全世界的人,这些文学瑰宝在很多方面,对所有人都起到一种充实的作用,而人们关于文学性的值得称颂的不同看法尤其可以起到这样的作用。"①

德国学者顾彬(Wolfgang Kubin)曾经有过"中国当代文学作品是垃圾"的说法。葛浩文在《走自己的路:家中的葛浩文——自访录》中指出:"顾彬感到奇怪,想知道我们这些译者为什么愿意浪费时间把'低劣'的作品翻译到我们的语言中来。我要告诉你,同时也告诉他,

---

① Ge, Haowen, "A Mi Manera: Howard Goldblatt at Home: A Self-Interview", *Chinese Literature Today*, 2011, Vol. 2, No. 1, p.97.

我们是译者,翻译是我们的工作。如果每一部小说都有可能在国际上引起轰动,那是再好没有了,但这不是我们承接一项翻译任务的前提条件。如果我们完全根据我们自己所属文化的文学标准来决定接受或拒绝一项翻译任务,而不是把它当作一个中国的作品去接受,我们就是傻瓜。我知道之前我也说过这样的话,但这句话经得起重复。文学或文化上的大一统思想(Literary or cultural domination)从来不会轻易为译者所接受。"①

与此同时,葛浩文也坦率地指出中国文学作品中的一些问题。在他看来,中国文学和韩国文学一样,在西方,至少在美国,接受情况不是特别好。日本文学、印度文学和越南文学要好一些。部分原因在于中国的这些作品中缺少有深度的人物。有些女性作家属于例外,但大多数作品都是由故事和行动驱动的,很少有对人物内心的探索。中国当代小说的另一个问题是,无论在内容还是形式上都有很多雷同的现象。此外,一些作家比较粗心,有些东西还没有经过深思熟虑就拿出来了。② 他认为这些因素阻碍了中国文学作品进入西方文学的主流。除此之外,他觉得中国作品进入西方文学主流还面临另外一个障碍,那就是被翻译成英文的中国文学作品的数量非常有限:"如果没有建立起一个题材宽、代表性强的小说和诗歌的翻译语料库供读者阅读,中国的书籍就不能够对西方的作家产生很大的艺术影响。"③

当然,译者作为文化协调员的角色还体现在具体的翻译过程中,

---

① Ge, Haowen, "A Mi Manera: Howard Goldblatt at Home: A Self-Interview", *Chinese Literature Today*, 2011, Vol. 2, No. 1, p.103.

② Ibid.

③ Goldblatt, H., "Border Crossings: Chinese Writing, in Their World and Ours", in Corinne Dale (ed.), *Chinese Aesthetics and Literature*. New York: State University of New York Press, 2004, p.218.

体现在对于一些人名、地名、文化专有项和文学手法等内容的翻译，我们会另外撰文进行专门的探讨，这里暂不展开论述。

葛浩文还探讨过文学作品的可译性问题，他的态度是积极的、乐观的。旅美作家刘索拉曾经说过："只有华人能够充分理解华人文学——无论译者的翻译技巧多么高超，外国人永远无法完全理解中国写作，因为他们没有经历过'文革'、抗日战争或是最近的改革开放。……整个世界被西化了，人们从欧洲、美国的视角来评判一切。"① 刘索拉还说，在国际文学界，人们对于华裔作家的作品的认可都是滞后的，往往是有些勉强的。② 葛浩文并不认同刘索拉的观点，他指出，"文化交流——即便是中国和西方之间的文化交流——也不是不可能的事情"③。在他看来，刘索拉显然是否定了人类的想象力。问题的核心涉及民族/本土文学的特殊性与人类问题的普遍性之间的辩证关系。葛浩文指出，虽然"世界文学"的概念充满了经济以及帝国主义乃至霸权主义的过时内容，但是对于文化疆域的过于狭隘的看法却带有文化相对主义的意味，使人们以为一个社会的经历无法为另一个社会的人所理解、欣赏和分享。在他看来，文学作品是可以翻译的，翻译产品的性质和质量在跨语言、跨文化交流的可能性方面扮演着至关重要的角色。④ 事实也证明葛浩文的乐观不是没有根据的臆想，实际上，中国现当代的文学作品正在走入西方读者的视野，并逐渐为人们所接受。葛浩文翻译的中国现当代小说的英文版被刊载在《华盛顿邮报》

---

① Goldblatt, H., "Border Crossings: Chinese Writing, in Their World and Ours", in Corinne Dale (ed.), *Chinese Aesthetics and Literature*. New York: State University of New York Press, 2004, p.219.

② Ibid.

③ Ibid.

④ Ibid.

《纽约时报》《时代周刊》以及《纽约客》上，或者为著名出版社出版，《狼图腾》《河岸》以及《玉米》还先后荣获"曼氏亚洲文学奖"。随着中国国际地位的上升，西方的读者更有兴趣，也开始有更多的机会领略中国文学的魅力，认识中国的优秀作家。莫言等作家很快获得了国际声誉，美籍华裔作家谭恩美甚至把莫言等人与昆德拉、马尔克斯等世界级的文学家相提并论。[①] 可见，如果译者的协调员的角色当得好，跨语言、跨文化的交流的确是可以实现的。

三、葛浩文的翻译观

所谓翻译观，指的是人们对于翻译本质的认识和看法。葛浩文在《写作生涯》中关于翻译的本质有这样的论述："我的经验是，大多数作家至少都可以容忍译者把他们的作品用目的语重写出来——因为重写无疑是翻译的本质。"[②]

葛浩文认为，英语和汉语两种语言之间相似度低，与同属印欧语系的一些语对（language pairs）之间的关系不同，词与词、句与句间的对应性相对而言不太容易建立起来，而这正是美国著名翻译理论家韦努蒂（Lawrence Venuti）在阐述他的异化翻译理论的时候没有讨论亚

---

① Updike, J., "Bitter Bamboo-Two Novels from China", *The New Yorker*, 2005 (5). http://www.newyorker.com/archive/2005/05/09/050509crbo_books.

② Goldblatt, H., "The Writing Life", *The Washington Post*, 28 April 2002 (BW 10).

洲语言的原因。① "鉴于汉语和英语这两种语言之间差别很大,一个从事法—意、意—法翻译的译者所关注的对应之准确性问题在汉英翻译中却不适合,因为汉语是一个非常经济的语言,暗含很多的典故,词汇量较小,这就为译者的发挥创造提供了必要性和可能性。"②

由于在汉语和英语之间进行一一对等的转换并非总是可以实现的,葛浩文认为,"翻译不可能复制原著,只能对原著进行弥补"③。他还引用乔治·斯坦纳的话来支持自己的观点:"在所有的翻译作品中,百分之九十是不完全的(inadequate)……所有的译者都承认,一部作品被翻译到另外一种语言当中,这个作品就被改头换面了,被改变了……翻译本身就是不完全的,但是如果我们想让这个作品在空间上和时间上拓展它的生命的话,我们就必须接受不完全的翻译……作者都渴望通过翻译使自己的作品吸引尽可能多的读者,渴望译作能够在读者中产生和原文完全相同的效果。但是伴随这些渴望的往往是原作者在对翻译本质的认识方面的无知、蔑视,或者二者兼而有之的状况。"④

"翻译即重写"的理念可以从几个方面来理解。首先,翻译注定是对原作的重写,即使译者的翻译目标是忠实复写出原文,但最终很难摆脱目的语文化中意识形态、诗学传统、赞助人等因素的操纵,很难克服两种语言的巨大差异,客观上造成对原文的重写。"译者是个体,每

---

① Goldblatt, H., "Border Crossings: Chinese Writing, in Their World and Ours", in Corinne Dale (ed.), *Chinese Aesthetics and Literature*. New York: State University of New York Press, 2004, pp.211-228.

② Ibid.

③ Goldblatt, H., "The Writing Life", *The Washington Post*, 28 April 2002 (BW 10).

④ Ibid.

一篇译作都是他们才思、智慧的结晶，而非机械复制的产物。他们在从理解原文到产出译文的过程中，都会在一定程度上带入各自的思想感悟、经历体会。"①再者，重写还指在翻译过程中对原文进行的删节、调整、改动。在葛浩文看来，当代中国小说在翻译过程中遭遇重写的原因有三个：作品的质量以及当地读者的接受情况，中国出版社的角色以及编辑的地位，出版经济学。②

有些作品的质量一般，甚至可以说是二三流的作品，但是在中国引起了读者的广泛关注，吸引国外的出版社去翻译和出版。而这样的作品在翻译的过程中会遭到出版社的删改，经历一个重写的过程。还有些作品的质量不错，但因为要面对完全不同的读者，需要做一些调整，再加上中国的编辑没有做好自己的工作（中国编辑地位比较低，似乎在编辑作品方面没有太大的权力），因而拿到国外翻译、出版的时候，译者或是出版社必然对其进行修订甚至改动，一定程度上造成对原文的重写。最后，出版经济学促使出版社为了节约成本对原著进行删改、重写。

中国现当代文学在被翻译到英语世界的过程中，这样的重写非常普遍，甚至是常规操作。葛浩文在翻译春树的《北京娃娃》的时候，预料到编辑会进行大的改动，所以采用了直译的方法，以便让编辑看到原文的风貌，编辑最终果然在葛氏译文的基础上进行了很大的改动。姜戎的《狼图腾》被出版社删掉了一定的篇幅，但结果证明在西方读者当中接受不错，而且还为作者赢得了"曼亚洲文学奖"。葛浩文在翻译

①　靳秀莹，《葛浩文译学见解初探》，《重庆交通大学学报（社科版）》，2009 年第 1 期，第 121—123 页。

②　Goldblatt, H., "Blue pencil translating: Translator as editor", *Translation Quarterly*, 2004 (33), pp.21 - 29.

莫言的《天堂蒜薹之歌》的时候,感觉结尾显得有些弱,所以提出了一些修改的意见,作者欣然接纳,甚至原作再版的时候也根据译作进行了修改。

正如莫言 2000 年 3 月在科罗拉多大学博尔德校区的演讲中所说:"如果没有他杰出的工作,我的小说也可能由别人翻成英文在美国出版,但绝对没有今天这样完美的译本。许多既精通英语又精通汉语的朋友对我说:葛浩文教授的翻译与我的原著是一种旗鼓相当的搭配,但我更愿意相信,他的译本为我的原著增添了光彩。……我与葛浩文教授 1988 年便开始了合作,他写给我的信大概有一百多封,他打给我的电话更是无法统计……教授经常为了一个字、为了我在小说中写到的他不熟悉的一件东西,而反复磋商……由此可见,葛浩文教授不但是一个才华横溢的翻译家,而且还是一个作风严谨的翻译家……"①

由此可以看出,对原文进行重写,并不意味着译者的翻译态度不认真,甚至越俎代庖、随意篡改,改写往往是不可避免的。葛浩文是一个非常严谨的译者,他说:"我是一个以实践为主的译者。是凭借汉语及其文化语境方面的知识,依靠对英语的熟悉和喜爱以及适量的转换直觉来干这个工作的。显然,上面任何一个因素都可能将我绊倒,事实也正是如此,但是我一直尽最大的努力在语气、情感、细微的差别以及其他更多的方面保持对原文的忠实,对于这一过程中不可避免的损失,我也只能是扼腕叹息。"②

---

① 莫言,《我在美国出版的三本书》,《小说界》,2000 年第 5 期,第 170—173 页。

② Goldblatt, H., "Blue pencil translating: Translator as editor", *Translation Quarterly*, 2004 (33), pp.21 – 29.

四、文学翻译的原则和目标

文学翻译中译者应该着力再现原作的哪些东西？葛浩文这个中国现当代文学的推手所奉行的是怎样的翻译原则和翻译标准？在《中文写作的跨界旅行》一文中,葛浩文论述了文学翻译中译者到底要再现哪些因素这样一个问题。他是这样开始他的论文的:"小说和诗歌。我们为什么要阅读它们？我们如何阅读它们？"[①]接着,葛浩文指出,在历史上,在整个 20 世纪,中国文学对"外国"读者来说,吸引他们的主要是中国文学的社会—政治动机及应用,而不是这些作品的文学价值。人们阅读这些作品,与其说是为了获得其美学价值或娱乐价值,还不如说是为了通过文学作品这个窗口了解社会,了解同一时期中国所发生的事件,因为中国现当代文学作品或反映或颠覆着这个国家在政治和意识形态领域所发生一切兴衰沉浮。或许是因为中国文学作品的性质,或许是因为中国像其他许多国家一样,在文化上似乎与西方读者非常遥远,有机会跨越地理和语言疆域的小说、故事或诗歌为数不多,这些作品的读者主要是由一些带着"了解中国"的目的的人组成的,之所以要读这些作品,是因为它们总归比课本要更容易让读者产生亲近感。即便是像《红高粱》和《浮躁》这样的作品,也是如此。

---

① Goldblatt, H., "Border Crossings: Chinese Writing, in Their World and Ours", in Corinne Dale (ed.), *Chinese Aesthetics and Literature*. New York: State University of New York Press, 2004, p.211.

《纽约时报》上面刊登的关于《红高粱》的评论是："在《红高粱》中，莫言通过几十个生动的人物向西方的读者介绍了陌生的中国一些省份的文化。"而对贾平凹的《浮躁》进行评价的时候，评论者所用的形容词是"指导性的、感人的"。在葛浩文看来，"'指导性'一词出现在'感人'一词之前，很说明问题，暗示西方读者阅读这部小说的主要动机首先是非文学的。在西方读者的眼里，小说是教材，虚构的作品是社会学，事实永远凌驾于想象之上"①。

那么在翻译的过程中，译者是否应该接受这样的现状，把再现的重点放在原文的信息上，而对原作的文学性表达有所忽略呢？

葛浩文认为，文学作品并不是人们了解异域及其文化的最佳途径，当这些作品是用我们所熟悉的形式翻译出来，用我们自己所喜欢的叙述方式讲述出来的时候，情况尤其如此。② 接着，葛浩文指出，改革开放以来的中国文学作品与"文革"期间的文学作品相比有很大的不同，作家们在很大程度上已经抛弃了社会现实主义的文学样式，开始尝试各种各样的写作风格，其中不乏实验性的尝试。不难看出，葛浩文的观点是，应该把中国文学作品当作文学作品来阅读和翻译，而在翻译的过程中，原文的文学性特征的再现就变得非常重要了。他认为从事文学翻译的译者就是文化之间的调解员，作为这个调解员，译者对原文的作者、文本以及读者负有责任。译者认真体会原文中的字词、概念和意象，然后用目的语文化中的全新的语言将其表达出来。

---

① Goldblatt，H.，"Border Crossings：Chinese Writing，in Their World and Ours"，in Corinne Dale（ed.），*Chinese Aesthetics and Literature*. New York：State University of New York Press，2004，p.212.

② Ibid.

译者从这个过程中获得很多的乐趣,责任与快乐同在。[①]

2008 年,葛浩文在接受《中国日报》采访的时候,较为明确地谈到了自己的文学翻译的原则。他说,在翻译的时候,面对原文的语言表达,译者思考的关键点在于,作者的某些特定写法,"到底是为了达到特定的目的,还是他的母语规范使然? 如果是后者,我就遵照英语的行文习惯进行翻译。如果这种写法很'特别',如果我觉得作者这么写是为了使文本显得'陌生',或是减慢读者的阅读速度,那么我就尽量去捕捉这种效果"。[②] 其实,葛浩文早在 1999 年的时候就说过:"或许,捕捉到原文文本的语气、节奏和意象是译者真正的任务,也是译者所面临的最大的挑战。"[③]

谈到文学翻译的目标,葛浩文是这样论述的:"我不能确定我是否形成了自己的翻译哲学,如果答案是肯定的,我也不能确定我的翻译哲学到底是什么,但是我有翻译的途径和目标。我是带着敬仰、敬畏和激动来接近一个文本的,此外还有一些担忧和顾虑。……我会这样问自己:我有没有使我的读者像原文读者那样,以同样的方式欣赏原文? 我有没有使原文作者在向他的新读者诉说时,不仅让他的读者明白,而且让他们获得和原文读者相称的愉悦、敬畏或无论其他的什么感觉?"[④] 这就是葛浩文的翻译目标,其实也是他所设定的文学翻译的标准。

---

① Goldblatt, H., "Border Crossings: Chinese Writing, in Their World and Ours", in Corinne Dale (ed.), *Chinese Aesthetics and Literature*. New York: State University of New York Press, 2004, pp.212 - 213.

② Liu, Jun, "Faithful to the Original", *China Daily*, 12 March 2008 (BW 18).

③ Goldblatt, H., "Why I Hate Arthur Waley? Translating Chinese in a Post-Victorian Era", *Translation Quarterly*, 1999 (13 - 14), pp.33 - 47.

④ Ge, Haowen, "A Mi Manera: Howard Goldblatt at Home: A Self-Interview", *Chinese Literature Today*, 2011, Vol. 2, No. 1, pp.97 - 104.

五、翻译批评

葛浩文很早就开始关注翻译批评的问题,近年来他的翻译在中国引起关注,经常成为翻译评论的对象,更促使他去思考这个问题。早在 1999 年的时候,他就发表过一篇翻译批评方面的文章——《我为什么憎恨阿瑟·韦利?后维多利亚时代的中国文学翻译》,通过探讨如何评价阿瑟·韦利的翻译活动,提出翻译批评中的一个关键问题:如何进行翻译批评?或者说如何合理、客观地评价一位翻译家的工作?他给出自己的意见:对于一位翻译家给出一个总体的评价是非常重要的,因为如果从宏观和微观两个层面对翻译家进行评价,人们可能会得出截然不同的结论。① 从微观的层面看,阿瑟·韦利的翻译还是存在很多问题的,他用过于归化的方法翻译中国的诗歌、小说,给读者造成一种错觉,好像是在阅读一部英文原创作品。在《西游记》的翻译中,他省去了很多的章节,而在他所翻译的部分,所有的诗歌都没有翻译,有的时候是因为不好翻译而绕过去了。但是,在葛浩文看来,这并不妨碍人们把他看成是西方翻译中国文学的一个真正的先驱。他说:"阿瑟·韦利所留下来的遗产,与其说是他的翻译作品,不如说是他作为译者所起到的作用。可以肯定的是,他的翻译是成功的,具有里程

---

① Goldblatt, H., "Why I Hate Arthur Waley? Translating Chinese in a Post-Victorian Era", *Translation Quarterly*, 1999 (13 - 14), pp.33 - 47.

碑意义,无疑对于后来从事中国文学英译的人产生了不可磨灭的影响。"①

在《走自己的路:家中的葛浩文——自访录》中,葛浩文再次谈到了翻译批评问题。这次主要是针对人们围绕他的翻译所进行的评论。葛浩文的译文常常是学者、翻译研究者的研究对象,他们常常是一字一句地认真比对。葛浩文说,这些比对、审视使他在翻译的时候更加警觉、谨慎。每当有人指出他译文中的错误的时候,他都有点羞愧,但总是心存感激。② 但他希望有人能从更宽泛的角度来评论他的翻译作品,即他的译文"从总体上讲在多大程度上成功地、忠实地再现了原文"。这里的"忠实"包含的内容有:语气、情感、表达方式的优雅、吸引力,等等。③ 很多论文对他的译文进行批评的理由是,对某些具有文化和历史内涵的词汇应该加注进行解释的地方没有加注,或者是对某个典故的解释不够准确。葛浩文认为这样的评论帮助不大。他还指出,进行翻译批评的人至少要熟悉原文才行。还有人批评葛译,因为他们认为葛浩文用自己的风格取代了原作的风格。对此,葛浩文认为译者的风格客观存在,不可避免,这样的评论者实在有些苛刻。

---

① Goldblatt, H., "Why I Hate Arthur Waley? Translating Chinese in a Post-Victorian Era", *Translation Quarterly*, 1999 (13 – 14), pp.33 – 47.

② Ge, Haowen, "A Mi Manera: Howard Goldblatt at Home: A Self-Interview", *Chinese Literature Today*, 2011, Vol. 2, No. 1, pp.97 – 104.

③ Ibid.

六、理论与实践的关系

　　说到理论与实践的关系,人们一般都认为,理论来源于实践,理论对实践有指导作用。葛浩文是一个成功的翻译家,他的翻译实践是否得益于什么翻译理论呢? 对此,葛浩文的回答是:"有些人认为,翻译指导手册和翻译理论对于从事文学翻译的译者所起到的作用,就和写作课程和批评理论对于作家的指导作用是一样的。对此我基本上表示同意。翻译指导手册和翻译理论不能帮助我们集中精力去面对翻译艺术所面临的挑战和责任,也不能帮助我们成为更好的译者或是更好的翻译文学的读者。"①

　　葛浩文说:"请记住,我没有投入翻译研究,我对于翻译理论的阅读也没有让我取得什么回报。"②他还说:"事实上,我阅读了相当多的翻译理论,感觉大多数翻译理论作为一门学科都很有吸引力。我只是不能确定翻译理论对于从业的翻译人员到底有什么价值。刻苦学习翻译理论,将其当作提高翻译水平的途径,无异于研究你下楼时你的膝盖如何运作。比如说吧,当一个作品跨越语言、文化疆域的时候,关于译者到底是隐形还是显形的问题已经有很多论述了,我可能过于天

---

　　① Goldblatt, H., "Why I Hate Arthur Waley? Translating Chinese in a Post-Victorian Era", *Translation Quarterly*, 1999 (13 - 14), pp.33 - 47.

　　② Goldblatt, H., "Border Crossings: Chinese Writing, in Their World and Ours", in Corinne Dale (ed.), *Chinese Aesthetics and Literature*. New York: State University of New York Press, 2004, pp.211 - 228.

真,但是对我来说,译者总是显形的,也总是隐形的,没必要在这个问题上浪费口舌。跟我的很多同行一样——拉巴萨(Gregory Rabassa)、维沃(Weaver),甚至我的朋友麦克·海姆(Mike Heim)——我觉得自己仿佛是一个恐龙,穿行在文学文本的树丛中,寻找对应的语言表达并不需要复杂的理论。"①

其实翻译理论的作用更多是一种"无用之用",翻译理论是对翻译活动现象和规律的认识、描述、分析和探讨。通过翻译理论的揭示,我们可以认识到翻译这一特殊语言活动的实质,翻译活动的各项基本规范以及翻译过程中的行为模式。翻译理论有时可能无法直接用于指导某一项特定翻译活动的具体操作,从事翻译实践工作的人也未必需要掌握高深的翻译理论以后才能进行翻译。但是,阅读翻译理论,了解翻译活动的本质规律,对于正确地认识翻译、形成翻译思想,还是很有作用的。葛浩文的翻译水平高,得到广泛认可,跟他的学术水准以及大量阅读翻译理论不是没有关系的。

七、小 结

在上文中,我们从几篇重要的文献中梳理出了葛浩文的翻译思想脉络,了解了他在译者的角色、作品的可译性问题、译作对于目的语文学和文化的意义、文学翻译的本质、文学翻译的原则和目标、翻译批评

---

① Ge, Haowen, "A Mi Manera: Howard Goldblatt at home: A Self-interview", *Chinese Literature Today*, 2011, Vol. 2, No. 1, p.100.

以及翻译理论与翻译实践之间的关系等诸多方面的思想观点,对于从事文学翻译的译者有一定的启发,对于我们研究葛浩文的翻译实践具有重要的意义,对于专门从事文学翻译研究的学者也有一定的价值,相信可以引发关于文学翻译的更多思考。

（原载《东方翻译》2012 年第 4 期）

论葛浩文中国现当代小说译介

吕敏宏

    中国现当代文学的海外传播可根据译者的母语和经历分为本土、海外华裔学者和汉学家三种译介模式。本土译介,由于译者母语为汉语、大多生活在国内,外文创作的功力有限,对国外阅读市场缺乏深入了解,其译文难以吸引国外读者,很难在国外阅读界产生真正的影响。由于近年来华裔学者多集中于学术研究,从事中国文学翻译的学者日渐减少,以林语堂为代表的海外华裔学者译介模式也逐渐式微。而汉学家译介模式在改革开放以来日渐受到关注,越来越多的汉学家加入这一行列,甚至在美国形成一股热潮。[①] 葛浩文便是汉学家译介队伍中的头号人物。自 20 世纪 70 年代起,他已译介了中国的近三十位作家的四十多部现当代小说,夏志清称他是"公认的中国现代、当代文学之首席翻译家"[②]。美国著名小说家约翰·厄普代克喻其为中国当代小说的"接生婆"。"在他翻译之前,那些有意于探究中国现当代小说的读者不得不忍受那些失去了原文生气的呆板译品",他所做的工作

---

    ①   Heller,Scott,"A Translation Boom for Chinese Fiction",*The Chronicle of Higher Education*. Sept. 8,2000,47,Academic Research Library,p.A22.

    ②   刘再复,《百年诺贝尔文学奖和中国作家的缺席》,《北京文学》,1999 年第 8 期,第 22 页。

被认为对其后继者具有"启示性"作用。① 那么,葛浩文如何踏上中国当代小说的译介之路? 取得了哪些业绩? 他的译介采取了怎样的原则和策略? 本文将对葛浩文译介中国现当代小说做一述评。

一、葛浩文生平简述

葛浩文,美国加州人,生于 1939 年。1961 年毕业于美国加州的长滩州立学院,获学士学位。大学毕业半年,在完成了军官学校十六个星期的训练后,他被派往中国台湾地区服役。闲暇时,葛浩文把学中文、看书当作最大的消遣。就在这看似平淡的日常生活中,葛浩文慢慢认识了中国台湾,爱上了中国文化,他的中文也提高了很多。1964年 2 月,他离开台湾,一年半后再度回到台湾,在台湾师范大学正正规规学了约一年的中文。此时的台湾俨然成了他的"第二故乡"。

1968 年,葛浩文因父亲过世回到美国。茫然中,他又进入旧金山州立大学,学习中国语言文学,1971 年毕业于该校,获得硕士学位。在做了一段时间的汉语教师后,他又进入印第安纳大学东亚语文系博士班继续深造,师从著名的中国文学教授柳无忌先生。学习期间,他涉猎了中国古典小说、元杂剧及鲁迅和其他左翼作家的作品,既读英译本,也读原文,最终以萧红研究为其毕业论文选题。1976 年,他在博士

---

① Lingenfelter, Andrea, "Howard Goldblatt on How the Navy Saved His Life and Why Literary Translation Matters", *Full Tilt*, Issue 2.

论文的基础上完成专著《萧红》一书,由波士顿的 Twayne Publishers 出版。1985 年,这部专著由他的朋友、旧金山州立大学远东图书馆馆长郑继宗翻译成中文,以"萧红评传"为名,由哈尔滨北方文艺出版社出版。这部评传资料翔实,论证充分,浸透了作者的心血和情感,成为研究萧红文学创作必不可少的文献之一。2011 年 6 月 3 日,在纪念萧红诞辰 100 周年举行的首届"萧红文学奖"评选中,葛浩文以其《萧红评传》获得萧红研究奖。

葛浩文 1974 年从印第安纳大学博士毕业后,受聘任教于旧金山州立大学,从事中国现代文学的教学与研究。1984 年,他创办了学术性刊物《中国现代文学》,做了 15 年该杂志的主编。1988 年,他到科罗拉多大学东亚语言文化系任教。之后,他又在圣母大学做教授,讲授中国文学,翻译中国现当代小说。他还以编委的身份参与中国港台地区和美国等地的一些中文文学、文化出版工作,同时主编、参编了数种汉语或英语语种的有关中国文学的图书,并在《华盛顿邮报》《泰晤士报》《时代周刊》《今日世界文学》等报刊上发表多篇评论文章。

二、扎实的中国现代小说研究

常有这样一些作家,他们先在国外"火"起来,然后才在国内"走红"。我国新文学时期的女作家萧红便是如此。由于种种原因,萧红在我国文学史上长期名不见经传。第一个研究萧红及其作品,并肯定其重要价值的学者竟然是一个外国人,他就是葛浩文。他是出了名的

"萧红迷"，自称萧红是他"隔世的恋人"。① 20 世纪 70 年代初，中国文学研究在美国还相当冷门，尤其是中国现当代文学研究（这与当时中美关系的僵局以及当时中国文学的萧条状况均有关系），更别说关注萧红这样一位在中国文学史上名不见经传的作家。葛浩文自己也觉得在美国研究中国新文学颇感"孤独"，力量单薄。他借用萧红的同名作品声称自己的努力仿佛是"旷野的呼喊"，无人听得到，并感叹道："不但我所认识的同行朋友们只有一两位曾经读过《呼兰河传》，连夏公（夏志清）的力作《中国现代小说史》也只提过萧红的名字一次。"②如果说与萧红同时代的鲁迅发现了萧红的天分与重要性，那么葛浩文则归还萧红在中国文学史上应有的地位。英国汉学家詹纳（W. J. F. Jenner）在其《中国可能有现代文学吗?》一文中认为，中国"五四"时期的文学，除了"巨人阶级"鲁迅外，还有一些新近才被发掘出来的"新"作家，颇具现代性，其中一位便是萧红。詹纳特别在注释中说明，葛浩文把萧红带到西方世界，功不可没。与葛浩文交往甚密的刘绍铭（Joseph S. M. Lau）则补充道："其实……葛浩文在推介萧红作品给她同胞（时）所做的努力，也一样功不可没。"③博士论文的完成和出版只是葛浩文中国文学研究的起点。从那以后，葛浩文对中国文学的研究由萧红扩展到以萧军和端木蕻良为代表的东北作家群，继而转到伪满洲国时期的中国文学史，直至包括港台地区文学在内的中国现当代文学。

---

① 葛浩文，《访萧红故里、墓地始末》，《弄斧集》，台北：学英文化事业有限公司，1984 年，第 97 页。
② 葛浩文，《中国大陆文坛的"萧红热"：萧红传记资料拾零》，《弄斧集》，台北：学英文化事业公司，1984 年，第 66 页。
③ 刘绍铭，《序》，见葛浩文，《弄斧集》，台北：学英文化事业公司，1984 年。

身在美国，葛浩文更加关注美国的中国文学研究状况。在《中国现代文学研究的方向：从美国学者的研究情形谈起》一文中，他对比了美国 20 世纪 70 年代前后的中国现代文学研究的状况。由于政治原因，70 年代前期与后期的中国现代文学研究的状况差别较大。1972年 2 月，中美关系恢复，在美国重新引发了"中国热"。正如葛浩文的研究所示，美国学界对中国现代文学的研究也日益兴盛起来：研究的人数及研究的成果逐年增加；有关中国现代文学的各种活动也是"非常热闹"；对中国现代文学作品的翻译也活跃起来，已有系列译本出版；中国现代文学的专刊除了 70 年代以前的《中国文学》，又增加了《中国现代文学通讯》；学术刊物上也时常可以见到一两篇有关中国现代文学的文章；在大学开设中国现代文学的课程"已经成为非常热门的事情"。

但葛浩文也敏锐地看到了"热潮"中存在的问题：由于大部分当代作家的成就还没有被评定，美国学者研究的作家和作品大部分是 20世纪 30 年代以前的。改革开放后，中国文学生机勃勃。从伤痕文学、改革文学、寻根文学、新写实主义小说，到先锋派文学，中国文学一路走来，逐渐摆脱了文学为政治服务的束缚，开始回归"人学"的文学之路。葛浩文的研究兴趣和方向也随之从中国现代文学转入中国当代文学。通过对中国当代文学及其在美国传播状况的研究，葛浩文越发清晰地看到在美国译介中国当代文学的作用和意义。[①] 首先，从中国作家的角度出发，他认为，对中国文学的研究和推广，能够使中国当代作家观照到世界文学的趋势，写出顺应世界文学思潮的作品，而得到

---

① 葛浩文，《中国现代文学研究的方向：从美国学者的研究情形谈起》，《弄斧集》，台北：学英文化事业公司，1984 年，第 230—232 页，第 225 页。

国际社会广泛的承认，也可以使中国当代作家深深感受到自己被重视，自己的作品也将成为世界性作品，从而产生强烈的创作欲望。其次，从西方读者的角度出发，他认为，对中国当代作家和作品的研究和推广，可以使西方读者渐渐地喜欢中国文学，从而真正了解中国当代文学，了解中国以及中国人当今的生活方式和状态。

同时，他以一位多年研究中国文学和喜爱中国文学的外国朋友的身份，对中国文学研究的发展方向诚恳而谦逊地提出了中肯的建议。他建议，不仅要整理中国现代文学的重要作家及重要作品的研究资料，还要鼓励当代作家积极创作，提高当代作品的质量。葛浩文在其中国文学研究事业之初，便确立了自己学术研究的原则，他认为"任何一位学者于中国现代文学的研究，不论是对作家，或是对作品，乃至于翻译，绝不是仅凭着个人的好恶，其选定必然经过多方面的考虑"[1]，他还明确提出学者研究、翻译中国文学的四条基本原则：第一，这些作家的成就；第二，这些作品的水准和风格；第三，这些作品翻译后是否有相当的读者；第四，当前世界的文学思潮。这些原则也成为他后来进行小说翻译的准则。

葛浩文对文学极为敏锐，对作品的理解也十分深刻。从其翻译的《干校六记》(*Six Chapters from My Life "Downunder"*)的《译后记》中，即可看出他深厚的文学修养和功底。他非常欣赏杨绛平淡的写实风格，他认为，杨绛的这部作品反映了"文革"时期的生活，尤其是知识分子所受到的不公正待遇，却很少直接提及任何与"文革"有关的人物或事件。他不仅能够体会杨绛幽默而又辛辣的笔调，甚至还能够读出

---

① 葛浩文，《中国现代文学研究的方向：从美国学者的研究情形谈起》，《弄斧集》，台北：学英文化事业公司，1984年，第230—232页，第225页。

文中隐含的意义。比如,他能品味出该作品细腻且富含寓意的风格(subtle, almost allegorical style)。他认为该作品不像一般的"伤痕文学"那样,并不在文字表面提及任何敏感字眼,然而对时事的针砭与讽刺却深深地隐藏在文字背后。作品从不提及"四人帮"的字眼,只是偶尔暗中指涉,比如,他认为"Tiger Mountain"一词指涉江青,因为《智取威虎山》是江青的样板戏之一,很多国人也未必能从这一地名做出此番联想。因此,在他看来,《干校六记》是一部寓意极为深刻的作品。他说:"如果说杨绛的风格低调,这种说法本身低估了这部作品;如果说杨绛对这一时代的重大事件避重就轻,则完全误解了这部作品。诚然,书中所描述的完全是个人遭遇,而且似乎显得十分平凡。但是,正是这种平淡,加上偶尔的几段辛辣而又一针见血的议论,才使得文章具有如此感人的力量。"①应该说,他对杨绛的风格及作品的理解是非常到位的,作为一位外国人更是难能可贵。他还能够从作品中读出诸多的主题,如人与人之间的不信任,社会和时代对知识分子的浪费,中国乡村的落后,"运动"的本质,以及牵涉到此运动中的人们的行为举止。由于身份和教育背景的不同,他甚至还能够抛开作品的时空性,看到作品更富人性的主题,即夫妻之间的深厚感情,因此,他认为《干校六记》从某种程度上说也是一部爱情小说,可谓见解独到。

葛浩文用英文或中文撰写文章,有时也会把自己的一些英文文章翻译成汉语。《中国现代小说概论》一文便是其中的一篇。文章前言中说明,此篇长文是应杨力宇和茅国权之邀,为他们所编撰的《中国现

---

① Goldblatt, Howard, "Translator's Afterword", in Yang Jiang, *Six Chapters from My Life "Downunder"*. Trans. Howard Goldblatt. Seattle: University of Washington Press, 1984, p.101.

代小说——历史及鉴赏指引》①一书所撰写的一章,该书由美国郝尔公司(G. K. Hall)出版。原文共分三个部分,葛浩文自己翻译出前面两部分,收入《弄斧集》,"供爱好中国现代文学者参考"。该文以时间的发展脉络为线索,以文学团体及作家为单位,分三个时期介绍了从1917年到1949年的中国文学思潮及文学作品,即肇基期(1917—1927)、成长期(1928—1937)以及抗战和内战期(1938—1949)。② 该文最大的特色是,文后有非常详细的资料索引、参考书目及相关史实的详细注解,内容翔实,论点清晰。他对中国现代文学尤其是中国现代小说研究的精湛程度,令人感叹。尤其值得注意的是,他的自译还体现出他扎实的中文写作功底。下面以他对中国新文化运动中"白话文学派"和"文言文派"或"学衡派"之间的论战的一段评议文字为例:

> 在此期中的大多数加入文学论争的作家中,大部分古文造诣甚深,但由于他们对新思想的热中(衷)和献身,使他们觉得只有全盘否定正统固有文化才是唯一解救中国文学之路——即使壮士断腕都在所不惜。③

文中的"古文造诣甚深""全盘否定正统固有文化""壮士断腕""在

---

① Yang, Winston L. Y. & Nathan K. Mao(eds.), *Modern Chinese Fiction: A Guide to Its History and Appreciation*. Boston. Mass: G. K. Hall, 1980.

② 葛浩文文中没有译出第三部分,但他在文中说明,他的分期参考了夏志清先生的《中国现代小说史》中的分期。这里,笔者根据葛浩文的说明为其第三期命名,因为夏志清的第三个分期为"抗战时期及抗战胜利以后"。

③ 葛浩文,《中国现代小说概论》,《弄斧集》,台北:学英文化事业公司,1984年,第279页。

所不惜"等表述不仅是地道的中文,还透出一股中国新文学时期的措辞意味,若不知道,还以为是哪一位中国学者用母语写就的一段文字,而那股中国新文学时期的"味道",恐怕与作者长期阅读、研究中国新文学时期的作品有相当关系。

三、卓著的中国现当代小说翻译业绩

葛浩文的研究和翻译相辅相成,始终跟随中国现当代文学的发展方向。"二战"后,由于宾纳(Witter Bynner)、潘恩(Robert Payne)、韦利等人对中国文学的译介,美国学界和民众对中国文学产生了兴趣。1945 年以后,美国的一些高校开始开设有关中国文学的课程。20 世纪五六十年代,有限的一些中国古典文学作品英译本在美国一版再版①,而对于中国现代文学的译介和研究还非常少见。在 70 年代之前,除了葛浩文所在的旧金山大学等极少数高校开设中国现代文学课程(可能得益于柳无忌在该校任教)之外,美国的各大学校几乎都没有开设中国现代文学课程。葛浩文曾经根据美国现有的图书资料,对中国现代文学作品的英译状况做了一番认真的调查,并将这些英译本一一列出。面对一份数量甚少的译本清单,他不无感叹地说:"中国现代文学的创作,成就是那么高,作品是那么多,于 70 年代以前,翻译成英

---

① Chen, Eoyang, "'Artifices of Eternity': Audiences for Translations of Chinese Literature", in *The Transparent Eye: Reflextions on Translation, Chinese Literature, and Comparative Poetics*. Honolulu: University of Hawaii Press, 1993, p.69.

文在美国流传的却只有这样的极少几本,而《骆驼祥子》和《八月的乡村》更是早期完成的,实在是少了些。"①正是带着这样一种遗憾,葛浩文开始尝试着翻译中国现代文学作品。

1975年,他与郑继宗合译了东北作家萧军的《羊》(Goat),后来他又翻译了萧红的若干短篇小说。70年代末,他与台湾地区著名的文学杂志《中国笔会季刊》的创始人殷张兰熙(Nancy Ing)合译了台湾小说家陈若曦的短篇小说集《尹县长》。很多读者通过这部译作,第一次认识了葛浩文。该小说英译本的标题标榜"'中国文化大革命'小说集",1978年出版后书评如潮,一些相当有影响力的刊物如《纽约时报》《时代周刊》等都纷纷发表了书评。那时,正值中国从"文革"中清醒过来,中美外交关系也刚刚恢复不久。这些都大大地激发了美国人对中国的好奇以及对中国现代文学的兴趣。

1979年,葛浩文翻译的《呼兰河传》与《生死场》合集英文版出版,他在《译者前言》中,特意说明了译文所选用的版本问题。版本的差异是翻译《生死场》所遇到的问题之一,当时在手的两个版本,一个是1935年的原版本,另一个是1957年的香港再版本。他认为后者的编者对原版本进行了肆意的删改(bowdlerizing editor),其中的许多更正和声明与原版本不符,因此,他翻译的是1935年的原版本。他认为,由于战乱的影响,中国现代文学作品的版本有时变得很混乱,如果能够整理全部的作品是最好不过的,如若有困难,至少应该整理重要的作品,这样才不会造成研究上的失误。他认为,这一点对于翻译尤其重要,"如果选用被有意篡改过的本子,那就不只是白费气力了"。

---

① 葛浩文,《中国现代文学研究的方向:从美国学者的研究情形谈起》,《弄斧集》,台北:学英文化事业公司,1984年,第230—232页,第225页。

20世纪80年代初,外文出版社约他翻译了张洁的小说《沉重的翅膀》(*Heavy Wings*)。自此,他开始翻译更多的中文小说。他坦言终于找到他能干好的一件事情,也许是唯一的一件事情。他觉得自己很幸运。1993年,英国伦敦的Heinemann公司和美国纽约的Viking公司同时出版了《红高粱家族》英文版。该书自第一版至今一直没有绝版,不仅为国外读者所喜爱,也成为美国各大学中国当代文学课程的必选读物。从某种意义上说,《红高粱家族》英译本为中国文学进入世界文学的版图奠定了基础。[①] 其次,苏童的《我的帝王生涯》和莫言的《丰乳肥臀》的英译本相继出版,引起了国外文学界的广泛关注。最引人注目的是,美国著名小说家约翰·厄普代克于2005年5月9日在《纽约客》上发表了题为《苦竹》("Bitter Bamboo")的长篇评论文章,由此引发了美国、中国的文学评论界的热烈讨论,扩大了中国当代小说的国际影响。2008年,由葛浩文翻译的《狼图腾》同时在美国和中国出版。据企鹅有关人士透露,《狼图腾》英文版截至2011年5月销量已达几十万册。

截至目前,葛浩文已翻译了三十余位中国知名作家的四十余部现当代小说,其中内地(大陆)作家有萧红、萧军、老舍、杨绛、张洁、王安忆、古华、贾平凹、刘恒、李锐、莫言、苏童、王朔、阿来、姜戎、王蒙、汪曾祺、阿城、毕飞宇等,港台作家有陈若曦、白先勇、黄春明、王祯和、李昂、施叔青、虹影、朱天心、朱天文、西西、袁琼琼等。葛浩文曾两度荣获美国国家艺术基金会颁发的翻译研究奖,1985年获美国翻译中心罗伯特·潘恩杰出翻译家奖(Translation Center Robert Payne Award)。

---

① Hampton, Wilborn, "Review: *Red Soghum* by Mo Yan. Trans by Howard Goldblatt", *New York Times*, April 18, 1993.

他与妻子林丽君（Sylvia Li-chun Lin）合译的朱天文的《荒人手记》（*Notes of a Desolate Man*）获美国 2000 年度国家翻译奖（National Translation Award），还获得了 1999 年《纽约时报》《洛杉矶时报》评选的年度好书奖。亚洲最大的文学奖——曼氏亚洲文学奖至今已产生四届获奖作品，其中三届获奖的中国小说，均出自葛浩文之译笔。[①] 2010 年 9 月，葛浩文还获得了第四届中华图书特殊贡献奖。

葛浩文的译本不仅为英语世界的读者拓宽了了解中国文学及文化的视野，还无意间为非英语世界的汉学家及译者提供了便利。赵毅衡曾诙谐地说："当代中国小说最杰出的翻译家葛浩文的英译本，往往被其他语言的翻译者用作'参考'。西方的汉学家，英文还是比中文好读，尤其是文学作品。至少两相对照，省了翻中文字典（一项很耗时间的劳作）。葛浩文为全世界的译本垫了底，却毫无报酬，因为凡是有点自尊的出版社，绝不会承认从英文转译中国小说。"[②] 在美国，文学翻译的报酬少得"令人痛心"[③]，译者是不可能单靠翻译谋生的，葛浩文多次在访谈中谈到这一点，但他却把一生大多数的时间奉献给了翻译事业。常常有人问他为什么要从事翻译这么一项没有回报的事业，葛浩文这样回答道：

> 因为我热爱这项事业。我喜欢读汉语；我喜欢用英语写作。我喜欢它的挑战性、歧义性、不确定性。我喜欢创造与忠实之间

---

① 这三部小说分别是姜戎的《狼图腾》（2007）、苏童的《河岸》（*The Boat to Redemption*，2009）、毕飞宇的《玉米》（*Three Sisters*，2010）。

② 赵毅衡，《如何打倒英语帝国主义？》，《书城》，2002 年第 8 期，第 72 页。

③ Simon, Daniel, "Why We Need Literary Translation Now", *Publishing Research Quarterly*, 2003, 19 (3), pp.48 – 51.

的张力,更有不可避免的妥协。当我时不时地发现一部令我激动的作品,我的心头就萦绕着一种想要把它译成英语的冲动。换句话说,我译故我在。我知道自己能忠诚地为两族民众服务,这给了我一种满足感,它激励我快乐地把好的、坏的,或不好也不坏的汉语作品翻译成可读的、能理解的,当然,还能满足市场的英语作品。①

为什么?因为热爱。这是怎样的热情!古稀之年的葛浩文先生依然笔耕不辍,在推进中国当代小说"西进"的事业中,立下了汗马功劳。"我译故我在",如果说文字的书写是自身价值的认同,那么葛浩文正是以翻译的重写证明了自身价值。

四、译者素养

葛浩文译介事业的成功源于以下三个因素,其一是认真的翻译态度。他说,翻译必须"用心去做"。莫言曾盛赞葛浩文的严谨作风:"他(葛浩文)写给我的信大概有一百多封,他打给我的电话更是无法统计……教授经常为了一个字、为了我在小说中写到他不熟悉的一件东西,而与我反复磋商,我为了向他说明,不得不用我的拙劣的技术为他画图。由此可见,葛浩文教授不但是一位才华横溢的翻译家,而且还

①　Goldblatt,H.,"The Writing Life",*The Washington Post*,28 April 2002(BW 10).

是一个作风严谨的翻译家,能与这样的人合作,是我的幸运。"①葛浩文持有读者本位的翻译理念,但始终坚持认真严谨的翻译态度,从来不会为了迎合读者而随意"归化"原文。他的翻译字字句句落到实处,直译的信度和意译的灵活相融合,从而呈现出不落俗套的译笔。其二是优秀的双语能力。葛浩文的中文功底厚实,可用地道的汉语撰文。他的老师柳无忌先生为他的中文论文集《漫谈中国新文学》写序,曾这样称赞他:"最使我惊奇的,他不但用他本国的文字写作与翻译,他更用他修习的……也是他第二语言的中文,来发表文章。……在传统的西方汉学界中,学者们于中国语文,及经典书籍,有造诣,能做深邃的研究,成绩斐然,颇有其人;但是他们中间能讲中国话的不多,更谈不到能以中文撰写而在刊物上发表。……美国学者们讲说中国语言的能力,已比一般的欧洲学者为强,但能写作中文的人,依旧稀罕得有如凤毛麟角。至于以若干篇中文著作,收成集子而出版的,除葛浩文外,更不易发现了。"②刘绍铭曾经这样评价葛浩文的中文功底:"'老外'朋辈中汉语修养奇高的大有人在,但能以写中文稿来赚烟酒钱的,只有老葛一人。……他的白话文虽未到诈娇撒野的程度,但确已到随心所欲的境界。"③

　　翻译的过程是理解和表达,一般人以为翻译最大的问题在于理解,即解读原文。然而,葛浩文认为,理解往往是容易处理的一面,可以借助外力来更好地理解原文,而母语表达倒是一个译者的内功。因此,从某种程度上说,译者母语的写作水平才是翻译成功的决定性因

---

　　①　莫言,《我在美国出版的三本书》,《小说界》,2000 年第 5 期,第 170 页。

　　②　柳无忌,《序》,见葛浩文,《漫谈中国新文学》,香港:香港世界出版社,1980 年,第 3 页。

　　③　刘绍铭,《序》,见葛浩文,《弄斧集》,台北:学英文化事业公司,1984 年。

素。他认为,他的很多同仁译家花费大量时间研读汉语,以至于丧失了对英语的感觉,翻译时过于受原文束缚,往往使译文大失文采。他一直保持阅读优秀英文作品的习惯,以使自己的英文跟得上时代的发展。他呼吁翻译同行多读优秀英文作品,培养英语语感。[①] 葛浩文深厚的英文功底不仅在他的译作中有所体现,从他的文学评论及文学翻译评论文章中也能窥见一斑。在《罗体模〈旋风〉吹坏了"姜贵":为迈向世界文坛的中国朋友进一言》一文中,他严肃地批评了罗体模对中国台湾小说家姜贵的作品《旋风》的不负责任的翻译,文笔犀利又不乏幽默。在罗列出几十条"略加检视"便能发现的误译之处后,他引用美国著名文学家吉伯特·海特(Gilbert Highet)的一句话:"一本坏书只是一个错误,将好书翻译成坏书,却是一项罪恶。"他十分尖刻地说,"如此《旋风》英译本稳可角逐今年文学'罪恶'奖",并感叹道,"如果将来有人再翻译这本书,我们希望下一个'播风'者能'收获'(reap)旋风,而不是'强奸'(rape)旋风"。[②]

其三是深厚的文学修养。多年的中国文学研究和翻译经历,造就了葛浩文犀利的文学眼光和深厚的文学修养。他非常注重作品的文学性,尤其注重作品的文学语言特性,以实现风格的传译。为了使译文最广泛地赢得读者,并且最大限度地保持原作在语言、文化、文学审美等方面的精髓,译者在翻译的过程中必然有取有舍。作为一个优秀的翻译家,葛浩文的舍弃是有原则的。比如,他处理语言问题的一个

---

① Lingenfelter, Andrea, "Howard Goldblatt on How the Navy Saved His Life and Why Literary Translation Matters", *Full Tilt*, Issue 2.

② Goldblatt, Howard, "Book Review on *Chiang Kuei* by Timothy A. Ross and *The Whirlwind* by Chiang Kuei and Timothy A. Ross", *Chinese Literature: Essays, Articles, Reviews (CLEAR)*, Vol. 2, No. 2, July, 1980, pp.284 – 288.

基本原则，就是分析某一语言现象是作者为了某种效果有意为之，还是由语言自身特点所导致。后者可变通处理，前者要尽力维护，以增强文本的陌生化，延长读者审美体验的过程。

就小说翻译而言，葛浩文认为译者的语言必须具有习俗性和时代感（idiomatic and contemporary），而不是华而不实的虚饰（flashy）。[①] 小说体裁，再现生活，不连贯之思维、不合"法"之言语、方言等随处可见。这样的作品才会贴近生活，使人触景生情，这正是小说的魅力所在。相信很多人都有这样的感受：很多中国译者的汉译英作品，每一句话都是漂亮的英文，挑不出任何语法错误，逻辑严密，条理清晰，但是读来就是呆板，没味道。其中一个原因就是不够习俗化，没有时代感。葛浩文还非常注重词汇的选择，很少随意删去原文中的谚语、俗语、谐音，并以最大的努力在英文中再现类似的情景效果。尤其值得一提的是，他凭借丰富的想象力，选词精当，使得译作的语言准确、形象、生动，创造出良好的视觉效果和听觉效果。读葛浩文翻译的小说仿似读英文原创小说，却并无置身于美国社会的感觉。葛浩文优秀的双语能力和深厚的文学修养不仅使其译文"写得有个性、有气派、有文采"[②]，也使其译文"在审美价值上完全与原文匹配，和原文一样优雅、生动、充满活力，甚至有的地方胜过原文而又不失准确"[③]。小说翻译，乃至文学翻译的最高境界正在于此：一国之文学经翻译后成为异域文学，从而真正达到了文化交流的目的。

---

① Lingenfelter，Andrea，"Howard Goldblatt on How the Navy Saved His Life and Why Literary Translation Matters"，*Full Tilt*，Issue 2.

② 欧怀琳，《读翻译学英文》。http://bbs. cenet. org. cn/html/board92525/topic73808.htm.

③ Rong，Cai，"Review：*My Life as Emperor*"，MCLC Resource Center Publication.

五、易化原则

葛浩文十分注重译文可读性,尽可能地在保持原文原貌的基础上,采用各种手段简化原文,增强译文可读性,我们姑且称之为"易化原则"。其易化原则主要表现在以下几个方面:

(一)文化省译,包括某些与意识形态相关的敏感词汇;

(二)通过事件重组,对小说结构进行局部调整;

(三)删减非叙述评论,使小说情节单一化,结构更加紧凑;

(四)通过对句子的长短、段落的长短、叙事时间和故事时间之间的关系的调整,调整小说节奏,使译文表现出一种普遍适应的节奏,以适合各个层次的译文读者;

(五)通过增加解释性文字,力求小说情节前后贯通。从某种程度上说,前几条或多或少也是为了情节的贯通,增加小说的趣味性与流畅性。

我们看到,葛浩文的易化原则力求遵守传统的叙事规约,即采取各种手法保持小说的故事性、趣味性、连贯性、逻辑性。首先,从主观上讲,葛浩文这一原则取向依据读者阅读的"优先原则"。所谓读者阅读的"优先原则",是曼弗雷德·雅恩(Manfred Jahn)在叙事文本阅读中对文化决定的优先规则(preference rule)的运用。[1] 人们在阅读小

---

① Jahn, Manfred, "Frames, Preferences, and the Reading of Third-Person Narratives: Towards a Cognitive Narratology", *Poetics Today*, 1997, Vol. 18, No. 4, p.446.

说时,习惯上期待一个完整的故事,而且是一个按自然顺序发展的故事。无论小说如何空间化,读者总是希望以最快、最省力的方法建构出一个按自然顺序发展的故事。可见,在建构故事方面,作者和读者的构思方式是反向的,也正是这种反向的张力带给作者和读者各自的快乐和趣味。葛浩文的易化原则其实也是他自己遵循阅读优先原则的结果。他将自己以优先原则阐释之后的文本付诸笔端,减小了译文读者阅读理解的难度。但是,说他因此减少了译文读者的阅读兴趣却不尽然。毕竟,译文的读者是西方读者,尤其是普通英文读者,他必然要考虑他们的感受。

其次,翻译的易化原则也是市场操作力作用的结果。葛浩文曾坦言,他选择作品翻译的条件只有两个:其一,"我喜欢且适合我译";其二,"要考虑有没有市场与读者"。① 在美国,如果一部书在三个星期内卖不完,就要下架退给出版社,或折价处理,甚至被烧掉。市场经济的运作模式无疑会影响到出版社和译者。葛浩文承认,他更喜欢有文学价值的严肃作品,但考虑到市场需求,也会选择一些轻松娱乐的作品。因此,要想让一部小说译作进入西方阅读界,译作的趣味性、娱乐性也是译者考虑的重要因素。

为了让国人更多地了解与己不同的国家和民族,首先要让国人"好之"。当初林纾翻译西方小说时,无论是从叙事时间、叙事视角,还是从叙事结构上,均通过删节、增加等手段对外国小说做了大量的更改。其目的之一就是让外国小说适应中国历来已久的叙事传统,以更好地为国人接受。葛浩文采取易化原则的目的与清末我国对外国文

---

① 罗屿,《中国好作家很多,但行销太可怜》,《新世纪周刊》,2008 年第 10 期,第120—121 页。

学的译介颇有相似之处。葛浩文也常常略去小说中一些不必要的卫星事件,使故事紧紧围绕在纵向主干事件的叙事线条上,突出故事的发展脉络,加快小说的叙事节奏,以赢得更多的外国读者。

改革开放以来,中西文化交流很不平衡,我们拿来的多,送出的少。中国文学"走出去"的步伐依然缓慢,中国文学在国外阅读界的影响有限,国外读者的数量仍然很小。葛浩文曾在一次访谈中坦言,他的中文小说英译本的读者更多是西方汉学界的人或学习汉语的人,如西方各个大学的东方语言文学专业的学生和教师。与此形成鲜明对照的是,"外译中"近年来异常火爆,改革开放使得西方的现代文学思潮通过各种形式输入中国,封闭多年的中国文学好像一个被关在狭小空间、快要窒息的人,突然打开了窗子,便开始贪婪地呼吸外面的新鲜空气一样,开始大量学习、模仿西方各种文学形式,包括各种小说技巧。对于这一点,葛浩文曾经风趣地说出自己的观点:中国的作家从没有抄袭过(plagiarized),他们只是临摹了(copied)不少。① 中国小说对世界文学的贡献不在于小说技巧,而在于内容和主题。

葛浩文的易化原则使得其小说译本从叙述结构到叙述话语更加符合译文读者的阅读习惯,难免与原文作者的创作理念有所冲突,在某种程度上表现出多元文化系统中,西方主流文学对中国文学的边缘化。然而,文化传播是一种渐进的过程,对于文学作品而言,尤其是小说,趣味性是它的生命力。葛浩文曾经说美国人不喜欢看翻译作品,很多出版社甚至不愿意在作品的封面上注明"translated by"的字眼。他还说,中国有很多优秀的作家和作品,但这些作品的英译本在美国

---

① Lingenfelter, Andrea, "Howard Goldblatt on How the Navy Saved His Life and Why Literary Translation Matters", *Full Tilt*, Issue 2.

的接受状况不容乐观。首先,它们大多由美国的小出版社出版,其次,它们的流传依靠"口口相传的口碑效应,很难真正流传"。[①] 因此,中国当代小说要真正进入美国阅读界,葛浩文的易化原则也许是某种权宜之策。

综上所述,优秀的双语能力、深厚的文学修养、严谨的翻译态度造就了葛浩文良好的译者素质。凭其对中国现当代文学研究的精深功底,葛浩文以学者的判断力解读中国现当代小说,又采用文学重写的翻译策略,以作家般的译笔,延续了中国现当代小说的文学性,尽可能原汁原味地表现中国文化和中国当代社会的状况。他对于中国现当代小说的挚爱和坚持不懈的译介,使得更多的中国小说真正进入了英美阅读界,赢得了海外读者,扩大了中国文学的世界影响。

(原载《小说评论》2012 年第 5 期)

---

① 罗屿,《中国好作家很多,但行销太可怜》,《新世纪周刊》,2008 年第 10 期,第120—121 页。

一心翻译梦，万古芳风流

——葛浩文的翻译人生与翻译思想

覃江华　刘军平

葛浩文不仅翻译成就首屈一指，而且翻译理论意识较强。他认为，文学翻译能够跨越语言、文化和时空的阻隔，促进人类相互了解，陶冶异国读者性情。翻译家充当着传播人、阐释者和编辑等多重角色。翻译的本质是重写和折中。考虑到读者的接受倾向和出版商的市场期待，"重新编辑"（retro-editing）或称"回炉编辑"的过程必不可少。

一、引　言

无论是在国内文学界还是西方汉学界，葛浩文"中国现当代文学首席翻译家"的名号可谓家喻户晓。截至目前，他已翻译过近三十位名家的五十余部作品，其中主要是小说，也包括一些散文、诗歌和论文。此外，他还曾主编多部中国现当代文学选集。葛浩文的翻译书单如同一本中国现当代作家的"名人录"，不仅译品数量众多、选择精细，而且翻译功力深厚、文学性强。他每推出一部新译，都能在报刊媒体上引起众多关注、评论和赞誉。因为其巨大的翻译贡献，葛浩文先后获得美国文学翻译家协会"国家翻译奖""古根海姆基金""中华图书特殊贡献奖"等荣誉，其译作也斩获"曼氏亚洲文学奖""纽曼华语文学奖"等奖项。经由其译笔走向世界的中国作家莫言，终于在 2012 年 10 月 12 日荣获了全球瞩目的诺贝尔文学奖。

葛浩文不仅实践经验丰富，而且理论意识较强。他曾发表多篇翻译研究论文，并通过访谈、译序等来阐述自己的翻译观。但长期以来，对于这样一位译著等身、有理论自觉意识的"英语世界最为优秀的中国当代文学翻译家"①，国内相关研究却寥寥无几。直到 2008 年《狼图腾》的英译本引起轰动，很多人才开始关注这位在英美和中国港台地区早已声名远播的美国汉学家。虽然此前仅有数篇新闻报道和个别论文面世②，但短短几年时间内，学界已涌现出百余篇研究成果（包括学位论文），并有理论专著出版③。这些研究十分及时也不乏洞见，但整体观之，仍存在一些不足。

首先，研究对象集中于《狼图腾》《红高粱》等少数译作，对葛浩文其他翻译成果关注较少。其次，研究者疏于对葛氏译论的搜集整理，未能准确把握其翻译思想孕育、发展和形成的过程，及其翻译观与译作中实际体现的翻译策略之间的契合与差异。因此，往往语焉不详，甚至得出他只有"翻译观点"而无翻译思想的结论。再次，研究视角过

---

① Lovell, J., *The Politics of Cultural Capital : China's Quest for a Nobel Prize in Literature*. Honolulu: University of Hawaii Press, 2006, p.196.

② 张耀平，《拿汉语读，用英文写——说说葛浩文的翻译》，《中国翻译》，2005 年第 2 期，第 75—77 页。

③ 吕敏宏，《葛浩文小说翻译叙事研究》，北京：中国社会科学出版社，2011 年。

于狭窄，多局限于译文的准确性，特别是文化词的传递之上。对其叙事和删改策略虽然有所探讨，但仍显单薄。最后，国内学界的译家研究往往忽视个性与共性研究的结合。葛浩文的翻译活动是特殊的，但是与其他著名汉学家、翻译家如马悦然（Göran Malmqvist）、顾彬、杜博妮（Bonnie S.McDougall）、蓝诗玲（Julia Lovell）、陶忘机（John Balcom）等相比，也存在诸多共性。可遗憾的是，国内学界当前的研究缺乏将其放在译者群体当中予以整体考察的勇气。

限于篇幅，本文无法就这些问题进行全面的考察和思考，故只集中于学界关注较少、讨论最为薄弱的葛氏翻译思想这一方面。通过梳理和剖析其译事和译论，管窥英语世界中国文学翻译的目的、文本选择、翻译策略、出版传播、读者反馈和翻译批评等一系列有关中国文学"走出去"和中国文化身份重构的重大问题。

二、葛浩文翻译思想的主要内容

葛浩文虽然声称"翻译既非理论，亦非学术"①，但是其理论思考要远远走在很多当代汉学家、翻译家之前。早在 1976 年，葛浩文就在中国台湾地区《"中央"日报》发表过题为"文学与翻译家"的文章来阐述自己的翻译观。此后，他又撰写过数篇与翻译相关的论文或杂文，并

———————————

① Goldblatt，H.，"Blue Pencil Translating：Translator as Editor"，*Translation Quarterly*，2004（33），p.22.

多次发表演讲或接受采访,畅谈自己对翻译的看法,还在大量序、跋、导读或评论文章中表明自己的翻译思想。因此,唯有在充分占有相关资料的基础上,系统梳理葛浩文近年来的翻译实践和理论思考,方能比较全面地了解其对翻译文学和翻译本身的认识。

(一)文学翻译的必要性与可能性

美国老牌作家约翰·厄普代克在其《苦竹》一文中称,葛浩文是中国文学唯一的"接生婆",翻译当代小说是他"孤独的事业"。[①] 不了解葛浩文翻译观和文学观的人,很难理解他为何念兹在兹,几乎是凭一己之力译介如此多的中国现当代文学作品。因此,要探讨葛氏的翻译人生和翻译思想,首先就需要熟悉他对文学翻译之必要性和可能性的看法。

1. 文学翻译何以必要?

葛浩文投身文学翻译与其文学观密不可分。他认为,文学能陶冶性情、促进不同文化传统之间的相互了解。"一篇好故事是人同此心、心同此理的经验。尽管我们的背景、生活方式、哲学思想与政治制度不同;但作为人类,我们都有很多共同的、基本的信念、希望、情感和需要。正是这些使文学成为吸引人的艺术形式,时常超越了人类生存外在的、短暂的形态,而集中在人的性情与状况上,而不问他顷刻间的情况。因此,这个世界上没有了文学,该会多么的单调。由于文学作品的这种性质,便有办法开拓、改变读者的生活。这是种新经验,最最好的,它是一种学习的过程,对别人、对一般人,或者对自己,都产生了更

---

① Updike, J., "Bitter Bamboo: Two Novels from China". http://www.newyorker.com/archive/2005/05/09/050509crbo_books.

深、更清楚的了解；或者它也许只是提供了一两个钟头静静的松弛与乐趣。阅读另外一个时代，或者他种文学的作品时，学习与了解来自两个方面：我们不但知道人我之间的相'异'，而且可以不断发现——时常愕然发现，我们是多么相'同'。"①

正是基于这种对文学社会功能、个人怡情作用和文化通约性的认识，葛浩文才产生了对文学翻译的必要性和可能性的深刻认识，并将这种认识付诸实践。他说："我们可以大谈放诸四海而皆准的经验，不幸却没有普天下通用的一种语文。那么，由哪一个填补起这种空虚，连接起诸文化间的桥梁来？当然便是翻译家了……"②葛氏因为翻译萧红、萧军的作品和陈若曦的《尹县长》而初尝翻译之兴味，并一发不可收拾。在成功翻译了张洁的《沉重的翅膀》后，他便义无反顾地投身于这项"费力不讨好的行当"，立志做一名世界文学中"无人赞美的英雄"。

长期以来，西方汉学家研究古代文学的居多，当代文学被认为是政治挂帅，缺少文学价值，故备受忽视。葛浩文却独辟蹊径，将当代文学作为自己研究和译介的对象。早在 20 世纪 70 年代，葛浩文就开始密切追踪中国当代文学的最新动态，寻找可以翻译的作品，并在改革开放之后第一时间到访中国，拜访杨宪益、戴乃迭夫妇和一些中国作家。他所撰写的《中国当代文学与新〈文艺报〉》(1979)、《重放的新花：复兴中的中国文学》(1981)等，就是其持续密切追踪中国文学动态的最好体现。

葛浩文指出，"在西方人的心目中，中国占据着一个特殊、近乎神

---

① 葛浩文，《弄斧集》，台北：学英文化出版事业公司，1984 年，第 200 页。
② 同上，第 201 页。

秘的位置。然而,其文学总体来说令人失望。中国当代作家教条化、政治化、缺乏想象力,在国外几乎没有产生任何影响"。但是,密切跟踪中国当代文学动态的葛氏发现,"事情正在起变化"①。就他最关注的小说而言,改革开放以来的"中国作家在现代主义、传统叙事的现代转化、魔幻现实主义、滑稽剧、黑色幽默等方面的实验之作,拓展了中国小说的视域,增加了其在国内外的影响力。就国外影响而言,我们需要翻译的媒介"。② 在他看来,西方学者的研究和翻译不仅可以让外国读者真正了解中国、中国文学及中国人的现代生活,而且也会刺激中国现代文学的更大发展。③

  葛浩文高度重视文学翻译的社会功能和怡情作用,但是反对将其作为观察中国社会状况的窗口。文学翻译带给读者全世界的文学精华,有助于拓展人们对文学本身的认识。可是,在整个 20 世纪,外国读者对中国文学的社会、政治方面的兴趣,常常遮蔽了纯文学性目的。"阅读中国文学,更多是了解当代事件和社会,而不是其美学或娱乐价值。"④这与其他汉学家(如杜博妮等)的观察也是一致的。西方学界对中国文学感兴趣的学者多为社会学、历史学或政治学背景,他们主要关注翻译文学作品中的信息而非其文学价值或翻译水准。⑤ 因此,"传递信息成了当今时代翻译文学理所当然的目的"。对此,葛浩文深

  ① Goldblatt, H., "The Return of Art", *Manoa*, 1989, 1 (1/2), p.83.

  ② Ibid.

  ③ 葛浩文,《漫谈中国新文学》,香港:香港文学研究社,1980 年,第 115—116 页。

  ④ Goldblatt, H., "Border Crossing: Chinese Writing, in Their World and Ours", in Weston, T. B. & Jensen, L. M. (eds.), *China Beyond the Headlines*. Lanham, Maryland: Rowman & Littlefield Publishers, 2000, p.327.

  ⑤ Mcdougall, B. S., *Translation Zones in Modern China: Authoritarian Command Versus Gift Exchange*. New York: Cambria Press, 2011, p.44.

表遗憾:"文学翻译更为重要的作用被遗忘了,尽管德国诗人和翻译家诺萨克(Hans Nossak)曾经告诉我们,'翻译其他文化的作家作品可以避免一种文学变得过于民族主义和偏狭'。"①

2. 文学翻译何以可能?

葛浩文反对文化相对主义,认为"在不同文化的人民间,有大量相似的思想与感情,大致上只是表达的方式相异",翻译文学可以超越文化和时空的阈限。② "人类真理是不受时空限制的。虽然通向这些真理的道路万万千,但是其表述和体验方式使之具有普世意义。"③很多中国作家认为,外国人没有实际体验中国的社会生活,所以无法真正理解和传达中国文学的思想精髓。葛浩文认为这是一种文化相对主义的观念,低估了文学读者和译者的理解力和想象力。他不否认翻译必然有所"失",他只是更看重翻译之后的"得"。

葛氏指出:"要么歪曲地展示原作,要么使之完全湮没不闻。承认中国小说在翻译中有所损失,就如同承认旅游业会对长城造成破坏一样。虽然如此,但有什么办法呢?"事实上,中国文学的英语译者一直竭力将翻译中的损失减少到最小,而且做得很成功。④ 在他看来,"即便翻译过程有其固有危险,中国文学仅处于'第三世界'的边缘地位,但不管经过怎样的媒介,当代文学作品都能以某种特别的方式满足和

---

① Goldblatt, H., "Why I Hate Arthur Waley? Translating Chinese in a Post-Victorian Era", *Translation Quarterly*, 1999 (13&14), pp.41 - 42.

② 葛浩文,《弄斧集》,台北:学英文化出版事业公司,1984 年,第 207 页。

③ Goldblatt, H., "Border Crossing: Chinese Writing, in Their World and Ours", in Weston, T. B. & Jensen, L. M. (eds.), *China Beyond the Headlines*. Lanham, Maryland: Rowman & Littlefield Publishers, 2000, p.328.

④ Goldblatt, H., "The Return of Art", *Manoa*, 1989, 1 (1/2), p.83.

启迪中国之外的读者"①。正是抱着这种信念,他才能对文学翻译的前途、困难与得失看得十分坦然。葛浩文说:"我喜欢这一事业当中的挑战、模棱两可和不确定性。我喜欢创造性和忠实性之间的张力和不可避免的妥协。"②虽然翻译家可能都会认同斯坦纳的观点,即"十之八九的翻译都是不充分的",但"这只是承认一部作品一旦转换成外语,就必然经历某些转变,而不能当作衡量我们工作质量的标准。翻译的确是不充分的,但是,如果好作品的生命要在时空上得到延展的话,这是唯一的途径"。有时,翻译甚至"能以某种作者都难以想象的方式提升原作"。③

(二) 文学翻译的文本选择

葛浩文认为,翻译家着手翻译前最要紧的是文本选择。"翻译的选择很重要,因为某种文字的作品,到头来只有极少的一部分介绍给新的读者群。如果要满足前面所说的文学本质——普天之下更多的了解——适宜而细心选择作品加以适译,毫无疑问应该是翻译家的第一优先,因为选上一本较他书为劣的作品,不具代表性,或者只对其他方面——如政治——有桴鼓之应,便是一种道道地地纯纯粹粹的误解,一种决不可原谅、不可饶恕的罪过。"④

长期以来,翻译作品在美国只占其图书出版的 3%—5%,远远落

---

① Goldblatt, H., "Border Crossing: Chinese Writing, in Their World and Ours", in Weston, T. B. & Jensen, L. M. (eds.), *China Beyond the Headlines*. Lanham, Maryland: Rowman & Littlefield Publishers, 2000, p.342.

② Goldblatt, H., "The Writing Life", *The Washington Post*, 28 april 2002 (BW10).

③ Ibid.

④ 葛浩文,《弄斧集》,台北:学英文化出版事业公司,1984 年,第 203—204 页。

后于法国的 10% 和意大利的 25%。葛浩文认为,这说明英语原创出版物的影响巨大,同时也让人看到美国的文化仇外主义(xenophobia)。这对汉英文学翻译有何启示呢? 含义很明显:"如果中国作家要得到哪怕只是一丝理所应得的关注,选择标准十分关键,即译介哪些作家的哪些作品以及何时进行。""如果没有一批广泛且有代表性的小说和诗歌翻译作品,中国图书很难对西方作家产生任何艺术影响。如此便回到上述文本选择的问题,这是一个译者可以发挥重要作用的领域。"①

在过去近四十年里,葛浩文翻译了几十部中国现当代小说。他自我评价说:"虽然这些努力的结果并不能反映"后毛泽东时代"中国文学的全部发展历程,但是,却很好地代表了我自己的文学品位和工作所受的限制。更为重要的是,它们是英语读者所能接触到的中国长短篇小说的精华。"②葛氏坦言:"我主要是为自己翻译,目标是选择我认为应当享有二次生命的材料,然后尽可能赋予其一次美好的生命。"③"选作品,我通常有两个条件:其一,我喜欢且适合我译。其二,要考虑有没有市场和读者。"④

① Goldblatt,H.,"Border Crossing:Chinese Writing,in Their World and Ours", in Weston,T. B. & Jensen,L. M.(eds.),*China Beyond the Headlines*. Lanham,Maryland:Rowman & Littlefield Publishers,2000,p.335.

② Ibid.,p.337.

③ Lingenfelter,A.,"Howard Goldblatt on How the Navy Saved His Life and Why Literary Translation Matters". http://fulltilt. ncuedu. tw/Content. asp? l_No=16&Period=2.

④ 罗屿、葛浩文,《美国人喜欢唱反调的作品》,《新世纪周刊》,2008 年第 10 期,第120 页;Kung,S. W.,"Translation Agents and Networks,with Reference to the Translation of Contemporary Taiwanese Novels",in Pym,A. & Perekresenko,A.(eds.), *Translation Research Projects* 2. Taragona:Intercultural Studies Group,2009,p.128.

葛浩文的文本选择虽然带有"唯我主义""市场导向"和"迎合读者阅读倾向"的特征,但他特别强调作品本身的文学性和全球文学思潮。葛氏早就指出,学者们在选择研究和翻译的对象时,"不是仅凭着个人的好恶,其选定必然经过多方面的考虑"。具体而言,是要遵循如下四项基本原则:这一作家的成就,这一作品的水准和风格,这一作品翻译后是否有相当的读者,当前世界的文学思潮。其中,"当前世界的文学思潮,乃是一切考虑的基础"①。他是西方汉学界较早超脱意识形态影响的翻译家。在世纪之交的一篇文章中,葛氏指出,"现在虽然政治和市场因素方面的考虑仍然在发挥作用,但是我们可以从美学或其他文学标准出发来选择翻译文本了。虽然的确存在这样一种情况,即更具批判性或更阴暗的作品优先于那些粉饰历史或社会的作品,但与此同时,这些作品可能在艺术价值和悦人心智方面更加令人满意。我认为,如果译者的选择受到意识形态的驱动,就未能真正服务于文学"②。

(三) 翻译的本质是重写和折中

葛浩文认为"翻译是更高级的写作","翻译的本质是重写"。但是,作为重写的"翻译只能补充而不能复制原作"③,也不能对原作进行随意截短或删改。在评论阿瑟·韦利对《水浒传》进行的节译时,葛浩文提出了发人深思的问题:"翻译家有权这么做吗? 他尽到了翻译家

---

① 葛浩文,《漫谈中国新文学》,香港:香港文学研究社,1980 年,第 115 页。

② Goldblatt, H., "Border Crossing: Chinese Writing, in Their World and Ours", in Weston, T. B. & Jensen, L. M. (eds.), *China Beyond the Headlines*. Lanham, Maryland: Rowman & Littlefield Publishers, 2000, p.338.

③ Goldblatt, H., "The Writing Life", *The Washington Post*, 28 april 2002 (BW10).

的本分吗？本人认为没有。"①他对金（Evan King）擅自将《骆驼祥子》的结局改为大团圆的做法更是十分不满，认为这改变了原作的精神主旨。因此，葛氏推出了自己的重译本。② 这也成为他屈指可数的重译作品之一。

仔细读过葛浩文译文的读者都知道，他惯用的翻译策略是省略和重组。无论是姜戎的《狼图腾》、刘震云的《手机》，还是他最服膺的莫言作品，都经过大刀阔斧的删编和重组。这些都是翻译之重写性质的体现，有些重写甚至被作者完全接受，在后来的中文版中也采用了英文版的叙事方式。③ 但需要注意的是，葛浩文的重写不是不加选择地完全打破重建。在重写过程中，他特别注意原文的修辞性。在他那里，重写与模仿策略并重，至于采用哪一种，完全是出于文本需要。葛氏自称，"我的口令是：中国作家这么写是有其特殊目的，还是其语言要求如此？如果是后者，我就将其处理成自己的语言表达法。如果我推断这是作者的别出心裁，他有意使文本陌生化、放慢读者的脚步，那么我就努力去捕捉这种效果"④。

有人或许会问，重写难道不会有悖于对原作的忠实（信）吗？事实上，葛浩文很早就意识到，"翻译家时常误用了'信'这个词儿（信于什

---

① 葛浩文，《弄斧集》，台北：学英文化出版事业公司，1984 年，第 206 页。

② Goldblatt, H., "Introduction", in Lao She, *Rickshaw Boy*. Trans. Howard Goldblatt. New York：Harper Perennial，2010.

③ Goldblatt, H., "Blue Pencil Translating：Translator as Editor", *Translation Quarterly*，2004（33），pp.25—26；李文静，《中国文学英译的合作、协商和文化传播——汉英翻译家葛浩文与林丽君访谈录》，《中国翻译》，2012 年第 1 期，第 59 页。

④ Lingenfelter, A., "Howard Goldblatt on How the Navy Saved His Life and Why Literary Translation Matters". http：//fulltilt. ncuedu. tw/Content. asp？l_ No = 16&Period=2.

么？词汇吗？形式吗？意义吗？文体吗？影响吗?），原作中一些词汇和习语，在外国读者来说了无意义，会对作家以及文学作品所代表的文化，导向完全歪曲的观点。翻译家却不肯把它们用富于创意的同义语来译出。其实，在不同文化的人民间，有大量相似的思想与感情，大致上只是表达的方式相异。那么，翻译家的本分——在任何情形下都是件艰巨的工作——便是把相似思想、感情的相异表达译了出来，译文中'相似'与'相异'都要看得出。这就是说，因为事实上文化各不相同，翻译家不能牺牲原著独到的文体，但也一定要竭尽全力，显示出作品后面的差异是在表达方式上，而不是思想"①。

另一方面，葛浩文认为"翻译的本质就是一种折中"②。翻译从来就不是字字对译，也不可能如此。从事汉英翻译的人需要更具创造性，因为两种语言差异实在太大。③ 西方语言之间更容易实现精确对应，而在翻译充满隐喻、用词精简且词汇量偏小的汉语的时候，译者必须享有很大程度的创造自由（creative license)④。纳博科夫曾经指出，"即便是最蹩脚的直译，其好处也比最优美的释译要多出一千倍"⑤。但是，葛浩文认为，这种观点无论是从美学还是商业角度来看都是错误的。"有人坚称要将读者引向作者。对他们而言，'异化文本'（一时找不到更合适的词，暂且称之为直译）是种意识形态的需要，能够扰乱目标语的文化符码。而归化翻译（文学性翻译）是对外国文化的挪用

---

① 葛浩文，《弄斧集》，台北：学英文化出版事业公司，1984 年，第 207 页。

② 同上。

③ Cohort, K., "Chinese Professors Make Winning Translation Team". http://a1.nd.edu/news/21839-chinese-professors-make-winning-translation-team/.

④ Goldblatt, H., "Blue Pencil Translating: Translator as Editor", *Translation Quarterly*, 2004 (33), p.24.

⑤ Ibid.

和占有，而且拒绝了展示自身语言与原作不同的文体可能性（stylistic possibilities）。文学性翻译读起来像是用译入语写成的，它们似乎更受出版社青睐"。"无论人们如何看待这一现象，可实际情况依旧是，可译性高的作品的可读性译文才会得到出版机会。"①

（四）翻译家的地位与角色

葛浩文指出，翻译家伟大如韦利者，"其遗产也许不在于留下的翻译作品，而更多表现为他作为译者的角色"。② 事实上，早在《文学与翻译家》（1976）一文中，他就曾提出"对翻译家应有的认识"。在葛氏看来，"文学翻译家的角色，虽则具有重大的责任，却常常没有相俱以来的酬庸（只除开把一首诗、一篇小说，诚诚实实从一种语言，以另一种文字再创造，得到莫大的满足以外）。在历史上，虽然对翻译家的认识时有升沉，他的译品却成为我们生活的一大部分，只要这么想到，当然将来也会如此"③。即便如此，"在大多数人心目中，翻译家的玩意儿，不能同原作者的才华相提并论，这似乎不够意思"④。

葛浩文认为，"所有的译者都是隐身的小说家，而且翻译并不是一种次等艺术，即某种引向更好东西的媒介"。"我喜欢这一事业当中的挑战、模棱两可和不确定性。喜欢创造性和忠实性之间的张力和不可避免的妥协。一读到令人振奋的作品，我就忍不住要将其翻译成英

---

① Goldblatt, H., "Border Crossing: Chinese Writing, in Their World and Ours", in Weston, T. B. & Jensen, L. M. (eds.), *China Beyond the Headlines*. Lanham, Maryland: Rowman & Littlefield Publishers, 2000, p.336.

② Goldblatt, H., "Why I Hate Arthur Waley? Translating Chinese in a Post-Victorian Era", *Translation Quarterly*, 1999 (13&14), p.44.

③ 葛浩文，《弄斧集》，台北：学英文化出版事业公司，1984 年，第 199 页。

④ 同上，第 200 页。

语。易言之,离开翻译我便无法生活。为两方忠实服务所带来的满足感,让我愉快地将或优、或劣、或中庸的汉语作品翻译成可读、易懂甚至好卖的英文书。"①但是,"时常多的是翻译家贡献了力量,却只有好少好少的鼓舞和名声,以通俗的譬喻来说,他们是世界文学中'无人赞美的英雄'"②。

事实上,葛浩文对译者社会地位低下的现状十分不满。三十多年前,初为译者的他曾抱怨译者的隐形和从属地位,并颇有些不服气。③如今,译者的生活状态非但没有好转,反而更加恶劣。"出版商、评论家、读者都要求外国作家和作品更好懂,个体译者的独特角色和能力受到忽视。曾几何时,译者被认为是阐释原作的音乐家,但现在他们却被视为抄写员(scribes)。"可是,"如果哪个环节出了毛病,就认定是译者的翻译错误"。④

虽然译者的生存环境每况愈下,葛浩文却从未放弃自己的翻译梦。在他看来,翻译家的社会作用是非常重要而又十分特殊的,既是传播者也是解释者。他说:"假使我们认为(或希望)文学是国与国、文化与文化的桥梁,最最要紧的,它要阅读起来像文学。在这一方面,翻译家的责任至艰至巨。不论别人认为他的工作是一种技巧也好,或者是一种艺术也好——或者两者兼而有之;他是一位传播人,一位解释人,在国际了解的连锁上,他是最主要的一环。"⑤

---

① Goldblatt, H., "The Writing Life", *The Washington Post*, 28 april 2002 (BW10).

② 葛浩文,《弄斧集》,台北:学英文化出版事业公司,1984 年,第 201 页。

③ 同上,第 211 页。

④ Goldblatt, H., "Why I Hate Arthur Waley? Translating Chinese in a Post-Victorian Era", *Translation Quarterly*, 1999 (13&14), pp.41 - 42.

⑤ 葛浩文,《弄斧集》,台北:学英文化出版事业公司,1984 年,第 208—209 页。

中国作家的英译者除了扮演上述两种角色，还发挥着出版"编辑"的作用。在中国出版体系里，编辑和译者不受重视，社会地位十分低下。① 在很多人看来，编辑不是作者，没有创作的才华；个别作者甚至要求编辑对作品"一个字不改"。这在西方是难以想象的。葛浩文认为，在强调编辑不是作者的时候，人们往往没有意识到"编辑是更好的读者"。在中国，很难找到造就伟大作家菲茨杰拉德和海明威的伟大编辑珀金斯（Maxwell Perkins）那样的人物。这样的编辑是客观而且经验丰富的局外人，通过他们的高标准和严要求，作者可以发现作品表层或结构上的错误，抓住并解决艺术或技术上的问题，然后再用自己的方式完善作品。②

葛浩文认为，中国的编辑和译者一样，只是一些抄写员，仅仅负责挑出作品中的错字或偶尔的前后矛盾。在中国，作者的地位至高无上，而在西方，编辑是读者永远的同盟军。"莫言如果有位得力编辑襄助的话，不说别的，我的负担会减轻很多。"③既然中国作家没有享受过真正的编辑服务，那么在翻译中国当代文学作品时，译者就承担起对原作进行"重新编辑"的重任。这主要有以下三大原因。其一是作品的质量和与之相关的本土读者接受。有些作品也许红极一时，但本身质量不高，所以需要重新编辑。而且中外读者对小说的期待不一样。中文读者能够忍受长篇小说，但是英语读者难以忍受长篇累牍，删编操作难以避免。其二是中国出版体系中编辑的角色和地位。中文作者剥夺了编辑的施展空间，后者地位低下，未能充分发挥其作用。其

---

① Goldblatt, H., "Blue Pencil Translating: Translator as Editor", *Translation Quarterly*, 2004 (33), p.24.

② Ibid., p.25.

③ Ibid.

三是出版经济学。西方出版商以市场为导向，如果销路不好，版税就会一落千丈。有时，出版商为了节约成本，会选择年轻人喜爱的通俗作品，然后想办法将其编辑出版。由于西方编辑几乎没有会说中文的，所以这些任务常常落在了译者身上。①

葛浩文的口号是"全球视野，本土编辑（Think Globally，Edit Locally）"②。如果说"阅读是翻译的要素，那么编辑也同样是翻译的要素"③。由于汉语和英语之间的差异要远远大于西方语言之间的差异，在汉英翻译中，译者自然要发挥其自由创造性。"哪里用逗号，哪里用同义词替代，哪里需要对句式进行大幅调整，等等，几乎都是由英语文体驱动的，而非汉语原文。这种决定与其说是一种阐释行为，不如说是译入语中的编辑要求（editorial comments）。因此，对有些作品进行'重新编辑'就成为一种规范。缺少这种编辑对任何一方都没好处。"④

对于这种编译行为的正当性，很多学者甚至作者都表示过怀疑，但也有一些学者表示支持和赞同⑤。葛浩文认为，经他和（出版社）编辑处理过的作品，没有从根本上背叛原作的主旨，而且"没有作家提出过任何激烈的反对意见，这使得我相信英语读者有机会阅读和享受中文作者的文学盛宴。这些作者是在中文作品出版之后才享受到编辑

---

① Goldblatt, H., "Blue Pencil Translating: Translator as Editor", *Translation Quarterly*, 2004（33），pp.22 - 27.

② Lingenfelter, A., "Howard Goldblatt on How the Navy Saved His Life and Why Literary Translation Matters". http://fulltilt. ncuedu. tw/Content. asp? l _ No ＝16&Period＝2.

③ Goldblatt, H., "Blue Pencil Translating: Translator as Editor", *Translation Quarterly*, 2004（33），p.22.

④ Ibid., p.24.

⑤ Lupke, C., "Hankering after Sovereign Images: Modem Chinese Fiction and the Voices of Howard Goldblatt", *Chinese Literature Today*, 2011, 2（1），pp.86 - 92.

服务的"。那么，经过"重新编辑"的译作，"是否会变成一部不同的作品？当然不同，翻译从来就不同于原作。这样的译文还能代表原作吗？如果处理得足够仔细的话，是可以的。这样做有意义吗？有时候有。当然，有些作家是不必为此费神的。例如，赢得梦寐以求的诺贝尔文学奖，就可以使作者和翻译都能免受编辑干预"。①

当然，过分的编辑干预也有其潜在风险。好的编辑虽然助益良多，但并不能发现所有的问题。而且在西方很难找到懂中文并知道什么是好译文的编辑。葛浩文显然对此也深有体会，他对西方编辑条件反射式地改变书名和压缩篇幅的做法也提出了批评。② 但是，他仍未充分意识到西方出版社和编辑的意识形态色彩，也未深刻反思这可能带有的种族中心主义和文化自恋情结。

（五）文学翻译的读者因素

翻译是为谁而做？这是个古今学者聚讼不已的话题。本雅明的意见是：就欣赏艺术作品和形式而言，对受众因素的考虑没有任何好处。"诗不是为读者而作，画不是为观赏者而绘，交响乐不是为听众而谱。"③葛浩文却反对这种精英主义的翻译观，他认为，翻译"最重要的是要对得起读者，而不是作者"④。读者接受是汉学家和翻译家必须考

---

① Goldblatt，H.，"Blue Pencil Translating：Translator as Editor"，*Translation Quarterly*，2004（33），p.28.

② Lingenfelter，A.，"Howard Goldblatt on How the Navy Saved His Life and Why Literary Translation Matters". http://fulltilt. ncuedu. tw/Content. asp？l_No＝16&Period＝2.

③ Venuti，L.，*The Translation Studies Reader*. London ＆ NewYork：Routledge，2000，p.15.

④ 季进，《我译故我在——葛浩文访谈录》，《当代作家评论》，2009 年第 6 期，第 46 页。

虑的关键性因素。葛氏指出,"与编辑一样,译者的首要职责在于读者而不是作者。我知道有人不同意,特别是作家。这些事情彼此并不排斥。但是我认为需要产出一些更易为美国读者接受的东西。哈金(Ha Jin)的英语不够地道情有可原,而且很多人为此着迷。但是,译文的语言必须使用地道和当代的表达法,避免华而不实"①。

葛浩文对读者接受倾向的重视与其他汉学家是一致的。读者的口味虽然在不断变化,但是有些阅读习惯却始终如一,如对注释的使用等。著名汉学家马悦然、杜博妮、蓝诗玲等,都十分重视从读者的角度来处理注释问题,提倡采用译序或导读来为读者创造阅读语境,避免使用脚注甚至尾注。按照葛氏的说法,文学与其他写作方式不同,"它的精髓是可读性、唤醒力和引起情感的共鸣。因此,翻译家无比殚精竭虑,保持这些特质的活跃。然而,它们常因注释过多而滞碍;很多注解既不必需,也无此必要","如果要一篇故事发展流畅,便不该使读者经常在页尾去看注释。翻译家只要用一点儿想象力,大部分的解释都可以避免"。注释非有不可时,翻译家依然有其他一些现成的途径,例如用"译序"为读者创造一种阅读语境。另一种可行的方式,便是在书后注释,这对列举很多参考资料的作品特别有效。如果读者发现有此必要,便可查阅这些术语名词(若非必要,就不必查)。最后一种办法就是把解释纳入故事中,使注解变成译文的一部分。"这可以使大而化之的读者,永远不必查注解,同时也为学人与批评家提供了服务。"②

---

① Lingenfelter, A., "Howard Goldblatt on How the Navy Saved His Life and Why Literary Translation Matters". http://fulltilt. ncuedu. tw/Content. asp? l _ No = 16&Period=2.

② 葛浩文,《弄斧集》,台北:学英文化出版事业公司,1984 年,第 208—209 页。

三、葛浩文翻译思想简评

　　首先,葛浩文声称自己的"重新编辑"行为是得到作者同意或默许的,那么,得到作者授权是否就能将删减和编辑合法化? 如前所述,由于汉英语言文化的巨大差异、不同读者群体的接受倾向,以及出版人和编辑社会地位的不同,翻译中的重组和删减难以避免。但是,这种删编行为的背后是否带有某种权力关系的运作? 虽然尼采说上帝死了,罗兰·巴特说作者死了,但是读者没有死。无论是当代还是后代读者,他们有权了解原著的全貌。经过二次编辑的译作能否赋予读者基本的阅读权利? 这无疑是译者和研究者需要慎重考虑的问题。

　　就葛浩文的文学翻译而言,他的编译行为似乎并未引起作者的强烈反对。可是,作者没有表示出不满,并不代表着其他翻译活动的参与者(如评论家和大众读者)就会保持沉默,也的确有很多翻译研究者对葛氏的翻译策略持怀疑态度。毋庸置疑,得到作者授权或默许的编辑行为可以赋予译者和出版商以权威,或者道德与心理上的宽慰。但是,我们也不能忽视其潜在的风险性。由于受到语言限制,中国作家难以对译文的删改进行有效评估和反应。而且,为了抓住通过翻译获得更多读者和国际认可的宝贵机会,他们往往不得不有所隐忍。因此,专业读者(特别是译评家)需要发挥他们的专业特长,对翻译质量和翻译行为进行监督,对劣译、误译和胡乱修改提出批评,对文化殖民主义保持警惕。

但是,要真正公允地解读葛浩文的编译行为却并不简单。以莫言为例,对于葛浩文对自己作品的删改,他非但没有反对意见,反而对译者说:"小说不再是我的了,它属于你。虽然有我的名字和版权,但它现在属于你。"①此外,莫言还曾多次公开表示,葛浩文为自己的原著添加了光彩。虽然其中有些内容(如性描写)是原作中没有的,但正好弥补了自己在这方面的缺陷。② 这就是说,原作一旦经过翻译就获得了新的生命,而这个新生儿是作者和译者共同创作的结果。因此,我们需要以一种客观的态度来审视这种翻译现象,而不能心怀成见地将其贬斥为译者对原作的不忠,从而轻易将译者钉上背叛的十字架。事实上,莫言和葛浩文的合作方式,开创了作者和译者、东方和西方主体间对话的新模式。这颇值得翻译研究者关注。

其次,当代的汉学家和翻译家普遍以市场为导向,十分关注读者接受问题,其合理之处上文已经谈到,但问题是:一味迁就市场销售和读者口味是否造成对原作的暴力? 例如,在解释为何把《饥饿的女儿》(虹影)书名改为"*Daughter of the River*"(河的女儿)的时候,葛浩文表示,"出版商认为英美读者不喜欢读到关于'饥饿'的内容","他们更关心销售情况,而不是对原作者视域的忠实程度"。虽然英文标题更富诗意也更合情理,但是作品中强烈的女性主义色彩消失殆尽,其追求女性自由和性解放的"革命性"意义不再彰显。③ 相反,作品中的性

---

① Lingenfelter, A., "Howard Goldblatt on How the Navy Saved His Life and Why Literary Translation Matters". http://fulltilt. ncuedu. tw/Content. asp? l_ No = 16&Period=2.

② 莫言,《我在美国出版的三本书》,《小说界》,2000 年第 5 期,第 170 页。

③ Chen, L. J., "A Chinese Woman in Translation: A Feminist Rereading of Hong Ying's Ji'er de Nü'er in English Translation", *Translation Review*, 2003 (66), p.30.

描写却被很好地保留，正好"满足了美国读者对东方女人性经验的兴趣"①。按照葛浩文的说法，美国读者喜欢性和政治成分多一些的作品②，而且"十分想知道年轻中国妇女的性经验，她们的异域魅力在西方似乎永不消退"③。这就是说，葛浩文的翻译在某种程度上迎合了西方读者对东方的想象和猎奇心理，这显然带有赛义德（Edward Said）所谓的"东方主义"色彩。

对此，葛浩文也并非毫无察觉。他曾十分坦诚地表示："我知道你们有些人可能在想：这个人有什么资格将自己的文学标准强加在他翻译的作品之上？这到底是种怎样的精英主义和骄傲自大的殖民心态？"④葛氏的解释是，这里面还涉及一个经济因素。所谓经济因素，就是出版商对译作市场销售的重视和对作者、译者版税或报酬的掌控。"出版商出书、卖书，所有其他方面的考虑都从属于此。文学翻译作品不好卖，除了诺贝尔获奖作家和某些日本作家（村上春树和吉本芭娜娜），就亚洲作家而言，几乎是不可能畅销的。"⑤

这自然是一种尴尬的社会现实。但是，迎合市场需求和读者习惯不应以牺牲原作精神为代价。中国文学的英译本虽然是英语文学和文化的一部分，但它承担着超越狭隘民族主义、促进不同民族之间相

① Chen, L. J., "A Chinese Woman in Translation: A Feminist Rereading of Hong Ying's Ji'er de Nü'er in English Translation", *Translation Review*, 2003 (66), p.33.

② 季进，《我译故我在——葛浩文访谈录》，《当代作家评论》，2009 年第 6 期，第 46 页。

③ Berry, M., "The Translator's Studio: A Dialogue with Howrad Goldblatt", *Persimmon: Asian Literature, Artsand Culture*, 2002 (3), p.25.

④ Goldblatt, H., "Blue Pencil Translating: Translator as Editor", *Translation Quarterly*, 2004 (33), p.26.

⑤ Ibid.

互了解的崇高使命。因此,翻译文学的功能不仅在于顺应,而且在于引导目标受众。忽略翻译的这一功能,显然无助于文化间的真正对话,以及翻译和翻译家社会地位的真正提高。

最后一个方面的问题有关翻译理论与翻译批评的作用。葛浩文毫不掩饰自己对翻译理论的不满,也曾批评西方学界对中国文学英译的评论大多无关痛痒,而且忽视译者的角色和贡献。那么,葛浩文是否就是反对理论和批评的呢?

事实上,很多经验丰富的译者对翻译理论和翻译批评都采取轻视态度,葛浩文也不例外。他曾表示无意进行翻译研究,也未从翻译理论中获得任何重要启发,并自称是"一位相信直觉和经验的译者(seat-of-the-pant translator),凭借对汉语及其文化语境的了解、对英语的熟悉和热爱以及良好的直觉来做翻译。显然,这三者之中的任何一种都可能(有时候的确)使我栽跟头,但是在提交译文之前,我总是确保在语调、语域或微妙之处等方面尽量保持忠实,并为不可避免的损失感到惋惜。对我而言,翻译既非理论,亦非学术"①。在谈到文学翻译及其批评时,葛氏曾经以婚姻打比方,认为"文学作品翻译成功,也同白头偕老般,人人赞声不绝,许为嘉偶;可是婚姻失败,个个都留下了伤痕。以翻译来说,受害的是作者、翻译人、读者和出版家——统(统)都有份。事实上,十拿九稳保赢不输的只有译评家,尽管时常是牺牲惨重的胜利"②。

即便如此,葛浩文对翻译理论和翻译批评的认识,仍然在很大程度上超越了自己的同行。在他看来,翻译理论的爆炸改变了后韦利时

---

① Goldblatt, H., "Blue Pencil Translating: Translator as Editor", *Translation Quarterly*, 2004 (33), p.22.

② 葛浩文,《弄斧集》,台北:学英文化出版事业公司,1984 年,第 199 页。

代的翻译场景。有人认为,翻译指南或翻译理论对译者的作用不大,就如同创意写作课程和文学批评理论对作者没有多少助益一般。葛浩文基本认同这一看法,但他同时也指出,翻译理论"让我们更加关注翻译的挑战和责任,使我们成为翻译文学更好的生产者和读者"①。

　　葛浩文反对译评家不分青红皂白地对翻译大家(如韦利)一味追捧的行为。在某些人看来,天才根本不可能犯错(infallibility of genius),他对此持严重怀疑的态度。"虽然误读或有意修改无法玷污伟大如韦利者的声誉,但是难免被视为未尽其才以实现忠实于文本的译者职责,即正确翻译。虽然所有译者都会犯错,只要他们不带任何个人目的,都是可以原谅的,但是,这不应取消谨慎、善意的公之于众(publicity)。"换言之,葛浩文认为翻译批评十分必要,"特别是在译文改变原文意义或语调的时候"。② 他虽然声称不能为评论而翻译③,但是,如果听到对自己译文的负面评论,他仍然会感觉很受伤。"我也有自尊,受伤的时候也会流血。我讨厌别人说我的坏话。但问题是,我相信他们。当别人说好话的时候,我并不真的相信。但是如果说坏话,我却总是相信。"④

---

① Goldblatt, H., "Why I Hate Arthur Waley? Translating Chinese in a Post-Victorian Era", *Translation Quarterly*, 1999 (13&14), p.44.

② Ibid., p.37.

③ 张滢莹,《将"上海犹太人"故事介绍给西方:美国学者、翻译家葛浩文谈贝拉小说〈魔咒钢琴〉》,《文学报》,2011 年 6 月 23 日。

④ Lingenfelter, A., "Howard Goldblatt on How the Navy Saved His Life and Why Literary Translation Matters". http://fulltilt.ncuedu.tw/Content.asp?1_No=16&Period=2.

四、结　语

四十多年前,学习汉语拯救了曾经玩世不恭的葛浩文,使其"生活从此变得不再沉闷和平凡"①;三十多年前,葛氏踏上了翻译中国现当代文学的坎坷征途,这将他引向了今日的辉煌成就和巨大声誉;十四五年前,他与夫人林丽君开始合作翻译,更是造就了一段译史佳话。可以说,葛浩文是被阅读也是被误读最多的当代汉学家文学翻译家之一。通过分析,我们发现这样一位高产的翻译家不仅有精辟的"翻译观点",而且有良好的翻译理论意识。他在翻译文学的社会功能、文化通约性与可译性、翻译的文本选择、文学翻译的本质、译者的社会地位、翻译出版商和编辑的权力干预、译文读者的接受视域等方面都有过深入的理论思考。葛浩文的文学翻译实践从一开始就不是盲目的,而是有其一以贯之并不断深入的理论指导。他不奢谈翻译理论,但从未停止对翻译活动的思考和再思考。葛浩文与林丽君珠联璧合,堪称"译介典范"。② 他们的汉英文学翻译活动极大地推动了中国文学走向世界的步伐,在传播中华文化、促进东西方交流和人类理解方面居功至伟。虽然如此,我们对葛浩文的翻译思想也需要采取客观的态度予

---

① Goldblatt, H., "Memory, Speak", *Chinese Literature Today*, 2011, 2 (1), pp.93 - 96.

② 张琼方,《译介典范——葛浩文、林丽君》,《台湾光华杂志》,2000 年第 25 期,第 21—23 页。

以公允评价。例如,过分迁就市场因素和出版商与编辑的权力操纵,有可能造成对译出语文化的暴力侵占,也可能助长英语读者的文化自恋情结,从而加深西方对东方的文化殖民和文化霸权,等等。

(原载《东方翻译》2012 年第 6 期)

翻译与变异

——与葛浩文教授的交谈及关于翻译与变异的思考

曹顺庆　王苗苗

　　中国作家莫言凭借其融合了民间传说、历史与当下的魔幻现实的作品,荣获了 2012 年诺贝尔文学奖,瞬时使中国文学享誉全球。而把莫言及其文学作品推向世界的,正是西方当代中国文学作品最重要的翻译家,被誉为"西方首席汉语文学翻译家"的葛浩文教授。

　　其实,在莫言获得诺贝尔文学奖之前,葛浩文就已经翻译过二十多位中国当代作家的四十余部作品。如萧红的《生死场》《呼兰河传》,苏童的《米》《我的帝王生涯》,巴金的《第四病室》,毕飞宇的《青衣》,莫言的《红高粱家族》《丰乳肥臀》《师傅越来越幽默》,等等。此外,凭借他翻译的英文译本,姜戎、苏童、毕飞宇等多位中国作家先后获得了曼氏亚洲文学奖等多个奖项。这使中国现当代文学在英语世界得到了广泛的传播,使国外学界对中国文化有了更深层的了解与接受,为东西方文化的交流与沟通架起了桥梁。同时,这也为我国文学乃至文化实施"走出去"战略找准了方向与切入点,为提升中国的文化软实力做出了贡献。美国作家约翰·厄普代克曾在《纽约客》杂志上写道:"在美国,中国当代小说翻译差不多成了一个人的天下,这个人就是葛浩文。"①

　　对于葛浩文教授,笔者慕名多年,直到 2013 年 5 月应邀参加在美国普渡大学举办的"第六届中美比较文学研讨会",才有幸见到了他与夫人林丽君教授。在中美比较文学会议茶歇时,笔者之一(曹顺庆)问了他一个问题:"为什么某些翻译得比较忠实的中国文学作品,在西方不太受读者欢迎,而一些翻译得不太忠实的中国文学译本,在西方反而大受追捧?"他顿时很感兴趣,认为这个问题值得好好研究,这就形成了笔者访谈与研究的由头。在普渡大学附近的一间小咖啡厅里,笔者与他进行了较为深入的交谈。笔者通过交谈,并结合思考,写成此文。

一、因爱而译

　　因为笔者之一(王苗苗)的博士论文是关于"英语世界的巴金研究",所以,访谈自然从葛浩文教授对巴金作品的翻译开始。葛浩文谈起缘何翻译巴金的作品《第四病室》时,眼里充满了骄傲与自豪。虽然他认为巴金的《第四病室》称不上是一部杰作,也算不上是一部伟大的作品,但是因为巴老的嘱托,加上他自己对巴老的敬仰与崇拜,他决定无论如何都要完成巴老的心愿。其间,巴金还用汉语给葛浩文写过一

---

① 转引自赋格、张健,《葛浩文:首席且唯一的"接生婆"》,《南方周末》,2008 年 3 月 27 日。

封信。这更坚定了葛浩文完成《第四病室》翻译的意志与信心。但是当葛浩文翻译到一半的时候，因有其他更重要的事务而将其交与自己博士班的学生孔海立继续翻译。在翻译第一稿完成后，由葛浩文教授进行润色及定稿。笔者曹顺庆与孔海立早年相识，孔海立现为索思摩大学（Swarthmore College）中国语言文学的教授，是当代著名文艺理论家孔罗荪之子，他还有一个特殊的身份——巴金的干儿子。因此，孔海立对巴金及其作品十分熟悉，由他来继续翻译《第四病室》是最好的选择。经过努力，《第四病室》的英译本终于完成了。巴金亲眼看到葛浩文与孔海立合译的《第四病室》英译本时，心里特别激动。因为他的大部分作品，如《家》《春》《秋》《寒夜》等都已经被翻译成英文并出版了，《第四病室》当时却没有人翻译，而如今这部作品的译者正是他十分信任的人。

葛浩文最早开始翻译的作品之一是萧红的作品，这为他的翻译之路奠定了坚实的基础。谈及缘何翻译萧红作品，他称源于自己对萧红的研究。他爱好中国文学，曾在中国台湾学习汉语，在旧金山州立大学攻读研究生学位，之后到印第安纳大学攻读博士学位，博士论文以"萧红文学传记"为题。这是他研究萧红的开始，也是第一部系统研究萧红及其作品的著述。他对萧红作品从研究到翻译，再到千里迢迢去萧红故乡进行实践研究，足以证明其对萧红作品的无限热爱。他对萧红作品的热爱感染着周围的每一位朋友。他的一位非常要好的上海朋友王观泉，当时因为被错划为"右派分子"而被派到北大荒，从此与萧红研究结缘，并主编了《回忆萧红》一书，该书囊括了认识萧红、喜欢萧红的作家的文章，如萧军、端木蕻良、罗峰、白朗、舒群等，其中也收录了葛浩文的一篇研究萧红的文章。因为对萧红作品的喜爱，葛浩文自发把这本书拿到每一位作家面前，请大家逐个签名，经过一番努力，成功得到了各位作家的亲笔签名。如今,好多作家都已离世多年,这部带有各位作家亲笔签名的书也因此弥足珍贵。出于对萧红的敬重与喜爱,葛浩文最终决定把这本宝贵的书捐出去,让更多的人关注萧红研究与翻译,感受到翻译研究者这种发自内心的,对其所翻译的作品及作者无私的爱。

关于中国文学作品的翻译,葛浩文曾说:"当我觉得某部作品让我兴奋不已的时候,我就不由自主地萌生一种将其译成英文的冲动。换言之,我译故我在。当我意识到自己是在忠实地为两个地区的读者服务时,那种满足感能让我在整个翻译过程中始终保持快乐的心情。因此,我乐于将各类中文书翻译成可读性强的、易于接近的,甚至是畅销的英文书籍。"①可以说,对于中国文学作品,他是因爱而译,并在翻译时坚持"快乐原则"与"读者意识",追求译作的"准确性""可读性"与"可接受性"。

二、文学翻译中的跨文化变异

除了萧红,葛浩文翻译最多的中国作家就是莫言。中美两国语言和文化背景不同,人们的生活和思想状态也不尽相同,因而文学作品在传播过程中也会呈现出变异的状态。从传统的"信、达、雅"的翻译

① Howard Goldblatt,"The Writing Life",*The Washington Post*,April 28, 2002.

原则看,葛浩文翻译的莫言作品英文译本是不完全忠实于原著的,他实际上是以一个"洋人"的眼光来看中国文学的。在翻译过程中,他尽量根据小说所处的社会文化与历史背景,使翻译作品能够更符合目标语文化的需求,创作出了国外的莫言作品,创造出了获得2012年诺贝尔文学奖的莫言。正如他所说:"作者是为中国人写作,而我是为外国人翻译。"①

葛浩文说:"有人说我是莫言。最初我不太赞成,但是后来我慢慢觉得这种说法也蛮对的。我承认:莫言是根,我是帮助莫言开花的人。"从某一个角度来说,葛浩文就是莫言,就是苏童,就是毕飞宇,就是他翻译过的每一位作家。他的文学翻译打破了传统,不再拘泥于字与字、词与词、句与句之间的严格对应,而是从语言层面的转换转向跨文化视野中的转换。在他的翻译中,他将忠实与创作结合起来。忠实原文是他的翻译准则,同时他的翻译也是一种创造性叛逆。在翻译过程中,他会根据不同的文化背景,灵活运用不同的翻译方法,使译文能够较好地传达原文的形与神,甚至为原著增添了光彩,同时又使其更容易为目标语读者所接受与理解。由于不同语言和不同文化存在着一定的差异,尤其当原著与目标语文化的价值观有冲突时,更需要译者的创造性改编以及有意的"误读与误释"。因为翻译的目的是为了给目标语读者提供"准确的原著精髓、可读性强、受市场青睐"的译本。而译本的读者却恰恰既不懂源语言,又不了解源语文化。在这种情况之下,翻译就要尽量适应目标语的主流文化,而目标语的文化又可能与源语文化有一定的差异。因此,翻译过程中的创造性改编是必然的。译者在选择翻译对象以及对译文的处理上,可以充分展示出其独

① 转引自郭娟,《译者葛浩文》,《经济观察报》,2009年3月24日。

特的创造性。

在翻译观上，葛浩文较认同美国学者弗伦兹（Horst Frenz）的看法：运用现代语汇与词序的当代作品，出之以我们这个时代的表现法，看上去不应当像是翻译。葛浩文通过翻译中国现当代文学作品，把中国文学推向了世界，使中国文学的地位在全球化的时代得以提升。被称为中国文学翻译第一人的杨宪益和夫人戴乃迭，是最早把中国古典文学名著翻译成英语并传播到海外的，他们严格遵守"信、达、雅"的翻译原则，将《离骚》《红楼梦》《儒林外史》等作品几乎逐字逐句地、忠实地翻译成英语，将中国传统文学原汁原味地推向世界，其译文已成为中国文学英译的经典。但是，国外读者对于他们翻译作品的接受度却不高，究其原因，主要在于文学翻译的跨文化差异。例如，《红楼梦》第二十七回中有一句："（宝钗）如今便赶着躲了，料也躲不及，少也得要使个'金蝉脱壳'的法子。"①杨宪益将其翻译为："Well, it's too late to hide now. I must try to avoid suspicion by throwing them off the scent."②虽然他将原著直译成英文，但是没有很好地将原文中暗贬宝钗世故老成的性格特点，以及"金蝉脱壳"般用计逃脱而不想被发觉的意图表达出来。因而，目标语读者在阅读时，比较难与原著作者产生共鸣，更难以领会到中国文学的无限魅力。在跨文化的视野中，翻译在某种程度上受目标语的时代与文化背景的约束。因此，翻译过程中的语言变异是必然的。

葛浩文称自己十分崇拜杨宪益和戴乃迭，认为他们对中国翻译的贡献非常大。在《杨宪益传》中可以看到，杨宪益多次表露自己对《红

---

① 曹雪芹、高鹗，《红楼梦》，北京：人民文学出版社，1985年，第375页。

② Cao, Xueqin & E Gao, *A Dream of Red Masions: An Abridged Version*. Trans. Yang Xianyi & Dai Naidie, Hong Kong: The Commercial Press, 1986, p.127.

楼梦》的不喜欢,不喜欢其中大大小小的宴请、琐碎的食谱细节、贾宝玉的各种行为逻辑等。他们翻译《红楼梦》完全是服从组织的安排,是作为任务完成的,是基于一种使命感。而葛浩文翻译中国文学作品,则没有这种使命和目标,只翻译他喜欢的作品。

葛浩文与杨宪益的观点有所不同,他在翻译莫言作品的过程中,适当进行了创造性的改编,甚至部分语句翻译的背景与原著差异很大,但最终却能够获得全世界的认可。[①] 在翻译过程中,他对语言变异进行充分的运用,做到了在忠实与叛逆间保持平衡,在准确传达原著的形与神的前提之下,对原文进行了适当的语言变异,以更好地被目标语国家接受。例如,在翻译《天堂蒜薹之歌》时,他没有逐字逐句直译,而是创造性地将第 19 章和第 20 章做了适当的改编。在第 19 章中,张扣辩护道:"谢谢审判长的提醒,我马上进入实质性辩护。近几年来,农民的负担越来越重。我父亲所在村庄,种一亩蒜薹,要交纳农业税九元八角。要向乡政府交纳提留税二十元,要向村委会交纳提留税三十元,要交纳县城建设税五元(按人头计算),卖蒜薹时,还要交纳市场管理税、计量器检查税、交通管理税、环境保护税,还有种种名目的罚款!"[②]葛浩文教授将其翻译为:"Thank you for reminding me, Your Honor. I'll get right to the point. In recent years the peasants have been called upon to shoulder ever heavier burdens: fees, taxes,

---

① 笔者提出的比较文学变异学与该问题相关:"比较文学的变异学将变异性和文学性作为自己的学科支点,通过研究不同国家不同文明之间文学交流的变异状态,来探究文学的内在规律。"参见曹顺庆,《比较文学教程》,北京:高等教育出版社,2006 年,第96 页。

② 莫言,《天堂蒜薹之歌》,北京:作家出版社,2012 年,第 340 页。

fines, and inflated prices for just about everything they need."①与原著对照,此处很明显地省略了中国法律政策的一些细节,因为国外读者基本不了解中国的法律政策。如果译者对于这些细节做出太多的描述,国外读者反而会对此著作失去兴趣。一方面,葛浩文采用比较文学变异理论中所说的创造性叛逆的手法,使译文更加符合国外文学的习惯和口味;另一方面,他忠实于原文的艺术和审美,从不盲目迎合目标语读者,而是适当运用创造性叛逆来帮助读者更好地接受和了解中国文学。

对于翻译的成功,葛浩文谦虚地表示其中只有少部分因素是自己的,而把大部分的功绩归于时间和内容。他此处提及的时间分为两种,一是作品写出来的时间,一是作品发表的时间。此外,原著作者对译者翻译的态度也十分重要。在翻译莫言作品时,葛浩文得到莫言的高度认可。莫言对葛浩文说:"外文我不懂,我把书交给你翻译,这就是你的书了,你做主吧,想怎么弄就怎么弄。这都是翻译家的选择,我从来不干涉,也不会向他们推荐。"莫言非常理解和尊重他的译者,没有像其他作家或出版商一样审视翻译。他给译者以最大的自由,使其能够为满足英语读者甚至出版商的喜好进行创造性的翻译。

中国现当代文学作品在全世界范围内的广泛传播,主要归功于像葛浩文这样优秀的目标语国家的翻译者。只有遵循变异的路径,符合目标语国家的语言、文化和读者的口味,文学作品的译本才能真正融入目标语国家,并丰富目标语国家的文学宝库。只有这样,一种文化才能真正赢得另一种文化读者的接受与喜爱;只有这样,非本土的读

---

① Mo, Yan, *The Garlic Ballads*. Trans. Howard Goldblatt. New York: Arcade Publishing, 2012, p.268.

者才能从源语文学中了解进而尊重源语文化；也只有这样，在源语文化得到有效的传播时，源语文化和文学的魅力才能在全世界流传。一方面，翻译文学作品可以在国外传播与普及原著，使其能够在更大程度上得到认可与接受；另一方面，一部文学作品在另一种文化中的处境，也有助于源语文学重新审视与认识其独特的价值与意义。

三、翻译理论与实践的关系

葛浩文称，自己的翻译作品不是十全十美的，也不一定能够达到自己的目标，但是心中始终保有"我要翻译得比任何人好"的翻译理念，用"尽我所能，做到最好"来概括自己的翻译准则。

关于翻译作品的选择，他说他喜欢翻译小说，因为散文要比小说难翻译，比诗歌难翻译。对此，他借用美国诗人罗伯特·弗罗斯特（Robert Frost）的观点来加以说明。弗罗斯特认为诗歌是在翻译过程中所失去的东西，葛浩文认为这从某种意义上说是不无道理的，因为任何两种语言之间没有可以完全一一对应的表达方式。但是对他来说，诗歌还不算是最难翻译的。他认为最难翻译的是散文，特别是在中国，因为散文会涉及一些有针对性且很专业的东西，而且散文翻译要达到各种平衡美，无论是语言、用词还是句型都十分困难。

葛浩文通过自己丰富的翻译实践，成功翻译了四十余部中国现当代文学作品，也将中国现当代文学推向了世界。那么，当读者对每一部作品的英译本做分析评论的时候，他会有怎样的感受呢？他十分豁达地说:"不管! 我翻译,他评论!"尽管如此,他很认同苏珊·巴斯奈特(Susan Bassnett)、劳伦斯·韦努蒂等著名的翻译理论家,认为他们所做的事情是非常有意义的,翻译理论与翻译实践不是完全没有关系的。对此,他举了一个例子,我们讨论翻译的时候,可能涉及翻译理论,只是没有说明。任何一部翻译作品都不是译者闭着眼翻译的,但是如果给其加上框框,定性为相关理论的实践,恐怕会对翻译作品本身有消极的影响。翻译理论是一个学科(Intellectual Discipline),但是对于一部翻译作品来说,影响不应该太大。在一部分中国大学里有翻译硕士的课程,导师倾向于让学生套用某种翻译理论来进行论文写作,而该理论在学生的翻译实践中可能并没有被运用过。

葛浩文结合自己的亲身经历阐释了翻译理论的重要性。他曾经也在大学开过翻译理论的课程,并且认为该课程十分重要,但是和翻译实践本身的关系却比较疏远。他在学生时代的老师柳无忌,虽不谙任何理论知识,但是讲课,尤其是讲文学课非常好,这正说明了翻译理论与翻译实践的联系并不十分紧密。葛浩文上研究生课程时,会提出一些问题让学生思考,然后给学生评析与比较,有时甚至会让一位学生自己评析与比较。不过,对于学生的参与和发挥,一定要给予及时的纠正与引导,以免学生跑偏。

在访谈的最后,葛浩文给出了自己对一部作品翻译好坏的判断标准。他指出:"百分之百地就是我的标准,我的审美观。我十分清楚自己在做什么,我根据自己对原著的理解来翻译,我的目标是让目标语读者与市场能够更好地接受译本。"他又举了一个例子:"我看一部捷克文本的翻译,虽然我不懂捷克文,但是如果我认为这是一部很通顺的作品,让外国读者能够看懂,还保有具有人文素养的、原来地方的口味的话,说不定就是好的。如果两个缺一个那就不怎么好,如果两个都缺的话,那么就更不好。"

对于葛浩文的翻译思想,笔者认为用《周易》的"易之三名"来概括较为贴切:"易一名而含三义,所谓易也,变易也,不易也。"①易,指作品思想内容再复杂再深奥,经过译者的翻译,其译本都会更易于被目标语读者所接受。变易,指原著在翻译的过程中,穿越了语言的界限,需要译者根据目标语文化进行语言变异。也可以说,变易者,变异也。东西方文化的不同使译者不能逐字逐句地进行翻译,而要进行创造性改编。不易,则指在翻译过程中进行创造性改编的前提是忠实于原著的精髓,准确地表达出原著的形与神。

此文已经葛浩文教授审阅并改定。非常感谢葛浩文教授百忙之中抽出宝贵的时间做这次"翻译与变异"访谈,感谢他全心全意将中国现当代文学翻译出来推荐给世界,为中西文化的交流与发展做出了巨大的贡献。

(原载《清华大学学报(哲学社会科学版)》2015 年第 1 期)

---

① 王弼,《十三经注疏·周易正义序》,上海:上海古籍出版社,2007 年,第 7 页。

Glocal Chimerican 葛浩文英译研究 [*]

孟祥春

一、引　言

在文化与文学领域,"大同"导致单调,"差异"促成交流。鲁迅的"拿来主义"、季羡林的"送去主义",以及当下倡导的文化与文学"走出去",其根源都在差异。文学"走出去"须依赖翻译:文学共性使翻译成为可能,文学个性使翻译成为必要。王德威认为,中国当代一些作家作品固然不错,但"能不能推到国际上,能不能在国际文学界占据一席之地……这个牵涉到有没有一个好的翻译者"。^① 就中国现当代文学"走出去"而言,葛浩文是最具里程碑意义的汉英翻译家,其成功在很大程度上可归结为他文化意义上与翻译策略意义上的 glocal Chimerican 身份,即"全球视野,文化中美,译写吾国,语取东西"(A

　＊　感谢葛浩文先生阅读本文部分文稿,感谢汪榕培教授与杜争鸣教授对本文提出的建议。

　①　季进,《另一种声音——海外汉学访谈录》,上海:复旦大学出版社,2011 年。

cultural Chimerican: Goldblatt thinks global, acts local, and speaks glocal),其英译对中国文学"走出去"具有"启示"与"颠覆"双重意义。

"葛浩文研究"随着莫言获得诺贝尔文学奖而渐成"显学",其中,葛译研究是热点之一。目前,学界对葛译论争颇多,其中的四组论争或问题最为重要。其一,葛浩文再现了作者,还是借助作者呈现了自己? 其二,他是否过于重视市场? 其英译是否体现了"东方主义"? 其三,他的理论与实践表现出何种"张力"? 他是否应该坚持自我? 其四,他具有何种意义与地位? 对中国文学"走出去"有何价值? 解决这些问题有助于对葛译进行更为准确的描述、评估与定位,并助益反思中国文学"走出去"所面临的宏大课题,即谁在译、该谁译、该译谁、为谁译、如何译以及何时译。

二、"我译"与"译我":忠实还是背叛?

(一)"译我"即创造

莫言获得诺贝尔文学奖之后,葛浩文得到了更多的赞誉和审视。旅美作家孙笑冬(Anna Sun)认为:"莫言语言啰唆重复、了无新意、鄙陋粗俗,缺乏美感。妙手葛浩文的英译本就审美的统一性与可靠性而言,实际上比原作更胜一筹。"[①]对此,苏和(Dylan Suher)表示完全认

---

① Sun, Anna, "The Diseased Language of Mo Yan", *The Kenyon Review*, 2012 (Fall). http://www.kenyonreview.org/kr-online-issue/2012-fall/selections/anna-sun-656342/.

同。① 顾彬主张莫言小说英译本应署上两个作者的名字,因为葛浩文"创造了'国外的莫言'"。② 艾米·莱维特(Aimee Levitt)则说:"读者拿起莫言、王朔、苏童或其他任一中国当代小说家的作品英译本,他往往是在读葛浩文。"③这些论断都指向同一个问题:葛浩文是"我译"还是"译我"?

如果说哈金、谭恩美等华人小说家的创作读起来像是一半翻译,那么葛译中国小说读起来则更像一半创作。葛浩文既是在翻译作者,也是在呈现自己,是"我译"与"译我"的统一,前者指向"忠实",后者通向"创造"。葛浩文的创造性以 glocal Chimerican 这一特质为支撑,其创造不仅体现在微观层面的词句,同时还体现在整体的风格重塑。下文试以葛译小说标题与译文语言风格分析说明。

葛浩文往往跳脱出原作标题,综合考量小说主题、内容以及读者的审美趣味,融通再造。譬如,他把白先勇的同性恋主题小说《孽子》的标题译成"*Crystal Boys*"。"在中国台湾地区,男同性恋群体被称为'玻璃圈',而男同性恋者被称为'玻璃'。因此使用了'crystal boy'这一说法。"④这给人以新奇感与神秘感。旅美作家黄运特说:"由葛浩文翻译的优美而精妙的《四十一炮》有了一个诗意又拟声的标题

① Suher, Dylan, "Dylan Suher Reviews Mo Yan's *Pow!* and *Sandalwood Death*". http://www.asymptotejournal.com/article.php? cat=Criticism&id=48.

② 陈晓勤,《谈莫言,陈思和"赞"、顾彬"弹"》,《南方都市报》,2013 年 5 月 7 日。http://www.nandu.com/nis/201305/07/47019.html.

③ Levitt, Aimee, "Howard Goldblatt's Life in Translation". http://www.chicagoreader.com/chicago/howard-goldblatts-life-in-translation/Content?oid=9260454.

④ Goldblatt, Howard, "Translator's Note", in Pai Hsien-yung, *Crystal Boys*. San Francisco: Gay Sunshine Press, 1990.

Pow！"①显然，"Pow！"比原标题更具听觉冲击。再如，李昂《杀夫》的标题被译成了"*The Butcher's Wife*"，去除了源语的暴力惊悚元素，西方读者更易接受。莫言的《红高粱家族》译成"*Red Sorghum：A Family Saga*"，既有原野意象，又有色彩元素，同时还凸显了西方读者钟情的"家族传奇"。阿来的《尘埃落定》英译本（*Red Poppies：A Novel of Tibet*）则以小说的线索"红罂粟"作为标题，颇具画面感与色彩感。刘震云的《我不是潘金莲》被译成了"*I Didn't Kill My Husband*"，既表明了女主角上诉时反复的陈述，又制造了悬念。毕飞宇的《玉米》被译成"*Three Sisters*"，点明了人物。《青衣》一名包含的形象与韵味难以向西方人一语传达，葛译"*The Moon Opera*"源自主人公青衣旦筱燕秋曾出演的《奔月》一戏，既点出了主人公的成名剧，又隐约传达了"人生如戏"的主题，可谓多重契合。葛浩文对《生死疲劳》书名的翻译更显示出了非凡的创造力。原书名来自《佛说八大人觉经》："生死疲劳，从贪欲起；少欲无为，身心自在。"此处，"生死"与"疲劳"为并列结构，前者指六道轮回中的"生老病死"，后者指"窘困疲乏"。葛浩文没有直译成"*Life, Death and Exhaustion*"，而是以小说叙述者上官金童的口吻把这一标题译成了"*Life and Death Are Wearing Me out*"，既传达出了佛教生死轮回的观念，又带出了以"第一人称"叙述的人物，还传递了人物的人生慨叹，其创造力让人叹为观止。

　　葛浩文呈现的是"第三种风格"，即带有鲜明自我印记与原作风格的"杂糅"风格。卢卡斯·克莱因（Lucas Klein）认为，葛浩文受到了福克纳的影响，也受到了马尔克斯的主要英文译者格里高利·拉巴萨和

---

① Huang，Yunte，"Mo Yan's Bombshells". http://www.chicagotribune.com/lifestyles/books/sc-ent-0109-books-pow-mo-yan-20130104-story.html

伊迪丝·格罗斯曼（Edith Grossman）的影响，因此，"在文学风格的养成方面，他运用这种风格以英文来再现（represent）或再创（recreate）莫言的声音。"①葛浩文说："莫言劲健、天马行空、高度形象化的风格很适合我……而《狼图腾》英译本全是姜戎的风格，但也全是我的风格。姜戎所用的形象、故事、结构，都是姜戎——封面上他的名字比我的大——但言词都是我的。"②总体而言，葛译风格比莫言简洁，比姜戎细致，不如毕飞宇的细腻凄美、王安忆的温婉淡雅、贾平凹的乡土朴素、王朔的不羁痞气、苏童的古典气韵，但葛浩文总是"尽可能贴近原文的风格独特的语言以及语法结构，然而，为了可读性，译者把标准的汉语译成标准的英文"③。由此，他不经意间就融合了自己与作者的风格，从而呈现出"第三种风格"。不少读者抱怨葛浩文的译作过于"葛浩文化"，对此，葛浩文回应说，如果用别人的言说方式，他一句也译不出。

简而言之，葛浩文是以自己的言语与风格再现他人的叙事，借他人的叙事呈现自我：原作者在"创造故事"，葛浩文在创造性地"重述故事"。

（二）在"忠实"与"创造"的平衡中从翻译"文字"走向翻译"文学"

"忠实性"是翻译的伴生问题，译者总会以某种方式经受"忠实性"评判。不少学者论及了葛译的"忠实"问题，如文军等（2007）、刘浚

---

① Klein, Lucas, "In Other Words: A Discussion About Translation and Translators". http://www.asianreviewofbooks.com/new/?ID=1775♯!.

② Kabat, Michaela, "Beijing Bookworm International Literary Festival — Howard Goldblatt and *Wolf Totem*". http://www.thebeijinger.com/blog/2008/03/13/beijing-bookworm-international-literary-festival-howard-goldblatt-and-wolf-totem.

③ Goldblatt, Howard & Sylvia Li-chun Lin, "Translator's Preface", in Zhu Tien-wen. *Notes of a Desolate Man*. New York: Columbia University Press, 1999.

（2008）、胡安江（2010）、姜小玲和施辰露（2012）、邵璐（2013），等等。西方不少学者对葛译的"忠实性"进行"有罪推定"。约翰·厄普代克认为"葛浩文教授或许紧随汉语文本，逐字翻译"①，因此有媒体评论认为葛译"所失良多"。葛译小说偶有结局修改（如《天堂蒜薹之歌》）、内容删减（如《沉重的翅膀》《红高粱》《狼图腾》《碧奴》与《格萨尔王》，以及叙事结构的部分调整（如《丰乳肥臀》）。葛浩文经常会"应作者的要求，或者在作者的许可之下，对原文进行某些删减"②，或者"在翻译和编辑过程中，对原文进行某些改变或结构重整，所有这些都经作者允许"③。由此，不少人认为葛译背叛了原作。

传统上，"忠实"与"创造"往往被看作"二元对立"，而不是"二元互彰/参"，因此二者之间的缓冲区很难照顾到。"忠实"就是要让译者成为别人，"创造"则是要译者成为自己。葛浩文只能处在二者之间的缓冲区，从而与作者在"文学"中相遇，因此，其译作可以描述为"两个灵魂寓于同一个身体"（two souls dwelling in one body）。葛浩文坦言自己很享受"忠实"与"创造"之间的张力及妥协，但他清楚"创造"是有界限的，譬如说，"诗人在译诗时创作的诱惑太大了，看看庞德的英译汉诗就知道了"。④

葛译的"忠实度"与"直译"和"意译"以及与"异化"和"归化"有着

---

① Updike, John, "Bitter Bamboo: Two Novels from China". http://www.new-yorker.com/magazine/2005/05/09/bitter-bamboo.

② Goldblatt, Howard, "Translator's Preface", in Zhang Jie, *Heavy Wings*. New York: Grove Weidenfeld, 1989.

③ Goldblatt, Howard, "Translator's Note", in Mo Yan, *Red Sorghum*. London: Penguin Books, 1993.

④ Kabat, Michaela, "Beijing Bookworm International Literary Festival — Howard Goldblatt and *Wolf Totem*". http://www.thebeijinger.com/blog/2008/03/13/beijing-bookworm-international-literary-festival-howard-goldblatt-and-wolf-totem.

某种相关性。葛浩文处于一种永恒的矛盾之中：他既要消弭差异，使翻译可理解，又要呈现"差异"，使翻译有必要。实际上，译者保留多大程度的"异国风情"（exoticism）或者创造多大程度的"地道感"（at-homeness）取决于个人体悟与诉求、读者、时代等诸多"翻译外"的因素。在美国，"'意译'派在出版方面更胜一筹，因为无论是商业出版社还是大学出版社都推崇意译派的译著……在那些'可译'的小说里，'可读性好'的译作才能出版"[①]。因此，葛译将"异化"与"归化"相融通，"直译"与"意译"相协调，既照顾源语特色，又照顾目的语读者，很好地体现了其 glocalism 特质。但不容否认的是，葛译"归化"与"意译"的倾向更为明显，这显然是为"可读性"服务的。

葛译以"忠实"为原则，为此他甚至会"尽可能忠实于莫言有时前后并不一致的文本"[②]，如果实在无法"忠实"再行变通。葛浩文说："为求忠实，我首先试图忠实于作者的语气，尤其在对话中。如果直接翻译不合适，我就发挥己见，变通处理文本以达目的。"[③]然而，译者可以减少主动的"创造"，却无法完全避免无意识的、非策略性的"背叛"。在《丰乳肥臀》中，莫言写道："天公地母、黄仙狐精，帮助我吧……"葛译是："Father of Heaven, Mother of Earth, yellow spirits and fox fairies, help me, please."显然，葛浩文不甚了解"黄仙"就是民间所说的能附身的"黄大仙"，即"黄鼠狼"之讳，译成"yellow spirits"读者难以理解。《青衣》中的"（京剧）码头"葛译"pier"有误，实际上在京剧行当中

---

① 葛浩文，《葛浩文文集：论中国文学》，北京：现代出版社，2014 年。

② Goldblatt, Howard, "Translator's Note", in Mo Yan, *The Republic of Wine*. New York: Arcade Publishing, 2010.

③ Goldblatt, Howard, "Translator's Preface", in Huang Chun-ming, *The Drowning of an Old Cat and Other Stories*. Bloomington: Indiana University Press, 1980.

"跑码头"即到外地演出,京剧码头有"戏风隆盛、名角汇集"的含义。
"女大十八变",葛译为"a girl changes dramatically at eighteen"。这些
失误不影响葛译总体的"忠实",批评家应心存宽容。

葛浩文认为民族文学要参与"全球文学生产"(global literary pro-
duction),变成"世界文学",翻译几乎是唯一的办法。然而,逐字翻译
不意味着"忠实",忠实的翻译也未必就是好的文学。要在异域再现原
作,就不能执着于字词,而是必须进行整体的呈现。在这一点上,顾彬
的评判十分精当:"他(葛浩文)很多成功的小说仅仅译了原著的三分
之二,这也是所谓的整体翻译,他不拘泥于词句。他强调说,他将小说
本身及其精神成功地翻成了英语。"[1]

简言之,葛译在"忠实"与"创造"甚至"背叛"这一永恒的矛盾中,
不囿于翻译"文字",而是走向了翻译"文学"。

三、文化姿态:以"东方主义"飨"西方市场"?

(一)葛译"东方主义"控辩

"东方主义"一般指西方对东方,尤其是其"异质"的形象、情调、政
治等进行的以自我为中心的描述与想象。在葛浩文遭受的种种批评
中,"东方主义"倾向或许是最为严重的指控。姜玉琴和乔国强写道:

---

① 李雪涛,《与顾彬对谈翻译与汉学研究》,《中国翻译》,2014 年第 2 期,第 52—
60 页。

"葛浩文在翻译中国文学时，始终坚守着一条底线，即其翻译的作品，必须以描写和揭露黑暗为主。……以'市场'作为翻译中国文学的准则……是一种文化霸权主义思想在发挥作用。……以这种思想为指导的文学翻译……不但会加深西方人对中国人形象的进一步误解与扭曲，还会使中国文学离所谓的世界中心越来越远，成为'非文明'的代称。"[①]因此，有人要为葛译"去魅"[②]。

首先，姜、乔二人的葛氏文本选择"抹黑"论站不住脚。难道葛浩文是在借巴金、杨绛、莫言、毕飞宇、阿来、王安忆等人来抹黑中国？对，一部分的确是揭露黑暗的作品，葛浩文曾说："小说的本质往往是要让我们不自在，它作为一面镜子，抓住人类的黑暗面。不管其启迪与教益价值如何，小说有时把我们带入我们最好不去，但又不得不去的地方。"[③]小说具有启迪与意义，而挖掘包括黑暗面在内的人性正是小说的价值之一。

其次，葛译不但没有体现文化霸权，反而体现了葛浩文的 glocal Chimerican 特质和对中国文化和文学的"同情"。葛浩文热爱阅读中国文学作品，与东北作家群交情颇深，与中国当代诸多著名小说家和批评家关系良好，视早逝的萧红为自己文化与文学意义上永恒的"恋人"，而且本人还娶了一位中国妻子。葛浩文曾说，在美国，日本文学比中国文学有着更大的影响力，进入英语的日语词汇非常多，而"来自中文的词语大多源自帝国分子和传教士往往误读或误听的中国特有

---

① 姜玉琴、乔国强，《葛浩文的"东方主义"文学翻译观》，《文学报》，2014 年 3 月 18 日。

② 张艺旨，《为葛浩文的翻译美誉"去魅"》，《文学报》，2014 年 5 月 8 日。

③ Goldblatt，Howard，"Foreword"，in Ba Jin，*Ward Four*. San Francisco：China Books，2005.

表达(chinese-isms),如'苦力''工合''黄包车''godown'①、'功夫',等等。我认为,是时候更新并增加这一可怜的名单了"②。为此,在葛译中,"状元""师傅""炕""干娘"以及"生旦净末丑"等很多具有中国特色的事物往往采取音译,为这些词汇进入英文提供了可能。更为可贵的是,葛浩文利用一切可能的场合,对中国文化和语言特质进行解释。如在《青衣》书末附有词汇解释,包括"菩萨""伟人""二郎神""水袖"等;在《师傅越来越幽默》译者前言中解释"师傅"的意义与用法;在《狼图腾》附录中对"旗""走资派""四旧""黄帝"以及"蒙古包"等进行解释。这种"异国情调"处理得不好则会影响译作的可读性与可接受性。在一次访谈中,葛浩文曾说:"丽君比较倾向减低这种'异国情调',而我不觉得强调中国文化或语言特质就一定是在传达异国风情。我想原因之一在于她是中国人,可以抛弃自己的中国性(Chineseness)而不怕被人指责,而我却不能。我不是中国人,如果也那样做就变得像殖民者了。"③

再次,葛译的言说方式是"语取中西",即采撷汉英两种语言的言说特色与精华,化为一体,是"归化"与"异化"的真正融合,这与所谓的"文化霸权主义"格格不入。"语取中西"是葛译一个非常显著的特点。这样的例子在葛译中比比皆是,此处不再赘举。最后,葛译非但没有让中国文学成为"非文明"的代称,或者让中国人成为"蛮夷",反而极大地促进了英语世界对中国当代文学的认知。诚然,由于西方根深蒂

---

① 意为"仓库",源于马来语。

② Goldblatt, Howard, "Translator's Note", in Mo Yan, *Sandalwood Death: A Novel*. Norman: University of Oklahoma Press, 2013.

③ 李文静,《中国文学英译的合作、协商与文化传播》,《中国翻译》,2012 年第 1 期,第 57—60 页。

固的"自我中心主义"与"帝国心态",很多西方读者和批评家把中国文学作品看成社会历史或政治文本,从而进行政治化的解读。过去二十年,西方主流报刊刊登的中国文学作品评论清楚地表明了这一倾向,甚至莫言获诺贝尔奖在西方引起的最大批评也是莫言缺乏西方所期望的政治立场。葛浩文说,诚然社会政治姿态(sociopolitical postures)受批评的中国作家"对西方的学者、译者和读者而言往往是吸引力之一",但同时他特地借用刘绍铭的话强调,"艺术不仅超越国界,也超越意识形态"。[1] 葛浩文的文本选择基本上首先基于"文学性",至于读者与批评家政治性的或"东方主义"的解读则是葛浩文无法左右的。

(二)"市场"是"读者"更为直白的说法

文学"走出去",当然包括走进美国,甚至主要是美国。可是,"美国出版界出版的翻译作品的比重一向小于其他国家,这意味着文化贸易失衡。3%的权重因此促成了美国于 2007 年设立的'最佳译作奖'(BTBAs)"。[2] 然而,在美国的文学译作中,来自中国的作品极少。W. J. F. 詹纳说得很直白:"中国文学研究专家之外的西方读者没有义务阅读当代中国作品。"[3]中国在西方最为成功的当代小说《红高粱家族》

---

① Goldblatt, Howard, "Introduction", in Howard Goldblatt, *Worlds Apart : Recent Chinese Writing and Its Audiences*. London and New York: M. E. Sharpe, Inc., 1990, pp.3 - 8.

② Kellogg, Carolyn, "The Best Translated Book Awards Announces Fiction Longlist". http://www.latimes.com/books/jacketcopy/la-et-jc-best-translated-book-a-wards-fiction-longlist-20140311-story.html.

③ Jenner, W. J. F., "Insuperable Barriers? Some Thoughts on the Reception of Chinese Writing in English Translation", in Howard Goldblatt, *Worlds Apart : Recent Chinese Writing and Its Audiences*. London and New York: M. E. Sharpe, Inc., 1990.

过去二十年里总计"在美国卖了接近五万本"①,而一般的中国小说英译本如果能卖到一千本,已经是一个大数字了。面对这样的现实,中国文学"走出去"能否忽视"市场"? 而葛浩文是否又过于关注市场呢?

对葛浩文而言,文本选择就是文学价值判断与"市场"预判,因此译者最大的错误就是文本选择错误。葛浩文主要是译己所爱,而且其译作风格与主题多样,但他的抽屉里总有几部完成或者半完成的作品,出版商出于市场考虑不愿出版。葛浩文从事中国文学翻译的动机是单纯的"喜欢"。葛浩文说:"我每发现一部作品让人兴奋,便会因此萌生将其译成英文的冲动。换言之,'我译故我在'。当我意识到,自己已忠实地服务于两个地区的读者,那种满足感让我欣然把或好或坏或平庸的中文作品译成可读、平易甚至有市场的英文书籍。"②葛浩文甚至调侃说,文学翻译是只有疯子才会做的事情,而他却颠痴若此。

葛浩文在整个文学传播体系与市场面前颇为无助。他要时时面对原作的疏漏,必须部分地承担起"编辑"的责任,而他自己的权力却较为有限。有些译作叙事结构的调整与内容的增删,如《丰乳肥臀》《狼图腾》《碧奴》以及《格萨尔王》等,大多是出版商或编辑"操纵"的,而葛浩文只是替罪羊而已。以书名翻译为例,李锐的《旧址》译成"*Silver City*",虹影的《饥饿的女儿》译成"*Daughters of the River*",都是出版商的主意,葛浩文只能妥协接受。对此,葛浩文委屈地说:"最让我困扰和最委屈的是,出版社的编辑会修改甚至删减翻译,但有些

---

① Olesen, Alexa & Louise Nordstrom, "Chinese Writer Wins Nobel Literature Prize". http://www. newsday. com/news/world/chinese-writer-wins-nobel-literature-prize-1. 4103841.

② Goldblatt, Howard, "Foreword", in Ba Jin, *Ward Four*. San Francisco:China Books,2005.

读者在比较中英两个版本之后，也不问清楚，就一口咬定是我删改的。他们不知道，很多时候一部作品翻译版权卖出后，出版社可以全权处理。"[1]

毋庸置疑，译作如果没有"市场"，那么其文学价值就无从实现。此处"市场"意为"付费阅读消费"，不管听起来多么庸俗，它其实就是"读者"更为直白的说法。换句话说，"读者"即"市场"。葛浩文多次强调，他为目的语读者而译。他追求的"可读"与"平易"完全是站在读者的立场，"有市场"就是在忠实于原作的同时适当地考虑读者的审美趣味。作为 glocal Chimerican，葛浩文能很好地做到这一点；反过来，正因为葛浩文能做到这一点，他才配得上 glocal Chimerican 这一身份。无论如何，"市场"即"读者"，自绝于"市场"的翻译注定会失败。

四、从实践到理论："具体"颠覆"抽象"？

（一）葛氏的翻译思想

葛浩文从来没有接受过科班翻译及相关理论训练，虽然其翻译思想受欧阳桢影响较大。他有限的理论几乎完全是对"自我"与"己事"的认识与体悟，是后馈式、反思性、印象式的，而不是学界不少人认为的那样有意识地运用某些理论或原则指导自己的翻译。葛浩文认为，

---

① 孙咏珊，《葛浩文：文化桥梁》，《南风》，Issue 20，2012 年 9 月 7 日。http://www.cciv.cityu.edu.hk/nanfeng/renwu/020/.

翻译理论不能直接指导实践,因为他是在翻译"文学",而文学又必须拥抱"具体",拒绝"抽象"。

有学者曾提到葛浩文翻译的"快乐原则"。胡安江引用葛浩文的话:"当我意识到自己是在忠实地为两个地区的读者服务时,那种满足感能让我在整个翻译过程中始终保持快乐的心情。"①据此,胡安江认为,"总的来说,葛氏翻译时秉承与信守的'快乐原则'与'读者意识',以及在此理念下葛译对于'准确性''可读性'与'可接受性'的追求与强调,构成了汉学家译者模式的另一种言说类型"②。胡安江把"快乐"提升到"原则"的高度似有误解,对照葛浩文原文便可发现这一点。其实,葛浩文的意思大致是:读到"让人兴奋的"(exciting)中文作品时萌生翻译冲动(urge),而自己能服务于两个群体,因而获得一种自我"满足"(satisfaction),这种满足让他欣然地翻译优劣不一的中文作品。可见,"快乐"是触发的,是客观结果与状态描述,因而无法成为具有先导性的"原则"。

葛浩文的翻译思想主要包括翻译功用论、策略论、认识论、过程论与标准论。笔者已把葛浩文的翻译思想归结为"在全球文学生产大语境下,以'忠实'为前提,以'可读、平易、有市场'为基本诉求,以目的语读者为中心,凸显自我的'再创作'"③。"全球文学生产大语境"体现了

---

① 葛浩文原文是:"And, every once in a while, I find a work so exciting that I'm possessed by the urge to put it into English. In other words, I translate to stay alive. The satisfaction of knowing I've faithfully served two constituencies keeps me happily turning good, bad, and indifferent Chinese prose into readable, accessible, and—yes—even marketable English books. Tian na!"

② 胡安江,《中国文学"走出去"译者模式及翻译策略研究——以美国汉学家葛浩文为例》,《中国翻译》,2010 年第 6 期,第 10—15 页。

③ 孟祥春,《葛浩文论译者——基于葛浩文讲座与访谈的批评性阐释》,《中国翻译》,2014 年第 3 期,第 72—77 页。

葛浩文的全球视野;"忠实"让其翻译成为翻译;"可读、平易、有市场"是翻译的标准论,确保了翻译取得成功;"凸显自我"是对译者的解放与主体性的高扬;"再创作"属于认识论,抓住了文学翻译的本质,提升了译者地位。葛浩文曾撰《写作生涯》一文,但实质是"翻译生涯",其核心思想即"翻译是再创作"。[①] 葛浩文认为翻译是"阅读、批评(或阐释)与创作"的三事合一,这是其翻译过程论,极具启发意义。[②]

需要指出的是,葛浩文在翻译过程中更注重自己的文学与批评直觉。他在具体的翻译实践中拒斥理论,但这并不意味着他否认理论的价值。他曾明确指出,翻译理论有助于译者更好地认识自己和自己的事业。理论是抽象的,实践是具体的,但在葛浩文那里,具体除了诠释抽象之外,还往往颠覆抽象,这就是其理论与实践之间的"张力"。

(二)实践中的"新我"与"故我"

直面批评是翻译工作的一部分。葛浩文既是论争的对象,也是迫不得已的参与者。对他而言,最难的不是翻译本身,而是翻译之后的事情。他说:"翻译工作使我感到最困扰的是后来要面对的大众评论。这可能跟我的国籍有关,某些人碰巧发现原文和译文有不同,就会直接批评'一个外国人怎么会懂中国文化和语言'。"[③]葛浩文往往会通过译作的序和跋等来阐明其文化立场、翻译态度和策略,这是他对可预见的论争的提前回应。另外,他也在报纸与学术期刊上撰文,或发表

---

① Goldblatt, Howard, "The Writing Life", *The Washington Post*, 28 April 2002 (BW 10).

② 葛浩文,《作者与译者:交相发明又不无脆弱的关系——在常熟理工学院"东吴讲堂"上的讲演》,孟祥春、洪庆福译,《东吴学术》,2014 年第 3 期,第 32—38 页。

③ 孙咏珊,《葛浩文:文化桥梁》,《南风》,2012 年 9 月 7 日。http://www.cciv.cityu.edu.hk/nanfeng/renwu/020/.

演讲、接受访谈,或隐或显地回应批评。在众声喧哗的批评中,葛浩文面临着一个重要问题:他应该坚持"自我"还是拥抱他人期待的"新我"? 葛浩文所谓"连改带译"(freely edited as he translated)的风格曾饱受诟病,不少批评者和读者认为他逾越了翻译的界限,希望他有所改变。在这种压力下,"和过去有所不同的是,他的翻译风格有一点点改变……葛浩文坦率地承认,莫言获奖后,人们的关注和扑面而来的'对比'太多了。所以在翻译莫言的作品《蛙》时,他选择了乖乖地忠实(于)原著"①。

"乖乖地忠实于原著"似乎预示着葛浩文要呈现一个"新我"。如果这真的意味着葛译的大变化,那么,这对《蛙》及其以后的译作在英语世界的传播与接受未必有利。首先,译者的"主体性"受到了更大的限制,微观层面的再创作因而受到了影响。第二,"乖乖地忠实"则意味着"直译"比重大大增加,这会极大地影响"可读性"和"可接受性"。第三,"忠实"在微观层面上很多时候意味着背叛"文学性"。其实,"乖乖地忠实于原著"就是要葛浩文"成为别人",这既不可能,亦非必须。可喜的是,葛浩文固然追求"忠实",但并没有打算真正地放弃自我。在接受笔者的访谈时,葛浩文曾说:"有人认为,我的翻译太'葛浩文'化了,英语读者不是在读莫言,而是在读葛浩文,对此,我只能说声对不起。……译者永远不能'放弃自我'(surrender one's ego)。我只能是我自己,我只能是葛浩文。"②有意思的是,葛浩文曾进行了一次独特的自我采访,是 Howard Goldblatt 与 Ge Haowen 的对话,认为葛浩文

---

① 樊丽萍、黄纯一,《莫言作品英译者选择"妥协"》,《文汇报》,2013 年 10 月 24 日。

② 孟祥春,《"我只能是我自己"——葛浩文访谈》,《东方翻译》,2014 年第 3 期,第 46—49 页。

是 Howard Goldblatt 的中国自我（Chinese alter-ego），并要"我行我素"。对此，谢天振完全支持。①

五、葛浩文的意义与定位："个案"还是"现象"？

（一）葛译的意义

葛浩文是当下西方最具有里程碑意义的一位汉英翻译家，对中国文学"走出去"具有"启示"与"颠覆"双重意义。

启示之一：葛浩文代表了中国现当代文学英译的一种成功的译者模式。当前"中国文化与文学仍然在寻求世界认可"②，然而"由中国政府发起，由本土译者主译的中国文学对外译介总体来说不是很成功"③。其原因在詹纳看来主要是，"母语是汉语的译者面对一项几乎不可能的任务：从容地运用英语，熟悉并对句子节奏和语域敏感。不是从小就生活在其中，这种能力就很难获得"④。因此，"中国文学的对外翻译，归根结底需要依赖一批精通中文的外国翻译家与学者"⑤。葛

① 谢天振，《顶葛浩文的我行我素》，《文汇读书周报》，2014 年 4 月 4 日。

② Lovell，Julia，"Modern Chinese Literature in the Global Canon：The Quest for Recognition". http://www.crassh.cam.ac.uk/uploads/documents/LovellPaper.pdf .

③ 马会娟，《英语世界中国现当代文学翻译：现状与问题》，《中国翻译》，2013 年第 1 期，第 64—69 页。

④ Jenner，W. J. F.，"Insuperable Barriers? Some Thoughts on the Reception of Chinese Writing in English Translation"，in Howard Goldblatt，*Worlds Apart：Recent Chinese Writing and Its Audiences*. London and New York：M. E. Sharpe，Inc.，1990.

⑤ 刘莎莎，《文学翻译亟需扭转"贸易逆差"》，《深圳特区报》，2012 年 10 月 15 日。

浩文用实践证明了西方汉学家承担中国文学翻译的必要性与可行性。黄友义认为,"中译外绝对不能一个人译,一定要有中外合作……如果是文学作品,我建议第一译者最好是外国人。目前的问题是,能够从事中译外的外国人不多,满足不了现实需求"①。必须指出的是,西方汉学家翻译中国文学作品并非总会带来优势,对文化、人情与风物的把握不到位是常见的缺陷,而中西译者合作往往可以较好地避免这一点。

启示之二:译者须具有 glocalism 特质与言说方式。在中国文学"走出去"的过程中,译者未必能具有葛浩文那样的"自我"和修为,但是"全球视野"与"本土情况"相融通,目的语的言说方式与本土的话语相结合,应当是每个译者的自觉追求。就葛浩文而言,glocal Chimerican 这一特质是其成功的秘诀之一,而 glocalism 对所有译者具有普适意义。

启示之三:中国文学翻译与海外传播须重视"文学性"呈现。一般来说,本土译者更加"忠实",但译文的"可读性"与"可接受性"相对较低,对"文学性"的整体呈现相对不足。一个很重要的原因是译者并没有真正地把文学翻译看成再创作,从而合理大胆地凸显自我。葛浩文的成功正是因为他凸显了自我,把阅读、阐释(批评)与创作合而为一,是在真正地翻译"文学"而不是"文字"。

启示之四:在当今全球化语境下的消费主义文化中,文学的翻译与跨文化传播不能再单纯依靠作者或译者的个人行为,而是应该合理利用文学代理机制,甚至如刘江凯建议的,"在海外建立推广中国文学

---

① 鲍晓英,《中国文化"走出去"之译介模式探索——中国外文局副局长兼总编辑黄友义访谈录》,《中国翻译》,2013 年第 5 期,第 62—65 页。

代理机构"①。在黄友义看来,莫言作品获诺奖原因之一是"他使用了文学代理人这个现代的国际推广手法,因此他的小说出版的文种特别多"②。胡燕春也指出,"译介工作是中国当代文学走向世界的桥梁,但是现在遭遇无以承受之重的境况,进而沦为传播屏障,不免在一定程度上延误了相关作品的国际化进程。所以,建立完善与规范的中国文学海外推广与代理机制势在必行"③。

启示之五:对西方读者而言,译者个体的文本选择往往比官方体制性的选择更受信赖和欢迎。其原因正如黄友义所说:"国家发起的翻译出版工程,有些外国人总觉得这是政府机构在做宣传。"④显然,"作家要由译者'挑选',像葛浩文那样富有经验的星探(talent-spotter),其力量是巨大的"⑤。

葛浩文的"颠覆"意义在于他颠覆了文学翻译传统意义上的"忠实"观,走向整体的翻译和文学意义上的忠实。葛浩文几乎颠覆了传统中对作者"意思"的理解,因为他在"作者的意思"和译者所理解的"意思"之间做出了明确区分,认为译者只能抓住后者。葛浩文的另一个颠覆意义在于,他不仅关注译本"文内"的情况,而且还拓展到"文外",进行翻译之外的补充批评,如对莫言进行热忱的赞扬与宣传,把

---

① 柴爱新、白春阳,《中国当代文学海外传播:翻译与推广非常重要》,《今晚报》,2012年10月22日。

② 鲍晓英,《中国文化"走出去"之译介模式探索——中国外文局副局长兼总编辑黄友义访谈录》,《中国翻译》,2013年第5期,第62—65页。

③ 胡燕春,《赢得跨越语际与文化的传播契机——莫言的国际影响及对中国文学的启示》,《光明日报》,2012年12月18日。

④ 鲍晓英,《中国文化"走出去"之译介模式探索——中国外文局副局长兼总编辑黄友义访谈录》,《中国翻译》,2013年第5期,第62—65页。

⑤ Wood, Frances, "Beware the Fox Fairy", *The Sunday Times*, 2002‐05‐31.

翻译和批评相统一,这与本土译者的常规做法大不一样。另外,葛浩文往往在小说末尾附加小说主要人物表和发音方式,《天堂蒜薹之歌》《生死疲劳》《丰乳肥臀》等皆是如此。乔纳森·雅德利(Jonathan Yardley)写道:"西方读者很难把人名区分开来,幸运的是,葛浩文提供了'主要人物表',我自己就时不时地要翻到后面,去看一下谁是沙月亮、谁是沙枣花、谁是司马亭、谁是司马库。"①值得一提的是,葛译还证明了王德威的判断,即中国从来不缺少好的文学,只是缺少好的译者;同时还表明,翻译文学的"文学性"与"市场"之间可以找到一个合理平衡点。

(二) 葛译的定位与评估

众多学者与作家如夏志清、柳无忌、金介甫、王宁、谭恩美、莫言等给予了葛译及其贡献以高度评价。葛浩文翻译质量之高与贡献之大学界已有共识。葛浩文是中国文学英译领域的里程碑式的人物,起着承前启后的作用。Dylan Suher 认为,"没有几个译者能像葛浩文一样主宰着一种语言的当代文学(翻译),更鲜有人有理由去质疑这种主宰"②。其隐含的信息是,中国现当代真正优秀的英译者并不多。也难怪厄普代克把葛浩文看成"中国当代小说英译孤独领地里的独行者"③。严格来说,葛浩文不仅是"个案",同时还代表了一种"现象",即代表了西方汉学家或学者翻译中国文学的一种模式。他并不"孤独",

---

① Yardley, Jonathan, "Big Breasts and Wide Hips", *The Washington Post*, 28 Nov. 2004.

② Suher, Dylan, "Dylan Suher Reviews Mo Yan's *Pow!* and *Sandalwood Death*". http://www.asymptotejournal.com/article.php?cat=Criticism&id=48.

③ Updike, John, "Bitter Bamboo: Two Novels from China"。http://www.new-yorker.com/magazine/2005/05/09/bitter-bamboo.

蓝诗玲、陶忘机、杜博妮、闵福德(John Minford)等人同样活跃,他们译著日丰,而且水准同样十分高,早已引起了东西方学界的重视。可以预见,随着中国"软实力"的不断提升,中国语言、文学与文化必定会引起西方世界的更大兴趣,而葛浩文的成功将会激励西方年轻一代的汉学家从事中国文学英译。葛浩文本人也希望越来越多的西方人学汉语,他欢迎有更多的竞争者。

葛浩文认为,包括他自己在内的莫言的译者都只是莫言的"化身"(avatar)①,他的这种自我定位还是很准确的。这意味着,译者在尽力地传达作者的意思,但又永远成不了"作者"本人,因此,译者只是桥梁、中介,或者是厄普代克所说的"助产士"。

毋庸置疑,对葛译进行宏观描述与评估较为困难。在与葛浩文的笔谈中,笔者对葛译曾有这样的评判:文学之为文学,赖其文学性;翻译之为翻译,因其"翻译性"(translatoriness)。翻译文学,须让翻译成翻译,文学成文学。重译轻文,恐囿于文字,格调多下,行之不远;重文轻译,郁乎文哉,更上一品,然有逾矩之虞。葛译平衡二者,实属难能。

葛氏乃一 glocal Chimerican 也,着眼全球,文化中美,译写吾国,语取东西,力倡"读、释、创"三事合一。其译以"忠实"为纲,重可读、求平易、循市场,心向读者。其作忠而不僵,通而不俗,文而不艳,化而不隔,简(减)而不伤。一字一句之内,意或变,象或易,味或寡,神或失。统而观之,化文字,调文化,融趣味,弘文学,扬精神,妙心别裁,臻于上品。葛氏五十卷,我译译我,一言以蔽之,译无邪。

上述评判涉及了葛浩文的文化身份、言说方式、翻译的首要原则、过程"三合一"论、翻译标准、翻译目的、风格描述、创造性,等等。需要

---

① 葛浩文,《葛浩文文集:论中国文学》,北京:现代出版社,2014 年。

说明的是,"译无邪"是对认为葛浩文体现所谓"东方主义"或"文化霸权"的观点的回应。

六、结　语

身为美国人的葛浩文谙熟并钟情中国文化与文学,积极沟通中西文化,堪称文化意义上的 Chimerican。葛浩文既有全球视野,又能观照中国一域,把西方的言说与中国的内容相融合,体现了独特的 glocalism。葛浩文的 glocal Chimerican 这一身份特质让他成为当下中国文学英译领域一个里程碑式的翻译家,承前而启后。葛译追求"忠实",但不是翻译"文字",而是从整体上翻译"文学";"自我凸显"与"创作性"是葛译的重要特征;葛译以目的语读者为中心,追求"可读、平易、有市场";葛浩文重视作品选择,但作品风格并不单一;他重视市场,但并不完全受制于此;其文本选择与对读者市场的关注没有表现出"东方主义"的文化姿态,他力图在"文学"中进行中西调和融通。面对种种批评,葛浩文虽不能完全置身事外,但依然"我行我素",难能可贵。其翻译思想与实践对中国文学"走出去"有着"颠覆"与"启示"双重意义。葛浩文既代表了自身,也代表了西方汉学家进行中国现当代文学翻译这一现象,为中国文学"走出去"提供了一种新的出路。对于葛译,我们既要"入乎其内",深入阅读并把握其本身,又要"出乎其外",跳出葛译本身,将其置于更宏大的社会文化语境,以便厘清种种关系。葛译虽属"上品",堪称翻译"经典",但并不完美(没有译作是完美的,甚至"翻译"本身就不完美)。"翻译批评,说到底,就是要给文学翻译一个方向。"①葛译研究的意义正在于此。葛浩文的价值在于让某些中国文学作品成功地走向英语世界,更在于以一种实践而非说理的方式揭示了中国现当代文学"走出去"所必须应对的课题,即谁在译,该谁译,该译谁,为谁译,如何译,以及何时译。有必要指出,这些问题最终关乎"中国文学的中国性"(the Chineseness of Chinese literature)与"中国的中国性"(the Chineseness of China),需要在"中国语境"与"世界舞台"这两大维度上平衡各种要素。无论如何,对中国现当代文学"走出去"而言,葛浩文都是一个绕不开的参照。

(原载《外国语》2015 年第 7 期)

---

① 许钧,《译事探索与译学思考》,北京:外语教学与研究出版社,2002 年。

论葛浩文翻译本质之论[①]

——兼谈译学界"翻译本质"之争及其启示

周领顺

一、引　言

美国汉学家、中国现当代文学"首席"翻译家葛浩文因译莫言而名声大噪,其于中国文化"走出去",功莫大焉。葛浩文通过自己的实践,阐发了他的相关翻译思想,而对于翻译本质或性质的论述,就是其中的一项重要内容。

翻译家葛浩文是实践家,他借自己的实践对于翻译本质所做的论述与理论家从理论角度所做的论述并无根本的不同。但葛浩文所论翻译本质的东西,实际是他在翻译实践中遇到的一些具体问题,以及他在应对这些问题时所生发的种种感悟和基于此采取的应对策略。

①　本文是在笔者于 2015 年秋在南京大学和天津外国语大学讲学稿的基础上修改而成的。讲座现场互动热烈,谨此向听众致谢! 也感谢笔者的研究生们为查找资料所付出的劳动。感谢许钧教授、刘云虹教授、陈伟教授、许建忠教授、王洪涛教授的点评。

归根结底,这些问题源于翻译实践,并终究归于翻译技巧讨论的范畴。而且,葛浩文的论述时有相互抵牾之处。那么,该怎样给葛浩文矛盾的论述以合理的解释? 又该怎样认识翻译的本质呢?

对于翻译的本质,译学界早已有过很多的论述,迄今尚无定论。目前,译学界正在进行新一轮有关"翻译"定义和认识的大讨论,因此对葛浩文有关翻译本质之论的再论述,将具有不同寻常的意义和启示作用。

葛浩文的翻译本质观散见于网络、书籍、报刊、谈话、访谈之中,时间跨度大,概括起来主要有:翻译是"重写"或"改写";翻译是"背叛"也是"救赎";翻译是"补充"也是"折中";等等。为了研究的深入和清晰,本文将基于翻译家葛浩文的有关论述,提出进行"翻译内"和"翻译外"以及"翻译"(原型)和"翻译活动"(社会活动)区别性研究的新路径。

二、翻译是"重写"或"改写"——主观与客观

葛浩文说:"重写显然是翻译的本质。"[①]"大多数作家至少应该宽容那些被赋予了将他们的作品用其他语言重写任务的(人),因为翻译的性质就是重写。"[②]"根据我个人的经验,大多数的作家都能容忍自己

---

① 葛浩文,《葛浩文文集》,北京:现代出版社,2014 年,第 28 页。

② 魏旭良,《改写者葛浩文——以〈红高粱家族〉英译本为例》,《常州工学院学报(社科版)》,2014 年第 4 期,第 62 页。

的作品在翻译时被改写——因为显然改写是翻译的本质。"①

重写或改写更多的时候是基于一般人所能理解的语言、文化差异等客观原因而发生的,对于富于创造性的文学翻译来说尤其如此。重写或改写就是一定程度上的创作,或者说是"二度创作"。葛浩文说:"译者需要同时做三项不同的工作:阅读、阐释(或批评)与创作。"②客观上讲,"一部作品一旦进入另一种语言,就一定会有所改变"③。所以,葛浩文认为,"理想的翻译在理论上是存在的,但在实践中又无定论"④。或者理想的翻译如葛浩文认可的美国学者弗伦兹所言,"运用现代语汇与词序的当代作品,出之以我们这个时代的表现法,看上去不应当像是翻译"⑤。这一态度实际是对于现实中翻译"理想"的虚无、现实翻译的无奈以及翻译活动的复杂性的充分认识而生发的感慨,如理论上有"千足金"而在现实中又难以寻觅一样。葛浩文认可的理想翻译,和钱锺书所期盼的"化境"或傅雷崇尚的"神似"异曲同工,不管在现实中能不能实现,作为追求的目标,却也无可厚非。

翻译毕竟是翻译,无原文可依的"翻译"当然不是翻译,所以奈达认为在翻译活动涉及的诸多要素中只有原文才是客观存在⑥,这也是洪堡(Wilhelm von Humboldt)在 1816 年所说的"真正的精神只存在于

---

　　①　李雅博,《西方视界中的中国近三十年文学》,重庆:西南大学硕士学位论文,2010 年。

　　②　孟祥春,《葛浩文论译者——基于葛浩文讲座与访谈的批评性阐释》,《中国翻译》,2014 年第 3 期,第 74 页。

　　③　葛浩文,《葛浩文文集》,北京:现代出版社,2014 年,第 31 页。

　　④　同上,第 39 页。

　　⑤　葛浩文,《文学与翻译家》,香港:香港文学研究社,1980 年,第 106 页。

　　⑥　Nida, E. A., *Language, Culture and Translating*. Shanghai: Shanghai Foreign Language Education Press, 1993.

原作中"①的意思。有原文可依,既让译者有规可循,又限制了译者的行为。也就是说,译者的自由是有限的,译学界常说的"带着镣铐跳舞"就形象地说明了这一点,所以当年鲁迅原本认为翻译要比创作容易,而事实证明并非如此。翻译即重写或改写之说,表明译者拥有的权力只是相对的。而且,葛浩文也认可"翻译家是失意的作家"②之论。虽然葛浩文承认在翻译的实践过程中可以证明翻译是重写或改写,但听到人们将他的翻译称为创造性翻译(creative translation),仍不免觉得"刺耳"③。在中国译学界,"创造性翻译"是褒奖之语,但"创造"也意味着"无中生有",意味着译文对原文的偏离,有突破翻译"忠实"伦理底线之嫌。对于译者,褒贬共存,所以葛浩文有这样的感觉也就不难理解了。事实上,他的翻译并不乏创造的痕迹,这倒有些"做得说不得"的雅趣。

概括地讲,重写或改写的发生主要有这样几个原因。其一,因为读者对象不同,所以需要重写或改写以适应不同的读者。葛浩文说:"作者是为中国人写作,而我是为外国人翻译。翻译是个重新写作的过程。"④其二,因为翻译要面对很多不确定的因素,所以需要重写或改写。葛浩文说:"翻译是一个重新写作的过程,我热爱这个事业的挑战性、模棱两可性和不确定性。我热爱创造性和忠实于原著之间的冲

---

① Lefevere,A.,*Translating Literature: The German Tradition from Luther to Rosenzweig.* Asen/Amsterdam:Van Gorcum,1977,p.45.

② http://men.sohu.com/20121219/n360785803.shtml.

③ http://history.sina.com.cn/cul/zl/2014 - 07 - 07/113094803.shtml.

④ 单春艳、孙筱岚,《从生态翻译学视角看〈生死疲劳〉中宗教元素的英译》,《科技视界》,2014 年第 29 期,第 53 页。

突，以及最终难免的妥协。"①其三，因为译者要再现作者创造的陌生内容和风格，所以需要重写或改写。葛浩文说："严格来说，译者的任务要比作者更棘手，因为他不仅要'写作'那些域外的陌生的东西（与作家不同，作家专门写他最熟悉的），他还要以不同的风格写作。"②"作者总是在写他熟悉的东西，而译者不同，他写的是他不怎么熟悉的东西，要读它、理解它，然后再创造性地改写。"③其四，要满足目标语读者的一些需求，所以需要重写或改写。葛浩文说："大多数的中国作家写的故事都不够完美，因此译者必须承担起编辑的责任去把译文变得更加有可读性。"④在充当编辑的过程中，重写或改写成为核心的内容。

三、翻译是"背叛"也是"救赎"——翻译内与翻译外

葛浩文说："翻译即背叛。"⑤他甚至认为："所有的翻译都是一种背叛。"⑥矛盾的是，他也说过"翻译不是背叛，而是救赎（salvation）"⑦。

---

① 刘爱兰，《续说"镣铐"与"跳舞"——对"翻译研究三人谈"的延伸思考》，《上海翻译》，2015 年第 1 期，第 83—88 页。

② 葛浩文，《葛浩文文集》，北京：现代出版社，2014 年，第 38 页。

③ http://www.ilf.cn/News/111832_2.html.

④ http://blog.sina.com.cn/s/blog_49fe0f010100qyv5.html.

⑤ 段雷宇，《译者主体性对文学作品翻译的"操控"——以葛浩文译莫言作品为例》，《名作欣赏》，2013 年第 33 期，第 8 页。

⑥ 李雅博，《西方视界中的中国近三十年文学》，西南大学硕士学位论文，2010 年。

⑦ 孟祥春，《葛浩文论译者——基于葛浩文讲座与访谈的批评性阐释》，《中国翻译》，2014 年第 3 期，第 72 页。

声称翻译即背叛，是基于翻译不可能实现与原作的完全对等的客观事实。把翻译称为"背叛"（"背离，叛变"之义），与把翻译称为"重写"或"改写"，面对的事实相同或相似，只是表达的语气有所差异罢了，尽管在词汇意义上，"重写"或"改写"是在原有基础上进行的，而"背叛"完全走向了反面，当然，程度有高有低。比如，葛浩文说，"阅读（英译的）莫言就是在阅读我"[1]，"翻译的小说里所用的语言——优美的也好，粗俗的也好——是译者使用的语言，不是原著作者的语言"[2]，这就达到了他所说的"背叛"的程度，因为主体发生了改变，即"原著作者的语言"变成了"译者使用的语言"。当然，这是夸张的说法，因为如果译者完全成了作者，"译者使用的语言，不是原著作者的语言"，则超出了翻译的范畴，甚至沦为无原文可依的"伪译"。

那么葛浩文"翻译不是背叛，而是救赎"的观点是怎样来的呢？这是从民族文学与文化传播的角度出发的。为了认清这一点，我们需要从"翻译内"和"翻译外"[3]两个层次看问题。

所谓"翻译内"，涉及语言文字的转换和意义的再现等翻译本身的因素，包括微观上的风格、语气、情态、词彩、词性、标点、句法结构、语篇、词汇及其联想意义、韵律和意象等从内容到形式的再现，以及策略和方法、翻译标准、翻译单位和意群的具体运用等。而翻译外部的因素，则是一些关于翻译活动但又超出翻译本身的因素，比如宏观上的翻译史、翻译性质、翻译标准、翻译单位和意群的划分、文本选择、个人

---

① 叶子，《猪头哪儿去了？——〈纽约客〉华语小说译介中的葛浩文》，《当代作家评论》，2013 年第 5 期，第 178 页。

② 周晓梅，《试论中国文学译介的价值问题》，《小说评论》，2015 年第 1 期，第 79 页。

③ 周领顺，《译者行为批评：理论框架》，北京：商务印书馆，2014 年，第 12 页。

译风、接受人群和环境、翻译效果、历史和时代、审美以及个人和团体目标等因素。换句话说,"翻译内"指的是翻译实践本身,而"翻译外"指的是一切关涉翻译活动的事,既关涉翻译的外部条件,也关涉评价的角度。

从翻译内讲,有些是不可译的,但从翻译外讲,我们从来没有停止过翻译的努力,所以民族之间的交际才得以维系。因此,翻译又是"救赎",如果民族间没有翻译的存在,世界的历史便少了很多精彩。所以葛浩文说:"(在翻译过程中)有没有(信息)丢失呢? 丢失自然是有的。但这又怎么样? 因此就不译了吗? 理想的翻译在理论上是存在的,但在实践中又无定论,大概正是这徒劳的寻找,才使翻译从'技巧'变成'艺术'。语言不同,其局限性和可能性也有所不同,因此,老老实实的翻译能以作者无法想象的方式提高原作的水平。"①

在翻译内,翻译行为一定程度上能反映原文真实的一面。比如,从翻译内讲不可译的(如弗罗斯特说的"Poetry is what gets lost in translation"),在翻译外作为一项社会活动却又是可译的(如杜伦特[M. Dorent]说的"The literature of the world has exerted its power by being translated")。从翻译外着眼,翻译行为功莫大焉,正如葛浩文所说,"译者是人类精神的信使。翻译是不同文化的融合,是创造性的价值生成。虽然翻译中对原著而言会失去一些东西,但这不是译者的错,翻译是必需的"②。他说:"尽管翻译不是一种走近带有异域文化背景作品的十全十美的方式,但它确实是一种方式,而且几乎总是一种能够让作者获得国际声誉的方式。"③他还举例阐述了这一点。

---

① 葛浩文,《葛浩文文集》,北京:现代出版社,2014年,第39页。

② http://www.chinadaily.com.cn/hqgj/jryw/2013-12-10/content_10778739.html.

③ http://money.163.com/13/1016/10/9BA4JNE300253B0H.html.

在世界历史上,文学翻译家不同凡响的影响力有例为证。英国翻译家阿瑟·韦利成功将日本作家紫式部的《源氏物语》译成英语,使这部作品在世界上赢得了广泛的声誉。韦利的弟子霍克思(David Hawkes),中国翻译家杨宪益、戴乃迭夫妇的《红楼梦》全译本也将中国的经典文学推向世界文坛。①

按照葛浩文的话说,"别人认为(译者)的工作是一种技巧也好,或者是一种艺术也好——或两者兼而有之,他是一位传播人,一位解释人,在国际了解的链条上,他是主要的一环"②。但因纠结于翻译内不可译的因素,他有时又无可奈何。

四、翻译是"补充"也是"折中"——从文本到可见性译者

葛浩文说:"翻译只能是对原作的补充,而非复制。"③他又说:"翻译是原作的补充,不是取代,对此他们也能理解。翻译能延长原作的生命,能揭示原文隐藏的信息。"④

翻译不是复制,也不可能替代原文。但是,既然不能复制和替代,为什么葛浩文还说"中英文并不存在完全类似的说法,或者说它们的

---

① 何琳,《翻译家葛浩文与〈中国文学〉》,《时代文学(下半月)》,2011年第2期,第165页。

② 葛浩文,《葛浩文文集》,北京:现代出版社,2014年,第15页。

③ 同上,第30页。

④ 同上,第46页。

意思完全相异,我的目标就是要复制出原文的语气"①呢?

　　翻译时,客观上的原因和困难虽然很多,但译者的主观努力是不能忽视的。这里所说的"要复制出原文的语气",只是他努力的目标。这里的"复制"是通过创造性劳动而努力再现的问题,甚至和"创造"无异。译文不可能毕肖原文,反映了翻译活动过程中的客观局限以及译者的主观性,因此作者对译者也就多了一份理解。所以,他在谈到和作者的配合时说:"他(莫言)会很体贴、和善地给我解释作品中一些晦涩的文化和历史背景,他明白翻译是对原文的补充而非替代。"②

　　翻译是补充甚至是任何改动后的折中,或者说,是译者根据翻译活动中出现的一切情况而调适的结果。译者毕竟是翻译活动的操纵者,甚至是"成也萧何败也萧何"的角色。所以,葛浩文说:"翻译家看走了眼、翻译家有意为之、原作语言暧昧而翻译家缺乏想象力以及译文的矫揉造作。而翻译的本质是一种折中。"③"折中"就是妥协,就是译者的无奈之为。

　　"翻译永远意味着'未完成'"④,有遗憾,所以"译本中唯一可见的(visible)就是译者"⑤。葛浩文解释道:"现在用的就是拼音。这个词用声音念出来,才更有意义,很难找到合适的英文,也不能直译。"⑥客

---

　　①　金艳、张艳,《论葛浩文英译小说〈酒国〉的"陌生化"手法——以小说中"酒"的隐喻翻译为例》,《广州大学学报(社会科学版)》,2014 年第 8 期,第 83 页。

　　②　http://www.chinadaily.com.cn/hqgj/jryw/2013 - 12 - 10/content_10778739.html.

　　③　何琳,《翻译家葛浩文与〈中国文学〉》,《时代文学(下半月)》,2011 年第 2 期,第165 页。

　　④　http://www.infzm.com/content/1175.

　　⑤　孟祥春,《葛浩文论译者——基于葛浩文讲座与访谈的批评性阐释》,《中国翻译》,2014 年第 3 期,第 76 页。

　　⑥　http://blog.sina.com.cn/s/blog_517d4f5e01010dtq.html.

观上"很难找到合适的英文",那就不得不去努力创造以传意了。翻译的遗憾成就了译者创造者的地位。葛浩文说:"有人说,他就是一个中间人物嘛,他就是桥梁。我觉得一个翻译也是一个创造者,是有创作的责任和本分的。虽然也要听原作者的,要把原作忠实地表现出来,不能把它加得变样子,也不能减得变样子。有人曾经问翻译中的改动的问题。翻译都是要改动的。这就要看改动的方式。我懂中文,我又能用英文,可是中文跟英文之间是存在创造性的,这是我们要抓住的,也是最难抓住的。我们歪曲原文,那是不对的;在表达英文的时候超过原文,也是不对的。现在我们常说的翻译标准'信、达、雅',我倒认为'雅'比'信'和'达'重要。"①

他还满腹怨言地说:"我觉得,大多数没有做过翻译的人并不重视译者的作用,认为译者就应该是无形的,凡是译著中美的地方要归功于作者本人,而不好的地方则要找译者算账。但是,事实有时并非如此。西班牙语和葡萄牙语文学领域有一位著名的翻译家格里高利·拉巴萨,曾得到加西亚·马尔克斯本人的赞赏。据说,马尔克斯认为《百年孤独》的英文版本比他的原著还要好。也不知道这一启示会不会让译者感到高兴。"②

创造的往往是超越"翻译"(more than just translation)③之处。遗憾、偏离中包含着创造,这也是埃斯卡皮(Robert Escarpit)所谓的"创造性叛逆"(creative treason)的真意所在。

---

① 闫怡恂,《文学翻译:过程与标准——葛浩文访谈录》,《国际文学视野》,2014年第1期,第202页。

② http://culture.ifeng.com/wenxue/detail_2014_01/08/32824108_0.shtml.

③ http://creativetranslation.com/.

五、译学界"翻译本质"之争和研究的新路径

译学界对于翻译本质或性质的论述很多,却和实践家的感受并没有本质的不同。理论家不是实践家,却扮演着实践家代言人的角色。理论家对于翻译本质的描述在葛浩文的叙述中基本都能找到,而葛浩文作为真正的翻译实践家,感受也更多、更全面。他的一些貌似矛盾的言论,是翻译活动复杂性在其认识上的集中投射。翻译实践家葛浩文是"翻译活动"的体验者。为了认清翻译的本质,有必要区分作为名物的原型"翻译"和作为活动的翻译——"翻译活动"之间的异同。

"翻译"是被叫作"翻译"的原型。原型不需要读者的参与,也不受意志和环境的影响,原文永远是唯一客观的存在,译文和原文之间永远是"如影随形"的关系。原型是本,本不会随环境的变化而变化,这倒有点像"语义学"和"语用学"的关系,也有点像索绪尔"语言"和"言语"的关系。原型终究是原型,最经典的,也是最原型的,是最本质的。哲学界认为,"本质"这一概念是亚里士多德第一个明确使用的,他认为"事物的本质就是它的第一本体"①。比如,"猫捉老鼠"是原型,新的时代出现了新的现象(如捉老鼠不用猫了,有的猫不捉老鼠了,有的老鼠捉猫了,等等),却不会影响原型的纯洁性和唯一性。即使一个词有

---

① 杨晓荣,《基于翻译本质观的翻译标准观:1978—2007》,《外语与外语教学》,2008 年第 12 期,第 41 页。

多个义项,也会有一个是原型义项。比如,"跑"的原型义项是"两只脚或四条腿迅速前进",而"物体离开了应该在的位置"和"液体因挥发而损耗"等则属于衍生的义项(《现代汉语词典》),更不用说更多的和不断更新的比喻用法了。而"翻译活动"是包括交际过程、翻译过程和翻译环境等一切因素在内的社会活动,充满了复杂性。葛浩文围绕翻译性质所展开的讨论,全是翻译活动中遇到的问题,既有客观的,也有主观的,而主观的又主要来自译者的意志。

当人们说翻译不仅仅是语言文字符号的转换而应该是文化的交流、移植等,就等于把翻译看作一项活动,在本质上应反映翻译在交际环境、动态环境中的语用意义,这是"翻译活动"的本质特征。但作为名物的"翻译"是翻译符号本身所固有的、独立存在的符号意义。符号意义也是一种意义形态。比如,认为甲文字中的 A 等于乙文字中的 B 并进行转换时,翻译的符号意义便产生了。再如,英语中的 ABCD 等于汉语中的"甲乙丙丁",转换后可用于目标语言之中,这样翻译的符号意义也就产生了。这是翻译的本体。本体上的翻译既不需要读者参与,也不受过程和环境因素的干扰。孙致礼把"翻译"定义为"把一种语言表达的意义用另一种语言表达出来,以达到沟通思想情感、传播文化知识、促进社会文明,特别是推动译语文化兴旺昌盛的目的",述说的实际是"翻译活动"的特征,人为地给"翻译"增加了感性的色彩。[①] 许钧说"翻译的社会价值,是由翻译活动的社会性所决定的"[②],就是把翻译作为社会活动看待,即"翻译活动"。从"翻译"原型上讲,葛浩文所说的"翻译只能是对原作的补充,而非复制"[③],反映的是"翻

---

① 孙致礼编著,《新编英汉翻译教程》,上海:上海外语教育出版社,2003 年,第 6 页。
② 许钧,《生命之轻与翻译之重》,北京:文化艺术出版社,2007 年,第 50 页。
③ 葛浩文,《葛浩文文集》,北京:现代出版社,2014 年,第 30 页。

译活动"中的实际情况,而就原型而言,"翻译"恰恰是"复制"。以往译学界讨论的"翻译"本质实际是"翻译活动"的本质,也即"对翻译本质的认识,集中起来有两点:一是关于翻译是一种怎样的活动,一是关于翻译是一种什么性质的活动;前一点讨论翻译的定义,后一点涉及翻译的概念和分类"①。

葛浩文在翻译活动中对于翻译本质的认识,归根结底源于翻译活动的复杂性,其中也包括矛盾体译者的复杂性。讨论"翻译活动",不可能忽略译者意志的存在。有意志,就会有创造。葛浩文承认:"前一阵子,有人问我,翻译莫言的最新小说时是否还是会跟以前一样那么creative,意思是'有创造性'。我开玩笑说,既然莫言得了诺奖,我的翻译要更接近原文。"②他变相证明了他翻译中创造性的客观存在。

翻译活动展现为一个过程,正如交际过程一样,"噪音"是客观存在的,所以偏离原文总是难免的。正如葛浩文所述,"英文和中文可以说是天壤之别的两种语言,真要逐字翻译,不但让人读不下去,而且更会对不起原著和作者。可是,不管我怎么说,批评我翻译的人常指责我没有逐字翻译"③。人们(也包括译者)期待译文朝原型靠拢是正常的心理状态,但把本应该有噪音的"翻译活动"纯净化,无疑就简单化、理想化了。

作为名物的"翻译"有两个基本条件,一个是语码转换,一个是意义再现。除此之外,便是"翻译活动"的因素了,比如目标、效果、历史、环境、过程、审美、人(译者、受众等)、翻译形式等。有关重新定义和定位的呼声,正是出于"翻译"核心外围主要来自"翻译活动"的翻译形式

---

① 王克非,《关于翻译本质的认识》,《外语与外语教学》,1997 年第 4 期,第 47 页。
② http://history.sina.com.cn/cul/zl/2014 - 07 - 07/113094803.shtml.
③ http://history.sina.com.cn/cul/zl/2014 - 04 - 23/105389105.shtml.

变化的考虑。可以看出,作为名物的原型"翻译"和作为活动的翻译——"翻译活动"之间是有区别的。不变的是原型,变化的是外围。

具体而言,原型"翻译"的定义不会随环境的变化而变化,变化的是作为"翻译活动"的翻译。翻译活动是社会活动的一部分,社会活动是人类活动的一部分,而人类的活动都是目的性的,所以追求方式的更新、内容的多元和效果的实用,自然是情有可原的。我们来看看屡遭攻讦的"翻译"定义:

> 一种语言文字的意义用另一种语言文字表达出来(也指方言与民族共同语、方言与方言、古代语与现代语之间一种用另一种表达);把代表语言文字的符号或数码用语言文字表达出来。(《现代汉语词典》)
>
> 把一种语言文字的意义用另一种语言文字表达出来。(《辞海》)
>
> 把已说出或写出的话的意思用另一种语言表达出来的活动。(《中国大百科全书·语言文字卷》)
>
> ① The action or process of turning from one language into another; also, the product of this; a version in a different language. ② to turn from one language into another; to change into another language retaining the sense...(《牛津英语词典》)

这样的定义或许不够全面,但一定是本能想到的"翻译",也是最接近原型"翻译"的定义。这些定义都不涉及读者等外围因素,也就不是社会活动意义上的"翻译活动",这和攻讦者的立足点是不同的。

"翻译"定义要不要重新审视呢?要审视,也只能是"翻译活动"意义上的。译学界以前没有进行过这样的区分,统一定名为"翻译",但我们心里应确保是"翻译活动"。"翻译"需要重新定位吗？从活动的实用性(包括方式、内容、效果、目的等)角度,继续深化和细化当然是可以的,所谓"重新",更多表现为时代的特征,但不能因此否定原型意义上的"翻译"定义。翻译活动作为一项人类的社会活动,其方式、内容、效果和开展活动者的目的等,永远处于不断被认识和更新的过程之中,这也是翻译活动的复杂性所导致的。翻译活动是目的性活动,强调的是"译以致用",但也必须有学理上翻译之本的规约。比如,如果笃信翻译之本是"改写",你且给总理当回翻译试一试,能由着译者的性子而随意改动原文吗？你如此笃信,能申请到严肃性很高的全国哲学社会科学办公室的"中华学术外译"项目吗？

翻译的原型要求向原文靠拢,是本,而在此基础上纳入"活动"过程中的因素导致一些偏离,是情理之中的事。在向原文靠拢的过程中"走样"(钱锺书语)和完全向市场接受靠拢时走样,表面相同,却是性质不同的两种做法。前者固本,是翻译之为翻译的根本,后者是在"明知故犯",有可能超越翻译的疆界。现实中的翻译出现"连译带改"是符合情理的,这是译者把翻译作为一项社会活动时受其目的因素控制的结果。就拿"信、达、雅"和严复的行为来说,"信"是固本行为,"达"和"雅"是目标行为。译者努力在追求单纯的原型"翻译"和追求实用性的"翻译活动"间平衡着,也说明现实中的翻译是平衡之学,译者具有语言性和社会性的双重属性,扮演着多面的角色。

最后,翻译的本质本来就是一个富有争议的话题。笔者只是在研究葛浩文翻译思想的同时,结合目前译学界对翻译重新定位和定义的讨论,补充一些看问题的角度,偏颇多多,诚望读者批评指正。

(原载《当代外语研究》2016 年第 5 期)

葛浩文翻译再审视

——基于翻译过程的评价视角

许诗焱

一、引 言

葛浩文从 20 世纪 70 年代开始翻译中国文学作品,四十多年来所付出的努力和所取得的成就让他被誉为"中国现当代文学首席翻译家"①,也让他的翻译成为中国文学外译研究中"一个绕不开的参照"②。在大力推动中国文学"走出去"的背景下,各界学者对于葛浩文的翻译呈现出相互对立的观点。部分学者将葛浩文的翻译定性为"连改带译"并加以推崇,同时将这种翻译方法视为中国文学译介唯一可行的策略;部分学者则对葛浩文的"不忠实"翻译提出批判,认为通过这样的翻译传播到国外的只能是"经过翻译家'改头换面'的'象征性

---

① 夏志清、孔海立,《大时代:端木蕻良四十年代作品选》,台北:立绪出版社,1996年,第 68 页。

② 孟祥春,《Glocal Chimerican 葛浩文英译研究》,《外国语》,2015 年第 4 期,第 85 页。

文本'"。① 针对这种状况，许钧等学者指出，葛浩文翻译研究不能仅仅依据原文与译文之间的比对得出"忠实"或"不忠实"的简单结论，而应更多地关注葛浩文的翻译过程，充分考虑具体翻译过程中的多方面因素。②

翻译过程是指翻译的动态意义，有广义和狭义之分。狭义的翻译过程是指"翻译者对具体文本的转换活动过程"，而广义的翻译过程则"包括文本的选择、文本的生产和文本生命的历程等过程"。③ 葛浩文从事中国文学翻译的历程中，在相当长的一段时间里，中国作家在海外的代理机制尚未建立，中国与世界之间的交流也远不如现在这么便捷。作为"中国当代小说英译孤独领地里的独行者"④，葛浩文所开展的翻译活动不仅仅局限于狭义的由源语到目的语的文本转换过程，还包括翻译活动的发起，原文文本的选择，译文文本的生成、传播与接受等广义的文化交流过程。近年来，已有学者开始关注葛浩文的翻译过程。季进、李文静、闫怡恂在对葛浩文所进行的访谈中，多次论及翻译过程。周领顺、孟祥春则从葛浩文译作的译者序、译者后记、公开讲座等资料入手，探究葛浩文的翻译过程。但是，目前可以被用于翻译过程研究的资料非常有限，很难展开系统研究。石江山（Jonathan Stalling）经过近三年的筹备，于2015年1月在俄克拉荷马大学设立中国文学翻译档案馆，收藏葛浩文、顾彬和叶维廉（Wai-lim Yip）的大量

---

① 李建军，《直议莫言与诺奖》，《文学报》，2013年1月10日。

② 许钧、曹丹红，《翻译的使命与翻译学科建设——许钧教授访谈》，《南京社会科学》，2014年第2期，第4页。

③ 许钧，《翻译论》（修订本），南京：译林出版社，2014年，第55页。

④ Updike, John, "Bitter Bamboo-Two Novels from China", *The New Yorker*, 2005 (5), p.86.

翻译资料,包括手稿、信件、出版合同以及翻译过程中所利用的参考材料等,馆藏资料均由翻译家本人提供,大多数资料从未公开发表或出版。档案馆成立以来,已举办两场公开讲座,"解密翻译过程:中国文学翻译档案馆之新发现"和"超越翻译:记录中国文学的海外现场",讲座由俄克拉荷马大学网站全程直播,YouTube 和优酷网站均可观看,在国内外引起较大反响。笔者于 2015 年赴美访学,有幸成为中国文学翻译档案馆的第一位访问学者,通过对葛浩文翻译资料的整理,研究其具体的翻译过程,并基于翻译过程这一评价视角,对葛浩文的翻译态度、翻译立场、翻译动机等问题进行重新审视。

二、翻译态度:严谨还是随意?

对于葛浩文的翻译,各界争论的焦点之一是他的翻译态度。不少人通过对比原文和译文,认定葛浩文的翻译态度不够严谨,有随意删节、改译,甚至整体编译的现象。德国汉学家顾彬是持这种观点的代表人物:"我发现葛浩文虽然声称他的翻译会忠实于原著,其实他根本不是。"①但中国文学翻译档案馆所收藏的翻译资料证明,葛浩文在翻译过程中,对于原文的研读非常细致,他经常为了如何准确翻译原文中的某个词语或句子而与作者反复探讨。葛浩文与林丽君合作翻译

---

① 顾彬,《从语言角度看中国当代文学》,《南京大学学报(哲学、人文科学、社会科学)》,2009 年第 2 期,第 72 页。

《推拿》①的过程中,通过邮件向毕飞宇提出了 131 个问题,就原文中方言的所指、俗语的意义、成语的特殊用法等与作者进行交流。以小说第一章为例,译者与作者之间的部分问答如下:

第 8 页,第 4 行:在祖国的南海边"画"了三个圈——是什么意思?

毕飞宇:当年,改革开放的时候,邓小平决定开放深圳、珠海等地。后来有人写了一首歌,叫《春天的故事》。歌词说:"有一位老人在中国的南海边画了一个圈。"这首歌中国人都会唱。这里是一个俏皮的说法,王大夫也开放了,挣钱了,所以,他"画了三个圈"。

第 14 页,第 5 行:又现实——是什么意思? 为什么对股票的印象现实?

毕飞宇:股市其实很诡秘的,并不现实。这里的"现实"指的是它的结果你必须接受,这是很现实的。

第 18 页,第 3 段,第 5 行:扒家——就是顾家的意思吧?

毕飞宇:是的,顾家。这是一个老百姓的说法,就好像一双手把什么东西都往自己的家里"扒"。一般指结婚后的女人。

葛浩文和林丽君在研读 2011 年版《推拿》时,甚至还发现了原文中的排版错误,比如第 95 页中出现的"嫉妒傲岸":"为什么说他嫉妒? 嫉妒什么?"毕飞宇回答:"你们真是认真,你们发现了一个错误。不是'嫉妒傲岸',是'极度傲岸'。"还有第 179 页中出现的"随鸡随鸡":"是

---

① 毕飞宇,《推拿》,北京:人民文学出版社,2011 年。

不是排版排错了？应该是嫁鸡随鸡吧？"毕飞宇回答："排版错误，我写的是'随鸡随狗'。意思就是'嫁鸡随鸡''嫁狗随狗'，只不过简洁一些。"他们还对小说的情节逻辑提出疑问："小孔拿出来的到底是哪一个手机？第292页说是深圳的，第293页第二段又说是南京的手机？是她搞错了吗？如果是，故事没有说清楚是她弄错了。"毕飞宇对其严谨的态度赞叹不已："感谢你们，是我错了……全世界只有你们发现了，到现在为止，除了你们，没有一个人发现。"

在文字翻译与修改的过程中，葛浩文的态度也十分严谨，为了保证原文内容在译文中的准确传达，他总是积极寻求与母语为汉语的人合作。中国文学翻译档案馆收藏了葛浩文20世纪80年代初翻译《干校六记》期间与香港中文大学高克毅（George Kao）、宋淇（Stephen Soong）两位教授之间的83封信件。高克毅当时担任《译丛》（Renditions）期刊总编，宋淇担任期刊执行主编。他们在信件中共同修改译稿中的词句，并为《干校六记》原文中所涉及的历史典故和文化背景添加注释。以书名中"干校"一词的翻译为例，葛浩文与两位教授一起，先后尝试了直译、意译、借译等多种翻译方法：

（一）按照"干校"的字面意思进行直译，将其译为"Cadre School"，但这个译法不好，会导致误解，让西方读者联想到干部提拔；

（二）根据"干校"一词的真实含义，将其译为"Reform School"或"Reform Center"，但这种译法也不好，会让西方读者联想到改造未成年犯的机构；

（三）参考夏志清对于"下放"的翻译"Downward Transfer"，将"干校"译为"Down There"，但这种译法过于模糊，西方读者几乎无法理解,究竟"Down where"?

在这三种思路均未取得理想效果的情况下,高克毅建议:不论运用何种翻译方法,英语读者都很难理解"干校"的含义,所以不如借用英文中已有的词汇"downunder",这个词本身就包含"在下面"的意思,会让人联想到"下放"和"底层",与"干校"的真实含义有一定关联。葛浩文和宋淇均觉得这一译法比较"别致",但为了避免误解,建议为这个词加上引号。至此,书名"干校六记"的翻译才被定为"*Six Chapters from My Life 'Downunder'*"。由此可见,最终选定的译法是经过反复尝试之后的选择,葛浩文在译文背后所倾注的努力体现出严谨的翻译态度。

1999年,葛浩文与林丽君合作翻译《荒人手记》,后来两人结为伉俪,又共同翻译《尘埃落定》《香港三部曲》《青衣》《玉米》《推拿》等多部作品。中国文学翻译档案馆收藏了他们在美国国家艺术基金会(National Endowments for the Arts)期刊共同发表的论文《合作翻译:翻译家夫妇谈两位译者如何共同翻译一部作品》("The Collaborative Approach:A Married Couple Explains How Two Translators Make One Work of the Art"),详细介绍他们之间合作翻译的过程。从原文到译文之间要经过两人四至五次的共同修改和润色,这样的合作翻译虽然花费更多的时间和精力,但效果理想:合作双方发挥各自的语言优势,既能全面理解原文的内涵和意境,又能使译文的表达流畅地道,最大限度地传达原作的艺术特色。从中国文学翻译档案馆所收藏的翻译资料分析,葛浩文翻译一部小说的时间通常要超过作者创作这部小说的时间,翻译过程中手稿和通信的字数也远远超过原著的字数,葛浩文的翻译态度一目了然。

三、翻译立场：美国还是中国？

莫言获得诺贝尔文学奖之后，不少学者对葛浩文的翻译方法进行整理和归纳，认为他在翻译中大量采用归化翻译的策略以迎合海外读者，导致"原作中很多带有中华民族特性的东西都已经褪色、变味甚至消失"。① 他们认为葛浩文归根到底是个美国人，因此他的翻译在很大程度上"只考虑美国和西方的立场"②，甚至有人将葛浩文的翻译看作"一种文化侵略"③。但中国文学翻译档案馆的资料表明，葛浩文在翻译过程中的立场居于美国和中国之间，是翻译场域各要素之间的协调人。中国文学翻译档案馆收藏了葛浩文从事中国文学翻译四十多年来与作家、编辑、出版商、学者、读者之间的大量书信。最初的信件是手写的，通过邮局传递，岁月流逝，纸面泛黄；后来转变为用打字机，打字完毕再用钢笔局部补充或修改，然后用传真机传递；再到后来使用电子邮件，导出纸质稿供档案馆收藏……虽然联系方式随着技术的进步而不断改变，但其中所体现的葛浩文翻译立场始终如一：在翻译过程中积极发挥交流与沟通的作用，保证翻译场域内各种关系的和谐

① 陈伟，《中国文学外译的滤写策略思考：世界主义视角——以葛浩文的〈丰乳肥臀〉英译本为例》，《外语研究》，2014 年第 6 期，第 70 页。

② 李雪涛，《顾彬中国现当代文学研究三题》，《文汇读书周报》，2011 年 11 月 23 日。

③ 林丽君，《多即是好：当代中国文学阅读与翻译》，王美芳译，《当代作家评论》，2014 年第 3 期，第 201 页。

发展。

　　葛浩文在翻译过程中与中国作家建立了广泛而深入的联系。中国文学翻译档案馆所收藏的 6000 多册葛浩文私人藏书中,有很多都是中国作家赠送给葛浩文的,扉页上有作家的亲笔签名,见证了葛浩文与作家之间的友谊。档案馆目前所收藏的信件中,葛浩文与莫言之间的通信最多,从 1988 年开始,在将近三十年的时间里联系频繁,他们在信件中互称"老莫"和"老葛",关系非常亲密,通信内容不仅有关于作品内容的探讨,也有关于作品推介活动的沟通等。2009 年,莫言获得首届"纽曼华语文学奖",葛浩文与颁发该奖的俄克拉荷马大学商谈莫言赴美领奖事宜。收藏于中国文学翻译档案馆的演讲海报、访谈译稿、宣传材料显示,葛浩文利用莫言获奖的这次机会,通过各种渠道不遗余力地向美国读者介绍莫言,让莫言在获得诺贝尔文学奖之前就在美国隆重登场。基于长期的交流和深厚的友谊,很多作家非常信任葛浩文,将翻译工作全权委托给他,并且乐于为他解释原文中的疑难字句。前文中提到葛浩文夫妇在翻译《推拿》的过程中所提出的 131 个问题,他们在邮件结尾处写道:"我们问这么多问题,是希望把你的小说翻译得清楚易懂而又通顺流畅,不是因为质疑你的语言好不好。你不要多心。"毕飞宇在邮件中回复:"怎么会? 面对你们的问题,我是很开心的,一方面,感受到不同文化之间的区别,另一方面感受到你们的认真。你们还帮助我发现了不少问题。这种认真是你们对翻译的态度,但是,在我看来,更是对我最大的友善。每一次看到你们的问题,我都是把手头的工作放下,然后,一口气回答完。我真的很高兴的。我的小说能让你们翻译,实在是我的荣幸。"

　　在翻译过程中,葛浩文还负责将出版社提出的删改要求与作者沟通,并代表作家与出版社协调。在翻译施叔青的《香港三部曲》时,出版社要求把三卷本的小说删减为一卷。合译者林丽君花了六个月的时间进行删改，其间一直通过书信与作者密切沟通，经过删改的版本获得了作者的认可之后才开始翻译。翻译李锐的《旧址》时，因为作者在第一章就交代了整个故事，出版社为保证读者的阅读兴趣，要求将这一章删去，葛浩文写信征得李锐的同意后，才把第一章删去。档案馆所收藏的信件显示，《手机》的叙述顺序和《天堂蒜薹之歌》结尾的改动也都是由出版社提出建议，葛浩文获得作者同意后才进行修改的。由此可见，大幅度的改动并非译者单方面的行为，而是编辑和出版社考虑大众的阅读趣味而提出删改建议，译者在改动时也征得了作者的同意。中国文学翻译档案馆所收藏的信件显示，当作者不同意删改时，葛浩文会尊重作者的意见。葛浩文曾于2014年4月26日将出版社要求删改《推拿》译本的邮件转发给毕飞宇，毕飞宇回复："那封英文信超出了我的能力，我读不懂，对我来说，也不重要。我只想保留你的译本。我不愿意删除。"经过葛浩文的协调，出版社最终出版了未经删改的《推拿》译本。

1983年，葛浩文翻译的《干校六记》英译本由香港中文大学出版社作为"译丛"丛书出版后，很快引起反响，华盛顿大学出版社决定把它作为单行本发行。在筹备该书单行本发行的过程中，葛浩文与高克毅、宋淇以及华盛顿大学出版社社长唐纳德·埃尔古德（Donald Elle-good）共同商定，邀请海外知名学者为《干校六记》英译本写序言，以扩大该书的影响。经过多次书信往来，最终邀请著名汉学家史景迁（Jon-athan Spence）为《干校六记》英文版写序。在《干校六记》翻译、出版的过程中，葛浩文还以译者的身份和很多学者沟通：知名学者夏志清对于"下放"的英译为《干校六记》的书名翻译提供了灵感。当时还是年轻学者的闵福德为是否能将"干校"译成"downunder"提供咨询。当时在威斯康星大学任教的年轻教师刘绍铭则作为读者,为译本中背景知识的处理提出了有价值的建议。在中国文学外译尚未全面起步的阶段,葛浩文就充分发挥译者的主观能动性,积极沟通编辑、出版商和学者,共同为作品的翻译、出版、推广出谋划策,成就中国文学外译史上的一段佳话。

世界对中国文学的接受不可能一蹴而就,必然经历一个"从无到有、从量变到质变的过程"[①],在中国文学"走出去"的起步阶段,世界对于中国文学的翻译和阅读"多即是好"[②]。葛浩文四十多年来在中美两国文学界、出版界和学术界的积极沟通,不仅让世界上更多的人读到了更多的中国文学作品,也为海外汉学研究与教学提供了丰富的素材:"即使只用葛浩文一个人翻译的作品,也足以建构一整套中国现代小说课程。"[③]在中国文学翻译档案馆举办的公开讲座"超越翻译:记录中国文学的海外现场"中,石江山这样总结葛浩文的翻译立场:"葛浩文实际上位居汉学界的中心,与各界人士都有密切交往,而这些人互相之间倒不一定有所往来。这也从另一个角度展示了中国文学,任何其他人都难以提供这一独特视角,在任何地方也都很难获取这种视角。"葛浩文在翻译过程中所付出的多方面的努力"改变了英语世界中国现代文学的研究版图",为世界更全面地理解更为广义的中国文学打下了坚实的基础。

---

① 曹丹红、许钧,《关于中国文学对外译介的若干思考》,《小说评论》,2016 年第 1 期,第 57 页。

② 林丽君,《多即是好:当代中国文学阅读与翻译》,王美芳译,《当代作家评论》,2014 年第 3 期,第 195 页。

③ 陆敬思,《渴望至高无上——中国现代小说和葛浩文的声音》,周末译,卢文婷校,《粤海风》,2013 年第 4 期,第 61 页。

四、翻译动机:利益还是热爱?

尽管葛浩文在中国文学翻译方面的成就得到了大部分学者的肯定,但也有人批评他在翻译时"所考虑的没有离开西方'市场'二字"①,甚至认为他"一直在以文化殖民者的身份利用中国当代文学"②,让自己从一个默默无闻的美国人变成世界闻名的汉学家。这一观点显然有失公正。首先,翻译的收入非常微薄,中国文学翻译档案馆所收藏的葛浩文译作出版合同证明,翻译收入根本不足以维持生计,葛浩文在从事中国文学翻译的同时一直在大学任教,而在美国大学中,翻译通常又不被看作"创造性成果",对于教职评定也没有什么帮助。在翻译收入微薄、翻译成果又不被承认的情况下,四十年如一日潜心翻译中国文学作品,如果没有对于中国文学的热爱,是很难做到的。

葛浩文对中国文学的热爱首先体现在他对于中国文学的深入研究。尽管葛浩文卷帙浩繁的翻译"使他的其他工作都黯然失色"③,但中国文学档案馆所收藏的很多资料表明,葛浩文不仅是翻译家,同时也是中国文学研究专家。档案馆收藏了葛浩文多年来关于中国文学

---

① 姜玉琴、乔国强,《中国文学"走出去"的多种困惑》,《文学报》,2014 年 9 月 11 日。

② 孙宜学,《从葛浩文看汉学家中华文化观的矛盾性》,《同济大学学报(社会科学版)》,2015 年第 2 期,第 95 页。

③ 陆敬思,《渴望至高无上——中国现代小说和葛浩文的声音》,周末译,卢文婷校,《粤海风》,2013 年第 4 期,第 61 页。

研究的论文,有些是正式发表在报纸、期刊上的原件或复印件,有些是未发表的随笔,有英文的也有中文的,有繁体字的也有简体字的。葛浩文对于中国文学的研究保证了他在翻译时对原著的深度了解与精准把握,对翻译过程的展开和译本的最终形态产生了积极的影响。翻译是文字、文学和文化的融合,深厚的学术素养开阔翻译视野,让葛浩文在翻译过程中不拘泥于字面,而是更多地考虑文字背后的文学和文化因素。同时,文学研究的功底又让他在翻译过程中关注作品结构、风格以及主题的呈现方式,在译者序言或译者后记中加以说明,帮助读者更好地理解译本。比如在《干校六记》的译者后记中,葛浩文对杨绛写作风格的分析入木三分:"杨绛的写作风格低调含蓄,但她并非刻意回避重大历史事件。她作品中大部分内容都极其个人化,看似平淡,却意味深长。再加上不经意间流露的作者评论,尖锐而贴切,着实令人难忘。"①对于他所翻译的莫言、黄春明、李昂等作家的作品,葛浩文也有深入研究,在翻译过程中撰写论文《莫言的禁忌佳肴》《黄春明的乡土小说》《性爱与社会:李昂的小说》等,还曾出版中国文学研究文集《漫谈中国新文学》和《弄斧集》。最能体现葛浩文翻译动机的例子莫过于他对萧红作品的研究与翻译。葛浩文于1972年选定萧红作为他博士论文的主题,当时美国几乎没有关于萧红的资料,连他所阅读的萧红作品都是影印版的。档案馆所收藏的《呼兰河传》《生死场》《商市街》等作品的影印版上,都能找到葛浩文手写的细致批注,关于萧红的研究笔记也大多是葛浩文亲手抄写的。档案馆还收藏了葛浩文前往日本、中国香港地区、中国台湾地区等地进行调研的行程安排和旅

---

① Yang, Jiang, *Six Chapters from My Life "Downunder"*. Trans. Howard Goldblatt. Seattle: University of Washington Press, 1984, p.101.

行资料,以及他与萧军、端木蕻良、骆宾基等人的书信交流和采访记录。1979 年出版的《萧红评传》是基于他的博士论文撰写而成的,内容翔实,充分体现出葛浩文在文学研究方面的专业水准。在该书的中文版序言中,葛浩文还特别谈到他在研究萧红时所投入的感情:"有好几个月的时间,萧红的一生不断萦绕在我脑海中,写到这位悲剧人物的后期时,我发现自己愈来愈不安,萧红所受的痛苦在我感觉上也愈来愈真实。"①可见,葛浩文对于中国文学作品的翻译建立在细致、全面而系统的研究基础之上,而支撑他长期研究与翻译的则是他对于中国文学的热爱。

葛浩文对于中国文学的热爱还体现在他对中国文坛的持续关注。中国文学翻译档案馆收藏了他四十多年来所撰写的关于中国文坛发展的论文和演讲稿,包括 1979 年、1981 年发表在《今日世界文学》上的《当代中国文学与新〈文艺报〉》和《鲜花再度绽放:中国文学重生》,1983 年在加拿大英属哥伦比亚大学的演讲稿《中国文学的现当代》,1989 年在波特兰州立大学的演讲稿《字里行间:当代中国小说中的改革话题》,1999 年在中国香港地区的外国译者俱乐部的演讲稿《中国的当代文学景观》等。对于中国文坛的关注让他有开阔的视野和敏锐的视角,努力用自己所翻译的作品反映中国文学的真实面貌。莫言、毕飞宇、苏童、贾平凹等作家获得重要国际文学奖项之后,海外出版社希望他集中精力翻译这些作家的作品,保证作品的销路。但葛浩文对此并不十分认同,他坚持扩大自己翻译的范围:莫言、毕飞宇、苏童、刘震云、王安忆、贾平凹等知名作家的作品"已经够我翻译好几年的。可是

---

① 葛浩文,《葛浩文文集——葛浩文随笔》,史国强编,闫怡恂译,北京:现代出版社,2014 年,第 60 页。

如果有新来的,特别是年轻的,我会腾出时间来翻译,一定要花一些时间翻译年轻作家的。……不能老是那一群熟悉的作家作品。……(一定要)扩大我的翻译对象,以及读者的阅读范围"①。为了出版年轻作家的作品,葛浩文向出版社递交详细的报告,介绍故事情节,分析写作特色,还要试译作品中的好几个章节。尽管花费了很多的时间和精力,有时仍然不被出版社接受,但葛浩文一直乐此不疲,在翻译过程中积极构建中国文学的海外生态。

在中国文学翻译档案馆的藏品中,有一篇被收入纪念文集《教授·学者·诗人——柳无忌》的随笔,葛浩文在文中回忆导师柳无忌教授多年以前为他的论文写推荐信,为他争取富布莱特研究基金。"有一次,我问柳教授:你为我写了那么多信——那还是在电脑前的时代——我怎么报答你呢? 他只简单地回答,有朝一日你也可以为你的学生写信。"②葛浩文没有辜负柳教授的期望,在中国文学翻译档案馆所收藏的信件中,的确有不少葛浩文与研究中国文学的美国年轻学者之间的通信。在长期的中国文学翻译、研究及教学中,他一直热心帮助年轻学者。美国汉学家陆敬思(Christopher Lupke)回忆自已 1984年鼓起勇气登门造访葛浩文时的情景:"他完全乐意花时间与我交谈(或者应该说把时间花'在我身上'),而毫无学院里常见的装腔作势或傲慢之感。从此以后,我发誓将尽最大努力,不以一种恩赐般的态度与年轻同事讲话。几年之后他在科罗拉多大学组织了一个会议并邀请我出席。他设法使我的旅程获得资助,并在会议议程中收录了我的

① 闫怡恂、葛浩文,《文学翻译:过程与标准——葛浩文访谈录》,《当代作家评论》,2014 年第 1 期,第 196 页。

② 葛浩文,《葛浩文文集——葛浩文随笔》,史国强编,闫怡恂译,北京:现代出版社,2014 年,第 200 页。

论文;最终这成了我的第一篇同行评审的学术成果,那时我还只是一名研究生。"①当时的研究生现在已是华盛顿州立大学外国语言文化系主任,在汉学研究和中国文学翻译方面均取得了很大的成就。石江山在俄克拉荷马大学筹建中国文学翻译档案馆的过程中,也得到葛浩文的全力支持,笔者在档案馆访学期间,仍不断收到葛浩文从科罗拉多州博尔德的家中寄来的最新翻译资料。在随资料寄来的信件中,葛浩文经常谈到自己正在进行的翻译项目以及与中国文学相关的交流活动,年逾七旬的葛浩文对中国文学热情不减。

五、结　语

　　1983 年 2 月 1 日,葛浩文在写给高克毅、宋淇的信件中提到创办《中国现代文学》(*Modern Chinese Literature*)的设想:"我刚刚获得学校的批准,在旧金山州立大学建立现代中国文学研究中心,中心的第一要务是创办一本中国文学英译期刊,计划每年出版两期……我知道有很多困难要去克服,但是只要有决心,愿意付出必要的时间和精力,有一点好运气,有朋友们的帮助、支持和建议,就一定能实现。"葛浩文三十多年以前的设想已经变为现实:《中国现代文学》于 1984 年创刊,成为诸多杰出学者和优秀学术成果的发表平台。1998 年起,期刊更名

---

　　①　陆敬思,《渴望至高无上——中国现代小说和葛浩文的声音》,周末译,卢文婷校,《粤海风》,2013 年第 4 期,第 63—64 页。

为"中国现代文学与文化"（*Modern Chinese Literature and Culture*），
与纸质期刊共存的 MCLC 网络资源中心（MCLC Resource Center）提
供丰富的中国文学、文化研究资料，在世界汉学界享有盛誉。近年来，
在各方的共同努力之下，中国文学在"走出去"的道路上取得了很大进
展，但仍然存在一些问题亟待翻译界研究和解决。本文的研究力求突
破原文与译文之间的简单比对，以翻译家提供的第一手翻译资料为依
据，深入翻译家的翻译过程，探寻其中所涉及的诸多因素。希望这一
基于翻译过程的评价视角可以为翻译研究提供方法论意义上的启示，
拓展翻译研究未来的发展空间，为中国文学"走出去"提供更有价值的
参考。

（原载《中国翻译》2016 年第 5 期）

葛浩文翻译思想的"对话性"

谢露洁

一、引　言

葛浩文是中国现当代小说英译史上最重要的翻译家之一,其成功能够为中国现当代文学的对外传播提供启示。胡安江(2010)、孙会军(2012)、孟祥春(2014)等对葛浩文的译者模式、翻译策略和翻译思想进行了宏观探讨。[①] 邵璐(2013)、朱振武和覃爱蓉(2014)等对葛浩文具体译本进行了分析并对具体翻译策略进行了探讨。[②] 这些研究对揭示葛浩文的翻译思想具有重要的借鉴意义。然而,至今未有研究将葛

---

① 胡安江,《中国文学"走出去"之译者模式及翻译策略研究——以美国汉学家葛浩文为例》,《中国翻译》,2010 年第 6 期,第 10—16 页;孙会军,《从几篇重要文献看葛浩文的翻译思想》,《东方翻译》,2012 年第 4 期,第 14—19 页;孟祥春,《Glocal Chimerican 葛浩文英译研究》,《外国语》,2015 年第 4 期,第 77—87 页。

② 邵璐,《莫言英译者葛浩文翻译中的"忠实"与"伪忠实"》,《中国翻译》,2013 年第 3 期,第 62—67 页;朱振武、覃爱蓉,《借帆出海:也说葛浩文的"误译"》,《外国语文》,2014 年第 6 期,第 110—115 页。

浩文置于中国现当代小说英译史中进行考察，也未有从"有血肉之躯的活生生的人"①的视角进入葛浩文的翻译思想的研究。本文拟在梳理葛浩文各类论述文字及资料的基础上，剖析葛浩文的翻译思想，即译介心理、读者意识和翻译原则三方面内部呈现出的矛盾特征和张力，进而揭示其翻译思想中所体现的"对话性"。这种"对话性"是指葛浩文翻译思想中具有同等价值的不同意识之间相互作用的特殊形式，是他在其双重文化态度、读者意识和自我意识以及文本意义和文本文体之间分别表现的矛盾共存状态下选择对话的立场，也是他得以在复杂的中国现当代小说英译语境中调整和创造自己的翻译话语的前提。

二、译介心理

葛浩文提出，文学翻译家最重要的角色是"文化协调人"（cultural mediator）或"把关人"（gate-keeper）。② 我们首先有必要探究葛浩文对于两种文化的态度以及译介动机，因为"译者从来不是，也从不应当被强制成为中立的、没有个人情感的翻译机器。译者的个人经历——情感、动机、态度和社会关联——不仅在形成目标文本的过程中是允许

---

① Pym, A., *Method in Translation History*. Beijing: Foreign Language Teaching and Research Press, 2007, p.161.

② Goldblatt, Howard, "Border Crossings: Chinese Writing, in Their World and Ours", in Corinne Dale (ed.), *Chinese Aesthetics and Literature*. New York: State University of New York Press, 2004, p.211.

的,而且是不可或缺的"①。

(一)文化自省意识和优越感

从译介方向看,葛浩文的翻译活动属于英语世界的主动译入。他指出,"美国的文化仇外心理依然存在,而且相当盛行"②,"翻译文学可以发挥的更大作用被忽略了"③,即"翻译其他文化的作家可使得一国文学不至于变得太过民族主义或地方主义"④。可见葛浩文明确认识到翻译文学在意识形态上可能发挥的作用,这与韦努蒂抵抗英美文化帝国主义的议程似有共通之处。然而,因其"通顺""可读"的特征,葛氏翻译往往被置于异化翻译的对立面。

葛浩文对归化和异化的观点可从其对阿瑟·韦利和纳博科夫的评论中窥见。韦氏翻译的显著特征是"看上去毫不费力……我们完全忘记了自己是在读译作"⑤。对此,葛浩文反问道:"这样好吗?是理想的状态吗?在韦利的年代当然是,在如今似乎同样也是。可读性、流畅和归化一直都是译者的目标,有时译者不依此法就会被解雇。"⑥不难看出,尽管他对韦利崇拜有加,但他也认为可读性、流畅和归化并不是文学翻译的理想状态。

---

① Robinson, D., *The Translator's Turn*. Baltimore and London: The Johns Hopkins University Press, 1991, p.260.

② Goldblatt, Howard, "Border Crossings: Chinese Writing, in Their World and Ours", in Corinne Dale (ed.), *Chinese Aesthetics and Literature*. New York: State University of New York Press, 2004, p.218.

③ Goldblatt, Howard, "Why I Hate Arthur Waley? Translating Chinese in a Post-Victorian Era", *Translation Quarterly*, 1999 (13&14), p.41.

④ Ibid., p.42.

⑤ Ibid.

⑥ Ibid.

葛浩文多次提到美国小说家兼翻译家纳博科夫。后者曾写道：
"最笨拙的直译也比最漂亮的意译要有用千倍。"①对此，葛浩文认为，
"纳博科夫是站在小说家而不是翻译家的位置，他对自己的语言创造
力异常自信，以至于任何以另一种语言译成的达到同样创造力和可读
性的译文都会折损他本人的成就"②。葛浩文认为，"如果对两种语言
的掌握有所侧重的话，则一定是源语。"③但很明显，"纳博科夫在美学
和商业的多个层面上都是错误的"④。

纳博科夫要突出他者的诗学身份，而韦努蒂欲彰显他者的政治和
文化身份。韦努蒂"对于政治和文化的诉求要远远大于他对诗学的关
心"⑤。或许正因韦氏对诗学层面缺乏足够的关心，仅想到用生硬的语
言来抵抗，因而学界兴起一种"成见"——异化翻译不会是通顺的
翻译。

如果可读性与异化并不抵触，那么问题则是葛浩文如何看待文本
间的"异"。他写道："尽管我们的背景、生活方式、哲学思想与政治制
度不同，但作为人类，我们都有很多共同的、基本的信念、希望、情感和
需要。正是这些使文学成为吸引人的艺术形式。"⑥文学表现普遍人
性，是对民族/本土特殊性的超越。这是文学翻译成为可能的基础，即
使在中西方之间也是如此。为此葛浩文提出，"翻译家不能牺牲原著

---

① Goldblatt, Howard, "Why I Hate Arthur Waley? Translating Chinese in a
Post-Victorian Era", *Translation Quarterly*, 1999 (13&14), p.42.

② Ibid., p.44.

③ Ibid., p.43.

④ Ibid., pp.43-44.

⑤ 王东风，《韦努蒂与鲁迅异化翻译观比较》，《中国翻译》，2008 年第 2 期，
第 5 页。

⑥ 葛浩文，《漫谈中国新文学》，香港：香港文学研究社，1980 年，第 101 页。

独到的文体,但也一定要竭尽全力,显示出作品背后的差异是在表达方式上,而不是思想"①。他认为异化文本有"揭示本国语言中不同于以往的文体的可能性"②。可见,葛浩文的翻译理念中,对异质文化的尊重和传达的确存在,方式就在于表现出相异的文体。

然而,葛浩文的目标是通过翻译家自身的想象力和创造力活生生地再现出一种与原著相匹敌的优美的英文文体。这种尝试不仅不是对英语霸权的挑战,甚至可说是对英语表现力的充分肯定,是对英语霸权的进一步巩固。难怪他会对格里高利·拉巴萨(《百年孤独》英译者)的一句回应深有同感:"这与其说是对我的翻译的赞美,还不如说是对英语这种语言的赞美。"③葛浩文对英语文化的优越感也表露无遗。

(二) 译者个人追求

这位"中国现代、当代文学之首席翻译家"④最初的译作并非中国现代文学,而是古典小说《西游记》。葛浩文在学习博士生课程《西游记》时注意到全书仅约三分之一曾被韦利译成英文,于是在柳无忌教授的支持下着手翻译增订本,最终译出近十五章。他写道:"这一练习鼓励了我从事更多翻译的欲望,现在,经过了(四分之一)世纪和发表了(三十)多部全译本之后,我自视……为一名翻译家,这主要是……

---

① 葛浩文,《漫谈中国新文学》,香港:香港文学研究社,1980 年,第 106 页。

② Goldblatt, Howard, "Why I Hate Arthur Waley? Translating Chinese in a Post-Victorian Era", *Translation Quarterly*, 1999 (13&14), p.43.

③ Goldblatt,H.,"The Writing Life", *The Washington Post*, 28 April 2002 (BW 10).

④ 夏志清,《夏志清序跋》,见《大时代——端木蕻良四〇年代作品选》,陈子善编,苏州:古吴轩出版社,2004 年,第 3 页。

柳教授鼓励的结果。"①

　　同时，葛浩文在 20 世纪七八十年代发表的译评以古典文学为主。这些一方面体现出其古典文学的造诣，另一方面揭示了当时的一个事实，即中国古典文学英译领域早已有韦利、霍克斯等难以超越的翻译大师。相比之下，现代文学的译介在美国则是新生。葛浩文在 1979 年 8 月《联合报》上谈道："也许因为现代人对现代文学的一分亲切的感情作用，再由于资料和工具书的逐渐完备，相信这方面还会有更大的发展。"②可见，中国现代文学领域如同初开垦的处女地，对这位心有抱负的学者产生了巨大吸引力。

　　葛浩文从事翻译活动初期，许芥昱对其影响也很大。他最早参与的一项选集英译即是许芥昱主持的《中华人民共和国文学选集》(1980)。其中许芥昱"推动 20 世纪中国文学的热情"③深刻地感染了葛氏，也是他主持英译选集《八十年代中国文学：中国文学艺术工作者第四次代表大会》(1982)的精神动力。

　　葛浩文认为通过翻译"会对一个人、一个作者的人生观有新的认识。……这是一个谜，a puzzle，我就喜欢琢磨这个"④。这种自足的状态简直可与"二战"空袭期间仍安坐在高高的戈登广场公寓埋头翻译《西游记》的韦利相媲美。

　　但不同的是，葛浩文的翻译世界虽自足，但不封闭，他是位"社会

　　①　葛浩文，《追忆柳无忌教授》，见《教授·学者·诗人——柳无忌》，柳光辽、金建陵、殷安如编，北京：社会科学文献出版社，2004 年，第 468 页。
　　②　葛浩文，《葛浩文文集：论中国文学》，北京：现代出版社，2014 年，第 24 页。
　　③　葛浩文，《许芥昱与现代中国文学》，《外国文学欣赏》，1987 年第 4 期，第 29—30 页。
　　④　季进，《我译故我在——葛浩文访谈录》，《当代作家评论》，2009 年第 4 期，第 52 页。

性"极强的译者。应该说,这种被其称为"关系学"①的社会活动是其翻译事业的重要部分。他希望看到自己"为这本书所付出的努力开花结果"②,因而与出版社等外部环境的斡旋才会对其如此重要。正如他本人所言:"我的兴趣不限于萧红,也不限于现代中国文学,更不限于中国文学,甚至于不限于文学本身。"③

可以说,葛浩文个人对文学翻译的感奋是他译介心理对话中的重要组成部分,在一定程度上甚至超越了文学翻译作为跨文化活动的需要。或许我们应当带着这种新视角去理解他眼中的文学翻译:"不要把翻译视为世界的和不同文化之间流通的货币,而要将其视为与自我救赎相关的东西。"④

三、读者意识

葛浩文在 20 世纪 70 年代初开始翻译活动,在此期间翻译主体和受众一齐缩小到当时萌芽的中国现代文学研究圈。据笔者统计,葛浩文至今共翻译出版 44 部中长篇小说单行本、7 本单作者短篇小说集、3 本中国短篇小说多人选集和 3 部非小说类单行本。以译作出版版次

---

① 葛浩文,《许芥昱与现代中国文学》,《外国文学欣赏》,1987 年第 4 期,第 31 页。
② 刘浚,《莫言作品译者葛浩文:莫言是富有历史感的中国作家》,《中国日报网》,2012 年 10 月 24 日。
③ 葛浩文,《弄斧集》,台北:学英文化事业有限公司,1984 年,第 453 页。
④ 葛浩文,《葛浩文文集:论中国文学》,北京:现代出版社,2014 年,第 46 页。

考察，共有 30 家英美商业出版社出版 53 部译作，占总数 71.6%。可见商业化是其翻译活动的显著特征，是葛浩文有别于传统翻译家的独特成就。中国现当代作家作品在西方市场的边缘地位决定了译者的翻译活动会受到目标市场的制约。在作者—译者—读者的权力博弈中，前两者其实是站在同一边与后者抗衡的。

（一）为读者负责：翻译选择和"编译"

读者意识是葛浩文翻译思想的核心。这种意识不仅体现于翻译实践。如他在书评中写道："这本没确定读者群的书以 35 美元的价格绝不会进到教室或普通读者的手里，因同样内容的杂志只需 10 美元。"①从读者的角度去考量翻译行为是其思维方式。

读者意识不应被视为一个笼统的概念，因为西方读者并非铁板一块的单一群体，不同读者群有不同的阅读需要和期待。葛浩文说道："很难讲哪一类书会受欢迎，而且要区分在哪个领域，是评论界，老百姓看着喜欢，或是大学里用的。"②这正是指出了读者分层的问题。他瞄准普通读者，而非专业读者，既符合其着力商业渠道出版的行为，也与个人抱负一脉相承。对普通读者期待的满足和对美国编辑文化的认同是葛浩文翻译活动的显著特征。

葛浩文"基本上还是以一个'洋人'的眼光来看作品"。中国当代小说在西方读者眼中"很少被当成是艺术的形式"③，尽管葛氏尝试"以

---

① Goldblatt, H., "Review: *Trees on the Mountain: An Anthology of New Chinese Writing* by Stephen C. Soong & John Minford", *China Quarterly*, 1986（105），p.169.

② 郭娟，《译者葛浩文》，《经济观察报》，2009 年 3 月 24 日。

③ Goldblatt, H., "The Return of Art", *Manoa*（1-2），1989，p.83.

几则既不直接也非间接从具体政治事件或趋势中汲取灵感的短篇作为反方面证据"①,但其"辩护"仍基于西方意识形态和诗学标准。他是从西方人的视角去发现中国当代文学的特例,希望以此扭转西方读者的"偏见"。葛浩文认为作品选择"最重要的,当然还是当前世界的文学思潮,乃是一切考虑的基础"②。可见,译者的翻译选择建立在"世界文学"概念之上。吊诡之处正在于,"世界文学"本身就"带有一种强烈的欧洲中心主义色彩或西方中心主义色彩"③。

中美对编辑角色的认识不尽相同。著名出版人格罗斯说道:"最好的编辑……提高作者的职业声誉和自我认同,吸引广大的目标读者群。"④葛浩文认同这种观点,他认为"好的编辑可以助一臂之力"⑤。以《银城》英译本为例,葛浩文在看到编辑修改稿后直叹:"他们是真正的文学人士,并且做了很多工作。"⑥他也提到中国文学并非美国编辑想改动的唯一对象,"我们需要一个新书名"和"我们能删短些吗"这样的要求对很多编辑和出版商而言是"条件反射式的反应"。⑦ 问题是他们其实"不知道该怎么做",因为"我们没有既通晓汉语又懂翻译的编辑。而且他们不知道很多中文小说原本就没怎么被编辑过"。⑧

---

① Goldblatt, H., "The Return of Art", *Manoa* (1-2), 1989, p.83.

② 葛浩文,《葛浩文文集:论中国文学》,北京:现代出版社,2014 年,第 30 页。

③ 杨乃乔,《比较文学概论》,北京:北京大学出版社,2014 年,第 109—110 页。

④ 杰拉尔德·格罗斯主编,《编辑人的世界》,齐若兰译,北京:新星出版社,2014 年,第 3 页。

⑤ Lingenfelter, A., "Howard Goldblatt on How the Navy Saved His Life and Why Literary Translation Matters", *Full Tilt*, 2007 (2).

⑥ Ibid.

⑦ Ibid.

⑧ Ibid.

目前"编译"的方式主要是"删减"和"调整小说的结构"。①《狼图腾》《格萨尔王》《丰乳肥臀》等作品都有一定的删减,《手机》《天堂蒜薹之歌》也有明显的结构调整。马会娟指出,改写"可能既涉及不同语言之间存在的文学差异、审美趣味的异同,也涉及原作的文字质量、意识形态的问题"②。葛浩文指出,改写会"使小说更受西方读者欢迎"③,尽管改动大多并非出自译者本意。译者作为作者和读者之间的协调人也不得不与出版环境进行对话。

(二)译者"为自己负责"

然而,葛浩文并非一味顺应市场,他有着自己的翻译选择和坚守。读者意识和自我意识同时存在于葛浩文的翻译策略中,构成了对话的组成要素。目前较少有文章论及葛浩文如何维护自身职业操守,即忠于自己在政治和美学上的信念。对译者主体性的认识也因此受到局限。中国文学本处于英语世界边缘,一旦翻译选择未顺应市场需要,译者又会采用何种策略与之抗衡?

葛浩文认为自己"首先是翻译家,而后是文学批评家"④。但批评家的文学眼光是前提,译者须明确其文学情趣。葛氏选择鲜明,以中

---

① 李文静,《中国文学英译的合作、协商与文化传播——汉英翻译家葛浩文与林丽君访谈录》,《中国翻译》,2012 年第 1 期,第 59 页。

② 马会娟,《英语世界中国现当代文学翻译:现状与问题》,《中国翻译》,2013 年第 1 期,第 68 页。

③ Lingenfelter, A., "Howard Goldblatt on How the Navy Saved His Life and Why Literary Translation Matters", *Full Tilt*, 2007 (2).

④ Goldblatt, Howard, "Border Crossings: Chinese Writing, in Their World and Ours", in Corinne Dale (ed.), *Chinese Aesthetics and Literature*. New York: State University of New York Press, 2004, p.212.

国"50后"和"60后"作家的历史小说为主线。经统计共译王朔、莫言、苏童、刘恒、李锐、阿来、张炜、毕飞宇和刘震云的24部长篇小说,超过小说单行本总数的二分之一。他认为"后毛泽东时代"一些最好的小说便来自他们。首先,"他们通过剥除历史曾被给予的传统权威,提出有关当代生活、政治和价值观的重大问题"①。其次,"历史小说……现已成为展示人性之窗口,并且通常是最卑劣的一面"②,是译者所寻找的"人"的文学之契合点。作品中"各种混杂的叙事手法……不透明、自省式、不连贯的叙事语言"③也形成了他们独特的写作风格。

葛浩文有清晰的作家翻译出版意识。以莫言为例,20世纪90年代的《红高粱》英译本是葛浩文翻译事业的里程碑。小说改编成电影固然是推动因素,但如高方、阎连科所说:"电影和禁书,会帮助你开始翻译,但不能保证你长久地被接受。"④译者对读者阅读趣味的捕捉和对作品的策划至关重要。当时,以个人和家族命运展现中国近现代史的英文小说很受欢迎,如谭恩美的《喜福会》。金介甫写道:"在西方,中国文学能卖得动的……是民国时期具有中国'地方色彩'的长篇历史传奇小说……肯定会影响翻译选择及出版。"⑤所以,葛氏认为,"作

---

① Goldblatt, Howard, "Border Crossings: Chinese Writing, in Their World and Ours", in Corinne Dale (ed.), *Chinese Aesthetics and Literature*. New York: State University of New York Press, 2004, p.214.

② Ibid.

③ Ibid., p.215.

④ 高方、阎连科,《精神共鸣与译者的"自由"——阎连科谈文学与翻译》,《外国语》,2014年第3期,第23—25页。

⑤ 金介甫、查明建,《中国文学(一九四九——一九九九)的英译本出版情况述评(续)》,《当代作家评论》,2006年第4期,第151页。

为他（莫言）的第一本与英语读者见面的作品，《红高粱》会是更好的选择"①。但美国维京出版《红高粱》(1993)和《天堂蒜薹之歌》(1995)英译本后便中止出版莫言的其他作品。五年后才有美国小型文学出版社拱廊（Arcade）出版英文版《酒国》(2000)、《师傅越来越幽默》(2001)、《丰乳肥臀》(2004)和《生死疲劳》(2008)。有趣的是，拱廊社长理查德·西弗（Richard Seaver）也从事翻译，出版莫言作品是因个人喜好。西弗去世后，莫言作品辗转至印度海鸥出版社，直到2012年莫言获诺奖才又被维京出版。事实上，维京一直都在出版中国当代作品的英译本，中止出版莫言作品最可能的原因是它发现更感兴趣的其他作品，而葛浩文始终坚持自己的选择。

译者资本是创造翻译需要的强大力量。20世纪90年代前，葛浩文所建立的出版关系起步且扎根于非营利性教育空间，包括中国现代文学研究领域颇有名望的几所美国大学、中国官方翻译机构外文局、中国香港地区《译丛》、中国台湾地区《中国笔会英文季刊》和《台湾文学英译丛刊》。其间，与殷张兰熙、宋淇、高克毅、杨宪益夫妇、李欧梵、刘绍铭、王德威、聂华苓、谭恩美等各地翻译家和文学文化名人的社交关系，使其在20世纪七八十年代积累了强大的社会资本，到90年代承前启后的阶段，他更是以敏锐的文学眼光和市场能力确立了社会地位。"葛浩文"这个名字本身如今已成为一种象征资本，这是译者为自己创造的经典，也是他不断地和英译语境进行对话的结果。

---

① 季进，《我译故我在——葛浩文访谈录》，《当代作家评论》，2009年第4期，第47页。

四、翻译原则

葛浩文很少主动提及"忠实"或"信"等字眼，反倒谈文学翻译的失真方式。葛氏认为"翻译的本质就是一种折中"①，但从他对失真的论述层面和容忍程度来看，他对"忠实"的要求实则很高。在文本意义和文本文体的翻译之间同样存在着对话性。

（一）意义最不该失

第一种失真是对意义的曲解。葛浩文称伊万·金改写《骆驼祥子》是"所见到有意曲解最为恶性重大的范例之一"②。葛浩文认为，老舍安排的悲剧结局经译者改为喜剧后，"这本书整个意义都变了"③。更严重的是，"因为这本书是当时仅有的两部中国小说英译本之一，他使美国读者对中国人的心境有了错误的印象"④。

葛浩文认为，对小说意义的传达"比较容易，最低限度，通常能在忠实度上臻致较大的效果"⑤。也就是说，这个层面的忠实度是文学翻译的基本要求。他在评论《旋风》英译本时写道，"译者在背景知识、能

---

① 葛浩文，《漫谈中国新文学》，香港：香港文学研究社，1980 年，第 106 页。
② 同上，第 104 页。
③ 同上，第 105 页。
④ 同上。
⑤ 同上，第 104 页。

力和态度上都有严重的问题",而"态度问题明显表现在译者不愿意去用基本的职业工具(字典、中国合作者或顾问、英文读者)",造成"很多错译,有些轻微,有些比较恼人,有些则滑稽无比,这些已足以扭曲作者的意义和意图"。①

文本细读是葛浩文做翻译的第一步,不仅是对文本本身的理解,还有对相关背景的深入考究。正如他本人所言:"做初稿当然是最困难的,要查字典,做很多研究工作……心情总是紧绷着的。"②比如,在翻译《魔咒钢琴》时,他参观旧时虹口区外国租界旧址与资料馆,以求对小说中描述的地方有亲身经验,把小说翻译得更贴近于真实的场景。葛浩文谈道,译前进行历史背景研究"一直是我做翻译的方式和原则"③,这充分体现了他的学者特质。如果我们用"编译"来概括葛浩文的总体翻译策略,那么我们也必须明确它是以对所译对象有全局和深入的把握为基础的,远非随意删减改动的不忠行为。

(二)文体最不能失

对小说翻译而言,仅译出原作的意义远远不够。葛浩文指出,"失真中最狡黠的,便是一种矫揉作态、古古怪怪,有时甚至是佶屈聱牙的译文,而原作中丝毫没有这种瑕疵"④,这种失真却是译者求"信"于原

---

① Goldblatt, H., "Book Review: *The Whirlwind* by Chiang Kuei, Translated by Timothy Ross", *Chinese Literature: Essays, Articles, Reviews*, 1980 (2), p.286, p.288.

② 李文静,《中国文学英译的合作、协商与文化传播——汉英翻译家葛浩文与林丽君访谈录》,《中国翻译》,2012 年第 1 期,第 58 页。

③ 张滢莹,《将"上海犹太人"故事介绍给西方——美国学者、翻译家葛浩文谈贝拉小说〈魔咒钢琴〉》,《文学报》,2011 年 6 月 23 日。

④ 葛浩文,《漫谈中国新文学》,香港:香港文学研究社,1980 年,第 106 页。

著的结果。这种译文完全失去了原作的文体特征。

同样值得注意的是译作在文体上的超越。日本文学翻译家海伦·麦库娄(Helen McCullough)写道:"恐怕韦利《源氏物语》英译本中令人着迷的美感和超凡的叙述力大都来自译者本人……很少有读过爱德华·塞丹施蒂(Edward Seidensticker)的译本后还想重读韦利译本的。"①葛浩文对此予以反驳:"几乎每一个人都承认,这部译作本身便是文学杰作。紫式部的这本书,也有他种译本,大多数都(对)原文亦步亦趋,然而使这部作品举世咸知的人却是韦利,他在历史上(绝)不会失去这一地位。"②

韦利的才能和时代背景使得后来者对之敬畏不已,而且他的译笔确有超越原著的可能性。对于看重想象力和创造力的葛浩文而言,对韦氏的肯定也属情理之中。但葛浩文对文体改写这一普遍问题的态度要"严厉"得多。韦利曾称赞林纾译笔下的狄更斯"成了更好的作家……狄更斯不受控制的丰富辞藻,糟蹋了的每一处地方,林纾却悄悄有效地达成了"③。对此,葛浩文问道:"翻译家有权这么做吗? 他尽到了翻译家的本分吗? 本人认为没有。"④他认为"翻译家的本分便是把相似思想、感情的相异表达译……出来,翻译家不能牺牲原著独到的文体"⑤。

葛浩文强调:"假使我们认为(或希望)文学是国与国、文化与文化

---

① Goldblatt,Howard,"Why I Hate Arthur Waley? Translating Chinese in a Post-Victorian Era",*Translation Quarterly*,1999 (13&14),p.39.

② 葛浩文,《漫谈中国新文学》,香港:香港文学研究社,1980 年,第 102 页。

③ 同上,第 105 页。

④ 同上。

⑤ 同上,第 106 页。

间的桥梁,最最要紧的,它要阅读起来像文学。"①然而,无论是完全无视译作的文体风格,还是超越原作的文体特征,在他看来都没有尽到翻译家的责任。译作应竭力保持原作的文体风格,而这是文学翻译最困难的地方。葛浩文谈到翻译莫言《檀香刑》中的"猫腔"时为保留声音的听觉效果所做的权衡:"译者可以舍弃意思而保留唱腔,但如果把曲调舍弃,就什么都没有了。"②尽管葛浩文认为英译本在某种程度上削弱了原文的语言力量和情感味道,但不可否认的是,译者一直力图靠近原作并呈现出原本的风貌。

葛浩文认为文学翻译中还有一种独特的失真,它来源于原著的"暧昧"。他解释道:"这是作家(尤其是诗人与剧作家)使用的一种方法,把任何词句或习语,扩大它内涵的数量,除非翻译家留意到原作的这一方面,否则在他的译品中,神韵大减。"③他认为处理这个问题的一种可能在于"富于想象力、莫逆于心的翻译家","捕获了暧昧词句的意义与效果,这已是到达本身艺术的巅峰了"。④ 而这恰是翻译家的译笔所在。文学翻译的创作空间就在于运用译笔处理原著的"暧昧"之处。葛浩文很早就强调翻译家自身的文学才能。他认为,"今天亚洲文学的译者中很少能遇见对自己国家文学传统融会贯通的人了"⑤。必须注意到,葛浩文的文笔本身就达到了作家的水准。著名评论家刘绍铭曾说:"就文字论,他们(葛浩文、詹纳和卜立德[David Pollard])本身已

---

① 葛浩文,《漫谈中国新文学》,香港:香港文学研究社,1980年,第108页。

② Stalling, Jonathan, "The Voice of the Translator: An Interview with Howard Goldblatt", *Translation Review*, 2014 (1), p.5.

③ 葛浩文,《漫谈中国新文学》,香港:香港文学研究社,1980年,第106页。

④ 同上。

⑤ Goldblatt, Howard, "Why I Hate Arthur Waley? Translating Chinese in a Post-Victorian Era", *Translation Quarterly*, 1999 (13&14), p.40.

是优秀的散文家。"①同时，葛浩文一直有意识地提高自己的英语文学修养，他认为"汉语要读，但更要读英语，这样才会了解现在的美国和英国的日常语言是怎样的"②。

葛浩文所说的失真，是对文学翻译现象的描写，而非翻译原则。相比求"信"于原著字句的表面忠实，这种对意义和文体的理解和选择性表达往往需要译者同时具备学者和作家的双重身份才能完成。从这个意义上说，其翻译原则远非简单的"连译带改"，而是对"忠实"不遗余力的追求。

五、结　语

葛浩文在具有"复杂性与不平衡性"③的英译活动中体现出一种"对话性"，其译介心理中文化自省意识和文化优越感共存，且后者略占上风。翻译活动是他实现个人抱负的方式。"编译"是葛浩文翻译的重要特征。译者同时自觉担任起翻译、编辑甚至是策划人的多重角色，目的是赢得更多读者。但他绝不是完全依从市场，而是有着个人执着的坚守，其翻译选择贯穿着一条"新历史小说"的主线，并通过自

① 刘绍铭，《文字还能感人的时代》，南京：江苏教育出版社，2006年，第127页。

② 李文静，《中国文学英译的合作、协商与文化传播——汉英翻译家葛浩文与林丽君访谈录》，《中国翻译》，2012年第1期，第57页。

③ 刘云虹、许钧，《文学翻译模式与中国文学对外译介——关于葛浩文的翻译》，《外国语》，2014年第3期，第11页。

身象征资本的积累不断与各方较量。葛浩文承认失真是翻译的必然，但失真并不是他的翻译原则，只是对翻译现象的描述。他主张的原则是"意义最不该失"和"文体最不能失"，说明他留给译者"失真"的空间少之又少，体现出他对"忠实"有很高的要求。为实现这一原则，翻译家的译笔起决定作用，由此肯定了"译者文体"的存在。葛浩文在多重角色中践行其文学英译事业，体现了翻译思想的"对话性"。这在反映英译活动复杂性的同时也说明，译者具备了这种特质，才可能在向英语世界传播中国现当代文学的道路上取得突破和成功。

（原载《外语与翻译》2017 年第 1 期）

中编　翻译策略与方法

拿汉语读，用英文写

——说说葛浩文的翻译

张耀平

 葛浩文是美国翻译家 Howard Goldblatt 的中文名字。葛浩文于1961 年毕业于加利福尼亚的长滩州立学院,1971 年在旧金山州立大学取得硕士学位,三年后获印第安纳大学博士学位。此后三十年来,他一直从事中国文学的教学、研究与翻译工作,有《萧红评传》等多部专著,创办了期刊《中国现代文学研究》,翻译了一大批现当代汉语文学作品。他目前任教于科罗拉多大学波德分校东亚语言文明系。

 葛浩文于译事用功勤勉,笔者粗略统计葛浩文三十年来的译作有:萧红《萧红小说选》(*Selected Stories of Xiao Hong*)、《商市街》(*Market Street : A Chinese Woman in Harbin*)、《呼兰河传》(*Tales of Hulan River*)、《生死场》(*Field of Life and Death*);端木蕻良《红夜》(*Red Night*);杨绛《干校六记》(*Six Chapters from My Life "Downunder"*);张洁《沉重的翅膀》(*Heavy Wings*);古华《贞女》(*Virgin Widow*);贾平凹《浮躁》(*Turbulence*);刘恒《黑的雪》(*Black Snow*)、《苍河白日梦》(*Green River Daydream*);李锐《旧址》(*Silver City*);莫言《红高粱家族》(*Red Sorghum*)、《愤怒的蒜薹》(原名《天堂蒜薹之歌》,*The Garlic Ballads*)、《丰乳肥臀》(*Big Breasts and Wide Hips*)、《酒国》(*The Republic of Wine*)、《师傅越来越幽默》(*Shifu,*

You'll Do Anything for a Laugh）；王朔《玩的就是心跳》（*Playing for Thrills*）、《千万别把我当人》（*Please Don't Call Me Human*）；苏童《米》（*Rice*）；阿来《尘埃落定》（*Red Poppies*）；老鬼《血色黄昏》（*Blood Red Sunset：A Memoir of Chinese Cultural Revolution*）；虹影《饥饿的女儿》（*Daughter of the River*）；艾蓓《绿度母》（*Red Ivy，Green Earth Mother*）；春树《北京娃娃》（*Beijing Doll*）；白先勇《孽子》（*Crystal Boys*）；王祯和《玫瑰玫瑰我爱你》（*Rose，Rose，I Love You*）；陈若曦《尹县长》（*The Execution of Mayor Yin and Other Stories from the Great Proletarian Cultural Revolution*）；黄春明《溺死一只老猫》（*The Drowning of an Old Cat and Other Stories*）、《苹果的滋味》（*The Taste of Apples*）；李昂《杀夫》（*The Butcher's Wife and Other Stories*）；朱天文《荒人手记》（*Notes of a Desolate Man*）；李永平《吉陵春秋》（*Retribution：the Jiling Chronicles*）；谢丰丞《少年维特身后》（*After the Death of Young Werther*）。此外，他还编选了《哥伦比亚中国现代文学选读》（*The Columbia Anthology of Modern Chinese Literature*，与刘绍铭合编）等作品选集，这其中自然也涉及大量的翻译工作。这位翻译家对中国文学的热情让人感动，他的工作效率简直不可思议。

葛浩文翻译得快，而且质量高。借助他的翻译，贾平凹的小说《浮躁》于 1989 年获美孚飞马文学奖。他和夫人林丽君合译的朱天文的《荒人手记》于 1999 年获美国翻译协会年度奖。夏志清称他是"中国现、当代文学的首席翻译家"[①]。刘绍铭说他"真正了解中国的心灵"，"是个浑身投入研究近代中国文学而时忘其籍贯的老外"。[②] 赵毅衡不

---

① 转引自刘再复，《百年诺贝尔文学奖和中国作家的缺席》，《北京文学》，1999 年第 8 期，第 22 页。

② 刘绍铭，《情到浓时》，上海：上海三联书店，2000 年，第 173 页。

仅认为他是"当代中国小说最杰出的翻译家",而且指出中国文学其他语言的译者常常到他那里去寻求参考,说他"为全世界的译本垫了底"。[①] 近年来,莫言、李锐等中国作家逐渐在西方世界获得声誉,无疑得益于他的劳动。

翻译这一行历来费力而难讨好。人们多不理解其中的艰难,以为翻译不涉及创造性劳动,不过是简单的转述而已——而且还时常出错。美国小说家辛格一生用意第绪语写作,仰仗贝娄等人的翻译荣膺诺贝尔文学奖,临了却留下几句对译者颇不恭敬的话:"世上压根儿就没有好译者这回事。再出色的译者也犯极低级的错误。虽说我对所有译者都心怀好感,但好感归好感,对他们都得盯紧了。"[②]昆德拉能在世界范围内走红,自然也有翻译家的功劳。但《玩笑》的最初三个英译本让他大为不满,尤其不满的是译者动辄在不同地方换用同义词来表达原文中同一个词的意思,他在气愤之下,竟然动了粗口,生造一个单词"sodonymize",说:"哎呀,你们这些搞翻译的,别拿我们又是糟蹋,又是凌辱的。"[③]辛格和昆德拉苛责译者的话让搞翻译的人难堪也委屈。不过葛浩文对自己选择的职业十分自豪。2002 年 4 月 18 日的《华盛顿邮报》刊载了他的一篇文章,文章明明是讲翻译,但题目却是"写作生涯"。他说时常有人问他:干嘛要做翻译? 有这笔头功夫,干嘛不自己写小说呢? 对此,他的回答是:"因为我喜欢,我喜欢拿汉语读,用英文写。我喜欢这其中那种挑战,那种似是而非,那种不确定。我喜欢既要创造又要忠实——甚至两者之间免不了的折中——的那股费琢

---

① 赵毅衡,《如何打倒英语帝国主义?》,《书城》,2002 年第 8 期,第 72 页。

② Howard Goldblatt, "The Writing Life", *The Washington Post*, 28 April 2002 (BW 10).

③ Ibid.

磨劲儿。"①显然,在他看来,翻译就是一种写作,其中包含创造。翻译的过程不是单单一个"忠实"就说得清楚的。

辛格和昆德拉的话很多人引用过,葛浩文也在文章中引用了他们的话来阐述自己的翻译观。他认为,诚如意大利谚语所说,"翻译即背叛",诚如斯坦纳所说,"百分之九十的翻译都是不完备的",但这是没有办法的事情,是翻译的性质使然。一方面,好的作品只有通过翻译才能突破空间和时间的限制,拥有更多读者;但另一方面,只要踏入另外一种语言,作品就会改变,就会走样,是翻译就如此,并非只有糟糕的译文才会转达参错。两种语言之间不存在一一对应的关系,有时候原文大于译文,原文中的内涵在译文中得不到充分的表现,有时候则是译文大于原文,原文意思进入译文后可以得到更为丰富的表述。前一种情况,他举"磕头"为例。他说虽然"kowtow"一词已进入英语词汇,但磕头这一动作所表达的或尊敬或惧怕或悔恨或感激等微妙的心理是西方读者所不易捕捉的,这就要求译者细心揣摩其中暗含的意味并加以准确处理,而不能一概简单地译作"kowtow"了事。后一种情况他举阿来《尘埃落定》中经常出现的一个感叹词"天哪"为例。从字面看,英语中同"天哪"意思最接近的词应该是"Heavens",但把原文中所有的"天哪"统统翻成"Heavens"显然不能保证每一处都贴切。在尝试几种选择之后,他和夫人商量引入其他语言,让不同人物说不同的"天哪",如"Ai caramba""Ach du lieber""Mama mia""Oy gevalt""Merde"。他认为,这些非英语感叹词要比"Heavens"来得更传神。因此,翻译从来不是复制,而是换一种语言重写,是对原文的某种完成,

----

① Howard Goldblatt, "The Writing Life", *The Washington Post*, 28 April 2002 (BW 10).

甚至是完善。翻译史上译作在表达上超过原作的译例屡见不鲜,拉巴萨的《百年孤独》英译本公认比马尔克斯的西班牙语原文更具可读性,据称美国小说家瑟伯(James Thurber)的作品译成法文更显出色。对此瑟伯还留下一句幽默而又颇耐玩味的话:"是啊,我在原文里老落东西。"①小说家的话实际为翻译理论提出一个尖锐的问题:什么是原文?这个问题也即文学理论中什么是文本的问题。不过这是一个大问题,显然不是本文所能回答的,姑且把问题留在这里。

介绍了葛浩文的翻译观,我们再来比照他的译文看看。篇幅有限,只从葛浩文所译莫言《愤怒的蒜薹》中选两段同原文做一比较。先看一段对话。

他说:"杏花,你别糟蹋了那根蒜薹! 一根能值好几分呢。"

女儿把蒜薹放在了身边,大声问:"爹,拔完了吗?"

他笑了笑,说:"要是这么快就拔完了,可就毁了,那能卖几个钱?"

"早嘞,才拔了一点点。"老婆说。

杏花小心翼翼地用手掌抚摸着她身边的一堆蒜薹说:"咦,这么多,这么一大堆! 要卖好多钱!"②

葛浩文的译文是:

"Careful with that garlic, Xinghua," he said, "Each stalk is

① Howard Goldblatt, "The Writing Life", *The Washington Post*, 28 April 2002 (BW 10).

② 莫言,《愤怒的蒜薹》,北京:北京师范大学出版社,1993 年,第 69 页。

worth several fen."

She laid it down and asked, "Are you finished Daddy?"

"We'd be in trouble if we were," he said with a chuckle. "We wouldn't earn enough to get by."

"We've barely started," her mother answered tersely.

Xinghua reached down to run her hand over the pile of garlic beside her. "Yi!" she exclaimed. "The pile's really getting big. We'll make lots of money."①

虽只是短短几行,但足以让我们看到葛浩文是如何拿汉语读后又用英文写的。他的译文一方面极忠实于原文精神,极忠实于原文人物的神态口吻,另一方面又的的确确是一种包含着创造的再度写作,译得很自然,很舒服,很活,让人不由觉得假如山东蒜农说英语肯定就说这样的英语,假如莫言用英语创作肯定就写这样的英语。无须说,把"你别糟蹋了那根蒜薹"译作"Careful with that garlic",把"能卖几个钱"译作"We wouldn't earn enough to get by",这样不斤斤于字面表层的对等,而是直抵语言深层意思的做法,已多少见出葛浩文的风格。更见功力的则是几处在语言转换过程中做了增、减或改的处理的地方。"放在了身边"译作"laid it down","大声问"译作"asked"已是足够,如果非跟着原文把"身边"和"大声"都表现出来,不啻为蛇足。"老婆说"译作"her mother answered tersely",不仅主语"老婆"变成了"her mother",动词"说"换成了"answered",而且还多出来一个副词

① Mo, Yan, *The Garlic Ballads*. Trans. Howard Goldbaltt. New York: Penguin Books, 1996, p.70.

"tersely",这是大手笔。高羊妻子的话显然是对杏花问"拔完没有"的回答,所以译"answered"更符合当时的语境;而既然回答的是杏花,句子主语如果还照原文译作"his wife"就不够统一了;看似凭空来的一个tersely,则把妻子嫌杏花少不更事,收获的时候问完没完的不吉利的问题,因而没好气地怪责她的语气译活了。最为传神的是下一句。译文对原文中"小心翼翼"这个修饰动作的状语视而不见,抛开原文结构,用短语"reached down"来表现杏花的动作。杏花是一个盲童。可以说,让杏花在"抚摸"("run her hand over")到之前先"reached down",把原文中所要表现的这个失明的孩子生怕"糟蹋"了蒜薹,因而轻轻地摸索着试探着去估量蒜薹堆大小的样子,表现得十分准确,十分传神。小说中这一段写高羊被囚后回忆家里那种虽清苦但也其乐融融的生活,译文突出杏花"reached down"的动作无形中突出了高羊心中的苦涩。不知道是不是如瑟伯所说,这也是莫言在原文中落了的东西。另外,还有一个看似不经意的地方,也应点出。汉语时常可以省掉主语,但葛浩文在这里把高羊、妻子和杏花在说话中省掉的主语一概译作"we",用以强调这个"家"。这一细小之处同样见出葛浩文的匠心。

再来看一段描写文字:

> 星星都是碧绿碧绿的,星光断断续续。雾气加重,泥土的腥气也加重。秋虫们都累了,歇了嗓子睡觉去了。黄麻沉默了,凝着脸。浪涛声滚滚而来,她把脸放在他的胳肢窝里,眼睛粘粘涩涩的。浪涛声使她产生安全感,便搂着他的脖子,沉沉睡去。[1]

---

① 莫言,《愤怒的蒜薹》,北京:北京师范大学出版社,1993年,第78页。

葛浩文的译文是：

The stars, tiny shard of jade green, blinked in the pale sky. The mist was getting heavier; so, too, was the rank odor of damp earth. Insects, worn out after a night of chirping, were quietly asleep. No sounds emerged from the frozen faces of jute bushes. With the rumbling of waves in her ears, her eyelids damp and sticky, she buried her head in the crook of his arm, where she fell into a deep sleep, her arms wrapped tightly around his neck.[①]

所谓"翻译腔"，除了生硬的句式外，经常表现为一句是一句，句子与句子之间不黏合，不连贯，没有了原文的那股气。葛浩文的译文却没有这样的毛病。原文要表现的东西这里都有，而且一气呵成，毫无滞涩的感觉。这一段原文第一句有两个主语，译文统一了起来；用"tiny shards of jade green"来译"碧绿碧绿的"，用"blinked"来译"断断续续"，不仅传达了原文的意思，而且更为形象，同时"shards"跟后面的"blinked"联系得极其自然生动。翻译这一段，最难处理的可能是其中的几个动词。原文第二句用两个干净简洁的"加重"来表示一个持续增强的过程，换了别人来译，可能也会这么处理。但第三、四两句中，一个表示完成的助词"了"使得"歇了""睡觉去了""沉默了"的意思变得微妙起来。一方面，它把我们带到某一瞬间动作完成之后而转入的

---

① Mo, Yan, *The Garlic Ballads*. Trans. Howard Goldbaltt. New York: Penguin Books, 1996, p.78.

状态，"歇了"就是不再活动，"沉默了"就是不再发出声音；但另一方面，它又把动作完成前后的两种情况联系了起来，"歇了"暗示先前的聒噪，"沉默了"让人隐约记起刚才的喧闹，从而益发反衬出这份美好但也尽显脆弱的宁静。葛浩文的译文处理得十分贴切。用"worn out"译"歇了"，把"歇"之后的安静和"歇"之前的辛劳都照顾到了，但英语行文需要把"worn out"的原因说出来，补足字面背后的意思，所以译作"worn out after a night of chirping"。"睡觉去了"处理起来也有一个把握并补足字面背后意思的问题。字面说"去"，实际没有离开此处前往别处的意思，而是说进入某种状态；字面说"睡觉"，实际不是坐实在睡眠上，而是表示"秋虫"安静了下来。所以译文把深层的"静"的意思补进去，作"were quietly asleep"。把"沉默了"译作"No sounds emerged"，看似平易无奇，实则恐怕也是几经推敲，辛苦得来的。首先，汉语此处可以拟人，说"黄麻沉默了"，但要是在英语中说"The jute bushed became silent"之类的话，就不合逻辑了。其次，原文在这里所营造的是一种同两位恋人此时的处境相呼应的宁静氛围。高羊和金菊一路颠沛奔逃，此时正享受着美好的爱情带来的踏实和满足。但这踏实和满足是脆弱的、短暂的，笼罩在阴影之下，让人提心吊胆，随时可能终结，一如此时的田野，看似静谧安宁，但总给人一种随时可能喧闹动荡起来的感觉。译文点出"sounds"一词，从反面出来，的确抓住了莫言文字背后的神髓。说到动词，后面还有两个词译得十分传神。原文第五句的"放"和第六句的"搂"都是较为平实的字眼，但葛浩文分别用"buried"和"wrapped"来译，如此一来，把金菊初涉爱河的那份纯朴的缱绻情态刻画得更为淋漓尽致了。

如果要挑毛病，葛浩文的译文也不是没有。最后一句中把"胳肢窝"翻译成"the crook of his arm",显然是把部位弄错了,但不影响我们对译文整体的欣赏。如果说,译文能否超过原作在理论上还是一个有争议的问题,因而我们无须盲目赞美的话,那么至少可以说葛浩文的译文对得起莫言。

(原载《中国翻译》2005 年第 2 期)

从小说语言形象显现看葛浩文先生小说翻译的形象再造

吕敏宏

小说是以心象定型为语象的语言艺术产物。其特点是：由"言"而"明象"，由"象"而"观意"。源语小说作者通过语言创造形象，小说翻译者则以译语再造形象。译者对小说形象的解读和再造直接影响着译文的质量和译文读者的阅读兴趣。在国际汉学家中既能读懂汉语，又说得一口流利的汉语，还能用汉语写作的人可谓"凤毛麟角"[1]，美国汉学家葛浩文先生就是其中之一。他的译笔流畅自然，艺术性强，既忠实于原作，又灵活多变，充分体现了小说翻译家的再创造能力。本文阐述了语言、物象与意义的关系，以及小说语言形象显现的不同形态，并在此基础上，以葛浩文翻译的萧红短篇小说《家族以外的人》（"The Family Outsider"）以及《王阿嫂的死》（"The Death of Wang Asao"）[2]为窗口，从小说形象显现的角度，探讨葛浩文中国小说英译的形象再造。

---

① 柳无忌，《序》，见葛浩文，《漫谈中国新文学》，香港：香港文学研究社，1980 年，第 1 页。

② 王述，《萧红》，北京：人民文学出版社，1984 年，第 9—48 页，第 49—58 页；Goldblatt, Howard, *Selected Stories of Xiao Hong*. Beijing, 1982, pp.13 - 27, pp.84 - 130.

一、言—象—意与小说世界

语言、物象与意义关系的论述在中西方哲学与文论中有悠久的历史。中国的语言哲学从一开始就是"言—象—意"的三维结构,而中国文论历来主张"微言大意"和"立象尽意"。《左传·成公十四年》的"微而显,志而晦,婉而成章"①为中国文论的言意关系奠定了基调;至西汉司马迁评《离骚》的"其文约,其辞微,其志洁,其行廉,其称文小而其指极大,举类迩而见义远"②;又至宋朝张戒在《岁寒堂诗话》中评诗歌创作的"其词婉,其意微,不迫不露"③,微言大意的思想秉承一线。

《周易·系辞上》写道,"圣人立象以尽意,设卦以尽情伪,系辞焉以尽其言,变而通之以尽利,鼓之舞之以尽神"④,最早表明中国文论"立象尽意"的中心思想,最终形成中国古典文论的"意象论"主脉。此道之集大成者刘勰曾说,"神用象通,情变所孕。物以貌求,心以理应"⑤。说明了作者创作时,由物象有感而发,因象而生情与思,最终将物象、情感、思想融为一体,形成意象,诉诸笔端的过程。

"言—象—意"的三维结构尤以魏晋时期王弼的言—象—意理论为突出。他在《周易略例·明象篇》中说明语言具有成象的作用,所谓

---

① 上海古籍出版社编,《十三经注疏》,上海:上海古籍出版社,1997 年,第 1913 页。
② 胡经之,《中国古典文艺学丛编》,北京:北京大学出版社,2001 年,第 244 页。
③ 同上,第 255 页。
④ 上海古籍出版社编,《十三经注疏》,上海:上海古籍出版社,1997 年,第 82 页。
⑤ 周振甫,《文心雕龙今译》,北京:中华书局,1986 年,第 253 页。

"言者，明象者也"，并且指出"得意在忘象，得象在忘言"①，简洁明了地说明了言、象、意之间的关系。

西方自古希腊以来，在柏拉图与亚里士多德有关艺术与真理的分歧中，便开始了对语言与意义的探索。柏拉图认为"笔墨写下来的东西""不能恰当地体现真理"。② 亚里士多德则认为"诗所描述的事带有普遍性"，"诗人的职责不在描述已发生的事，而在于描述可能发生的事，即按照可然律或必然律可能发生的事"。③ 柏拉图和亚里士多德的观点虽有所不同，但两者都看到了语言与意义的密切关系。

索绪尔开创了现代语言学，其意指系统的基础就是能指和所指的联想关系。他认为"语言符号所涉及的两个方面都和心理相关，并且通过某种联想物和我们的大脑相连结"④。索绪尔提出了所指和能指两个名称，并明确表示，所指是一种"概念"；能指则是一种通过心理联想与"概念"相连的"音响形象"，它不是"实质性的声音，不是一个纯粹的物理的东西，而是声音在我们的意识里形成的一种心理印迹"。⑤ 可见，所指并非具体事物，而是该事物在人们心理上的再现，能指则是这种心理再现的符号表现形式的物化体现。

后现代学术的语言学转向，使人们站在哲学的高度重新认识语言，最终导致语言哲学的产生。维特根斯坦、海德格尔、卡西尔、伽达默尔等哲学家都是语言哲学的先驱。"语言之外没有世界"（盖奥尔格），"想象一种语言就意味着想象一种生活方式"（维特根斯坦）。在

① 楼宇烈，《王弼集校释》，北京：中华书局，1980 年，第 609 页。
② 柏拉图，《柏拉图全集》，王晓朝译，北京：人民出版社，2003 年，第 199 页。
③ 亚里士多德，《诗学》，陈中梅译，北京：商务印书馆，1996 年，第 60 页。
④ 索绪尔，《普通语言学教程》，刘丽译，北京：九州出版社，2007 年，第 151 页。
⑤ 同上。

这些对语言的哲学论述中,最著名的莫过于海德格尔的名言——"语言是存在的家园"。如果说后现代解构主义的语言观具有某种哲学玄思的神秘而不容易被人们理解,那么其对于小说而言则是真理——小说语言是小说世界存在的家园。语言是小说的重要要素之一,语言使读者心中成象,并产生与之相关的意义和情感。因此,小说语言的形象显现成为进入小说世界的重要因素。

二、小说语言形象显现的形态

小说的形象是小说家艺术形象思维外化并诉诸文字的结果。语言之于作家仿佛颜料画板之于画家、木板石泥之于雕塑家。然而小说毕竟不同于绘画、雕塑等艺术,它不能将其所塑造的形象直观地呈现在受众的眼前。但是,语言的神奇之处在于可以通过文字描写调动读者的各种感官感受,唤起读者对声音、形状、色彩等的想象,并以此激发读者的各种情感与思绪。小说通过语言唤起形象给了读者巨大的想象空间,这正是语言艺术的魅力所在。

小说语言的形象显现有多种形态,可用下图说明:

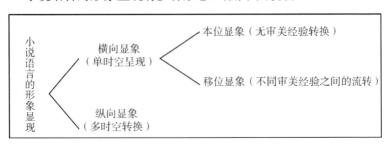

小说语言形象显现示意图

横向显象是指小说形象在同一时空关系中被平面化地显现出来，没有事件的更迭及情节的发展。横向显象又可分为本位显象和移位显象。[1] 本位显象指语言在一个相对固定的感官经验领域内显象，不产生审美经验的转移，例如：

> 下了雨，那蒿草的梢上都冒着烟，雨本来下得不很大，若一看那蒿草，好像那雨下得特别大似的。（萧红《呼兰河传》）

这是典型的本位显象，读者的经验领域相对固定在视觉上。通过阅读文字，一幅雨中蒿草图展现于读者眼前。语言的本位显象是小说形象显现最常见的显象形态。当语言使读者的审美经验在两个甚至更多的感官经验领域里流转的时候就产生移位显象。通感、隐喻、拟人都是产生移位显象的有效方法，以下各例说明了移位显象特有的艺术效果。

> 例1　满天的星又密又忙，它们声息全无，而看来只觉得天上热闹。（钱锺书《围城》）
> 例2　草是那么吞着阳光的绿，疑心它在那里慢慢地闪跳，或者数也数不清地唧咕。（废名《桥·芭茅》）
> 例3　鸿渐好像自己耳颊上给她这骂沉重地打一下耳光，自卫地挂上听筒，苏小姐的声音在意识里搅动不住。（钱锺书《围城》）

---

① 唐跃、谭学纯，《小说语言美学》，合肥：安徽教育出版社，1995 年，第 79 页。

例 1 中，天上星星繁密，虽然无声无息，然而，"忙"与"热闹"两个词语把本来有形无声的空间描绘成有形有声的空间，读者仿佛听见天上闹声一片。这种绘声绘色的描写使读者的审美经验在视觉和听觉领域里流转延宕。例 2 中，摇曳在风中的绿草，在阳光下闪闪泛着光芒的形象在作者的笔下成为一个活物，风吹草动也仿佛是草在窃窃低语。整个意象同时作用于读者的视觉和听觉，取得了强烈的艺术效果。例 3 中，"骂"与"打"相连，将听觉与触觉相融，使读者真真切切地感觉到了方鸿渐听到这"骂"声时所产生的心理感受。

无论是本位显象还是移位显象，显象的形态都是在相对同一的时空中发生，因而称之为横向显象。而纵向显象则通过时空的转换和事件的交替推进小说情节向纵深发展。小说是由多个相互联系的事件组合而成的文学文本，事件在相同或不同的时空中穿插、迭更，形成小说纵向的动态显象方式。纵向显象是推进小说情节发展的必要手段。以《红高粱》中的一个叙述片断为例：

> 罗汉大爷听到西院枪响，从店里跑出来。刚一露头，就有一发子弹紧贴着他的耳朵梢子飞过去，吓得他赶紧缩回头。街上静悄悄的没有人影，全村的狗都在狂叫。小颜和士兵们押着我爷爷走上大街。那两个看守马匹的士兵已经把马赶了过来。村头、巷口上埋伏着的士兵见这边得手，也一起跑过来，各人跨上各人的马。

这一段描写的时空从西院转换到店里，再由店里到街上、村头、巷口。这是一种典型的时空转换情节。随着时空的转换、事件的更迭，叙述中的形象链被一一串起：店面处，罗汉大爷听见枪响、跑出店外、子弹擦耳而过、缩回头；街道上，"我爷爷"被押、士兵赶马、跨马。街上从开始的静悄悄没有人影，到"我爷爷"被押着走上街道，暗示出时间的延续以及画面的动态呈现，仿佛镜头里，从街道这边望过去什么都没有，到远远地看见物象，到物象渐走渐近，直至被看得清清楚楚。

显象形态不同，显象的效果亦随之不同。横向显象和纵向显象如同广袤空间中的无数个"点"，这些"点"汇集在一起构成了立体、完整、流动和发展的小说空间。

三、葛浩文中国小说英译的形象再造

著名作家莫言曾说："作家必须用语言来写作自己的作品，气味、色彩、温度、形状，都要用语言营造或者说是以语言为载体。没有语言，一切都不存在。"[①]小说家要"努力地写出感觉，营造出有生命感觉的世界。有了感觉才可能有感情。没有生命感觉的小说，不可能打动人心"[②]。小说家如此，小说翻译家更是如此。下面从本位显象、移位显象、纵向显象三种形态探讨葛浩文中国小说英译的形象再造。

（一）本位显象

英语总体而言属于形合语言，也是一种隐喻性极强的语言，词与

---

① 莫言，《小说的气味与翻译问题》，《青年文学》，2006 年第 1 期，第 1 页。
② 同上。

词之间不仅具有很强的逻辑关系，而且充满了丰富的意象，激发读者的想象。如果选词精当，可以收到很好的显象效果。

葛浩文善于在其英译中利用隐喻词创造意象，实现本位显象。比如，在《家族以外的人》（以下简称《家》）中，有二伯准备偷家里的几个椅垫拿去卖钱。他从身上解下腰带，把腰带横在地上，把椅垫一张一张堆放在腰带上，然后打结，将腰带束在一起。与之相对应的译文为，"he took off his waistband, bent down and laid it out on the ground, and placed the seat cushions on top of it one by one, after which he tied a knot in the waistband and cinched up the cushions"。这里，重点分析"cinch"一词的使用。该词既可用作名词，亦可用作动词，用作名词时指"马鞍等的肚带"，用作动词时指"给马系上肚带"。"cinch"一词隐含了一个比喻，即将叠在一起的椅垫比作马肚，将其捆扎在一起就好比是给马系上肚带。译文通过"cinch"一词，将"捆绑"这一动作幻化出图像展现在英文读者面前，大大地增强了译文的表现力，加强了读者视觉领域内的感受。

小说的生动性、趣味性、文学性与善用隐喻词有很大的关系。在翻译过程中，译者除了妙用隐喻词，还可以通过增词法实现小说语言的本位显象，再现情景，使译者的"心象"跃然纸上，进而激发译文读者的移情力。比如，在《王阿嫂之死》（以下简称《王》）中有一句描写怀孕的、瘦弱的王阿嫂，原文是"若不是肚子突出，她简直瘦得像一条龙"，与之相对应的译文是，"she was so skinny that if it hadn't been for her protruding belly she would have looked like a rail-thin dragon"。其中，"rail-thin"一词是译者增加的。"rail"有"栏杆、横栏"之意，亦有"铁轨"之意。"rail-thin"一词的使用让读者仿佛看到了那个瘦弱得甚至肋骨都一根一根依稀可见的穷苦妇人，突出了王阿嫂骨瘦如柴的意象，加强了小说的视觉效果。

在《家》中还有很多类似的增译法。比如，有二伯时常偷家里的东西，翻墙而出，卖掉之后去赌钱。花子妈妈就把家里的三道门都上了锁。不招人待见的有二伯回家晚了，没人愿意给他开门，只好跳墙。这样，花子"就不敢再沿着那道板墙去捉蟋蟀，因为不知什么时候有二伯会从墙顶落下来"，害得花子在小伙伴当中捉的蟋蟀最少，因而对有二伯产生怨气："你总是跳墙，跳墙……人家蟋蟀都不能捉了""那你就非跳墙不可，是不是？跳也不轻轻跳，跳得那样吓人？""像我跳墙的时候，谁也听不到，落下来的时候，是蹲着……两只膀子张开……"说这话时，花子还平地跳了一下示范给有二伯看。有二伯说："小的时候是行啊……老了，不行啦！骨头都硬啦！你二伯比你大六十岁，哪儿还比得了？"接着，有这样一句话："他嘴角上流下来一点点的笑来。"相应的译文为"A wry smile appeared at the corner of his mouth"。此时有二伯嘴角流下来的笑有多么苦涩、凄凉。译文增加了原文没有的"wry"一词。"wry"意指"扭歪的、（表示厌恶、不满等）面目肌肉扭曲的"，"a wry smile"即为"苦笑"。我们看到，译文中增加的"wry"一词，十分传神地再现了有二伯苦涩、凄凉而又无奈的心理和神情。

（二）移位显象

移位显象在不同的经验领域内展开，使读者的感受流转于不同的经验领域，极大地激发了读者的移情力。优秀的小说译者不仅生动再现视觉效果，还善于创造听觉效果，使译文读者如临其境，实现小说语言的移位显象。比如在《家》中，有二伯偷了铜酒壶，他"把铜酒壶压在肚子上，并且那酒壶就贴着肉的"，英译为，"putting the brass wine de-canter against his belly, smack up his skin"。这里，"smack"意为"轻打，发出拍击声"，惟妙惟肖地表现出赤膊的有二伯把酒壶贴着肚皮的形象，不仅使读者看到了这一形象，还听到了铜酒壶贴在肚皮上的那一刻发出的拍击声，文学语言的特殊魅力完全表现了出来。创造有声有形的画面正是文学作品引人入胜所不可缺少的必要因素之一。成功的文学翻译同样要竭力再现原作的生动画面，使译文读者像原文读者一样感受到同样的艺术效果。

葛浩文用词非常考究，常常通过恰到好处的选词，十分贴切地再现出某一场景，使读者沉浸于其情其境。如，《家》中有一句"我穿上鞋就跑了，房门是开着，所以那骂的声音很大"，英译为，"I put on my shoes and bolted out the door; since it remained open, his abuse continued to ring out loudly"。首先，"bolt"意指"马儿脱缰而跑"，引申义为"迅速逃跑"。这一词的使用把花子不爱听有二伯唠叨，急切地从有二伯的身边逃脱的心情和情景完全表现出来。其次，"ring"一词的使用也恰到好处。"ring"是一个常见的多义词，在这里，译者巧妙地利用了它的两个含义：第一，"ring"作为动词，可以指老鹰等在空中盘旋上升的情景；第二，指声音"响彻、回响"。可见，这一词的使用既创造了视觉意象，又创造了听觉意象，或说，在画面的意象中还包含着音响的效果，使读者仿佛听到了有二伯那谩骂的声音如老鹰在空中盘旋而飞，大声且不断地传来。

增词法也是葛浩文译作中实现移位显象的重要手法。在《王》中有这样一句话："他简直是疯了。"这句话描写疯癫的王大哥。译文是"Eventually he had gone stark-raving mad"。这里，译者在处理"疯"时在"mad"之前增加了"stark-raving"一词。"stark"意指"完全地、十足地"，如"stark-naked"意思是"一丝不挂"。"rave"意指"胡言乱语、狂骂、激烈地说话、语无伦次地说话"。"stark-raving"一词将王大哥疯疯癫癫、胡言乱语、疯跑着打人骂狗的状态完全表现出来,加强了后文所描述的"看着小孩也打,并且在田庄上乱跑、乱骂"的疯相。这里译者再一次通过想象力和移情力,为译文读者创造了视觉意象,并且创造了伴随画面的听觉意象,忠实而生动地再现了故事的情景。

(三)纵向显象

小说是虚构的艺术,虚构艺术的最大魅力就是留给读者和译者再度想象和虚构的空间。黑格尔曾说:"真正的创作就是艺术想象的活动。"①小说家需要想象力,作为文学作品二度创作者的小说译者更需要想象力。只有具有想象力的译者才能深刻透彻地理解原文,才能更好地转换意象,再现原作的艺术性和文学性,激发译文读者的想象力和移情力,使原文作者、译者、译文读者三方共同完成译文小说意义的生成,最大限度地体现小说的趣味和价值。小说译者必须沉浸其中,以自己的身心感受作品的故事场景和人物情感,尽力发挥自己的想象力,虚构译文,使情景再现。但是小说译者的虚构不是天马行空的虚构,而是"对虚构性原文的一种有限的延伸"②。小说译者以"原文的虚构性文字作为'酵母',通过'发酵式'联想,进一步细化了原文的虚构情景,从而更加具体地延伸了原文的文字所表达的情态"③。横向显象增强译文的画面感染力,纵向显象则有助于延伸原文的虚构性,推动小说向纵深发展。

葛浩文在其译文中尤其善于在情理之中发挥想象力,通过预设情

---

①　余飘,《形象思维的理论与运用》,见《北京文学》编辑部,《小说创作二十讲》,北京:中国文联出版公司,1985 年,第 54 页。

②　刘华文,《翻译能把虚构延伸多长》,《文景》,2006 年第 4 期,第 92 页。

③　同上。

景使故事更加具体、形象。比如在《王》中,王阿嫂一家穷困潦倒,她的丈夫王大哥给张地主赶粪车,因为马腿被石头折断一事被张地主扣了一年的工钱,加之生活艰辛,王大哥便精神失常,常常天晚了不知道回家,睡在人家的草堆里,见狗骂狗,见人打人,整日里疯疯癫癫。张地主趁他睡在草堆里的时候,遣人点燃草堆,将其烧死。原文"张地主趁他睡在草堆里的时候"的对应译文是,"Landlord Zhang had waited until the other man was sleeping in one of the haystacks"。"waited"一词的使用可谓译者匠心独运。原文并没有说明,张地主是偶尔发现王大哥睡在草堆里,遂起心差人烧死他,还是一直在蓄意找机会除掉他,终于等到某一天趁他熟睡在草垛里,差人烧死他。而译文中"waited"一词向读者暗示,张地主一直想找机会,最终找到机会将其烧死。从上下文看,"waited"一词扩展了故事留给读者的想象空间,增加了故事情节的紧张度,在许可的范围内,恰到好处地延伸了译文的虚构性,使故事更加引人入胜,译者的文学构思能力和文学写作能力从中可见一斑。

四、结　语

小说读者通常从两个层面获得故事的全貌:一是故事的事件链(即按照一定时空、因果关系组合的一系列事件,这是故事的纵深发展),二是故事的细节刻画和情绪渲染,两者结合才能使读者获得一个完整而生动的故事。故事的连贯和深入依靠小说的纵向显象,而故事生动与否往往与横向显象相关。小说语言的形象显现是作品呈现小说世界的重要因素,译作的形象再造在很大程度上影响译文读者对译作的接受。表面上的遣词造句、增词减词往往反映出译者的文学创作功底,即文学构思与写作能力。因此,小说译者的翻译过程并不亚于小说家的创作过程。葛浩文曾引用博尔赫斯的话来说明翻译和创作的关系:译者的工作比原作者更加细致、更加高明,翻译是写作的更高级阶段。① 葛浩文在小说翻译中,通过发挥想象力,凭借自己卓越的双语能力,把握原文的语象,在心中酝酿成象,用一支生花妙笔,化"成象"为译文"语象",带给译文读者无尽的享受。

(原载《西南政法大学学报》2009 年第 4 期)

---

① Goldblatt,Howard,"The Writing Life",*The Washington Post*,28 April 2002 (BW 10).

中国文学"走出去"之译者模式及翻译策略研究

——以美国汉学家葛浩文为例

胡安江

一、引 言

从 20 世纪 50 年代《中国文学》英文版与法文版的创刊,到 80 年代中国文学出版社的成立及"熊猫"译丛的策划发行,再到世纪之交"大中华文库"项目的设立,2004 年中国外文局"对外传播研究中心"的创设,2010 年年初"中国文学海外传播"工程的启动,以及全国哲学社会科学规划办于 2010 年首次批准设立国家社会科学基金中华学术外译项目,中国与世界共同见证了中国文学走向世界的每一次不懈尝试,以及这些尝试背后的种种现代性焦虑与文学复兴压力。

应该承认,20 世纪 80 年代策划发行的"熊猫"译丛是中国文学"走出去"战略中的标志性事件,在此过程中扮演了非常关键的角色。它不仅是中国文学海外传播的深度尝试,也为中国文学在当代继续寻求"走出去"最佳方案积累了诸多宝贵经验。然而,不可否认,中国文学在"走出去"的历史进程中,一直以来都是步履蹒跚。据 80 年代曾在外文出版社工作的英国汉学家杜博妮分析,这种尴尬局面的形成主要是翻译决策的失误以及读者对象的误置所致。杜指出,当时制定翻译政策的人对英语语言知之甚少,对英语读者的阅读取向更是不明就里。与此同时,这些翻译决策者对文学译本的实际读者缺少重视,只关注专业读者(如出版商、编辑、文学官员、审查员、批评家、学者)的接受性。[①]

不言而喻,杜博妮所谓的"翻译决策的失误"与"读者对象的误置",即指翻译决策者在文学文本、目标读者及翻译策略等一系列问题上的抉择性失误。说到底,文学文本及目标读者的选择与确定,在很大程度上取决于翻译决策者对于文学译者的模式选择。而非理想状态的文学传播效果,除上述缘由之外,与决策者及文学译者对于翻译策略的选择不无关系。因此,本文将以译者模式及翻译策略的理性选择为关注焦点,重点探讨中国文学走出去的理论前提与客观保证。

二、本土经验与西方模式

无论媒体还是公众都承认:中国文学走出去,"翻译"是道坎。不过,论及翻译及翻译作品的时候,人们关注更多的似乎还是译本的语

---

① Medougall, Bonnie, "Literary Translation: The Pleasure Principle", *Chinese Translators Journal*, 2007 (5), p.23.

言质量问题。但问题的关键其实并不在这里。中国出版集团总裁聂震宁曾指出："中国文学走出去,最紧缺的人才是中介人才,就是能够了解中国当代文学作品,同时又能够了解国际市场,和国际间的出版机构有很好的合作背景的中介机构……"[1]聂所谓的"中介人才"主要指的是熟悉中国文学现状以及海外出版环境的职业出版经纪人。然而,除了出版经纪人,中国文学还需要熟悉"走出去"各个环节的各类优秀中介人才。如果我们将译者也视为"中介人才"的话,相信无人否认,在文学与文化的传播中,译者的角色无论怎么强调也不过分。可目前的情形却是,中国媒体与公众所具有的种种传播压力及文化焦虑,不适当地投射到他们对于译者的资质选择上。于是,文学译者对于中国本土文化的熟晓程度被过分强调。此外,媒体与公众对文学译者在翻译过程中能多大程度再现文学作品中"原汁原味"的中国元素一直心存怀疑。如此一来,他们便想当然地寄予土生土长的中国译者以厚望,希望他们在中国文学"走出去"的过程中充当关键角色,后者的重要性因此被不适当地放大了。

毋庸置疑,这种资质选择标准的形成是基于这样的认知："只有中国人才能完全理解中国文学——不管译者的技巧多么纯熟,外国人依然永远无法完全理解中国作品,因为他们没有经历"文化大革命"、抗日战争,也没有经历过近年来的改革开放政策。"[2]但具有中国文化背景的本土文学译者与保存文化异质性的"异化"翻译策略是否就可以确保中国文学与西方读者间的姻亲关系呢? 以《红楼梦》英译本为例,

---

① 李芸,《中国文学走出去,翻译是道坎》,《科学时报》,2007 年 9 月 6 日。

② Goldblatt, Howard, "Border Crossings: Chinese Writing, in Their World and Ours", in Corinne Dale (ed.), *Chinese Aesthetics and Literature*. New York: State University of New York Press, 2004, p.219.

杨宪益夫妇翻译的《红楼梦》一直是深受国内译界推崇的翻译文学经典。但是，有学者在对一百七十多年来十余种《红楼梦》英译本进行深入研究，并到美国大学图书馆进行实地考察后发现，英国汉学家大卫·霍克思的译本无论在读者借阅数、研究者引用数，还是在发行量、再版次数等方面，都远远超过杨译本。而前者无论在文化身份还是翻译策略上，均不符合中国公众的期待。

可以说，中国文学"走出去"，亟需解决的首要问题就是文学译者模式的理性选择这一核心议题。换言之，翻译决策者们首先需要对译者做出明智的择取。我们以为，中国文学的旅行目的地主要还是海外的"非华语地区"，因此，既熟悉中国文学的历史与现状，又了解海外读者的阅读需求与阅读习惯，同时还能熟练使用母语进行文学翻译，并善于沟通国际出版机构与新闻媒体及学术研究界的西方汉学家群体，是中国文学走出去的最理想的译者。

事实上，除去汉学家们天然的语言与文化背景优势外，他们的研究者与批评家身份，可以在海外学术研究领域以及西方大众传媒中最大限度地扩大中国文学的影响及社会效应。此外，这些汉学家大多拥有西方大学里中国文学或东亚文学的教职，这种工作便利可以使中国文学顺利进入西方大学讲堂，这些中国文学译本甚至极有可能因此被载入西方世界的翻译文学史以及各类文学史，成为"摹写典范"或某种"值得遵从"的文学模式。

三、汉学家模式的理论建构

毫不夸张地说,现代西方对于中国文学,甚至对于中国文明的理解与认知,主要还是建立在几个世纪来西方汉学家所建构的中国形象的基础之上。然而不难想象,并非所有汉学家都适合承担中国文学"走出去"这项工作。本文以美国汉学家葛浩文及其翻译实践为例,探讨该模式中文学译者的资质选择标准。

(一)中文天赋与中国情谊

葛浩文出生于 1939 年,20 世纪 60 年代在中国台湾地区学习汉语,后在印第安纳大学攻读中国文学博士学位,受业于中国新文学界前辈柳无忌教授。葛氏现为美国圣母大学(University of Notre Dame)讲座教授。

对于葛浩文的语言功底,柳无忌评说道:"美国学者们讲说中国语言的能力,已比一般欧洲的学者为强,但能写作中文的人,依旧稀罕得有如凤毛麟角。至于以若干篇中文著作,收成集子而出版的,除葛浩文外,更不易发见了。"①事实上,葛氏的第一部中文专著《漫谈中国新文学》早在 1980 年即在中国香港地区出版,作者于书中纵论中国新时

---

① 柳无忌,《序》,见葛浩文,《漫谈中国新文学》,香港:香港世界出版社,1980 年,第 3—4 页。

期文学,除大量中国现当代作家的研究专论外,另有《文学与翻译家》《中国现代文学研究的方向》等文章,其中论东北作家群诸篇,尤其对中国女作家萧红的研究让人印象深刻。1984年,葛氏于中国台湾地区出版其第二部中文研究专著《弄斧集》,该书延续前著之风格,精彩评点中国文学与作家,在中国学界反响热烈。

　　以上是对葛氏中文写作能力的简单描述,而葛氏对于中国现当代文学历史与现状的了解也不容置疑。早在1974年,葛氏就完成了奠定其汉学研究名声的《萧红评传》。1979年,《萧红评传》中文版在中国香港地区出版,次年在中国台湾地区再版。中国学界正是通过此书开始关注这位几乎被人遗忘的天才女作家的。1981年,在美国学者杨力宇和茅国权编辑的《中国现代小说》中,葛氏独撰"中国现代小说概论:1917—1949"一章,详尽阐释他对于中国现当代文学的洞见。其中所论的中国作家的社会角色可谓精彩而中肯:"简言之,作家本人即是反叛者和社会批评家。当时绝大部分作家都想引领他们这一代人从暮气沉沉的儒家传统迈向一个以平等原则为基础而建立起来的国家富强时代。因此,一种新的正统—批判现实主义随之出现,进而出现了大批具有高度政治性,通常又教诲意义十足的作品。"①而对于萧红及其作品,葛氏则显示出非凡的理解与同情:"无论从什么角度来看,《生死场》都比《八月的乡村》要好。一方面是因为作者有意避开那些浪漫的革命英雄角色,而专注于描写那些迷信无知、淳朴忠厚的庄稼汉的赤贫生活;另一方面则是因为她有着描绘自然景色的非凡才华。"②这

---

① Goldblatt, Howard, "Modern Chinese Fiction: 1917–1949", in Winston L. Y. Yang & Nathan K. Mao (eds.), *Modern Chinese Fiction: A Guide to Its Study and Appreciation, Essays and Bibliographies*. Boston: G. K. Hall & Co., 1981, p.4.

② Ibid., p.24.

样精湛的文学见解显然建基于作者对于中国文学的深度了解与精准把握。

此外,葛氏于 1984 年创办《中国现代文学》期刊,专门介绍与刊载中国现当代文学的研究专论。1995 年,葛氏与刘绍铭合编《哥伦比亚中国现代文学选读》,分小说、诗歌、散文三大专题,向西方读者系统地介绍中国现当代文学名家。

值得一提的是,葛氏对中国文学的未来一直充满信心:"中国文学今后的发展方向不会是退步,一定是进步;不会走向封闭,一定是更加自由。"①在葛氏看来,尽管中国文学至今依然处于"第三世界"的位置,但无论需要经过多少个关卡,中国文学依然能以其独特魅力启发中国以外的读者。

从葛氏的种种言论以及他为中国现当代文学的研究与推介所付出的实际努力,可以见出葛氏对于中国文化的深厚情谊以及他对于中国文学的挚诚热爱。综上所述,我们认为,汉学家译者模式的选择标准,大致应该以葛浩文为蓝本。总结起来,即是:中国经历、中文天赋、中学底蕴以及中国情谊。这四者的结合,无疑是汉学家模式选择中最理想的一种类型。

(二) 快乐原则与读者意识

葛浩文被汉学大师夏志清教授誉为"中国现当代文学之首席翻译家",同时还被美国作家厄普代克喻为中国现当代文学的"接生婆"。对于中国文学的翻译,葛氏撰文说:"当我觉得某部作品让我兴奋不已

---

① 季进,《我译故我在——葛浩文访谈录》,《当代作家评论》,2009 年第 6 期,第 54 页。

的时候,我就不由自主地萌生一种将其译成英文的冲动。换言之,我译故我在。当我意识到自己是在忠实地为两个地区的读者服务时,那种满足感能让我在整个翻译过程中始终保持快乐的心情。因此,我乐于将各类中文书(好的、坏的、一般的)译成可读性强的、易于接近的,甚至是畅销的英文书籍。"①其实,正是这里的"快乐原则"与"读者意识",在很大程度上决定了葛氏中国现当代文学翻译"第一人"的地位以及葛译的巨大成功。在三十余年的中国现当代文学翻译生涯中,葛氏共翻译过包括萧红、黄春明、白先勇、王祯和、李昂、杨绛、巴金、冯骥才、贾平凹、李锐、苏童、王朔、莫言、毕飞宇、阿来、朱天文、朱天心、姜戎在内的二十多位中国现当代作家的五十余部作品。这种持久的翻译热忱与卓越的翻译成就在中国本土译者中是罕见的。在西方汉学界,也只有中国古典文学翻译大家——英国汉学家阿瑟·韦利与美国汉学家伯顿·华生(Burton Watson)可与葛氏媲美。此二人无疑也属本文所论的译者模式中最典型、最杰出的汉学家代表。

1. 目标读者与文本选择

关于目标读者,葛氏指出:"我认为一个做翻译的,责任可大了,要对得起作者,对得起文本,对得起读者……我觉得最重要的是要对得起读者,而不是作者。"②不言而喻,这是葛氏"快乐原则"与"读者意识"的另一种注解。

而关于文本选择,葛氏认为,确定选择标准(例如译谁? 译什么?

---

① Goldblatt, Howard, "The Writing Life", *The Washington Post*, 28 April 2002 (BW 10).

② 季进,《我译故我在——葛浩文访谈录》,《当代作家评论》,2009 年第 6 期,第 46 页。

何时译?)是非常关键的。①葛氏曾以林纾与韦利为例,强调翻译选材的重要性,并认为翻译家最要紧的是受到自己翻译作品的感奋。按照他的说法,适宜而细心地选择作品加以传译,应该是翻译界的重要课题。在他看来,翻译一本劣书,根本不是错误,也非罪过,而是浪费。②因此,在谈到文本选择与译者责任时,葛氏说:"翻译最重要的任务是挑选,不是翻译。我要挑一个作品,一定是比较适合我的口味,我比较喜欢的。……美国一些书评家认为中国的文学有一个很普遍的问题,就是都是写黑暗的,矛盾的,人与人之间坏的,其实不是这样的,原因是大部分作品都是译者挑选的。这不是一个良好的现状,在这一点上我要负起责任来,可是我不能违背我自己的要求和原则。"③正是有了这样的选材标准与翻译原则,葛氏在文本选择上特别注重目标读者的阅读取向。实际上,葛氏对美国读者的阅读兴趣有着非常清醒的认识:"所谓的知识分子小说他们(美国人)不怎么喜欢。他们喜欢的有两三种吧,一种是 sex(性爱)多一点。第二种是 politics(政治)多一点,他们很喜欢的。其他像很深刻地描写内心的作品,就比较难卖得动。……另外一种就是侦探小说。"④除此之外,葛氏提到中国的历史小说也颇受欢迎,另外,所谓美女作家如棉棉、卫慧、春树等的作品也很受追捧。这些文本以及这些作家,几乎无一例外地进入葛氏的翻译视野。

---

① Goldblatt, Howard, "Border Crossings: Chinese Writing, in Their World and Ours", in Corinne Dale (ed.), *Chinese Aesthetics and Literature*. New York: State University of New York Press, 2004, p.218.

② 葛浩文,《漫谈中国新文学》,香港:香港世界出版社,1980 年,第 103 页。

③ 曹雪萍、金煜,《葛浩文:低调翻译家》,《新京报》,2008 年 3 月 21 日。

④ 华慧,《葛浩文谈中国当代文学在西方》,《东方早报》,2009 年 4 月 5 日,第 2 版。

应该承认,葛氏翻译的这五十余部中国现当代小说,基本上代表了他个人的喜好以及他个人所专注的那些文学领域。葛氏也曾自豪地宣称,他的译本基本上代表了英语读者所能接触到的中国小说的精华。[①] 当然,葛氏在翻译文本的选择上,出于种种因素的考虑,部分地主动迎合了美国读者的阅读兴趣。例如葛氏所译的多部作品,如《檀香刑》《酒国》《米》等都表现了人性中黑暗与邪恶的一面,其中也不乏色情和暴力的场景。正如葛氏所言,他本人的阅读兴趣也基本认同"人性本恶"的说法。此外,在个人的喜好之外,葛氏也会兼顾出版商的利益以及图书市场的需求。例如,葛氏所译的聂华苓的《桑青与桃红》、古华的《贞女》以及虹影的《饥饿的女儿》均属第三世界的性别话题,这样的选材无非也是为了赢取英语读者及海外出版商的青睐。葛氏坦言,很多时候一部作品能不能翻译,还得考虑出版社的市场利益。[②] 也许正是这样的合作姿态,使得葛氏与出版商长期维持着一种良好的工作关系。事实上,也正是这样的译者眼光与读者意识,使得葛译在西方世界拥有不俗的市场业绩,其所译的《红高粱》自面世以来,已卖出近两万册。除了赢得大众读者的青睐,葛译也获得了书评家与研究者等专业读者的认可。他的多部译作如《尘埃落定》《我的帝王生涯》《丰乳肥臀》等的书评在《纽约时报》《华盛顿邮报》《纽约客》等西方主流媒体刊载。中国现当代文学也借此在英语世界有了良好的反响,由此开启了中国作家、中国文学与英语读者的广泛对话与深度交流。美国汉学家胡志德(Theodore Huters)曾对葛译《生死场》与《呼

---

① Goldblatt, Howard, "Border Crossings: Chinese Writing, in Their World and Ours", in Corinne Dale (ed.), *Chinese Aesthetics and Literature*. New York: State University of New York Press, 2004, p.220.

② 舒晋瑜,《十问葛浩文》,《中华读书报》,2005 年 8 月 31 日,第 13 版。

兰河传》有这样的评论:"在向英语读者介绍中国现代文学的过程中,这两部小说的翻译与出版可谓是一次标志性的事件。因为长期以来,中国现代小说都被人视为单纯的政治宣传品,正是通过萧红的这些作品,(英语)读者对于中国现代作家不得不面对的问题以及他们面对这些困境时所取得的成就有了完整的认识。"①可以说,正是葛译在中国文学与西方读者之间架起了一座文化沟通的桥梁。

2. 准确性、可读性与可接受性

由此可见,译者对于文本、目标读者以及市场的理性选择与准确判断在很大程度上成就了译作的成功与传世。葛氏在谈到译者角色时曾说:"他并不是完全利他的人,却时常是藉藉无名的人,他的功用可以说得上是代理人。……以通俗的譬喻来说,他们是世界文学中'无人赞美的英雄'。"②葛氏同时指出(不论别人认为译者的工作是一种技巧也好,或者是一种艺术也好,或二者兼而有之),译者是一位重要的"文化中介"(cultural mediator)。葛氏认为,作为文化中介,文学译者对于作者、文本以及读者的责任是通过与一种文化中的文字、概念以及意象角力,并为另一种文化穿新衣,而履行的。③ 这里的"角力""穿新衣"及"调解"等,揭示了葛氏追求"准确性""可读性"以及"可接受性"的翻译美学思想。实际上,葛氏尤其强调译者对于译文"准确性"的追求。他反对有意曲解原文,并认为翻译家无权那样做,因为那会使西方读者对中国人和中国文学产生错误的印象。葛氏以 1945 年

①　葛浩文,《漫谈中国新文学》,香港:香港世界出版社,1980 年,第 106 页。

②　同上,第 101 页。

③　Goldblatt,Howard,"Border Crossings:Chinese Writing, in Their World and Ours", in Corinne Dale (ed.), *Chinese Aesthetics and Literature*. New York:State University of New York Press, 2004,pp.212 - 213.

金将老舍《骆驼祥子》的悲剧结局改译成喜剧为例,认为这种改写与失真是很危险的。当然,这种批评主要是基于内容层面的,而葛氏对于译者在翻译过程中的文体与风格失真,批评更是激烈:"(它)通常是无意出之,但或许是失真中最狡黠的,便是一种矫揉作态、古古怪怪,有时甚至是佶屈聱牙的译文,而原作中丝毫没有这种疵瑕。"①在葛氏看来,因为文化各不相同,翻译家不能牺牲原著独到的文体,而应该尽心竭力,以证明作品背后的差异是在表达方式而非思维方式上。

对于葛译的文体风格,胡志德评论说:"葛氏的翻译清晰、准确,最重要的是它捕捉到了原作的神韵。如果有什么小小不足的话,我觉得在好几个地方,尤其是小说的起始部分,英语译本读起来比原作还好。实际上,这是我们对译者所表现出来的出色英语文体风格的敬意。"②此外,有学者在评论葛译《溺死一只老猫》时说:"葛先生不仅是一位优秀的译者,而且是一位能力极强的人。他成功捕捉到了作者那种幽默与感伤混杂的文体风格。原作的微妙与质朴在译文中完整无缺,而且被精巧地译成了地道的现代英语。西方读者获得了一次真切的、绝非虚妄的中国小说奇境之旅。译作获得了极大的商业成功,这无疑再次证明了译者对于译语语言以及原作内在节奏的高超驾驭能力。"③

此外,葛氏同样强调"可读性"对于小说翻译的重要性。葛氏反对

---

① 葛浩文,《漫谈中国新文学》,香港:香港世界出版社,1980 年,第 106 页。

② Huters, Theodore, "Book Review: Hsiao Hung. *The Field of Life and Death and Tales of Hulan River*. Translated by Howard Goldblatt and Ellen Yeung. Bloomington & London: Indiana University Press, 1979. xxvi + 291 pp", *Chinese Literature: Essays, Articles, Reviews*, Vol.3, No.1, January, 1981, p.190.

③ Wong, Jong, "Book Review: *The Drowning of an Old Cat and Other Stories* by Hwang Chun-ming, translated by Howard Goldblatt. Bloomington & London: Indiana University Press, 1980. xvi + 271", *Chinese Literature: Essays, Articles, Reviews*, Vol.4, No.2, July, 1982, p.292.

古文字典式翻译和俚俗近代式翻译这两种极端。他认为,翻译家希望自己的译作品质上耐久,就一定要避免使用太过古旧或太过现代的语句,"决不可破坏读者容易接受的词句"①。也正是基于这样的翻译理念,葛氏反对在小说翻译中无端插入注释,认为最好将注释置于译序或文末尾注里,或者将其融入故事中,切不可因注释而影响小说的可读性。在 2009 年的《青衣》译本中,葛氏就特意在书末附上词汇表,对"丑""旦"等中国戏剧语汇及戏剧人物进行解释说明。此外,葛氏善于使用意思相近的英语表达法来替换原作中的本土说法,以增强译作的可读性。在 2008 年《狼图腾》的翻译过程中,葛氏甚至对原文中过多涉及中国历史与文学典故的部分做了删减处理;而在可能妨碍读者接受的地方,他又有意识地在译文相应部分增补相关背景信息。很显然,葛氏始终是以读者的"可接受性"为其翻译行为的参照坐标。

由此可见,葛氏是以"准确性""可读性"与"可接受性"作为其文学翻译理念的。因此,在评论罗体模所译的《旋风》时,葛氏就颇多微词:"这些误译使得文本意义全失,或不忍卒读。"②据此,葛氏认为,理想的译作应当如美国学者弗伦兹所言:"运用现代语汇与词序的当代作品,出之以我们这个时代的表现法,看上去不应当像是翻译。"③葛氏的这种"归化式"翻译理念,与中国翻译家傅雷所谓的"理想的译作仿佛是原作者的中文写作"如出一辙。不言而喻,这应该是两位翻译家及其译作深受译入语读者喜爱的最重要的原因之一。总的来说,葛氏翻译

---

① 葛浩文,《漫谈中国新文学》,香港:香港世界出版社,1980 年,第 107 页。

② Goldblatt, Howard, "Book Review: *The Whirlwind* by Chiang Kuei, translated by Timothy Ross. San Francisco: Chinese Materials Center, Inc., 1977. pp. x + 558", *Chinese Literature: Essays, Articles, Reviews*, Vol. 2, No. 2, July, 1980, p.286.

③ 葛浩文,《漫谈中国新文学》,香港:香港世界出版社,1980 年,第 106 页。

时秉承与信守的"快乐原则"与"读者意识",以及在此理念下对于"准确性""可读性"与"可接受性"的追求与强调,构成了汉学家译者模式的另一种言说类型。它们与"中国经历""中文天赋""中学底蕴"以及"中国情谊"一道,完整诠释了我们对于汉学家译者模式的理论建构。

四、归化式译法的现实期待

论及翻译策略,历来有所谓"归化"与"异化"之争。前者主张在翻译过程中采用透明、流畅的风格,最大限度地淡化源语的陌生感与异质性。在这种机制下,"译者所要做的就是让他/她的译作'隐形',以产生出一种虚幻的透明效果,并同时为其虚幻身份遮掩:译作看上去'自然天成',就像未经过翻译一般"[1]。而后者"通过干扰目标语盛行的文化常规的方法,来彰显异域文本的差异性"[2]。

不可否认,翻译策略的选取与译者自己的文化立场有很大的关系。美国学者韦努蒂就对追求"透明"与"流畅"的"归化式"的翻译策略颇不以为然。在他看来,所谓"透明"与"流畅"的翻译,实质上是以本土文化价值观为取向对源文本进行的一种粗暴置换和暴力改写,因而它在很大程度上"消解""压制"并"同化"了源语言固有的文化基因,是英美文化霸权的外在表现,其特点是不尊重文化"他者"和少数族裔

---

① Venuti, Lawrence, *The Translator's Invisibility: A History of Translation*. Shanghai: Shanghai Foreign Language Education Press, 2004, p.5.

② Ibid., p.20.

的一种强势文化心理。

然而,归化译法却长期占据英美翻译界的主流。早在 20 世纪初,就有西方学者指出:"我们的翻译家对自己语言的惯用法的尊重远胜于对外国作品的精神的敬仰。"[1]而韦努蒂注意到这种归化在译本生产、流通与接受的各个环节都有体现。"首先,对拟翻译的异域文本的选择通常会排拒那些与本土特定利益不相符的文本和文学形式。接着,则体现在以本土方言和话语方式改写异域文本这一翻译策略的制定过程中。"[2]对此,英国学者赫曼斯(Theo Hermans)分析道,译者"在翻译过程中遵守某个特定社团或领域既定的翻译规范,则意味着遵守代表正确观念的行为模式,我们可以分辨出这种模式背后该社团或该领域的主流价值观和思想态度。所谓的'正确'翻译,换言之,就是按照主流规范进行的翻译行为,也就是说,遵守相应的、经典化的模式"[3]。言下之意,归化即规范。因此,无论翻译选材还是语体选择,大部分译者倾向于信守归化之原则。

事实上,不仅西方以"归化式"翻译为其主流翻译理念,中国译界在翻译介绍西方文学作品时,长期以来,大都也奉"归化"为圭臬。最典型的莫过于以傅雷为代表的那一代翻译家。而 20 世纪 90 年代以来,中国的翻译研究者对其的探讨却表现出一种审慎的暧昧态度,即

---

① Benjamin, Walter, "The Task of the Translator", in Rainer Schutle and John Biguenet (eds.), *Theories of Translation: An Anthology of Essays from Dryden to Derrida*. Chicago: The University of Chicago Press, 1992, p.81.

② Venuti, Lawrence, *The Scandal of Translation, Towards an Ethics of Difference*. London/New York: Routledge, 1998, p.67.

③ Hermans, Theo, "Norms and the Determination of Translation: A Theoretical Framework", in Román Alvarez & M. Carmen-Africa Vidal (eds.), *Translation, Power, Subversion*. Clevedon/Philadelphia: Multilingual Matters Ltd., 1996, p.37.

主张二者应互为补充,缺一不可。不过,同样有着丰富翻译经验的孙致礼则倾向于认为:"我们在翻译外国文学作品时,应力求最大限度地保存原文所蕴涵的异域文化特色。在翻译中,语言可以转换,甚至可以归化,但文化特色却不宜改变,如果不是万不得已,特别不宜归化。"①孙致礼指出,21 世纪中国文学翻译成熟的主要标志之一,就是对异化译法的尊重。

然而,值得注意的是,孙致礼主要是从外国文学"走进来"的角度而言的,其文化立场显然是积极的"拿来主义"。但中国文学"走出去",面对的却是"多数派话语"的"西方中心主义",以及在此文化规范中培育出来的读者群体。因此,异化译法是否同样适用于中国文学"走出去",恐怕还需要认真思考目标读者的文化立场与阅读惯例。杜博妮曾意味深长地指出,中国文学译本所面对的,不仅仅是喜欢中国文化的英语读者,也不仅仅是那些学习英语的中文读者,它更多要面对的,也许还是对文学价值有着普世性期待的第三类英语读者。杜称其为"公允的读者"(disinterested readers),认为他们最易被人遗忘,中国的出版商也长期弃之不顾。但相对于前两类读者而言,此类读者数量较多,而且基本上就是"非华语区读者"的代表。与前两类"受制的读者"(captive audience)相比,第三类读者阅读时通常不会太在意内容,他们更钟情于作品的可读性或文字风格。他们通常也不会拿译本同原作对比,而只会拿这些译本同英文原创作品或者那些从其他语言译入英语的文学译本进行对比。②

---

① 孙致礼,《中国的文学翻译:从归化趋向异化》,《中国翻译》,2002 年第 1 期,第 43 页。

② Medougall, Bonnie, "Literary Translation: The Pleasure Principle", *Chinese Translators Journal*, 2007 (5), p.23.

换言之,此类读者阅读文学译本与阅读原创文学时的心态基本一致。他们在阅读时的关注点,不在于是否获得了如作者或译者所期待的文本交际效果,而在于文字世界里是否有他们寻觅的某种酣畅淋漓与自然流畅的表达方式,从而获得某种阅读快感。基于此,杜博妮认为,不宜将翻译视为"沟通"(communication)手段,而应该将其视为"说话"(articulation)或"表达"(expression)的方式,因为有创造力的作家从来就不是为读者而写作的。[①] 因此,给予此类追求纯文字感觉与纯审美体验的"公允的读者"以更多的关注,将会是文学译本获得文学市场、商业利润乃至翻译文学经典地位的重要保证。如果文学译本采用忠实却拒绝流畅的"抵抗式"翻译策略,势必会影响到译本在此类读者中间的流通与接受,更遑论扩大该译本的文学与文化影响了。更有学者指出,一旦如此,中国文学译本的出版会面临雪上加霜的绝境。如果说,上面的讨论还仅仅是一种理论描述的话,那么现实中的此类读者是如何表达他们对于翻译及翻译作品的认知的呢?有美国学者曾就美国的情况评论道:"大众读者和他们的代表仍然坚守'译者隐身'的翻译信念,他们将成功的翻译定义为:透明到以至于看上去根本不像是外国作品的翻译。"[②]由此看来,追求"准确性""可读性"与"可接受性"的"归化式"文学译本,仍然是西方读者的主流期待。

实际上,葛氏的归化译法几乎见于他的每一部翻译作品。在1998年《玫瑰玫瑰我爱你》的翻译过程中,葛氏就对于书中频繁出现的双

[①] Medougall, Bonnie, "Literary Translation: The Pleasure Principle", *Chinese Translators Journal*, 2007 (5), p.23.

[②] Mueller-Vollmer, Kurt and Irmscher, Michael, "Introduction", in *Translating Literatures, Translating Cultures: New Vistas and Approaches in Literary Studies*. Stanford, California: Stanford UP., 1998, p.x.

关、首音互换（语词滑稽误用）以及某些迂回说法，采取了"归化式"的改写译法。葛氏自陈："其实，中英文并不存在完全对应的说法，或者说它们的意思完全相异。我的目标就是要复制出原文的语气。……可能连王祯和本人也从未料到他的讽刺杰作在语言层面有了那么大的改动。"[1]《今日世界文学》杂志如此评价葛氏的这部译作："一部1984年初版的让人捧腹的滑稽小说，被译成了一部优雅生动的文学读本。"[2]再以葛氏1986年所译的《杀夫》和2002年的《尘埃落定》之书名翻译为例。葛氏将"夫"改为"妇"，将"尘埃落定"改为"红罂粟：西藏故事"，其归化痕迹一目了然。这样的书名在很大程度上迎合了西方对于中国的所谓"东方主义"想象。事实上，这两部书在西方世界不俗的销售业绩，再次证明葛氏遵守译入语主流文化规范的归化式译法起了重要的作用。

五、结　语

英国汉学家葛瑞汉（A. C. Graham）在20世纪60年代曾说："分析中国诗歌时，我们不宜太过放肆；但如果是翻译，我们则理应当仁不

---

① Chen-ho，Wang，*Rose, Rose, I Love You*. Trans. Howard Goldblatt. New York：Columbia UP.，1998，p.ix.

② Ibid.，back cover.

让。因为翻译最好是用母语译入,而不是从母语译出,这一规律几无例外。"①实际上,多数比较语言学家也将译者使用母语翻译视为理想状态。事实上,出于语言转换及传播流通等多重因素的考虑,汉学家译者无疑是中国文学"走出去"的理想翻译群体,而着眼于"准确性""可读性"与"可接受性"的归化式译法也应成为翻译界的共识。诚如有学者所指出,我们的出发点理应是先以归化式译法让中国文学译本走近西方读者,从而走入西方主流文化,首先让西方读者了解我们的文化常规与思维方式,然后再谈影响与改造西方文学创作模式等后续问题。

当然,如何吸引或资助西方汉学家进行中国文学的翻译工作,是中国政府与知识界需要共同思考的重大问题。除了资助国外出版机构翻译出版中国图书的"金水桥"计划,某些学者建议的"汉学家翻译工作坊",以及"汉学家翻译基金"等项目宜适时启动。当然,如果能在汉学家与海外出版机构之间找到某个利益的平衡点,那将是中国文学最大的福祉。此外,在让中国文学走出去的同时,还必须要西方读者走进来,让他们亲历中国历史与文化,也许这样才可以实现文化与文学的双向了解和良性互动。正如有论者所言:"我们对于世界文学舞台的渴望和期待,更多的还是平等地沟通、交流和学习,从而获得更加深入的相互间的了解。"②

(原载《中国翻译》2010 年第 6 期)

---

① Graham, A. C., *Poems of the Late Tang*. Middlesex: Penguin Books, 1965, p.37.

② 解玺璋,《中国文学正在收获世界》,《全国新书目·新书导读》,2010 年第 1 期,第 15 页。

莫言英译者葛浩文翻译中的"忠实"与"伪忠实"

邵　璐

一、引　言

2012 年,莫言荣获诺贝尔文学奖,成为首位获得此奖的中国籍作家。毋庸讳言,瑞典语译者陈安娜功不可没。[①] 然而,诚如陈安娜所言:"请别忘记,莫言有很多译者,文学院也看了不同语言的版本:英文、法文、德文等。"[②]

[①]　瑞典翻译家陈安娜将莫言的《红高粱家族》《天堂蒜薹之歌》《生死疲劳》这三部作品翻译成了瑞典文并在瑞典出版。Mo, Yan, *Det röda fältet*. Trans. Anna Gustafsson Chen. Stockholm:Tranan, 1997; Mo, Yan, *Vitlöksballaderna*. Trans. Anna Gustafsson Chen. Stockholm:Tranan, 2001; Mo, Yan, *Ximen Nao och hans sju liv*. Trans. Anna Gustafsson Chen. Stockholm:Tranan, 2012. 莫言和虹影是陈安娜翻译最多的中国作家,两人皆有三部作品为陈安娜所译。其次是苏童、余华、马建,此三人皆有两部作品为陈安娜所译。另外,哈金、陈染、卫慧、春树、裘小龙、韩少功皆有一部作品为陈安娜所译。

[②]　不少中国网友向陈安娜表示感谢,称赞"好的翻译是作品的重生"。而陈安娜也通过微博回应:"谢谢大家! 请别忘记,莫言有很多译者,文学院也看了不同语言的版本:英文、法文、德文等。大家一起高兴!"姜小玲、施晨露,《莫言得奖,翻译有功》,《解放日报》,2012 年 10 月 13 日。

根据笔者考察,在莫言作品多种语言的译本中,影响最大且最关键的是葛浩文①的英译本。而葛浩文翻译的九部莫言作品中,《红高粱家族》(1987)、《天堂蒜薹之歌》(1988)、《生死疲劳》(2006)这三部在西方世界最受瞩目,其中《生死疲劳》对莫言终获诺奖具有决定性作用,主要原因有二。其一,《生死疲劳》是莫言获国际大奖最多的作品。②其二,诺贝尔文学奖评委会授予莫言诺奖的理由是,"将魔幻现实主义(目前改译为'幻觉现实主义')与民间故事、历史与当代社会融合在一起",而《生死疲劳》的这一特色最为明显。在"公认是中国现代、当代文学之首席翻译家"③、中美媒体笔下"唯一首席接生婆"的译者葛浩文看来,"《生死疲劳》堪称才华横溢的长篇寓言"④。2009 年度美国纽曼华语文学奖提名时,葛浩文指出,莫言的代表作品是《生死疲劳》,葛氏当时发表的"提名辞"⑤也是《生死疲劳》英译书名⑥的仿写。

另外,我们也发现,在中国当代小说家中,莫言是作品被译介至国外最多的一位。莫言的大部分长篇小说都被翻译成外文,且都有多种

---

① 美国翻译家葛浩文是翻译莫言作品最多的英语译者,迄今共翻译了莫言九部作品,包括《红高粱家族》《天堂蒜薹之歌》《酒国》《师傅越来越幽默》《丰乳肥臀》《生死疲劳》《檀香刑》《四十一炮》《变》。在葛浩文所翻译的中国作家中,莫言的作品最多。

② 邵璐,《莫言小说英译研究》,《中国比较文学》,2011 年第 1 期,第 49 页。

③ 夏志清,《序一》,《大时代:端木蕻良四〇年代作品选》,台北:立绪文化事业有限公司,1996 年,第 21 页。

④ Goldblatt, Howard & Shelley Chan, "Author Mo Yan Earns Praise for Historical Perspectives". http://www.chinadaily.com.cn/life/2012 - 10/10/content_15806453. htm.

⑤ Goldblatt, Howard, "Mo Yan's Novels Are Wearing Me Out: Nominating Statement for the 2009 Newman Prize", *World Literature Today*, 2009 (83.4), pp.28 - 30.

⑥ Mo, Yan, *Life and Death Are Wearing Me Out: A Novel*. Trans. Howard Goldblatt. New York: Arcade Publishing, 2008.

语言译本。其中,《红高粱家族》有十六种译本,《酒国》有六种,《丰乳肥臀》两种,《天堂蒜薹之歌》三种。在许多媒体和学界人士看来,"在如今的英法主流阅读市场上,莫言作品的翻译既是中国作家中最多的,也是最精准的"①。无可否认,正如人们所认识到的,莫言获得诺贝尔文学奖,翻译工作者,尤其是海外翻译家功不可没,"如果莫言文学作品的翻译不是很好的话,也很难得到诺贝尔文学奖"②。

然而,对于所谓"莫言作品翻译最多也最精确"③和"葛浩文译本非常忠实"④的说法,学界也存在颇多争议。莫言通过翻译在国际上获得成功,真是得益于翻译得"精确"或"忠实"吗?葛浩文多次在接受媒体采访或撰文时,提及合作得最好的作家是莫言⑤,因为莫言可任由他"自由发挥"⑥。莫言也曾为葛浩文译文的"不忠"辩护:"我和葛浩文教授有约在先,我希望他能在翻译的过程中,弥补我性描写不足的缺陷。因为我知道,一个美国人在性描写方面,总是比一个中国人更有经验。"⑦笔者认为,聚焦葛浩文的译者个人风格,通过对比莫言的《生死疲劳》与其英译本,找出源文本与目标文本文体之差异⑧,对当代中国

① 姜小玲、施晨露,《莫言得奖,翻译有功》,《解放日报》,2012 年 10 月 13 日。

② 李叶,《文学评论家:莫言得诺奖翻译功不可没》。http://society.people.com.cn/GB/n/2012/1011/c1008 - 19235129.html.

③ 姜小玲、施晨露,《莫言得奖,翻译有功》,《解放日报》,2012 年 10 月 13 日。

④ Liu, Jun, "Faithful to the Original". http://www.bjreview.com.cn/books/txt/2008 - 04/02/content_108570.htm.

⑤ Goldblatt, Howard, "The Writing Life", *The Washington Post*, 28 April 2002 (BW 10); Goldblatt, Howard, "Mo Yan's Novels Are Wearing Me Out: Nominating Statement for the 2009 Newman Prize", *World Literature Today*, 2009 (83.4), p.29.

⑥ 邵璐,《莫言小说英译研究》,《中国比较文学》,2011 年第 1 期,第 48 页。

⑦ 莫言,《我在美国出版的三本书》,《小说界》,2000 年第 5 期,第 170 页。

⑧ 邵璐,《西方翻译文体学研究(2006—2011)》,《中国翻译》,2012 年第 5 期,第 12—13 页。

文学翻译的文体研究不无启发。本文对源文本和目标文本做双语平行文本对比,重点考察葛浩文英译风格中表现出来的矛盾特征,即同时采用删减文化负载词的文化调适法和极端忠实于原文词句的"伪忠实"法这两种对立的方法,并分析他处理专有名词和称谓语时所采用的更加微观和具体的翻译方法,以求通过这些宏观和微观的考察,来认识和剖析葛浩文翻译风格的基本特征。

二、文化负载词的删减

葛浩文在翻译《生死疲劳》时,对文化负载词进行了删减。通常情况下,在面对严肃文学[①]时,译者对关键词的态度是,必须严谨评估文本,判定哪些词对主题、修辞或其他文本功能最重要,而哪些词相对次要,因为目标文本中的信息和风格会因译者的评估与决定而有得有失。葛浩文在处理对于目标读者略显陌生的文化负载词时,采取了大胆删减的手法。

例1　你难道看不见他的身体已经像一根**天津卫十八街的大麻花**一样酥焦了吗?[②]

---

① 根据纽马克的分类,"广义的文学横跨四个等级,分别为诗歌、短篇小说、小说、戏剧"。Newmark, Peter, *A Textbook of Translation*. Shanghai: Shanghai Foreign Language Education Press,2001, p.163.

② 莫言,《生死疲劳》,北京:作家出版社,2006 年,第 5 页。

Can you really not see that his body is as crispy as one of those **fried fritters on Tianjin's Eighteenth Street**?①

未加注释,未进行解释,也未采用隐意明示法(explicatation)②或增量翻译法(thick translation)③将天津著名地方小吃桂发祥天津卫十八街麻花翻译出来。一般来说,麻花可译为"fried dough twist"(麻花状油炸面包/油炸辫子面包),大麻花为"giant fried dough twist",这与葛浩文的"fried fritter"(带馅油炸面团)略有不同,而"on Tianjin's Eighteenth Street"(在天津十八街)对于目标读者而言或许只代表此名产出自何方,而难以向目标读者传达这一当地美食所承载的文化信息和历史渊源。

例 2 后来我们还与一支踩高跷的队伍相遇,他们扮演着**唐僧取经的故事**,扮孙猴子、猪八戒的都是村子里的熟人。④

After that we encountered a group of men on stilts who were reenacting **the travels of the Tang monk Tripitaka on his way to fetch Buddhist scriptures.** His disciples, Monkey and Pigsy, were both villagers I knew, and...⑤

---

① Mo, Yan, *Life and Death Are Wearing Me Out: A Novel*. Trans. Howard Goldblatt. New York: Arcade Publishing, 2008, p.5.

② Vinay, Jean-Paul & Jean Darbelnet, *Comparative Stylistics of French and English: A Methodology for Translation*. Trans. and eds. Juan C. Sager & M. Hamel, Amsterdam & Philadelphia: John Benjamins Publishing Company, 1958/1995.

③ Appiah, Kwame Anthony, "Thick Translation", *Callaloo*, 1993 (16.4), p.817.

④ 莫言,《生死疲劳》,北京:作家出版社,2006 年,第 7 页。

⑤ Mo, Yan, *Life and Death Are Wearing Me Out: A Novel*. Trans. Howard Goldblatt. New York: Arcade Publishing, 2008, pp.7 - 8.

目标文本未对中国四大名著之一的《西游记》的背景做出解释，因而存在文化信息在目标文本中的缺场。值得注意的是，葛浩文曾批评韦利版《西游记》①"虽胜尤败"，因为"似乎是他那维多利亚时代情感特质的缘故，韦利删去了中国原文读者颇为喜爱的片段和诗句，使英语读者无缘欣赏"。② 同时，余国藩对韦利节译本也做了如下评论：

> 韦利译本就风格和措辞都远胜于其他译本，虽然译得不尽准确。不过遗憾的是，这是一个存在严重删节和高度选译的版本。……就是在韦利的这个缩水版中，译者进一步偏离原著，对某些章节（如第10章和19章）做了大篇幅的删减。……这不仅歪曲了原著的文学形式，而且使得原著中吸引了一代又一代中国人的语言活力和魅力荡然无存。③

葛浩文认为这个评论"极其中肯"④，这就说明，葛浩文是反对将文化负载词进行删减的。然而，就"译者是否需要为译文读者提供文化背景，应当承担怎样的责任，以什么为代价"的问题，葛浩文曾指出：

---

① Wu, Cheng'en, *Monkey*. Trans. Arthur Waley. London：Allen & Unwin, 1942.

② Goldblatt, Howard，"Why I Hate Arthur Waley? Translating Chinese in a Post-Victorian Era"，*Translation Quarterly*，1999 (13 & 14)，p.37.此外，黄兆杰、陈万成亦指出："在翻译散文和长诗时，韦利更加肆无忌惮地自由发挥。他所英译的《西游记》大约只有源文本的三分之一。"Wong, Siu Kit & Man Sing Chan，"Arthur Waley"，in Chan Sin-wai & David E. Pollard（eds.），*An Encyclopedia of Translation*. Hong Kong：The Chinese University Press，1995，p.427.

③ Yu, C., Anthony, trans. and ed, *The Journey to the West*. Chicago & London：The University of Chicago Press，1977.

④ Goldblatt, Howard，"Why I Hate Arthur Waley? Translating Chinese in a Post-Victorian Era"，*Translation Quarterly*，1999 (13 & 14)，p.38.

不可否认,余国藩《西游记》全译本在内容上是完整的,将原文中最错综复杂的细节都忠实地保留了下来,并且增加了大量富有启发性的介绍和注解,从语源学、习语的多种解释到宗教典故、双关语以及各种文体特征无一不囊括其中。但对于只是想领略16世纪经典名著风采的读者而言,这种大部头、偏向学术型的著作能像韦利的删减版那样直抵人心吗?①

从葛浩文的话可看出他也反对增量翻译,并不赞赏通过大量增加注释的方式来阐释原文。对于韦利可随心所欲删减译作,葛浩文"羡慕不已",认为"韦利经济上有保障,也无须白天供职",不必受限于出版社的要求或担心译作销量。而葛浩文所处的时代跟韦利也不同,"随着后维多利亚转向后现代主义,文学翻译的过程和中国文学翻译的读者群体在性质上发生了巨大变化,这迫使我们用韦利无法想象的方式,去审视自己的工作"②,"对译者来说,可能最重要的是捕捉原文的风格、节奏和意象。这才是译者面临的实质任务和挑战",译作须"可读、流畅、地道"③。由此,《生死疲劳》英译本中涉及中国传统文化或经典文学的文化负载词,葛浩文都进行了大幅度的删减。

---

① Goldblatt, Howard, "Why I Hate Arthur Waley? Translating Chinese in a Post-Victorian Era", *Translation Quarterly*, 1999 (13 & 14), pp.38 - 39.

② Ibid., p.45.

③ Ibid., p.42.

三、翻译中的"伪忠实"

在上一节中,我们已看到,对于文化负载词,葛浩文为免去译文读者的麻烦,让原文作者莫言去接近译文读者。然而,对于相对普通、文体标记不明显的词汇,葛浩文则更倾向于"保留原文的文化特色"[①]。葛浩文的这个做法,可以说是"意义忠实"的译法与"字面忠实"的译法兼而用之。所谓"字面忠实",实际上就是一种"伪忠实"。而从翻译文体学的视角来看,"伪忠实"可以定义为:译者为了保留源文化特色,舍弃目标文本的流畅,使用高度直译的翻译法,让目标文本产生模糊的美感,使源文本与目标文本之间达到"不隔"[②];在此种情况下,对于源语文化来讲,译者表面上采取了"忠实"于源文本的翻译手法,而就效果和译文读者认知而言,由于出现了"不透明""不顺",译文读者不能像原文读者那样"流畅""轻松自然"地阅读翻译文学,在意义和效果上则属于"不忠"。在以下案例中,我们主要考察葛浩文如何采用这种"伪忠实"翻译法,来成功达到"不隔"之目标。

例 3 问他家里还有什么人,更是**把头摇得如货郎鼓似的**。
就这样,收留了这小子,算是认了个干儿子。**这小子聪明猴儿**,顺

---

① 李文静,《中国文学英译的合作、协商与文化传播——汉英翻译家葛浩文与林丽君访谈录》,《中国翻译》,2012 年第 1 期,第 58 页。

② 邵璐,《文学中的模糊语言与翻译》,北京:商务印书馆,2011b,第 71—75 页。

着竿儿往上爬；见了我就叫干爹，见到白氏就喊干娘。但不管你是不是干儿子，都得给我下力气干活。连我这个当东家的也得下力气干活。①

When he was asked about his family, he **shook his head like one of the those stick-and-ball toys**. So I let him stay. **He was a smart little pole-shinnying monkey.** He called me Foster Dad as soon as he laid eyes on me, and called Madame Bai Foster Mother. But foster son or not, I expected him to work, since even I engaged in manual labor, and I was the landlord. ②

"把头摇得如货郎鼓似的"是典型的中国式比喻，因为货郎鼓是中国北方传统玩具，译者把这种玩具的具体形象、外形特征"忠实"地译了出来，形成"他者"意象，透出能体现中国文化特色的"棒棒玩具"异域风情。"这小子聪明猴儿，顺着竿儿往上爬"是暗喻，把小孩儿喻为聪明的猴儿。在中国民间把戏中，猴儿顺竿往上爬，喻指会顺应时势，见风使舵，译文则将小男孩儿直接译为"爬竿的猴子"，避免了语言的重复，显得简洁、精练，且"不隔"。

例 4　可我的**尸骨未寒**，你就与长工睡在了一起。你这样的淫妇，还有脸活在世间吗？你应该立即**去死**，我赐你**一丈白绫**，呸，你不配用白绫，只配用捆过猪的血绳子，到老鼠拉过屎、蝙蝠撒过尿的**梁头上去吊死**！你只配**吞下四两砒霜把自己毒死**！你

---

① 莫言，《生死疲劳》，北京：作家出版社，2006 年，第 11 页。

② Mo, Yan, *Life and Death Are Wearing Me Out: A Novel.* Trans. Howard Goldblatt. New York：Arcade Publishing，2008, p.13.

只配跳到村外那眼淹死过野狗的**井里去淹死**！在人世间应该让你**骑木驴游街**示众！在阴曹地府应该把你扔到专门惩罚淫妇的毒蛇坑里**让毒蛇把你咬死**！然后将你打入畜生道里去轮回，虽万世也不得超脱！**啊噢～～啊噢～～**但被打到畜生道里的却是我正人君子西门闹，而不是我的二姨太太。①

Yet **my bones weren't even cold** before you went to bed with my hired hand. How can a slut like you have the nerve to go on living? You should **do away with yourself** at once. I'll **give you the white silk to do it. Damn it, no**, you are not worthy of white silk! A bloody rope used on pigs, looped over **a beam** covered with rat shit and bat urine, **to hang yourself** is what's good for you! **That or four ounces of arsenic**! Or **a one-way trip down the well** outside the village where all the wild dogs have drowned! You should **be paraded up and down the street on a criminal's rack**! In the underworld you deserve to **be thrown into a snake pit** reserved for adulteresses! Then you should be reincarnated as a lowly animal, over and over and over, forever! *Hee-haw, hee-haw*—But no, the person reincarnated as a lowly animal was Ximen Nao, a man of honor, instead of my first concubine. ②

"尸骨未寒"是汉语成语，字面意思为尸骨尚未冷透，指人刚死不久，译者对之进行高度直译，未加注释予以说明，采用了伪忠实翻译

---

① 莫言，《生死疲劳》，北京：作家出版社，2006年，第14—15页。

② Mo，Yan，*Life and Death Are Wearing Me Out: A Novel*. Trans. Howard Goldblatt. New York：Arcade Publishing，2008，p.17.

法,使目标文本带有中国味,也不会超出译文读者能够理解的范围。此案例中,比较有趣的是关于"死"这个词的翻译。叙述者西门闹的鬼魂看到了自己生前的二姨太迎春在他冤死后,便嫁给了长工蓝脸,还怀了蓝脸的儿子。而且,蓝脸还是他从雪地里捡来的遗孤——先叫他干爹,后来直接叫爹。西门闹感到"巨大的耻辱,毒蛇信子一样的怒火,在(他)心中燃起"①,所以分别用 173 字来骂蓝脸,231 字骂二姨太迎春。本案例中源文本便是出于羞愤而辱骂迎春的文字,诅咒她六种死法。源文本中"死"法种种,目标文本却全部回避了此字,原文中的"死"分别被译为"do away with yourself""hang yourself""four ounces of arsenic""a one-way trip down the well""be paraded up and down the street on a criminal's rack""be thrown into a snake pit"。汉语中的拟声词"啊噢～～啊噢～～",保持了中国特色,译成了拼音拟声词,用斜体表示非英文文字。

例5　后来黄天发送来**一挑子能用秤钩子挂起来的老豆腐,赔情的话说了两箩筐……**②

He brought over **a basketful of tofu so dense you could hang the pieces from hooks, along with a basketful of apologies.**③

译者高度"忠实"地将原文中传承的中国谚语和夸张的修辞手法翻译出来。在目标读者看来,如此类似字对字的翻译法(one-to-one

---

①　莫言,《生死疲劳》,北京:作家出版社,2006 年,第 14 页。

②　同上,第 10 页。

③　Mo, Yan, *Life and Death Are Wearing Me Out: A Novel*. Trans. Howard Goldblatt. New York: Arcade Publishing, 2008, p.11.

translation)①虽略显冗赘,却可较好地保留源语文化特色。

从以上选例可看出,葛浩文为了保留中国的"异国情调"(exoticism),强调了中国文化或语言特质,较好地传达了异国风情。他有意地使用"不地道"的英文,让目标文本呈现模糊性,而非流畅和透明,从而实现了目标文本与源文本的"不隔",如此产生的模糊美感是比较成功的。

需要特别指出的是,虽然本文提出的伪忠实跟阻抗式翻译策略(resistancy)②都主张保留文本的异国情调,但两者之间却存在以下区别。其一,从产生背景和所属流派而言,阻抗式翻译是文化学派翻译学者从后殖民主义角度提出的解构主义理论,而伪忠实则属于翻译文体学,属于建构主义范畴。③ 其二,阻抗式翻译旨在使目标文化意识到外语文本中固有的语言文化异质性,"将读者送到国外",让读者注意到"翻译过程中的得失以及文化之间难以逾越的鸿沟"。通过不流畅、陌生化或异质的翻译风格,使译者显形,凸显源文本的异质性,从而达到反击英语世界"暴力"、不平等归化文化价值观的目的。④ 而伪忠实翻译则以"不隔"和在目标文本中产生模糊美感为目的。其三,阻抗式翻译允许译者使用不符合语言习惯的表达形式,从而成为"自己语言

---

① Newmark, Peter, *A Textbook of Translation*. Shanghai: Shanghai Foreign Language Education Press, 2001, p.69.

② Venuti, Lawrence, *The Translator's Invisibility: A History of Translation*. London & New York: Routledge, 1995.

③ 邵璐,《翻译学的建构主义方法论》,《翻译季刊》,2007 年总第 46 期,第 20—43 页。

④ Venuti, Lawrence, *The Translator's Invisibility: A History of Translation*. London & New York: Routledge, 1995, p.305.

的流浪者、母语的逃避者"①,而伪忠实则只是让语言和文化具有外来特征,以此形成他者形象。其四,阻抗式翻译策略有可能造成"滥用的忠信"(abusive fidelity)②,而伪忠实的侧重点在于保留源文化特色,被目标读者接受则是目标文本成功的主要标准。

四、称谓语的翻译

在翻译文体学中,"受限"(servitude)与"选择"(option)的区分十分重要。③ "受限"指由于两种语言系统的差异而在翻译时必须采用转换和调节手法。"选择"指非强制性的变化,变化源于译者的个人风格和喜好。

"选择"属于文体学范畴,需要译者重点关注。因此,译者应"从所有可能的选择中,挑出精微之译,传达信息"④。本文考察葛浩文在翻译《生死疲劳》时的"选择",并重点关注专有名词,特别是称谓语的翻译问题。

---

① Venuti, Lawrence, *The Translator's Invisibility: A History of Translation*. London & New York: Routledge, 1995, p.291.

② Ibid.

③ Vinay, Jean-Paul & Jean Darbelnet, *Comparative Stylistics of French and English: A Methodology for Translation*. Trans. and eds. Juan C. Sager & M. Hamel. Amsterdam & Philadelphia: John Benjamins Publishing Company, 1958/1995, p.89.

④ Ibid.

（一）人称的翻译

葛浩文对于人名的处理，主要采用了三种做法。一是采用音译（transliteration）。源文本中人物众多，大多数人物名字都含有时代特征，葛浩文在翻译时，基本按照汉语拼音规则音译，外加英文夹注。例如，"蓝脸"译为"Lan Lian(Blue Face)"，或汉语拼音加直译，直接放在正文中，译为"Lan Lian, or Blue Face"。[①]

二是采用调适（modulation）翻译法。调适指改变源语语义和视角的翻译法，"当采用直译甚至转换的方法，可以译出语法正确的话语，但它在目标语中却被视为不恰当、不地道或糟糕时"[②]，则采用调适法进行翻译。葛浩文将人物身份或关系（如夫姓）加入译名，如西门闹的正妻"白氏"译为"Ximen Bai"。"白氏"为白马镇首富白连元家无大名的二小姐（乳名杏儿）。"白"为娘家姓，"西门"为夫家姓，此姓名英译即是遵从西方女性婚后冠夫姓习惯，译为"西门·白"。维纳和达尔布内特对调适法颇为欣赏，将之当作"优秀译者的试金石"[③]。

三是采用借词法（borrowing）。葛浩文在翻译人名时，有时只用了汉语拼音来音译，未将其言外之意译出。然而，此译法却常为西方评论者所诟病，他们认为读者需要不时返回人物表，才能勉强弄清人物

[①] Mo, Yan, *Life and Death Are Wearing Me Out: A Novel*. Trans. Howard Goldblatt. New York: Arcade Publishing, 2008, p.13.

[②] Vinay, Jean-Paul & Jean Darbelnet, *Comparative Stylistics of French and English: A Methodology for Translation*. Trans. and eds. Juan C. Sager & M. Hamel. Amsterdam & Philadelphia: John Benjamins Publishing Company, 1958/1995, p.89.

[③] Ibid., p.246.

身份,这样就增加了西方读者的阅读难度。① "黄瞳"在原作中,是西门屯村民兵队长、生长大队大队长,"黄头发黄面皮,黄眼珠子滴溜溜转,似乎满肚子坏心眼儿"②。英译中,"Huang Tong"对于目标读者而言则不含此贬义。因此,葛浩文这个译法尚值得商榷。

(二)主要人物表的处理

在目标文本中,译者似有意淡化中国政治色彩,将非聚焦人物和非主要叙述者略去。例如,源文本"主要人物表"中有 23 个人物介绍,目标文本中删减为 17 个。另外,在目标文本中删去的内容包括:西门金龙的"旅游开发区董事长"身份,庞虎作为志愿军英雄、县第五棉花加工厂厂长兼书记的人物社会关系背景说明。源文本的章节总"目录"在目标文本中也被删去。

译者在"人物表"和小说正文之间还插入"发音说明表"(A Note on Pronunciation),即整部翻译小说中所涉及的人名发音在英文里的对照表,因为葛浩文认为"汉语拼音系统中大多数字母都可以用英文发音"③。例如,"马良才"根据汉语拼音翻译的英文译名为"Ma Liangcai","c"后面若没有"h",就如英文单词"its"中"ts"的发音;"黄合作"根据汉语拼音翻译的英文译名为"Huang Hezuo",拼音"he"中"e"的发音跟英文"huh"中的"u"相似。葛浩文甚至将汉语拼音和与之对应的英文发音做成双语发音对比列表,以激发目标读者的阅读兴趣。

---

① Quan, Shirley N., "Book Review of *Life and Death Are Wearing Me Out* by Mo Yan", *Library Journal*, 2008 (133.6), p.77.

② 莫言,《生死疲劳》,北京:作家出版社,2006 年,第 10 页。

③ Mo, Yan, *Life and Death Are Wearing Me Out: A Novel*. Trans. Howard Goldblatt. New York: Arcade Publishing, 2008.

五、结　语

　　《生死疲劳》双语文本的比较集中体现了上述矛盾和难点,其中,英译本更趋于体现矛盾的统一。对文化负载词进行删减(或曰文化调适法)与"字面忠实"(即所谓"伪忠实")表面上看似矛盾,但在同一译本中,这两方面的确都是葛浩文的译者风格。葛浩文明确表示反对崇尚直译的纳博科夫[①],认为"无论从美学还是商业角度来看,纳博科夫的观点在几个方面都是错误的。种种迹象表明,他以小说家而非翻译家的身份发表言论(尽管他兼为两者)。纳博科夫极以为豪的是其创造性地使用形式、语言和意象,以至于任何翻译,即使在另一语言中的创造性和可读性与原作不分伯仲,都抹杀了他作为小说家的成就"[②]。从这方面或许可说明他在翻译莫言小说时为何采用文化调适法。同时,葛浩文也反对将文学作品进行释译或增量翻译,此点可从他对余

---

　　①　纳博科夫指出:"自由翻译这个用词带有欺诈和专横的意味。它指译者在翻译时,把着眼点置于原作者的精神而非作品的文本意蕴上。最笨拙的直译也比最惊艳的释译有用一千倍。"Nabokov, Vladimir, "Problems of Translation: Onegin in English", in Rainer Schulte & John Biguenet (eds.), *Theories of Translation: An Anthology of Essays from Dryden to Derrida*. Chicago & London: The University of Chicago Press, 1992, p. 127.

　　②　Goldblatt, Howard, "Why I Hate Arthur Waley? Translating Chinese in a Post-Victorian Era", *Translation Quarterly*, 1999 (13 & 14), pp.43 – 44.

国藩《西游记》全译本的负面评价看出①,也可解释葛浩文为何采用"字面忠实"或"伪忠实"法。由此,在评价葛浩文译者风格时,我们不必拘泥于传统的二分法即直译/意译(翻译方法)和归化/异化(翻译策略),而应发展、开放地看待翻译家的翻译行为。译者自己表述的翻译理念有时与其翻译行为或翻译策略并不一致,甚至尖锐对立。如何从细读其翻译文本入手,发现其背后的翻译理念是翻译研究者首先应考虑的。译者翻译活动的规律与翻译风格的规范之间的相关性只有通过大量的文本解读、对比才能重塑。在研究译者风格时,我们应该注意到译者翻译风格具有文化特殊性与不稳定性,从特定语境概括出的翻译风格规律、特征与形态,有时在其他历史语境中难以得到验证。译者在各个时期的翻译风格会发生变化,即使在同一时期也有可能出现变化。从文体学、叙事学视角对译者翻译行为进行的描述有可能存在矛盾或冲突。

(原载《中国翻译》2013 年第 3 期)

---

① Goldblatt, Howard, "Why I Hate Arthur Waley? Translating Chinese in a Post-Victorian Era", *Translation Quarterly*, 1999 (13 & 14), pp.37 - 39.

基于语料库的葛浩文译者风格分析
——以莫言小说英译本为例

侯 羽 刘泽权 刘鼎甲

一、引 言

贝克(Baker,2000)提出了语料库翻译学的又一全新课题——"译者风格"研究。该课题研究不同于一般意义上以原文/作者风格为关注焦点的翻译文体研究,而是以某一位(或几位)译者的多部或所有文学译著为语料,关注文学译者或译者群体特有的语言特征。此后,众多西方学者相继开展了一系列的译者风格实证研究。[①] 萨尔达尼亚(Saldanha)对译者风格研究提出了两种不同的诠释方式,即"原文本型

---

① Saldanha, G., *Style of Translation: An Exploration of Stylistic Patterns in the Translations of Margaret Jull Costa and Peter Bush*. Dublin: Dublin City University, 2005; Winters, M., "Scott Fitzgerald's Die Schonen und Verdammten: A Corpus-Based Study of Speech-Act Report Verbs as a Feature of Translator's Style", *Meta*, 2007 (3), pp.412 – 425; Kamenicka, R., "Explicitation Profile and Translator Style", in A. Pym & A. Perekrestenko (eds.), *Translation Research Projects 1*. Tarragona: Intercultural Studies Group, 2008.

译者风格"研究和"目标文本型译者风格"研究。① 前者主要关注译者如何在翻译文本中表现原文中的某些语言特征,而后者则主要关注译者特有的表达方式。相比之下,国内译者风格研究起步稍晚,且主要采用原文本型研究方法,较少采用目标文本型研究方法。②

近年来,我国软实力建设不断加强,汉语国际推广、孔子学院建设成就令世界瞩目。与此同时,国内学界也一直在思考与如何"走出去"相关的核心问题和现实问题。中华人民共和国成立以来,世界与中国共同见证了中国文学走向世界的一系列不懈的尝试:"从 20 世纪 50 年代《中国文学》英文和法文版的创刊,到 80 年代中国文学出版社的成立及'熊猫'系列译丛的策划发行,再到世纪之交'大中华文库'项目的设立,2004 年中国外文局'对外传播研究中心'的创设,2010 年初'中国文学海外传播'成功的启动。"③这一次次深度尝试为中国文学"走出去"最佳方案的形成积蓄了宝贵的经验,同时也将国内学者的注意力转向译者模式和翻译策略。④ 美国翻译家葛浩文凭借其五十多部中国现当代文学译著,为中国现当代文学作品在西方世界的传播做出了巨大的贡献。这些作品包括诺贝尔文学奖得主莫言的八部小说,萧红的五部小说,苏童的四部小说,毕飞宇、刘恒、王朔各两部小说。对葛氏译著全面和系统的探讨,不仅有助于深入研究葛氏的译者风格、

---

① Saldanha, G., "Translator Style: Methodological Considerations", *Translator*, 2011 (1), pp.25 - 50.

② 刘泽权、刘超朋、朱虹,《〈红楼梦〉四个英译本的译者风格初探——基于语料库的统计与分析》,《中国翻译》,2011 年第 1 期,第 60—64 页;黄立波、朱志瑜,《译者风格的语料库考察——以葛浩文英译现当代中国小说为例》,《外语研究》,2012 年第 5 期,第 64—71 页;刘泽权、侯羽,《〈红楼梦〉两个英译本中强调斜体词的使用及其动因研究》,《红楼梦学刊》,2013 年第 3 期,第 227—242 页。

③ 胡安江,《中国文学"走出去"之译者模式与翻译策略研究——以美国汉学家葛浩文为例》,《中国翻译》,2010 年第 6 期,第 10 页。

④ 罗永洲,《金庸小说英译研究——兼论中国文学走出去》,《中国翻译》,2011 年第 3 期。

翻译策略和成功秘诀,而且有助于中国文学"走出去"最佳翻译风格和策略研究的探索和形成,对我国文学和文化在世界范围的传播以及我国译学的发展均有重要意义。

二、葛浩文译文风格研究现状与汉英平行语料库

(一)现状

我们以"葛浩文"为主题词检索"中国知网"全文数据库,共检索到172篇文献(2013年6月8日检索结果)。这些文献中包括14篇重要核心期刊文章[①]、41篇硕士论文和2篇博士论文。[②] 在核心期刊文章

---

① 张耀平,《拿汉语读,用英文写——说说葛浩文的翻译》,《中国翻译》,2005年第2期,第75—77页;文军、王小川、赖甜,《葛浩文翻译观探究》,《外语教学》,2007年第6期,第78—80页;王颖冲,《从"父与子"谈〈狼图腾〉中的拟亲属称谓及其英译》,《中国翻译》,2009年第1期,第68—70页;季进,《我译故我在——葛浩文访谈录》,《当代作家评论》,2009年第6期,第45—56页;胡安江,《中国文学"走出去"之译者模式与翻译策略研究——以美国汉学家葛浩文为例》,《中国翻译》,2010年第6期,第10—15页;吕敏宏,《论葛浩文中国现当代小说译介》,《小说评论》,2012年第5期,第4—13页;李文静,《中国文学英译的合作、协商与文化传播——汉英翻译家葛浩文与林丽君访谈录》,《中国翻译》,2012年第1期,第57—60页;黄立波、朱志瑜,《译者风格的语料库考察——以葛浩文英译现当代中国小说为例》,《外语研究》,2012年第5期,第64—71页;邵璐,《莫言小说英译研究》,《中国比较文学》,2011年第1期,第45—56页;邵璐,《翻译与转叙——〈生死疲劳〉葛浩文译本叙事性阐释》,《山东外语教学》,2012年第6期,第96—101页;邵璐,《翻译中的"叙事世界"——析莫言〈生死疲劳〉葛浩文英译本》,《外语与外语教学》,2013年第2期,第68—71页;邵璐,《莫言〈生死疲劳〉英译中隐义明示法的运用:翻译文体学视角》,《外语教学》,2013年第2期,第100—104页;邵璐,《莫言英译者葛浩文翻译中的"忠实"与"伪忠实"》,《中国翻译》,2013年第3期,第62—67页;史国强,《葛浩文的"隐"和"不隐":读英译〈丰乳肥臀〉》,《当代作家评论》,2013年第1期,第76—80页。

② 吕敏宏,《手中放飞的风筝——葛浩文小说翻译叙事研究》,天津:南开大学,2010年;王璐,《忠实与叛逆:葛浩文文学翻译研究》,上海:上海外国语大学,2012年。

中，黄立波和朱志瑜的文章（2012）是唯一一篇基于语料库考察葛氏翻译风格的文献。总体来看，目前国内葛浩文英译研究有两个特点：选题上，多局限于对个别原著（如《狼图腾》）及其译本的研究；研究方法上，多从源语出发考察译者对原文中语言和文化等内容的处理，定性研究较多，定量研究较少。这不仅使葛氏很多其他有价值的译本受冷落，而且也无法把握葛氏的整体翻译风格及其所能提供的借鉴。要解决上述问题，亟需创建一个全面而可靠的葛浩文英译小说汉英平行语料库，并展开全面系统的研究。

（二）葛浩文译文汉英平行语料库

由于受研究目的等因素的制约，我们目前未将葛氏所有的译著及其汉语原著收录进该语料库中。我们制定的语料选取标准如下：① 暂不选取葛氏与其他译者合作完成的译著及其原著，因为很难从中区分哪部分译文是由葛氏独立完成的；② 将葛氏翻译风格与其他译者风格的横向比较纳入研究范围，尽可能选取有多个英译本的原著（如《骆驼祥子》《沉重的翅膀》）及其英译本；③ 将葛氏翻译风格的历时发展过程纳入研究范围，多选取译自同一作家（如莫言、苏童）的作品及其英译本；④ 将原作者性别的差别对译者风格的影响纳入研究范围，选取若干女作家（如虹影、杨绛）的作品及其英译本。综上，本语料库暂收录葛氏的 16 部译著（共 199.38 万词）及其原著全文（共 335.32 万字）。①在参考了所有译著前言中关于版本问题的说明并多次咨询过葛氏本人后，我们确定了入库语料并做到了句对句链接（如表 1 所示）。

---

① 本文所有相关中英文例句均出自我们所建的语料库，具体出版信息亦可参考表1，文中不一一标出原文出处。

表1 葛浩文英译作品及其汉语原著平行语料库入库语料

作者	小说名称(字数)、出版社、出版时间	英译本名称(词数)、出版社、出版时间
莫言	《红高粱家族》(23.06万),当代世界出版社,2004年 《天堂蒜薹之歌》(17.35万),当代世界出版社,2004年 《酒国》(19.62万),当代世界出版社,2004年 《丰乳肥臀》(40.72万),当代世界出版社,2004年 《生死疲劳》(38.48万),上海文艺出版社,2008年	*Red Sorghum*(13.4万),Penguin Books,1993 *The Garlic Ballads*(10.49万),Viking Penguin,1995 *The Republic of Wine*(14.14万),Arcade,2000 *Big Breasts and Wide Hips*(24.09万),Methuen,2005 *Life and Death Are Wearing Me Out*(21.61万),Arcade,2008
苏童	《米》(11.59万),作家出版社,2009年 《我的帝王生涯》(10.19万),作家出版社,2009年 《碧奴》(15.54万),重庆出版社,2006年 《河岸》(19.52万),人民文学出版社,2010年	*Rice*(7.9万),William Morrow and Company, Inc,1995 *My Life as Emperor*(7.82万),Faber and Faber Ltd,2005 *Binu and the Great Wall*(6.25万),Canongate,2007 *The Redemption Boat*(12.05万),Black Swan,2010
杨绛	《干校六记》(2.72万),三联书店,2010年	*Six Chapters from My Life "Downunder"*(2.67万),University of Washington Press,1984
张洁	《沉重的翅膀》(21.22万),人民文学出版社,2011年	*Heavy Wings*(10.91万),Grove Weidenfeld,1989
李锐	《旧址》(13.87万),作家出版社,2009年	*Silver City*(8.54万),Metropolitan Books,1997
虹影	《饥饿的女儿》(13.68万),中国妇女出版社,2008年	*Daughter of the River*(9.01万),Grove Press,1998
贾平凹	《浮躁》(28.45万),作家出版社,2009年	*Turbulence*(20.9万),Grove Press,2003
姜戎	《狼图腾》(45.89万),长江文艺出版社,2004年	*Wolf Totem*(20.1万),The Penguin Press,2008
老舍	《老舍作品经典:骆驼祥子》(13.42万),中国华侨出版社,1991年	*Rickshaw Boy*(9.43万),Harper Perennial,2010

三、葛浩文译文风格分析

　　基于现已部分创建完成的双语平行语料库,本文考察了莫言五部小说英译本中各种语言形式参数(包括标准类符/形符比、句子数和平均句长、高频实词、汉英句子翻译对应类型)和强调斜体词的使用结果,并以英语翻译语料库(TEC)小说子库、美式英语布朗(Brown)语料库文学子库和王克非(2003)等的统计结果为参照,旨在从宏观上和整体上揭示葛氏翻译风格及其一致性。本研究与刘泽权等的文章(2011)、黄立波和朱志瑜的文章(2012)的不同之处在于:它既不是对同一原著不同译本的译者风格的考察,也非对多位作者的同一译者的风格的考察,而是基于同一作者多部原著的译本,考察同一译者的风格及其一致性。此方法的优点在于涉及的变量会少一些,因为它至多只是将考察限定在同一作者的不同作品(而非多位作者的不同作品)范围内。

　　如表1所示,莫言小说的字数各不相同,因此要基于其英译本考察葛氏翻译风格的一致性,则有必要选取等量中文内容的英译来考察。同时,还应确保所选取的中文内容均有对应译文,这是因为出版商对莫言小说英译的删减导致中英对应受到很大影响。在回复笔者的邮件中,葛氏明确指出:"拱廊出版商对莫言小说《丰乳肥臀》和《生死疲劳》的英译本均做了大篇幅的删减。虽然我同意了,莫言也没反对,但我们对此都不太情愿。"出于这两方面的考虑,我们将中文文本取样标准确定在 122600 字,包括《红高粱家族》第 1—3 章和第 4 章第 1—2 节的内容(不包括第 1 章第 5 节、第 2 章第 4 节、第 3 章第 4 节和第 7 节)、《天堂蒜薹之歌》第 2—20 章的内容(不包括第 7、8 和 18 章)、《酒国》第 1—6 章的内容、《丰乳肥臀》第 1—18 章的内容、《生死疲劳》第 1—26 章的内容(不包括第 18—20 章和第 22—24 章)。

表 2　莫言小说英译本标准类符/形符比统计

译本名称	《红高粱家族》	《天堂蒜薹之歌》	《酒国》	《丰乳肥臀》	《生死疲劳》
类符	7385	7911	9223	7542	8453
形符	75222	81634	86415	78481	90797
标准类符/形符比	45.79	46.36	45.97	45.38	45.81
英文单词数/汉字数比	1∶1.6	1∶1.5	1∶1.42	1∶1.56	1∶1.35

类符指文本中排除重复并忽略大小写后不同的词,形符指文本中所有出现的词。[1] Baker 指出,类符/形符比值的高低与作者/译者词汇使用的丰富程度和多样性成正比,而当所比较的文本长度不同时,类符/形符比值可能因类符聚集的均匀程度不同而受到影响,所以使用标准类符/形符比值考察作者/译者风格更为可靠。[2] 表 2 显示,在标准类符/形符比值方面,《天堂蒜薹之歌》译本最高,这说明该译本中词汇的使用最为多样;《丰乳肥臀》译本最低,这说明该译本中词汇使用的丰富程度最低,但是两者比值非常接近,相差还不到一个单位。值得一提的是,所有译本的标准类符/形符比值不仅都高于布朗文学

---

[1]　Baker, M., "Corpora in Translation Studies: An Overview and Some Suggestions for Future Research", *Target*, 1995 (2), pp.223—243.

[2]　Baker, M., "Towards a Methodology for Investigating the Style of a Literary Translator", *Target*, 2000 (2), p.250.

子库的 44.22,而且都高于 TEC 小说子库的 44.63。① 以上结果说明,葛氏词汇使用的风格基本保持一致,而且词汇使用较为丰富和多样。

与标准类符/形符比一样,原文与译文文字量比例也是译者风格的一般标记,因为两种语言对译总有一个文字量对应比例。如果将该比例设为中间值,那么超过此比例越多,可认为是越接近过量翻译;低于此比例越多,则可认为是越接近欠量翻译。据王克非考察,汉译英文学翻译中,常见英文单词数/汉字数比范围为 1:1.25—1.5,即 1000个英文单词对应 1250—1500 个汉字。② 如表 2 所示,《天堂蒜薹之歌》《酒国》和《生死疲劳》三部小说英文单词数/汉字数比在此范围内,属适量翻译;其余两部小说英文单词数/汉字数比虽低于此比例,但相差很小。以上结果说明,葛氏基本保持了适量翻译的风格。

表 3　莫言小说及其英译本句子层面数据统计

译本名称	《红高粱家族》	《天堂蒜薹之歌》	《酒国》	《丰乳肥臀》	《生死疲劳》
英文句子数	4993	5974	5130	5003	5212
英文平均句长	15.1	13.7	16.8	15.7	17.4
中文句子数	4502	4935	4445	4381	3885
中文平均句长	27.2	24.8	27.6	28	31.6

表 3 显示,在英文平均句长方面,《生死疲劳》译本最长,而《天堂蒜薹之歌》译本最短,两者相差近 4 个词。这可能是葛氏受了原文句长特点影响的缘故,因为《生死疲劳》原文的平均句长(31.6 个字)最长,而《天堂蒜薹之歌》原文的平均句长(24.8 个字)最短。黄立波和朱

---

① Olohan, M., *Introducing Corpora in Translation Studies*. New York: Routledge, 2004, p.80.

② 王克非,《英汉/汉英语句对应的语料库考察》,《外语教学与研究》,2003 年第 6期,第 415 页。

志瑜（2012）基于葛氏其他多部译著得出的平均句长为15.17个单词，此结果与本研究中得出的五个译本的平均句长（15.7个单词）非常接近。

拉维奥萨（Laviosa，1998）对英语译语句长的统计结果为24.1个单词，我们对布朗文学子库平均句长的统计结果为13.4个单词。就平均句长而言，五个译本与英语译语有明显的差异，这说明葛氏译本具有明显的美国英语原创文本的特征。句子数方面，《天堂蒜薹之歌》译本最多，《红高粱家族》译本最少，两者相差较多，接近1000句；所有译本句子数均多于其原文句子数，《生死疲劳》译文与原文句子数相差最多（1327句），《红高粱家族》译文与原文句子数相差最少（491句）。

表4　莫言小说英译本中前五位高频实词统计

次序	《红高粱家族》			《天堂蒜薹之歌》			《酒国》		
	词语	频次	%	词语	频次	%	词语	频次	%
1	father	459	0.62	Gao	630	0.77	little	311	0.36
2	Granddad	395	0.53	said	386	0.47	said	306	0.35
3	sorghum	323	0.43	Yang	295	0.36	Gou'er	257	0.30
4	Grandma	264	0.35	Ma	235	0.29	liquor	251	0.29
5	said	259	0.34	garlic	180	0.22	red	201	0.23

次序	《丰乳肥臀》			《生死疲劳》		
	词语	频次	%	词语	频次	%
1	mother	572	0.73	said	367	0.40
2	said	406	0.52	donkey	340	0.37
3	sister	367	0.47	Ximen	303	0.33
4	Shangguan	251	0.32	ox	223	0.25
5	Sima	213	0.27	Lan	198	0.22

刘泽权等对《红楼梦》四个英译本中的高频词进行了统计,但未区分高频实词和虚词,发现排在前五位的高频词皆为虚词(the/and/to/of/a)。[①] 本研究基于不同原著的译本,而非同一原著的不同译本,因此我们认为统计各个译本中的高频实词更有意义,因为它们能够清楚地反映作品的主题和主要人物。依照拜伯(Biber)等人的分类方法,我们将实词划分为名词、实义动词、形容词和副词四类。[②]

　　如表 4 所示,《酒国》译本的前五位高频实词涉及名词、动词和形容词三类词性,而其他四个译本均只涉及名词和动词两类词性。在每类数量上,《酒国》译本涉及 2 个名词、2 个形容词和 1 个动词,而其他四个译文均涉及 4 个名词和 1 个动词。五个译本中的高频实词均反映了各自原文的主题。《天堂蒜薹之歌》译本中的高频实词反映了该小说以"蒜薹"事件为经,以"高羊""高马"等人的生活经历为纬,多角度多侧面地描写了农民这一群体当时的生存状态以及由此引发的悲剧故事。《生死疲劳》译本中的高频实词反映了"西门闹"在"驴""牛"等六道轮回中讲述他家和"蓝"家半个多世纪的悲欢故事。

　　五个译本的高频实词中均有动词"said",这说明它们均属于小说类文体,因为小说文本在叙述时多用"said"来报道人物话语。在"said"使用比例上,《丰乳肥臀》英译本最高,《天堂蒜薹之歌》次之,两者均高于布朗文学子库中"said"的比例(0.45%)。在"said"报道小句的使用上,除《红高粱家族》和《天堂蒜薹之歌》两个译本中共有 5 句采用倒装语序外(主语均为名词,见例 1—5),五个译本中其他所有报道小句全

---

　　① 刘泽权、刘超朋、朱虹,《〈红楼梦〉四个英译本的译者风格初探——基于语料库的统计与分析》,《中国翻译》,2011 年第 1 期,第 62 页。

　　② Biber,D.,S. Johansson,G. Leech,S. Conrad & E.Finegan,*Longman Grammar of Spoken and Written English*. Harlow:Pearson Education Limited,1999.

都采用了正常语序。以上结果说明,葛氏在"said"报道小句语序的使用上风格几乎是一致的。据我们统计,布朗文学子库中,有多达7%的"said"报道小句(主语均为名词)采用了倒装语序。由此,我们判断葛氏在"said"报道小句语序的选择上,受原文报道小句正常语序的影响非常大。

例 1 "You can go," **said Uncle Arhat.** "I expect you to work hard. "

例 2 "Tell me," **said Granddad,** "didn't you say he'd be all right with just one?"

例 3 "Get some string and tie it up," **said Elder Brother,** who had walked up to her.

例 4 "Comrade, I paid a highway toll and a commodity tax... " **said Fourth Uncle.**

《酒国》译本中涉及两个高频形容词,"little"和"red",这说明此原著侧重对小说中人物或事物的性质、状态和特征的描写。例如:

例 5 "The Gourmet Section only wants tender **little** boys, not stale goods like him. "

例 6 "The **little red** demon who raised hell in the country of meat children in my story is a real person in Liquorland."

例 7 By then dusk had nearly fallen, turning the sky the color of **red** wine.

表5 莫言小说中英文句子翻译对应类型统计

作品名称		《红高粱家族》	《天堂蒜薹之歌》	《酒国》	《丰乳肥臀》	《生死疲劳》
中英文句对总数		4047	4187	3941	3969	3463
句对类型数量及其占总数的比例	1:1	2501 (62%)	2285 (55%)	2683 (68%)	2505 (63%)	2048 (59%)
	1:2	650 (16%)	499 (12%)	612 (26%)	561 (14%)	696 (20%)
	2:1	324 (8%)	386 (9%)	279 (7%)	256 (6%)	196 (6%)
	1:3	139 (3%)	220 (5%)	160 (4%)	159 (4%)	242 (7%)

表5显示,《酒国》中英文1:1句对数量和比例均最高,《生死疲劳》中英文1:2和1:3句对数量和比例均最高,《天堂蒜薹之歌》中英文2:1句对数量和比例均最高。同时,所有原文和译文1:1的句对类型数均排在首位,比例在55%以上,这说明葛氏在句子翻译方面受原文的影响很大,翻译时对原文叙述与篇章发展的遵从显著。排在第二位至第四位的依次为1:2(12%—26%),2:1(6%—9%)和1:3(3%—7%)。以上统计结果表明:葛氏在对主要句对类型的使用上保持了高度的一致性,并始终以句子为主要翻译单位。

表6 莫言小说英译本与英语原创及翻译作品中强调斜体词统计

小说名称	莫言小说英译本				
	《红高粱家族》	《天堂蒜薹之歌》	《酒国》	《丰乳肥臀》	《生死疲劳》
次数	6	12	8	2	0
词数(万词)	7.52	8.16	8.64	7.85	9.08
覆盖率 (次/万词)	1/1.25	1/0.68	1/1.08	1/3.93	0

小说名称	美国英语原创小说		美国英语翻译小说	
	《丧钟为谁而鸣》	《廊桥遗梦》	《猫城记》 (William Lyell)	《骆驼祥子》 (Jean James)
次数	38	2	29	1
词数(万词)	9.19	3.67	8.23	10.9
覆盖率 (次/万词)	1/0.24	1/1.84	1/0.28	1/10.9

在英语书面语中,我们经常会发现某些词语经过了特殊的排版处理,如使用斜体/大写、增大/缩小词号、加粗体/下划线、改变颜色等。这些排版处理会凸显这些词语的物理外观,进而将读者的视线集中到这些词语所承载的信息内容上。我们将斜体词分为"篇名和标题""外来词""强调"和"其他"四类。本文侧重考查第三类,"原因在于此类斜体词的使用完全由作者/译者掌控,因而最能体现作者/译者的风格特点"①。例如:

例8　**"我家的酒卖到九州十八府,还没有毒死过人**,怎么单单毒死了你家的人?"(《红高粱家族》)

"How could members of *your* family alone die from drinking it?"

例9　"拿出你的真本事来,活了,谢你,赏你;**死了,不怨你;怨我福薄担不上。**"(《丰乳肥臀》)

"If the mule lives, I'll thank you *and* reward you."

---

①　刘泽权、侯羽,《〈红楼梦〉两个英译本中强调斜体词的使用及其动因研究》,《红楼梦学刊》,2013 年,第 228 页。

例 8 中强调斜体词为代词"your",对应原文中代词"你";例 9 中强调斜体词为连词"and",其在原文中无对应词。刘泽权和侯羽发现,原文强调语义是影响译者使用强调斜体词的原因之一。[①] 表 6 显示,《天堂蒜薹之歌》译本中强调斜体词使用次数最多,而《生死疲劳》译本中未使用,两个译本使用次数虽相差 12 次,但占各自总词数比例极低,因此我们认为葛氏在英译莫言小说的过程中使用强调斜体词的风格总体上具有一致性。另一方面,五部译本中强调斜体词的平均覆盖率既低于随机选取的两部美国英语翻译小说,又低于随机选取的两部美国英语原创小说,这说明葛氏在英译莫言小说的过程中不热衷于使用强调斜体词。

四、葛浩文英译莫言和苏童小说风格比较

以上,我们考察了葛氏英译莫言五部小说的风格及其一致性情况。接下来,我们选取了苏童的三部小说及葛氏的英译作为参照,对比它们和莫言小说的英译本在标准类符/形符比、平均句长等方面的异同点,以探索葛氏翻译不同作家作品风格的一致性。在具体语料上,我们选取了《米》《我的帝王生涯》和《碧奴》(第 3 部分"青蛙"到第 9 部分"吊桥")的中英文内容。

---

① 刘泽权、侯羽,《〈红楼梦〉两个英译本中强调斜体词的使用及其动因研究》,《红楼梦学刊》,2013 年,第 232 页。

表 7　莫言和苏童小说英译本各项语言形式统计对比

英译本	标准类符/形符比	英汉词字数比例	平均句长	中英文句子对应主要类型（%）				强调斜体词次数/平均覆盖率
				1∶1	1∶2	2∶1	1∶3	
莫言小说英译本	45.87	1∶1.49	15.7	61%	15%	7%	5%	28，1次/1.47万词
苏童小说英译本	44.57	1∶1.46	15	43%	24%	3%	12%	28，1次/0.63万词
差异	1.3	0.03	0.7	18%	9%	4%	7%	28，1次/0.84万词

表 7 显示，葛氏所译两位作家的英译本在标准类符/形符比、英汉词字数比例方面的差异很小，分别为 1.3 和 0.03。此外，它们的平均句长也仅有 0.7 个单词之差。在强调斜体词的使用上，虽然苏童小说英译本强调斜体词的平均覆盖率（1 次/0.63 万词）略高于莫言小说英译本，但使用次数相等，均为 28 次。此结果说明，葛氏在英译苏童小说的过程中同样不热衷于使用强调斜体词。与以上四方面统计结果的一致性相比，苏童和莫言小说及其英译本在句对翻译类型方面有明显的差异：前者 1∶1 和 2∶1 句对类型比例均低于后者（分别低 18% 和 4%），前者 1∶2 和 1∶3 句对类型比例均高于后者（分别高 9% 和 7%）。我们认为，这种差异很可能是由于葛氏更多地将苏童小说中的长句拆分翻译为两个甚至三个英文句子。例如：

例 10　五龙从煤堆上爬起来，货站月台上的白炽灯刺得他睁不开眼睛，有许多人在铁道周围跑来跑去的，蒸汽和暮色融合在一起，货站的景色显得影影绰绰，有的静止，有的却在飘动。（《米》）

...he squints into the blinding depot lights; people are running up and down the platform, which is blurred by steam and the settling darkness; there are shadows all around, some stilled, others restive.

五、结　语

　　本文基于"葛浩文英译小说汉英平行语料库"的考察取得了如下四方面的发现。首先,莫言小说英译本在标准类符/形符比值、中英文文字量比值、中英文句对翻译主要类型排列顺序、"said"报道小句语序、强调斜体词的使用结果都基本一致,这说明葛氏英译莫言小说的翻译风格在这些方面具有一致性。其次,莫言小说各个译本的标准类符/形符比值不仅都高于美国英语原创文本,而且都高于英语翻译文本;它们的平均句长均较为接近美国英语原创文本,而且与英语翻译文本有明显的差异。这说明葛氏译本始终具有明显的美国英语特征。再次,葛氏英译莫言和苏童小说的风格在许多方面具有一致性。最后,由于葛氏翻译各部小说的时间和目的不尽相同,加上它们在内容、叙述与篇章发展特点方面的差异,各个译本又呈现出特有的风格。

　　综上所述,我们认为,莫言小说得以在英语世界广泛传播,与其说是莫言的功劳,不如说是葛氏的功劳。葛氏英译莫言小说成功的秘诀在于以下四方面。

　　首先是葛氏对莫言小说的长期关注。从 1988 年至今,葛氏一直关注着莫言的新作。他认为,莫言"个人品味独特,对文学作品鉴赏力很高,对翻译选材目光敏锐"[①]。他在 2009 年访谈中对莫言小说给予

---

① 邵璐,《莫言小说英译研究》,《中国比较文学》,2011 年第 1 期,第 48 页。

了高度的评价:"我认为他写的东西不会不好,绝对不会,所以他的新作我都会看。"①正是由于葛氏长期关注莫言的小说,莫言的多部小说才会成为他翻译的对象。

其次是葛氏对莫言小说的连续翻译。从 1993 年至今的二十多年里,葛氏所译的八部莫言小说的英译本相继问世,这意味着他平均每两年半翻译完成并出版一部莫言小说英译本。本文考察的五部莫言小说英译本中,相邻两部的出版时间前后间隔最多不超过五年。《红高粱家族》和《天堂蒜薹之歌》英译本出版时间前后间隔仅有两年。《四十一炮》和《檀香刑》英译本的出版时间前后更是只间隔了一个月。试想,如果葛氏翻译每两部莫言小说的平均间隔时间是五年或更长,那么在这二十年里就不会有如此多的莫言小说英译本以如此快的速度在西方世界问世,进而进入读者的视线并得到接受和好评。同时,葛氏在同一时间、时期或阶段对莫言小说的连续翻译,势必会造成他某些思维方面的定势,进而促成他某些翻译方面的定势。

再次是葛氏与莫言的合作关系。葛氏与莫言的合作始于 1988 年,至今已保持了二十五年之久。双方深知保持合作关系对翻译活动成功的重要性,因此对于葛氏翻译中遇到的疑问莫言都会一一解答,对于葛氏的建议莫言也会接受。例如,葛氏曾建议莫言重写《天堂蒜薹之歌》的结尾,莫言欣然接受,结果不仅小说的英译本顺利出版,而且其他语种的译本也陆续采用了该英译本的结尾,后来就连原著再版时也采用了新的结尾。此外,为使小说更广泛地传播,也出于对葛氏本人的信任,莫言有时也会允许葛氏对小说内容做必要的改动。有一次他还和葛氏有约在先,希望葛氏在翻译中能弥补他自己小说中性描写不足的

---

① 季进,《我译故我在——葛浩文访谈录》,《当代作家评论》,2009 年第 6 期,第 47 页。

缺陷。葛氏非常中意这种合作方式："我们合作得好,原因在于根本不用'合作'。他总这样说,'外文我不懂,我把书交给你翻译,这就是你的书了,你做主吧,想怎么弄就怎么弄'。"①对于莫言这样全权委托的作者,葛氏在翻译时不必畏首畏尾,完全可以在放松的状态下发挥出高水平并保持翻译风格的一致性。试想,如果双方的合作关系没能持久,也就不会有葛氏对莫言小说的长期关注,更谈不上连续翻译了。

此外是葛氏的主观能动性。葛氏深谙美国读者的阅读取向和兴趣。他将前者概括为"性爱、政治和侦探小说"三类②,并指出"美国人对讽刺的……作品特别感兴趣"③。他目光敏锐地将符合美国读者阅读取向和兴趣的莫言小说陆续翻译成英文。此外,他深知译文语言地道和具有可读性对于吸引读者的重要性,因此在翻译实践中始终追求"可读、流畅和地道"④。葛氏译文具有明显的美国英语原创文本特征,这也是葛氏实践其翻译目标的有力证据。

中国文学"走出去"是一项长期而复杂的工程,涉及"译什么"和"怎么译"等多方面的问题。本文对葛氏英译莫言小说风格的考察发现和分析结果对中国文学"走出去"具有一定的借鉴意义:中国文学"走出去"不仅要有优秀的作者和作品,还需要译者深谙接受国市场和语言表达习惯、译者对作家作品长期关注和连续翻译、译者和作者长期保持合作。

(原载《外语与外语教学》2014 年第 2 期)

---

① 赋格、张英,《葛浩文谈中国文学》,《南方周末》,2008 年 3 月 27 日,D22。

② 季进,《我译故我在——葛浩文访谈录》,《当代作家评论》,2009 年第 6 期,第 47 页。

③ 罗屿、葛浩文,《美国人喜欢唱反调的作品》,《新世纪周刊》,2008 年第 10 期,第 121 页。

④ Goldblatt,H.,"Why I Hate Arthur Waley? Translating Chinese into a Post-Victorian Era",*Translation Quarterly* (13&14),1999,p.42.

文学翻译模式与中国文学对外译介
——关于葛浩文的翻译

刘云虹　许　钧

一、引　言

2012 年 12 月 10 日，在瑞典首都斯德哥尔摩音乐厅举行的 2012 年诺贝尔奖颁奖仪式上，中国作家莫言从瑞典国王手中领取该年度诺贝尔文学奖。至此，纠结了中国作家甚至包括普通读者在内的整个读书界大半个世纪的"诺奖情结"终于得以释放或缓解。然而，随着所谓"后诺奖"时代的到来，国内学界的氛围也由以往的焦虑和渴望转变为疑惑与反思。

正如有学者所指出的，莫言获诺贝尔奖主要涉及了两个问题："一个是莫言该不该获奖的问题，另一个是莫言凭什么获奖，或者说为什么获奖的问题。"[①]第一个问题不是译学界关注的重点，第二个问题却与翻译密切相关。我们看到，在文学界、翻译界乃至读者大众的热切

---

① 曾艳兵，《走向"后诺奖"时代——也从莫言获奖说起》，《广东社会科学》，2013年第 2 期，第 188 页。

讨论中,莫言作品的翻译、翻译与创作的关系①、译本选择与翻译方法、翻译对中国文化"走出去"的影响等一系列与翻译有关的问题成为普遍关注的焦点。毫不夸张地说,莫言获奖后,翻译的重要性受到整个国内学界和读书界空前的关注,译者的地位与作用、翻译策略与翻译接受、文学译介与文化传播等诸多相关问题也得到广泛的重视。从莫言获奖引发对翻译问题的种种讨论,到"公认的中国现代、当代文学之首席翻译家"葛浩文出场,再到对中国文学、文化如何"走出去"的探寻,在这样的语境下,翻译界部分学者和媒体对翻译方法与翻译观念等涉及翻译的根本性问题也提出了各种观点,我们认为有必要对文学译介中的翻译方法甚或翻译模式等相关问题做出进一步思考,澄清一些模糊的认识。

二、莫言获奖与葛浩文的翻译

2012 年莫言获得诺贝尔文学奖,这一度成为中国学界和文化界最关注的核心事件,各种媒体上都充斥着相关的报道、介绍或讨论。之所以如此引人注目,原因不言而喻:诺贝尔文学奖数十年来一直让中国作家乃至整个文学界饱尝了焦虑、渴望与等待,在经历了鲁迅、沈从文、林语堂、老舍、巴金、北岛等一次又一次与诺奖的擦肩而过之后,莫

① 许方、许钧,《翻译与创作——许钧教授谈莫言获奖及其作品的翻译》,《小说评论》,2013 年第 2 期。

言终于让这根深蒂固的"诺奖情结"有了着落。然而,除此之外,可以说还有另外一个重要原因:莫言是一位真正的中国本土作家,从来没有用中文之外的其他语言进行写作,外国评论家和读者,当然也包括诺贝尔奖的评委们,除极少数汉学家以外,绝大多数都必须依赖莫言作品的外文译本来阅读、理解和评价莫言,于是,翻译对莫言获奖的决定性作用以及与之相关的诸多问题使单纯的获奖事件有了林林总总引人关注也值得探讨的后续话题。

在中国驻瑞典大使馆举行的见面会上,莫言曾表示:"翻译的工作特别重要,我之所以获得诺奖,离不开各国翻译者的创造性工作。"①诺奖的获得离不开翻译,这不仅是莫言出席此次官方活动时的表述,也是他在不同场合多次表明的态度,更是在莫言获奖所带来的各种话题中深受国内媒体和学界关注的问题之一。如果说,一直默默耕耘的中国文学因为莫言的获奖终于在国际舞台受到热切的瞩目,那么,一直静静付出的翻译者们也借此一改昔日的"隐形人"身份,从幕后被推至台前,并收获了极为珍贵的肯定与赞美。一时间,莫言作品的英译者葛浩文、法译者杜特莱夫妇、瑞典语译者陈安娜以及日语译者藤井省三等都迅速成为国内媒体和学界的新宠。而在他们之中,由于英语在全球无可比拟的地位,葛浩文自然成为最重要也最具代表性的一位。其实,在中国文学的视野下,无论作为曾在呼兰河畔"热泪纵横"的"萧红迷",还是作为执着于中国现当代文学研究并推动其在英语世界传播的学者,葛浩文都不是陌生、遥远的名字。然而,尽管早已被了解甚至熟知,葛浩文在中国学界最绚丽的出场无疑得益于莫言的获奖以及

---

① 沈晨,《莫言指出翻译的重要性:"得诺奖离不开翻译"》。http://www.chinanews.com/cul/2012/12-08/4392592.shtml.

由此产生的对翻译、创作与获奖三者之间关系等问题的大规模探讨。

实际上，莫言获奖后，翻译的重要性以及译者的中介作用备受关注，这在目前的文化语境下应该说是一个不难理解的现象。虽然全球的汉语学习热已经是不争的事实，但汉语仍然是远居英、法等西方语言之后的非主流语言，中国文学要想在世界范围内得到阅读、理解与接受，翻译是不可逾越的必然途径。于是，伴随着葛浩文的出场，国内学界围绕莫言获奖与葛浩文的翻译而展开的广泛探讨中涉及的首要问题就是翻译的作用。诺贝尔文学奖一经揭晓，国内各大媒体便不约而同地将莫言的获奖与其作品的翻译联系在一起。有关翻译在莫言获奖中起关键作用的报道不胜枚举，例如，《解放日报》的《莫言获奖，翻译有功》、《人民日报》海外版的《文学翻译助力莫言获诺奖》，等等。于是，葛浩文被媒体称为"莫言唯一首席接生婆"，陈安娜则是"莫言得奖背后最重要的外国女人"。与媒体的热烈反应相比，文化界和翻译界学者们的思考自然要冷静、缜密得多。但概括来看，除个别持谨慎态度，例如有所保留地提出"莫言作品之所以能获得国际认同，固然不能缺少翻译环节，但其获奖的原因却远没有这么简单"①，绝大部分都对以葛浩文、陈安娜为代表的外国译者在莫言获得国际认可的过程中所发挥的重要作用给予了肯定。例如，有学者认为，"如果没有汉学家葛浩文和陈安娜将他的主要作品译成优美的英文和瑞典文的话，莫言的获奖至少会延宕十年左右，或许他一生都有可能与这项崇高的奖项失之交臂"②。还有学者提出，"中国的近现代史上文学贡献比莫言大者不在少数，单是林语堂就被提名诺贝尔文学奖多次，但最终却都是

---

① 熊辉，《莫言作品的翻译与中国作家的国际认同》，《重庆评论》，2012年第4期，第7页。

② 王宁，《翻译与文化的重新定位》，《中国翻译》，2013年第2期，第7页。

无果而终。究其原因,作品由汉语译为英语的水平不足是重要原因,这次在一定程度上可以说是外国的译者成就了莫言"①。这些言辞并不激烈却立场鲜明的论述可以说是颇具代表性的。

随着国内媒体和学界围绕莫言获奖与葛浩文的翻译的讨论逐渐深入,焦点话题也由翻译的作用问题进一步上升至中国文学、文化"走出去"的策略或战略问题。尽管有学者不主张诸如"策略"或"战略"这样的提法,但在国内目前的文化语境下,似乎非这样的表述不足以显示"中国文化'走出去'"这一问题的重要性和迫切性。也就是说,在莫言获奖之后由葛浩文的翻译所引发的持续不断的话题中,受到广泛关注的不仅是单纯的翻译与创作、翻译与获奖的关系问题,还有翻译对中国文学、文化"走出去"的影响和作用等具有更深层次意义的问题。诺贝尔文学奖设立以来的一百多年历史里,获奖者大多为欧洲和北美作家,除莫言之外,亚洲仅有印度的泰戈尔、以色列的阿格农和日本的川端康成、大江健三郎四位曾获得这一奖项。在这样的基本事实下,语言问题一直被普遍认为是文学作品能否赢得国际认可的关键所在。因此,对于深受语言因素制约的中国文学、文化如何才能"走出去"的问题,翻译必然成为其中绕不过去的核心与焦点。这已经是翻译界、文学界和文化界的共识,正如有学者所指出的,"大家也都知道'中国文学、文化走出去'这个问题的背后有一个翻译问题"②。应该说,如何在中国文学、文化"走出去"这一目标下来看待翻译及其相关问题,并非十分新鲜的论题。然而,在莫言历史性的获奖和葛浩文翻译受到空

① 冯占锋,《从莫言获诺奖看文学翻译中的"随心所译"》,《短篇小说(原创版)》,2013 年第 10 期,第 77 页。

② 谢天振,《中国文学、文化走出去:理论与实践》,《东吴学术》,2013 年第 2 期,第 45 页。

前关注和热议的背景下,对这一问题的讨论呈现出更为清晰的指向性,探讨和研究的主要内容在很大程度上集中于译者模式和翻译策略两个层面,也就是说,由什么样的译者、采用什么样的方法和策略进行翻译才能有效地促进中国文学、文化"走出去"。关于译者模式问题,文化界和翻译界的观点可以说相当一致,基本上都认同汉学家译者模式或汉学家与中国学者相结合的翻译模式。以 2012 年 12 月中旬由上海大学英美文学研究中心和上海市比较文学研究会举办的"从莫言获奖看中国文学如何"走出去"——作家、译家和评论家三家谈"学术峰会为例,针对"中国文学的外译工作怎样才能成功""中国文学到底怎样才能'走出去'"等问题,郑克鲁提出"文学外译还是让目标语翻译家来做"[①],季进认为"真正好的翻译是汉学家与中国学者合作的产物"[②],而这些正是与会的国内著名作家、翻译家和评论家中绝大多数人所持的观点。当然,并非所有的汉学家都能胜任推动中国文学、文化"走出去"这项工作。鉴于此,有学者对这一译者模式的理性建构进行了颇为深入而有益的思考,指出"汉学家译者模式的选择标准,大致应该以葛浩文为参照蓝本。总结起来,即是:中国经历、中文天赋、中学底蕴以及中国情谊。这四者的结合,无疑是汉学家模式选择中最理想的一种类型"[③]。如果说,葛浩文、陈安娜等国外著名汉学家对中国文学"走出去"所发挥的推动作用已经由莫言的获奖而在很大程度上得到了有力证明,以葛浩文为参照的译者模式也因此得到了媒体的推

① 张毅、綦亮,《从莫言获诺奖看中国文学如何走出去——作家、译家和评论家三家谈》,《当代外语研究》,2013 年第 7 期,第 54 页。
② 同上,第 57 页。
③ 胡安江,《中国文学"走出去"之译者模式及翻译策略研究》,《中国翻译》,2010 年第 6 期,第 12 页。

崇和学界的认可,那么,对于中国文学译介中应采用什么样的翻译方法与策略这一更具有普遍意义的问题,或许出于对葛浩文翻译方法的不同认识,或许出于翻译方法这一问题本身所蕴含的丰富内容与复杂关系,目前却存在着一些模糊的认识,有待国内学界特别是翻译界进行更为深入而理性的思考。

三、葛浩文翻译方法与文学译介

如果说中国文学、文化"走出去"必然离不开翻译,那么在这一过程中我们需要的究竟是怎样的翻译? 如果说葛浩文堪称文学译介的汉学家译者模式的参照和典范,那么他究竟采用了怎样的方法和策略来翻译中国文学作品,国内文化界和翻译界对此又是如何认识的? 由于莫言获奖后媒体对翻译问题空前热切的关注,伴随着汉学家葛浩文的名字迅速进入公众视野的除了他的翻译作品、他对中国文学的执着热爱和有力推介,还有他在译介中国文学作品时所采用的特色鲜明的翻译方法。在众多的媒体上,"删节""改译"甚至"整体编译"等翻译策略成了葛浩文翻译的标签。

或许文学经典的评价标准实在难以形成普遍的共识,诺贝尔文学奖似乎从来都无法远离争议和质疑,国外如此,国内也同样如此,只不过由于翻译问题的加入,使原本就十分热闹的局面变得更为复杂。2013 年 1 月 10 日,评论家李建军在目前国内文学评论重镇之一的《文学报》"新批评"专栏发表长文《直议莫言与诺奖》,对莫言的获奖提出了强烈质疑。针对莫言作品的翻译,他认为,文化沟通和文学交流上的巨大障碍使得"诺贝尔文学奖的评委们无法读懂原汁原味的'实质性文本',只能阅读经过翻译家'改头换面'的'象征性文本'。而在被翻译的过程中,汉语的独特的韵味和魅力,几乎荡然无存;在转换之后的'象征文本'里,中国作家(各不相同的)文体特点和语言特色,都被抹平了"。基于这样的认识,李建军数次提及葛浩文的翻译对莫言作品的美化,并指出,"诺奖的评委们对莫言的认同和奖赏,很大程度上,就只能建立在由于信息不对称而造成的误读上——对莫言原著在语法上的错误,修辞上的疏拙,细节上的失实,逻辑上的混乱,趣味上的怪异,他们全然无从判断;同样,对于中国的文学成就,他们也无法准确而公正地评价",因此,除了诺奖的选择和评价标准本身的偏失之外,莫言的获奖"很大程度上,是'诺奖'评委根据'象征性文本'误读的结果——他们从莫言的作品里看到的,是符合自己想象的'中国''中国人'和'中国文化',而不是真正的'中国''中国人'和'中国文化'"。①显而易见,在李建军看来,莫言是在以葛浩文为代表的翻译家的帮助下才得以受到诺奖的垂青,也就是说,打动诺奖评委们的并不是莫言作品本身,而是"脱胎换骨"、彻底"美化"的译文。并且,在这样的翻译所导致的"误读"中,中国文学的真正成就甚至中国文化的真正内涵都一并被误读了,这或许是比莫言的作品究竟应不应该获奖更值得深思的问题。在这个意义上,我们似乎可以再追问一句:中国文学、文化"走出去"固然是举国上下的共同目标,但倘若"走出去"的在某种程度上说是被误读、误解的文学和文化,那如此的"走出去"到底还值不值得期盼? 评论界从来都不缺观点,也不缺各种观点之间的交锋,更何

---

① 李建军,《直议莫言与诺奖》,《文学报》,2013 年 1 月 10 日。

况是莫言获奖加葛浩文翻译再加评论家的"酷评"如此吸引眼球的事件。2013 年 4 月 7 日,《收获》杂志执行主编、作家程永新在微博上对李建军针对莫言的评论文章表示了不满与愤慨,认为"李建军对莫言的攻讦已越过文学批评的底线,纯意识形态的思维,'文革'式的刻薄语言,感觉是已经疯掉的批评家要把有才华的作家也一个个逼疯"①。两天后,《文学报》主编陈歆耕在接受《新京报》电话采访时对此给予了回击,他表示,"李建军万余字的文章,程永新仅用 100 多字便将其否定,这种做法简单、草率、缺乏学理依据"②。4 月 10 日,评论家杨光祖在博客上发表《关于〈收获〉主编程永新质疑〈文学报〉的一点意见》,直问"中国的作家,中国的文坛,什么时候能够成熟起来呢?能够容忍不同的声音?能够给批评家(的)成长一个宽容的空间?中国的作家能不能既……听取廉价的表扬,也……听取严厉的、逆耳的批评呢?"③。看来,莫言的获奖以及随之而来的翻译问题所引起的震动远远超出了文学界或翻译界的单纯范围,已经引发了中国文学、文化"走出去"大背景下整个国内文化界与学术界对相关问题的普遍关注、探讨甚至争论。

除了国内评论界,国外汉学界和美国评论界对葛浩文的翻译也有种种观点和认识。德国汉学家顾彬曾经表示,莫言的获奖在很大程度上是因为他遇到了葛浩文这位"杰出的翻译家"④。尽管如此,他对葛浩文的翻译方法却颇有微词,认为他的翻译"在很大程度上是创造了

① 程永新,里程微博,2013 年 4 月 7 日。http://weibo.com/u/2201421755.
② 江楠,《"新批评"文章不代表〈文学报〉立场》,《新京报》,2013 年 4 月 10 日。
③ 杨光祖,《关于〈收获〉主编程永新质疑〈文学报〉的一点意见》,杨光祖的博客,2013 年 4 月 10 日。http://blog.sina.com.cn/s/blog_6c5c75d701018exn.html.
④ 李建军,《直议莫言与诺奖》,《文学报》,2013 年 1 月 10 日。

译本畅销书,而不是严肃的文学翻译",因为,"他根本不是从作家原来的意思和意义来考虑,他只考虑到美国和西方的立场"。① 对于这样的评价,葛浩文尽管没有正面回应,却始终坚持自己的立场:"为读者翻译。"美国当代著名小说家厄普代克曾经在《纽约客》上以"苦竹:两部中国小说"为题对苏童的《我的帝王生涯》和莫言的《丰乳肥臀》的译本进行了评价。在这篇被认为对于中国文学在美国的影响而言颇为重要的评论文章中,作者提到了葛浩文的翻译,并对某些译文提出了批评:"这样的陈词滥调式的英语译文,的确显得苍白无力。"②对此,葛浩文显然是不能接受的,他直言:"厄普代克那个评论非常有问题。也许他评艺术评得好,可他连翻译都要批评,他不懂中文,凭什么批评翻得好不好呢? 他说'Duanwen was now licking his wounds'这句英语是什么陈词滥调,也许对他而言,这在英文里是陈词滥调,可是我回去看原文,原文就是'舔吮自己的伤口',还能翻成什么?"③

　　以上评论家之间、汉学家之间、评论家与译者之间的种种争论与交锋尽管都直接或间接地涉及葛浩文的翻译方法,但有褒有贬,没有定论,也并非真正意义上对翻译方法的探讨。如果说,学界对此应该如杨光祖所言给予更宽容的空间的话,那么,最近一段时间来自翻译界的对葛浩文翻译方法的某种认识,以及由此产生的对中国文化"走出去"这一背景下的文学译介与文学翻译方法的讨论与呼吁,却不能不引起学界尤其是翻译理论界足够的重视。

---

　　① 李雪涛,《顾彬中国现当代文学研究三题》,《文汇读书周报》,2011 年 11 月 23 日。

　　② 厄普代克,《苦竹:两部中国小说》,季进、林源译,《当代作家评论》,2005 年第 4 期,第 39 页。

　　③ 季进,《我译故我在——葛浩文访谈录》,《当代作家评论》,2009 年第 6 期,第 52 页。

谢天振教授是国内翻译研究的重要学者之一,长期致力于译介学研究,并从译介学的角度对中国文学、文化如何更好地"走出去"这一有着重要现实意义的问题进行了积极的思考,提出了不少鲜明的观点。由于汉语的非主流语言地位,翻译活动肩负着促进中国文化更好地"走出去"这一可谓艰巨的历史使命。然而,"中国文化'走出去'不是简单的翻译问题",谢天振认为不能简单、表面地看待中国文化"走出去"进程中翻译的作用与影响,并一再提醒学界注意两个现象:"何以我们提供的无疑是更加忠实于原文、更加完整的译本在西方却会遭到冷遇? 何以当今西方国家的翻译家们在翻译中国作品时,多会采取归化的手法,且对原本都会有不同程度的删节?"①这两个现象或者"事实"揭示出的无疑是翻译方法和翻译策略的问题,对此可以有两点最直接的理解:一是中国文学作品忠实的、完整的译本在西方的接受不如人意;二是归化和删节是西方在译介中国文学时惯常采用的翻译方法。毋庸置疑,无论翻译方法还是翻译策略,向来与翻译观念息息相关,正因为如此,他指出:"今天我们也开始越来越多地关心中译外的问题,越来越多地关心如何通过翻译把中国文化介绍给世界各国人民、让'中国文化走出去'的问题。然而,建立在千百年来以引进、译入外来文化为目的的'译入翻译'基础上的译学理念却很难有效地指导今天的'译出翻译'的行为和实践,这是因为受建立在'译入翻译'基础上的译学理念的影响,翻译者和翻译研究者通常其少甚至完全不考虑翻译行为以外的种种因素,诸如传播手段、接受环境、译入国的意识形态、诗学观念,等等,而只关心语言文字转换层面的'怎么译'的问题。

---

① 　张毅、綦亮,《从莫言获诺奖看中国文学如何走出去——作家、译家和评论家三家谈》,《当代外语研究》,2013 年第 7 期,第 55 页。

因此,在这样的译学理念指导下的翻译(译出)行为,能不能让中国文化有效地'走出去',显然是要打上一个问号的。"①基于此,他认为,"我们在向外译介中国文学时,就不能操之过急,贪多、贪大、贪全,在现阶段不妨考虑多出节译本、改写本,这样做的效果恐怕更好"②。同时,他多次强调并呼吁,在中国文学向外译介的过程中"要尽快更新翻译观念"③。对于这样的认识,在深入分析之前,我们想先提出两点。第一,翻译活动是涉及两种语言的双向交流,在语言、文化、历史、社会以及意识形态等多种因素的作用下,译入翻译和译出翻译必然具有一定的差异性,这应该是翻译活动中的客观事实,也是翻译界的基本共识。第二,随着翻译研究的不断深化,人们对翻译的理解、对翻译复杂性的认识也逐步深入,翻译界可以说已经明确认识到翻译不仅是单纯的语言转换行为,而是受文本内部与外部诸多要素共同制约的复杂活动。在这样的基本事实下,倘若仍然提出"翻译者和翻译研究者通常甚少甚至完全不考虑翻译行为以外的种种因素,诸如传播手段、接受环境、译入国的意识形态、诗学观念,等等,而关心语言文字转换层面的'怎么译'的问题"这样的论断并将此归结为翻译观念的陈旧,是否有失偏颇? 是否有悖于国内译学界在三十多年的艰难探索中所取得的研究成果?

莫言获诺奖所产生的巨大影响力使国内媒体对翻译问题产生了浓厚兴趣并给予了空前的关注,而且,这样的关注不仅涉及事件本身,

---

① 谢天振,《新时代语境期待中国翻译研究的新突破》,《中国翻译》,2012 年第 1 期,第 14 页。

② 张毅、綦亮,《从莫言获诺奖看中国文学如何走出去——作家、译家和评论家三家谈》,《当代外语研究》,2013 年第 7 期,第 55 页。

③ 谢天振,《从译介学视角看中国文学如何走出去》,《中国社会科学报》,2013 年 11 月 4 日。

还进一步延伸到译学界对翻译理论问题的探寻。《文汇报》2013 年 9 月 11 日头版"文汇深呼吸"专栏刊登了"中国文化如何更好地'走出去'"系列报道之七《"抠字眼"的翻译理念该更新了》。文章第一段即开宗明义地提出:"做翻译就要'忠实于原文',这几乎是绝大多数人对于翻译的常识。但沪上翻译界的一些专家却试图告诉人们:常识需要更新了!这种陈旧的翻译理念,已经成了影响中国文学和文化'走出去'的绊脚石。"随即,文章以"很多典籍有了英译本却'走不出去'"为例,并援引谢天振的话指出:"翻译的译出行为是有特殊性的。如果译者对接受地市场的读者口味和审美习惯缺乏了解,只是一味地抠字眼,讲求翻译准确,即便做得再苦再累,译作也注定是无人问津。"接着,文章论及莫言的获奖与葛浩文的翻译,认为"莫言摘获诺奖,其作品的外译者功不可没,其中包括莫言作品的英译者、美国汉学家葛浩文。要知道,葛浩文不仅没有逐字逐句翻译,离'忠实原文'的准则也相去甚远。他的翻译'连译带改',在翻译《天堂蒜薹之歌》时,甚至把原作的结尾改成了相反的结局"。基于这样的认识,文章表示,"莫言热"带给翻译界的启示应该是"好的翻译可'连译带改'",并强调"一部作品的最终译文不仅取决于原文,还取决于它的'服务对象',以及译作接受地人们的语言习惯、审美口味、公众心理等非语言层面的因素。或许,只有从根本上认识这一点,卡在中国文化'走出去'途中的障碍才能消失"。[①] 一千余字的文章并不算长,却字字掷地有声,直指翻译标准、翻译方法以及翻译立场、翻译观念等翻译范畴内的根本性问题,并立足中国文化"走出去"的宏大背景对所谓"传统的翻译观念"提出责问,"陈旧的翻译理念""中国文学和文化'走出去'的绊脚石"等字眼

---

① 樊丽萍,《"抠字眼"的翻译理念该更新了》,《文汇报》,2013 年 9 月 11 日。

屡屡让人触目惊心。9月11日,中国新闻网以"专家:翻译'忠实原著'成文学'走出去'绊脚石"为题转载该文。9月16日,《济南日报》以及人民网、新华网、中国经济网等国内主要媒体也纷纷以"文学翻译'忠于原著'成为'走出去'绊脚石"为题对该文进行了转载。

在此,我们首先就文章的内容澄清一点,文章在表明葛浩文采用的是"连译带改"式的非忠实性翻译方法时,以莫言的《天堂蒜薹之歌》的译本为例,称葛浩文"甚至把原作的结尾改成了相反的结局"。《天堂蒜薹之歌》的结尾确实发生了变化,可这一改动背后的事实究竟如何呢?在一次访谈中,葛浩文对此进行了说明和解释:"莫言的《天堂蒜薹之歌》,那是个充满愤怒的故事,结尾有些不了了之。我把编辑的看法告诉了莫言,十天后,他发给了我一个全新的结尾,我花了两天时间翻译出来,发给编辑,结果皆大欢喜。而且,此后再发行的中文版都改用了这个新的结尾。"①可见,改动原作结尾的是莫言本人,只不过他是在葛浩文的建议下进行修改的,这似乎可以被理解为译者与原作者之间的互动与合作的一次生动例证,甚至是翻译中可遇而不可求的境界,但无论如何也不能算作葛浩文的单方面改动,更不能简单地由此得出译者不忠实于原著这样根本性的结论。

或许,这只是不经意间的"疏忽",但文章意欲传达的核心观点却昭然若揭:以"忠实"为原则的翻译观念阻碍了中国文化"走出去"的步伐,仿佛只有葛浩文的"连译带改"的翻译方式才是中国文学对外译介能获得成功的唯一模式。

---

① 李文静,《中国文学英译的合作、协商与文化传播——汉英翻译家葛浩文与林丽君访谈录》,《中国翻译》,2012年第1期,第59页。

四、文学译介的复杂性与不平衡性

在莫言获奖以及莫言作品在西方的译介所引发的对翻译作用与翻译方法、对中国文学与文化如何更好地"走出去"等问题的持续关注与讨论中,在翻译界尤其是翻译理论界,这样一种呼吁更新翻译观念、转换翻译方法的声音不绝于耳,并在媒体的助力下似有形成主流认识之势。翻译界利用这一契机,对翻译方法与翻译观念等根本性问题进行反思,这对翻译研究的深化,进而对促进中国文学、文化更好地"走出去"无疑都是及时和必要的。然而,倘若翻译理论界和媒体在这样的思考中将葛浩文的翻译定性为"连译带改"的翻译,并将这种"不忠实"的翻译方法上升为译介中国文学的唯一正确方法,甚至是唯一正确模式,并据此对以"忠实"为原则的翻译观念提出质疑,这是否同样有简单化、片面化看待问题之嫌?对此,我们认为有必要就文学译介中的翻译方法和翻译观念等问题展开深入思考,对某些观点和认识进一步加以辨析,澄清以下几个方面的问题。

(一)翻译方法与翻译忠实性

"忠实"是翻译研究的根本问题之一,也是翻译活动的基本原则之一,从伦理的角度来看甚至是保证翻译自身存在的内在需要。然而,在莫言获奖与葛浩文的翻译所引发的讨论中,忠实性却一再被用来对所谓的传统翻译理念提出质疑。一时间,翻译"忠实于原文"不仅被视为需要更新的陈旧翻译观念，更被看作"影响中国文学和文化'走出去'的绊脚石"。而葛浩文采用删节和改译等翻译方法在中国文学译介中获得的成功仿佛成为这种观点的有力论据和有效证明，换句话说，葛浩文在译介中国文学作品中的删节和改译等似乎被理解为与忠实性观念与原则相对立的翻译方法。

事实果真如此吗？我们不禁想问一问："忠实"到底是什么？或者，当人们在谈论翻译的忠实性时，翻译到底应该忠实的是原文的什么？是文字忠实，意义忠实，审美忠实，效果忠实，抑或其他？国内翻译界曾经对村上春树的"御用"译者林少华的翻译有过不小的争议，有学者认为林少华用"文语体、书面语体"来翻译村上春树作品的"口语体"，因而认为林译因而在风格和准确性上都存在问题。然而，有意思的是，一边是学术界对林译的忠实性提出质疑，另一边是林少华在报纸、杂志、博客等诸多媒体上一再表明他对文学翻译的理解，阐述他所信奉的以"审美忠实"为核心价值的翻译观，并指出，文学翻译的忠实性应体现在译文的"整体审美效果"，也就是说，"文学翻译最重要的是审美忠实"，因为"无论有多少理由，翻译文学作品都不该译丢了文学性"。① 当然，我们无意于在此评价关于村上春树作品汉译的争论，只是这个例子多少可以提醒我们关注这样一个事实，即翻译的忠实并非仅在于语言和文字层面，忠实于原文远远不能被局限于"抠字眼"的范畴，无论在翻译观念中还是在翻译行为中，对于忠实性原则的理解都存在着不同的层面和维度。既然译学界对翻译活动的复杂性已经有了越来越深刻的理解，那么对翻译的"忠实"也应当具有更加理性的认

---

① 林少华，《文学翻译的生命在文学——兼答止庵先生》，《文汇读书周报》，2011年3月11日。

识。正如翻译史一再表明的，文字层面的忠实并不等同于伦理层面的忠实，同样，删节、改译等翻译方法折射出的也并非必然是"忠实"的绝对对立面。

再看另一个问题：如果说葛浩文在翻译中对原文的删节和改译已经在客观上有悖于人们对"忠实"一词的基本理解，那么，翻译的忠实性原则在他的翻译过程中究竟是否存在？葛浩文在一次访谈中谈起自己的翻译计划时曾说道："还有家出版社邀我重翻《骆驼祥子》。《骆驼祥子》已经有三个译本了，都不好。最早的译本是抗战时一个日本集中营里的英国人翻的，他认为英美读者看中国的东西要是一个悲剧的话，会接受不了，所以就改了一个喜剧性的结局，完全歪曲了原著。后来北京外文出版社又出一本，可是他们依据的是老舍根据政治需要改过的版本，又是照字面翻译，没了老舍作品的味儿。还有一个译本是一个美国人翻的，夏威夷大学出版社出的，这个译者不知道文学作品的好坏，英文的把握也很有问题。我觉得这实在对不起老舍。"[1]我们知道，伊万·金 1945 年翻译出版的《骆驼祥子》英译本对老舍作品真正走向世界具有重要意义，之后，不仅"以此英译本为基础，转译为法、德、意、瑞士、瑞典、捷克、西班牙等许多语种"，而且还"带动了海外的老舍其他作品的翻译与研究活动"。[2] 而葛浩文此番意欲重译《骆驼祥子》的原因很明确，并不在于原译本过于陈旧等历史原因，而是要"对得起"老舍，力求忠实地再现老舍作品的精神价值和美学趣味，译本既不能"歪曲了原著"，也不能"没了老舍作品的味儿"。这个事实或许至少可以从一个侧面说明，葛浩文在翻译中对忠实性原则不仅没有

---

① 季进，《我译故我在——葛浩文访谈录》，《当代作家评论》，2009 年第 6 期，第 50 页。

② 孔令云，《〈骆驼祥子〉英译本校评》，《新文学史料》，2008 年第 2 期，第 152 页。

忽略,而且还有所追求。

如此看来,葛浩文惯常采用的删节和改译等翻译方法不应被片面地视为一种对翻译忠实性的违背,更不应被借以否定以"忠实"为基本原则的翻译理念。如果说林少华强调的是"审美忠实",那么在葛浩文那里,"忠实"不在于语言层面,而在于意义层面。正如他所说:"只要我在翻译词汇、短语或更长的东西上没有犯错,我的责任在于忠实地再现作者的意思,而不一定是他写出来的词句。这两者之间有细微差别,但也许是一个重要的区别。"①应该说,从这个意义上来认识葛浩文的翻译方法与翻译忠实性原则之间的关系更为公允。

(二)翻译方法与翻译观念

对于翻译方法与翻译观念之间的关系,译学界普遍认同的观点是:翻译是一种语言层面上"脱胎换骨"的再生过程,因而也是一种具有强烈的主观意识和理性色彩的活动,正是在这个意义上,翻译被认为是一个选择的过程,从"译什么"到"怎么译"的整个翻译过程中,译者时时处处面临选择,包括对拟翻译文本的选择、对翻译形式的选择、对文本意义的选择、对文化立场与翻译策略的选择,等等。无疑,任何翻译方法的运用也同样不是盲目的,而是自觉的、有意识的,渗透着译者对翻译本质、目标与价值的主观理解与认识。在《选择、适应、影响——译者主体性与翻译批评》一文中,我们曾以林纾、鲁迅和傅雷的翻译为例,详细分析了翻译方法与翻译观念之间的密切关联。无论是林纾的"意译"、鲁迅的"直译",还是傅雷对"以流畅性与可读性为显著

---

① 葛浩文,《作者与译者是一种亲密又独立的关系》,《文学报》,2013 年 10 月 31 日。

特征的译文语体"的运用,三位译者对翻译方法的选择都是以实现其心目中翻译所承载的价值为目标的,也就是说,"正是在翻译救国新民、翻译振兴中华民族、翻译重构文化的不同目标与理想下,林纾、傅雷和鲁迅在各自的翻译中做出了不同的选择"。[①]

葛浩文自然也不例外。那么,在翻译中国文学作品的过程中,葛浩文对翻译行为以及翻译的价值目标具有怎样的理解呢? 作为译者的葛浩文虽然并不从事翻译理论研究,却对文学翻译持有鲜明的立场与态度,并在不同场合有所表述。例如在一次演讲中他表示,"我们的工作目的是尽量取悦于一位不了解目标语国家语言的作家,尽力去忠实于他的原作吗? 答案当然是否定的。作者写作不是为了自己,也不是为他的译者,而是为了他的读者。而我们也是在为读者翻译"[②]。又如在一次访谈中他明确指出,"我认为一个做翻译的,责任可大了,要对得起作者,对得起文本,对得起读者,我要多想的话,恐怕早就放弃了,所以我不大去想这些问题。我觉得最重要的是要对得起读者,而不是作者"[③]。可见,正如我们在上文所提到的,"为读者翻译",这是葛浩文对于文学翻译一贯所持的立场与态度。为读者而翻译,葛浩文所面对的是出版社编辑这个特殊的读者以及"他所代表的英美读者",要让他们接受并喜爱充满异域情调和陌生氛围的中国文学作品,他必须在翻译策略和翻译方法上有所选择。媒体和学界普遍认为,葛浩文式的"连译带改"翻译策略常常体现在作品的开头部分,对此,葛浩文曾

---

① 刘云虹,《选择、适应、影响——译者主体性与翻译批评》,《外语教学理论与实践》,2012 年第 4 期,第 52 页。

② 葛浩文,《作者与译者是一种亲密又独立的关系》,《文学报》,2013 年 10 月 31 日。

③ 季进,《我译故我在——葛浩文访谈录》,《当代作家评论》,2009 年第 6 期,第 46 页。

在访谈中做出如下解释："英美读者习惯先看小说的第一页,来决定这个小说是否值得买回家读下去;中国作家偏偏不重视小说的第一句话,而中国的读者对此也十分宽容,很有耐心地读下去。国外的编辑认为小说需要好的开篇来吸引读者的注意。"[①]在《苦竹:两部中国小说》中,厄普代克曾说,美国读者那颗"又硬又老的心,我不敢保证中国人能够打动它"[②]。倘若美国读者的心真的如此难以打动,又往往没有慢慢探寻和品味的耐心,那着实必须有一下子就能吸引眼球的精彩开头不可。因此,为了吸引读者,"除了删减之外,编辑最爱提的另一个要求是调整小说的结构",以刘震云的《手机》为例,"编辑认为中国三四十年前的事情是很难吸引美国的读者的,他们想要看的是现在发生的故事",在这样的情况下,葛浩文没有完全忠实地翻译原著的开头,而是"把小说第二章讲述现在故事的一小部分拿出来,放在小说开头"。[③]通过这个例子可以清楚地看到,在坚持"为读者翻译"的葛浩文那里,翻译的目的是为了接受,是为了更多的不通汉语的英语读者能喜爱中国文学作品,因此,读者的期待与喜好对翻译中是否删改原著以及如何删改就具有了决定性意义。试想,如果每部小说的开头都像哈金《等待》的开篇第一句"孔林每年夏天都回到乡下去和他的妻子离婚"一样精彩,一样符合美国读者的审美标准的话,葛浩文也无须费力地在翻译中加以处理了。对原著的删改远不是翻译中必然采用的方法,更不是翻译中固定不变的模式,而是翻译观念作用下译者的一次

---

① 李文静,《中国文学英译的合作、协商与文化传播——汉英翻译家葛浩文与林丽君访谈录》,《中国翻译》,2012 年第 1 期,第 59 页。

② 厄普代克,《苦竹:两部中国小说》,季进、林源译,《当代作家评论》,2005 年第 4 期,第 37 页。

③ 李文静,《中国文学英译的合作、协商与文化传播——汉英翻译家葛浩文与林丽君访谈录》,《中国翻译》,2012 年第 1 期,第 59 页。

选择。

（三）翻译方法与译者责任

莫言获奖后，创作与翻译、作家与译者之间的关系一直是颇为引人关注的话题，莫言对翻译采取的开放态度被认为不仅给了译者很大的发挥空间，也对他的获奖起到了至关重要的作用。如果说莫言对译者毫无保留地信任，其他作家却不尽然。比如，另一位在海外颇具影响力的作家余华认为，"在文学翻译作品中做一些内科式的治疗是应该的，打打针、吃吃药，但是我不赞成动外科手术，截掉一条大腿、切掉一个肺，所以最好不要做外科手术"①。而昆德拉对译者的不满几乎是众所周知的，"作品《玩笑》的最初三个英译本让他大为不满——尤其不满译者动辄在不同地方换用同义词来表达原文中同一个词的意思的做法。他曾公开对译者表示不满，说'你们这些搞翻译的，别把我们又是糟蹋，又是凌辱的'"②。可见，作家对翻译的态度，可以说因人而异，莫言在多种场合表示了对译者的信任和感谢，这或许是因为"他很清楚汉语与英语之间不可能逐字逐句对应的，与其他语言之间也是如此"，又或许是因为他明白"翻译可以延长一部文学作品的生命，并可以揭示原来文本中所隐藏的东西"。③ 但恐怕另一个更为重要的原因在于，他遇到了葛浩文这样一个"真心喜欢莫言的所有小说"，并如顾彬所言，"采用一种非常巧妙的方式"进行翻译的好译者。

---

① 高方、余华，《"尊重原著应该是翻译的底线"——关于中国文学译介与传播》，《中国翻译》，2014 年第 3 期，第 48 页。

② 王丹阳，《想当莫言，先得"巴结"翻译?》，《广州日报》，2012 年 11 月 2 日。

③ 葛浩文，《作者与译者是一种亲密又独立的关系》，《文学报》，2013 年 10 月 31 日。

无疑,莫言对葛浩文的态度不是盲目的,他所说的"想怎么弄就怎么弄"完全是出于对葛浩文的了解和信任。而这信任的另一面就是译者的责任问题。翻译是一个充满选择的过程,选择必然具有主观性,也就必然意味着责任。对任何一个有责任心的译者而言,翻译过程中做出的每一个选择都不是随意的、盲目的,而是有清醒意识和明确目标的,力求通过解决翻译中遭遇的各种矛盾而实现翻译的价值。在这个意义上,具体到葛浩文的翻译方法,他对原文的删节、改译甚至整体编译无一不是其主观性和主体意志的体现。每部文学作品都具有各自的特色,删不删、改不改以及如何删、怎么改,都需要译者根据文本内外的不同情况做出判断、进行选择。况且,译者对于翻译过程中的每一次选择都必须谨慎,一方面各种选择之间存在互为因果、互相影响的密切关系,另一方面各种选择都是语言、历史、文化、社会、政治等文本内部与外部诸多因素共同作用的结果。因此,如果说翻译活动中有很多不可为而为之的艰难,完全忠实于原著不易,那么,删节、改译等体现主观性和创造性的行为也同样不易,正如葛浩文所言,"既要创造又要忠实——甚至两者之间免不了的折中——那股费琢磨劲儿"①完全是一种挑战。而这艰难与挑战的背后所折射出的正是译者作为翻译主体的责任意识。莫言曾这样描述他与葛浩文的合作:"我与葛浩文教授1988年便开始了合作,他写给我的信大概有一百多封,他打给我的电话更是无法统计……教授经常为了一个字、为了我在小说中写到的他不熟悉的一件东西,而反复磋商……由此可见,葛浩文教授不但是一个才华横溢的翻译家,而且还是一个作风严谨的翻译

---

　　①　王丹阳,《想当莫言,先得"巴结"翻译?》,《广州日报》,2012年11月2日。

家……"①毋庸置疑,这一百多封信和无法统计次数的电话所体现的正是译者对原作、对原作者、对翻译活动所承担的一份责任。

对作家和译者之间关系的理解可以说见仁见智,或像毕飞宇一再表示认同的那样,"一个好作家遇上一个好翻译,几乎就是一场艳遇"②,或像余华认为的那样,"像是拳击比赛,译文给原文一拳,原文还译文一拳,你来我往,有时候原文赢了,有时候译文赢了,十个回合以后打了一个平手,然后伟大的译文出现了"③。然而从伦理角度来看,译者与原文之间首先具有一种责任关系,"翻译可以成全一个作家也可以毁掉一个作家",这种颇为极端却又富有深意的说法或许是对译者责任的最好诠释。甚至,我们有理由认为,比起亦步亦趋地按照原文直译,当葛浩文采用删节和改译等翻译方法时,他对作者和读者所承担的责任都更为重大,因为无论原作者还是读者,对于从原文到译文究竟发生了什么样的变化基本上是无从知晓的。想必正是在这个意义上,葛浩文坦言,"作者与译者之间的关系可能是不安、互惠互利且脆弱的"④。

无论是删节还是改译,葛浩文的翻译方法都具有强烈的主观色彩,更必然对原作、原作者和读者负有更大的责任,如何能将这样一种"不安而脆弱"的关系理解为文学译介中的唯一方法和固定模

---

① 文军、王小川、赖甜,《葛浩文翻译观探究》,《外语教学》,2007 年第 6 期,第 78—79 页。

② 舒晋瑜,《中国文学走出去,贡献什么样的作品》,《人民日报海外版》,2013 年 2 月 26 日。

③ 高方、余华,《"尊重原著应该是翻译的底线"——关于中国文学译介与传播》,《中国翻译》,2014 年第 3 期,第 49 页。

④ 葛浩文,《作者与译者是一种亲密又独立的关系》,《文学报》,2013 年 10 月 31 日。

式呢?

(四) 翻译方法与文化接受的不平衡性

翻译就其根本目的而言是为了促进不同文化之间的交流,而交流必然依赖并取决于对来自异域的他者的接受。因此,在文学译介,尤其是在两种存在显著差异的语言和文化之间进行文学译介时,读者的接受是翻译过程中译者必须考虑的首要问题。葛浩文之所以坚持"为读者翻译"的理念,正是出于对翻译接受的重要性的认识。然而,翻译的接受远不是简单的语言问题,目的语国家的文化语境、读者的接受心态以及源语与译语文化之间的关系等都是在其中产生重要影响的因素。

目前国内对于外国文学作品的翻译以忠实于原著为原则,出版的一般都是全译本,改译、节译或编译等处理是不被接受甚至不能容忍的。这是因为,中国对外国文学尤其是西方文学的接受已经有了相当长的历史,无论文化接受语境还是读者接受心态都达到了较高的水平,忠于原著的翻译不仅在读者接受层面不会产生障碍,更成为社会对于翻译活动的一种要求。反观中国文学在西方国家的译介,可以说还处在刚刚起步的阶段,媒体有过这样的统计:"目前作品被译介的中国当代作家有 150 多位,只占中国作家协会会员的 1.3%。中国每年出版的引进版外国当代文学作品数量却十分巨大。在美国的文学市场上,翻译作品所占比例大概只有 3% 左右,而在 3% 的份额中,中国当代小说更是微乎其微。"①可见,中译外与外译中之间的不平衡极为

---

① 刘莎莎,《莫言获奖折射我国文学翻译暗淡现状》,《济南日报》,2012 年 10 月 24 日。

明显,中国文学输出与西方文学输入之间存在着巨大的逆差。这一事实导致的必然结果就是中国与西方国家在文化接受语境和读者接受心态两方面的显著差距。而由于这样的差异和不平衡性,为了最大限度地吸引西方读者的兴趣,从而推进中国文学在西方的接受,译者在翻译中就必然以读者为归依,对原著进行适当调整,使之在更大程度上契合读者的阅读习惯与期待。就葛浩文的翻译而言,他在翻译中国文学作品时采用的翻译策略与方法,也正是以西方读者的接受为出发点,以便在西方目前的文化接受语境下更有力地推荐莫言等优秀作家的作品。

实际上,在中国文学翻译史上也不乏类似的例子,最有代表性的就是林纾对西方文学作品的翻译。在今天的翻译研究视野下,林纾的翻译往往由于他在翻译中采取的"意译"的翻译方法以及由此产生的对原著的种种背叛与不忠实而备受责难。然而,在当时特定的历史与文化背景下,"林译小说"却将翻译在文化交流中具有的"媒"和"诱"的作用发挥得淋漓尽致,进而在中国近代文学史上为文化交流做出了卓越的贡献。究其原因,文化接受语境无疑是其中极为重要的一点。我们知道,在林纾所处的晚清时代,文学界和评论界对外国小说怀有一种"根深蒂固的偏见",普遍认为"吾国小说之价值,真过于西洋万万也"。① 出于这样一种对西方文化的态度与对本土文化价值的立场,为了加强翻译小说的可读性从而激发读者的阅读兴趣,林纾虽然极力提倡借助外国小说来实现改良社会、救国新民的目标,但其在翻译中注重的只是保留原作的内容,完成译介小说"知风俗、鉴得失"的使命,因

---

① 王宏志,《重释"信、达、雅"——20 世纪中国翻译研究》,北京:清华大学出版社,2007 年,第 172 页。

而任何被认为符合这一需要的删改都不是问题。同样，我们也看到，正如任何翻译活动都必然具有历史性一样，林纾的翻译以及他采用的达旨、译述的翻译方法也是特定历史文化语境下的阶段性产物，并随着历史文化语境的改变最终退出了历史舞台。以史为鉴，我们可以试想，目前国内对葛浩文的翻译方法的推崇正是中国和西方对于异域文化接受程度的差异的反映，也正是中国和西方在文学译介上的不平衡性的体现。那么，随着差异的缩小以及不平衡现状的改变，葛浩文式的翻译方法是否也如同林纾的翻译那样，终将在新的历史时期成为中国文学译介史上的曾经？

在中西方文化接受语境存在明显差异的情况下，除了读者的接受之外，另外有一点不得不提的就是商业利益问题。在市场和商业利益的作用下，正如葛浩文所言，"译者交付译稿之后，编辑最关心的是怎么让作品变得更好。他们最喜欢做的就是删和改"。如此情形下，作为译者的葛浩文常常要一再坚持和"斗争"，为的就是"不能让编辑这样随意改动"并"尽量保留更多的原文"。① 诚然，倾向于市场化的译本最终对文学译介本身无益，可遗憾的是，经济利益至上的商业性出版社恐怕难以为了文学的前途而无私奉献。这种与出版者在斗争与妥协之间的博弈远非个案，其他的译者也同样面临这种困境。王安忆的《长恨歌》出版前，出版社主张将书名改为"上海小姐"，理由是"有这样一个书名做噱头好卖"，但译者白睿文一再坚持忠实于原名的翻译，最终《长恨歌》的英文版辗转到美国非营利性的哥伦比亚大学出版社才

---

① 李文静，《中国文学英译的合作、协商与文化传播——汉英翻译家葛浩文与林丽君访谈录》，《中国翻译》，2012 年第 1 期，第 59 页。

得以出版。① 无论是葛浩文还是白睿文,译者的无奈和坚持都显而易见,对原文的某种删节和改译恐怕如林丽君所言,真的是译者"完全不能控制的事情"②,无论如何也不能将之与翻译方法本身的唯一性或正确性相提并论。

以上几个方面的问题从不同层面揭示出文学译介活动的复杂性与丰富内涵。在中国与西方国家在语言、文化、社会、意识形态等方面都客观存在着巨大差异的背景下,中国文学译介过程中尤其凸显出无法避免的阶段性和不平衡性等特征,而葛浩文——其他译者也一样——对翻译策略与方法的选择与运用是特定历史时期中主客观多重因素共同作用的结果,具有显著的历史感和时代氛围,也强烈体现着译者的主体意识。在这个意义上,如果将葛浩文的翻译方法绝对化、唯一化和模式化,甚至据此而质疑以忠实为原则的翻译观念是有失偏颇的,也无益于在中国文化、文学"走出去"的深层次意义上来讨论翻译的作用和价值等根本问题。

五、结　语

葛浩文对莫言作品的译介无疑是出色的,这在一定程度上帮助莫

---

① 姜智芹,《中国当代文学海外传播研究的方法及存在的问题》,《青海社会科学》,2013 年第 3 期,第 149 页。

② 李文静,《中国文学英译的合作、协商与文化传播——汉英翻译家葛浩文与林丽君访谈录》,《中国翻译》,2012 年第 1 期,第 59 页。

言获得了重要的国际声誉,也使中国文学在其世界化进程中迈出了关键的一步,这是不争的事实。然而,我们是不是应该思考这样一个问题:中国当代作家逐渐被译介到国外,包括莫言、余华、毕飞宇、苏童、刘震云等在内的一批作家都非常优秀,而葛浩文本人也已经翻译了中国二十多位作家的作品,为何获得诺贝尔奖的是莫言?可见,虽然好的翻译是中国文学得到国际认可的必要条件,但并不是仅凭好的翻译就能获奖,莫言作品本身的精神价值、艺术魅力与东方文化特质等才是其获奖的关键因素。另一方面,作为译者的葛浩文的成功在很大程度上得益于他的眼光和选择,因为他选择了莫言这样一位足以引起西方读者兴趣的作家。因此,删节和改译等翻译方法可以说在一定程度上促使莫言获得诺贝尔奖,也使得葛浩文的翻译收获了极大的赞誉,但对两人的成功而言都并非决定性因素。

可以肯定,随着莫言的获奖,莫言的国际知名度已经达到了新的高度,中国文学在世界范围内的影响力不断增加,西方国家对中国文学、文化的接受程度也将随之提高,那时,无论西方读者还是中国作家,都会逐渐不满足于目前的翻译处理方法,会对翻译的忠实性和完整性提出更高的要求,毕竟原汁原味的译本才能最大限度地再现文学的魅力。正如莫言所说,"世界需要通过文学观察中国,中国也需要通过文学来展示自己的真实形象"。① 这是双方的需要,也是历史发展的必然。

文学作品的译介和传播确实是个非常复杂的问题,涉及主客观层面的多种因素,如果说用"外译中"的眼光来看待"中译外"是把问题简

---

① 刘莎莎,《莫言获奖折射我国文学翻译暗淡现状》,《济南日报》,2012 年 10 月 24 日。

单化了,那么,将目前获得成功和认可的翻译方法视为中国文学对外译介中唯一正确的方法、唯一可行的模式,同样是一种片面的认识。针对部分学者和媒体对葛浩文式翻译方法的推崇、对所谓传统翻译观念的质疑,翻译理论界应当以翻译活动的本质与目标为出发点,对相关问题进行深入的反思,对某些认识予以澄清和引导。

(原载《外国语》2014 年第 3 期)

葛译莫言小说研究

孙会军

一、引　言

　　莫言 2012 年获得诺贝尔文学奖,文学翻译的巨大作用得以凸显。海外学者张旭东指出,"莫言比较幸运,他有个非常有经验的译者葛浩文,近年每出新作,他都跟进,并通过他的影响力找到大的出版社出版。因此莫言可能是过去一二十年(作品)最系统被翻译成英文的中国籍作家"①。无独有偶,国内学者王宁也指出,"中国当代作家中并不乏与莫言同样优秀的作家,但是莫言确实是十分幸运的,葛浩文的翻译不仅在相当程度上用英语重新讲述了莫言的故事,而且还提升了原作的语言水平"②。笔者拟结合具体的译例,考察葛氏翻译特色,着重关注王宁教授涉及的两个问题:葛浩文作为译者在翻译过程中是否用英语"重新讲述了莫言的故事";葛浩文的译文是否提升了原作的语言

---

① 王德威,《说莫言》,上海:上海书店出版社,2013 年,第 26 页。
② 王宁,《翻译与文化的重新定位》,《中国翻译》,2013 年第 2 期。

水平。希望能够管中窥豹,客观评价翻译在中国小说走向世界的过程中所扮演的角色。

二、葛浩文是否重新讲述了莫言的故事?

本节着重考察莫言小说与其英译本在内容细节上是否存在不对应的情况,在叙述手法上是否有所不同。

(一)内容细节的改动

内容细节不对应的情况是存在的。2004年9月,葛浩文在中国香港《翻译季刊》上发表了论文,指出自己在翻译中国小说过程中所扮演的角色一半是译者、一半是编辑。① 在另一篇文章中,他提到明显删减的莫言小说有两部。② 其实,《红高粱家族》《天堂蒜薹之歌》《丰乳肥臀》和《生死疲劳》等小说的翻译中都有不同程度的删改现象。

《红高粱家族》是由五个原本独立的中篇故事组成的一部长篇小说,故事与故事之间结构较为松散,前后存在着一些重复或是有出入的地方。译者修正了原作中的粗心错误,另外还"大刀阔斧地省去了

---

① Goldblatt, Howard, "Blue Pencil Translating: Translator as Editor", *Translation Quarterly*, 2004.

② Ge, Haowen, "A Mi Manera: Howard Goldblatt at Home — A Self-Interview", *Chinese Literature Today*, 2011, Vol. 2, No. 1.

很多卫星事件和细节描述,去掉了一些无关紧要的枝丫"①。

《丰乳肥臀》1996 年由作家出版社出版,中国工人出版社 2002 年又出了一个缩减版。翻译时译者采用的是由莫言本人提供、在中国工人出版社的版本基础上进一步精缩的版本。在具体翻译过程中,经莫言同意,译者、出版社也做了一些改动。结果,800 多页的小说译成英文后,只剩下 500 多页。②

在翻译《天堂蒜薹之歌》的时候,葛浩文和英文编辑都觉得小说的结尾太弱。葛浩文建议作者修订倒数第二章,重写最后一章,并提出了一两个修改想法供莫言参考。莫言接纳了他的意见,对第十九章和第二十章进行了修改。③

笔者对几部莫言小说及其英译本的部分章节进行对比,发现译者在字里行间的处理上也有改动调整的地方,主要是由于原文读者和译文读者文化背景不同,原文读者能够理解的,译文读者却无法理解,因而增加了英文解释:

> 这是我西门闹的女人啊,我的二姨太迎春,她原是我太太白氏陪嫁过来的丫头,原姓不详,随主姓白。民国三十五年春天被我收了房。④

---

① 吕敏宏,《葛浩文小说翻译叙事研究》,北京:中国社会科学出版社,2011 年,第228 页。

② Goldblatt, Howard, "Blue Pencil Translating: Translator as Editor", *Translation Quarterly*, 2004, p.26.

③ Ibid., pp.25 - 26.

④ 莫言,《生死疲劳》,北京:作家出版社,2012 年,第 13 页。

在对应的英语译文中,"二姨太"被调整为"My first concubine",表面上似乎不对应,却是非常正确的:在中国文化中,妾在地位上算不上妻子,因此被称为"姨太",跟妻子相比永远是次要的、第二位的,因此即使是第一个妾也被称为"二姨太",但英文表达可就不同了,就"concubine"来说,迎春是第一个,所以自然是"the first concubine"。另外,"民国三十五年"如果照直翻译会增加读者的理解难度,毕竟大部分英语读者对中国历史缺乏了解,直接调整为"1946"是很自然的选择。好的翻译从来都不是字对句应的机械转换,目标读者变了,调整是必须的。

译者还常常需要对原文中中国文化特有的表达方式(文化专有项)加入一些解释,否则目的语读者会感觉一头雾水,不知所云,比如下面的例子:

> 第二年初春她就为我生了龙凤胎,男名西门金龙,女名西门宝凤。①

在这个短句里,"龙凤胎"如果照字面直译为"gave a dragon and phoenix birth",英语读者很难理解,所以译者略加解释,译为"gave birth to a boy and a girl, what they call a dragon and phoenix birth"。另外,这对龙凤胎的名字,一个"金龙",一个"宝凤",如果只翻译为"Jinlong"和"Baofeng"是不够的,因为名字的发音是传递出来了,可名字的内涵英语读者无法理解,所以译者在"Jinlong"和"Baofeng"后面分别加上了"Golden Dragon"和"Precious Phoenix",内容立刻就丰富起

---

① 莫言,《生死疲劳》,北京:作家出版社,2012年,第13页。

来。同样,"西门闹"这个名字按照拼音可以译成"Ximen Nao",但是在下面句子中,作者利用"闹"这个字表达的双关意义哪里是简单的音译可以传达的呢?

　　"西门闹,你还闹吗?"①

　　"Ximen Nao, whose name means West Gate Riot, is more rioting in your plans?"②

　　在这里,译者别无选择,只能通过增加解释来清楚、畅达地传递原文的内涵。译者在这里巧妙地插入一个非限制性定语从句"whose name means West Gate Riot",解释了"Nao"的含义——"Riot",同时实现了与下文的自然衔接。

　　当然除了变通和直译加注,译者偶尔也会把一些可能让英语读者费解的内容删掉,比如在《红高粱家族》第一章有这么一句:

　　我曾对高密东北乡极端热爱,曾经对高密东北乡极端仇恨,长大后努力学习马克思主义,我终于悟到:高密东北乡无疑是地球上最美丽、最丑陋、最超俗最世俗、最圣洁最龌龊、最英雄好汉最王八蛋、最能喝酒最能爱的地方。③

　　在对应的译文中,译者把"长大后努力学习马克思主义"直接翻译

　　① 莫言,《生死疲劳》,北京:作家出版社,2012 年,第 3 页。
　　② Mo, Yan, *Life and Death Are Wearing Me Out: A Novel*. Trans. Howard Goldblatt. New York: Arcade Publishing, 2012, p.3.
　　③ 莫言,《红高粱家族》,北京:作家出版社,2012 年,第 3 页。

为"Until I'd grown up","学习马克思主义"被删掉了。

（二）叙述手法上的调整

吕敏宏在《葛浩文小说翻译的叙事研究》中,研究了《红高粱家族》的英译本在叙述顺序上的调整。笔者受到启发,也对《红高粱家族》第一章《红高粱》进行了逐句对比,发现原作者在故事的叙述上有很多时空的变换和穿插。比如第五节,第一段从"我奶奶"出嫁前的情况讲起:"奶奶"当时十六岁,在高密东北乡的同龄女孩中一枝独秀,被富甲一方的财主单廷秀看中,准备娶过来给自己那染上麻风病的儿子做媳妇。第二段快进到"我奶奶"坐在花轿里的情形。第三段又闪回到"奶奶"被单廷秀看中后,两家家长结亲的决定以及"奶奶"内心的纠结。

译者在字句层面基本上都是逐字逐句翻译的,改动的是段落顺序,按照时间的逻辑重新叙述,译文读起来更自然,更容易为读者所把握。但问题也很明显:"《红高粱》译文对事件的重组和调整虽然没有改变小说的故事,却改变了小说的情节,使译作的情节不像原作那样有较强的时空跳跃和闪回,从而造成译作读者不同的心理感受。"[1]

除了叙述顺序的调整外,个别地方的叙述手法也有所调整,使叙述者的介入程度有所改变。比如在第四节,有这样一段:

> 父亲不知道自己多么喜爱这两头黑骡子。奶奶挺胸扬头骑在骡背上,父亲坐在奶奶怀里,骡子驮着母子俩,在高粱挟持下的土路上奔驰……[2]

---

[1] 吕敏宏,《葛浩文小说翻译叙事研究》,北京:中国社会科学出版社,2011年,第122页。

[2] 莫言,《红高粱家族》,北京:作家出版社,2012年,第30页。

How Father loved those two black mules.

He remembers Grandma sitting proudly on the mule's back，Father in her lap，the three of them flying down the narrow dirt path through the sorghum field...①

上面节选的部分,在"父亲不知道自己多么喜爱这两头黑骡子"这句话中,叙述者是"我",在英语译文中,"父亲不知道"被去掉了,变成"How Father loved those two black mules."原文中的叙述者"我"在译文中似乎被放逐了,读者被直接带进父亲的内心世界,叙述者"我"则游离于故事之外,其介入程度被打了折扣。

在紧接下来的一句话中,原作者安排了一个闪回,带领读者跟随父亲的记忆回到过去的和平时光,回到父亲和奶奶母子二人骑在骡背上的快乐情景中。在英语译文中,译者很明显地增加了"He remembers"两个词,似乎要提醒读者这里出现了时空调整。

三、葛浩文的译文是否提升了原作的语言水平?

莫言的原文和葛浩文的英语译文在语言水平上孰优孰劣? 笔者下面对《檀香刑》及其英译本进行随机比较。

---

① Mo，Yan，*Red Sorghum：A Novel of China*. Trans. Howard Goldblatt. New York：Viking Penguin，1993，p.34.

《檀香刑》的英译本于 2013 年出版，这是莫言获得诺贝尔文学奖之后出版的第二个英译本。《檀香刑》由三个部分组成：凤头部、猪肚部和豹尾部。第二部分采用的是全知全能的第三人称叙事视角。而第一和第三部分是从不同人物的叙事视角出发，用第一人称写成：不同人物轮番登场，先后承担起叙述者的角色，每一个人物都呈现出不同的叙述声音。

莫言在小说后记里指出，他"在这部小说里写的其实是声音。小说的凤头部和豹尾部每章的标题，都是叙事主人公说话的方式，如'赵甲狂言''钱丁恨声''孙丙说戏'，等等。中间的猪肚部分看似用客观的全知视角写成，但其实也记录了在民间用口头传诵的方式或者用歌咏的方式诉说着的一段传奇历史——归根结底还是声音"①。

既然"声音"是这部小说的一个重要的文体特征，我们就有必要考察一下译者是如何将这些声音传递给英语读者的，效果如何。小说每一章开始的时候，都有一段人物自白，按照山东高密地区流行的地方戏曲"猫腔"的某个曲调写成，比如第一章"眉娘浪语"是这样开场的：

> 太阳一出红彤彤，（好似大火烧天东）胶州湾发来了德国的兵。（都是红毛绿眼睛）庄稼地里修铁道，扒了俺祖先的老坟茔。（真真把人气煞也！）俺爹领人去抗德，咕咚咚的大炮放连声。（震得耳朵聋）但只见，仇人相见眼睛红，刀砍斧劈叉子捅。血仗打了一天整，遍地的死人数不清。（吓煞奴家也！）到后来，俺亲爹被抓进南牢，俺公爹给他上了檀香刑。（俺的个亲爹呀！）②

---

① 莫言，《檀香刑》，北京：作家出版社，2012 年，第 511 页。
② 同上，第 4 页。

很明显，在上面这个大悲调中，彤—东—聋—红—捅押/ong/韵，兵—睛—茔—清—刑押/ing/韵，声—整押/eng/韵，声—整所押的韵与/ing/韵和/ong/韵非常接近，读起来朗朗上口，别有韵味。

葛浩文在译者序中提到，"汉语押韵要比英语押韵容易得多，在中国戏剧中，几乎每一行都押韵，无论长短。在翻译多个曲调的过程中，为了寻找合适的韵脚，我可以说是绞尽脑汁、殚精竭虑，同时尽量把必要的原意保留下来"①。那么葛浩文是否再现了这首大悲调的效果呢？

> The sun rose, a bright red ball (the eastern sky a flaming pall), from Qingdao a German contingent looms. (Red hair, green eyes.) To build a rail line they defiled our ancestral tombs. (The people are up in arms!) My dieh led the resistance against the invaders, who responded with cannon booms. (A deafening noise.) Enemies met, anger boiled red in their eyes. Swords chopped, axes hewed, spears jabbed. The bloody battle lasted all day, leaving corpses and deathly fumes. (I was scared witless!) In the end, my dieh was taken to South Prison, where my gongdieh's sandalwood death sealed his doom. (My dieh, who gave me life!)

在译文中，"ball-pall"押韵，"looms-tombs-booms-doom"押韵，"chopped-hewed-jabbed"虽然算不上押韵，但尾音相同。虽然译文读起来、唱出来的效果不及原文上口，但总体来说，译者的再现韵律的意

---

① Mo, Yan, *Sandalwood Death: A Novel*. Trans. Howard Goldblatt. Norman: University of Oklahoma Press, 2013, p.ix.

识非常明显,而且达到了与原文接近的声音效果。

小说第一部分和第三部分是由不同性格、不同身份的人物叙述的,他们中有风流少妇,有不识字的屠夫,也有通过科举考试、获得进士资格的"高知"县令,每个人的声音——语体风格——都自成一体,别具特色。每换一章,人物的语体风格变了,译者就需要换一种"声音"。葛浩文说,他没有用美国的街头用语或是过于明显的维多利亚时代的高雅用语进行简单的替换,而是选择去面对这样的一种挑战。①下面我们从小说的三个不同章节里随机选出三段话,结合译文进行比较研究。

例1 白刀子进去,红刀子出来,俺的丈夫赵小甲是杀狗宰猪的状元,高密县里有名声。他人高马大,半秃的脑瓜子,光溜溜的下巴,白天迷迷糊糊,夜晚木头疙瘩。②

The knife goes in white and comes out red! No one is better at butchering dogs and slaughtering pigs than my husband. Zhao Xiaojia, whose fame has spread throughout Gaomi County. He is tall and he is big, nearly bald, and beardless. During the day he walks in a fog, and at night he lies in bed like a gnarled log.③

孙眉娘是个性格刚烈的女人,没有受过多少教育,但擅长猫腔,说

① Mo, Yan, *Sandalwood Death : A Novel*. Trans. Howard Goldblatt. Norman: University of Oklahoma Press, 2013, p.ix.

② 莫言,《檀香刑》,北京:作家出版社,2012 年,第 6 页。

③ Mo, Yan, *Sandalwood Death : A Novel*. Trans. Howard Goldblatt. Norman: University of Oklahoma Press, 2013, p.4.

起话来也是抑扬顿挫,合辙押韵,像说戏词儿一样。比如上面这段选文当中的第二句,人高马大/da/,半秃的脑瓜子/guaza/,光溜溜的下巴/ba/,白天迷迷糊糊,夜晚木头疙瘩/da/。为了再现人物的这种语言风格,葛浩文分别使用头韵和尾韵进行处理:"bald/beardless""walks in a fog/like a gnarled log"。此外,"人高马大"没有简单翻译成"He is tall and big",而是处理为"He is tall and he is big",也是出于声音节奏方面的考虑。总的来说,这句话的处理既准确传达了原意,又很好地传递了人物的声音效果。

例2　咪呜咪呜,未曾开言道,先学小猫叫。

俺娘说,老虎满嘴胡须,其中一根最长的,是宝。谁要是得了这根宝须,就能看到人的本相。娘说,世上的人,都是畜牲投胎转世。谁如果得了宝须,在他眼里,就没有人啦。大街上,小巷里,酒馆里,澡堂里,都是牛呀,狗啦什么的。咪呜咪呜。娘说,有那么一个人,闯关东时,打死一只老虎,得了一件宝须……①

Meow, meow, I learned how to sound like a cat before I could talk. My niang said that the longest whisker on a tiger is precious, and that anyone who owns one can carry it on his body and see a person's true form. All living humans, she said, are reincarnations of animals. If a person gets one of those precious whiskers, what he sees is not people. On the street, in alleyways, in taverns, in a public bath, what he sees are oxen, horses, dogs, cats, and the like. Meow, meow. There was once a man, Niang

---

① 莫言,《檀香刑》,北京:作家出版社,2012年,第73页。

said, who traveled east of the Shanhai Pass, where he killed a tiger to get one of those precious whiskers.[1]

赵小甲虽然是个人高马大的屠夫,但在性格上却懦弱而缺少个性,很不成熟,从上面引文中"娘说"的重复出现,我们可以对他的性格窥见一斑。另外,原文赵小甲这段话中,句子都很短,也透露出他的幼稚、琐碎、智商低下。

英语译文准确传达了原文的内容,只是在句子的结构上与原文有所不同,这恐怕是跟汉、英两种语言的句法差异有关。另外,"娘说"在原文中出现三次,且都处于主位,让读者意识到"娘"对赵小甲的影响,或者说"娘"在他心目中的突出地位。而在译文中,译者根据日常英语的表达习惯进行了处理,除了第一次出现的"My niang said"处于主位之外,其他两次都变成了插入语,而且第二次改成了"she said","娘"在人物心目中的突出性有所减弱。

例 3 那些黑脸的猫红脸的猫花脸的猫大猫小猫男猫女猫配合默契地不失时机地将一声声的猫叫恰到好处地穿插在义猫响彻云霄的歌唱里,并且在伴唱的过程中,从戏箱里拿出了锣鼓家什还有那把巨大的猫胡,各司其职地、有节有奏地、有板有眼地敲打演奏起来。[2]

As if by design, all the black-faced cats red-faced cats multi-hued cats big cats small cats male cats female cats embellished

---

① Mo, Yan, *Sandalwood Death: A Novel*. Trans. Howard Goldblatt. Norman: University of Oklahoma Press, 2013, p.56.

② 莫言,《檀香刑》,北京:作家出版社,2012 年,第 494 页。

Justice Cat's cloud-bursting aria with cat cries inserted in all the right places, with perfect timing, all the while reaching into the storage chest to deftly extract gongs and drums and other stage props, including an oversized cat fiddle, each actor expertly adding the sound of his instrument in perfect orchestral fashion. ①

知县钱丁的学术背景是进士,因此算得上饱读诗书的学者。他所使用的语言与孙眉娘和赵小甲的语言明显不同:句子较长,句式结构较为复杂,较为正式的词汇和成语也频繁出现。上面选取的这一段中,前面一段是一个完整的句子,这个句子一共有 113 个字! 一系列的并列名词之间没有用顿号隔开,目的无疑是要达到一种排山倒海、一气呵成的效果,让人联想到戏曲高潮时的某些唱段。这种效果在译文中得到了很好的体现:并列的名词之间没有用逗号分开,形式上保持了与原文的对应一致,前景化的效果与原文一样,是非常明显的,因为日常英语和汉语一样不会容许名词重复到如此程度:"black-faced cats red-faced cats multihued cats big cats small cats male cats female cats"。接下来的部分,译者利用介词短语和多个伴随结构把原文复杂的句子文从字顺地翻译出来,既反映出叙述者细腻的观察和描写能力,也显示出叙述者复杂、抽象的思辨能力,译者的翻译功夫令人赞叹。

在钱丁的这段引文中,叙述者都使用了较为正式的词汇和成语。比如:前面的两个人物在自我指涉时用的是山东方言"俺",而钱丁用

① Mo, Yan, *Sandalwood Death: A Novel*. Trans. Howard Goldblatt. Norman: University of Oklahoma Press, 2013, p.388.

的是较为书面的"余"。原文中使用的成语包括：不失时机、恰到好处、响彻云霄、各司其职、有板有眼等。英文译文中，译者也使用了一些较为正式的词汇和短语结构，营造出一种较为正式的语体风格："embellished""cloud-bursting""with perfect timing""deftly""expertly""in perfect orchestral fashion"等，成功地勾画出"知县"的学者形象，传递出钱丁所独有的叙述声音。

有时候，译者的语言的确比原作者的语言更胜一筹，这里举一个《生死疲劳》中的例子：

> 我的声音悲壮凄凉，传到阎罗大殿的每个角落，激发出重重叠叠的回声。我身受酷刑而**绝不改悔**，赢得了一个硬汉子的名声。[①]
>
> Every time I was brought before the court, I proclaimed my innocence in solemn and moving, sad and miserable tones that penetrated every crevice of Lord Yama's Audience Hall and rebounded in layered echoes. **Not a word of repentance escaped my lips** though I was tortured cruelly, for which I gained the reputation of an iron man.[②]

逐句对照就会发现，这段译文算得上汉英翻译的绝佳范例。译文不仅和原文非常对应，而且读起来没有一丝生硬牵强的痕迹，自然流畅，很好地传达了原文的文学效果，个别地方还非常出彩。比如"绝不

---

① 莫言，《生死疲劳》，北京：作家出版社，2012年，第3页。

② Mo, Yan, *Life and Death Are Wearing Me Out: A Novel*. Trans. Howard Goldblatt. New York: Arcade Publishing, 2012, p.3.

改悔"的翻译是"Not a word of repentance escaped my lips",显然比"绝不改悔"更加生动、传神。

四、结　语

从上面的比较可以看出,葛浩文翻译的莫言小说的确在一定程度上重新讲述了莫言的故事。所谓故事的重新讲述,体现在译文和原文内容细节以及叙述手法上有彼此不对应的情况,原因有多个。

首先,莫言的小说本来是写给中国读者看的,而葛浩文的译文是译给英语读者看的。因为文化背景的隔阂,莫言和汉语读者之间一些共享的背景知识,如果不加处理照直翻译,会增加英语读者的理解难度。遇到这样的情况,译者要么将一些词句删掉,要么采用直译加注的方式进行处理。

第二,莫言的语言感性而充满力量,但有时也不免有些重复和前后不一致的地方,因此译者需要把一些粗心的错误纠正过来,把一些繁复的地方进行精简。纽约大学的张旭东说过,"莫言访问纽约大学,和我的学生一起读《生死疲劳》,发现有些段落和词句在翻译中省略或简化了,莫言的中文繁复有力,但被翻译为英文后反而更干净了"[1]。

第三,莫言在一些小说中大量使用倒叙、插叙、闪回、闪进等陌生化的叙事手法,译者大部分情况下都是照直翻译的,有时候也为了使

---

① 　王德威,《说莫言》,上海:上海书店出版社,2013 年,第 26 页。

叙述的故事更容易为读者所把握,对一些段落顺序进行了调整,按照时间的顺序来讲述故事。还有些地方,译者没有调整顺序,但为了帮助读者注意到小说中出现的叙述时空的突然转换,就增加了一些解释性的词语,比如前面提到的"He remembers",好像是为读者提供指点迷津的"指路牌"。这些做法的初衷都是为了方便读者抓住小说的内容,使他们更好地理解和欣赏莫言的故事,这样处理之后,故事内容的传达没有受到影响,但是英文读者在阅读译文时所获得的感受有时未免不尽人意。根据俄国形式主义的观点,艺术的技巧是要使事物"陌生化",使形式变得难解,增加感知的难度和长度,因为感知的过程就是审美目的本身。可惜,莫言小说最开始进入英语世界的时候,英语世界更多是把莫言小说当成了解中国的窗口,而不是从文学的意义上去欣赏莫言的。后来,随着葛译莫言作品在英语世界不断推出,随着莫言在西方获得多项文学奖(先是《红高粱家族》被《今日世界文学》评价为 1993 年最佳外文小说,接下来是 2009 年获得第一届纽曼华语文学奖,再就是 2012 年获得诺贝尔文学奖),人们才越来越关注莫言小说的文学性和艺术性、越来越有兴趣了解中国文化与以西方文化为主的异域文化之间的差异性。译者的翻译策略也一直在进行相应的调整,翻译的策略逐渐趋于异化,而在莫言获得诺贝尔文学奖之后,其异化的程度达到最高,不再刻意迎合英语读者,而是努力将莫言小说原汁原味地呈现在他们的面前。比如在《檀香刑》的英译本中,爹(dieh)、娘(niang)、衙役(yayi)、员外郎(yuanwailang)、老太爷(laotaiye)等都采用了音译的方法,既没有用斜体突出,也没有添加解释,只是在小说的附录中给出了一个词汇表。在译者序中,葛浩文指出,"英语中来自中文的词汇不多,基本上都是帝国主义者和传教士带到英语中的。现在到了用更多中国词汇来扩充英语中的中文外来词的时候了"①。

关于莫言和葛浩文的语言水平高低优劣的问题,笔者认为,上文中的例证已经给出了很好的回答:由于两种语言的差异,原作者和翻译者在语言的使用上各有千秋,都发挥了各自的语言优势,个别地方,译文的语言显得不尽人意,但也有的地方译文比原文更生动形象。总的来说,英文译文和汉语原文在语言水平上各有短长、难分伯仲、旗鼓相当。无论是作者还是译者,在各自的语言王国里,都称得上语言文学大师,无论是原作还是译作,都是世界文学之林中的参天大树。

莫言遇到葛浩文这样的译者,实在是很幸运的事情,葛浩文为了翻译莫言小说,可以说是殚精竭虑、不辞辛劳,付出了很多时间、精力和情感。除了翻译,葛浩文还通过译者序、学术论文、演讲、文学奖提名等各种渠道,不遗余力地向英语读者介绍莫言。其推介之功与翻译之功相比毫不逊色。

但莫言的成功,靠的绝不仅仅是运气。莫言能够在众多作家中获得葛浩文的青睐,其小说能够得到葛浩文的积极翻译和推介,首先得益于作品的魅力。葛浩文翻译过二十几位中国现当代作家的作品,但他毫不讳言:"莫言不只是一个作家,他是一种现象。……他是一个了不起的人。我必须要承认,无论是从读者的角度说,还是从译者的角度看,他都是我最喜欢的作家。"②他把莫言称为他的"英雄"③,在他看

---

① Mo,Yan, *Sandalwood Death : A Novel*. Trans. Howard Goldblatt. Norman: University of Oklahoma Press,2013, p.ix.

② 葛浩文,《在香港公开大学的演讲》。http://tieba.baidu.com/p/1935658105.

③ Goldblatt, Howard, "Mo Yan, My Hero". https://www.theguardian.com/books/2012/oct/12/mo-yan-my-hero-howard-goldblatt.

来，莫言是其所属时代"最有成就、最有影响力、最有创造力的作家"①。

最后，笔者还想指出，在莫言和葛浩文的合作中，莫言不是唯一获益的一方，葛浩文"兼顾百家，但独尊莫言"的独到眼光和出色的翻译，不仅成就了莫言，也成就了他自己。用他自己的话说，在翻译《红高粱家族》之前，他"只是美国科罗拉多大学一位新转行的、不为人知的中文教授"②。译文出版之后，一方面莫言开始引起英语读者的关注，迈出了进入英语图书市场的第一步，另一方面，*Red Sorghum* 也成为葛浩文翻译事业上的里程碑，其著名翻译家的地位也从此得以确立。作者与译者的关系，用葛浩文自己的话说，是互惠互利的关系③，而二人的成功，在笔者看来，无疑是强强联手、合作双赢的结果。

（原载《中国翻译》2014 年第 5 期）

---

① Goldblatt, Howard, "Mo Yan's Novels Are Wearing Me Out: Nominating Statement for the 2009 Newman Prize", *World Literature Today*, July 1, 2009, Vol. 83, No. 84, p.29.

② 葛浩文，《作者与译者：一种不安、互惠互利，且偶尔脆弱的关系》，王敬慧译，《社会科学报》，2013 年 6 月 27 日。

③ 同上。

借帆出海：也说葛浩文的"误译"

朱振武　覃爱蓉

　　葛浩文对莫言作品的英译获得了巨大成功，可谓有目共睹。而不少人就葛氏对原作"误译"的指责，也不容忽视。《狼图腾》的作者姜戎与葛浩文一同参加在莫干山举办的笔译工作坊时，曾就"误译"的问题发生激烈的讨论。比如，就"熊可牵，虎可牵，狮可牵，大象也可牵。蒙古草原狼，不可牵"一例，葛浩文的译文是"You can tame a bear, a tiger, a lion, and an elephant, but you cannot tame a Mongolian wolf"，姜戎认为不妥。作者认为"pull"与"牵"完美对应，而译者认为译成"tame"更合情合理。上述事例中，由于译者与作者的知识结构和文化背景不同，译文出现对原文有所偏离的现象在所难免。同时，译者出于对目标语读者阅读习惯的考虑，翻译也不可能一一对等，更不可能简单地机械对等。因此，《丰乳肥臀》中"咱们做女子的，都脱不了这一难"①，在葛氏的译本中被改头换面为"It's the curse of females"②，也就不足为怪了。当然，真正的误译，如在《丰乳肥臀》的

---

① 莫言，《丰乳肥臀》，北京：北京十月文艺出版社，2010 年，第 11 页。

② Mo, Yan, *Big Breasts and Wide Hips*. Trans. Howard Goldblatt. New York: M Arcade publishing, 2004, p.10.

英译本中把"六个姐姐"译成"seven sisters"①，那完全是另一回事。"莫言的作品根植于家乡土壤，立足于中国文化传统"②，其作品中独具特质的语言表达和文化概念，不可能都字对字直译到英语中去。在这种情况下，葛浩文充分发挥了译者的文化自觉性和翻译自觉性，以"忠实"为首要原则，同时运用"重写"和"背叛"的方式加以创新性重构，看似误译，实则做到了对原文更好的忠实，不仅提高了译本的可读性，更达到翻译"跨文化交流"的目的。

一、"无中生有，一词多译"

"字无定义，故无定类。而预知其类，当先知上下文意何如耳。"③

---

① 《丰乳肥臀》原文为："母亲抱着我，带着我的六个姐姐，跳下萝卜窖子，在黑暗潮湿阴冷中爬行一段，进入宽阔之地，母亲点燃了豆油灯。"（莫言，《丰乳肥臀》，北京：北京十月文艺出版社，2010 年，第 78 页。）葛浩文的译文为："With me in her arms, Mother led my seven sisters down into the turnip cellar..."（Mo, Yan, *Big Breasts and Wide Hips*. Trans. Howard Goldblatt. New York: M Arcade publishing, 2004, p.138.）原文的故事情节是：为了躲避日本人的迫害，母亲带领一家人逃进地窖中避难。但根据原文，上官一家总共九个孩子，八女一男。小说在描述这段情节——鬼子进村时，大姐早已跟沙月亮私奔，二姐此时痴迷司马库，正追随司马库在外面宣传炸桥的英雄事迹，这时并没在家（后文中二姐返回家中下地窖的情节也印证其当时未在家中），因此家中只剩下七个孩子（六女一男）。此处译文却是"seven sisters"。小说原著的几个版本都是"六个姐姐"，此处系误译无疑。

② 蔡丹丹，《尊文重译——"非主流"英语文学暨中国文化走出去的翻译视角专题研讨会召开》，《中国比较文学》，2014 年第 1 期，第 219 页。

③ 马建忠，《马氏文通》，北京：商务印书馆，1983 年，第 23 页。

语言的任意性规定了语言符号的形式与其含义并无必然和本质的关联,文字的意义只有在上下文给出的情景语境中才能确立,因此即使是文本中反复出现的一个词,在不同的语境中其意义也可能千差万别。由此可见,译者在翻译的过程中不可一味追求字面意义的简单对等和机械一致,而要在源语文本给出的语境下,细细品味和琢磨语言的深层含义,进而运用目标语文化语境中最为贴切得当的词汇和语法结构进行意义重构。我们不难看到莫言小说原作中同一个词或者同义词的反复出现。然而,在不同的情景或故事当中,它们的意义不尽相同,有时甚至大相径庭。葛浩文则相应地运用了一词多译的方式进行灵活处理,乍一看译文用词与原文并不对应,取词似乎无中生有,然而却使原文本中相同词的多重含义在译本中得到了与之对应的确切表达,使其不同的语言意义在译本中各取所需,做到了更深层次的对等,甚至对原文有所增益。

例 1 她被日本鬼子挑了……一阵剧痛使他蜷起四肢。① (2002:367)

She was hoisted on the bayonet of a Jap Devil... A crippling pain made him curl into a ball.② (2011:61)

例 2 豆官哆嗦着小爪子举起了勃朗宁手枪。射击! 黑油油的钢盔像鳖盖。哒哒哒! 你这个东洋鬼子! (2002:367)

① 莫言,《透明的红萝卜》,青海,青海人民出版社,2002 年。本文中《师傅越来越幽默》《沈园》《弃婴》《人与兽》等作品的引文均出自该书,随文标明页码,不再一一注出。

② Mo, Yan, *Shifu, You'll Do Anything for a Laugh*. Trans. Howard Goldblatt. New York : Arcade Publishing, 2011. 本文关于小说集 *Shifu, You'll Do Anything for a Laugh* 的引文均出自该版本,随文标明页码,不再一一注出。

Douguan's hand shook as he aimed his Browning pistol. He fired! The black steel helmet was like the shell of a turtle. Ping ping ping! You lousy Jap! (2011:61)

例3　爷爷撕扯着她，一串串肮脏的复仇的语言在耳朵里轰响：日本、小日本、东洋鬼子，你们奸杀了我的女人，挑了我闺女，抓了我的劳工……(2002:379)

Granddad tore at her, spewing words of foul revenge, one string after another, echoing in his ears: Japan! Little Japanese! Jap bastards! You raped and killed my women, bayoneted my daughter, enslaved my people... (2011:79)

小说《人与兽》中多次出现"日本鬼子"和"东洋鬼子"等类似的表达。以上三例中，在不同的情景之下，出自不同的人之口，其所传达的情感也相差甚远。初读译文，"devil""lousy""bastards"等词似乎毫无由来，不禁怀疑译者是否无中生有。但细细推敲，在例1中，对"日本鬼子"一词的处理上，译者采用了文化意象的替代。文中的"爷爷"目睹自己闺女惨遭日本人杀害，即使时隔多年回想起来，仍让他心里"剧痛"不已。遭遇了这番经历，日本人在"爷爷"眼中无异于恶魔。译者在翻译时选择的"devil"这个意象，在众多宗教、传统和文化当中，都被认为是罪恶和残暴的化身，是上帝和人类的敌人。"devil"一词用在此处，完全对应"爷爷"心中日本人万恶不赦的杀人恶魔形象，也实现了文中主人公情感的传递。例2中，豆官作为一个尚且年幼的孩子，在与日本汽车队的作战中是又恨又怕，译者用"lousy Jap"来对应出自这样一个孩子之口的"东洋鬼子"，用词十分符合人物身份和心理。例3中主人公发出"东洋鬼子"的辱骂，在日本深山里过了十年半人半兽生活的"爷爷",面对落入他手中的日本女人,此时已完全被生理欲望和仇恨之心左右,兽性占了人性的上风,吐出的尽是污秽肮脏的语言。译者准确把握了文中主人公此时的状态,将"东洋鬼子"对应处理为"Jap bastards",以新的语言形式,为目标语读者还原了源语读者能够欣赏到的人物形态。对比以上三例不难看出,译者在翻译过程中以"无中生有"的表面形式,"取得与作品中人物情感的一致性"[①],将这样一个唯汉语独有的不可译词汇,具体到情景语境当中,并跨越文化语境,打破原文的束缚,从而建立了深层的对等。

二、"牵强附会,唯意是图"

　　一部译作是否成功,读者的接受性是极好的印证。而要使译本在目标语读者中畅行,译者不仅要用地道的语言准确传递作者所要表达的真实信息,更要为读者重现与作者相近的审美体验。"文学翻译不是词句的形式对应,而是语言信息与美感因素的整体吸纳与再造。"[②]因此,面对复杂的文学翻译,"译家主体应通过现有的知识结构和审美能力认知文本的意义,尽可能构建与作者相近的审美感受,并用目标语进行创造性的转换"[③]。为了将语言信息和美感因素忠实而饱满地

---

① 莫言,《翻译家要做"信徒"》,《人民日报》,2014 年 8 月 24 日。

② 朱振武,《相似性:文学翻译的审美旨归——从丹·布朗小说的翻译实践看美学理念与翻译思维的互动》,《中国翻译》,2006 年第 2 期。

③ 同上。

传递给目标语读者,并使译文合乎目标语表达习惯,葛浩文在翻译过程中适当地进行了意义和修辞两个方面的增补。这个"构建"的过程,从语言的表达来看貌似牵强附会,但译者的这番添枝加叶,恰恰使原文的语言意义和美感因素得到了更加准确完整的传递。

例4　她的哭声是葵花地里音响中的主调,节奏急促、紧张,如同火烧眉毛。(2002:298)

Her cries were the lead instrument in the sunflower symphony-fast and anxious, urgent as a flame singeing the eyebrows. (2011:160)

原文中的"火烧眉毛",译文中将之处理为"a flame singeing the eyebrows",已经极尽忠实。然而,由于语言文化的差异,英语读者有可能会将火烧眉毛这样一个紧急的场景,想象成为一个非常滑稽的画面,那么译者在这里加上一个"urgent"进行意义增补,就变得十分必要。另外,在译本中葛氏对中国阴历中节气的词语,如《爱情故事》中出现的"立冬""霜降"等词汇也增加了相关解释说明,帮助读者理解文意;对人物身份,如《人与兽》中豆官、花官的身份增补,也可以有效地帮助读者梳理人物关系。译者从目标语读者的立场出发,对译本进行了适当的意义增补,使原文语言信息得到了忠实而完整的传递,这样就极大地提升了在目标语语境中的接受性。

例5　一阵剧痛使他蜷起四肢。(2002:367)

A crippling pain made him curl into a ball.(2011:61)

例6　他感到自己像在一出戏里表演一样,用意味深长的腔

调说,"当然,这里也是我的沈园,是我们的沈园。"(2002:200)

He felt like a stage performer. In a tone of voice pregnant with meaning, he added, "Of course, it's my Shen Garden too. It's our Shen Garden."(2011:150)

例7 这种要求的强烈程度随着我和妻子年龄的增大而增大,已临近爆发的边缘。(2002:301)

It had become such a powerful demand, accompanying my wife and me without letup over the years, that you could cut the tension with a knife.(2011:164)

在以上三例中,葛氏的译本里竟然出现了"ball""pregnant"和"knife",这三个意象的增补看似无由附会,然经仔细推敲,这样的增添却是有理有节。例5中,《人与兽》中主人公䦆匐在洞穴之中,回想起过往的惨痛经历,内心的剧痛使他本能地将身体蜷缩起来。葛氏将之译为"curl into a ball",把主人公身体蜷缩成一团的画面生动地再现给读者,于原文甚至还有所补益。例6中,男人背弃了曾经的恋人,却假作情深,故作深沉,说话亦伪装出意味深长的语调自欺欺人。葛氏在此处增用一个"pregnant",是拟人化的处理,完整地传递了原文"意味深长"的语言信息,更让读者脑海里产生一幅有趣的画面,掩卷唏嘘之余,亦不禁莞尔。例7中,夫妻间关系紧张,随时可能爆发。译为"you could cut the tension with a knife",不仅将紧张关系可视化,"knife"这样的危险器物也让人倍觉紧张,仿佛危险一触即发。葛氏"把源语描述之事融入译入语的体验之中"①,突破原文,以意象增补的方式,"用

---

① 葛浩文,《我行我素:葛浩文与浩文葛》,《中国比较文学》,2014年第1期。

目标语进行创造性的转换"，为读者重新建立了与作者相近的审美体验，也使人物的形象深深烙印在读者的记忆之中。

三、"因义害文，得意忘形"

莫言的创作从中国千百年沉淀下来的文学精华中汲取养分，从中国寻常百姓的生活中获取灵感，其语言深深根植于乡土，他的作品充满了中国特质和浓郁的乡土气息。成语、俗语和方言齐聚，为外语读者带来全新的阅读体验，但同时也给译者带来了巨大的挑战。葛浩文称，译文要"'言之成理'，就必须以大家熟悉的方式观照陌生的体验"①。这也就意味着保留源语表达形式会给目标语读者带来新的刺激，但一味地字面对等也会妨碍读者的理解。为了确保原文信息的传递，不得已割舍原文表达形式的情况在所难免。因此，在形和意之间的掂量取舍，会让译者费劲琢磨，甚至面临"因义害文"的指责。形意相较意在先。葛浩文在翻译过程中很有担当，具有较强的翻译自觉性和文化自觉性。译者要想把异国文化传递到目的语文化当中，就要不时转换自己的身份和角色，就要站在读者的立场，充分考虑读者的审美期待和审美取向。葛氏灵活运用直译、转换、意象替代和增补等多样化的翻译策略，实现对源语文本中的成语、俗语和方言的综合性异化和归化，在竭力保留源语表达形式的前提下，适度舍弃，忘形而得

---

① 葛浩文，《我行我素：葛浩文与浩文葛》，《中国比较文学》，2014 年第 1 期。

意,加强了译本的可读性,进而将中国特质文化融入英语文化当中。

例8 "行了,小姐,"他心中厌恶,却用玩笑的口吻说,"世界上还有三分之二的劳动人民在水深火热中挣扎呢!"(2002:201)

"Enough of that, little miss," he said almost jokingly to mask his disgust. "Two-third of the people in this world are struggling against deep waters and raging fires, you know! " (2011:151)

例9 你以为你在水深火热中救人,别人还以为你是图财害命呢!(2002:295)

You may think yourself virtuous for rescuing someone from the jaws of hell, but others will assume that your actions are self-serving, even destructive! (2011:156)

同一个成语"水深火热",例8和例9中却是两个截然不同的译法。例8中译者采用了异化的手法,实现了译文与原文字面的对等,语言的表达具有明显的异国色彩。例9中则对"水深火热"进行了文化意象的转换,脱离了原文的语言形式。做出这样的区别处理,是基于文本的语境和行文基调的不同:《沈园》当中,男主人公向世俗的利欲妥协,辜负了旧爱。他假装情深,实则薄情;他故作深沉,实则浅薄。在圆明园中,他絮絮叨叨讲个不停,而所说的话并无思想可言,连他自己也不禁觉得无聊乏味。在这一文本语境下,译者采用异化的手法,且没有解释其中的深意,反而更加忠实于原文本中男主人公无聊浅薄的形象。但是《弃婴》这篇小说是对社会问题沉重而严肃的思考。文中弃婴被丢在葵花地里,若不施救,必将丧命。此时在"水深火热"中救人，无异于从死神的魔掌中夺回一条性命。译者在此处将"水深火热"译为"the jaws of hell"，采用归化的手法转换了意象，仿佛地狱张开了血盆大口，将要吞噬一个刚刚落入尘世的婴儿，让人战栗，更引人深思。译文"得意忘形"之处，让目标语读者获得了与作者相近的审美体验。

面对莫言小说中反复出现的成语，葛浩文并没有做一成不变的处理，没有照搬此前的译法，而是针对不同语境忠实再现了原文语言信息，让目标语读者品味到了原汁原味的汉语表达。此外，译者还在无形中丰富了该成语在译入语中的内涵，便于读者理解和接受。不仅如此，译者同时还照顾到口语体的特征，避免重复用词，使小说译本的行文也愈加丰富生动。译者用心之处，实为"一箭三雕"。除了以上对"水深火热"一词或归化或异化的处理方法，译者在对诸如"兵来将挡，水来土掩""顺藤摸瓜"等成语的处理上，还运用异化加归化式诠释的手法。如将"兵来将挡，水来土掩"（2002：371）译为"When troops advance, a general mounts defense; when floodwaters rise, there will be dirt to stop it. In other words, things will take care of themselves"（2011：67）。译者凿通了汉英语言的阻隔，将独特的汉语文化引流至浩瀚的英语文化当中。

例10　老妻絮絮叨叨，嫌他死要面子活受罪，还骂他死猫扶不上树。（2002：159）

His wife complained that his pride was making their lives a living hell, and scolded him by saying you can't help a dead cat climb a tree.（2011：13）

短短一句话之中，就有两句俗语。译者尽其能事保留了源语异质文化的语言特色，带给目标语读者异国风情的新鲜感，以此刺激读者对文本的喜爱。对于原文本中出现的诸多俗语，例如"雪里藏不住死尸""丑媳妇免不了见公婆"等，译者在对应的译文之前加上"as the saying goes""you know what they say"等短语，突破原文表达形式，"忘形"之处，向读者清晰地标识，以下内容乃是中国原汁原味的民俗语言文化。

例11 "……去年你来了一趟，回去写了本书，把你姑糟蹋得不像样子！"（2002：316）

"After you were here last year, you went back and wrote a book that made me look like some kind of demon！"（2011：184）

例12 儿子吓草鸡了。（2002：316）

The son's hair stood on end.（2011：185）

例13 ……那时他才明白，日本女人为什么会像稀泥巴一样，软瘫在玉米田头。（2002：379）

…realized why the Japanese woman had crumpled like a rag doll there in the cornfield.（2011：79）

以上三处均出现了典型的乡土方言。"语言的现实要素不会以完全一样的形式出现在两种不同的语言中。"[①]如以上三例中，"糟蹋"一词的含义耐人寻味。在原文"姑姑"的口中，它并没有欺辱、玷污的意

---

① 许方、许钧，《翻译与创作——许钧教授谈莫言获奖及其作品的翻译》，《小说评论》，2013年第2期。

思。主人公将"姑姑"讲的妖狐鬼怪的故事整理发表了,"姑姑"恐怕是担心自己满肚子鬼狐故事,让人觉得自己异常,故而有此亲昵的指责。葛浩文将之译作"made me look like some kind of demon",用归化的手法直陈其意,省去了目标语读者费劲琢磨的功夫。"草鸡"本是一种动物,该词在原文中由名词异化转为形容词使用,表示一个人吓呆吓傻的样子,形象生动,富有生趣。葛氏直接用英语当中常用的"someone's hair stands on end",虽然丢失了原文当中的乡土幽默,却也轻松重现了故事中人物惊恐的状态,用语也易被读者接受。一个人如同稀泥巴一样瘫软下来,汉语读者很容易在脑海中产生形象的画面。但汉语中的"稀泥巴"(mud),并不能给英语读者带来"瘫软"的联想。译者在此用"a rag doll"巧妙地替换了"稀泥巴",画面顿时跃然纸上,使目标语读者产生"瘫软"的生动联想。

以上所列的词汇别具乡土风情,英语中与之对应的词并不能将这种风情和文化体现出来,这就决定了译者在翻译的过程中不可避免地要打破语言的障碍,舍弃源语风味,用目的语中地道贴切的语言来表达这些词汇在原文中的内在含义。通过以上示例我们可以看出:葛浩文在对充满中国特质和浓郁乡土气息的文本的处理中,综合运用直译、转换、增补和替代等多种手法,将归化和异化的策略相融合,打破语言形式的桎梏和意义的隔阂,为目标语读者排除了因不同文化背景而产生的阅读障碍,既保证了读者阅读的通畅,又极大限度地保留了原汁原味的中国文化,传达了原文本的异国风情,令读者耳目一新。此时,译者的身份时隐时现,葛氏犹如一位文化展览馆的导览员,将最本土的中国文学文化展现在读者眼前,同时耐心讲解,帮助参观者排除障碍,使之获得与中国参观者一样的审美感受。在这个过程中,译者形成了自己的整体翻译风格,即归化与异化相融互补,达到了双赢的效果：一方面满足读者的审美期待，使读者既能获得通顺易懂的译语文本，同时又得以体味中国文化特质的异国风情；另一方面，译者打破语言形式的束缚，以"得意忘形"之道，助力中国优秀文化走出去，顺利融入英语文化当中。

四、"金无足赤，瑕不掩瑜"

诚然，金无足赤，再杰出的翻译家在翻译过程中也难免有瑕疵甚或舛误。如《人与兽》中，莫言将一只狐狸比作"一个流里流气的大傻瓜"（2002:371），葛氏将之译作"a rogue melon"（2011:67）。而英语中"melon"并无傻瓜之意，这个单词仅在法语中才有此意，而且只是在村俗之人中被极少使用。因此该译法是否得当，有待商榷。而至于译者将《弃婴》中的"三十二三岁"（2002:314）译作"twenty-two or twenty-three"（2011:181），则为明显笔误了。将葛氏的其他译作和原作进行对比阅读和分析，也能发现同类误译现象。

例 14　他抓起泥巴砸在丁金钩脸上，他咬破了巫云雨的手脖子……（2010:312）

He picked up a dirt clod and flung it in Ding Jingou's face; he took a bite out of Wu Yunyu's neck...（2004:350）

手脖子是对手腕的一种俗称，与脖子毫不相干。译者在此处可能被这一俗称误导，和翻译"一个流里流气的大傻瓜"时一样产生了语言文化上的误读，将之译成了"neck"。

例 15　日本人的马队沿着河滩往东跑下去，跑到上官来弟她们放鞋子的地方，齐齐地勒住马头，穿过灌木丛爬上了大堤。（2010:33）

The Japanese cavalry unit headed south along the riverbank... (2004:34)

例 16　……一袋烟功夫，河里便漂起了一层白花花的醉鱼，上官来弟的妹妹们要下河捞鱼。（2010:18）

...and before long, little white fish were pop-ping up on the surface. Laidi's sisters wanted to wade out into the river and scoop up. （2004:23）

单从字面来看，例 15 中，"往东"译成了"headed south"显然不对。中国河流大致流向为自西向东，沿着河滩往下跑，方向也应该是朝东，"headed south"这个译法没有道理，和译者对《弃婴》中"三十二三岁"的翻译一样，实为百密一疏。例 16 中，原文情节是司马库为了点燃桥上的草垛子抗击日寇，将白酒洒在草堆之上助燃，有部分白酒流到了河里，使水中的鱼儿都醉了。河里漂起的一层白花花的醉鱼指的是鱼腹的颜色，译文里的"white fish"显然是误译。

《丰乳肥臀》是莫言的代表作，在英美国家比较受欢迎。再看其中的两例明显的文化误译。

例 17　母亲说："大叔，详情莫问，谢大媒的酒我给您预备好了。"樊三大爷道："这可是倒提媒。"母亲说："是倒提媒。"①

"Uncle", Mother said, "don't worry about the details. I'll take care of Matchmaker Xie". But this is doing things backward…②

例 18　母亲哭了,抓了一把草木灰堵住三姐头上的窟窿。③

Weeping uncontrollably, mother grabbed a handful of grass and held it to third sister's head to staunch the flow of blood.④

例 17 中"谢大媒"是"感谢媒人"的意思,译者却把它理解成姓谢了。例 18 用草木灰止血是中国民间的土方,通常指的是草本植物燃烧后的灰烬,并不是译文中的"grass"(草)。

经过对比阅读和分析可以发现,上面这些误译有的是由于葛氏在翻译过程中对源语文化的误读,有的确是译者的百密一疏。不难看出,金无足赤,哪怕是再出色的汉学家,在理解一些别具特色的中国特质文化以及饱含乡土风情的地方语言时,也难免出现些微偏差,也会有疏忽,造成误译。所幸译本中误译现象确实少之又少,毕竟瑕不掩瑜,些微的瑕疵并不影响读者对译本整体的把握和欣赏。

———————————

① 莫言,《丰乳肥臀》,北京:北京十月文艺出版社,2010 年,第 61 页。

② Mo, Yan, *Big Breasts and Wide Hips*. Trans. Howard Goldblatt. New York: M Arcade Publishing, 2004, p.114.

③ 莫言,《丰乳肥臀》,北京:北京十月文艺出版社,2010 年,第 84 页。

④ Mo, Yan, *Big Breasts and Wide Hips*. Trans. Howard Goldblatt. New York: M Arcade Publishing, 2004, p.148.

五、结　语

"我非常感谢翻译家的工作,没有翻译家,中国文学作为世界文学的一个组成部分就很难实现。"[①]真正的译家都有自己的良心与操守,而作家对译家的这种信任和真诚会促使译家全身心投入翻译工作,他要努力使自己的工作既对得起原作和原作者,也对得起目标语读者。诚如许钧所言:"作者对译者的信任,对于译者而言会转化为一种责任。"[②]而这种责任之于葛浩文,即"创作的责任和本分"[③]。鉴于英汉语言和文化上客观存在的"时间差"和"语言差"[④],中国文学文化尚处于对外翻译的初步阶段。那么译者"创作的责任和本分",就集中到了降低语言、心理、文化等外在客观因素对作品的影响,以使用地道、朴真、同样生动形象的语言和恰到好处地留存他国文化中的陌生化效果等变通手法,吸引英语读者来接近中国文学作品,进而了解和走进中国文化。葛浩文就此为我们树立了榜样。他在翻译中竭力尊重目标语读者的阅读习惯,但必要时也采用新颖的方式,为英语文化引入新鲜的血液。他对原文中一些词的一词多译,对原文词句的语义和意象

---

① 莫言,《翻译家要做"信徒"》,《人民日报》,2014年8月24日。

② 许方、许钧,《翻译与创作——许钧教授谈莫言获奖及其作品的翻译》,《小说评论》,2013年第2期。

③ 葛浩文,《作者与译者:交相发明又不无脆弱的关系——在常熟理工学院"东吴讲堂"上的讲演》,孟祥春、洪庆福译,《东吴学术》,2014第3期。

④ 谢天振,《莫言作品"外译"成功的启示》,《文汇读书周报》,2012年11月23日。

的增补，以及对成语、俗语和方言"得意而忘形"的翻译，貌似与原文有所出入，但从上下文来看，这样的"误译"其实不仅是出于对读者阅读习惯的考虑，也是对原文本更深层次的忠实和更高层次的美学追求。

我们也发现，葛浩文的翻译偶尔确实有误译。但更多情况下，所谓"误译"，其实是译者以更加忠实于原作的方式，凿穿文字表层，破解文本的深层含义，并最终重新确立忠于原作而又使目标语读者喜闻乐见的译本。貌似误译，其实正是传神之笔，是妙手偶得之作。葛浩文的移译使莫言的文学想象成功地消弭了中西方语言、文化、心理和审美层面上的诸多差异，在全新的接受语境中焕发出新的生命力。葛浩文的成功是译无定法的有力诠释，是对机械对等的有力回应，不仅打破了归化异化之类的窠臼，也为翻译工作者和中国文化走出去提供了一条不破不立的翻译路径。

（原载《外国语文》2014 年第 6 期）

葛译莫言小说方言误译探析

宋庆伟

一、引　言

　　莫言小说在英语世界享有崇高的声誉，葛浩文的翻译居功至伟。纵观葛译莫言小说，葛浩文的翻译观一以贯之：在"忠实"原则的指导下，将翻译的本质视为跨文化交流，以归化为主、异化为辅，采取灵活变通的翻译手段，译文不仅优美流畅，而且尽可能忠实、完整、准确，取得了良好的传播和接受效果。在当前中国文化"走出去"的宏大背景下，葛浩文的翻译是一个成功且值得探讨的范例，对中国文学的成功"西进"具有积极的镜鉴意义。

　　本文通过对莫言的六部小说，即《红高粱家族》《天堂蒜薹之歌》《酒国》《师傅越来越幽默》《丰乳肥臀》和《生死疲劳》及葛译本的考察发现：虽然方言的翻译是语言转换中的一道难题，但葛浩文秉承着严谨负责的翻译态度和精神，凭借自身深厚的语言功底，采取多种变通的翻译方式，在传播中国文学和文化意象的过程中取得了较为理想的效果。但囿于诸多条件,其翻译也并非完美,译本中也存在一些翻译失当甚至误译,值得商榷。本文拟以莫言小说葛译本中的方言翻译失当和误译为例,来探讨葛浩文等汉学家和翻译家的误译根源。

二、葛译莫言小说中方言误译考察

方言能反映不同地方文化之间的差异,属于文化局限词(culture-loaded words)的范畴,其形成和使用与当地人特殊的文化心态、风俗习惯、宗教信仰、生活生产方式等分不开。① 作为土生土长的山东作家,莫言对自己的故土情有独钟。正如他本人所言,"我关注我的父老乡亲们。这种感情不只是同情,我与他们是不能分开的"②。浓浓的故土乡情促使莫言拿起手中的笔,饱蘸深情对自己的故乡进行反哺式的书写和寻根。莫言的大部分作品都源于他所熟悉的故土乡情,因而小说中富有地域特色和表现力的方言土语俯拾皆是。莫言对作为故乡符号的方言的娴熟运用有效地赋予小说浓郁的地方特色和独特的个人风格,并且使作品中的人物形象更加有血有肉、立体丰满。由于莫言小说深厚的乡土意识和怀乡情愫,其作品被打上了"寻根文学"的鲜明烙印。方言的大量甚至肆无忌惮的铺陈变成其作品的一道亮丽风景和不可或缺的元素和符号,方言也成了完成其寻根文学使命的一个

---

① 白松强,《方言与民俗》,《哈尔滨学院学报》,2009 年第 4 期,第 118 页。
② 莫言,《我在美国出版的三本书》,《小说界》,2000 年第 5 期,第 171 页。

重要手段。

方言作为文化局限词带有鲜明的地方特色和独特的文化内涵，在对外翻译过程中很难实现源语与译语的完全对等。所以，对其进行恰当翻译是译者所面临的一个不小难题。葛浩文也曾经在多个场合下坦陈，由于小说中方言使用太多，自己也不敢接手某些中国当代小说的翻译。从一定程度上讲，对方言的翻译就是对其所承载的文化的翻译。因为从译介学的视角来看，翻译学研究，特别是汉译外的翻译研究已经具有了文学研究和文化研究的属性，它关注的是两种不同文化背景的语言在转换过程中文化信息的失落、变形、扩伸、增生等，以及文学翻译在人类跨文化交流中的桥梁作用，译介学把翻译研究引上了文化研究的道路，开拓了一个相当广阔的研究领域。①

本文通过考察莫言小说葛译本中的方言翻译，借以探讨在汉译英的过程中如何准确变通地传达源语的文化信息，避免翻译过程中的文化亏损、变形乃至误导，从而更好地促进文化交流。为了方便研究，笔者将部分翻译失当、误译的方言列出。

例1　县长跑得仓皇，**香烟屁股**还在烟缸里冒烟哩。(《天堂蒜薹之歌》)

His **cigarette** was still smoldering in the ashtray.

"香烟屁股"在普通话中的含义为"烟蒂"，笔者建议改译为"cigarette butt"。

---

① 谢天振，《译介学》，上海：上海外语教育出版社，1999 年，第 4 页。

例2　自己被尿浸湿的**裤衩**已经半干了。(《天堂蒜薹之歌》)

Now that **the crotch of his pants** was nearly dry.

"裤衩"指"贴身的下身内衣,内裤的俗称",建议改为"shorts"。

例3　他娘,我去南**坡**锄地去。(《天堂蒜薹之歌》)

I have to go till the field on **the southern slope**.

"坡"在山东方言中的含义为"地",译为"in the south"较合理。

例4　养孩子又不是**长病**。(《天堂蒜薹之歌》)

You're having a baby, not **dying**!

"长病"即"生病",建议改为"**falling sick**"。

例5　天麻麻亮就**撅**着个粪筐子去捡狗屎。(《生死疲劳》)

I'd be out with my basket to collect dog dung when the sun was barely up; dung basket **in hand**.

"撅"意为"斜背/挎着",建议改为"slung over my shoulder"。

例6　我**焦干**地趴在油汪里,身上发出肌肉爆裂的噼啪声。(《生死疲劳》)

At that moment I wavered as my **crisp** body lay sprawled in a puddle of oil that was still popping and crackling.

"焦干"意为"极其干燥"，改为"parched and crisp"更为全面。

例7 买了十挂八百**头**的鞭炮。(《生死疲劳》)

Buy ten strings of recrackers, eight hundred **in all**.

"头"：量词，指鞭炮等的响数，建议改为"for each one"。

例8 金龙双手端着收音机，仿佛**孝子**端着父亲的骨灰盒，神色凝重地向村子走去。(《生死疲劳》)

Holding the radio in his hands like **a filial son** carrying his father's ashes.

"孝子"指"父母死后守孝的人"，建议改译为"a son in mourning"或"a bereaved son"。

例9 只有一个胖子，转到小屋后边，撒了一泡**焦黄**的尿。(《师傅越来越幽默》)

The sole exception was a fat guy who had walked behind the cottage to release a stream of **yellow** piss.

"焦黄"意为"颜色过度发黄，不健康"，建议改为"yellow-furred"。

例10 她俩的面孔白得过火，令人联想到冬季贮藏的**白菜腚**。(《酒国》)

Two women with ghostly white faces like winter **cabbages.**

"白菜腔"指"白菜帮子以下的部分"，建议改为"cabbage white"。

例 11　一穗一穗被露水打得**精湿**的高粱在雾洞里忧悒地注视着我父亲。(《红高粱家族》)

One **dew-soaked** ear of sorghum after another stared sadly at Father.

"精湿"的含义为"完全湿透"，建议增译为"utterly dew-soaked"。

例 12　奶奶往三个碗里倒酒，每个碗都倒得**冒尖**。(《红高粱家族》)

Glaring at Father, she **filled** the three cups.

"冒尖"指"装满而且稍高出容器"，建议译为"**filled up** "。

例 13　有了儿子，你**立马**就是主。(《丰乳肥臀》)

But with one, you'll be the mistress.

"立马"意为"立即，马上"，建议在句末增加"immediately"。

例 14　随着身体的起伏，他们的手在驴肚皮上**浮皮潦草**地揉动着。(《丰乳肥臀》)

Up and down they went, massaging the animal's hide.

"浮皮潦草"的含义为"做事情马马虎虎，应付公事"，建议在句末增加"perfunctorily"。

例 15 上官吕氏已经跑回**堂屋**关上了门。(《丰乳肥臀》)

Shangguan Lü had run into the **house** and slammed the door behind her.

"堂屋"在山东方言里指"排房中间的房间,又称'明间'(卧室称'暗间')",建议改为"family hall"。

例 16 一股很大的气浪扑过来,樊三和上官福禄像**谷个子**一样倒伏在地。(《丰乳肥臀》)

A powerful wave of heat toppled Fan Three and Shangguan Fulu like **harvested wheat**.

"谷个子"指"成捆的谷子",建议改为"harvested wheat bunch"。

例 17 还跟着三个大汉子,模样儿都有点熟,都提着刀,**虎着脸**。(《丰乳肥臀》)

Three mean-looking fellows were walking behind Little Lion, also with swords.

"虎着脸"指"板着脸,严肃、愤怒的样子",建议在"Lion"后增加"and glowering"。

例 18 去年夏季房屋漏雨,在这张油画上留下了一团团**焦黄**

的水渍。(《丰乳肥臀》)

Water from last summer's rains had left **yellow** stains on the oil tableau，investing the Virgin Mary and Blessed Infant with a vacant look.

"焦黄"在普通话中的含义为"黄而干枯的颜色"，建议改为"brown and dry"。

例19　母亲对这个**魔魔道道**的郎中充满好感。(《丰乳肥臀》)
Mother developed a fondness for the **mysterious** physician.

"魔魔道道"指"疯疯癫癫，不正常"，建议译为"psychologically ab-normal"。

例20　您这个女婿，也真是**邪虎**。(《丰乳肥臀》)
That son-in-law of yours is **one strange tiger.**

"邪虎"指"超出寻常的，厉害的"，建议改译为"really hot stuff"。

在上述宏观翻译观的指导下，葛浩文在处理方言翻译时，既注重读者的阅读习惯，又敢于灵活变通。总体而言，其译文既忠实优美，又极具可读性。但由于其母语非汉语，而方言属于地域性语言变体(va-riant)，具有难以准确理解和恰当翻译等特征，因而译本也是白璧微瑕。

众所周知，翻译分为理解和表达两个互为关联的步骤，二者关系紧密，相互制约，只有二者的有机结合才能造就堪称理想的翻译产品。

然而，方言属于文化局限词，对其理解和表达具有更高的挑战性。海德格尔在谈及"从希腊文名译成拉丁文名"的过程时指出，即便是逐字和忠实的翻译，也不是"一个无害的过程"，改变不了"希腊体验进入一个不同的思考方式与文化背景的事实"。① 对源语透彻、正确的理解是表达的关键和前提，这是深谙汉语精髓、熟练掌握汉语的本土译者的天然优势。葛浩文虽然汉语功底扎实，修养深厚，然而毕竟汉语不是其母语，再加上翻译时间紧迫等客观因素，在理解的过程中不免有所偏差，作品中大量出现方言、成语等习俗性表达时，这一表现更为明显。由于受到理解准确性和透彻性的影响，葛氏在翻译中难免出现表达不当，使原文失色，甚至是误译的情况。一言以蔽之：误译源于理解偏差，理解偏差导致翻译欠妥乃至误译。

造成误译的原因林林总总，顾俊玲曾从哲学的角度指出造成误译的原因，同时强调绝大多数的翻译不当、误译等问题源于译者对原文的误解、误释以及自身语言表达能力方面的欠缺。② 针对葛浩文的方言翻译失当和误译，笔者经过检索整理发现，主要分为以下几种情况。

第一，不恰当的略译（该处理方式容易造成汉语特有文化意义的亏损、失落）。某些在汉语中具有实在意义的概念，不知为何，葛浩文选择了略译。比如例 11 中的"精湿"在山东方言里有"完全湿透"的意思，译者将副词的义项省略不译，没能将高粱穗被露水完全打湿的形象惟妙惟肖地表现出来，实属憾事。例 12 的"冒尖"指"（容器等）被液体等填充满"，很显然，"fill up"要比"fill"更为准确。例 13 的"立马"有"立即，马上"之意，但译者没将此意译出，也就无法把婆婆上官吕氏想

① 海德格尔，《诗·语言·思》，彭富春译，北京：文化艺术出版社，1991 年，第 26 页。
② 顾俊玲，《误译哲学溯因》，《中国科技翻译》，2013 年第 4 期，第 37—40 页。

抱孙子的那种急切心情表现出来,导致原文情神有所丧失。再如例 14 中的"浮皮潦草",意为"做事情马马虎虎,应付公事,形容不扎实,不仔细",该词意义非常具体翔实,译者采取略译实属不妥,笔者建议将遗失信息"perfunctorily"补足。另外,例 17 的"虎着脸"是指"板着脸,严肃、愤怒的样子",采取略译也是值得商榷的。

第二,由于欠缺对源语文化意义的透彻了解,从而望文生义,造成翻译失当。如例 2 中的"裤衩"在山东方言里是内裤的俗称,一般指贴身的下身内衣(内穿的短裤叫小裤衩,外穿的短裤叫大裤衩),根据语境推测此处应为外穿的短裤。而译者译为"the crotch of his pants"("crotch"指"[人体的]胯部,两腿分叉处,裤裆"),意为裤子的裆部,很显然和"裤衩"的所指(外穿的短裤)不同。例 5、例 6、例 7、例 15 以及例 16 都属于这种情况。如例 5 中"撅着个粪筐子"的意象为:土财主单廷秀斜背着一个粪筐在拾粪,可能是粪筐太重,他不得不撅起屁股斜背着走。葛浩文译为"dung basket in hand",意为手里拿着筐,太过随意,无法把一个干巴巴的农村老头形象刻画出来,所以笔者译为"dung basket slung over my shoulder"。例 6 中的"焦干"在山东方言里意"焦脆干燥,没有一点水分",译者仅将"松脆的"意义传递出来,而将"焦的,干透的"意义悉数丢失,笔者建议译为"parched and crisp"。例 7"八百头的鞭炮"中的"头"用作量词,指鞭炮等的响数。原文信息为"买了十挂鞭炮,每挂八百头(响)",应译为"eight hundred for each one",而葛氏译为"eight hundred in all"(总共八百头),属于概念理解不清导致的翻译失当。另外,译者将例 15 中的"堂屋"直接译为"house"也是有待推敲的。在山东方言里,"堂屋"又称"客堂",指当地民居起居活动的空间,和楼房的"客厅"相仿。在不同的地区,"堂屋"的意义稍有不同:有的地区指在一排房屋中间的房间,因为平时一般是敞开的,又称"明间"(卧室则称"暗间");有的地区指位处"厢房"(side-room)中间的单独的房屋。从上述概念可知,"堂屋"不宜直接译为"house",而应该译为"family hall",既能准确传译原文意义,同时也适时地展现了中国独特的建筑文化,唤起读者的文化参与意识和阅读兴趣,效果会更为理想。例16中的"谷个子"直接译为"harvested wheat"也稍显不妥,因为"谷个子"意为"收割后捆成捆的谷子","harvested wheat bunch"更契合汉语的意象。

第三,由于缺乏对通篇内容的全面把握和分析,译文表达太过主观和随意,导致翻译失当和误译。如例1中的"香烟屁股"指的是"烟蒂",从忠实原则的角度来看,"cigarette"似欠妥,"cigarette butt"较为合理。再如例9和例18中的"焦黄的尿"和"焦黄的水渍",虽然都是"焦黄",但意义不同。例9中"焦黄的尿"在小说中用来暗示撒尿的胖子身体健康存在问题,"yellow"仅仅表达了一个没有任何感情色彩的颜色概念,笔者建议译为"yellow-foamed"(黄色的,其上还可见泡沫),让读者如闻其声,如见其状,更为贴切。例18中"焦黄的水渍"所传递的是油画经过雨水多年浸泡之后的历史沧桑感,给小说增加了厚重的历史感和乡土气息,笔者尝试改译为"brown and dry",把油画湿而复干后的生动形象较为贴切地传达出来。例10的"白菜腔"指"白菜帮子以下的部分,颜色通常为白色",所以,"cabbage white"更为贴切。

最后,如果表达不当还可以原谅,误译则是翻译中的阿喀琉斯之踵,译者应竭尽所能加以避免。比如例3中的"坡"在方言里是"地"的意思,并非是"slope",而应是"field"。例4"长病"是"生病"的意思,而不一定要死了(dying)。例8中的"孝子端着父亲的骨灰盒"是"此孝子"("a son in mourning"或"a bereaved son")而非"彼孝子"("a filial son")。再如,例20中的"邪虎"也作"邪乎",意思是"超出寻常,厉害",

如"这几天冷得邪乎"。"您这个女婿,也真是邪虎"中的"邪虎"译为"strange tiger",实在有些荒谬。

　　不可否认的是,误译是翻译中无法彻底避免的。可以说,误译与翻译是相伴共生的,只要有翻译和跨文化交流,就会有误差和偏离。虽然葛译本中方言翻译存在上述问题和瑕疵,但它对中国文学"走出去"的镜鉴意义自不待言。

三、结　语

　　本文列举莫言小说葛浩文译本中数例方言翻译失当和误译,并提出修改建议,笔者无意吹毛求疵,而是旨在以这样一则中国文化传播和接受的生动案例来唤起学界的反思和讨论。虽然葛译本存在不少翻译失当乃至误译,但其译作仍在西方广受好评,这一现象对中国文学"走出去"的参考价值不容小视。笔者认为,翻译失当和误译是业界硬伤,亟需匡正。更重要的意义在于,中国文学和文化的成功译介和传播不仅仅是源语与译语的等值转换,也远非翻译策略和翻译方法非此即彼的选择那么简单。正如刘云虹、许钧所指出的那样,将目前获得成功和认可的翻译方法视为中国文学对外译介中唯一正确的方法、唯一可行的模式,同样是一种片面的认识。[①] 随着中国文学、文化传播

---

　　① 刘云虹、许钧,《文学翻译模式与中国文学对外译介——关于葛浩文的翻译》,《外国语》,2014 年第 3 期,第 6—17 页。

时机、条件的改变，当前适用的翻译方法和模式可能也需要进行修正和调整，这是一个变动不居的选择过程，不存在一劳永逸的定论。在当前中国文化"走出去"的背景下，应当把握我国文化的地位和传播目的，更多关注其传播效果，协调适应语境、灵活多变的翻译策略和译者模式。通过东西方文化平等的交流和学习，文学与文化的双向了解和良性互动会逐步实现和加深，翻译的障碍亦会渐趋消弭，中国文化传播的广阔前景也大有可期。

（原载《中国翻译》2015 年第 3 期）

蓝色铅笔下的编译

——论回顾式编译法在葛浩文英译莫言小说中的运用

邵　璐

一、引　言

中国文学如何走出去，无论在学界，还是社会领域，无疑都是近年热点。① 就此话题而言，莫言与他的英译者——著名美国汉学家、翻译家葛浩文都是绕不开的焦点。迄今为止，葛浩文是翻译莫言作品最多的英语译者，共翻译出版了莫言 11 部作品②。同时，在葛浩文所翻译的中国作家的作品中，莫言的作品最多。因此，将葛浩文翻译莫言作为个案，来探索中国文学外译途径和方法，不失为一良途。通过对葛

---

① "外语学术科研网"（iResearch）将中国文学外译作为"热点聚焦"，两次开辟专栏邀请专家予以讨论，主题分别为"中国文学'走出去'：现状与前景"（2014）、"中国文学外译之路再探究"（2016）。http://iresearch.unipus.cn/hottopic/detail.php？PostID＝16090；http://iresearch.unipus.cn/hottopic/detail.php？PostID＝9767.

② 包括《红高粱家族》（1994）、《天堂蒜薹之歌》（1995）、《酒国》（2000）、《丰乳肥臀》（2003）、《生死疲劳》（2008）、《变》（2010）、《师傅越来越幽默》（2012）、《檀香刑》（2012）、《四十一炮》（2012）、《蛙》（2016）、《透明的红萝卜》（2016）。

浩文英译莫言 11 部小说进行汉英文本对比,以及细读葛浩文的论文、采访笔录,笔者发现目标语编辑对英译本亦起到重要制约作用,却往往被忽视。由此产生的译作,将不仅受制于原作者、译者、源语和目标语文化差异以及国家审查机制,有时也会受制于目标语编辑。

鲜有研究者注意到,葛浩文曾明确提出回顾式编译法(retro-editing)①,并将之广泛运用于其中国当代文学(主要为小说)翻译实践中。我们知道,一部译作的产出,无论优劣,都不仅涉及原作者、译者、译文读者这些显性制约因素,还会渗透出译作出版商和编辑操纵或摆布的隐性制约因素。本文将重点考察莫言小说葛浩文英译本中所涉及的回顾式编译法,兼顾葛浩文对其的界定以及具体应用,探索影响文本旅行且长期被忽视的"另类"制约因素。

二、回顾式编译法:定义与释义

葛浩文在美国文学翻译协会的年会(纽约城市大学,1999 年 10 月)上,以他对莫言和李锐的英译为例,首次论及出版商和目标语编辑对翻译小说所起的作用。② 在哥伦比亚大学召开的翻译学术会议(Translation Matters Conference,2004 年 3 月 25—27 日)上首次明确

---

① Goldblatt, H., "Blue Pencil Translating: Translator as Editor", *Translation Quarterly*, 2004 (33), pp.21 - 29.

② Goldblatt, H., "Of Silk Purses and Sows' Ears: Features and Prospects of Contemporary", *Translation Review*, 2000 (59.1): pp.25 - 26.

提出回顾式编译法①这个概念,同年将相关论文发表于中国香港地区的《翻译季刊》②。葛浩文将回顾式编译解释为译者在翻译过程中,部分承担起编辑的职责,与目标语编辑合作,对中国文学在结构、语言,甚至风格等方面进行显性编辑或操纵,是更高程度上的"连译带改"。是否需要采取回顾式编译,主要基于三点考虑:作品的质量和译文读者的接受度;原文编辑在中国本土出版社的作用和地位;翻译出版物的经济价值。③ 在葛浩文看来,译者有时会充当编辑的角色,因此把翻译视作"蓝色铅笔下的编译"(blue pencil translating)④。因此,译作应是原作者、译者、原作出版社与原文编辑、译作出版社与目标语编辑、国家审查机制之间斗争与妥协的结果,而非仅限于译者、原作者、原文之间互动的产物。

中国文学外译在海外出版时,较常采用回顾式编译,而纵观世界文学译介,此种翻译方法却比较罕见。例如,萨尔达尼亚曾做过统计,她发现排版和外语词汇的使用频率和方法常常受到编辑的干预,而译作的最终定稿却主要还是作者和译者相互协商的结果,她就强调性斜体和外来语在编辑过程中会受到何种程度的更改提出疑问。她的两位受访译者均坦言:编辑很少会做出重大改动,译文中的改动若出自

---

① 孟祥春、洪庆福译为"回改",指对已经出版的文本进行改动,这种改动大多是应出版商之要求进行的,一般由编辑操刀。葛浩文,《作者与译者:交相发明又不无脆弱的关系——在常熟理工学院"东吴讲堂"上的讲演》,孟祥春、洪庆福译,《东吴学术》,2014年第3期,第34页。

② Goldblatt, H., "Blue Pencil Translating: Translator as Editor", *Translation Quarterly*, 2004 (33), pp.21-29.

③ Ibid., p.21.

④ Ibid.蓝色铅笔指修改或删除(书、影片、剧本等的部分内容);编辑;出版审查。葛浩文喻指译者在翻译过程中对作品进行删除、改编以及内容变换等编辑行为。

编辑之手，一定会征得译者首肯；译者与作者的合作程度也很不一致，一般都由译者发起。①

关于原作和译作的编辑过程，诺奖得主马哈富兹②的译者哈钦斯（William Hutchins）曾言："简言之，本人不揣鄙陋，在极有限的案例基础上，断定在原作者与才华横溢的编辑之间产生建设性对话，是乐观的美国人或者英国人的理想。这对 20 世纪的阿拉伯作家来说是不可想象的，这近乎奢侈。"③葛浩文对哈钦斯就回顾式编译的看法颇为赞赏，认为"能激起自己的共鸣"④。哈钦斯将回顾式编译具体界定为："使译作更符合译者与目标语编辑协定的随意的文学标准"，若此，"到底翻译是一种编辑形式，还是编辑是翻译的一种形式？"⑤

如果我们认同哈钦斯的上述回顾式编译法，那么也容易认同伽达默尔、斯坦纳、詹姆逊（Fredric Jameson），以及后来的帕斯（Octavio Paz）等学者和作家提出的"阅读即翻译"这一论断。假设阅读原文是翻译的必要条件（*sine qua non*），那么编辑时亦应如此。⑥ 在葛浩文看来，勒弗维尔的"重写"理论就涵盖了翻译（translating）、编辑（editing）、

① Saldanha，G.，"Translator Style：Methodological Considerations"，*The Translator*，2011（17.1），p.36.

② 马哈富兹（Naguib Mahfouz，1911—2006），埃及小说家，被看作最重要的埃及作家和阿拉伯世界最重要的知识分子之一，为首位获诺贝尔文学奖的阿拉伯语作家。

③ Hutchins，W. M.，"Translating Arabic：A Personal Note"，*Translating Review*，2003（65），p.7.

④ Goldblatt，H.，"Blue Pencil Translating：Translator as Editor"，*Translation Quarterly*，2004（33），p.22.

⑤ Hutchins，W. M.，"Translating Arabic：A Personal Note"，*Translating Review*，2003（65），pp.7-8.

⑥ Goldblatt，H.，"Blue Pencil Translating：Translator as Editor"，*Translation Quarterly*，2004（33），p.22.

修订(anthologizing)，旨在增进跨文化理解。① "重写"指包括翻译在内的一系列过程，可以说，这些过程以某种方式对源文本进行重新解释、改变或操纵。② "重写"被界定为"所有有助于构建作者或文学作品'形象'的行为"③，而"形象"则被定义成原作或原作者在特定文化中的投影，这一投影的影响往往比原文更大④。

葛浩文提出的回顾式编译看似跟勒弗维尔的"重写"理论有一定相似之处，都涉及改编，然而却有着本质区别。其一，两者产生的背景不同。"重写"植根于翻译研究需要探讨生产文本背后制约文本的社会文化、意识形态与文学等因素的思想。翻译家、批评家、历史学家、教授以及新闻记者都是文本生产者，他们的作品都可归为"重写"出来的作品。⑤ 回顾式编译的产生根源已在上节阐释，此不赘述。其二，内涵和覆盖范围不同。"重写"理论的指涉范围更广，重写者对文本进行

---

① Goldblatt，H.，"Blue Pencil Translating：Translator as Editor"，*Translation Quarterly*，2004（33），p.22.

② Lefevere，A.，"Why Waste Our Time on Rewrites? The Trouble with Interpretation and the Role of Rewriting in an Alternative Paradigm"，in T. Hermans（ed.），*The Manipulation of Literature：Studies in Literary Translation*. London：Croom Helm，1985，p. 215 – 243；Lefevere，A.，*Translation，Rewriting，and the Manipulation of Literary Fame*. London：Routledge，1992.

③ Lefevere，A. & S. Bassnett，"Introduction：Proust's Grandmother and the Thousand and One Nights：The 'Cultural Turn' in Translation Studies"，in S. Bassnett & A. Lefevere（eds.），*Translation，History and Culture*. London：Pinter Publishers，1990，p.10.

④ Lefevere，A.，*Translation，Rewriting，and the Manipulation of Literary Fame*. London：Routledge，1992，p.110.

⑤ Lefevere，A. & S. Bassnett，"Introduction：Proust's Grandmother and the Thousand and One Nights：The 'Cultural Turn' in Translation Studies"，in S. Bassnett & A. Lefevere（eds.），*Translation，History and Culture*. London：Pinter Publishers，1990，p.10.

改编与操纵所产生的文本往往反映了主流意识形态与诗学,因此,"重写"与特定文化的政治、文学权力结构有着密切联系(patronage)①,所以比较抽象和宏观。而回顾式编译只牵涉源文本和目标文本的出版商、译者以及原作者、源文本,因而更加直观和微观。其三,研究对象不同。"重写"理论研究焦点在译者,将翻译视为"最显而易见的重写类别"②,就是通过调整源文本以适应两个重要制约因素,从而对源文本进行操纵的一个过程。回顾式编译的着眼点在编辑,分别指涉原作和译作出版社的编辑,有时也包括作为编辑的译者。其四,制约因素不同。"重写"理论主要有两个制约因素。第一个制约因素是译者(有意或无意的)意识形态。这通过译者对原文的"话语世界",即"现实世界中为原文作者所熟知的事物、概念、习俗"的处理方式反映出来。③原文的地位、该文本所译入文化的自我形象、译入文化中认为可以接受的文本类型、该文化中认为可以接受的措辞风格、预期读者以及读者习惯或乐意接受的"文化脚本"(cultural scripts)等因素,都影响着译者的态度。④ 然而,意识形态也决定着译者对源文本所用语言的态度,如在诗歌翻译中,它决定着译者认为意义应当在何种程度上优于形式。第二个制约因素是目标文化中占主导地位的诗学,这个诗学用非正式的定义来说,是指"文学手段、体裁、主题、原型特征、情景和象征"与文学在社会系统中应该扮演什么角色的文化概念的结合体。⑤ 而制

---

① Lefevere, A., *Translation, Rewriting, and the Manipulation of Literary Fame.* London: Routledge, 1992, p.8.

② Ibid., p.9.

③ Ibid., p.41.

④ Ibid., p.87.

⑤ Ibid., p.26;谭载喜主译,《翻译研究词典》,北京:外语教学与研究出版社,2005年,第200—201页。

约回顾式编译的主要是译者、译作出版商及目标语编辑。

三、回顾式编译三要素

在翻译中国当代文学作品时，译者有时必须采用回顾式编译法，这主要有三方面原因。

（一）作品的质量和译文读者的接受度

首先须进行回顾式编译的是质量堪忧的作品，尤其是"用身体写作"的所谓美女作家（beauty writers）[①]的作品。葛浩文批评道："就我看来，中国作家才华横溢，但优秀作品却甚少。另外，目前大量平庸甚至劣质的作品正千方百计地想在西方出版。"[②]在葛浩文眼中，棉棉、卫慧等所谓美女小说家风靡中国，其作品以大胆前卫著称，并与兜售中国二三流电影的影评者产生共鸣。"现在，更年轻一代的日记和性幻想摇身一变成为中国最畅销小说，受到外国猎奇潮男潮女的热捧。这些同样是垃圾文学。"[③]

[①] Lu，S. H.，"Popular Culture and Body Politics：Beauty Writers in Contemporary China"，*Modern Language Quarterly*，2008（69.1），pp.167 - 185.

[②] Goldblatt，H.，"Blue Pencil Translating：Translator as Editor"，*Translation Quarterly*，2004（33），p.23.

[③] Ibid.

春树《北京娃娃》的葛浩文英译本①便是经过回顾式编译获得英语世界读者接受的成功案例。葛浩文由于对美女作家的作品似不太欣赏，刚接手翻译《北京娃娃》时，曾颇有微词："春树在 17 岁时写下《北京娃娃》，美国出版商在事先没读过这本小说的情况下就买了其英语版权，这得'归功'于中国出版商的大肆宣传和代理人的强势。而我那时是受托翻译此书。"②葛浩文坦言："不久我便意识到，必须跳出不可避免要大幅改写的思维模式，尽量做到忠实，把细枝末节统统囊括进译作。因此，平常崇尚可读性的我，这次并没有急于完成定稿。"③于是他在翻译时尽量做到忠实。然而，出版商编辑却对译作做出了大量修改：删减、改编、转换语言风格等。面对如此的回顾式编译，葛浩文"一开始感到非常震惊"，最终英文译本成了完全归化的小说。同样，卫慧的《上海宝贝》④和棉棉的《糖》⑤的英译本也是回顾式编译的作品，"简直像是出自旅居中国的美国青少年之笔"，"青睐异化的目标语读者会喜欢晦涩难懂的散文或胡乱编写的中式作品，我和出版商却不会喜欢异化"。⑥ 由此，可看出葛浩文最终是接受了回顾式编译，并为之辩护：韦努蒂崇尚译者显形，提出异质，并未涉及亚洲语言的翻译。葛浩文认为，他和出版商都不会喜欢在译文中带有明显的翻译腔，应尽量让

---

① Chun，S.，*Beijing Doll：A Novel*. Trans. Howard Goldblatt. New York：Riverhead Books，2004.

② Ibid.

③ Ibid.

④ Wei，H.，*Shanghai Baby*. Trans. B. Humes. London：Robinson，2001.

⑤ Mian，M.，*Candy：A Novel*. Trans. A. Lingenfelter，Boston：Little，Brown/BackBayBooks，2003.

⑥ Goldblatt，H.，"Blue Pencil Translating：Translator as Editor"，*Translation Quarterly*，2004（33），p.24.

汉译英的翻译作品与华人作家(如哈金、闵安琪)用非母语创作的中国英语式的小说有所区别。法意等印欧语言之间互译,可做到高度对应,汉英翻译却很难如此,因为汉语精练,内涵丰富,典故迭出,词汇量相对较小。因此,汉英翻译应具有更大的创作空间。标点符号、换译、词序在译文中都应尊崇目标语的表达法,成为回顾式编译的产物,这是行业规范。若舍弃回顾式编译,有百害而无一利。当然,就原作者而言,未必认可回顾式编译,例如"著名的译者眼中钉"米兰·昆德拉"如蛇蜕皮般地摆脱译者","据说他紧盯自己作品的外文译本,花的时间几乎和他创作的时间一样多",对于重复用词,昆德拉曾责骂道:"哦,你们这些翻译,不要糟踏我们!"①然而,客观来讲,如果没有这些回顾式编译,昆德拉的作品不可能在全世界如此受欢迎。同理,中国第一部"残酷青春"小说《北京娃娃》的葛浩文英译本,如果没有"令学界同行瞠目的"回顾式编译,仅靠忠实于字面的翻译,读者接受恐不会像现在这样成功。

不少中国当代小说家靠丰富的人生阅历,尤其是苦难经历来弥补写作技巧上的稚嫩。当然,有时这恰是西方出版商选择他们作品的原因,他们会把"写作"的任务丢给译者。② 即使葛浩文没尽量使译文语言更加简洁地道、通顺易懂,出版商和目标语编辑也会这么做,葛浩文根据直觉,尽量保持原文的文体特色。

---

① Goldblatt, H., "The Writing Life", *The Washington Post*, 28 April 2002 (BW 10).

② Goldblatt, H., "Of Silk Purses and Sows' Ears: Features and Prospects of Contemporary", *Translation Review*, 2000 (59.1): p.25.

(二）目标语编辑所起的作用

译者着手翻译，到译作发表，有一个至关重要的环节往往为译学界所忽视，即目标语编辑所起的重要作用。葛浩文将编辑称为"最重要的配角"[1]，认为中国的出版体系内，编辑和译者不受重视，也许是面子观作祟，作者觉得若假借外力，而非凭一己之力，会颜面无存。编辑诚然不是作者，这当然是不争的事实，但编辑才是最好的读者。[2] 葛浩文感到惋惜："中国找不到像珀金斯这样的编辑，他造就了菲茨杰拉德和海明威。"[3]合格的回顾式编译者应"是公正客观、技艺高超的旁观者，审慎谨严的试金石，应帮助作家找出文笔和结构中的瑕疵，发现并解决艺术和技巧上的相关问题，从而让作品充分体现出个人风格"[4]，而非只纠正拼写错误、查找偶尔出现的矛盾之处的抄写员。在中国，作家的利益至高无上，而西方的思维模式则相反："编辑唯一的永久同盟是观众，即读者。"[5]

葛浩文尖锐地批评"一些中国作者自认为长篇小说构思精妙，作者天赋异禀，通常无须译者编辑，只须他们忠实地进行翻译。然而，有

---

[1]　葛浩文，《中国文学如何走出去?》，林丽君译，《文学报》，2014 年 7 月 3 日。

[2]　Goldblatt, H., "Blue Pencil Translating: Translator as Editor", *Translation Quarterly*, 2004 (33), pp.24 - 25.

[3]　Ibid., p.25. *cf.* Bruccoli, M. J., *The Only Thing That Counts: The Ernest Hemingway/Maxwell Perkins Correspondence, 1925—1947.* New York: Scribner, 1996; Bruccoli, M. J., *The Sons of Maxwell Perkins: Letters of F. Scott Fitzgerald, Ernest Hemingway, Thomas Wolfe, and Their Editor.* Columbia, S.C.: University of South Carolina Press, 2004.

[4]　Wheelock, J. H. (ed.), *Editor to Author: The Letters of Maxwell E. Perkins.* New York: Charles Scribner's Sons, 1987, p.5.

[5]　Plotnik, A., *The Elements of Editing: A Modern Guide for Editors and Journalists.* New York: Macmillan, 1982, p.25.

时(中国)作者能得到国内出版商所不能提供的资源"①。葛浩文所指的资源是来自国外译者和目标语编辑的帮助,即回顾式编译的执行者。莫言认为"好的译本就是创造性的,不好的译本就没有创造性,甚至有破坏性。……好的翻译家是隐身的,在阅读的时候忘掉了他们的存在"②。莫言指出的好的创造性译本,亦是指回顾式编译作品。

在笔者看来,回顾式编译涉及译者和目标语编辑对目标文本的编辑行为。其一,就译者而言,回顾式编译能否进行,或编辑后是否能被原作者认同,在很大程度上跟译者与原作者的关系,以及原作者对编译的认同度相关。作者与译者因翻译产生私人关系,关系融洽的有埃科(Umberto Eco)与韦弗(William Weaver)、莫言与葛浩文;因翻译结缘,继而结婚的有萨拉马戈(Jose Saramago)与他的西语译者里奥(Pilar Del Rio),还有马建与他的英译者德鲁(Flora Drew)。关系恶劣得"像斯蒂芬·金笔下的恐怖小说"③的有博尔赫斯(Jorge Luis Borges)与乔凡尼(Norman Thomas Di Giovanni)。

通常情况下,译者与作者的私人关系越友好,作者对译者回顾式编译的认可度就越高,反之,认可度就越低。例如,莫言跟葛浩文私交甚笃,葛浩文作为译者,其建议有时甚至能让莫言修改原作,如《红高

---

① Goldblatt, H., "Blue Pencil Translating: Translator as Editor", *Translation Quarterly*, 2004 (33), p.25.

② 莫言在中国作家协会于吉林长春举办的"第四次汉学家文学翻译国际研讨会"(2016 年 8 月 14—18 日)上提出此观点。王逸人、黄艳,《莫言:好的翻译家是隐身的》,《新文化报》,2016 年 8 月 16 日。

③ Goldblatt, H., "The Writing Life", *The Washington Post*, 28 April 2002 (BW 10); Goldblatt, H., "Blue Pencil Translating: Translator as Editor", *Translation Quarterly*, 2004 (33), p.21.

梁家族》《天堂蒜薹之歌》。① 葛浩文在翻译莫言的突破性小说《红高粱家族》时，译作出版商的编辑认为第 4 章的某段情节（约 10 页）比较突兀、冗余啰唆，便问译者葛浩文是否可删除。葛浩文的回答有些犹豫，他表示需要考虑。莫言直接表示可以。就莫言来讲，他重视国际声誉，却不识任何外语，所以语篇是否完整，主要是就原文而言，而不涉及外文译本。据葛浩文所言，只有一个评论者指出了此删节，而译者就背上了删节的"罪名"。

译作出版商对《天堂蒜薹之歌》的"介入"或"干涉"则更进一步。葛浩文认为这部小说的结尾有些仓促，动笔之前，莫言会在头脑中具体规划小说的细节，当写到小说结尾时，在精神上已经进入下一部小说的构思。因此，在写了 300 多页的意识形态小说《天堂蒜薹之歌》后，他的思想已进入下部小说。这本应是部很有影响力的小说，结局却不甚了了。《天堂蒜薹之歌》的英译本编辑和葛浩文皆认为"读者理应读到更精彩的小说，而小说中的人物也配得上更精彩的刻画"，于是把意见告诉莫言。两周后，莫言把根据目标语编辑意见修改过的倒数第二章和重写的最后一章寄给葛浩文，葛浩文照此版本译出，再交由编辑修改，最后出版的即为此重写版。② 两年后，《天堂蒜薹之歌》中文版再版，此源文本却沿用了英译本的内容，由此，根据译者和目标语编

---

① Goldblatt，H.，"Of Silk Purses and Sows' Ears：Features and Prospects of Contemporary"，*Translation Review*，2000（59.1）：pp.25 - 26；Goldblatt，H.，"Blue Pencil Translating：Translator as Editor"，*Translation Quarterly*，2004（33），p.25.

② 关于改写过程，另见葛浩文的访谈录："那是个充满愤怒的故事，结尾有些不了了之。（葛浩文）把编辑的看法告诉了莫言，十天后，（莫言）发给（葛浩文）一个全新的结尾，（葛浩文）花了两天时间翻译出来，发给编辑，结果皆大欢喜。而且，此后再发行的中文版都改用了这个新的结尾。"李文静，《中国文学英译的合作、协商与文化传播——汉英翻译家葛浩文与林丽君访谈录》，《中国翻译》，2012 年第 1 期，第 59 页。

辑修改过的版本,即经回顾式编译过的产品便成了新的"源文本"。①

再举一例,李锐的《旧址》被葛浩文盛赞为"绝妙的历史小说","有幸落到葛浩文合作过的最细心能干的编辑手中(出版商为大都会图书公司)"。② 一般而言,编辑的主要工作是修订文体或语法问题。然而,此目标语编辑却坚持认为第 1 章凸显(foregrounding)过多,让读者摸不着头脑,交代过盛,拟改为精简版。编辑的理由很有说服力,李锐也"开了绿灯放行"。有趣的是,后来其他语言的译本都按此回顾式编译的英文版译出,而非照中文源文本。对此,李锐颇为满意,且得到《出版人周刊》《华盛顿邮报》《纽约时报》很好的评价。

与之相反,若译者与作者关系普通,或之前并不相识,作者对回顾式编译就较难接受。例如,葛浩文曾受出版商邀约翻译高尔泰作品《寻找家园》,高尔泰之前并不认识葛浩文,在葛浩文英译后,高尔泰认为编译程度过高(删减过多),不认可该英译本,遂收回译作版权。再如葛浩文英译张炜的《古船》,作者不是很满意③,虽然英译本销量甚高(第一版二万册很快在美国售罄,之后再版二次),在国外文学界和翻译批评界反响却不大。

葛浩文认为:"让人瞠目结舌的是,对于中国文学,编辑总想改变原作,而对其他语种的文学却很少如此。这让我有些疯狂,即使我同意这些变化能提高作品质量(我指的不是中国作家认为无足轻重的段

① Goldblatt, H., "Of Silk Purses and Sows' Ears: Features and Prospects of Contemporary", *Translation Review*, 2000 (59.1): p.26.

② Ibid.

③ 详见葛浩文的自述。孟祥春,《我只能是我自己——葛浩文访谈》,《东方翻译》,2014 年第 3 期,第 48 页。

落或标点，而是在叙事结构、大量删节、重写上的巨大变化）。"①

（三）出版物的经济价值

原作者的头衔和名气通常是国外出版商考虑的第一要旨。文学翻译作品的销售举步维艰，除非是诺贝尔文学奖获得者，或像村上春树、吉本芭娜娜这样少数的几位日本作家，其他亚洲作家的作品想要畅销，无异于天方夜谭。② 在西方，中国小说并不太受欢迎，销量和口碑往往不如日本、印度或越南的作品。哪怕某部作品备受批评家好评，同一位作家的下一部作品版税预付金有时也会急剧下降。当然，投资越小，出版商的支持（即推广）力度就越小，所导致的结果是更加低迷的销量。因此，对于中国等国家的作品，出版商大多倾向于选择热门前卫、面向年轻人的都市畅销书，然后将其回顾式编译为质量尚可的商品，而无论原作有多粗劣。出版商是如何"得逞"的呢？在葛浩文看来，"这很简单：出版商只须以大把金钱利诱在本土遭禁、被盗版，或由于别的原因收益不佳的作者，这些作者也几乎不懂外语。一番恭维后，游说作者，许诺会将其作品改良，或使之更适合西方读者胃口。当然，通常确实如此"③。

据葛浩文所言，美国出版商通常不谙亚洲语言，所以他们一般会让译者做回顾式编译；如果译者拒绝合作，其翻译薪酬会被大幅降低。如若出版商要求做大改动，如删减、结构重组、更换转折语句等，葛浩

---

① Goldblatt，H.，"Of Silk Purses and Sows' Ears: Features and Prospects of Contemporary"，*Translation Review*，2000（59.1）：p.25.

② Goldblatt，H.，"Blue Pencil Translating: Translator as Editor"，*Translation Quarterly*，2004（33），p.26.

③ Ibid.，p.27.

文都会通知作者,而作者基本上都会同意。一些作者会根据外文译本来改动自己的中文原文,如莫言;一些作者能接受译作的改动,但不会去改变自己的原文,如李锐的《旧址》。[①]

四、结　语

由是观之,回顾式编译的目标文本大致有三类。其一,按目标语编辑所要求的,译者做大量删减,如葛浩文所译姜戎的《狼图腾》,删减量超过三分之一。其二,按目标语编辑要求,译者大幅度调整小说结构,如葛浩文所译刘震云的《手机》。其三,应目标语编辑要求,原作者重写小说结尾,如葛浩文译莫言的《天堂蒜薹之歌》。

译者在三种情况下会优先采用回顾式编译法。其一,目标文本须迎合异域文化中目标读者的阅读习惯,以满足其阅读期待。其二,源文本编辑在源语国地位不高,未享有充分话语权,应原作者要求,对原作"一个字不改"时,译者和目标语编辑可协同对目标文本进行回顾式编译。其三,当源文本质量欠佳,例如内容肤浅、文笔稚嫩、结构松散,却广为年轻人喜爱的畅销快速读物,此时为了赢得目标语市场,可由文笔老道的资深译者和目标语编辑进行回顾式编译,做优化式的"连译带改"。

---

① Goldblatt, H., "Blue Pencil Translating: Translator as Editor", *Translation Quarterly*, 2004 (33), p.27.

笔者描述回顾式编译法，旨在拨开文学翻译及传播中的迷雾，将文本旅行中"看不见的手"突显出来，不仅译者应现身，目标语编辑更应现身。采取作者、原文编辑、译者、目标语编辑的合作机制，可为中国文学从积极"走出去"到有效"走进去"，提升国家文化软实力提供参考，此为其一。其二，可进一步增加政府资助，取材不囿于学术层面，更应扩展到当代优秀文学作品上，遴选并译介代表当代中国文学水准、体现中华文化精髓、反映当代中国文学发展前沿、传播当代中国价值观念的文学精品，资助相关优秀文学作品以外文形式在国外权威出版机构出版并进入国外主流发行传播渠道，深化中外学术交流与对话，促进世界更好地了解中国和中国学术，增强中国学术的国际影响力，扩大国际话语权。同时，亦可吸引海外出版社投资，增强与国外出版机构的合作。例如，由四川藏族作家阿来"重述"、葛浩文与林丽君合译的藏族神话史诗《格萨尔王》[1]，便受到英国坎农格特出版社资助，成为"重述神话"项目之一。其三，设立与诺奖相媲美的翻译界大奖，吸引更多像葛浩文、杜博妮、德鲁这样的优秀译者来从事中国文学外译。

（原载《中国外语》2016 年第 5 期）

---

① Alai, *The Song of King Gesar: A Novel*. Trans. H. Goldblatt & S. L. Lin. Edinburgh & London: Canongate, 2013.

葛浩文翻译策略的历时演变研究

——基于莫言小说中意象话语的英译分析

冯全功

一、引 言

美国汉学家葛浩文被称为中国现当代文学的首席翻译家,至今已出版五十余部译著,时间跨度近四十年,几乎每年都有译著问世,为中国现当代文学作品走向世界做出了卓越的贡献。葛浩文及其译文研究在国内引起了极大的关注,尤其是在 2012 年莫言获诺贝尔文学奖之后,研究话题集中在某部或某几部小说的译文研究、葛译中国文学作品的译介策略与译介模式、葛浩文的翻译思想(观)研究、意识形态以及诗学等外部因素对葛浩文译本生成的影响等。大多研究属于静态的观察,鲜有动态的分析与描述。然而,任何事物都不是一成不变的,包括译者的翻译观及其翻译策略。在葛浩文近四十年的翻译生涯中,其翻译策略是否有所转向? 如果有的话,他开始采取的主要是什么样的翻译策略,又转向了哪种? 这种转向有没有具体的文本表现? 转向背后的原因是什么? 对中国文学对外译介与传播又有什么启示？学界对这些问题也有初步的思考，但相对缺乏具体的语料支持，说服力不是太强。本文旨在从葛浩文对莫言前后五部小说中意象话语的英译入手进行分析，探讨译者翻译策略的历时演变及其背后的原因。

二、葛浩文翻译策略的转向

葛浩文认为，翻译的本质就是阐释、折中与重写，译者要对得起作者、对得起文本，更要对得起读者。① 文军等也有过类似的总结："他认为翻译是背叛、重写，但忠实始终是葛浩文翻译实践的第一准则。而翻译是跨文化交流活动则是他对翻译本质的认识，正因为翻译的这一特性，使得'背叛'与'重写'成为必要的手段，目的是更为'忠实'地把原文传达给译文读者。"②文军等人的观点辩证地看待了文学翻译中忠实与叛逆的关系，还是比较符合事实的。针对学界把"删节""改译""整体编译"等翻译策略视为葛浩文的标签，以及部分学者和媒体将葛浩文的翻译定性为"连译带改"的翻译，并据此对"忠实"理念进行质疑的现象，刘云虹、许钧曾从翻译忠实性、翻译观念、译者责任、文化接受

---

① 葛浩文，《葛浩文随笔》，史国强编，闫怡恂译，北京：现代出版社，2014 年；覃江华、刘军平，《一心翻译梦，万古芳风流——葛浩文的翻译人生与翻译思想》，《东方翻译》，2012 年第 6 期，第 42—49 页。

② 文军、王小川、赖甜，《葛浩文翻译观探究》，《外语教学》，2007 年第 6 期，第 80 页。

的不平衡性等几个方面澄清了一些模糊的认识,对中国文学对外译介中的翻译方法与模式等相关问题也有进一步的思考。① 刘云虹、许钧对忠实的理解同样有很强的辩证意味,指出"葛浩文——其他译者也一样——对翻译策略与方法的选择与运用是特定历史时期中主客观多重因素共同作用的结果,具有显著的历史感和时代氛围,也强烈体现着译者的主体意识"②。这种观点一定程度上说明了葛浩文翻译策略的动态性与复杂性,不能简单地将其标签化,尤其是从历时角度而言。

近几年学界对葛浩文翻译策略的历时演变或动态变化也有所注意。何元媛以葛浩文英译莫言的三部小说(《红高粱家族》《酒国》《生死疲劳》)为例,从意识形态、文化负载词和叙事结构探讨了译者翻译策略的嬗变,发现译者的翻译策略由最初的译入语导向逐渐转到原文导向,这种变化主要受原著在译入语中的地位和读者期待的影响。③何元媛选择的三部译著的出版时间分别为 1993 年、2000 年和 2008年,最近几年葛译的莫言小说却没有被作为研究对象,如《四十一炮》(2012)、《檀香刑》(2013)、《蛙》(2014)等,这就很难全面反映葛浩文翻译策略的历时演变。卢巧丹也认为,"在译介莫言小说的过程中,从《红高粱》到《檀香刑》,葛浩文的文化翻译观也在反思中演变,不断走向成熟。从最开始的以目的语文化为归宿的原则慢慢过渡到以源语

① 刘云虹、许钧,《文学翻译模式与中国文学对外译介——关于葛浩文的翻译》,《外国语》,2014 年第 3 期,第 6—17 页。

② 同上,第 16 页。

③ 何元媛,《葛浩文英译莫言小说的策略嬗变——以〈红高粱〉〈酒国〉〈生死疲劳〉为例》,株洲:湖南工业大学,2015 年。

文化为归宿的原则,即从'求同'为主过渡到'存异'为主"①。卢巧丹把葛浩文的文化翻译思想概括为"存异求同"四个字,"存异是为了尽可能与原文贴近,保留异域情调,丰富译入语文化,求同是为了使译作更好地为读者接受"。② 如果说"存异求同"是葛浩文目前文化翻译思想的话,"求同存异"是否理应是其早期的文化翻译思想呢? 如果说葛浩文的翻译思想与策略的确存在历时演变的话,这种假设或许是成立的,即葛浩文前期翻译的着眼点在于"求同",后期的着眼点在于"存异"。然而,无论是"求同"还是"存异",译者其实都是为了创造一种"文化的第三维空间",通过"异化与归化的动态平衡"来实现源语文化和译语文化的圆融调和③,只是不同时期的侧重点有所不同而已。贾燕芹通过研究葛浩文英译莫言小说中的不同话语(如政治话语、性话语、戏剧话语),发现"在作者、源语文本、读者、赞助人等多个影响因素构成的权力关系网络中,葛浩文的译者主体性越来越明显,具体表现为译作中的创造性和异质成分不断增多。大致上说,他的译文正从文化操纵状态逐渐走向文化杂合与对话"④。贾燕芹还从布迪厄的"场域"理论对葛浩文翻译策略转向的原因进行了分析,具有较强的说服力。孙会军也认为,"随着莫言在英语世界影响的不断扩大,随着读者的兴趣和要求的改变,葛浩文的翻译策略也逐步调整,越来越注重传

---

① 卢巧丹,《莫言小说〈檀香刑〉在英语世界的文化行旅》,《小说评论》,2015 年第 4 期,第 50 页。

② 同上,第 51 页。

③ 同上,第 48—55 页。

④ 贾燕芹,《文本的跨文化重生:葛浩文英译莫言小说研究》,北京:中国社会科学出版社,2016 年,第 221 页。

达莫言小说所传达的中国文化的差异性特征和小说本身的文学性特征"①,"不再刻意迎合英语读者,而是努力将莫言小说原汁原味地呈现在他们的面前"②。卢巧丹、贾燕芹、孙会军三位学者的研究都包括了2013 年葛浩文英译莫言的《檀香刑》,或多或少也都有相关语料支持,如贾燕芹对《檀香刑》中戏剧话语的翻译分析、孙会军对传达原小说中声音(语言的节奏、韵律以及不同人物的声音特色)的分析等,得出了相似的结论——从历时角度而言,葛浩文对莫言小说的翻译策略从初期的"求同"为主逐渐转向了后来的"存异"为主。

从对译文本身的分析出发,有时也未必能真正反映译者的翻译观或翻译策略,因为很多话语的删改或结构的调整是出于外部的"压力",出版社、编辑、赞助人、目的语诗学、目的语国家的意识形态,等等。这些外部因素很大程度上决定了翻译本质上是一种重写行为,很多时候也不是译者所能左右的。所以从基本上不受这些外部因素影响的翻译现象着手分析,可能会更真实地反映译者翻译观以及翻译策略的历时演变,如从葛浩文不同时期对莫言小说中人名或称呼语的处理方式切入分析。在《檀香刑》中,葛浩文对很多称呼语选择了音译策略,如"爹""娘""干爹""亲家""少爷""师傅""状元"等,并在小说末尾对这些音译术语进行了介绍。葛浩文还在"译者注"中说,之所以不翻译这些术语,是因为更新与增添从汉语而来的外来语的时机已到。③

---

① 孙会军,《葛浩文和他的中国文学译介》,上海:上海交通大学出版社,2016 年,第 41 页。

② 同上,第 48 页。

③ Goldblatt, Howard, "Translator's Note", in Mo Yan, *Sandalwood Death: A Novel*. Trans. Howard Goldblatt. Norman: The University of Oklahoma Press, 2013, p.ix.

在稍后翻译出版的《蛙》中,葛译对其中的核心人物"姑姑"同样采取了音译策略。这说明葛浩文在后期有意通过翻译来实现丰富英语语言的目的。对部分含有特殊含义的人名,如《丰乳肥臀》中的上官来弟、上官招弟、上官想弟、上官盼弟等,《蛙》中的陈鼻、陈眉、王肝、王胆等,在其首次出现时葛浩文采取音译的同时还在正文中给出人名的含义(如把"来弟"处理为"Laidi [Brother Coming]",把"陈鼻"处理为"Chen Bi [Nose]"等),同样体现了译者沟通中西文化与表现文化差异的努力。那么,从更为隐蔽的意象话语来分析葛浩文英译莫言小说翻译策略的历时演变将会是什么样的结果? 是否能进一步证实以上学者的观点呢?

三、从莫言小说中意象话语的英译看葛浩文的翻译策略

笔者选择葛译莫言小说中的意象话语作为研究对象,主要是因为这些意象话语的翻译基本上不受外部因素的影响,都是译者在自己翻译观的指导下相对自主地进行处理的,不管是有意识的还是无意识的。意象的保留、更改与删减更能体现译者对异域文化的态度及其主导型翻译策略。许诗焱通过研究葛浩文英译《干校六记》的过程,强有力地说明了诸如标题翻译、添加注释等有时是"译者、编辑和出版商共同协商的结果,在进行翻译评价时首先不应该将所有责任都推到译者身上,而应该更为客观地还原事实,同时要将翻译评价放

在翻译活动所处的特定历史背景中去讨论"①。刘云虹也表达了类似的观点,强调翻译批评的历史维度和文化维度。② 研究译者的翻译策略也不例外,不能把所有的内容增删与结构调整等现象都"推到译者身上",把外因使然归为内因表现,也不能僵化地看待译者的翻译策略与翻译思想。为了研究葛浩文翻译策略的历时演变,笔者选择其在不同时期翻译的五部莫言小说,分别为 1993 年出版的《红高粱家族》英译本、2004 年出版的《丰乳肥臀》英译本、2008 年出版的《生死疲劳》英译本、2013 年出版的《檀香刑》英译本以及 2014 年出版的《蛙》英译本。从每部小说中选择 100 个含有意象的话语表达,如"飞蛾投火""羊入虎穴""怒火万丈""井水不犯河水""说得有鼻子有眼""千里姻缘一线牵"等,然后找出其对应的英译,分析其中的意象是否得以保留,抑或被删改。如果是保留的话,基本上可认为对应译文是异化翻译策略的具体表现,如果是更改或删除的话,基本上可认为对应译文是归化翻译策略的具体表现。不管是意象保留还是删改几乎都是译者相对独立自主的选择,受外部因素影响较小,更能体现其内在的翻译观及其对应的翻译策略。前后意象保留或删改的变化幅度体现了译者翻译策略的历时演变。所选语料中还有很多是用双重意象表达同一或相似语义的,如"狐群狗党""狼吞虎咽""翻肠搅肚""装神弄鬼""人山人海"等,只要译者再现了其中的一个意象,也被归为保留意象的范畴。

---

① 许诗焱,《基于翻译过程的葛浩文翻译研究——以〈干校六记〉英译本的翻译过程为例》,《外国语》,2016 年第 5 期,第 98 页。

② 刘云虹,《翻译批评研究》,南京:南京大学出版社,2015 年。

所选语料中葛译对其中意象话语的处理情况如下图所示。

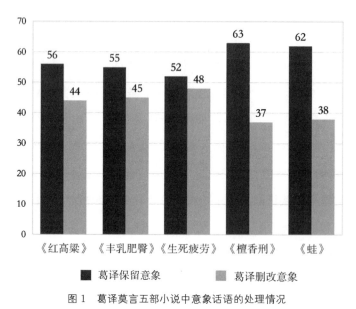

图 1　葛译莫言五部小说中意象话语的处理情况

　　由图可知,所选五部小说中葛译保留意象的处理方式都多于删改意象,如果单就意象话语的处理方式而言,葛译的异化成分是大于归化的。胡安江曾指出,"葛氏的归化译法几乎见于他的每一部翻译作品"(似是而非的言论,因为任何翻译作品都是归化与异化的杂合体),并据此建议目前中国文学走出去要采取归化译法,所谓"归化式译法的现实期待"。① 如果从意象话语的处理方式来看,这种观点是值得商榷的。史国强就对胡安江的观点进行过反驳,指出归化式译法并不是葛译的重要特征,异化方法反而用得更多(主要基于《丰乳肥臀》英译

---

　　① 胡安江,《中国文学"走出去"之译者模式及翻译策略研究——以美国汉学家葛浩文为例》,《中国翻译》,2010 年第 6 期,第 14—15 页。

分析），并且推测"葛浩文越是后来越倾向'异化'"。① 葛译莫言小说中意象话语的翻译基本上证实了史国强的观点与推测，一定程度上也证实了上述卢巧丹、孙会军、贾燕芹等学者的观点。虽然五部小说中意象话语的英译都是异化大于归化，但毕竟程度还是不一样的，后期两部作品（《檀香刑》与《蛙》）中的异化手法明显多于前期三部（《红高粱》《丰乳肥臀》《生死疲劳》）中的异化手法。这也表明葛浩文在后期（尤其是莫言获诺贝尔文学奖之后）更加注重传达原文的异质性，"存异"的幅度更大。如果说葛浩文的早期译文受外界影响存在更多文化操纵的话，如把一些敏感的意识形态话语删除，调整故事的叙述结构与叙述视角，对故事内容进行删减压缩甚至改变小说的开头与结尾等，那么后期则更强调对原文的"忠实"（大幅度的操纵现象相对少见），表现在意象话语的翻译上就是更多地保留原文的意象。

对照分析葛译莫言小说中的意象话语，可以发现很多文化个性较强的意象话语都得到了保留，增强了译文本身的文学性，也一定程度上丰富了英语表达法，起到很好的文化交流作用，相信葛浩文是有意为之的。典型的如把《红高粱家族》中的"井水不犯河水"译为"well water and river water don't mix"，"三寸金莲"译为"three-inch golden lotuses"，"嫁鸡随鸡嫁狗随狗"译为"marry a chicken and share the cop, marry a dog and share the kennel"，"千里姻缘一线牵"译为"people destined to marry are connected by a thread"；把《丰乳肥臀》中的"有钱能使鬼推磨"译为"money can make the devil turn a millstone"，"肥水不落外人田"译为"do not fertilize other people's

---

① 史国强，《葛浩文的"隐"与"不隐"：读英译〈丰乳肥臀〉》，《当代作家评论》，2013年第1期，第77页。

fields"；把《生死疲劳》中的"死猪不怕开水烫"译为"like a dead pig that's beyond a fear of scalding water"，"悬崖勒马"译为"rein in your horse before you goover the cliff"；把《檀香刑》中的"兵来将挡，水来土掩"译为"confront soldiers with generals and dam water with earth"，"不看僧面看佛面"译为"if you won't do it for the monk，then did it for the Buddha"；把《蛙》中的"落时凤凰不如鸡"译为"a fallen phoenix is not the equal of a common chicken"，"强扭的瓜不甜"译为"a melon won't be sweet if you yank it off the vine"，"人不可貌相，海水不可斗量"译为"people cannot be judged by appearance alone any more than the ocean can be measured by bushels"；等等。

　　葛译的意象保留法还体现出很大的灵活性，有时也不是完全"照搬"原文的语义，根据具体语境也会有所变通。如把"千军易得，一将难求"译为"soldiers are easy to recruit，but generals are worth their weight in gold"，添加"their weight in gold"的意象，使译文比原文更加生动，更具表现力。"高抬贵手"被译为"raise your merciful hand"，添加修饰语"merciful"让读者更容易理解这个表达的真正含义。"瓮中之鳖"被译为"a turtle in a jar with no way out"，添加"with no way out"使话语意义更加明朗。"火上浇油"被译为"adding fuel to the joyous fire"，其中的"joyous"则是根据具体语境添加的修饰语。"攀龙附凤"被译为"wanting to curry favor with people of power and influence，society's dragons and phoenixes"，既传达了原文的深层所指，又保留了原文的文化意象。针对"龙"的意象，中西虽有很大的文化差异，葛译还是多数予以保留，除"攀龙附凤"之外，其他如把"真龙天子"译为"a Dragon，a Son of Haven"，把"人中龙凤"译为"a dragon among men"等，这种异化的努力还是值得学习与借鉴的。还有些例子，译者完全可以采取更换或删除意象的归化译法,但他还是保留了原文的意象,在具体语境下译文读者也不难理解,如"掌上明珠"(a pearl in the hand)、"力大如牛"(the strength of an ox)、"三寸金莲"(three-inch golden lotuses)、"三十年河东,三十年河西"(rivers flow east for thirty years, and west for the next thirty)等。汉语中还有大量用双重意象表达同一或相似语义的,葛译很多只保留其中的一个意象,使译文更加简洁、精练,如把"同床共枕"译为"share my bed",把"人山人海"译为"a sea of people",把"装聋作哑"译为"act deaf",把"低声下气"译为"kept her voice low and controlled",把"狼吞虎咽"译为"wolfing down their food"等。针对这种用双重意象表达同一语义的汉语俗语(包括意象化死喻),只保留其中的一个意象有利于提高译文的流畅性,有经验的译者也往往如此。① 葛浩文之所以选择保留原文中的大多意象,一方面是想竭力传达汉语的语言文化特征,尽量给译文读者带来一种陌生感,另一方面则是因为在特定的语境中保留这些意象也不会给译文读者带来太大的阅读负担,毕竟人类的认知方式大部分是相通的。

从语篇层面来看,任何翻译都是归化与异化的杂合体,只是主导倾向有所不同。就莫言小说中意象话语的翻译而言,葛浩文的归化译法在前三部更为明显。葛译之所以用删除或更改意象的译法,总结起来原因主要有以下几点。其一,原文中的意象不便再现,如"颠鸾倒凤"(in the thrones of marital bliss),"水性杨花"(fickle passions),"不问青红皂白"(guilty or not),"说得有鼻子有眼"(the details were lurid),"眠花宿柳,偷鸡摸狗"(whoring around and womanizing),"恨铁

---

① 冯全功,《英语译者对汉语死喻的敏感性研究——以四个〈红楼梦〉英译本为例》,《外语与外语教学》,2015 年第 5 期,第 82—83 页。

不成钢"(why can't you be a man)等。其二,含有文化典故的意象话语很难再现,如"红杏出墙"(for sneaking around the way you have been doing),"虎落平阳"(a stranded tiger),"齐眉举案"(treat each other with respect)等。其三,特殊语境下的话语表达,如"根红苗正"(red as could be),"残花败柳"(ruined, a fallen woman),"狼狈不堪"(cutting a sorry figure),"浑水摸鱼"(groping here and fondling there)等。其四,更改原文意象更有利于译文读者接受或使表达更加形象,如"鬼迷了心窍"(blind as a bat),"鼠目寸光"(who cannot see what is under his nose),"天无绝人之路"(heaven always leaves a door open)等。葛译采取归化的意象话语大多属于难以再现的隐喻话语。

译者偶尔也会用英语中的固定表达来传达原文的语义,如把"不胫而走"译为"spread like wildfire",把"一箭双雕"译为"a two-birds-with-one-stone strategy",把"拐弯抹角"译为"beat around the bush",把"鸡犬不宁"译为"fought like cats and dogs"等,但这种现象在所选语料中比较罕见。厄普代克曾批评葛浩文使用"He licked his wounds",称其"老调没碰出回音",葛浩文也知道"避开陈词滥调是何等重要",然而原文中写的就是"舔吮自己的伤口"。① 由此可见,不管是批评者(读者)还是译者本人都讨厌译文中出现英语中类似的僵化表达与陈词滥调。还有部分意象话语,在所选语料中出现了两次或多次,葛浩文对应的英译也有很大区别,后期的译文往往更注重意象的保留。如《红高粱家族》中的"花容月貌"被译为"beautiful",《檀香刑》中的两处分别被译为"'flower and moon' beauty""a face like moonbeams and

---

① 葛浩文,《葛浩文随笔》,史国强编,闫怡恂译,北京:现代出版社,2014年,第44—45页。

flowers";《红高粱家族》中的"人山人海"被译为"was jammed with people",《檀香刑》中被译为"a sea of people";《丰乳肥臀》中的"呆若木鸡"被译为"stunned",《蛙》中的被译为"stood like wooden statues";《丰乳肥臀》中的"轻车熟路"被译为"You've down this road before",《蛙》中的被译为"like a cart that knows the way"等。这些相同意象话语在不同时期不同小说中的译文最能反映同一译者翻译策略的历时演变,当然,基于相关语料库的统计分析会更有说服力。

由上可知,如果撇开外部因素对葛译生成的影响,单从五部小说中意象话语的英译来看,葛浩文前后的翻译策略的确有所改变,后期更加注重意象的保留,更加注重传达原文以及源语文化的异质性。但笔者觉得与其说葛浩文的前后翻译策略发生了转向,不如说后期的翻译策略更强调异化,是对前期翻译策略的一种强化,因为前期三部小说中意象话语的英译也都保留了一半以上的意象,异化一开始就是葛译的主导策略。然而,如果考虑外部因素对葛译生成的影响(包括意识形态、目的语诗学等),尤其是小说内容与结构上的归化式删改现象(在早期小说英译中更为常见),认为葛译的翻译策略前后发生了转向(如从求同到存异,从操纵到对话,从目的语导向到原文导向)也不无道理。

四、葛浩文翻译策略演变的原因简析

葛浩文翻译策略前后发生的变化是渐变的,而不是突变的,是强化型的,而不是彻底转向的。如果有分水岭的话,笔者倾向于把 2012

年莫言获诺贝尔文学奖作为葛浩文前后翻译策略发生变化的分水岭。从上述莫言五部小说中意象话语的翻译来看，基本上也是这样的，2013年出版的《檀香刑》英译本以及2014年出版的《蛙》英译本相对前面的三个译本保留了原文中更多的意象，译文也鲜有内容删减或结构调整等现象。

葛浩文前后翻译策略发生变化的原因是多方面的。首先，过去几十年来，中国的经济突飞猛进，取得了举世瞩目的成就，综合国力和国际影响力也大大提高，全世界都在关注中国，对中国文化也起了一定的好奇心，包括中国文学作品。在这种大环境下，虽然中国文学作品在国外至今依然比较"冷门"，真正走出去面临重重困难，但毕竟越来越多的国外读者开始关注，从通过阅读小说来了解中国的社会与历史，到越来越关注中国文学作品本身的文学性与艺术性及其对人性的探寻。当然，这和葛浩文等国外翻译家对中国文学作品的积极译介与大力宣传也是分不开的。其次，葛浩文在中国文学作品外译的文化场域内逐渐获得了话语权，拥有"首席翻译家"的称号，积累了雄厚的象征资本，开始自树权威，"正在用他的最新译作，去重新定义什么是优秀的翻译文学作品"①。如果说葛浩文早期对中国文学作品的译介工作受出版社、赞助人、意识形态、目的语诗学等外部因素影响较大的话（如根据出版社与编辑的要求或建议精简小说内容，调整小说结构等），后期受到的外界影响则相对较小，译者拥有更大的自主权与选择权，也更容易取信于人，更有利于在自己翻译观的指导下自主选择相应的翻译策略。中国文学对外译介与传播中的翻译方法与翻译策略，

① 贾燕芹，《文本的跨文化重生：葛浩文英译莫言小说研究》，北京：中国社会科学出版社，2016年，第227页。

就其本质而言,折射的是跨文化交流中如何看待语言文化的异质性、如何对待他者文化的伦理问题。[①] 鉴于葛浩文本人对中国文学与文化的热爱,在他获得话语权之后,自然会倾向于更多地保留差异,更加尊重中国语言与文化。最后,任何文学作品的翻译都是归化与异化的杂合体,译者会根据不同的时间阶段调整自己的翻译策略。弱势文化国家中的文学作品要想打入强势文化国家之中(如把中国文学作品译介到美国),在开始阶段译者往往采取相对归化的翻译策略,以符合目的语的诗学规范,用一种比较流畅的、透明的译文赢得读者的认可,给人一种仿佛用目的语写作的感觉。韦努蒂对这种归化倾向进行过批判,认为其本质上是一种种族中心暴力。[②] 然而,由于中西文化交流中"时间差"和"语言差"的存在[③],这种归化式翻译策略在弱势民族文学向强势民族文学圈内打入的初期,似乎又是一种必需的"暴力"手段。随着时间的推移和跨文化交流的深入,有远见、有责任的译者便会选择更多地传达文化差异,以更加有效地促进跨文化交流。在李文静对葛浩文与夫人林丽君的访谈中,葛浩文也说自己要比夫人更加注重传达原文的异国情调,他如果也像夫人那样用地道的英文让译文变得更加流畅与透明的话,就会让自己变得像殖民者一样。[④] 若再往后看的话,随着中国文学的国际影响力不断增加,西方对中国文学与文化的接受程

---

① 刘云虹、许钧,《异的考验——关于翻译伦理的对谈》,《外国语》,2016 年第 3 期,第 74 页。

② Venuti, L., *The Translator's Invisibility: A History of Translation*. Shanghai: Shanghai Foreign Language Education Press, 2004.

③ 谢天振,《超越文本超越翻译》,上海:复旦大学出版社,2014 年,第 250—253 页。

④ 李文静,《中国文学英译的合作、协商与文化传播——汉英翻译家葛浩文与林丽君访谈录》,《中国翻译》,2012 年第 1 期,第 58 页。

度也将随之提高,到时,无论是西方读者还是中国作家,都会对翻译的忠实性和完整性提出更高的要求,毕竟原汁原味的译本才能最大限度地再现文学作品的魅力。① 换言之,一个民族对另一个民族文化的翻译和接受总是处于历时演变过程中,因此中国文学在美国或其他国家的接受情况也不会是静止不变的。② 国内外各种外部接受环境的历史变迁很大程度上决定了译者的翻译策略也是流变的(也会影响译者的翻译观),在不同的时期表现出不同的特征。这就启发中国文学作品的外译者要审时度势,做到人与环境的相互适应,或者适度地超越环境也未尝不可。

五、结　语

研究葛浩文翻译策略的历时演变首先要持一种历史眼光与辩证立场,可从宏观与微观两个层面着手。译文宏观层面的变动与调整大多是受外部因素的影响。本文之所以选择较为微观的意象话语作为研究对象,主要由于其受外部因素的影响较小,更能体现译者的自主性与策略的流变性,不管译者的选择是有意识的还是无意识的。研究发现,葛浩文英译莫言小说策略前后的确有所变化,后期更加注重保

---

① 刘云虹、许钧,《文学翻译模式与中国文学对外译介——关于葛浩文的翻译》,《外国语》,2014 年第 3 期,第 16 页。

② 许钧、曹丹红,《翻译的使命与翻译学科建设——许钧教授访谈》,《南京社会科学》,2014 年第 2 期,第 4 页。

留原文的意象,传达源语文化的异质性。但就葛浩文对意象话语的翻译而言,保留意象或异化策略一直是占主导地位的,只是前后的比重有所不同而已。如果想把这个话题的研究更加深入下去,宏观与微观相结合,定性与定量相结合,以及对比更多作家不同时间段的更多译文(包括翻译研究的语料库方法)是可行的途径,也更能全面而真实地反映葛浩文翻译策略的历时演变。这种历史的、辩证的、动态的翻译策略研究对中国文学走出去和文学翻译批评无疑具有更大的启示。

(原载《外国语》2017 年第 6 期)

下编　翻译文本分析

葛浩文的"隐"与"不隐"：读英译《丰乳肥臀》

史国强

胡安江教授在《中国文学"走出去"之译者模式及翻译策略研究》一文中提到葛浩文的翻译策略，指出："实际上，葛氏的归化译法几乎见于他的每一部作品。"胡教授以葛浩文1986年译的《杀夫》、2002年的《尘埃落定》和《香港三部曲》为例，得出结论："就英语世界而言，这样的书名在很大程度上迎合了西方对于中国的所谓'东方主义想象'。事实上，这三部书在西方世界不俗的销售业绩，再次证明了葛氏遵守译入语文化规范的归化式译法起了重要的作用。"①胡指出了葛浩文在翻译当代汉语小说时的一个特点，但因为作者在文中着重研究的是中国文学"走出去"的问题，对葛浩文的翻译策略不过是稍带提及，所以拙文试图就这个话题再说几句，或可为葛浩文的行文风格勾画出一个轮廓。

阅读葛浩文的译文后能发现，"归化式译法"不是他的重要特点，更不是他的唯一特点。至于"不俗的销售业绩"，因为胡没有说明印数，所以这里不好推测。但据葛浩文自己说，他翻译的中国小说读者

---

① 胡安江，《中国文学"走出去"之译者模式及翻译策略研究》，《中国翻译》，2010年第6期。

极其有限,几乎无钱可赚。①

翻译者在译文上总要留下所谓的"个人印记"(idiosyncrasy)。无论译者如何朝原文靠拢,都无法做到韦努蒂所说的纯粹的"隐身"和"透明"。② 高明的译者隐得深一些,不过如此。资深译家如葛浩文,也不例外。但就葛浩文这样经验丰富的翻译家来说,绝不是归化或异化能限定的。

要指出的是,葛在使用归化策略时是极其慎重的,尤其是书名翻译,他的异化策略反而用得更多。如,萧红的《生死场》(*The Field of Life and Death*,1979)和《呼兰河传》(*Tales of Hulan River*,1979)、黄春明的《溺死一只老猫》(*The Drowning of an Old Cat*,1980)、端木蕻良的《红夜》(*Red Night*,1988)、张洁的《沉重的翅膀》(*Heavy Wings*,1990)、莫言的《红高粱》(*Red Sorghum*,1993)和《檀香刑》(*Death by Sandalwood*,2010)、刘恒的《黑的雪》(*Black Snow*,1993)、王朔的《千万别把我当人》(*Please Don't Call Me Human*,2000),以上都属于"异化"的译法。

其实,葛浩文在翻译时所使用的显然不是一种策略,如杨绛的《干校六记》(*Six Chapters from My Life "Downunder"*,1984)和萧红的《商市街》(*Market Street: A Chinese Woman in Harbin*,1986)。这里译者有所增益,又有所删减。再如莫言的《天堂蒜薹之歌》(*The Garlic*

---

① 葛浩文亲口对季进说:"目前美国出版的当代中国文学作品主要是小说,每年大概也就出版三五本的样子。肯定不会很畅销,像莫言的《生死疲劳》能够卖一两千本就算是好的了。莫言的小说,除了《红高粱》,一直都卖不好,连苏童的东西也不太好卖。余华的《兄弟》可能好一些,海外也得到好评,但是我不知道会有多少人买。"季进,《我译故我在——葛浩文访谈录》,《当代作家评论》,2009 年第 6 期。

② Lawrence, Venuti, *The Translator's Invisibility: A History of Translation*. Shanghai:Shanghai Foreign Language Education Press, 2006.

Ballads,1995)里的"天堂"就有意被译掉了。这种有增有减的译法,不妨称之为"杂糅"(hybridization)。据译者说,他正在翻译王安忆的《富萍》和老舍的《骆驼祥子》,译名分别是"*Fuping*"和"*Luotuo Xiangzi*"。我们尚未见到这两部译著,不知最终的定名究竟怎样,但可以推测,葛浩文越是后来越倾向"异化"。以上说的只是他翻译的书名,至于小说正文,情况还要复杂得多。2009年葛浩文在接受季进采访时说:"我觉得最重要的是要对得起读者,而不是作者。"①如何才能对得起读者,葛浩文没有详说,但他的译著为我们提供了充分的注脚。下面以莫言《丰乳肥臀》英文版第一部为例,分析葛浩文所采用的翻译策略。

因版面有限,葛浩文几个明显的翻译特点,这里省去例子。如,他不用脚注,必要时用解释性译文(Kang, the brick-and-tamped-earth sleeping platform);在句法层面上保留原文的句子结构,一般连原文的标点都不轻易改动;在词法和修辞层面上做文章,这也是他最见功夫的地方,下文将就此逐项分析。

一、专有名词

墨水河桥(Black Water River Bridge);蛟龙河(The Flood Dragon River);福生堂(Felicity Manor);日本鬼子(the Japs/Jap Devils);小日本(little Nips);红毛鬼子(马洛亚神父)(redheaded devil);观音菩萨

---

① 季进,《我译故我在——葛浩文访谈录》,《当代作家评论》,2009年第6期。

(Guanyin/Bodhisattva Guanyin);天公地母(Father of Heaven, Mother of Earth);黄仙狐精(yellow spirits and fox fairies);樊三大爷(Third Master Fan);司马亭(Sima Ting);上官寿喜(Shangguan Shouxi);孙大姑(Aunty Sun);孙悟空(magical monkey);鬼门关(the gate of Hell)。①

以上译法除"孙悟空"勉强算是归化,其余都属异化,而且还保留了原文的结构,如黄仙狐精"yellow spirits and fox fairies"。其实这里的黄仙就是黄鼠狼。

二、四字成语

浑身颤抖(trembled);拳打脚踢(kick);萎靡不振(despondent);漫不经心(careless);偷工减料(given to cutting corners);欺世盗名(hardly worthy of the name);上蹿下跳(hopping around);穷追不舍(after it [cat or duck]);狐假虎威的短枪队(a company of armed body guards);飞檐走壁(leap over eaves and walk on walls);豁然开朗(opened up);他笨手笨脚(He is a clumsy oaf);别拐弯抹角(don't beat around the bush);呆若木鸡(stunned);油头滑脑(slick character);仙风道骨(poise and confident bearing)。

对于变成普通用语的四字成语,葛浩文几乎都没做对应处理,唯

---

① 文中所引例子出自莫言《丰乳肥臀》(北京:北京十月文艺出版社,2010年)的第一部第一章至第九章和葛译《丰乳肥臀》(New York:Arcade Publishing,2004)。

一的例外是"拐弯抹角",其他都是作为一般用语翻译的,只翻译汉语成语合成的意思,对词法结构和文化标记不予理睬,更没有挖空心思从英语里寻找对应的表达。经此翻译出来的译文,很少有阻滞,读起来更加流畅,适合再现莫言那大河流水般的行文风格。总之,译者在翻译四字成语时,以流畅为要旨,所追求的是"可读性"(readability)和"顺"(fluency)。

三、习语、俗语、歇后语等

咋咋呼呼(za-za hu-hu);花生花生花花生,有男有女阴阳平(Peanuts peanuts peanuts,boys and girls,the balance of yin and yang);人在青山在(While you live,the mountains stay green);一不欠皇粮,二不欠国税(We owe no tariff to the emperor or taxes to the nation);是福不是祸,是祸躲不过(If the signs are good,we'll be all right);男子汉大丈夫(any man worth his salt);上官吕氏用恨铁不成钢的目光恶直盯着儿子(Shangguan Lü stared at her son with a look that said,Why can't you be a man?);在大街上跺跺脚,半个县都哆嗦(stamped his foot,half the county quaked);夹着尾巴的狗一样(like a whipped dog);尝尝我的厉害(get a taste of my might);解铃还得系铃人(whoever hangs the bell on the tiger's neck must take it off);上官家母鸡打鸣公鸡不下蛋(The Shanguan hen goes and blames the rooster for not laying eggs);别磨牙啦(This is no time to bicker);躲过了初一躲不过十五(You might stay hidden past the first of the month,but you'll never make it through the fifteenth）；人过留名，雁过留声（A man leaves behind his good name, a wild goose leaves behind its call）；去他娘的（Up their mother）；把吃奶的劲儿给我使出来（put some shoulder to it）；顾头不顾腚（forgetting all about their hindquarters）；不是万不得已（if I hadn't reached the end of my rope）；病笃乱投医，有奶便是娘（When a patient is dying, find doctors where you can）。

与翻译四字成语不同，在再现上述词语时，葛浩文尽量保留原文的意象，尤其是文化标记，让读者马上知道这些不是普通的词语，是有明显文化标记的词语，是原作者刻意为之。总的来说，他在这方面采取的是异化策略，不得已才稍作变通，但对应的译文也尽量在文化或修辞等信息方面力求等值，如"别磨牙啦"对应"This is no time to bicker"，以此来达到最为接近的效果。

四、拟　声

低着头呼哧呼哧喘息（her own head lowered as she gasped for breath）；两行浊泪咕嘟嘟冒了出来（tears flowed from his eyes）；嗝嗝（guh-guh）；嘴巴里驾驾驾，鞭声啪啪啪（whip danced in the air-pa pa pa-as he sang out, haw haw haw）；小白蛾子扑扑棱棱地飞出来（White moths carried along with the straw flitted around the area）；谷草刷刷地响着（The straw rustled）；桥下哗啦啦一片水响（becoming a cascade）；（怀表）嘀嘀作响（ticking）；啊呀呀呀（Ai ya ya）；（枪声）叭勾叭勾叭勾（crack, crack, crack）；啊哈哈哈（Ah ha ha ha）；叽里咕噜

(grunts and shouts)；啾啾鸣叫的枪子儿(bullets whizzing)。

《丰乳肥臀》的英译几乎无一例外地留下了原文里的象声词，即使是将"哗啦啦"翻成"cascade"，其拟声效果也自在其中。

五、明　喻

莫言在《丰乳肥臀》里用得最多的修辞格是明喻。他在第一卷里用了五六十个。译者将其一一译成英文，而且保留了其中明喻的特点，如明喻的构成要件——本体、喻词、喻体，几乎一个不少。为行文简明，这里引用的多数明喻省掉了其中的本体。

宛若盛夏季节里(like the clear blue of a summer sky)；一阵又一阵撕肝裂肺般的剧痛(assaulted by wrenching contractions)；宛若一条蛇钻进(snaked through)；好像银丝在炉火中熔化(like silver melting in a furnace)；仿佛买了一个生瓜(as if she'd come away with an unripe melon)；恍惚如野兽的脚爪(its hazy outline looked like the claws of a wild beast)；宛若两粒炭火(like burning coals)；宛如踩在一条跷跷板两端的两个孩童(they seemed to be on opposite ends of a teeter-totter)；如同遇了大赦般跳起来(jumped to his feet as if his life had been spared)；仿佛屎逼，好像尿急(as if their bowels or bladders were about to betray them)；宛如搓着两只鞋底(like scraping the soles of two shoes together)；好像在迅速地敲击着四面无形的大鼓(as if beating a violent tattoo on four drums)；好像是人恶作剧(as if someone had stuck it [a donkey leg] up there as a prank)；宛若追腥逐臭的苍蝇(like a fly in pursuit of rotting meat)；像纸灰一样飞舞着(flitted past)；那五条像从墨里捞上来一样遍体没有一根杂毛的黑狗（their five jet black dogs，which could have been scooped out of a pond of ink）；想起来便不寒而栗（The mere thought of it made him shudder）；皮球般泄了气（like a punctured ball）；宛若一柄柔软如水、锋利如风的宝刀（like a knife，yielding as water and sharp as the wind）；犹如五支弦上的箭（like arrows on a taut string）；像被人当场捏住了手脖子的小偷（like a thief caught in the act）；柳叶般的小刀（the shiny knife，shaped like a willow leaf）；像狼一样（like a pack of wolves）；宛若牛在汲河中的水（resembling a cow drinking from a river）；平静如镜的河水（glassy surface of the water）；仿佛从天上掉下来的，好像从地下拱出来的（as if it had simply dropped from the sky or risen out of the ground）。（此后略去第一部里的三十几个明喻。）

上述例子说明，葛浩文的译文与原文几乎没有出入，在微乎其微的变通之外，原文的文化意象均得到了充分再现。省略的三十几个例子也是如此。显然，译者是有意在向英语读者传递原著的文化信息和写作风格。如果非要对译者在翻译明喻时所取的策略下定义的话，那也只好将其定义为"异化"。值得注意的是，与翻译小说名不同，译者在处理明喻时几乎没有显示出"创造性叛逆"（谢天振转用斯皮瓦克语）。这当然是译者有意为之。①

---

① 厄普代克在《苦竹》一文里说："Professor Goldblatt is presumably pursuing the Mandarin text，ideogram by ideogram，but in one like 'So it was a certainty that Duan-wen was now licking his wounds in the residence of the Western Duke，having found safe haven at last，' the English clichés seem just plain tired."（《纽约客》2005 年 5 月号）对此，葛浩文在接受季进采访时反驳说："他（厄普代克）不懂中文，凭什么批评翻得好不好呢？他说"Duanwen was now licking his wounds"这句英语是什么陈词滥调，也许对他而言，这在英文里是陈词滥调，可是我回去看原文，原文就是'舔吮自己的伤口'，还能翻成什么？"（《当代作家评论》2009 年第 6 期）以上两人的话可以用来证明葛浩文对待原文的态度。

六、其他:创造性叛逆?

在第一部的译文里,仅有极个别的地方没有照译原文,但与原文相比,效果并未稍减,有些译法较之原文更符合逻辑。这里我们不妨借用谢天振教授的创造性叛逆说①,剖析几个例子。如:"那是三年前,生完第七个女儿后,丈夫上官寿喜怒火万丈,扔过一根木棒槌,打破她的头,血溅墙壁留下的污迹(She had just delivered her seventh daughter, driving her husband into such a blind rage that he'd flung a hammer at her, hitting her squarely in the head and staining the wall with her blood)。""木棒槌"变成"铁锤","血溅"变成"弄脏",这一变化显然是葛浩文在替作者掩饰原著逻辑上的疏忽。不然,我们就无法做出合理的解释:"扔过一根木棒槌"毕竟不能把人打得血流四溅。其实原文里的丈夫上官寿喜是个手无缚鸡之力的懦夫,能不能扔木棒槌都成问题,何况铁锤?但这不是译者能解决的问题。然而,经他这么一改,译文多少就合理了。这大概就是"有意为之"的创造性叛逆。

再如,弓子手(master archer)、抱着膀子的闲人(idlers)、小炉匠(stove repairman)、毽子(shuttlecock)、牛鞭(horsewhips)、被窝(bed)、爷儿们(Sir)等中国文化色彩更为明显的词语,在小说特殊语境里却不太重要,或是可有可无的点缀,译者索性根据自己的理解将其"点化"成英文。其中反映出译者的"隐"与"不隐"和两种文化的貌合神离。

---

① 谢天振,《译介学》,上海:上海外语教育出版社,1990年。

我们知道:"弓子手"未必是"弓箭手","小炉匠"未必是"修炉匠","毽子"不是"羽毛球","牛鞭"更不是"马鞭","被窝"不等于"床"而接近"炕","爷儿们"(在句首作称呼)不是"老爷",等等。上述词语所承载的文化意义要大于字面意义,也正是创造性叛逆频繁出现之处。奈达有句常被引用的话:"对于真正成功的翻译来说,精通双文化比精通双语还重要,因为词语只有在其发生作用的文化里才有意义。"①至于葛浩文为什么如此翻译,这里只是陈述现象,不想妄加推测,但其中必然隐藏着有趣的话题。

七、结　语

葛浩文的翻译是紧扣原文的。所谓归化的译法,在他那里不过是不得已而为之,而且用得极少。他高超的翻译技巧并没有稀释原文的文化、修辞、词法等信息。在对待"译入语文化规范上",他以巧妙的方式将原文信息不折不扣地传递给英语读者。严格地说,他采取的态度是有取有舍、"隐"与"不隐"。

(原载《当代作家评论》2013 年第 1 期)

---

① Nida, Eugene, *Language, Culture and Translating*. Shanghai: Shanghai Foreign Language Education Press, 1993.

翻译中的"叙事世界"

——析莫言《生死疲劳》葛浩文英译本

邵　璐

一、引　言

《生死疲劳》(2006)是莫言在国际上获奖最多的作品。然而在中国本土,原作的读者接受却并非最好。在销售量上,该书跟莫言之前的作品《红高粱家族》《丰乳肥臀》很难匹敌;于知名度,中国本土读者一提到莫言,首先想到的还是他的那两部作品,很多人对2006年出版的《生死疲劳》(以下简称源文本)不甚了解。与之相对的是,《生死疲劳》的英译本①(著名美国翻译家葛浩文译本)继原作后迅速出版,并很快在国际上引起关注,获得不少国际大奖②。

---

① Mo，Yan，*Life and Death Are Wearing Me Out：A Novel*．Trans．Howard Goldblatt．New York：Arcade Publishing，2008．

② 具体数目与名称见邵璐,《莫言小说英译研究》,《中国比较文学》,2011年第1期,第46页,本文不再赘述。

在笔者看来,英译本在西方的接受成功,很大程度上归功于三个原因:译文叙事角度的转换、文体特征的变更①、原作者和译者的社会资本和象征资本(包括在国际上的影响力、认可度和译者作为国际文学界大奖重要评审人的地位)。本文拟从叙事模式在《生死疲劳》英译目标文本中的转变入手,通过对比中文源文本与目标文本在叙述层次上的差异,考察叙事角度的转换对译作的影响以及对中国文学在域外接受所起的作用。

二、叙述层次与视角改换

叙事文本有"故事"和"话语"两个层次,前者为内容层,后者为表达层,这是叙事学的基本区分。故事世界指虚构或非虚构的叙事世界(diegesis)。② 叙事大都由多种叙述行为构成,叙事层级即是对这些叙述行为的甄别与区分。③ 叙述层次之间的区分并非不同层次之间存在距离,而是彼此间有一道由叙述本身所代表的门坎来分隔。④ 在热奈特(Genette)看来,"叙事讲述的任何事件都处于一个故事层,下面紧接

---

① 关于译作文体特征的变更,将另文探讨。

② Phelan, J. & Rabinowitz, P., *A Companion to Narrative Theory*. Malden: Blackwell Publishing, 2005, p.544.

③ Herman, D., Jahn, M. & Ryan, M., *Routledge Encyclopedia of Narrative Theory*. London & New York: Routledge, 2005, p.359.

④ Genette, G., *Narrative Discourse: An Essay in Method*. Ithaca: Cornell University Press, 1980, p.228.

着产生该叙事的叙述行为所处的故事层"①。

笔者认为,经典叙事学中这种叙述层次的区分方式也可以用来对目标文本进行分析。具体可以采取两种方式:从叙述行为或叙述者在叙述层次上所处的位置和根据叙述者同故事的关系来解构。以下分别对这两种方式进行阐述。

(一) 在叙述层次上所处的位置

从叙述行为或叙述者在叙述层次上所处的位置来看,可以划分为第一叙事(first-diegetic,又称初始叙事)和第二叙事(second-diegetic,又可称元故事叙事[meta-diegetic]或次故事叙事[hypodiegetic])。第一叙事的叙述主体是故事外的(extradiegetic),而第二叙事的叙述主体则是故事内的(intradiegetic),即故事里面人物的叙述。②

跟源文本相比,《生死疲劳》英译本(以下简称目标文本)中叙事模式的变化体现在三个方面:转叙(metalepsis)③、省叙(paralipsis)、伪叙

---

① Genette, G., *Narrative Discourse: An Essay in Method*. Ithaca: Cornell University Press,1980, p.228.

② Herman, D., M. Jahn & M. Ryan, *Routledge Encyclopedia of Narrative Theory*. London & New York: Routledge, 2005, pp.107 – 108.

③ 申丹等《当代叙事理论指南》,申丹等译,北京:北京大学出版社,2007 年,第636 页)以及乔国强、李孝弟《叙述学词典》,乔国强、李孝弟译,上海:上海译文出版社,2011 年,第120 页)译为转叙;申丹《叙述学与小说文体学研究[第三版]》,北京:北京大学出版社,2004 年,第283 页)译为视角越界;王文融《叙事话语 新叙事话语》,王文融译,北京:中国社会科学出版社,1990 年,第163 页)译为转喻。本文使用更接近 Genette (Genette, G., *Narrative Discourse: An Essay in Method*. Ithaca: Cornell University Press, 1980, pp.234 – 237)原意、较多研究者所采用的"转叙"。

（pseudo-diegetic narrative）①。

1. 转叙

转叙指打破叙事层次之间的常规分隔，例如故事外叙述者进入所叙述的情景与事件。从一个叙述层到另一个叙述层的过渡原则上只能由叙述来承担，叙述正是通过话语使人在一个情景中了解另一个情景的行为。任何别的过渡形式，即使有可能存在，至少也总是违反常规的。② Genette 把叙述转叙（narrative metalepsis）这个术语推而广之，用它指上述一切违规现象。③ 在目标文本中，出现了转叙。试举两例：

原作者④对中国土地改革用了调侃的语气，原文似乎暗示，跟封建时期相比，中国 20 世纪 50 年代在新解放区进行的土地改革没什么新意，都是均分土地，但比之更恶劣的是，现今不但要均分土地，还要毙掉土地所有者。译者把原文诘问的反问句，明晰化地译为"Parceling out land has its historical precedents，I thought，so why did they have to shoot me before dividing up mine？"⑤，暗示枪毙地主的原因是要分地主的土地。这样便把调侃的语气改成了能让西方读者认可的价值

---

① Genette，G.，*Narrative Discourse: An Essay in Method*. Ithaca：Cornell University Press，1980，p.228；Prince，G.，*A Dictionary of Narratology*. Lincoln：University of Nebraska Press，1987，p.78.

② Genette，G.，*Narrative Discourse: An Essay in Method*. Ithaca：Cornell University Press，1980，p. 234；Phelan，J. & Rabinowitz，P.，*A Companion to Narrative Theory*. Malden：Blackwell Publishing，2005，pp.547－548.

③ Genette，G.，*Narrative Discourse: An Essay in Method*. Ithaca：Cornell University Press，1980，p.235.

④ 莫言，《生死疲劳》，北京：作家出版社，2006 年，第 6—7 页。

⑤ Mo，Yan，*Life And Death Are Wearing Me Out: A Novel*. Trans. Howard Goldblatt. New York：Arcade Publishing，2008，p.7.

观和固有的偏见:中国土改的野蛮之处,就是不但要抢夺瓜分别人的固有财产,还要置人于死地。译者这样处理,似乎也是想以批评中国政治、嘲讽土改来满足西方读者的阅读期待。这部分的"我"是故事外的叙述者或受述者,进入了故事领域,作为故事人物叙述道,"后来我才知道……",这便是擅入元故事领域的行动,产生了滑稽可笑或荒诞不经的奇特效果,于是出现了转叙。

在叙述时代背景,谈到游击队、黄皮子时,莫言①以讽刺的基调,将游击队和伪军并在一起,说明在地主看来,游击队跟伪军没什么两样,都是造成内乱的原因,而且都与土地所有者——地主为敌。译者葛浩文在翻译时采用第一人称叙述视角,将源文本同故事与异故事叙述(这两个术语的定义见下文)译为单一的同故事叙述,让全知视角第三人称的观点变成地主略显"离经叛道"的"反动言论"叙事。② 这即是说,译者将源文本的多个叙述层变成了单一的同故事叙述,这在翻译方法上属于薄译。

2.省叙

"换层讲述"中,转叙与预叙(prolepsis)、倒叙(analepsis)、集叙(syllepsis)、赘叙(paralepsis)③构成一个体系④。就目前之考察看来,

---

① 莫言,《生死疲劳》,北京:作家出版社,2006 年,第 10 页。

② Mo,Yan,*Life And Death Are Wearing Me Out:A Novel*. Trans. Howard Goldblatt. New York:Arcade Publishing,2008,p.11.

③ 申丹等《〈当代叙事理论指南〉,申丹等译,北京:北京大学出版社,2007 年,第 636 页)以及乔国强、李孝弟《〈叙述学词典〉,乔国强、李孝弟译,上海:上海译文出版社,2011 年,第 163 页)译为多叙;申丹《〈叙述学与小说文体学研究[第三版]〉,北京:北京大学出版社,2004 年,第 283 页)以及王先霈、王又平《〈文学理论批评术语汇释〉,北京:高等教育出版社,2006 年,第 377 页)译为赘叙。本文采用"赘叙",理由同上。

④ Genette, G., *Narrative Discourse:An Essay in Method*. Ithaca:Cornell University Press,1980,p.235.

目标文本中除了转叙，还存在倒叙（沿用源文本叙述方式，在叙述方式上与之形式对等）、省叙①。源文本分五部，前四部分别以驴、牛、猪、狗②在书中出现的先后顺序来生死轮回，此为事态时序。而最后一部的结局与开端又回到第一部的原点，此为叙述时序中的倒叙，目标文本在这层叙述方式上没有变化。省叙和赘叙（本文不涉及赘叙）是Genette 研究聚焦（focalization）时采用的术语，这两种叙述方式在目标文本中的出现体现了叙事学上的视角越界、翻译方法上的模糊译（既不属于意译，也不属于直译），与源文本叙述层次不对等。

一般来说，省叙指叙述者故意对读者隐瞒一些必要的信息，"在内视角模式中略去聚焦主人公的某个重要行动或想法。无论是主人公还是叙述者都不可能不知道这个行动或想法，但叙述者故意要对读者隐瞒"③。省叙与视角越界容易被混为一谈，不易区分。与省叙不同，视角越界是在采用一种视角模式时，违规进入另外一个视角模式，如同故事叙述者超越自己能够感知的范围，像全知叙述者那样去透视其他人物的内心或像全知叙述者那样观察到自己不在场的事件等。

---

① Genette, G., *Narrative Discourse: An Essay in Method*. Ithaca: Cornell University Press, 1980, p.195; 申丹等（《当代叙事理论指南》，申丹等译，北京: 北京大学出版社，2007年，第 637 页）以及乔国强、李孝弟（《叙述学词典》，乔国强、李孝弟译，上海: 上海译文出版社，2011 年，第 163 页）译为少叙; 申丹（《叙述学与小说文体学研究［第三版］》，北京: 北京大学出版社，2004 年，第 283 页）以及王先霈、王又平（《文学理论批评术语汇释》，北京: 高等教育出版社，2006 年，第 377 页）译为省叙。本文用"省叙"，拟强调其学术性。并且，翻译方法中亦有"省译"一说。

② 虽未以大头儿单分一部，最后一部"结局与开端"却提到了大头儿的轮回。

③ Genette, G., *Narrative Discourse: An Essay in Method*. Ithaca: Cornell University Press, 1980, pp.195 - 196; Phelan, J. & P. Rabinowitz, *A Companion to Narrative Theory*. Malden: Blackwell Publishing, 2005, p.548; Herman, D., M. Jahn & M. Ryan, *Routledge Encyclopedia of Narrative Theory*. London & New York: Routledge, 2005, p.419.

目标文本中,在内聚焦规范内焦点主人公的重要行动或思想常常被省略,无论是主人公驴、牛、猪、狗、大头儿蓝千岁、蓝解放,还是叙述者"我"——西门闹的鬼魂,都不可能不知道该行动或思想,那是叙述者决意对读者隐瞒。叙述话语没有反映叙述者对相关事件的全部了解。换言之,叙述者所讲的比自己所知的要少。就统领叙述的聚焦编码而言,一种因提供的信息少于应该提供的信息而引起的改变,便是显性越界中的省叙。① 目标文本中,除人名翻译,其他具有社会、历史背景的特殊名词没有任何的注释(包括夹注、尾注、脚注)。"还乡团"在源文本中共出现两次②,译者在第一处译为"the Landlord's Restitution Corps"③,而第二处相关的连续两段(涉及 1031 字)和之前第三段(涉及 195 字)都被译者彻底删除④。在中文里,"还乡团"指国共内战时期,国民党政府支持的以地主豪绅为基础的武装组织。译者未采用厚译(thick translation,亦称增厚翻译)法,淡化其特殊时期中国背景。

3. 伪叙

伪叙是被带到初始叙事层次的第二叙事,由叙述者接管,也可以说是伪装成故事(diegetic)模样进行叙述的元叙述(metadiegetic narra-tive)。⑤ "伪叙"涉及的是叙事层次,当下一层嵌入型叙事以上一层叙

---

① Genette, G., *Narrative Discourse: An Essay in Method*. Ithaca: Cornell University Press, 1980, p.195.

② 莫言,《生死疲劳》,北京:作家出版社,2006 年,第 27 页,第 168 页。

③ Mo, Yan, *Life And Death Are Wearing Me Out: A Novel*. Trans. Howard Goldblatt. New York: Arcade Publishing, 2008, p.33.

④ Ibid., p.199.

⑤ Prince, G., *A Dictionary of Narratology*. Lincoln: University of Nebraska Press, 1987, p.78.

事的面貌出现时（譬如读者忘了它是下一层的），就是"伪叙"，而不是对相关小说的"虚构"。

源文本中，作者莫言假借叙述者"莫言"之口，叙述道：

例1　莫言在他的小说《苦胆记》里写过这座小石桥，写过这些吃死人吃疯了的狗。他还写了一个孝顺的儿子，从刚被枪毙的人身上挖出苦胆，拿回家去给母亲治疗眼睛。用熊胆治病的事很多，但用人胆治病的事从没听说，这又是那小子胆大妄为的编造。他小说里描写的那些事，基本上都是胡诌，千万不要信以为真。①

例2　莫言那小子在他的小说《太岁》中写道：……马智伯的儿子马聪明紧张地说……②

例3　这件事被你那个怪诞朋友莫言写到他的小说《人死屌不死》里了。这个人死屌不死的"路倒"，是我出钱掩埋，掩埋在村西老墓田里。③

例4　就像莫言那厮在他的新编吕剧《黑驴记》中的一段唱词……④

例5　1954年10月1日，既是国庆日，又是高密东北乡第一家农业合作社成立的日子。那天，也是莫言那小子出生的日子。……蓝脸家那头驴会飞的传说，至今还被西门屯里那些老人提起。当然，在莫言那厮的小说里，更被描写得神乎其神。⑤

① 莫言，《生死疲劳》，北京：作家出版社，2006年，第7—8页。
② 同上，第13—14页。
③ 同上，第10—11页。
④ 同上，第25页。
⑤ 同上，第43页。

原文中引入叙述者"莫言"口中的"所谓的《黑驴记》《苦胆记》《太岁》等旧作,都与(作者莫言)本人无关,现实生活中(作者莫言)也从没有写过叫这些名字的小说"①。

莫言在受访时明确表示并不存在《苦胆记》,它是莫言在《生死疲劳》中虚构的,是小说中的伪互文。然而,译者葛浩文却的确出版过译自莫言作品的"The Cure"②。于是,目标文本中的"The Cure"③便与译品集中的"The Cure"④形成了互文关系,相互关涉。原作者眼里并不存在的文本,在目标文本中却成了真实的文本"The Cure"。

另举一例:在源文本全书中,"马聪明"只出现了两次,都在上面所涉源文本那段,即正文中插入语部分,原作者莫言以调侃的口气叙述这插入部分的"莫言那小子……",然后跳出插入语,以第三人称叙述者的全知视角总结小说人物莫言"这小子,真是能忽悠啊"。⑤ 这里的全知视角第三人称叙述就是异故事叙述。在目标文本中,此处出现了叙述视角的两次转变:先是以全知视角叙述有个叫莫言的人,在他创作的叫"太岁"的故事里讲了什么,然后马上将视角转为第一人称,最后再以第三人称全知视角结束此语篇。

然而,此段中提到的马聪明的父亲——马智伯,既是本伪互文中插入部分的人物,也是文中的叙述者。正文部分(相对于插入部分)的

---

① 莫言的采访对话。http://www.chinawriter.com.cn/2009/2009 - 01 - 08/42088.html.

② Goldblatt,H.,"The cure", in H. Goldblatt (ed.). *Chairman Mao Would Not Be Amused : Fiction from Today's China*. New York: Grove Press,1995,pp.171 - 181.

③ Mo,Yan, *Life And Death Are Wearing Me Out : A Novel*. Trans. Howard Goldblatt. New York: Arcade Publishing,2008, p.8.

④ Goldblatt,H.,"The cure", In H. Goldblatt (ed.). *Chairman Mao Would Not Be Amused : Fiction from Today's China*. New York: Grove Press,1995,pp.172 - 181.

⑤ 莫言,《生死疲劳》,北京:作家出版社,2006 年,第 14 页。

源文本是："村里一个惯于装神弄鬼的风水先生马智伯跑到牲口圈边……"①目标文本是："Ma Zhibo, a feng shui master who was given to putting on mystical airs, came running up to the pen..."②目标文本中省略了"村里"，特具中国文化特色的"风水"一词用了零译法，译成了汉语拼音，且未用斜体表示外来词，即把对译文读者来说是外文词的中文引进英文，将其合法化，颇有鲁迅当年提出"要把新的文化的言语介绍给大众"③的功效。

（二）叙述者与故事的关系

从叙述者与故事的关系来看，可以分为异故事的（heterodiegetic）和同故事的（homodiegetic）。异故事指叙述者并不与人物存在于同一个（虚构的）层面上的叙述。同故事指叙述者与人物存在于同一个层面的叙述。换言之，叙述者不在其所讲的故事中出现，即异故事，叙述者作为人物在他（她）讲的故事中出现，即同故事。④

叙述者莫言是源文本中存在的人物，小说的叙述者之一。作为叙述者的莫言穿插于全书中，不时出现，有时原作者莫言借叙述者之口以第一人称叙述来插入或引入莫言的其他作品，当然，这些作品不少

---

① 莫言，《生死疲劳》，北京：作家出版社，2006年，第13页。

② Mo, Yan, *Life And Death Are Wearing Me Out: A Novel*. Trans. Howard Goldblatt. New York: Arcade Publishing, 2008, pp.14-15.

③ "翻译——除出能够介绍原本的内容给中国读者之外——还有一个很重要的作用：就是帮助我们创造出新的中国的现代言语。……这是要把新的文化的言语介绍给大众。鲁迅，《鲁迅和瞿秋白关于翻译的通信》，罗新璋编，《翻译论集》，北京：商务印书馆，1984年，第336页。

④ Genette, G., *Narrative Discourse: An Essay in Method*. Ithaca: Cornell University Press, 1980, p.245; Herman, D., M. Jahn & M. Ryan, *Routledge Encyclopedia of Narrative Theory*. London & New York: Routledge, 2005, pp.213, 223.

为伪作（并非真正存在的作品），上文已阐述。同时，作为叙述者的莫言（第一人称"我"）还会以全知方式叙述原作者莫言的出生[①]、相貌（"小眼如缝，貌极丑陋"）[②]、爱好（《参考消息》爱好者）[③]等。

目标文本中，莫言只作为小说叙述者存在。原作者莫言看似将自己放入小说情节中，因为小说中叙述者莫言的确带有原作者的某些特征，具有一些共同特点，例如外貌、家乡、爱好（喜好）、职业。然而，从叙述角度来看，"大头儿蓝千岁""蓝解放""莫言"，这三者构成三重对话关系。源文本中的"莫言"不是原作者莫言本人，也不纯粹是一个作家，他只是作为小说的叙述者而存在。"大头儿"与"蓝解放"构成对立、对话的关系，彼此消解，互相矛盾。叙述者"莫言"的出现是为故事提供似是而非的阐释，以此增加小说的多义性。这三位叙述者构成了文本复杂的张力关系，构成了元叙述符号（metanarrative sign）。

如果从叙述层次（故事外或故事内）和与故事的关系（异故事或同故事）两个方面来确定叙述者的位置，目标文本全书的第一人称"我"，有三条主线，一是源文本中的五代叙述者，二是每部中的主要叙述者，其实同时有个"我"是同一灵魂（作者并未这么描述，但每部中的主要动物跟该部叙述者有着同一思想，有着同样的叙述视角和眼光），第三条是穿插在情节中的"莫言"，他既是经验自我，也是叙述自我。

由上观之，莫言作为叙述者，是他叙事文的主人公之一，有时又起次要作用，可以说始终扮演旁观者和见证人的角色。前者是"自身故事"，可以说是高程度的同故事的代表。

---

① 莫言，《生死疲劳》，北京：作家出版社，2006年，第26页。

② 同上，第221页。

③ 同上，第221—223页。

三、结　语

将源文本与目标文本进行仔细对比后,笔者发现,译者葛浩文在翻译《生死疲劳》时,采用了与往常非常不同的手法。[1] 如若单纯采用翻译学传统方法去解释,如厚译或薄译等,当然可看到某些特点,却似难详尽。具体而言,采用传统的翻译学解释手法,我们可看到,译者在其以往翻译作品中,常用手法包括对性、政治等"添油加醋",同时加大量的文中注。与之形成对比,葛浩文在翻译《生死疲劳》时,总的翻译策略是薄化翻译,如淡化中国特色,去掉中国神话传说、政治色彩等。

在翻译莫言以往的作品时,葛浩文通常会刻意地加强性描写,例如在《丰乳肥臀》英译中展示对女人身体的礼赞,强调原作者的恋女情结;或者强调中国作为他者的异域想象和色彩,例如《酒国》英译中所凸显的食人性或食人主义;强调中国政治色彩,强调意识形态的不同,如在《变》[2]的英译 Change[3] 标题页提出"What was Communism?"(何为共产主义?)又如葛浩文英译老舍《骆驼祥子》时体现出的"对个人主义震撼心灵的控诉"(a searing indictment of the philosophy of individu-

---

① 葛浩文以往翻译总的特点,笔者已撰文描述,见邵璐,《莫言小说英译研究》,《中国比较文学》,2011 年第 1 期,第 45—56 页。

② 莫言,《变》,北京:海豚出版社,2010 年。

③ Mo, Yan, *Change*. Trans. Howard Goldblatt. London & New York: Seagull, 2010. 源文本与目标文本在同一年出版,在文学界、翻译界实属罕见。

alism)①。无可否认,以上都是吸引西方读者即译文读者的元素,也可视为葛浩文最常采用的翻译方法。

然而,笔者认为,有意地对性、政治或异域色彩着力用墨,可视为译者有意为之。如果巴特的"作者死亡论"②可以延伸到翻译批评领域,那么译作完成后,译者就已经"死亡",译评者就可暂且抛开译者因素,对双语文本进行细读和对比。从《生死疲劳》英译的叙事学分析,似能得出如下结论。其一,目标文本中叙述者的叙述视角和叙述声音比源文本减少了许多,增加了模糊度,增强了模糊美感。例如,目标文本中的第一人称"我"既是讲故事的"叙述主体"大头儿(作为叙述自我),又是经历故事事件的"体验主体",即生死轮回中的动物(作为经验自我)。其二,目标文本中多次出现视角越界,包括显性越界和隐性越界,具体而言,目标文本呈现出转叙、省叙、伪叙,故事外、故事内,异故事、同故事等越界现象。其三,目标文本中视角模式的复杂化和多层次化带来神秘性,因为在多视角转变中情节不断被隐藏,外视角模式中透视了某个人物的内心想法,又在内视角模式中,由聚焦人物透视其他人物的内心活动或者观察自己不在场的某个场景。其四,目标文本中回顾性视角和经验性视角,全知视角和内视角模式,叙述声音和叙述视角不断切换,事态时序和叙述时序交错呈现(包括倒叙、跳动性叙述、交叉性叙述),使语篇的"故事性"得以加强。最后,也是最重要的一点,叙述内容的节译、引号和引述分词的大量删除使源文本中的对话模式变成目标文本中的自由间接引语,这样,英语动词体形式

---

① Lao She, *Rickshaw Boy*. Trans. Howard Goldblatt. New York: Harper Collins Publishers,2010.

② Barthes,R.,*Image Music Text*. London:Fontana Press,1977,p.142.

在语篇中的衔接作用被弱化。这种特殊的处理方法,我们不能加以价值判断。一方面,这种翻译方法可通过译文的信息缺失带来模糊美感和神秘性的阅读快感。而另一方面,这从客观上增加了译文的阅读难度,会让通常只追求娱乐和消遣的一般读者望而却步,但这对文学批评家和翻译学者而言却可增加研究的价值。需要说明的是,本文的研究方法虽是目前西方翻译学界比较"流行的"翻译叙事文体学研究模式中的一种①,然而,笔者并不认同盲目跟随西方翻译理论潮流,简单套用理论模式,去证明业已被提出且被证明了的观点,而是希望通过具体细致的文本分析,来提出与传统叙事学或新叙事学(narratologies,这两者都主要针对单一文本)不同,适用于描述翻译研究的双语平行文本——目标文本和源文本的叙事模式对比分析。

(原载《外语与外语教学》2013 年第 2 期)

---

① 有关西方翻译理论中的叙事文体学研究趋势,详见邵璐,《西方翻译理论中的叙事文体学趋势》,《外语研究》,2011 年第 4 期,第 86—92 页。

《丰乳肥臀》中主题意象的翻译

——论葛浩文对概念隐喻的英译

梁晓晖

一、引　言

20世纪下半叶以来,以葛浩文为代表的多位翻译家将一系列中国现当代小说译成英文,促进了西方读者对中国作家作品的了解。近年来,随着中国经济地位的提升,中国的文学作品进一步受到西方评论界的关注。葛浩文认为,在当代作家中,"莫言是这个年代最有成就、最具创造性的小说家"①。

2012年莫言获得诺贝尔文学奖,其代表作《丰乳肥臀》成为关注的焦点。至2012年12月,有关莫言的文章,国际权威数据库EBSCO收录了27篇,国际文学类最重要的数据库GALE收录了140篇。其中,针对《丰乳肥臀》的评论与研究性论文,EBSCO收录9篇,GALE收录

① Goldblatt, H., "Mo Yan's Novels Are Wearing Me Out — Nominating Statement for the 2009 Newman Prize", *World Literature Today*, 2009 (6 - 7), p.29.

4篇。华盛顿邮报认为莫言获得诺贝尔文学奖,"《丰乳肥臀》是最引人注目之作"。中国评论界甚至认为《丰乳肥臀》"是新文学诞生以来迄今出现的最伟大的汉语小说之一"①。莫言自己也谈到,"如果要了解我,就一定要读我的《丰乳肥臀》"②。

很多评论者,包括莫言自己,都认为他得奖的重要原因是葛浩文杰出的翻译。国外评论多以赞扬为主,认为其译文很巧妙。③ 但目前国外尚没有从原作与英译本的关系入手做出具体研究。

国内相关研究主要是从作品中寻找一些互无关联的个案④,来证明葛氏译文对原作的反映,缺乏说服力。其中,有的评论对译文褒奖有加,如《上海采风》卷首评论:"莫言的译家葛浩文功不可没,他采用的译法'非常巧妙'……'他不是逐字、逐句、逐段翻译,他翻的是一个整体'。"⑤有的评论则认为葛浩文的翻译与原文出入较大,没有做到忠于原著,有误读之处。⑥

陆敬思提出,葛浩文不仅把中国的作品翻译成了优美的英文,而

---

① 张清华,《〈丰乳肥臀〉:通向伟大的汉语小说》,《山东文学》,2012 年第 11 期,第 70 页。

② 莫言,《我在美国出版的三本书》,《小说界》,2000 年第 5 期,第 173 页。

③ Fu, Binbin, "Review of *Big Breasts and Wide Hips*", *World Literature Today*, 2005, 79 (3 - 4), p.85. Rpt. *Contemporary Literary Criticism*. Vol. 257. Detroit: Gale, 2008.

④ 刘一鸣,《从关联理论看文化负载词的翻译——〈丰乳肥臀〉英译本个案研究》,《陕西师范大学学报(哲学社会科学版)》2009 年第 7 期,第 342—344 页;熊华、左苗苗,《后殖民翻译理论视域下的文化传译——以〈丰乳肥臀〉英译本为例》,《长江大学学报(社会科学版)》,2011 年第 9 期,第 100—101 页。

⑤ 编辑部,《作家的心跳和译家的心跳》,《上海采风》,2012 年第 12 期,第 1 页。

⑥ 熊华、左苗苗,《后殖民翻译理论视域下的文化传译——以〈丰乳肥臀〉英译本为例》,《长江大学学报(社会科学版)》,2011 年第 9 期,第 100—101 页。

且殚精竭虑地抓住了原作本身的风格。① 但他也提出，伟大的翻译家不仅要对原作保持尽可能的忠实，又要有一定程度的"背叛"。② 因为翻译家不但要克服把一种文字翻译成另一种文字的困难，更要逾越从一种文化框架和语言结构到另一种文化框架和语言结构的障碍。③ 陆敬思认为葛浩文对莫言的翻译是最好的范例。

那么，葛浩文到底在何种程度上对原文保持了忠实，又在哪些地方修改了原文呢？只是零散地找出一些个案，很难对译文做出公正的评价。对译文做出评判，最重要的是考察译文如何传递或修改了作品原文的主题，而这方面的研究尚未出现。

《丰乳肥臀》描写了叙述者上官金童的母亲上官鲁氏横跨整个20世纪各种政治动荡的艰辛一生。她的女儿们在动乱的环境中恋爱，故事历经抗战、两党合作、中华人民共和国成立后历次政治运动直至改革开放。小说通过上官家族的变迁写出了中国历史的演进。作品非常引人注目的一点是，其中充斥了大量的地域性文化意象，带有神话特质。而这些文化意象几乎全部通过隐喻性语言得以表达。这些隐喻超出了语言修饰的范畴，反映了作者的思想内涵，折射出作品的主题。如果系统找出这些隐喻性语言，以其为线索研究译文对这些隐喻的把握，可以从一个方面考察英译本对原作的展现程度。

本研究拟从认知的概念隐喻理论出发，厘清贯穿作品全文的重要概念隐喻，再来观察葛氏译文在呈现这些概念隐喻时的成败，借此来探析葛浩文的英译对原作主题意象的传递。

---

① 邵璐，《莫言小说英译研究》，《中国比较文学》，2011 年第 1 期，第 45—56 页。

② Lupke, C., "Hankering after Sovereign Images: Modern Chinese Fiction and the Voices of Howard Goldblatt", *Chinese Literature Today*, 2011, 2 (1), p.86.

③ Ibid.

二、概念隐喻与作品主题

对隐喻的研究最早出现在亚里士多德的著作中。他认为隐喻性语言是诗歌中的修辞手段。自 1980 年莱考夫与约翰逊合著的《我们赖以生存的隐喻》(*Metaphors We Live By*)出版后,对隐喻的认知研究开始兴起。认知学者突破了亚氏的隐喻范畴,提出隐喻是一种思维方式。莱考夫与约翰逊(1980)认为,隐喻是以源域来理解目标域。源域依据人们的经验产生,具有完整连贯的结构,其中的概念较为具体;目标域结构相对模糊,其中的概念较为抽象。概念隐喻可以说是一个抽象的概括,在这个抽象概念下会有多个具体的隐喻表达。可见,认知理论超越了传统的修辞理论,更关注隐喻性语言表达背后的概念隐喻。

在《丰乳肥臀》中,诸多隐喻性表达都蕴含在总的概念隐喻系统之中。在 20 世纪 50 年代逃荒途中,母亲说出了一句话,令上官金童记忆深刻:"娘活了半辈子,捉摸出了几个道理:天堂再好,比不上家中的三间破屋;孤神野鬼,怕得是正直的人。"(303)①这句话精准地涵盖了作品的主题:对家及破屋的留恋是农民对家园及土地最深沉的眷恋;世事艰难,人们不屈的抗争从没有改变。20 世纪动荡起伏的历史通过

---

① 莫言,《丰乳肥臀》,北京:作家出版社,1995 年。文中标注页码的汉语引文均出自该书。

一个农民知识分子上官金童的眼睛折射出来,反映了普通百姓对历史事件的切身感受。而在这一历史进程中,对家园和土地的讴歌以及对人的不屈精神的赞颂,正是小说所围绕的两大中心主题。

小说中出现了丰富的隐喻性表达,这些表达都应用了极具文化内涵的意象作为源域,最为突出的是乳房隐喻和动物隐喻。以乳房作为源域比喻母亲、土地甚至整个苍穹,以动物作为源域比喻人的精神,目标域恰恰呼应了作品的两大主题。考察葛浩文对这两个概念隐喻的各个表达的处理,可以系统地观察译文在传递原作中与主题相关的文化意象时的成败,从而较为客观地展现译文对原作的忠实或"背叛"程度。

三、乳房隐喻

(一) 母亲(大地)是乳房

在这部以乳房为题的小说中有大量关于乳房的描写。这些描写有一小部分与性爱有关,而更多的是关于乳房的隐喻。最突出的就是"母亲是乳房"的概念隐喻。金童患有"恋乳癖",一吃成人食品就呕吐,很长时间都是以母乳为食。只要母亲试图让他断奶,他就装死甚至跳水寻死。一次跳水得救后,有这样一段描写:

例1　等我醒来时,第一眼便看到母亲的一只秀挺的乳房,乳头像一只慈爱的眼睛，温柔地注视着我。另外一只乳头在我嘴里，它主动地撩拨着我的舌尖，摩擦着我的牙床，甘美的乳汁小溪般注入了我的口腔。我嗅到了母亲乳房上有一股浓郁的香气。（190）

When I awoke, the first thing I saw was one of Mother's wonderfully erect breasts, its nipple gently observing me like a loving eye. The other one was already in my mouth, taking pains to tease my tongue and rub up against my gums, a veritable stream of sweet milk filling my mouth. I smelled the heavy fragrance of Mother's breast. (209)[①]

母亲的"乳头像一只慈爱的眼睛"，而乳房本身就成了母亲的喻体。对这个比喻或借代，译文如实地翻译了出来，并把后文的"主动地"一词译成"taking pains"，更加强了以乳房喻人的效果。乳房是母亲的代名词，是母亲这一目标域的源域。相似的比喻不胜枚举：

例2　只要看见了俊美的乳房，我的嘴巴里就蓄满口水，我渴望着捧住它们，吮吸它们，我渴望着跪在全世界的美丽乳房面前，做它们最忠实的儿子。（208）

Whenever I saw a pair of beautiful breasts, my mouth would fill with saliva; I yearned to hold them, suck on them, I yearned to kneel before all the lovely breasts of the world, offer myself as

---

① Mo, Yan, *Big Breasts and Wide Hips*. Trans. Howard Goldblatt. London: Methuen, 2004. 文中标注页码的英语引文均出自该书。

their most faithful son. (226)

这一段中,乳房成为全天下母亲的源域,而金童希望做所有"乳房母亲"的儿子。对此,译文都直译加以保留。对母亲的爱戴与深情,全部通过对乳房的眷恋表达了出来。在这一点上,译文做到了忠实。

母亲在中国文化中还与大地相关。在下文中,母亲的乳房与大地相联系,形成"大地是乳房"的隐喻表达。金童成为少年后,不得不断奶了。母亲鼓励他用奶瓶和羊奶。这使金童更加感慨母亲乳房的伟大:

例3 母亲把奶瓶递过来,用充满歉疚的眼睛殷切地望着我。我犹豫着接过奶瓶,为了不辜负母亲的期望,为了我自己的自由和幸福,果断地把那个蛋黄色的乳胶奶头塞进嘴里。没有生命的乳胶奶头当然无法跟母亲的奶头——那是爱、那是诗、那是无限高远的天空和翻滚着金黄色麦浪的丰厚大地——相比。(285)

She twisted off the top and poured the milk in, then handed me the bottle and watched me eagerly and somewhat apologetically. Although I hesitated before accepting the bottle, I didn't want to let Mother down, and at the same time wanted to take my first step toward freedom and happiness. So I stuck the yolk-colored rubber nipple into my mouth. Naturally, it couldn't compare with the real things on the tips of Mother's breasts—hers were love, hers were poetry, hers were the highest realm of heaven and the rich soil under golden waves of wheat. (299)

这一段文字中,金童对母亲的乳房进行了最崇高的歌颂,它被比作天空与大地。对这一段中"大地是乳房"的隐喻,译文也同样保留了隐喻表达"the rich soil",用同样美好的语句对大地母亲进行了歌颂。但这种美好被打破了。在"文革"时期,他遇到盼弟。盼弟是劳改农场的一名干部,为与家庭划清界限,改名马瑞莲。金童憎恶她的势利:

> 例4 马瑞莲留着一个半男半女的大分头,头发粗得像马鬃一样。一张红彤彤的大圆脸,长长的细眯的双眼、肥大的红鼻子、丰满的大嘴、脖子粗短、胸脯宽阔,沉甸甸的乳房宛若两座坟墓。——混蛋! 上官金童暗骂了一句,什么马瑞莲,这不是上官盼弟嘛!(435)

> Ma Ruilian had a boyish haircut; her hair was as coarse as a horse's mane. She had a round, swarthy face; long, narrow eyes; a red nose; fleshy lips; a short neck; a thick chest; and full, heavy breasts like a pair of grave mounds. Shit! Jintong cursed to himself. Ma Ruilian my ass! That's Pandi! (410)

在蹉跎岁月中,有美好也有丑陋。这一段文字,原本美好的乳房意象却与坟墓这个死亡意象相连,译文也直译了这个隐喻表达,"breasts are a pair of grave mounds",传达了这个与死亡有关的意象。而这一段故事也很快从诙谐幽默的情调中走出,作者转而描写饥饿和洪水怎样吞噬掉无数生命。

改革开放后,社会中物质至上,连一向美好柔软的乳房都被物质化了:

例 5　他猛烈地扑向女模特们,在一瞬间他感到那些玻璃无声地破碎了。他的手还没触到她们的胸,她们就轻飘飘地东倒西歪了。他的手按在一个坚硬的"乳房"上。一个可怕的感觉在他心头闪过:天哪,没有乳头!(550)

Flinging himself toward the mannequins, he felt the glass shatter, but there was no sound. When he reached out to touch the breasts, the mannequins tumbled to the floor. He landed on top of them, his hand cupped around a rigid breast, and a horrifying realization came to him. My god, there's no nipple! (506 - 507)

在物欲横流的社会,金童四处碰壁。他神情恍惚,居无定所,渴望安全的归属,于是去摸商店模特的胸部,却愕然地发现没有乳头。乳房用"坚硬"来形容,成为物质,也传递了一切都是冷冰冰的物质的信息。译文直译了这些物质性的意象和隐喻表达。这预示着乳房所喻指的母亲和他所熟悉的大地家园都将不复存在。

(二) 宇宙是乳房

大量的乳房意象除了暗指母亲与大地,在有些隐喻性表达中,还与整个宇宙中的各个天体相联系,形成了"宇宙是乳房"的概念隐喻。

例如小说开头出现了马洛亚牧师的梦境:

例6　他的脑子里闪烁着梦中见到的那些乳形臀状的天体。(1)

All those heavenly breasts and buttocks in his dream flashed through his head. (1)

　　原作中天体被想象成乳房状的物体。译文把原文的修饰语"乳形臀状"与中心词"天体"互换了，"breasts and buttocks"成了中心，"heavenly"成了修饰语。英语这种成分含有"天体是乳房"的隐喻表达，蕴含着"宇宙是乳房"的概念隐喻。在这一翻译中，虽然译者对修饰语与中心词的位置有所调整，但其实是抓住了原作中最核心的思想，即在人物头脑中，整个宇宙都是乳房这一主题意象的目标域。

　　这种文化意象的推演进一步折射出农民对家与土地最深沉的热爱。马洛亚牧师虽是外国人，但已完全山东高密乡化了，他自幼在当地生活，说着当地的土语，思想也和当地农民一致。

　　金童在前半生无数次地忍受饥饿的折磨，一半是由于恋乳癖，另一半是由于各种政治动荡所带来的灾难。日军占领期间，母亲带着孩子们去逃荒，没有了乳汁。饥饿中金童神智恍惚，在他的幻觉中，如同在他的生父马洛亚牧师的梦境中，所有星斗都变成了乳房，"天体是乳房"的隐喻表达再一次出现，又一次蕴含了"宇宙是乳房"的概念隐喻。

　　但在又一次的逃难过程中，金童的另一次梦境竟然把上帝与乳房相联系。

　　例7　她的声音从高处传下来，礼拜吧，上官家的男孩，这就是你的上帝！上帝原来是两只乳房。(295)

　　在小说中，金童受母亲影响，最后皈依了基督教。但母亲认同的是"乡土化了"的基督教文化，所以在她的祈祷中，有时还加入其他宗教的成分。"基督的思想并非是她的本意，但她需要用爱和宽恕来化解她的太多的创伤。"①正因如此，在金童的思想中，他所膜拜的乳房意象与上帝相联系，出现了"上帝是乳房"的隐喻表达，应和了他的"宇宙是乳房"的概念。然而，这一隐喻对西方基督教文化是不合适的，于是在葛浩文的译文中，这一段文字被略去了，没有译出。另外，由于结构的调整，译文省略了原作中作为后续的结尾，其中金童已失去母亲。在墓地，他仰望星空，"天体是乳房"的隐喻表达再次出现：

> 例8 天上有宝，日月星辰；人间有宝，丰乳丰臀。他放弃了试图捕捉它们的努力，根本不可能捉住它们，何必枉费力气。他只是幸福地注视着它们。后来在他的头上，那些飞乳渐渐聚合在一起，膨胀成一只巨大的乳房，膨胀膨胀不休止地膨胀，矗立在天地间成为世界第一高峰，乳头上挂着皑皑白雪，太阳和月亮围绕着它团团旋转，宛若两只明亮的小甲虫。（685）

这一段正好形成了与小说开头的呼应，父子两人都以"宇宙是乳房"的概念隐喻观察着星空，一个在梦中，一个在现实中。而这一部分也没有在译文中出现。可见，对于与西方文化相背离的隐喻性表达，译者做了删除的处理。

---

① 张清华，《〈丰乳肥臀〉：通向伟大的汉语小说》，《山东文学》，2012 年第 11 期，第 72 页。

四、动物隐喻

除了以乳房意象展现了对家园与土地的挚爱,莫言还在小说中塑造了很多性格鲜明的人物,并使用了非常中国化的动物的意象对人物进行描写,其中融入了很多与传统、神话相关的特征,出现了大量与动物有关的隐喻性表达。

(一)驴的隐喻

农民以土地为生,家畜是他们劳动时的帮手。上官家族以及当地村民是把牲畜当作家庭成员的,在农民心目中它们跟人的地位并无二致。例如上官鲁氏生孩子难产,婆婆吕氏不耐烦地对她说:"你公公和来弟她爹在西厢房里给黑驴接生,它是初生头养,我得去照应着。"(8)婆婆对儿媳疼痛的喊叫嗤之以鼻,"现如今的女人,越变越娇气"(9),对黑驴生产却充满疼惜。于是在描写驴的时候就出现了以人喻驴的概念隐喻。

例9 驴啊,忍着点吧,谁让咱做了女的呢?咬紧牙关,使劲儿使劲儿啊……驴……(15)

"Donkey," she said, "goon, get it over with. It's the curse of all females." (10)

"女的"在中文里是修饰人的,动物应该用雌或母,驴则应为"母驴"。而吕氏使用人的修饰语共指她自己与母驴同为女性。以人的修饰语描写驴,形成了概念隐喻"驴是人"。但这一点由于中英文词汇概念范畴的差别,在译文中回避开了。

葛浩文使用了人和动物共用的"females"一词来指称,概念隐喻没有体现。如果译成"women"会使译文更贴近原文的情感色彩,但又会使西方读者感到稍显突兀。

后文交代,上官家的黑驴是与驴马大夫樊三家的种马配的对,为的是生个骡子。当小骡子腿先出来时,吕氏喊来樊三帮黑驴接生。樊三推脱,她说:

> 例10 "三,别走,怎么说也是两条性命,种马是你的儿,这驴就是你的儿媳妇,肚子里的小骡,就是你孙子。"(30)
>
> "Don't go, Three. We are talking about not just one, but two lives here. That stud horse is your son, which makes this donkey your daughter-in-law, and the mule in her belly your grandson."(26)

这种家庭成员式的排辈更体现了概念隐喻"驴是人"。在译文中,概念隐喻"驴是人"被直译出来,展现了农家对牲畜的感情。

同时,小说其实是以驴和人互为源域的。除了"驴是人"的概念隐喻,上官鲁氏生孩子的过程都是与驴的生产过程相呼应的。驴是靠与樊三家高大的种马交配怀上小骡子,而鲁氏也是靠与高大的马洛亚牧师偷情而怀上男孩。这暗含着对上官鲁氏这一段故事的交代。丈夫上官寿喜不能生育,鲁氏只有与别的男人在一起才能怀上孩子。另外,驴生的是公驴,鲁氏生的是男婴,且都难产。这里其实也蕴含着以

驴喻人,即"人是驴"的概念隐喻。以此来看,对于下面的情节,译文可供商榷:

例11 小骡驹抖抖颤颤站起来,随即跌倒。它的毛光滑如绸,嘴唇紫红,宛若玫瑰花瓣。樊三扶起它,道:"好样的,果然是我家的种,马是我的儿,小家伙,你就是我孙子,我是你爷爷。老嫂子,熬点米汤,喂喂我的驴儿媳吧,它捡了一条命。"(33)

The baby mule staggered unsteadily to its feet, but quickly fell back down. Its hide was satiny smooth, its mouth the purplish red of a rose petal. Fan Three helped it to its feet. "Good girl," he said. "A chip off the old block. The horse is my son and you, little one, you're my granddaughter. Sister-in-law, bring some watery rice for my donkey daughter, returned from the dead." (29)

"小家伙,你就是我孙子"说明驴生了公崽。以驴喻人,这预示着鲁氏也能生个男孩。而在译文中,葛浩文把小骡子译成了"Good girl",把"小家伙,你就是我孙子"译成了"you, little one, you're my granddaughter",在性别上造成了一个错误,只体现了"驴是人"这一概念隐喻,但对"人是驴"这一概念隐喻没有加以照应。而对性别的关注是本故事一个重要的线索,对男性子嗣的重视是中国农民的思想根基。所以在这一点上出现错误是对原文一个较大的误读。

(二)鸟的隐喻

小说中对人的描写还使用了大量鸟的隐喻,形成了"人是鸟"的概念隐喻。在小说前部,当马洛亚牧师看到自己所爱的上官鲁氏遭到抗日民兵的连番欺凌,不堪其辱,拖着伤腿爬上钟楼,自尽而死。

例 12　马洛亚牧师蹿出钟楼,像一只折断翅膀的大鸟,倒栽在坚硬的街道上。他的脑浆迸溅在路面上,宛若一摊摊新鲜的鸟屎。(82—83)

Pastor Malory flung himself off the bell tower and plummeted like a gigantic bird with broken wings, splattering his brains like so much bird shit when he hit the street below. (106)

马洛亚牧师被比作鸟,但是翅膀被折断了。鸟儿没有了翅膀,也就失去了最重要的功能。这既应和了马洛亚牧师腿部受伤的事实,又呈现出在兵荒马乱的年代,原本圣洁的生命可以变得多么不值一文。而他摔在地上后,四溅的脑浆被比作一摊摊新鲜的鸟屎。对这些比喻,译文做了保留。鸟本来是与自由快乐相联系的意象,在此处却与腿伤、死亡相连,凸显了现实的残酷。

现实是残酷的,但人们追求自由的努力从未改变。小说中对重要人物的描写都离不开鸟的意象。最突出的是金童的三姐领弟。她的心上人、擅长捕鸟的鸟儿韩被日本兵掠走后,三姐不思茶饭,疯疯癫癫,把自己想象成了鸟仙。后文对她的描写全部都是鸟的意象。

例 13　鸟儿韩被捉走后第三天,三姐从炕上爬下来,赤着脚,毫无羞耻感地袒露着胸膛走到院子里。她跳上石榴树梢,把柔韧的树枝压得像弓一样。母亲急忙去拉她,她却纵身一跃,轻捷地跳到梧桐树上,然后从梧桐树又跳到大楸树,从大楸树又降落到我家草屋的屋脊上。她的动作轻盈得令人无法置信,仿佛身上生着丰满的羽毛。……她侧低下头,像鸟儿梳理羽毛一样咬咬肩膀。她的脑袋转动幅度很大,脖子像转轴一样灵活,她不但可以轻而易举地咬着自己的肩膀,甚至能低头啄着那两颗小小的乳头。我毫不怀疑三姐能咬到自己的屁股、脚后跟,只要她愿意,她的嘴巴可以触到身体上任何一个部位。实际上,我认为三姐骑在屋脊上时,完全进入了鸟的境界,思想是鸟的思想,行为是鸟的行为,表情是鸟的表情。我认为,如果不是母亲请来樊三等一干强人,用黑狗血把三姐从屋脊上泼下来的话,三姐身上就会生出华丽的羽毛,变成一只美丽的鸟,不是凤凰,便是孔雀;不是孔雀,便是锦鸡。无论她变成一只什么鸟,她都会展翅高飞,去寻找她的鸟儿韩。(126—127)

On the third day after Birdman Han was taken away, Third Sister got up off the kang, barefoot, shamelessly tore open her blouse, and went outside, where she jumped up into the pomegranate tree, bending the pliant branch into a deep curve. Mother ran out to pull her down, but she leaped acrobatically from the pomegranate tree onto a parasol tree, and from there to a tall catalpa tree. From high up in the catalpa tree she jumped down onto the ridge of our thatched roof. Her movements were amazingly nimble, as if she had sprouted wings... Instead, she began pecking at her shoulder, as if preening feathers. Her head kept turning, as if on a swivel; not only could she peck her own shoulder, she could even reach down and nibble at her tiny nipples. I was sure she could reach her own buttocks and the heels of her feet if she wanted to. There wasn't a spot anywhere she could not reach with her mouth if she felt like it. In fact, as far as I was concerned, as she sat astride the roof ridge, Third Sister had already entered the avian realm: she thought like a bird, behaved like a bird, and wore the expression of a bird. And as far as I was concerned, if Mother hadn't asked Third Master Fan and some strong young men to drag her down with the help of some black dog's blood, Third Sister would have sprouted wings and turned into a beautiful bird—if not a phoenix, a peacock; and if not a peacock, at least a golden pheasant. But whatever kind of bird she became, she would have spread her wings and flown off in pursuit of Birdman Han. (147 – 148)

这一段译文非常成功地展现了有关三姐的鸟的意象,传递了"三姐是鸟"这一概念隐喻的所有隐喻性表达。尤为成功的是对一连串动词的翻译,全部使用了与鸟搭配的动词。例如原文"像鸟儿梳理羽毛一样咬咬肩膀"中的"咬",译文处理成了"peck"。这一系列动词精准地勾勒出三姐鸟一样的动作,以及那种希望像鸟一样追逐自由与幸福的决心。

除了三姐,主人公金童本人也用鸟的隐喻来修饰自己。每一次金童渴望自由时,他都会想到自己是鸟。

例14 我打量着用粗大的柳木棍子权充窗棂的窗户,幻觉中感到我变成了只画眉鸟儿飞了出去,浑身沐浴着六月下午的金黄阳光,落在了葵花布满蚜虫和瓢虫的头颅上。(344)

As I took measure of the window, with its thick willow lattices, I imagined myself turning into a thrush and flying outside to bathe in the golden sun-light of a summer afternoon and perch on the head of one of those sunflowers, alongside all the aphids and ladybugs. (339)

这是中华人民共和国成立后,孩子们被组织上学。望着窗外的玩伴,金童开始遐想。鸟的隐喻通过与鸟相搭配的动词"perch on"在译文中也得以展现。小说结尾处,外甥媳妇耿莲莲拉金童去又吃又喝,并承诺给他在"东方鸟类中心"谋职。

五、结 语

本研究利用认知的概念隐喻理论,总结出《丰乳肥臀》中反映主题意象的两大概念隐喻,即乳房隐喻以及动物隐喻,以此考察葛浩文对原作有关这些概念隐喻的隐喻性表达的处理方式。研究可见,译文呈现了大部分隐喻性表达,但遇到过于本土化的意象,或因没能理解透彻而误译,或因与目标语文化冲突而漏译。另外,葛浩文自己也提到,有时出版商或编辑在译者交付译稿之后,会对结构进行调整,对文章进行删减。①

---

① 李文静,《中国文学英译的合作、协商与文化传播——汉英翻译家葛浩文与林丽君访谈录》,《中国翻译》,2011年第1期,第57—60页。

总体来讲,从葛浩文对概念隐喻的翻译可见,葛氏的处理既保证了原文主题的呈现,又确保了译文在目标语读者心目中的接受程度,可以说在最大程度上做到了忠实于原作。

（原载《外国语文》2013 年第 5 期）

作者、译者与读者的视界融合

——以《玉米》的英译为例

吴 赟

一、引 言

在全球化的时代背景下，在提高中华文化"软实力"的诉求之下，当代中国文学走向世界，已成为重要而迫切的命题。从 20 世纪 50 年代《中国文学》英文版和法文版的创刊到 80 年代中国文学出版社的成立以及 80 年代"熊猫"系列译丛发行至今，中国文学始终在努力不懈地走出去。在这个进程中，有过诸如中国文学出版社被撤销、"熊猫"丛书几乎停止出版的挫折，也有莫言获得诺贝尔文学奖，王安忆、苏童、毕飞宇等当代作家逐渐被国外读者所熟知和认可的欣喜。

审视"走出去"背后的每一次努力，我们不难发现，在中国当代文学被积极传播和接受的过程中，有些翻译文本凸显了中国的主体性，让西方越来越多地了解到中国文学、文化乃至社会的本真形象。虽然仍然存在"西方中心"式的误读和隔膜，但是这些译本已经能够认知、理解和诠释中文原著中的民族文化特色，在尊重并吸收西方文化经验的同时，让异域读者看到了当下的中国，达到了较好的文学传播效果。本文以小说《玉米》英译本的翻译、传播与接受为个案，探讨译者应如何协调与原作者和读者的关系，以实现作者、读者和自身主体间性的视界融合，使得中国文学在保持本我的过程中，与西方世界沟通、协调，积极地"走出去"。

二、译介的构成：译者与赞助人

一个优秀的译本需要在作者和读者之间建立一个较为和谐的平衡点。译者一方面要理解作者的写作意图，把握源语文本的意义，另一方面要用目的语向读者传达原作的内容和意义。翻译对这两个层面兼顾的要求也就是伽达默尔所说的"视界融合"，即"作者的意图、文本的意义、读者的期待与译者的理解和再表达形成和谐的关系"。[①] 翻译的这一目的与任务能否实现，在很大程度上取决于译者在其中的作用，而作为赞助人的出版机构也常常对翻译加以干涉，影响甚至主导译者的翻译活动。

中国当代文学在国外的影响力有限，这往往与译者的目标定位、翻译策略、译介和传播的渠道以及外国主流出版机构的参与度等一系

---

① 许钧，《翻译的主体间性与视界融合》，《外语教学与研究》，2003 年第 4 期，第 291 页。

列问题密切相关。而事实上，"任何外国文学要在西方（尤其是以美国为中心）的英文市场打开局面都不是件容易的事"①。《玉米》的英译本（*Three Sisters*）能获得认可和接受，其译者和出版社在译介和传播的过程中扮演了至关重要的角色。

《玉米》的译者是活跃于当代译坛的葛浩文夫妇。作为汉学家，葛浩文立足西方经验，致力于中国文化的对外译介。三十多年来，在他的译笔之下，莫言、苏童、贾平凹、阿来、王朔等一大批中国当代作家逐渐走向世界文坛，进入海外读者的视野。其夫人，同为圣母大学教授的林丽君女士，毕业于中国台湾淡江大学，曾获"梁实秋文学奖"翻译奖，是《玉米》的合译者。

长久以来，高水平译者的匮乏已然成为阻碍中国文学世界化的重要因素之一。像葛浩文夫妇这样，既能立足本土，又能面向"他者"的译者模式，自如地往返于两种话语体系和文化脉络之间，实在是可遇而不可求的。不过，一个优秀的译本既取决于译者自身的翻译功力，也关涉到翻译原则、翻译决策等具体的操作实践，同时受制于赞助人、原作、原作者等多重因素。

和大多数中国文学作品不同的是，《玉米》的英译本并非由学术出版机构出版，这也就避免了被归在学术化、专业化的小众类别。事实上，该书的出版经历可被视为中国文学"走出去"的经典样本。《玉米》英译本于 2010 年 6 月由英国电报书局（Telegram Books）出版，著名出版集团霍顿·米夫林·哈考特出版公司（Houghton Mifflin Harcourt）于同年 8 月将该译本引进美国。能得到英美出版界这两大主流出版

---

① 季进，《当代文学：评论与翻译——王德威访谈录》，《当代作家评论》，2008 年第 5 期，第 77 页。

机构的认同殊为不易。据葛浩文介绍，是这些具有充裕资金的出版社先阅读了法文版，觉得不错，于是购买了英译本的版权，之后再找译者。[①] 而葛浩文在中国文学英译方面的名声以及他与出版社一贯的良好合作，使得他成为翻译的人选。译本在英国发行之后，再由美国的大商业出版社运作，得以在美国发行。《玉米》的这一翻译操作流程符合西方出版发行体制的惯例，使得译本能进入通畅的发行和流通渠道，并顺利地进入西方主流社会的视野。

在译本的构建过程中，译者与出版社、原作者之间的互动保证了译者能贯彻较为有效的翻译策略。长久以来，"在翻译中国当代文学作品时，以适应读者为由，为商业利益所驱使，对原著不够尊重，删节和删改的现象较为严重，影响了原著的完整性"[②]。《玉米》这一译本却保留了原文的特质、风格、气韵，同时在英语文化中成功地延续了原作的生命。一方面，主流出版社的认可和兴趣允许了异域文化的多元共生，降低了赞助人对于英译过程的干涉程度。另一方面，葛浩文也与原作者毕飞宇相熟，这在另一层面上使认知、理解和阐释中国的民族文化成为可能。葛浩文曾提到自己对毕飞宇以及他的作品的喜爱，也特别谈到，《玉米》写"三个小镇里的姐妹，写得入木三分……抓住了人的内心、人的思想、人的感觉"[③]。译者对于原作以及原作者的欣赏和认同让他在进行翻译决策时十分小心谨慎，努力在源语的文化现实与目标语的文化经验、作者意图与读者的期待和要求之间达到一种辩证

---

① 华慧，《葛浩文谈中国文学在西方》，《东方早报》，2009 年 4 月 5 日。

② 高方、许钧，《现状、问题与建议——关于中国文学走出去的思考》，《中国翻译》，2010 年第 6 期，第 8 页。

③ 季进，《我译故我在——葛浩文访谈录》，《当代作家评论》，2009 年第 6 期，第 49 页。

的均衡,最终构建了一个优秀的译本。2011年,《玉米》的英译本使毕飞宇击败了诺贝尔奖得主大江健三郎,荣膺当年的"曼氏亚洲文学奖",成为继姜戎和苏童之后,第三位获得该奖的中国作家。该奖的评委主席大卫·帕克说:"这个奖项并非奖励终身成就,而只是为了一本小说。"①成功的翻译使得这部著名小说成为中国文学"走出去"的一个可资分析、借鉴、推广的样本。

三、译者与原作者:"尊重"与"负责"

要在英译本中体现中国文学与文化的价值,译者就不能单单以西方主流价值观与目标文化视野作为选择翻译策略的依据,而是必须处理好与原作者的主体间关系,必须肩负起对原作忠诚的道德和责任。具体而言,就是要保留原作中国文学的陌生感、民族性及其背后所蕴藉的文化基因和审美方式,在译作中将这些文学特质和作品风格拓展并延续下去。葛浩文夫妇在翻译《玉米》时,基本实现了这种道德和责任,较好地处理了译者与原作者的主体间关系。他们十分尊重原作自身的异质性,强调他者的文学诉求和文化特征,在翻译中尽可能地去还原原作的本真面目,维持原作所表达意义的稳定性和客观性。

《玉米》描写了王家庄三个普通女性玉米、玉秀、玉秧的成长、生活

---

① 刘丽娜,《毕飞宇:我最大的才华就是耐心》,《上海采风》,2011年第5期,第49页。

与命运。王家庄所呈现的生活形态正是"文革"时期的社会缩影,权力与私欲的泛滥构建了中国在特定时代中特有的民俗风情。英译本英国版的封面是一张大红色的中国剪纸图案,扶疏的花叶点缀出三张中国女性的面孔。美国版的封面以冬日的梅枝为背景,左上角是毛泽东的图像,正中在红色"囍"字上另加上了一"喜",成为一幅巨大的"三喜"。两个版本都在浓郁的中国风味中刻画了中国式的喜庆画面,也都用较为含蓄的笔调点出了三姐妹的主题。

这部小说从头至尾充满了人性的残酷与丑陋、命运的苍凉和沉重。这种主题和内容十分符合葛浩文的翻译口味。他曾说:"我要挑一个作品,一定是比较适合我的口味。我比较喜欢的。我是悲观的人,喜欢严肃的、讽刺的作品。"①翻译这样一个典型的中国故事,难度不可谓不大。葛浩文夫妇在翻译时特别尊重原著的文化"他者",尤其是原著对"文革"时中国家庭和乡村生活的描写,对个体和社会面貌的展现。译者较为忠实地再现了极具地域文化性的中国色彩。

(一) 中国特色类名词

毕飞宇在原著中撇开大政治叙事,着重于"文革"中的柴米油盐、婚丧嫁娶这些日常化、生活化、细节化的真实画面,从民众的基础心态、个人的细微情感中去挖掘"文革"内在的和本质的根源。因此小说中充满了具有中国风情的人名、地名、物名、事名。译者努力向毕飞宇靠近,不删除,不改写,往往在进行直译的同时,在必要的地方再稍加解释,使译文超越文化的障碍,进而影响英语语言文学系统的惯性思维。例如:

---

① 曹雪萍、金煜,《葛浩文:低调翻译家》,《新京报》,2008 年 3 月 21 日。

例1 王连方在回家的路上打过腹稿,随即说:"是我们家的小八子。就叫王八路吧。"

老爹说:"八路可以,王八不行。"

王连方忙说:"那就叫王红兵。"①

Having thought about this on the way home, Wang was prepared. "He's the eighth child, so we'll call him Wang Balu."

"Balu as in 'Eighth Route Army'? Sounds fine," the old man said. "But 'Wang' and 'ba' together mean 'cuckold'."

"All right then, we'll call him Wang Hongbing, 'Red Army' Wang."②

《玉米》中充满了"文革"前后的政治化术语和时代性词语。从"王八路"到"王八"再到"王红兵",译者在音译的同时,辅以相应的解释,补充了源语文本中隐含的时代意义。这种翻译手法在译文中随处可见。其他人名如"彭国梁""钱主任""阿庆嫂""胡传魁""刁德一",词语如"插队""知青""'红灯'牌晶体管收音机""'蝴蝶'牌缝纫机""'三五'牌闹钟""美酒加咖啡,何日君再来"等,也都是小说所圈定的特定历史时期的文化产物,展现了极具时代敏感性的话语特征。此外,还有民俗类词语如"小满""芒种""牌坊""头七",不一而足。译者均在直译的基础上辅以适当的增补,既保留了中国当时特殊的社会风貌,也架构了理解的桥梁,在不影响整体阅读感受的同时,为读者提供了重要的说明。这样的处理方法使遥远而又别具异域特色的异质他者融入英

---

① 毕飞宇,《玉米》,北京:作家出版社,2005年,第8页。

② Bi, Feiyu, *Three Sisters*. Trans. Howard Goldblatt & Sylvia Li-chun Lin. New York: Houghton Mifflin Harcourt Publishing Co., 2010, p.10.

语的言说方式之中,而后又通过补充说明将个中含义告知西方读者,保证了原文与读者的矛盾能够在译者的调和下得到较为和谐的消解。

(二)俗语、俚语、歇后语

在这本小说中,也有大量的俗语、俚语、歇后语,译者几乎一一忠实地传递因差异而体现的文化形态。例如:

> 例2 有庆家的没有说"漂亮的丫头"……"漂亮的姑娘",而是说"漂亮的女孩子",非常地文雅,听上去玉米绝对是鸡窝里飞出的金凤凰。①
>
> She hadn't said that Yumi was a "pretty little thing" or a "pretty youngster". No, she'd used the slightly more refined "pretty girl", as if Yumi were a virtual phoenix that had flown out of a chicken coop.②

俚俗谚语作为民间文学的一种,承载着鲜明的地域文学想象和处世哲学。此例中的"鸡窝""金凤凰"便以生动的形象,表达了在不好的环境下取得成就的意义。西方文化中,对"phoenix"(凤凰)的概念的理解多停留在凤凰浴火重生的传说,并没有"鸡窝里飞出的金凤凰"这一说法,译者却照直保留,忠实翻译。相似的处理方法在译本中比比皆是,如"人靠衣裳马靠鞍"(A woman needs her clothes; a horse needs its saddle)、"宁做鸡头,不做凤尾"(Better to be the head of a chicken

---

① 毕飞宇,《玉米》,北京:作家出版社,2005年,第42页。
② Bi, Feiyu, *Three Sisters*. Trans. Howard Goldblatt & Sylvia Li-chun Lin. New York: Houghton Mifflin Harcourt Publishing Co., 2010, p.45.

than the tail of a phoenix)、"打翻了五味瓶"（knock over her emotional spice bottle)、"有枣无枣打一棒罢了"（hit a date tree just for the sake of making contact with something)、"刀子没有两面光，甘蔗没有两头甜"（A knife is not sharp on both edges，sugarcane is not sweet at both ends)、"春风裂石头，不戴帽子裂额头"（A spring wind can cleave rocks，so wear a hat if you don't want a split forehead)、"不看僧面看佛面"（If you don't care about the monk，at least give the Buddha some face)，等等。译者坚持将原文不加改写地移植过来，在文化语境的传递过程中，以新颖独特的他者形象，加深了英语读者对中国"文革"阶段社会形态的理解。

（三）文化审美的冲突

中西方之间迥异的文化形态和思维习惯往往会给翻译带来巨大的挑战。译者所面对的差异往往昭示着两种对立而冲突强烈的审美范式。例如：

例3　玉米失声痛哭。顺着那声痛哭脱口喊了一声"哥哥"。这样的称呼换了平时玉米不可能叫出口，而现在完全是水到渠成了。玉米松开手，说："哥哥，你千万不能不要我。"彭国梁也流下了眼泪，彭国梁说："好妹子，你千万不能不要我。"[①]

Within seconds she was crying openly, but managed to choke out, "Elder Brother". Under normal circumstances she would have never called him that, but now that was what the situation

---

① 毕飞宇，《玉米》，北京：作家出版社，2005年，第52页。

called for. As she released his hand, she said, "Don't let anything keep you from wanting me, Elder Brother."

By then he was crying too.

"Dear Litter Sister, don't let anything keep you from wanting me."①

"哥哥"和"妹子"的称呼常见于中国恋人之间,但是移植到西方的语境中则成为不能接受的乱伦。葛浩文在毕飞宇的另一部小说《青衣》的翻译中,也曾遭遇到类似的困境。美国编辑看到这样的直译之后,曾经提出要把它删除,葛浩文通过邮件转告毕飞宇,毕飞宇很意外,他向译者做了解释。在中国的创世神话中,就有兄妹为了繁衍后代而结合,生下后来的人类的传说,这说明东方人喜欢用家庭去看世界。而且"文革"时期,尤其在乡村,人们的语言贫乏,这是一种特殊语境下的微妙的表达方式。因此常借"哥哥""妹妹"来表达亲密之感。之后译者接受了作者的观点,将"Elder Brother""Litter Sister"保留了下来。②

从这些例子可见,汉英语言文化的差异使得原文本呈现了很强的异质性。而译者在面对与原文作者的主体间关系时,需以"尊重"与"负责"为标准。③葛浩文夫妇在翻译过程中,正是十分尊重原作,并努力对原作负责。他们在对原作整体理解与把握的基础上,努力发现差

---

① Bi, Feiyu, *Three Sisters*. Trans. Howard Goldblatt & Sylvia Li-chun Lin. NewYork: Houghton Mifflin Harcourt Publishing Co., 2010, p.55.

② 毕飞宇,《文化隔阂摆乌龙,〈玉米〉没有写乱伦》,《扬子晚报》,2011 年 7 月 26 日。

③ Berman, A., *Pour une critique des traductions: John Donne*. Paris: Gallimard, 1995, p.86.

异,并承认差异,使"他者"在可控的情境下充分地显化,也使得原作真实的面貌得到大胆的再现,从而在原作者意图和译者意图之间建立了较为和谐的辩证关系,达成了译者与原作者视野与思想的有效沟通与视界融合,维护了文学文本的独特性和多样化,以求对西方接受群体构成积极、有效的影响。

四、译者与读者:"诗学"层面的再创作

不过,只有在相对客观、全面的译介语境中,才能较为充分地实践对原文的尊重与负责。否则,译者可能会缺少对于合理性和普遍性的考虑,使得译文流于晦涩,无法建立有效的认知效果。因为译本是被置于与原作迥然不同的历史和文化空间之中,也就产生了新的阅读空间和阐释的可能性。在这层意义上,译者与读者主体间的关系则或多或少要在"诗学"层面表现出"再创作"的特质。也就是说,以诗学标准而言,译作要浑然一体,呈现"独特的节奏、连贯的风格和内在的统一"[1]。译者必须关注跨文化传递过程中的诠释方式与交流效果,使译本具有通达流畅、适于读者接纳的阅读品质,"既包含了原作的生命要素,又以新的生命形态在新的语言、文化环境中生存"[2],让西方读者能够体会中国文学独特的价值变迁、审美判断和诗学特征。

---

① 许钧,《翻译的主体间性与视界融合》,《外语教学与研究》,2003 年第 4 期,第291 页。

② 同上。

葛浩文也曾说过:"我认为一个做翻译的,责任可大了,要对得起作者,对得起文本,对得起读者……我觉得最重要的是要对得起读者,而不是作者。"①译者必须承担对读者的责任,关注跨文化传递过程中的诠释方式与交流效果,努力回避翻译中全然不顾可接受性、盲目指归原文的另一种极端倾向。因此,在翻译《玉米》时,葛浩文夫妇既注意对原作尊重和负责,也始终注意在诗学层面上进行一定的再创作。他们将可接受性作为其翻译实践的重要参照坐标,适度减少并修补因他者或异质而引起的阅读困难。

(一) 书名的改写

葛浩文夫妇把英译本的名字译为"Three Sisters",而不是按原著直译为"Yumi",这样的改译既忠实地涵盖了"玉米、玉秀、玉秧"三个篇章的主旨,也避免了读者由于音译汉字的陌生化和障碍性而形成的阅读困惑。曼氏亚洲文学奖的颁奖词中还专门提到了这一译名所产生的积极互文:"毕飞宇这本书英文名是'三姐妹',我觉得他在书中对人性认识的严肃程度让我联想到一位严肃的俄罗斯作家——同样创作了戏剧《三姐妹》的契诃夫。"②与契诃夫戏剧同名的巧合也让西方读者更为容易地审视小说对于人性以及命运的喻示。这一译名不仅得到了毕飞宇的认可,也使得英译本在英语世界的接受过程变得更为顺利。

---

① 季进,《我译故我在——葛浩文访谈录》,《当代作家评论》,2009 年第 6 期,第 46 页。

② 刘丽娜,《毕飞宇:我最大的才华就是耐心》,《上海采风》,2011 年第 5 期,第 49 页。

（二）叙述方式的调整

在《玉米》中，毕飞宇常常采取变化和流动的叙事视角。叙述人称的变换带来叙事态度、叙事情感的变化，让文本在距离感、客观性与亲切感、主观性之间不知不觉地转化。这样一来，"叙述者无须过渡就能较为自然地进入人物的内心世界，参与人物的内心活动，分享人物对他者的评判"[①]。例如：

> 例 4　玉秀还是决定死。你这样死皮赖脸地活着究竟做什么？怎么就那么没有血性？怎么就那么让你自己瞧不起？死是你最后的脸面了，也是你孩子最后的脸面了。玉秀，你要点脸吧。[②]
>
> Yuxiu decided up on death after all. **What's the point in clinging to life like this? How could you be so gutless? How could you have so little self-respect? Only death will save face for you and your child. Yuxiu, have some self-respect, will you?**[③]

起先的"玉秀还是决定死"这句话是从第三人称叙事视角出发的客观、冷静的陈述，而接下来的描述却自然而微妙地切换到第二人称叙事视角，让读者感受到玉秀内心的挣扎。这种叙事视角的转化在

---

① 孙会军、郑庆珠，《〈玉米〉的叙述人称及其在英译本中的处理》，《解放军外国语学院学报》，2013 年第 4 期，第 90 页。

② 毕飞宇，《玉米》，北京：作家出版社，2005 年，第 178 页。

③ Bi, Feiyu, *Three Sisters*. Trans. Howard Goldblatt & Sylvia Li-chun Lin. NewYork: Houghton Mifflin Harcourt Publishing Co., 2010, p.185.

《玉米》中屡见不鲜，逐渐拉近了读者与小说人物的距离，帮助读者清晰而准确地把握人物的内涵。而在译本中，葛浩文为避免行文丧失可读性，最终舍弃了这种特殊的叙事手法，还特地使用了强调标记，来反映人物转换到第一人称时的内心活动。

事实上，对可读性的重视并不限于对作者文学风格的体现，而是贯穿了译者的整个翻译过程。译本还去除了原文本中的小标题，并重新细分了段落。值得注意的是，对于原文本中的大量文化信息，译者如前所述采取了保留异质的方法，只在若干地方稍加解释。同时，为了跨越文化理解和沟通的鸿沟，译者在文后对一些重要的文化现象做了注解，如关于"王家庄"，译者解释说，"Many rural villages are populated mainly by families with the same surname"[①]。译者没有选择在文中插入注释，而是将其或融入故事中，或置于正文之后，这正是考虑到行文的流畅和读者的阅读感受，进行适当的增补以增强译作的可读性。

（三）删减与改译

在《玉米》的英译本中，也有一些对原著的删减和改译。删减往往出现在一些不可译或者信息冗余的地方。例如：

例5 王玉米的"王"摆到哪儿都是三横加一竖，过去不出头，现在也不掉尾巴。[②]

---

① Bi，Feiyu，*Three Sisters*．Trans．Howard Goldblatt & Sylvia Li-chun Lin．NewYork：Houghton Mifflin Harcourt Publishing Co．，2010，p.281.

② 毕飞宇，《玉米》，北京：作家出版社，2005 年，第 61 页。

这句话运用了中国文字的象形和会意功能,涉及对汉字字形的解构,无法被转译到抽象的字母文字的英语之中。汉英之间的不可译性在这里表现得淋漓尽致。译者并未按字面语言形式进行翻译,而是将整句删除,以求无碍于读者的阅读和理解。

除较为消极的删减之外,在葛浩文夫妇的译文中也不难发现改译的现象。例如:

例6 第二天的上午班主任老师走上了八二(3)班的讲台,庞凤华的位子却空在那里。过了两三分钟,庞凤华来了,可以说姗、姗、来、迟。①

The following morning, the homeroom teacher strode up to the podium only to find Fenghua's seat unoccupied. A few minutes later she walked in—or, more accurately, sauntered in.②

原文在"姗姗来迟"这一成语的四个汉字之间加入顿号,充分运用了汉语的形象联想功能,特意将读者的视觉感受拉长,突出了句中人物庞凤华缓慢从容的步态。译者为避免读者的误解,选择消解这句话中异质的不具普遍性的成分,改译为"sauntered in",去其形而取其神,努力使中英两种文化在共在的语境中产生合理对话和有效共鸣。

在文字、概念、文化的角力中,源于异质他者的差异有时会给目的语系统带来巨大冲击,而过于激进的存异行为则会阻碍目的语读者的阅读和理解,极大地破坏译作的阅读感受,降低接受程度。毕竟要充

---

① 毕飞宇,《玉米》,北京:作家出版社,2005年,第207页。

② Bi, Feiyu, *Three Sisters*. Trans. Howard Goldblatt & Sylvia Li-chun Lin. New York: Houghton Mifflin Harcourt Publishing Co., 2010, p.216.

分传达异质他者的各个方面是不现实的,赞助人的利益、读者的感受以及目的语文化的规范和他者性一样是翻译过程中必须特别关注的元素。在这种情况下,诗学层面上适度的再创作必不可少,否则,通过翻译所移植的形象和概念就会沦为空谈,甚至产生负面影响,使目的语系统变得混乱无序。在《玉米》英译本中,译者在对原作尊重和负责的同时,也因地制宜地进行再创作,在译文中适当地消减差异,有选择地再现差异,加以适度的改变,尽量去调和、弥补两种文化的迥异之处,去适应读者的接受程度,让作者、译者与读者三个相互依存的主体视界相互融合,使得作者的目的、文本的内涵、读者的期待与译者的理解与诠释和谐共处。

五、结　语

长久以来,在西方中心主义的观照之下,被译介的中国文学往往会被改写以适应西方本土的语言和话语方式,而自身固有的中国文化基因不得不被消解、同化。在这种规范下"走出去"的中国文学虽然可以给予西方读者自然流畅的阅读快感,却失去了本真面目,使西方读者无法看到我们的文化常规和思维方式,也使得"走出去"的意义和作用大打折扣。

进入新世纪以来,中国当代文学在海外的影响越来越大。文学中的异域风貌、文化趣味和政治特征被当作与西方截然不同的存在,引起了西方社会的高度关注。以葛浩文为代表的译者在翻译这些富含中国文化特色的文学作品时，努力在作者、译者和读者间构建和谐、积极的互动关系，既对原作尊重和负责，强调突出原作文本的异质特征，同时也注意在"诗学"层面再创作，对译本进行适度的调整。《玉米》英译本的字里行间体现着对中国文化的尊重。小说中的中国社会乃至细小的生活体验都引起了西方强烈的了解欲望，让西方读者对英译本产生了类似于原作读者的情感共鸣和认同。这为我们重新审视并把握中国当代文学译介的可能性与策略方法提供了新的实践原则。

虽然中国当代小说所反映的文学与文化现实与西方迥异，但是因为中国当代文学中的故事情节和写作手法归根结底都直指人性，直指人类共有的希望、梦想、欲望、恐惧、悲伤和梦魇，将来一定会有越来越多的西方读者能够发现并欣赏这些作家所创造的迷人的小说世界。在经济全球化、文化多样性的大语境下，中国文学与文化也唯有坚持本我特色，充分挖掘语言的表达潜力，实现作者、译者和读者之间的视界融合，在异域的土壤中尊重并保留文化的差异性，把中国文化的精神特质以纯粹且最恰当的方式与世界分享，才能平等、双向地与世界对话，也才能真正地促进中外文化交流，提升中国的文化软实力。

（原载《解放军外国语学院学报》2014 年第 2 期）

从葛浩文英译看中国文化的海外传播

——以莫言《师傅越来越幽默》为蓝本

辛红娟 张 越 陆宣鸣

一、引 言

2012 年,莫言喜获诺贝尔文学奖,中国文学对外翻译再次吸引了国内学界的目光。美国汉语文学翻译家葛浩文被誉为莫言作品在西方世界落地生根的"接生婆"。葛浩文译笔精湛,三十余载不遗余力地从事中国文学英译工作,极大地推进了中国文化的海外传播。在全球文化多元化的今天,如何通过翻译传播中国文化精华引发了翻译学界的热议。本文以莫言中篇小说《师傅越来越幽默》葛浩文英译本为范例,对葛式翻译观和翻译实践展开分析,纵观葛氏文化翻译对中国文化海外传播带来的种种启示。

二、莫言与《师傅越来越幽默》

莫言,原名管谟业,是改革开放后崛起的自由作家。20 世纪 90 年代以来,莫言小说逐渐进入西方人的视野,多部经典作品借由翻译开始在全世界广泛传播。他是中国当代文坛最富有活力的作家之一,从魔幻现实主义到黑色幽默,他都游刃有余。中篇小说集《师傅越来越幽默》出版于 1999 年,文集中所选作品极具喜剧性,字里行间却渗透着对生命沉痛的叹息①。作品以城市生活为背景,描绘了临近花甲之年的下岗工人丁十口自我发现的过程。丁师傅退休前被迫下岗,为养家糊口,将郊外一废弃的公车外壳改造成了湖畔情侣休闲小屋,以收门票为生。一天,他以为一对男女在情侣小屋殉情了,报案后却发现是虚惊一场,两人早就不见了。讽刺与黑色幽默融洽地贯穿全文,看似无厘头的结局正是莫言独一无二的幽默感的最佳诠释。吕小胡不断强化"幽默"这个词——"师傅,您这叫幽默""师傅,您越来越幽默",是对师傅温和的提醒,以免他成为别人的笑柄。他发现老丁失败的滑稽,但仍旧悲悯地认为老丁迷乱的头脑与不腐的灵魂分离,而莫言式幽默的要义正在于此,嘲讽社会现象之余也展现悲悯的情怀。②

---

① 贺维,《〈师傅越来越幽默〉英译本中的语境顺应》,《四川教育学院学报》,2011年第 11 期,第 92 页。

② 黄承元,《莫言的幽默文学》,《粤海风》,2013 年第 3 期,第 27 页。

三、葛浩文与中国文化国际影响力

在中国文化"走出去"战略中,为中国文学走出国门寻找优质的翻译成为重中之重。葛浩文是近年来翻译中国现当代文学作品数量最多、贡献最大的西方学者。中国文学评论家夏志清教授称他是"中国现、当代文学的首席翻译家",不仅"首席",甚至几乎是唯一。[①] 刘绍刚说他"真正了解中国的心灵","是个浑身投入研究近代中国文学而时忘其籍贯的老外"。[②] 葛浩文与莫言有着二十多年的深厚情缘。莫言总是将自己的作品放心交给葛浩文,并表示:"已经不是我的小说了,是你的。"[③]他深知葛浩文所做的一切都是在帮中国文学扩大国际影响力。据统计,葛浩文三十多年间先后翻译了二十五位中国现当代作家的近五十部作品。他的翻译将中国文学引进美国和欧洲,大大促进了中国文学及文化在欧美的传播和接受,在一定意义上,"使得中国文学及文化与世界实现了平等对接"[④]。葛浩文和陈安娜等优秀汉学家的

---

① 夏志清,《夏志清序跋》,《时代——端木蕻良四十年代作品选》,苏州:古吴轩出版社,2004 年。
② 刘绍刚,《葛浩文与萧红》,上海:上海三联书店,2000 年,第 173 页。
③ 高峰,《葛浩文,帮莫言得奖的功臣》,《环球人物》,2012 年第 28 期,第 82 页。
④ 王宁,《翻译与文化的重新定位》,《中国翻译》,2013 年第 2 期,第 5 页。

翻译使得莫言作品在海外拥有了"持续的生命"和"来世生命"。①

　　葛氏翻译思想独到而深刻,他曾表示:"翻译中希望能做到既保留文化特色又保持译文的流畅。"②他以实现文化传播为己任,时而使作者靠近读者,对中国文化进行重构,时而使读者靠近作者,对中国特色异域文化进行深层诠释。他精湛的译笔对中国文化的海外传播起着巨大的推进作用。

四、《师傅越来越幽默》英译个案分析

　　有学者评论说:"葛先生不仅是一位优秀的译者,而且还是一位能力极强的人。他成功捕捉到了作者那种幽默与感伤混杂的文体风格。原作的微妙与质朴在译文中完整无缺;而且,它们还被精巧地译成了地道的现代英语。西方读者获得了一次真切的、绝非虚妄的中国小说奇境之旅。译作获得了极大的商业成功,这无疑再次证明了译者对于

---

　　① Benjamin, W., "The Task of the Translator. Illuminations". Trans. Harry Zohn, in Rainer Schulte & John Biguenet (eds.). *Theories of Translation: An Anthology of Essays from Dryden to Derrida*. Chicago & London: The University of Chicago Press, 1992, pp.72-73.

　　② 李文静,《中国文学英译的合作、协商与文化传播——汉英翻译家葛浩文与林丽君访谈录》,《中国翻译》,2012年第1期,第58页。

译语语言以及原作内在节奏的高超驾驭能力。"①

2002 年,葛浩文于《华盛顿邮报》上发表文章,详细阐述了自己的翻译思想。他认为,翻译的首要原则是"忠实",但翻译本身却是一种对原作的"背叛"和"重写",这是翻译的必要手段,以求达到"意义忠实"。"跨文化交流活动"则是他对翻译本质的理解,也是对前三点翻译思想的总结和升华。"忠实"一直都是指导葛浩文翻译的第一准则。"翻译即背叛"是在翻译不可能完全对等的基础上提出的。没有哪个翻译能够达到与原文完全一致。② 他表示:"翻译家不能牺牲原著独到的文体,但也一定要竭尽全力,显示出作品后面的差异是在表达方式上,而不是思想。"③"重写"和"背叛"是紧密相连的。葛浩文认为翻译就是一种"重写",他的译著给读者的感觉就像是在读原文。"跨文化交流活动"则是对翻译本质的最好诠释。翻译不可避免地会涉及文化的解码及重新编码的过程,译文须尽力使两种文化实现平等对接,尽量避免强势文化对弱势文化的置换。

(一) 翻译与文化忠实

译者的工作职责即将作者的思想用其他语言表达出来,所以忠实是葛氏翻译思想的首要原则。对此,莫言表示:"葛浩文教授经常为了一个字、为了我在小说中写到的他不熟悉的一件东西,而反复磋

---

① Wong, Jong, "Book Review: *The Drowning of an Old Cat and Other Stories by Hwang Chun-ming*", translated by Howard Goldblatt, *Chinese Literature: Essays, Articles, Reviews*, 4 (2), 1982, p.292.

② Goldblatt, H., "The Writing Life", *The Washington Post*, 28 April 2002 (BW 10).

③ 葛浩文,《文学与翻译家》,香港:香港文学研究社,1980 年,第 106 页。

商……由此可见,葛浩文教授不但是一个才华横溢的翻译家,而且还是一个作风严谨的翻译家……"①他力求自己的翻译"不比原作更坏",但他追求的却并不是翻译比原作还要好。比起大翻译家林纾,葛浩文并不愿意为原文润色,也不愿意越俎代庖,改变作者本来的意旨。翻译中他一直秉承忠实的原则,译文不仅达到了"形式忠实",更达到了"文化忠实",大大促进了中国文化的海外传播。如:

例1 他坐在树下,看到有很多老人在人工湖边晨练,有的遛鸟,有的散步,有的打太极拳,有的练气功,有的吊嗓子。②

From his vantage point under a tree, he watched a bunch of old folks hard at work on their morning exercises: airing caged birds, strolling, practicing Tai Chi, doing Chi Kung, some voice training.③

此处翻译真实地向西方读者展示了中国老年人的晨练生活,做到了文化上的忠实。太极拳是中国传统武术的一种,动作轻灵圆活,刚柔相济,结合了古代引导术和吐纳术及传统中医哲学理论,有使身心健康的功效。气功同样是中国独有的文化,是一种以中医理论的内容为核心指导的"调神"的实践活动。而所谓"吊嗓子"则是中国人对发声训练的一种特有表达,是从事演艺行业不可缺少的基本功。此处葛浩文对"太极""气功"的英译采用威妥玛式拼音,既照顾了西方人的习

---

① 莫言,《我在美国出版的三本书》,《小说界》,2000 年第 5 期,第 170 页。

② 莫言,《师傅越来越幽默》,上海:上海文艺出版社,2012,第 177 页。

③ Mo, Yan, *Shifu, You'll Do Anything for a Laugh*. Trans. Howard Goldblatt. New York: Arcade Publishing, 2011, p.28.

惯,又传达了中国特有的民俗文化。对新鲜词汇的引入将激起西方读者探讨中国文化的兴趣,从而实现进一步的文化交流。此外,对"遛鸟""吊嗓子"等中国特色活动的翻译语言表达精准,力图在读者面前展示中国城镇文化极具特色的一面,实现了翻译在文化上的忠实,十分有利于中国文化的海外传播和接受。又如:

例2 我这样的穷亲戚到了他家,她鼻子不是鼻子脸不是脸,狗眼看人低的东西,真让人受不了。①

If a poor relation like me goes to their house, her nose is bent out of shape, and her face turns all weird. Like any dog, the bitch sees people like us as her inferior. It's more than I can take.②

"鼻子不是鼻子脸不是脸"是中国民间对生气程度的形容,指无礼的人由于太生气而面部扭曲了。"狗眼看人低"的说法则源自民间传说。相传狗看东西时会把大的看小,高的看矮,所以狗什么都不怕。人们因此用"狗眼看人低"来讽刺势利小人。葛浩文的翻译极为忠实,他采用直译的策略将中国传统詈语真实地展现在了读者面前,真实生动的同时,也完成了中国幽默的移植。另外,与中国文化不同的是,西方人视狗为忠实的象征,甚至视其为朋友和家人。此处葛浩文摒弃文化差异,忠实地选用"bitch"作为本体,"dog"作为喻体,真实而忠诚地传达了中国特有的语言文化,促进了中国文化在世界上更好更快地传播。

---

① 莫言,《师傅越来越幽默》,上海:上海文艺出版社,2012年,第193页。

② Mo, Yan, *Shifu, You'll Do Anything for a Laugh*. Trans. Howard Goldblatt. New York: Arcade Publishing, 2011, p.53.

（二）翻译中的适度背叛

由于语言文化的差异，翻译过程中对原文的"背叛"和改变是不可避免的。葛浩文追求译出思想，即"意义忠实"，实际上是不得已、退而求其次。文学作品若忠实译出，丝毫不改变语言形式，那译文只能是不堪卒读。这种"背叛"实则是为忠实服务的，它并非指对原作随意删减、改译，而是依据译入语环境和文化加以"改变"，从而使译文得到广泛的接受和传播。"背叛"是译者为了"意义忠实"的不得已而为之，葛氏的"背叛"性翻译在一定意义上有助于推动中国文化在国际上的传播。例如：

> 例 3　他的哭比女工们的哭更有感染力，工人们都面色沉重，眼窝浅的跟着哭起来。①
>
> His loud wails were far more infectious than those of the females in the crowd, and as his fellow workers' faces darkened, they began to cry.②

"眼窝浅"是中国俗语，通常指那些容易流泪的人，亦有感情脆弱、多愁善感之意。此处葛译省略了对"眼窝浅"这一意象的翻译，但仍然是极好的翻译。这是因为葛浩文精准地体会到了原文思想，故而选择着重译出工人们因突然下岗流露出的极度悲伤，而并非具体有几人悲伤，此处"眼窝浅的"属于冗余信息，所以译者选择省译较为合理。另

---

① 莫言，《师傅越来越幽默》，上海：上海文艺出版社，2012 年，第 162 页。

② Mo, Yan, *Shifu, You'll Do Anything for a Laugh*. Trans. Howard Goldblatt. New York：Arcade Publishing, 2011, p.6.

外,由于东西方人们面目特征的差异,"眼窝浅"通常会被认为是东方人共同的面目特征,译出之后反倒会给欧美读者造成意义上不必要的困扰,有碍于整体阅读的进行,所以葛氏此处的"背叛"使译文行文更加流畅,更具可读性。

(三) 以重写之名翻译

"拿汉语读,用英文写"一直是葛浩文坚持奉行的翻译原则。他认为:"大多数作家至少应该宽容那些被赋予了将他们的作品用其他语言重写任务的男女,因为翻译的性质就是重写。"[1]"重写"是一种精妙的化境,是译者领会作者思想将原文打散后进行的二次创作,正如冰融成水再被塑成其他形状一样。因此,翻译从来不是复制,而是换一种语言重写,是对原文的某种完成,甚至是完善。[2] 葛浩文的"重写"突破了汉语语言文化与世界的隔阂,使中国文化在海外得到了更广泛的接受。如:

例4　同志们,我们工人阶级的双手能够扭转乾坤,难道还挣不出两个馒头吗?[3]

Comrades, if members of the working class can reverse the course of events with their own two hands, it shouldn't be hard to find a way to make a living, should it?[4]

---

[1] Goldblatt, H., "The Writing Life", *The Washington Post*, 28 April 2002(BW 10).

[2] 张耀平,《拿汉语读,用英文写》,《中国翻译》,2005 年第 2 期,第 76 页。

[3] 莫言,《师傅越来越幽默》,上海:上海文艺出版社,2012 年,第 163 页。

[4] Mo, Yan, *Shifu, You'll Do Anything for a Laugh*. Trans. Howard Goldblatt. New York: Arcade Publishing, 2011, pp.7 - 8.

"乾坤"是中国古代哲人对世界的一种理解。"乾"代表"天","坤"代表地,"乾坤"则用来代表天地和阴阳,又指江山、国家和天下。"扭转乾坤"则用来比喻从根本上改变已成的局面。此处葛译跳过了成语的字面意思,直接抓住成语要点译出了其引申义,使得处于不同文化中的读者可以很好地领会原文意旨,而不会造成阅读和理解上的困扰。同时,译者对"两个馒头"的理解和重写也极为到位,"馒头"意味着中国人的生存之本,"挣馒头"是中国人对"养家糊口"的俗称,译者跳过了晦涩的直译,通过重写实现了意义上的忠实。此外,《师傅越来越幽默》是莫言为数不多以城市生活为背景的小说,故事发生在改革开放之初,是工人阶级在国内茁壮成长的黄金时期。此番厂长对下岗工人们意气风发的呼吁恰是改革开放初期文化的传播,译者利用文学的色彩满足了西方读者对中国"改革开放"的好奇心,促进了文化的交流和传播。

　　例5　四月里和暖的小风一缕缕地吹到他的脸上,使他的心里空空的,甜甜的,有一点头重脚轻的感觉,好像喝了四两老酒。①

　　Warm April breezes brushing against his face infused feelings of emptiness, sort of saccharine sweet. He felt dizzy, borderline drunk.②

　　汉语中的量词有着极为丰富的含义,除了可以表示数量,亦有文化上的比喻义和引申义等。此处原文中的"四两"正是采用了其引申

---

① 莫言,《师傅越来越幽默》,上海:上海文艺出版社,2012 年,第 164 页。
② Mo, Yan, *Shifu, You'll Do Anything for a Laugh*. Trans. Howard Goldblatt. New York:Arcade Publishing, 2011, p.9.

义。"四"是中国成语中频繁使用的数字,"两"则是中国传统计量单位,是"市两"的简称,相当于今天的 50 克,"四两"则相当于 200 克。"老酒"指代中国传统佳酿"黄酒",亦即"米酒",酒精含量一般约 15 度,是东方酿造业的典型代表。传统认为,"四两老酒"下肚还可保持清醒即为有酒量之人。所以不难看出,此处的"四两老酒"并非指代具体的数量,而是象征一个临醉的边缘。此处译者选择绕过会使人费解的忠实翻译,而秉持了"重写"的原则,用"borderline drunk"精准地传达出了莫言的思想,同样也使得译文和中国文化在读者群中得以更流畅、更广泛地传播。

(四) 翻译作为"中间物"

翻译是一项跨文化交流活动,是不同思想文化之间的真诚沟通,是使不同文化穿越"巴别塔"的神奇力量。译者对源语文化和目的语文化都要熟稔于心。《西厢记》的英译者、加州大学的教授哈特(Henry H. Hart)曾说:"译者单是对原文理解还不够,必须浸润于中国人的历史、文化、民间传说、传统和他们的宗教及哲学中。他必须用中国人的眼光来看世界,无论对内在的刺激或外界的现象,他必须具有中国人同样的反应。"[①]借由葛浩文精湛的翻译,中国文化在一定程度上实现了在海外的有效传播。如:

> 例6　十放到口里是个田字,丁也是精壮男子的意思,一个精
> 壮男子有了田,不愁过不上丰衣足食的好日子,这是他的身为农

---

① 郭建中,《文化与翻译》,北京:中国对外翻译出版公司,2000 年,第 347 页。

民的爹给他取名时的美好愿望。①

Now you put shi（十）, the word for *ten*, inside a kou（口）, the word for *mouth*, you get the word for tian（田）, for *field*. The family name Ding can mean a strapping young man. As long as a strapping young man has a field to tend, he'll never have to worry about having food on the table and clothes on his back.②

汉语与英语分属不同的语系, 汉语属于表意文字, 而英语则属于表音文字。汉语可借汉字表达所指之物, 以形达意, 颇为直观; 而英语则是字母文字, 语言注重逻辑, 与所指之物之间的联系不那么紧密, 表达较为抽象。所以原文中"田"字由"十"字和"口"字叠加得来的简单道理, 对于不熟悉汉字字形特征的外国读者而言, 确实是很难理解的。语言是文化的一种, 翻译的本质正是这样一种跨文化交际活动。尽管此处的文化因素给译者带来了极大的困难, 葛浩文还是灵活采用了多种翻译手段为这项跨文化活动"牵线搭桥"。他首先采用音译, 随后用括号附注的形式标注字形, 最后简单阐述了其英文含义, 并用斜体区分, 最终不仅达到了使译文读者理解原文幽默的目的, 更加速了中国文化的海外传播进程。又如:

例7　里边毫无反应, 难道他们像封神榜里的土行孙遁地而去? 不可能, 那是神魔小说哩。难道他们像西游记里的孙猴子变

---

①　莫言,《师傅越来越幽默》, 上海: 上海文艺出版社, 2012 年, 第 159 页。

②　Mo, Yan, *Shifu, You'll Do Anything for a Laugh*. Trans. Howard Goldblatt. New York: Arcade Publishing, 2011, p.1.

成了蚊子从气窗里飞走? 不可能,那也是神魔小说哩!①

Don't tell me they vanished into thin air like the goblins in *Roll Call of the Gods*? No, that's just some supernatural novel. Could they have turned into mosquitoes like the immortal monkey and flown out of the window? Impossible, another supernatural story!②

此处文本涉及大量中国传统文化元素,意在借由经典神魔小说的夸张反映老丁心情的紧张与荒诞。《封神榜》是中国传统神魔小说《封神演义》的俗称,包含了大量民间传说和神话,全书以篇幅巨大、幻想奇特而闻名于世。土行孙正是书中一名身材矮小的神仙,却以高强的遁地本领称雄诸神。《西游记》则是我国四大古典名著之一,是我国神魔小说的巅峰之作。其中神通广大的孙悟空则代表了中国人善良正义不阿的追求和情怀。此处葛译省略了对《西游记》的翻译,对"封神榜""土行孙遁地"和"孙猴子"的翻译也采用了意译的手段,避开详细复杂的神话故事,用流畅的译文使中国文学更快地传播到了欧美世界。此处对中国神话故事点到即止的做法极为巧妙,将激发译文读者进一步研读中国文学的兴趣。

---

① 莫言,《师傅越来越幽默》,上海:上海文艺出版社,2012 年,第 187 页。

② Mo, Yan, *Shifu, You'll Do Anything for a Laugh*. Trans. Howard Goldblatt. New York:Arcade Publishing,2011,p.45.

五、葛氏文化翻译对中国文化海外传播的启示

葛浩文的译笔让中国文学披上了英美文学的色彩,使欧美读者对中国有了真实且全方位的了解和领悟,在一定程度上加速了中国文学在海外的有效传播。不过在中外文化交流极不均衡的现代,我们仍需对中国文学英译进程中的成败得失有明确的认识,并积极探索加速中国文学海外传播的方法和战略,让中国之光早日穿越"巴别塔"。

(一)审视中国对外翻译的现状与问题

近年来,随着中国综合国力的增强和国际地位的提高,"中国文学走出去"取得了可喜的成绩。孔子学院遍布全球,中国作家和作品也逐渐为世界熟知。借由葛浩文等优秀汉学家的翻译,中国实现了诺贝尔文学奖"零的突破",中国文学必将进一步吸引世界关注的目光。中国文化海外传播事业蒸蒸日上,但仍与第一世界文学的传播存在着较大差距。审视中国对外翻译的现状和问题依然具有很大的现实意义。

首先,缺乏优秀汉英译者是"中国文学走出去"的首要障碍。葛浩文表示,目前英语世界真正致力于中国文学英译的只有两人:一个是他本人,另一个则是常年翻译中国诗歌的陶忘机。他认为其他学者或是热情有余但经验不足且学业繁重的研究生,或是担负更多其他重要

工作,翻译只是偶尔为之的高校教师。① 美国北卡罗来纳大学教堂山分校的中国禅诗翻译家、中国文学教授西顿(J. P. Seaton)谈及中国文学英译的未来时同样表示:"英语国家不仅(从事汉英文学翻译的)译者少,而且对(汉英文学)翻译的资助也少得可怜。"②

其次,中国文学英译的选材极为广泛,但缺乏系统性。中国文学经典、中国现当代极具文学价值的作品以及中国的"禁书"都吸引了外国译者的目光。不过,英美译者更多是将中国文学作为外国读者了解中国的一面镜子,而并未严谨地探讨过原作的文学价值。同样,国外书评关注更多的也是书中传递的信息,很少提及翻译的质量。

最后,中国文学的海外接受情况并不乐观。欧美读者对中国文学不感兴趣的原因有二:第一,西方学者一直对中国现当代文学存在偏见,并一直以高高在上的姿态解读第三世界文学;第二,中美之间一直存在着一种介于敬畏和忌惮之间的微妙关系。中国文学走出去的三大问题亟待解决。

(二) 让中国之光穿越"巴别塔"

中国文学仍处在一个较薄弱的阶段,为了完成我们的"文学之梦",向世界开放和学习仍是中国文学的主旋律。为了使中国文学更好更快地走向世界,让中国之光穿越"巴别塔",我们可以针对现今存在的问题在以下方面付出努力。

第一,探索新型中国文化英译模式。外语译入母语一直是翻译界

---

① 马会娟,《英语世界中国现当代文学翻译:现状与问题》,《中国翻译》,2013 年第 1 期,第 65 页。

② Bradbury, S., "A Conversation with J. P. 'Sandy' Seaton", *Translation Review*, 2005, p.44.

的主流翻译模式,但基于中国文学的模糊性和特殊性,我们大可以让中国优秀译者承担汉籍英译的工作,或者由中外译者通力完成,如杨宪益与戴乃迭、葛浩文与林丽君等跨国夫妻模式就是不错的选择。同时我们可以在国外侨胞和在华留学生中选择优秀译者,并对中国文学英译给予大力资金支持。国家和出版业大力投资是加速中国文学海外传播的必要条件。

第二,有针对性地进行中国文学英译选材。随着中国综合国力的提升,西方汉学研究对中国现当代文学越来越重视。在世界渴望了解中国国情的背景下,占据中国文学英译主流的典籍翻译已经不能够满足世界的需求。中国应该抓住这个契机积极与世界接轨,针对性地选择西方世界感兴趣的素材进行翻译。在加大译介力度的过程中,一方面注意与世界的沟通协调和对接,另一方面不能为了迎合读者需求而不恰当地消除自己与目的语国家在语言和文化上的固有差异。在开放中有坚守,在对话时不忘民族本我。①

第三,理性处理"译入"和"译出"的矛盾。中外文化译入译出之间仍存在巨大差距。目前学界对译出的态度存在着两大误区:一是以对抗的方式挑战西方文化的强行输入;二是主张抵抗式的异化翻译手段。在中国文学英译尚无优势的情况下,我们应理性处理"译入"与"译出"的矛盾。正如有学者指出的那样,我们的出发点理应是先以归化式译法让中国文学译本走近西方读者,从而走入西方主流文化,首先让西方读者了解我们的文化常规与思维方式,然后再谈改造与影响

---

① 范武邱,《中国文学走向世界的语言硬伤依然存在——写在莫言获奖之后》,《当代外语研究》,2013 年第 4 期,第 40 页。

西方文学创作模式等后续问题。① 目前我们应着手提升汉籍英译质量，在完善自我的基础上，追求中国文学文化与世界的双接轨。我们对于世界文学舞台的渴望和期待，更多还是平等的沟通、交流和学习，从而获得更加深入的相互了解。②

六、结　语

葛浩文为中国文学海外传播做出了卓越贡献，他的翻译不仅实现了中西文化融合，也留住了中国文化的异域色彩。葛浩文在翻译中采用灵活的翻译策略，在使作者靠近读者方面，他采用了以译入国为中心的归化策略，秉承忠实的原则，对原作进行了适度的"重写"，体现了翻译的跨文化交流本质。在使读者靠近作者方面，他采用了以源语国为中心的异化策略，使读者感受到斑斓的异域文化色彩，并进一步开拓了欧美读者群的国际视野。

面对中国文化海外传播进程中存在的问题，我们应积极探索新型汉英翻译模式，加大出版业投资力度，同时针对性地选择翻译素材，理性处理"译入"与"译出"之间的矛盾，只有这样才能推动中国文学文化与世界的良好对话。有人云："各美其美，美人之美，美美与共，天下大

① 胡安江，《中国文学"走出去"之译者模式及翻译策略研究——以美国汉学家葛浩文为例》，《中国翻译》，2010 年第 6 期，第 15 页。

② 解玺璋，《中国文学正在收获世界》，《全国新书目·新书导读》，2010 年第 1 期，第 15 页。

同。"在中国文化事业欣欣向荣的今天,在保持发扬本民族文化特色的基础上,我国应加强与世界各国的文化交流,大力促进中国文学与世界文学的平等对话,实现中西文化的进一步融合,采用合理战略推动中国文化在海外的有效传播。

（原载《当代外语研究》2014 年第 2 期）

葛浩文英译："异域"风情中的"归乡"情结

——以莫言《师傅越来越幽默》的英译本为例

单　畅　王永胜

葛浩文（以下简称"葛氏"）是一位"著名的中国当代文学学者和翻译家"①，也是"近年来翻译中国现当代文学作品数量最多、贡献最大的西方学者"②。葛氏译著颇为丰富和多样，迄今为止共翻译了四十多部中国现当代作家的作品，其中包括这里要讨论的莫言创作的中篇小说《师傅越来越幽默》（以下简称《师傅》）③，他的译著对中国文化的世界传播无疑起到了相当大的推介作用。

纵观葛氏的英译作品，不难发现他所采用的翻译策略的主线——"葛氏的归化译法几乎见于他的每一部作品"④。但是，"'归化式译法'不是他的重要特点，更不是他的唯一特点……其实，葛浩文在翻译时所使用的显然不是一种策略……但可以推测，葛浩文越是后来越倾向

---

① 文军等，《葛浩文翻译观探究》，《外语教学》，2007 年第 6 期。

② 同上。

③ 本文中，莫言《师傅越来越幽默》的中文引文引自上海文艺出版社 2012 年 10 月出版的《师傅越来越幽默》一书；葛氏的英译本引文引自美国 Skyhorse Publishing，Inc. 旗下的 Arcade Publishing 于 2012 年 11 月出版的 *Shifu, You'll Do Anything for a Laugh* 一书。

④ 胡安江，《中国文学"走出去"之译者模式及翻译策略研究——以美国汉学家葛浩文为例》，转引自史国强：《葛浩文的"隐"与"不隐"：读英译〈丰乳肥臀〉》，《当代作家评论》，2013 年第 1 期。

'异化'。以上说的还是他翻译的书名。至于小说正文,情况还要复杂得多"①。通读《师傅》的葛氏英译本,可以发现,他并没有拘泥于异化式的处理方式,也没死守归化式的翻译策略不放,而是在求"同"存"异"中,"双管"齐下,"软硬"兼施,以求"异"曲"同"工之妙,以达"殊途同归"之旨,力求译文易于为译文读者所接受。

抑或可以这么说,从《师傅》的英译本中,可以管窥葛氏的英译风格。于是,就可以发现他译作里"异域"风情中的"归乡"情结——异化面纱笼罩下的采用归化策略处理后的文本。这种灵活的翻译策略的采纳,无疑会提高译本在西方读者心目中的审美接受度,从而提高中国文化传播的有效性。毋庸置疑,葛氏这一"明智"之举,无意之中造就了"双赢"的局面——中国文化的有效传播以及译文读者的广泛认可。

一、异化与归化

自美籍意大利人韦努蒂在 1995 年出版的《译者的隐身——一部翻译历史》(*Translator's Invisibility*:*A History of Translation*)一书中明确提出并阐述"异化"(foreignization)与"归化"(domestication)这两个翻译策略以来,翻译中的异化和归化问题就成了学界争论的焦

---

① 史国强:《葛浩文的"隐"与"不隐":读英译〈丰乳肥臀〉》,《当代作家评论》,2013年第 1 期。

点。在这本书中,韦努蒂"以后殖民文化批判的姿态全面审视了十七世纪至当下西方的文学翻译,主要是英语世界的文学翻译的历史。韦努蒂从纷纭变幻的各种翻译观念中梳理出大致平行交错(原文如此)发展的两种翻译倾向:诉诸目标语读者阅读习惯的通顺-归化(domesticating)翻译观,(以及)诉诸目标语的转化的抵抗式的异化(foreignizing)翻译观。前者代表了一种我族中心主义的帝国主义强势文化策略,后者则是一种'去中心化'的解构式的后殖民主义翻译观"[1]。可以说,异化强调的是在译文中最大限度地保留"原汁原味",归化则强调以译文的语言为中心,最大限度地倾向于译文读者的可接受度。自诞生之日起,翻译这一矛盾体的两个方面——异化和归化——就在相互抵触和融合中不断塑造一篇又一篇成功的译文,而对某方面一味的强调和坚持,只能导致译文的失败。好的译文往往是在这两个方面做出了比例适当的调和。

进一步说,这两种翻译策略兼具理论性和实践性,涉及译者的"文化身份"(cultural identity)认同方面的问题,而文化身份的形成则是"在自我与他者的相互审视中完成的"[2],然而"他者"却是一个令人困惑不已的问题。在翻译实践中,会有"他者"的多重身份出现,这是一个十分棘手的问题,"首先,对译者而言,原作者就是他者,当然反之亦然,从而实现了自我与他者的换位……其实,翻译的身份同时不免也是自我与他者的杂合,一味地设身处地为原作者着想,揣摩原作者的写作意图,等于向他者靠拢,似乎是竭力想抹掉自我。理想化的翻译就是要超越自我的。但自我又难以抹掉,顽强地表现出自我的存在,

---

① 王宁,《翻译研究的文化转向》,北京:清华大学出版社,2009年,第92—93页。

② 李冰梅,《文学翻译新视野》,北京:北京大学出版社,2011年,第22页。

于是越俎代庖的行为也就难以避免了……说到底，他者的概念牵扯到文化归属感。"①由此可见，译者的身份决定了其翻译策略的采纳。在翻译实践中，译者的身份往往是飘忽不定的，这就决定了翻译策略的采纳：时而异化，时而归化，而一味的异化或归化在当今全球化进程日益加深的社会中，显然是行不通的，也是不可取的。葛氏在《师傅》的英译本中所采取的翻译策略很好地体现了这一点。

当然，异化和归化的界限有时不明显，甚至难以分辨，以至最终的译文可能是两者的杂合体（hybrid）。下面对葛氏英译《师傅》的分析，也不可避免存在这方面的问题。在《师傅》的英译本中，葛氏对异化和归化做了恰如其分的调和，在最大限度地保留莫言小说中"异域"风情的同时，又充分观照了英语读者本土中的"归乡"情结。葛氏这种译法，从一个侧面体现了他不拘一格地游走于异化和归化间的整体翻译风格。

二、葛氏英译中的"异域"风情

葛氏作为"将中国现当代文学介绍给欧美的、'公认的中国现当代文学之首席翻译家'"②，很注重采用异化手段来传达原作中的"异域"

---

① 孙艺风：《视角阐释文化——文学翻译与翻译理论》，北京：清华大学出版社，2004年，第267页。

② 于科先，《"存在即合理"——论葛浩文翻译批评观》，《译林（学术版）》，2012年第4期。

风情。在《师傅》的英译本中,这种异域风情得到了很大程度的体现,主要体现在以下几个方面。

(一) 人名类专有名词的英译

葛氏对于《师傅》中人名类词语的处理,绝大多数是采用汉语拼音方案所规定的拼音形式来翻译。这种"四平八稳"的异化式处理方式,一方面体现出葛氏深厚的汉学功底,另一方面体现出他对异域风情有意的保留。这其中有:丁十口(Ding Shikou)、王大兰(Wang Dalan)、平儿(Ping'er)、吕小胡(Lü Xiaohu)等。但是,葛氏在处理人名前带有"老""小"字样的称呼时,则在异域风情中又增添了归乡的情结——异化与归化做了有机的结合,如:老丁(old Ding)、老秦头(old Qin Tou)、小孙(Little Sun)、小胡(Little Hu)等。

在《师傅》原文中,"老秦头"这个称呼多次出现,但葛氏在译文中并没有将其一概异化成"Qin Tou",而是跟"old Qin Tou"交替使用,这是葛氏不拘一格翻译风格的体现,即对异化和归化的调和,另一方面也是葛氏对于译文语言"无微不至"的观照。这样的处理方法不仅在《师傅》的英译本中有所体现,在葛氏其他译本中也不难发现。另外,葛氏在处理主人公"丁十口"这个名字的时候,除了完全异化式的译文"Ding Shikou"之外,还在后面加上"or Ten Mouth Ding"这样完全归化式的处理方式,可谓无微不至、用心良苦——对原文和译文都有一个很好的观照。

这里,值得一提的是葛氏对于"吕小胡"这个人名的处理——"Lü Xiaohu",可谓严谨、到位,这在很多中国人把类似"吕"这样的汉字拼成"lv"的今天,无疑起到了模范性作用,值得我们深思。要知道,"lv"只是电脑中用拼音法输入汉字的一种替代方式,因为电脑键盘上并没有"ü"这一按键。试想,现在有多少中国人用"v"来代替"ü"呢?葛氏在无形中为我们树立了汉语拼音规范的榜样。

(二)成语类表达的英译

葛氏在《师傅》的翻译中,在对最能体现汉民族文化积淀的成语的处理方面,并没有生硬地照搬某些汉英成语词典的定义,而是最大限度地采用直译的方法来保留这些成语的"异域"风情,尽量让译文读者去体会文化上的差异。也可以说,葛氏在对某些成语的翻译上有意采用了异化的手段。简单举几例:不愁过不上**丰衣足食**的好日子(never have to worry about having food on the table and clothes on his back);就像传说中那个**守株待兔**的傻瓜(like the fool who saw a rabbit run into a tree trump and break its neck, then spent his days after that waiting for a second rabbit to do the same);**不速之客**(uninvited guests);雪上加霜(adding frost to a layer of snow);等等。

当然,对于有些成语,葛氏还是做了归化式的诠释,充分观照了译文读者的阅读习惯,令译文读者有"归乡"之感,也避免了译文读者的"陌生化"审美效度的损耗——虽然陌生化审美理论的实质在于"让人们不断更新对人生、对事物,乃至对整个世界的陈腐感、老旧感,解救人们于日常化的束缚,以摆脱惯常化思维和常规化审美意识的制约,摆脱陈词滥调、迂腐乏味"①。这样,葛氏灵活的翻译风格就可见一斑了。

(三)职务称谓类表达的英译

对于具有中国特色的职务称谓类词语,葛氏主要还是采取了再现

---

① 单畅、王永胜,《英文电影片名汉译的审美取向》,《当代电影》,2013 年第 6 期。

异域风情的异化式策略,特别是这些职务跟姓氏连用时,"直译"成了葛氏的首选,如:厂长(the factory manager)、副厂长(assistant factory manager)、局长(bureau chief)、处长(section chief)、马副市长(Vice Mayor Ma)、吴副主任(Assistant Director Wu)、于副省长(Deputy Governor Yu),等等。

当然,从某个方面来说,这样的处理多少有点归化式的偏向,但是,总体来看,异化式处理还是占了上风,以体现莫言小说原文的"异域"风情和色彩。

(四) 俗语类表达的英译

在《师傅》的英译本中,处理此类词语时,葛氏尽其所能对异域风情加以观照,一方面可能是归化起来有一定的难度,另一方面可能就是葛氏有意要加强译文的"异域"色彩。如:爹死娘嫁人(the old man's dead and the old lady's remarried);还骂他**死猫扶不上墙**(and scolded him by saying you can't help a dead cat climb a tree);摇动**三寸不烂之舌**(to put his three-inch weapon of a tongue into play);**老天爷**指给了他一条生财之道(the old man upstairs pointed out the way to riches);丑媳妇免不了见公婆(the ugly bride has to face her in-laws sooner);就像砍倒了高粱闪出了狼一样(like a wolf exposed in the field when the sorghum stalks are cut down);就像一辆华丽的轿车躲避一辆摇摇晃晃的老式坦克(the way a fancy sedang gets out of the way of a lumbering tank);难道他们像西游记里的孙猴子变成了蚊子从气窗里飞走?(Could they have turned into mosquitoes like the immortal monkey and flown out the window?);等等。

诚然,葛氏在对这类表达的"异化"处理中,在理解上难免存在一些失当之处,这样就多多少少导致译文一定程度的失当,如"死猫扶不上墙"的译文忠实度似乎不足,"三寸不烂之舌"中"寸"的处理略显失当,"老天爷指给了他一条生财之道"中"老天爷"的翻译有些令人摸不着头脑。另外,在这类词语的异化方面,有些地方的处理不够严谨,如上述最后一例的"西游记"没有译出,这样会导致译文读者对"immortal monkey"感到迷惑不解——"monkey"怎么会"immortal"呢? 究其原因,这也许与莫言在原著中没有严谨地将"西游记"加上书名号有关吧。

三、葛氏英译中的"归乡"情结

尽管葛氏在翻译中最大限度地做了异化式处理,保留住原文的一些"异域"风情,但同时他也特别注意译者"身份"的转换,时刻注意站在译文读者的立场上来处理译文,充分考虑译文读者的"接受性"审美取向。从接受美学(reception aesthetics)的角度来处理译本,即"将接受理论与翻译结合起来,就要求译作要尽量靠近译语读者——接受者,要考虑接受者的审美体验和接受效果"。① 正因如此,葛氏在《师傅》的英译本中,绝大多数地方采用了归化式处理策略,体现出浓烈的"归乡"情结。这样的情结——对归化式翻译手法的偏向——主要体现在以下几个方面。

---

① 单畅、王永胜,《英文电影片名汉译的审美取向》,《当代电影》,2013 年第 6 期。

（一）机构名称类专有名词的英译

在《师傅》的英译本中，这类表达葛氏大多数做了归化式处理，尽量让译文读者对这类陌生"面孔"有一种熟悉感，如：隆昌铁工厂（Prosperity Metalworks）、红星铁工厂（Red Star Metalworks）、西拉斯农业机械集团（Silesia Farm Machinery Group）、兰州拉面馆（Lanzhou Noodle Restaurant）、农贸市场（farmer's market）等。这样的处理也难免有不尽如人意的地方，如"兰州拉面馆"中的"拉面"，特别是"拉"，就没有体现出来。

（二）品牌名称类词语的英译

对此类表达，葛氏基本上做了归化式的诠释，这恐怕也是考虑到译文读者的接受审美度，如：大国防自行车（Grand Defense bicycle）、中华牌香烟（China-brand cigarette）、金城牌香烟（Golden City）、飞燕牌香烟（Flying Swallows）、红星牌双轮双铧犁（Red Star two-wheeled, double-shared plow），等等。

需要指出，对于"大国防自行车"的翻译，"国"体现得不够明显，若能译成"Grand National Defense bicycle"，再次出现时简化为"GND bicycle"，则在风格上庶几可通。

（三）口头称呼语的英译

对于口头称呼语，葛氏在英译中几乎完全将其纳入归乡情结之中，完全"本土化"，如：师徒二人（master and apprentice）、老头子（old man）、老色鬼（old fiend）、爷爷（gramps）、老天爷（my god）、老东西（old fart）、老少爷们（good people）、小妹妹（little sister）、大爷（old uncle）、

大姐(young lady)、大伯(good uncle),等等。

汉语中这些丰富多彩的口头称呼语,经由葛氏之手,呈现出有点儿千篇一律的"洋面孔",信息量未免有所流失,但同时这种灵活的处理方式增强了译文的流畅度,也体现出葛氏的归化式翻译倾向。个中得失,自难定论。

(四) 多数俗语类表达的英译

葛氏在《师傅》的英译中尽可能保留了这类表达的异域情调,但多数被葛氏加以改造,做了归化式处理,体现出葛氏译文中的归乡情结。如:就像落进地洞般消失了(as if he'd fallen down a well);仿佛传说中遇到危险就**顾头不顾腚的鸵鸟**(looking like a frightened ostrich);野合的鸳鸯(lovers in search of a spot to get naked together);元老(veteran worker);野鸳鸯(birds on the prowl, intent on enjoying each other's bodies illicitly);难道他们像封神榜里的土行孙地遁而去? (Don't tell me they vanished into thin air like the goblins in *Roll Call of the Gods*?);副厂长小脸**煞白**(a ghostly white);但副厂长的身体使劲地往**下坠着**(but the assistant manager looked as though he was trying to dig a hole for himself);积德(humane, a good Samaritan);使他连连倒退,**一腚坐到了地上**(Ding stumbled a few steps before plopping down on the ground);去年的**三九时节**也没有这个冷法(colder than the coldest days of winter last year);等等。

这里值得一提的是,葛氏凭借自己对汉学的把握,"自动"纠正了汉语原文中一些不当甚至是错误之处。如在上一段中,"难道他们像封神榜里的土行孙地遁而去?"中的"封神榜"一词,葛氏做了斜体处理来表示书名,算是纠正了莫言对"封神榜"不严谨的书写。这种认真的态度值得学习,也体现出葛氏翻译的严谨性。

四、"异域"与"归乡"之间的"情感"损耗

从《师傅》的英译本中不难看出,葛氏在保留"异域"风情(异化式处理)以及阐释"归乡"情结(归化式处理)方面,是下了一番功夫的,甚至在对同一表达的处理上也力求别具一格。有的求"同"存"异",如老秦头(old Qin Tou,Qin Tou,old Qin);有的归乡情结占据上风,如耍死狗(to go put on an act,what else can you do,causing a scene in front of the government head quarters)。还有的在异域与归乡之间若"隐"若"现",如对"步",葛氏就做了不同的处理,多数是归化式处理:文文静静地往前走了几步(took a few unhurried steps);每隔几步就有一个小贩(peddlers' stands filled the tree-lined street,one every few paces);就差几步了,拉到家门吧(We're almost there,I'll take you to your door);师徒俩退后几步(Mater and apprentice stepped back to...);当他们距离自己三步远时(When they were only a few feet from him...);等等。但最后一例中对"步"的处理有待商榷。

问题是,不同语言间存在着文化差异,有时这种差异是巨大的,这就要求译者能"穿越语言文化差异,求得两种文化的平衡和统一,也就是说要把握好'归化'和'异化'的'度',要适度,不要超度"[①]。葛氏在

---

① 王秉钦,《文化翻译学——文化翻译理论与实践(第二版)》,天津:南开大学出版社,2007 年,第 134 页。

对"异域"风情和"归乡"情结的把握中,某些"情感"因素——原著文本所承载的部分信息——有所损耗,究其原因,一方面可能是对异域风情的解读存在误区,另一方面可能是其归乡情结过于"浓烈"。兹举几例:立冬(winter solstice);像鸡场里几只**高声叫蛋**的母鸡(like hens about to lay eggs);按照姓氏笔画排列的(in alphabetical order);他们整齐的脚步声**像农机修造厂的气锤咣咣作响**(their rhythmic foot steps sounding like the jack hammers made by the Farm Equipment Manufacturing and Repair Factory);好像**逆着大风**前进(as if carried along by the wind);他厌恶地看到那个男人腆起的肚皮和**那一窝山药蛋般的器官**(He also noticed with disgust that the man's belly button protruded instead of sinking in and that his trunks looked as if he'd hidden a potato in the front);等等。但是,瑕不掩瑜,个别处的"损耗"并不能减弱葛氏英译整体上夺目的璀璨——异化与归化恰当的搭配正是葛氏英译的耀眼之处。

总之,从《师傅》的英译本可以看出,葛氏的英译注重"身份"的认同和转换,时而"隐身",时而"显身",准确地说,"隐"久则"显","显"毕即"隐",在异化和归化策略的无缝衔接中,有效地传达了"异域"风情中的"归乡"情结。其实,仅从葛氏对《师傅》这一作品标题的翻译(*Shifu, You'll Do Anything for a Laugh*)之中,他的这种翻译风格就可见一斑了。

(原载《当代作家评论》2014 年第 3 期)

中国文学外译的滤写策略思考：世界主义视角

——以葛浩文的《丰乳肥臀》英译本为例

陈　伟

一、引　言

2012 年，莫言借其带有"魔幻现实主义"色彩的"乡土"小说作品而斩获诺贝尔文学奖。随此，海内外反响强烈，争议纷纭。在这纷争声中，"翻译"成为大家明确指向的一个重要话题，用德国著名汉学家顾彬的话来说："莫言获奖，翻译居功至伟。"①具体而言，"翻译"与莫言获奖之间有三个接点：① 莫言作品受现代主义翻译影响很大，容易被翻译成受诺奖评委青睐的西方语言版本，因而"必然在诺奖遴选中得

---

① 陈晓勤、李佳贞，《顾彬：莫言小说冗长无趣　他能获奖翻译居功至伟》，《南方都市报》，2013 年 5 月 7 日。

益"①;② 在中国当代主力作家群体中,莫言是被译介到海外最多的作家之一,其作品多由瑞典的陈安娜、美国的葛浩文、日本的藤井省三等一流译者操刀,具有世界影响力;③ 西方译者尤其是葛浩文大多采用先过滤后"改写"(rewrite)的"滤写"或"美化"翻译策略,产生了较好的国际阅读效果。

显然,莫言获奖原因不是单维的,而是有着发生学原理的复杂系统的综合胜利。葛浩文采取的滤写策略无疑是该系统中的一个关键要素。从该要素出发,剖析面也是多维的,可以生发不同角度、不同性质、不同方法论的题旨来思考与解读。本文拟以莫言作品《丰乳肥臀》(2012)及其葛浩文英译本(*Big Breasts and Wide Hips*,2005)为个案,通过比对第一卷中的九章内容,分析、解读全球化语境下翻译滤写策略的世界主义张力,并由此讨论翻译在中国文化"走出去"战略中的历史责任。

《丰乳肥臀》是一部波澜壮阔的民间"史诗性"大书,以抗日战争到改革开放这一段历史为背景,倾情讴歌了生命原初创造者——母亲的伟大、朴素与无私,并通过母亲这一意象凸显出历史的主体——人:人永远是宇宙中最宝贵的,生命的承传是人类赖以永恒存在的源泉,因而具有无与伦比的本体意义。这部小说具有很强的思想性与独创性,饱含了作家对母亲、生命和社会历史的深沉思索。莫言自己也非常喜爱该作品,他一直说:"你尽可以跳过我的其(他)小说,但一定要读一读《丰乳肥臀》。"②据统计,该小说迄今已有英、法、日、意、荷兰等几十

---

① 陈晓勤、李佳贞,《顾彬:莫言小说冗长无趣 他能获奖翻译居功至伟》,《南方都市报》,2013 年 5 月 7 日。

② 康慨,《〈丰乳肥臀〉英文版在美出版》,《中华读书报》,2004 年 12 月 6 日。

种语言版本,有着广泛而深刻的国际影响力。其英语译者葛浩文是英语世界声望最高的中国文学翻译家,被美国作家约翰·厄普代克生动地比喻为"中国近现代文学在英语世界的接生婆"①。葛浩文的翻译严谨、考究,但多用滤写策略,因而"让中国文学披上了当代英美文学的色彩"②。他的莫言作品英译本被美国汉学界评为"比原著写得更好",顾彬则认为,"葛浩文对莫言获得诺贝尔奖有很大的贡献,他创造了'国外的莫言'"。③

二、全球化语境中的世界主义理念

克雷格·卡尔霍恩说:"世界主义专门关注作为整体的世界。"④世界主义主张以全人类利益为目的,认为人类所有种族群体都属于某单一超级社群,彼此分享跨越了民族与国家界限的共同的伦理道德和权利义务;这种单一社群应该得到培育,以便推广为全人类所认可的具有普遍人性和自然权利的价值观。世界主义思想渊源悠久,自发轫至

---

① 王丹阳,《作家和翻译谁成就谁? 葛浩文译本被赞比原著好》,《广州日报》,2012年11月3日。

② 付鑫鑫,《美国翻译家葛浩文:对中国文学进入世界很乐观》,《文汇报》,2011年6月14日。

③ 陈晓勤、李佳贞,《顾彬:莫言小说冗长无趣 他能获奖翻译居功至伟》,《南方都市报》,2013年5月7日。

④ 王宁,《世界主义及其于当代中国的意义》,《山东师范大学学报(人文社科版)》,2012年第6期,第49—55页。

今大抵经历了三种形式。首先是古希腊斯多葛派建构的古典世界主义，认为人类就是一个整体，世界在共同人性的基础上存在着普遍平等，因而主张建立一个以世界理性为基础的世界国家。其次是以康德为代表的近代世界主义，建立了一套能够评判任何社会进步或启蒙程度的超文化、超民族的普遍主义标准，并构想了一套个人参与世界联合体的"世界公民权利"。第三是现代世界主义，包含平等的个人主义、个人平等权利相互认可原则、公正理性原则三个关键要素，认为道德关怀的最终单位是人类个体，而非民族、国家等特殊组织形式，所有人都享有平等权利。①

随着科学技术与人类文明的进步，世界主义在当今西方趋于系统化与普遍化，形成了显著的全球影响力。进入 20 世纪以来，在经济、政治与文化全球化特征日趋明显的境遇中，社会已经成为全球范围的历史性存在，这必然呼唤超越民族国家的全球视野与人类关怀。"全球化现象在当代社会的凸显客观上为世界主义的再度兴起提供了必要的生存土壤，而世界主义概念的提出则为全球化的实践提供了理论话语。"②当下的世界主义有左翼与右翼之分：前者一方面坚持西方国家的民族认同，另一方面又在全球化时代文化多元主义境遇中自觉重构民族国家形式，对世界各国与族群的特殊性与多元性保持宽容、开放的态度，主张在世界性民族国家基础上构建平等、民主和公正的普遍主义世界新秩序；后者主张以西方特别是美国的发展模式为全球标准的普世主义，其实质是以特定民族国家的特殊利益充作全人类普遍

---

① 赫尔德、戴维，《世界主义：观念、现实与不足》，《国将不国：西方著名学者论全球化与国家主权》，南昌：江西人民出版社，2004 年，第 317—328 页。

② 王宁，《世界主义及其于当代中国的意义》，《山东师范大学学报（人文社科版）》，2012 年第 6 期，第 49—55 页。

利益,进而支配、压抑甚至取消其他国家利益的多元性和特殊性。

世界主义是要打破民族—国家的界限,自起源始就与民族主义和狭小邦国主义相对立。后者强调民族国家至上,主张"民族优越论",因而竭力灌输抽象的民族国家观念和"爱国"精神,制造国际对立,并维护狭隘的民族利益。但需要指出的是,这两者间的关系并非绝对的对立,可以在淡化民族—国家界限的基础上形成共存与互补的关系。当下,全球化浪潮与信息科技拓宽了我们的交际视野,强化了人与人之间的关联与依靠。我们切勿封闭自己,应当参与、建设国际文化传播事业,推进民族文化与世界文化的接轨与融合。

三、翻译的滤写策略与世界主义

扬弃极端民族主义思维,跨越民族—国家界限而走向世界,获得他国/族成员的认同,同时也促进他国/族成员克服对本国/族带有排他性的强烈自恋,从而将本国/族与世界相连。这是践行世界主义的起点与关键步骤,贝克(Beck)和格兰德(Grande)称之为"世界主义化"(cosmopolitanization)。[1] 要想真正达到世界主义境地,就不能不超越自己的民族和语言。文学主要是语言性的,而"语言不能离开文化而存在"[2],它本质上是一种文化现象,是民族文化、知识与思想的浓缩与

---

[1]　Beck, U. & E. Grande, *Cosmopolitan Europe*. Cambridge: Polity, 2007.

[2]　萨皮尔,《语言论——言语研究导论》,北京:商务印书馆,1985 年,第 186 页。

沉淀。因此,文学文化成了世界主义较早进入的领域之一。然而,在欧洲中心主义与西方中心主义盛行的年代,长期以来被边缘化的非西方文学文化作品很难进入世界阅读的经典行列。欧洲/西方中心主义认为欧洲/西方具有不同于其他地区的优越性和特殊性,这在内涵上与世界主义相悖,对世界主义理念的建立产生了阻碍。全球化时代需要包括中国在内的非西方国家与民族突破这一局面,立足世界主义,进行本民族文学文化的国际推广,展开新一轮基于国家文化软实力的国际竞争,而翻译实践活动在其间发挥着重要的推动与协调作用。

显然,莫言小说自身的质量和特质是其在海外深度传播的"原动力"。《丰乳肥臀》是莫言的代表作,它对生命血缘和生命本能的关注符合西方民主意识,作者所采用的现代主义写作手法,即"用欧化的书面语写乡土",则进一步增强了对该小说进行西方化翻译的可行性。然而,葛浩文在翻译中所采用的滤写策略则是将这部小说世界主义化不可或缺的手段。葛浩文重视翻译的意译理念,经常采用删减、增加、变换、转化等多种滤写策略来达到归化效果。顾彬因此认为他的翻译缺乏理性:"不是逐字逐句、一段一段地翻",而是整体"改写"。① 本文通过个案考察发现,虽然这种肆意的整体改写情况并不突出,但葛浩文显然也采用了多种滤写策略,他擅长在把控原文精神的基础上,进行写作般的翻译,译文形神俱备,自然贴切,具有较高的文学性。下面对相关译例进行分析。

例 1 ……但那癞蛤蟆的形象**每一次在脑海里闪现**,她都要

---

① 王丹阳,《作家和翻译谁成就谁? 葛浩文译本被赞比原著好》,《广州日报》,2012年11月3日。

浑身暴起鸡皮疙瘩。

... but the image of the toad made her shudder.

例2　**上官家去年囤积、准备着今年夏天大发利市的一千斤花生,哗哗啦啦地**淌了满地。

(the other hacking down sorghums talks with his sword) sending peanuts to the ground.

例3　**她全身上下**透着清爽,**散发着皂角味儿**。

The fresh smell of soap clung to her body.

莫言小说在细节处理上向来是大量铺陈,竭尽夸饰,从不吝惜笔墨。顾彬曾经批评这种细节描写"冗长、无趣",认为葛浩文"有所流失"的美化翻译正好避免了莫的这一毛病①,使得行文简洁明快,要言不烦。以上译例说明了这一点。然而,葛浩文并没有因为原文似乎缺乏节制的庞杂语言而一味删减,有时为了行文意境构造的完整、理解的顺畅、语言的生动形象等而有意增加了部分描写,且不损伤原文含义。例如:

例4　日本兵齐刷刷地举起了耀眼的、窄窄的长刀,嗷嗷地叫着,旋风般卷过来。

All the Japanese horsemen brandished long, narrow swords that glinted in the sun as they bore down on the enemy like the wind, **their war whoops shattering the silence.**

---

①　王丹阳,《作家和翻译谁成就谁? 葛浩文译本被赞比原著好》,《广州日报》,2012年11月3日。

例 5 孩子,接生婆不分男女,我把你樊三大爷请来了……

You might be able to hide the truth from your parents，but not from a doctor. Since it doesn't mater whether a midwife is male or female，I've asked Third Master Fan to come over.

例 6 他的嘴唇突然停止了翕动……

His lips，which had been quivering **like a baby at the tit**，grew steady.

改变原文句法结构也是葛浩文较多采用的滤写策略,这与他作为英语母语者先天获得的语言思维与表达习惯有关。他的译文以精确的原文意义为纲,但俨如英语新作。例如:

例 7 她是铁匠的妻子,但实际上她打铁的技术比丈夫强许多,只要是看到铁与火,就血热。热血沸腾,冲刷血管子。

…The mere sight of steel and fire sent blood running hot through her veins．

例 8 "驴亲家,这是一道鬼门关,你也赌口气,**给三爷我长长脸。**"

"Donkey，my little in-law，you're standing at the gate of Hell，and you're going to have to tough it out. **My reputation hangs in the balance.**"

例 9 **她感到脑子完全混乱了,眼前的一切……杂乱的印象,**纠缠在一起,像一团理不出头绪的乱麻。

The scene arrayed before her．**Enveloped her in a chaotic mix of images**，like a tangled skein of string.

文化意象及其内涵的传递一直是翻译的难点,处理不当容易造成认知困难,影响读者的阅读效果。葛浩文对此多采用归化的滤写策略,变换文化意象。下例中"牛鞭"翻译为"马鞭"(horse whips),"黑色"翻译为"彩色"(colorful),"秃尾巴鸟儿"翻译为隐含的(将头埋在沙子里的)"鸵鸟",消解了读者可能存在的文化陌生感,从而与原作产生共鸣。

例 10　(上官吕氏)肌肉暴突,一根根,宛如出鞘的**牛鞭**……

The muscles of her arms rippled like knotted **horsewhips**…

例 11　胡同里静悄悄的,一个人影也没有,只有一群看上去十分虚假的**黑色蝴蝶**像纸灰一样飞舞着。上官寿喜的脑海里留下了一片片旋转得令人头晕眼花的黑色的不吉利的印象。

A cluster of butterflies, looking somehow unreal, flitted past, etching a picture of **colorful wings** on Shangguan Shouxi's heart; he was sure it was a bad omen.

例 12　六个妹妹中,有三个咧着大嘴号哭,另外三个,捂着耳朵趴在地上,屁股高高地翘着,好像荒草甸子里那种**傻笨傻笨、被人追急了便顾头不顾腚的秃尾巴鸟儿**。

…the other three were lying on the ground with their hands over their ears, their fannies sticking up, like those **stupid, awkward birds that bury their heads in the sand**…

"(莫言小说)'乡土'之所以能成为'国际',不光因为作品'超越了地区、种族、族群的局限',更因为翻译翻云覆雨,让原来的文本超越语言的局限而扣人心弦,发人深省。"①无可否认,语言的审美价值是文学作品的基本诉求,因此就阅读效应而言,翻译滤写策略可以发挥催化剂作用。译者通过规避中文直译英文的不可读性,并迎合西方人的审美与阅读取向及其意识形态,能够促使西方读者更加主动、积极地立足文学本位阅读,体会并接受莫言的乡土小说,从而有效地实现乡土小说的国际传播。从世界主义视角来看,翻译滤写策略有着双向的正面效用。

一方面,能够在一定程度上促进中国文学接近甚至融入世界文学主流,最终助推中国文学与文化的世界主义化进程。这是滤写策略的直接效应。从这一角度来说,面对强势文化的冲击或渗透,中国文学外译战略也许不能只是关注滤写策略可能导致的文学作品微观层面的"叛逆",因为这些变化无法改变一部作品自身包括社会背景、民族特征、历史内涵等在内的国别"身份",而着重关注翻译文本选择的代表性、译者的民族文化与意识形态主导能力、文学作品世界推广的系统策略等宏观问题。

另一方面,也能够促使西方读者逐渐摆脱西方中心主义的思维倾向,培育世界主义视野与关怀,在全球化时代的文化多元主义境遇中以更加宽容、开放的态度尊重并接纳其他国家/民族的文学与文化。文化多元主义关注民族问题,特别是少数民族或弱势群体,对包括西方中心主义在内的狭隘民族主义持批判态度。在全球化时代,任何一种文化都不能存在于自我或真空当中,都无法回避与其他文化的交流、互动甚至交融。

---

① 王丹阳,《作家和翻译谁成就谁? 葛浩文译本被赞比原著好》,《广州日报》,2012年11月3日。

四、翻译的滤写策略与文学文化民族性

  民族性是文学作品的特质之一：作家是生活在他的国家和民族的现实中，因此其作品最终是由这个民族的历史和现实生活所决定的。20 世纪 90 年代以来，现代文学中的现代性或全球性一直压制着民族性。莫言作品有着浓厚的民族性，莫言本人被认为是运用中国元素最为成功的作家："在不通中文的外国人看来，可能就和我（指美国格林奈尔大学中国语言文学教授冯进）看福克纳与马尔克斯一样，充满了'异国情调'。"[①]民族性是包括莫言作品在内的中国当代文学在海外成功传播的基本原因之一，"共通的部分让西方读者容易感受和接受，独异的本土气质又散发出迷人的异域特色，吸引着他们的阅读兴趣"[②]。本文的个案考察发现，葛浩文虽然也在有意识、艰难地保留莫言作品中那种独特的"民间性"或"乡土气味"，但其大量采用的滤写策略仍然削减了其诗学规范中渗透的中华本土经验和民族文化。

  根据勒弗维尔的定义，诗学除了指称文学的社会角色外，还指文学作品创造的主题、句法、结构、文体、人物、情景与象征等。[③] 不同民

---

  ① 王丹阳,《作家和翻译谁成就谁？葛浩文译本被赞比原著好》,《广州日报》,2012 年 11 月 3 日。

  ② 刘江凯,《本土性、民族性的世界写作——莫言的海外传播与接受》,《当代作家评论》,2011 年第 4 期,第 20—33 页。

  ③ Lefevere, A., *Translation，Rewriting，and the Manipulation of Literary Fame*. London and New York: Routledge，1992，p.26.

族、国家的作品诞生于自己所属的语言文化系统,无论是在语言、文化、意识形态还是权力关系等各个层面,都先天获得了各自民族的诗学规范。因此,跨文化翻译事实上存在着服务于源语诗学规范还是目的语诗学规范的选择或平衡问题。这也是翻译归化与异化策略二分的逻辑起点。葛浩文采用的多种滤写策略大多服务于归化翻译理念,这说明他是在有意识地突破源语文化的诗学规范而服务于目的语文化的诗学规范。他对原作诗学形式特别是语法结构、逻辑形式、文体风格、文化意象等的滤写,压制或遮蔽了原作的诗学异质性与文化多元性,原作中很多带有中华民族特性的东西都已经褪色、变味甚至消失。

例 13　她恍惚看到自己被塞进一口**薄木板钉成的**棺材里……

She saw herself being placed in a **cheap** coffin...

例 14　我有确切情报,不是**胡吹海侃**……

I've heard eyewitness accounts,this is not **a false alarm.**

文化意象蕴含了特定民族在历史进程中逐渐积累的、有别于其他民族的独特活动内容与方式。以上具有浓厚中国文化意象的词语彰显了莫言作品的特色,却被葛浩文滤写掉了。译文虽然表达出原文的基本意义,但中华民族文化色彩却消失殆尽。

例 15　公鸡疯狂地挣扎着,坚硬的趾爪刨起了一团团泥土。

The rooster fought **like a demon**,madly clawing the muddy ground with its talons.

例 16　"你到哪里去了**,老不死的**?"

"Where have you been，**you walking corpse**?"

以上例句增(改)译的新修辞形式改变了原作的诗学风格。译者通过目的语文化意象"demon"与"walking corpse"制造出精彩的修辞效果,在目的语读者心中拓展了原作的深意。然而,这显然是迎合了目的语文化的诗学规范,有意弱化原作的诗学异质性与文化多元性。

例 17　把**吃奶的劲儿**给我使出来。

Put some shoulder into it.

例 18　"随你便吧,是你家儿媳妇生孩子,也不是我老婆生孩子!"樊三自我解嘲地说,"**奶奶的,我老婆还在我丈母娘肚子里转筋哩,老嫂子**,别忘了烧酒和猪头……"

"That's up to you，" Fan Three said. "It's your daughter-in-law who's in labor，after all，not my wife. **All right，I'll do it**，but don't forget the liquor and the pig's head..."

莫言作品立足于中国农村,表现出莫言自身对于农民的特殊情感。他追求真实,大量使用原生态、具有浓郁乡土气息的语言。这形成了莫言小说独特、鲜活的诗学风格。根据谢阁兰提出的不同文化交流过程中的"差异美学"①,这些相对于西方人而言陌生、散发着独特魅力的东西,也许可以带来审美的陌生化效应,产生差异美感。这两句中的几处语言表达不但带有浓厚的民族乡土风情,也流露出樊三对家

---

① 　谢阁兰,《谢阁兰文集:画 & 异域情调论》,黄蓓译,上海:上海书店出版社,2010 年。

庭、对社会生活的辛酸调侃,具有幽默的诗学特色。但是,葛浩文的译文完全滤写了这一诗学风格。

例 19 "你个杂种,**尊神**难请啊!"

"You bastard, **the local god** makes a rare appearance!"

例 20 **天老爷**,我好苦的命哟!

Lord in Heaven, what did I do to deserve this?

例 21 "有钱能使**鬼**推磨。"

"Money can make **the devil** turn a millstone."

例 22 "樊三,行行好吧,**古人说:'行好不得好,早晚脱不了。'……**"

"Fan Three, **show some kindness.**"

张清华指出,西方学者喜欢莫言的重要原因在于他的作品最富有"中国文化的色彩"。[①] 以宗教文化为例,《丰乳肥臀》中充斥着大量的佛教语言诗学形式,反映了中国文化中根深蒂固的佛家思想。然而,葛浩文的翻译有深刻的基督教意识形态印记,通过滤写策略将佛教文化基本上都基督教化了,而这种文化转换能够在深层次上触及甚至解构原作的思想与灵魂。

诗学范畴的改写与操控是意识形态的张力使然,是译者所处的文化系统所致。葛浩文的滤写策略顺应甚至服务于西方中心主义,这必然在一定程度上抑制原作真正要表现的中国文学文化的民族性,也会

---

① 张清华,《关于文学性与中国经验的问题——从德国汉学教授顾彬的讲话说开去》,《文艺争鸣》,2007 年第 10 期,第 3—5 页。

在一定程度上遮蔽中国传统、经典文学与文化及其思想性，从而影响西方读者的认知。例如葛浩文在翻译莫言的《天堂蒜薹之歌》时，认为原作结尾过于悲观，不符合美国人口味，于是采用滤写策略，呈现出一个完全不同的结尾，从而解构了原作真正要表现的人生观、世界观或历史观。从这个角度来说，翻译的滤写策略对于世界主义的推动作用可能并不是积极的。

　　站在西方强势文化立场，这种世界主义的努力是有选择、有条件的，并非意味着彻底地以宽容、开放的态度尊重并接纳异国异族文化的多元性与特殊性，因此最终培育的是建立在特定民族国家设定的虚假的普遍利益基础之上的普世主义。葛浩文在翻译文本选择上坚持从题材、主题等非艺术角度来选择作家与作品，而且这些作品必须迎合西方读者市场对中国文学作品的规约，也就是说，他并没有把中国文学看成是一种纯粹而独立的文化或艺术作品。更令人担忧的是，葛浩文的翻译实践在语言层面上的"创造性"使得其译作在市场上异常受瞩目，正因如此，有些国家干脆直接翻译他的英文译作并在本国推广，而绕开了中国作家的原作。显然，葛浩文的滤写策略进一步增强了其翻译实践对于世界主义理念的悖逆。

　　站在输出方立场，这种世界主义建设同样是有问题的。毕竟，语言构建的文本是一个民族文化表征和记忆的归根，不同民族的文学刻印的是各自强烈的民族精神和文化认同。这一特征在莫言作品中表现得尤为突出。为了促进自身融入世界主义潮流而改变文本，进而改变文学文化的民族性，长此以往会因为失去真正的民族性而在全球化进程中丧失民族身份。从这一角度来说，我们又不得不关注翻译实践体现在语言层面的微观问题。有时哪怕一个语词的翻译，因为联想意义的差别，在跨文化旅行中都会在客观上产生叙事重构及审美、情感、价值观等的差异。当前，鉴于汉语有限的世界影响力，借助英语这一更为通用的语言来推介、弘扬中国文学文化，仍是我们在相当长时间内不得不采取的一条有效路径。从翻译实践角度来说，问题的关键是：如何平衡海外读者的阅读兴趣与中国文学文化的民族性之间的关系，如何平衡翻译实践的宏观理念与微观策略之间的矛盾关系，从而有效地向西方读者呈现这种民族性？这值得我们深入地思考。

五、结语：翻译的历史责任

人类同种同源，这是世界主义的基本出发点和依据，而当下的经济全球化则是人类社会发展到"世界历史"阶段的必然趋势。这一思想与时代要旨对处于转折关口的当下中国而言尤为珍贵，我们必须走出狭隘的国家种族观念，不仅要以开放的姿态尊重各民族国家的多元文化，拥抱那些体现出全人类生存发展的普遍性权益与价值，更要以开放的姿态与有效的手段来展示自己的真实形象。民族性只有在人类性照射下才有价值，而人类性只有在本土性映衬下才更现实。中国政府实施的中国文化"走出去"战略显然是我们在全球化境遇中顺应世界主义潮流的必然作为。立足世界主义视角反观翻译实践的滤写策略，其阐释是多维而复杂的。无论如何，作为"走出去"战略工程一部分的中国文学外译实践，在推动中国文学世界主义化进程的同时，不能不承担起相应的责任：尊重、维持并维护中国文学文化的民族性，推动中国文学文化以真正、真实的样态融入世界主义潮流。

"我们今天在中国的语境下讨论世界主义，就必须立足中国的民族土壤，认识世界主义之于中国历史和现实的意义。"①当下中西文学文化交流严重不平等，中国文学文化相对弱势，因而渴望被占据文学文化强势的西方世界承认。失衡的翻译滤写策略既透露出西方强势文化对待弱势文化的沙文主义心态，也反映出我们在该境遇下的焦虑情绪。莫言完全放手葛浩文翻译的态度便是证明："外文我不懂，我把书交给你翻译，这就是你的书了，你做主吧，想怎么弄就怎么弄。"②这在事实上给了译者一个二次创作的机会：译者单向迎合了西方读者的意识形态取向与阅读习惯，也迎合了诺奖的审美标准和文学趣味，任意删改自己认为不合理或无价值的部分，或是对原文进行意识形态化的解读，最终使得作家自我身份及其话语被重构。丧失了真实民族性的世界主义，不是真正的世界主义，最终也是有害的。顾彬指出，倾向于读者的市场化的译本，最终对文学本身无益。③ 任何作家都应该严肃对待这种翻译所涉及的权利、责任与后果。从文学传播/接受的基本规律角度来说，滤写本身就是跨文化翻译作为一种艺术再创造过程中的惯常现象，正如法国文学社会学家埃斯卡皮所谓的"创造性叛逆"（creative treason）④，但是我们必须慎重处理其对原作改变的"度"，维持、维护原作的民族性。葛浩文"用中文读，用英文写"的翻译方式显然失"度"。至于采用何种翻译手段，才能既维持作品自身文学文化的

————————

① 王宁，《世界主义及其于当代中国的意义》，《山东师范大学学报（人文社科版）》，2012年第6期，第49—55页。

② 陈晓勤、李佳贞，《顾彬：莫言小说冗长无趣 他能获奖翻译居功至伟》，《南方都市报》，2013年5月7日。

③ 同上。

④ 罗伯特·埃斯卡皮，《文学社会学》，王美华、于沛译，合肥：安徽文艺出版社，1987年，第137页。

民族性，又获得良好的国际接受度，这是中国世界主义化进程中值得探索的一个实践技术问题。

最后需要指出的是，当下流行的世界主义有着极强的右翼倾向，即推行新自由主义的普世主义与全球主义。它基本上是西方主导的世界不平等秩序的意识形态面具，竭力压抑各民族文化的特殊性与多元性，而致力于将西方模式、西方价值"普世化"和"全球化"，最终谋求国际垄断资本的全球霸权。这说明，在当下全球化的后殖民背景下，意识形态取向与普世价值观仍然是操控翻译实践的重要因素。《丰乳肥臀》之所以有着如此广泛的国际接受度，与原作者采用具有一定程度的反传统意识形态的叙事态度不无关系，即"试图通过重新界定、重新定位自我和他者的关系，来质疑儒家固若金汤的等级制度"[1]，作品也因此而获得了西方基于其意识形态的接受与青睐。全球化进程加深了文化同质化程度，但强势文化势必会有意识地抵制和减少全球化对其带来的负面影响。按照翻译文化学派的观念，翻译实质上是译者为了某一特定目的对原文进行的操控和改写，因而"在翻译过程中，如果基于语言层面的考虑与某种意识形态或诗学相冲突，就放弃对前者的考虑"[2]。鉴于此，我们在通过外译推动中国文学文化世界主义化的进程中，必须审慎对待外国译者的滤写策略，考察他们在其本国诗学与意识形态下的翻译选择与表征张力，实现自身意识形态与思想文化维度的国际接受。这同时也在提醒我们做好另一个层面的工作，那就是培养浸淫于本族文化与意识形态精神的具有世界主义素质的优秀译者。

（原载《外语研究》2014 年第 6 期）

---

① 杨四平，《莫言小说的海外传播与接受》，《澳门理工学报（人文社科版）》，2013 年第 1 期，第 87—94 页。

② Lefevere, A., *Translation, Rewriting, and the Manipulation of Literary Fame.* London and New York: Routledge, 1992, p.5.

《红高粱家族》葛浩文英译特点研究

蒋骁华

一、引　言

　　莫言作品的成功英译对其赢得诺贝尔文学奖发挥了很大作用。其作品的主要英译者是美国汉学家葛浩文。他目前是英文世界地位最高的中国文学翻译家,已将莫言的十多部作品译介给英语读者,如《红高粱家族》《生死疲劳》《酒国》《丰乳肥臀》《天堂蒜薹之歌》《师傅越来越幽默》《变》《四十一炮》等。葛浩文英译莫言作品的最大特点是删节和改写。为什么要删节和改写?原因很多,如原文有"各种错误","美国人不大读翻译作品,读中国小说的就更少了;中国作品散落到世界文学的海洋中,不可避免成为'边缘''小众'一类"①;出版商要求译者对

---

① 　赋格、张健,《葛浩文:首席且惟一的"接生婆"》,《南方周末》,2008 年 3 月 27 日。

原作进行删改，莫言同意译者的删改①。综合分析，主要原因有：一是将处于"边缘""小众"位置的中国文学推向处于"中心"的英语世界，需要跨越汉英读者之间存在的文化（包括意识形态）、历史、审美、阅读习惯等的差异；二是出版商和译者要赢得读者，赢得市场。葛浩文说，他选译作品时主要考虑两个因素，一是"我喜欢且适合我译"，二是"有没有市场和读者"。②"在美国，如果一部书在三个星期内卖不完，就要下架退给出版社，或折价处理。商业经济的运作模式无疑会影响到出版社和读者。"③

进一步思考，我们发现上述两个原因背后的深层原因是一致的，即读者是中心，读者是上帝。为了赢得读者，葛浩文极大地发挥了译者主体性。

《红高粱家族》是葛浩文英译的第一部莫言作品，这部作品的英译使葛浩文迈上了事业的高峰，也使莫言在西方赢得了知名度。葛译莫言小说中，删节和改写较有代表性的有《红高粱家族》《丰乳肥臀》《天堂蒜薹之歌》《生死疲劳》。④笔者在对比分析后发现，《红高粱家族》的删节和改写最为明显，最能代表葛译的特点。总的来说，葛译《红高粱家族》以读者为中心，十分注重译文的可读性，即注重译文的简洁明

---

① Goldblatt, Howard, "Introduction", in Mo Yan, *Big Breasts and Wide Hips*. Trans. Howard Goldblatt. London: Methuen, 2006, pp. v - vi.

② 罗屿，《中国好作家很多，但行销太可怜》，《新世纪周刊》，2008 年第 10 期，第 37—39 页；孟祥春，《我只能是我自己——葛浩文访谈》，《东方翻译》，2014 年第 3 期，第 46—49 页。

③ 吕宏敏，《葛浩文小说翻译叙事研究》，北京：中国社会科学出版社，2011 年，第 235 页。

④ Goldblatt, Howard, "Border Crossing: Chinese Writing, in Their World and Ours", in Corinne Dale (ed.), *Chinese Aesthetics and Literature*. New York: State University of New York Press, 2004, pp. 25 - 26.

快、情节紧凑,对有碍可读性的部分进行删节和改写;同时为增加阅读趣味,葛译对有东方情调的词句尽量保留。下面进行探讨。

二、葛译《红高粱家族》特点

(一)删节

笔者将葛译"删节"细分为"删除"和"节译"两部分。在葛译《红高粱家族》中,凡可能有碍英语读者阅读的东西,均做了"删除"或"节译"处理。

1. 删除

葛译《红高粱家族》删除原文的地方很多,概括起来,这些删除主要跟意识形态、太过煽情、文化背景、故事节奏有关。

(1)意识形态

为避免意识形态差异带来的理解上的麻烦,译者将这方面的内容悉数删除,如:

> 江队长被骂得狼狈不堪,但他还是振振有词地说:"余司令,你不要辜负我党对你的殷切期望,也不要瞧不起八路军的力量。**滨海区一直是国民党的统治区,我党刚刚开辟工作,人民群众对我党还认识不清,但这种局面不会太久的,我们的领袖毛泽东早就为我们指明了方向,余司令,我作为朋友劝你一言,中国的未来是共产党的。我们八路军最讲义气,决不会坑人。您的部队与冷**

支队打伏击的事，我党全部了解。我们认为冷支队是不道德的，战利品的分配是不公道的。我们八路军从来不干坑害朋友的事情。当然，目前我们的装备不行，但我们的力量一定会在斗争中强大起来的。我们是真心实意为人民大众干事情的，是真打鬼子的。余司令，你也看到了，我们昨天，靠着这几支破枪，在青纱帐里，与敌人周旋了一天，我们牺牲了六名同志。而那些在墨水河战斗中得到大批枪支弹药的人，却在一边坐山观虎斗，对于数百乡亲的惨遭屠杀，他们是有大罪的。两相对照，余司令，您还不明白吗？"

爷爷说："你打开天窗说亮话，要我干什么？"

江队长说："我们希望余司令加入八路军，**在共产党的领导下，英勇抗战**。"

爷爷冷笑一声，说："让我受你们领导？"

江队长说："您可以参加我们胶高大队的领导工作。"

"让我当什么官？"

"副大队长！"

"我受你的领导？"

"我们都受共产党滨海特委的领导，都受毛泽东同志的领导。"

"毛泽东？老子不认识他！老子谁的领导也不受！"

"余司令，江湖上说'识时务者为俊杰'，'良禽择木而栖，英雄择主而从'，**毛泽东是当今盖世英雄**，你不要错过机会啊！"①

Jiang would not be put off, no matter how awkward

---

①　莫言，《红高粱家族》，上海：上海文艺出版社，2008年，第177—178页。

Granddad's harangue made him feel. "Commander Yu, please don't disappoint us. And don't underestimate our strength."

"Let's open the skylight and let the sun shine in," Granddad sneered. "Just what do you have in mind?"

"We want you to join the Jiao-Gao regiment."

"In other words, take orders from you," Granddad sneered.

"You, sir, can be part of the regimental leadership."

"My title?"

"Deputy regiment commander!"

"Taking orders from you?"

"We all take orders from the Binhai-area special committee."

"I don't take orders from anybody!"

"Commander Yu, as the saying goes, 'A great man understands the times, a smart bird chooses the tree where it roosts, and a clever man chooses the leader he'll follow.' Don't pass up this chance!"①

上例原文黑体部分被删除。《红高粱家族》原文两条主线相互交织：一是"我奶奶"和"我爷爷"的爱情故事，一是胶高区八路军的抗日故事。爱情故事被完整翻译，而抗日故事被严重删改。抗日故事中有许多对八路军、共产党、毛泽东的赞扬或描写，因意识形态差异，此类赞扬或描写在译文中被全部删除。

---

① Mo, Yan, *Red Sorghum*. Trans. Howard Goldblatt. New York: Viking Penguin, 1993, p.198.

（2）过分煽情

中西读者对文学语言的感受和审美倾向存在差异。煽情性文学语言中国读者完全可以接受，而西方读者可能难以接受。《红高粱家族》中有许多煽情性语言，凡译者认为英语读者可能难以接受的，均删除，如：

奶奶死后面如美玉，微启的唇缝里皎洁的牙齿上，托着雪白的鸽子用翠绿的嘴巴啄下来的珍珠般的高粱米粒。**奶奶被子弹洞穿过的乳房挺拔傲岸，蔑视着人间的道德和堂皇的说教，表现着人的力量和人的自由，生的伟大，爱的光荣，奶奶永垂不朽！**①

Even in death her face was as lovely as jade, her parted lips revealing a line of clean teeth inlaid with pearls of sorghum seeds, placed there by the emerald beaks of white doves.②

上例黑体部分显得有些煽情，但中文读者完全可以接受。其中"生的伟大，爱的光荣"自然会让读者想到是仿拟毛泽东为刘胡兰写的著名题词"生的伟大，死的光荣"。这个联想会让中文读者觉得有些幽默。这些微妙之处，英语读者很难体会到。黑体部分若实译，英语读者会觉得煽情过度或啰唆，故略去未译。

（3）文化背景

中国人觉得很有意思的语言，因文化背景差异，英语读者可能觉得啰唆、无聊。如：

---

① 莫言，《红高粱家族》，上海：上海文艺出版社，2008 年，第 119 页。

② Mo，Yan，*Red Sorghum*. Trans. Howard Goldblatt. New York：Viking Penguin，1993，p.135.

我奶奶一生"大行不拘细谨，大礼不辞小让"，心比天高，命如纸薄，敢于反抗，敢于斗争，原是一以贯之。所谓人的性格发展，毫无疑问需要客观条件促成，但如果没有内在条件，任何客观条件也是白搭。正像毛泽东主席说的：温度可以使鸡蛋变成鸡子，但不能使石头变成鸡子。孔夫子说："朽木不可雕也，粪土之墙不可圬也。"我想都是一个道理。我奶奶剪纸时的奇思妙想，充分说明了她原本就是一个女中豪杰，只有她才敢把梅花栽到鹿背上。①

　　Only Grandma would have had the audacity to place a plum tree on the back of a deer.②

　　原文叙述繁复，用了许多有文化背景的话语。"大行不拘细谨，大礼不辞小让"语出《史记·项羽本纪》，是樊哙劝刘邦的话。"心比天高，身为下贱（命如纸薄）"语出《红楼梦》，是晴雯的判词。"温度可以使鸡蛋变成鸡子，但不能使石头变成鸡子"源自毛泽东的《矛盾论》中的著名一问："为什么鸡蛋能转化为鸡子，而石头不能转化为鸡子呢？""朽木不可雕也，粪土之墙不可圬也"语出《论语》，是孔子责骂宰予的话。用这么多富含文化背景的"宏大话语"来形容没文化的小人物"我奶奶"，中国读者从这种不对称中可以读出一种滑稽甚至幽默的意味。这些语言感受，缺乏相应文化背景的英语读者自然很难体会到。黑体部分若译成英语肯定显得啰唆、拖沓，甚至无聊。葛译全部删去，译文倒是显得简洁、明快，但有失莫言的文风。

---

　　①　莫言，《红高粱家族》，上海：上海文艺出版社，2008 年，第 116 页。

　　②　Mo，Yan，*Red Sorghum*. Trans. Howard Goldblatt. New York：Viking Penguin，1993，p.132.

（4）故事节奏

为加快故事节奏，译者删除了一些他认为不太重要的内容。如：

人血和人肉，使所有的狗都改变了面貌，他们毛发灿灿，条状的腱子肉把皮肤绷得紧紧的，他们肌肉里血红蛋白含量大大提高，性情都变得凶猛、嗜杀、好斗；回想起当初被人类奴役时，靠吃锅巴涮锅水度日的凄惨生活，他们都感到耻辱。向人类进攻，已经形成了狗群中的一个集体潜意识。父亲他们的频频射杀，更增强了狗群中的仇人情绪。

从十几天前开始，三队狗之间就开始发生一些不团结的现象。事情并不大，一次是因为黑狗队里一个嘴唇上豁了一个口子，鼻子也裂了半边的贪婪家伙，偷吃了绿狗队里一个小白狗叼来的人胳膊。小白狗去跟豁鼻子理论，竟被豁鼻子咬断了一条后腿。豁鼻子的强盗行径激怒了整个绿狗队，在绿狗的默许下，群狗一哄而上，把那个豁鼻子的家伙咬得千疮百孔，连肠子都拖出来撕得零零碎碎。黑狗队对绿狗队这种过左的报复行为感到不可忍受，于是两个队两百多条狗咬成一团，一撮撮的狗毛被撕下来，在小风的吹拂下，沿着河道翻滚。红狗队里的狗趁火打劫，借咬架的机会各报私怨。我家的三条狗，不动声色地对坐着，目光冰冷，眼里都汪着鲜红的血。

这场激烈的战斗持续了有两个多小时，有七条狗永远也爬不起来了，有十几条狗受了重伤，躺在战场上，嘤嘤地哀鸣着。战后，几乎所有的狗，都坐在河道上，伸出沾着含有消毒生肌唾液的红舌头，舔自己的伤口。

第二场战斗是昨天中午发生的。绿狗队里一个厚颜无耻、生着两片厚唇、鼓着两只眼睛的公狗——它生着一身兰黄色夹杂的狗毛——竟然大胆调戏红狗队中与狗队长关系异常密切的一只漂亮小母狗。红狗怒不可遏,一膀子就把那只杂毛公狗撞到河里……①

One of the battles occurred when a dog in Green's brigade, an impudent male with thick lips, bulging eyes, and a coast of bluish fur, took liberties with a pretty spotted-faced female who was one of Red's favorites. Infuriated, Red charged the motley male and knocked him into the river.②

原文写黑、绿、红三队狗打架,描写细致,情节丰富。可能译者觉得这些文字虽然生动,但于情节发展作用甚微,故大部分删除,只留下最后一段。

2. 节译

"节译"即"简译",就是翻译原文的主要信息,省略译者认为不重要或会给读者带来阅读麻烦的内容。如:

从此,爷爷和奶奶鸳鸯凤凰,相亲相爱。罗汉大爷和众伙计被我爷爷和奶奶亦神亦鬼的举动给折磨得智力减退,**心中虽有千般滋味却说不出个酸甜苦辣,肚里纵有万种狐疑也弄不出个子丑寅卯**。一个个毕恭毕敬地成了我爷爷手下的顺民。③

From that day on, Granddad and Grandma shared their love

① 莫言,《红高粱家族》,上海:上海文艺出版社,2008 年,第 193 页。

② Mo, Yan, *Red Sorghum*. Trans. Howard Goldblatt. New York: Viking Penguin, 1993, p.214.

③ 莫言,《红高粱家族》,上海:上海文艺出版社,2008 年,第 133 页。

like mandarin ducks or Chinese phoenixes. Uncle Arhat and the hired hands were so tormented by their naked, demonic exhibition of desire that their intelligence failed them, and even though they had a bellyful of misgivings, in time, one after another, they became my granddad's loyal followers.[①]

原文黑体部分用词繁复,对仗工整,既有音韵美,也有修辞美。其语言的美感,英文不好传达;或者,若照实传达,则显得啰唆。葛译只传其大意,节略为"and even though they had a bellyful of misgivings, in time, one after another"(尽管他们当时一个个肚子里全是狐疑)。[②]

(二) 改写

凡《红高粱家族》中可能会给译语读者带来阅读负担或影响译语

---

① Mo, Yan, *Red Sorghum*. Trans. Howard Goldblatt. New York: Viking Penguin, 1993, p.149.

② 葛译《红高粱家族》中"节略"的例子很多,再如:

例1 杀了单扁郎,他不后悔也不惊愕,**只是觉得难忍难挨的恶心**。(莫言,《红高粱家族》,上海:上海文艺出版社,2008年,第96页。)

He felt no remorse, though, over murdering Shan Bianlang, **only disgust.**(Mo, Yan, *Red Sorghum*. Trans. Howard Goldblatt. New York: Viking Penguin, 1993, p.109.)

"只是觉得难忍难挨的恶心"节略为"only disgust"。

例2 他确实是饿了,顾不上细品滋味,**吞了狗眼,吸了狗脑,嚼了狗舌,啃了狗腮,把一碗酒喝得罄尽**。(莫言,《红高粱家族》,上海:上海文艺出版社,2008年,第90页。)

He was ravenously hungry, so he dug in, **eating quickly until the head and the wine were gone.**(Mo, Yan, *Red Sorghum*. Trans. Howard Goldblatt. New York: Viking Penguin, 1993, p.102.)

原文黑体部分表达细致、夸张,明显有渲染的成分。译文将渲染的成分去掉,只留下大意。

读者阅读兴趣的地方,葛浩文在译文中均做了"改写"处理。下面我们从篇章层面(text level)、语段层面(discourse level)、句子层面(sentence level)、词语层面(phrase level)四个方面逐一讨论。

1. 篇章层面的改写:调整原文的叙事结构

以《红高粱家族》第一章"红高粱"为例。这章主要叙述了三件事:伏击日军事件、日军抓壮丁修路事件、"我奶奶"出嫁事件。这三件事分散在九个小节中叙述。[①] 莫言采用了常规叙述、倒叙、插叙、预叙等多种叙事方式让读者穿梭在不同的时空中,紧张而不忍释卷。原文的这些交叉叙述、时空交错对没有相应历史文化背景的英语读者可能构成阅读障碍。因此,译者在该章英译中调整了叙述方式,尽量将故事的时空关系常规化,将事件的展开清晰化、逻辑化。这主要表现在以下三个方面。

(1)事件顺序调整

以原文第四节为例(从"队伍走上河堤"到"慢慢地随河水流走了")。第四节的事件顺序是:① 伏击日军事件;② 伏击日军事件前一晚;③ 伏击日军事件;④ 日军抓壮丁修路事件;⑤ 伏击日军事件;⑥ 日军抓壮丁修路事件(剥人皮);⑦ 伏击日军事件。英译本的事件顺序是:①—②—③—④—⑥—⑤—⑦。从表面上看,好像只是事件⑤和事件⑥换了一个位置,但实际上这一调换不仅使"日军抓壮丁修路事件"(事件④和事件⑥)一次性叙述完毕,一气呵成,而且使"伏击日军事件"(事件⑤和事件⑦)的叙述更具连续性。调整事件顺序后,英译本的叙述更显常规化、清晰化,明显便于英语读者阅读。

---

① 吕宏敏,《葛浩文小说翻译叙事研究》,北京:中国社会科学出版社,2011 年,第119 页。

（2）时间顺序调整

以原文第五节为例（从"我奶奶刚满十六岁时"到"看到了纷乱不安的宏大世界"）。第五节叙述了"我奶奶"出嫁前的背景、心情，出嫁当天的情况。第五节叙述的时间顺序是：① 出嫁前（"我奶奶"的背景介绍）；② 出嫁当天（"我奶奶"在轿中）；③ 出嫁前（"奶奶"的心情）；④ 出嫁当天；⑤ 叙述者时空；⑥ 出嫁当天；⑦ 叙述者时空；⑧ 出嫁当天；⑨ 叙述者时空；⑩ 出嫁当天。英译本的事件顺序是：①—③—②—④—⑤—⑥—⑦—⑧—⑨—⑩。英译本将②和③交换了位置，将"我奶奶"出嫁前的背景介绍和出嫁前的不安心情连在一起叙述，消除了原文的时空交错，使叙述按"出嫁前—出嫁当天"的日常时间顺序进行，方便英语读者阅读。

（3）连贯性调整

《红高粱家族》原文在叙事方面经常出现蒙太奇式的跳跃。这在当时的中国是叙事方式上一种新的尝试，有其文学上的意义。中文读者因有相应的历史文化背景，基本能适应这种叙事跳跃。英语读者则不然，他们缺乏相应的历史文化背景，若按照原文叙事顺序翻译，他们很可能觉得连贯性不够，读起来有点混乱。为方便读者，葛浩文几乎对所有这类叙事做了调整，让译文显示出常规的连贯性。如：

① 这一夜，父亲躺在他的小床上，听着奶奶在院子里走来走去。奶奶格登格登的脚步声和田野里的高粱缔缭，编织着父亲纷乱的梦境。父亲在梦中听到我家那两头秀丽的大黑骡子在鸣叫。

② 平明时分，父亲醒了一次。他赤着身体跑到院子里去撒尿，见奶奶还立在院子里望着天空发呆。父亲叫了一声娘，奶奶没答腔。父亲撒完尿，扯着奶奶的手往屋里拉。奶奶软疲疲地随

着父亲转身进屋。刚刚进屋,就听到从东南方向传来一阵浪潮般的喧闹,紧接着响了一枪,枪声非常尖锐,像一柄利刃,把挺括的绸缎豁破了。

③ 父亲现在趴的地方,那时候堆满了洁白的石条和石块,一堆堆粗粒黄沙堆在堤上,像一排排大坟。去年初夏的高粱在堤外忧悒沉重地发着呆。被碌碡压倒高粱闪出来的公路轮廓,一直向北延伸。那时大石桥尚未修建,小木桥被千万只脚、被千万次骡马蹄铁踩得疲惫不堪、敲得伤痕累累。压断揉烂的高粱流出的青苗味道,被夜雾浸淫,在清晨更加浓烈。遍野的高粱都在痛哭。

④ 父亲和奶奶听到那声枪响不久,就和村里的若干老弱妇孺被日本兵驱赶到这里。那时候日头刚刚升上高粱梢头,父亲和奶奶与一群百姓站在河南岸路西边,脚下踩着高粱残骸。

⑤ 父亲们看着那个牛棚马厩般的巨大栅栏,一大群衣衫褴褛的民夫缩在栅栏外。后来,两个伪军又把这群民夫赶到路西边,与父亲他们相挨着,形成了另一个人团。在父亲们和民夫们的面前,就是后来令人失色的拴骡马的地方。①

① That night he lay on his kang listening to Grandma pace the yard. The patter of her footsteps and the rustling sorghum in the fields formed Father's confused dreams, in which he heard the brays of our two handsome black mules.

② Father awoke once, at dawn, and ran naked into the yard to pee, there he saw Grandma staring into the sky. He called out, "Mom," but his shout fell on deaf ears. When he'd finished

---

① 莫言,《红高粱家族》,上海:上海文艺出版社,2008 年,第 36—37 页。

peeing, he took her by hand and led her inside. She followed meekly. They'd barely stepped inside when they heard waves of commotion from the southeast, followed by the crack of rifle fire, like the pop of a tautly stretched piece of silk pierced by a sharp knife.

④ Shortly after he and Grandma heard the gunfire, they were herded over to the dike, along with a number of villagers-elderly, young, sick and disabled by Japanese soldiers.

③ The polished white flagstones boulders, and coarse yellow gravel on the dike looked like a line of grave mounds. Last year's early-summer sorghum stood spellbound beyond the dike, somber and melancholy. The outline of the high way shining through the trampled sorghum stretched due north. The stone bridge hadn't been erected then, and the little wooden span stood utterly exhausted and horribly by the passage of tens of thousands tramping feet and the iron shoes of horses and mules. The smell of green shoots released by the crushed and broken sorghum, steeped in the night mist, rose pungent in the morning air. Sorghum everywhere was crying bitterly.

⑤ Father, Grandma and the other villagers-assembled on the western edge of the highway, south of the river, atop the shattered remnant of sorghum plants-faced a mammoth enclosure that looked like an animal pen. A crowd of shabby laborers huddled beyond it. Two puppet soldiers herded the laborers over near Father and the others to form a second cluster. The two groups faced a square where animals were tethered, a spot that would later make people pale with fright...[1]

原文的叙事顺序是①—②—③—④—⑤,译文的叙事顺序是①—②—④—③—⑤,因为原文②的最后部分叙述的是"枪声",原文③出现跳跃,叙述"父亲""现在"趴在一个地方躲着,原文④的开头紧接着叙述前面的"枪声"。因此,将②、④放在一起更具连贯性。

《红高粱家族》英译本对原文的事件顺序、时间顺序、连贯性等进行了调整,使故事情节更加紧凑,叙事更加连贯。这些调整虽没有改变小说的主体故事,却改变了小说的局部结构关系,也改变了小说的情节安排。这些调整属于翻译中篇章层面的"改写"。

2. 语段层面的改写

美国翻译家、中国《人民文学》英文版(Pathlight)编辑总监艾瑞克(Eric Abrahamsen)说,中西方读者有较大的"阅读习惯和审美差异等","西方当代文学品(位)强调简洁明快",还有,"中国读者通常喜欢在情感上非常打动人的书,但是西方读者会对过于煽情的书表示怀疑"。[2] 同样是美国翻译家,葛浩文对此有清醒的认识,他对那些有悖于英语读者阅读习惯和审美倾向的叙述,均在译文中进行了改写。这不仅体现在宏观(语篇)层面,也体现在中观(语段、句子)层面和微观(词语)层面。下面我们看语段层面的改写:

---

① Mo, Yan, *Red Sorghum*. Trans. Howard Goldblatt. New York: Viking Penguin, 1993, pp.32－33.

② 王祥兵,《中国当代文学的英译与传播——〈人民文学〉英文版 *Pathlight* 编辑总监艾瑞克笔访录》,《东方翻译》,2014 年第 2 期,第 33—37 页。

父亲眼见最后一棵高粱盖住了奶奶的脸，心里一声唰响，伤疤累累的心脏上，仿佛又豁开了一道深刻的裂痕。这道裂痕，在他漫长的生命过程中，再也没有痊愈过。第一锹土是爷爷铲下去的。稀疏的大颗粒黑土打在高粱秸上，嘭咚一响弹起后，紧跟着是黑土颗粒漏进高粱缝隙里发出的声响。恰似一声爆炸之后，四溅的弹片划破宁静的空气。父亲的心在一瞬间紧缩一下，血也从那道也许真存在的裂缝里飞溅出来。他的两颗尖锐的门牙，咬住了瘦瘦的下唇。①

As father watched the final stalk hide her face, **his heart cried out in pain, never to be whole again throughout his long life.** Granddad tossed in the first spadeful of dirt. **The loose clods of black earth thudded against the layer of sorghum like an exploding grenade shattering the surrounding stillness with its lethal shrapnel. Father's heart wept blood.**②

原文黑体部分表达细腻，叙述繁冗，还有点煽情的味道。这些因素在中文里颇有文学味，但照实译成英文，则显得叙述冗长，节奏拖沓，而且英语读者也很难习惯那股煽情味。因此葛译对此进行了改写："心里一声唰响……再也没有痊愈过"这一语段改成了"his heart cried out in pain, never to be whole again throughout his long life"。译文传其大意，简洁明快，没了煽情味。"稀疏的大颗粒黑土打在高粱秸上……咬住了瘦瘦的下唇"这一语段改成了"The loose clods of black

---

① 莫言，《红高粱家族》，上海：上海文艺出版社，2008 年，第 120 页。

② Mo, Yan, *Red Sorghum*. Trans. Howard Goldblatt. New York：Viking Penguin，1993，p.135.

earth thudded against the layer of sorghum like an exploding grenade shattering the surrounding stillness with its lethal shrapnel. Father's heart wept blood"。译文去除了"嘭咚一响弹起后,紧跟着是黑土颗粒漏进高粱缝隙里发出的声响""父亲的心在一瞬间紧缩一下"和"他的两颗尖锐的门牙,咬住了瘦瘦的下唇"等繁复的叙事。"血也从那道也许真存在的裂缝里飞溅出来"简化成了"Father's heart wept blood"。改写后的整个语段简化了许多细节,节奏明显加快,煽情味也削弱许多。

3. 句子层面的改写

牵涉到意识形态差异的文字,葛译尽量删除。实在不能删除的,就进行改写。如:

父亲对我说过,任副官**八成是个共产党,除了共产党里,很难找到这样的纯种好汉**。[①]

Father told me that Adjutant Ren was a rarity, a true hero.[②]

原文黑体部分对共产党表达了发自肺腑的钦佩。若全删,句子意思不完整。遂改写为"was a rarity, a true hero"(是个难得的人,一个真英雄),意思完整,意识形态全无。

有时译者在原文的基础上,根据自己的想象和逻辑进行改写,以期符合西方人的思维习惯。如:

---

① 莫言,《红高粱家族》,上海:上海文艺出版社,2008 年,第 52 页。

② Mo, Yan, *Red Sorghum*. Trans. Howard Goldblatt. New York:Viking Penguin,1993,p.59.

奶奶不理孙五,向倚在墙边上的一个长脸姑娘走去。长脸姑娘对着奶奶吃吃地笑。奶奶走到她眼前时,**她忽然蹲下身,双手紧紧地捂着裤腰**,尖声哭起来。①

Ignoring Sun Five, Grandma walked up to a long-faced girl leaning against the wall, who smiled weakly, **then fell to her knees, wrapped her arms tightly around Grandma's waist**, and began to cry hysterically.②

原文黑体部分"她忽然蹲下身,双手紧紧地捂着(自己的)裤腰",译文改成了"then fell to her knees, wrapped her arms tightly around Grandma's waist"。"蹲下"改成了"跪下","双手紧紧地捂着(自己的)裤腰"改成了"双手紧紧地抱着奶奶的腰"。也许译者觉得"她"的这两个动作更符合西方读者的期待或想象。再例如:

奶在唢呐声中停住哭,**像聆听天籁一般,听着这似乎从天国传来的音乐**。③

Grandma's stopped crying at the sound of the woodwind, **as though commanded from on high.**④

原文黑体部分"像聆听天籁一般,听着这似乎从天国传来的音乐"

---

① 莫言,《红高粱家族》,上海:上海文艺出版社,2008年,第46页。

② Mo, Yan, *Red Sorghum*. Trans. Howard Goldblatt. New York: Viking Penguin, 1993, p.52.

③ 莫言,《红高粱家族》,上海:上海文艺出版社,2008年,第39页。

④ Mo, Yan, *Red Sorghum*. Trans. Howard Goldblatt. New York: Viking Penguin, 1993, p.45.

改写成了"as though commanded from on high"。"像聆听天籁一般"略去没译,"听着这似乎从天国传来的音乐"改成了"似乎接到了天国的指令"。可能译者觉得"唢呐声",或译文中的"the sound of the woodwind"(木管乐器),在西方读者心目中算不得"天籁(美妙的音乐)",因而没有详细译出;奶奶停住哭是因为"似乎接到了天国(上帝)的指令",这更符合西方人的想象和思维习惯。

4. 词语层面的改写

为减少文化障碍,方便阅读,葛译进行了很多微观(词语)层面的改写。将上例中的"唢呐"(suona horn)改译成西方人更熟悉的"woodwind"(木管乐器)。① 再如:

"那是**国民党的部队**!"

"你**共产党的部队**还不是照样见枪眼红?从今以后,谁也别想让老子上当。"②

"It was **Pocky Leng's** troops who took everything else!"

"And I suppose the eyes of **Little Foot Jiang's troops** don't light up just as bright when they see weapons? Well, this is one man you're not going to sucker!"③

"国民党的部队"是指国民党的冷支队长领导的抗日队伍。冷支

---

① 这样的改写非常多,如:五华里(a mile and a half)、一丈丝(a yard of silk)、半个时辰(half an hour)、八字步(V imprints)、人字(in the V shape)、银簪子(comb)、银锁(a silver necklace)。

② 莫言,《红高粱家族》,上海:上海文艺出版社,2008 年,第 179 页。

③ Mo,Yan,*Red Sorghum*. Trans. Howard Goldblatt. New York:Viking Penguin,1993,p.199.

队长脸上有很多麻子,人称"冷麻子"。葛译将"国民党的部队"改成了"冷麻子的部队"(Pocky Leng's troops)。"共产党的部队"是指共产党的江队长领导的一支八路军队伍。江队长的一双脚长得比较小,大家叫他"江小脚"。葛译将"共产党的部队"改成了"江小脚的部队"(Little Foot Jiang's troops)。西方读者对当时的"国民党的部队"和"共产党的部队"知之不多,实译成"KMT's troops"(Nationalist Party's troops)和"Communist Party's troops"会给读者带来一定的文化障碍和阅读麻烦,而且意识形态的差异还会导致理解偏差。改写后,简明易懂,而且生动有趣,能迎合读者的口味。

为减少文化隔阂,增加可读性,葛浩文还将许多人名意译[①],如:"Arhat Liu, named after Buddhist saints"(刘罗汉)、"Passion"(恋儿)、"Beauty"(倩儿)、"Nine Dreams Cao"(曹梦九)、"Harmony"(安子)、"Road Joy"(路喜)等。

(三) 保留东方情调,增加阅读兴趣

葛译对文中的意识形态似乎唯恐避之不及,而对东方情调却有意追逐。如:

> "……你简直是鲁班门前抡大斧,关爷面前耍大刀,孔夫子门
> 前背《三字经》,李时珍耳边念《药性赋》,给我拿下啦!"[②]
> "...like some one wielding an ax at the door of master carpen-
> ter Lu Ban, or waving his sword at the door of the swordsman

---

① 葛浩文意译人名的做法跟霍克斯意译《红楼梦》中的人名类似,如"Skybright"(晴雯)、"Patience"(平儿)、"Tealeaf"(茗烟)、"Musk"(麝月)、"Adamantina"(妙玉)、"Vanitas"(空空道人),等等。

② 莫言,《红高粱家族》,上海:上海文艺出版社,2008 年,第 107 页。

Lord Guan, or reciting the *Three Character Classic* at the door of the wise Confucius, or whispering the 'Rhapsody on the Nature of Medicine' in the ear of the physician Li Shizhen. Arrest him!"[1]

"鲁班门前抡大斧,关爷面前耍大刀,孔夫子门前背《三字经》,李时珍耳边念《药性赋》"这四句话文化背景复杂,而且同义反复,就是"to teach your grandma how to suck eggs"的意思。按葛译的常规,应该节译,但因这些句子具有中国特色或东方情调,译者一丝不苟悉数译出。[2]

当然葛译《红高粱家族》中也有一些明显的误译。如:

在白马山之阳,墨水河之阴,还有一株纯种的红高粱,你要不

---

① Mo, Yan, *Red Sorghum*. Trans. Howard Goldblatt. New York: Viking Penguin, 1993, p.122.

② 类似保留东方情调的例子还有很多,如:

例1 虽然我奶奶与他已经在高粱地里**凤凰和谐**。(莫言,《红高粱家族》,上海:上海文艺出版社,2008 年,第 129 页。)

Even though by then he and Grandma had already **done the phoenix dance** in the sorghum field. (Mo, Yan, *Red Sorghum*. Trans. Howard Goldblatt. New York: Viking Penguin, 1993, p.99.)

例2 从此,爷爷和奶奶**鸳鸯凤凰**,相亲相爱。罗汉大爷和众伙计被我爷爷和奶奶亦神亦鬼的举动给折磨得智力减退……(莫言,《红高粱家族》,上海:上海文艺出版社,2008 年,第 133 页。)

From that day on, Granddad and Grandma **shared their love like mandarin ducks or Chinese phoenixes.** Uncle Arhat and the hired hands were so tormented by their naked, demonic exhibition of desire that their intelligence failed them... (Mo, Yan, *Red Sorghum*. Trans. Howard Goldblatt. New York: Viking Penguin, 1993, p.149.)

例3 "一不作,二不休,**扳倒葫芦流光油**。为那小女子开创一个新世界。"(莫言,《红高粱家族》,上海:上海文艺出版社,2008 年,第 99 页。)

"There was no turning back. Now that **he'd knocked over the gourd and spilled the oil**, he'd create a new life for the young woman." (Mo, Yan, *Red Sorghum*. Trans. Howard Goldblatt. New York: Viking Penguin, 1993, p.110.)

惜一切努力找到它。①

Beside the yang of White Horse Mountain and the yin of the Black Water River, there is also a stalk of pure red sorghum which you must sacrifice everything，if necessary，to find.②

中国有"山南水北谓之阳，山北水南谓之阴"之说。葛浩文显然误解了这里的"阴"和"阳"。原文黑体部分的意思应该是"At the southern slope of White Horse Mountain and the southern bank of the Black Water River"。③

---

① 莫言，《红高粱家族》，上海：上海文艺出版社，2008 年，第 359 页。

② Mo，Yan，*Red Sorghum*. Trans. Howard Goldblatt. New York：Viking Penguin，1993，p.378.

③ 葛译中的误译还有许多，如下例中的黑体部分：

例 1 一九三九年古历八月初九，我父亲这个土匪种**十四岁多一点**。（莫言，《红高粱家族》，上海：上海文艺出版社，2008 年，第 1 页。）

The ninth day of the eighth lunar month，1939. My father，a bandit's offspring who **had passed his fifteenth birthday**... （Mo，Yan，*Red Sorghum*. Trans. Howard Goldblatt. New York：Viking Penguin，1993，p. 1.）

例 2 父亲**十四岁多一点**了。一九三九年古历八月初九的太阳消耗殆尽。（莫言，《红高粱家族》，上海：上海文艺出版社，2008 年，第 82 页。）

Father had **barely passed his fifteenth birthday.** The sun had nearly set on this ninth day of the eighth lunar month of the year 1939... （Mo，Yan，*Red Sorghum*. Trans. Howard Goldblatt. New York：Viking Penguin，1993，p.93.）

例 3 **天地混沌**，景物影影绰绰，队伍的杂沓脚步声已响出很远。父亲眼前挂着蓝白色的雾幔，挡住了他的视线，只闻队伍脚步声，不见队伍形和影。（莫言，《红高粱家族》，上海：上海文艺出版社，2008 年，第 1 页。）

Heaven and earth were in turmoil, the view was blurred. By then the soldiers' muffled footsteps had moved far down the road. Father could still hear them，but a curtain of blue mist obscured the men themselves.（Mo，Yan，*Red Sorghum*. Trans. Howard Goldblatt. New York：Viking Penguin，1993，p.3.）

这里"混沌"的意思是"模糊"，不是"混乱"（turmoil）。"天地混沌"的意思是"the sky and the field were misty"。"杂沓"的意思是"纷乱"，不是"压抑"或"低沉"（muffled）。

三、结　语

葛译《红高粱家族》的最大特点是删节和改写。中国现当代文学的英译中，如此广泛地删节和改写的情况并不多见。葛译的成功至少给我们以下启示。其一，"以读者为中心"的归化翻译更容易赢得读者，赢得市场，现阶段更利于中国文学的传播。这取决于不争的事实：与欧美文化、文学相比，中国文化、文学在世界上明显处于弱势甚至边缘状态。而对此，我们似乎认识不足。中国外文局从 1949 年成立以来，其翻译策略一直是"以我为主，照顾读者"①。外文局辖下的英文版《中国文学》自 1951 年创刊，在政府财政支持下一直按这一翻译策略英译中国文学，20 世纪 90 年代自负盈亏后难以为继，2001 年只好停刊。同在 90 年代，葛译《红高粱家族》在英语国家取得成功，而英文版《中国文学》陷入困境，二者形成鲜明对比。曾在中国工作多年的澳大利亚著名汉学家杜博妮与中国学界和译界联系密切。她曾撰文谈到中国的翻译政策没有帮助赢得对中国文学"不感兴趣的（西方）读者"（disinterested readers）。她说："20 世纪 80 年代，我在中国外文局工作时，常对它的翻译政策感到不满。在我看来，制定那些翻译政策的人

---

① 新星出版社编，《中国外文局五十年回忆录》，北京：新星出版社，1999 年，第 68 页。

似乎不太懂英语，对英语读者的了解就更少了。我觉得外文出版社好像明显没有完成其预定的使命：向外传播中国的美好形象。"①如果说自中华人民共和国成立以来至改革开放前，译者遵循"以我为主，照顾读者"的翻译策略是政治需要，是可以理解的，那么，在改革开放后，译者没有及时调整这一翻译策略则很可能是译者对翻译背后的读者市场认识不足。其二，要在选材、阅读习惯差异、审美差异方面多用心思。现在面对的困局是，中英文学交流虽已近三百年②，然时至今日，我国对英美文学的认同和接受远高于英美对我国文学的认同和接受。我国对英美文学基本上是全盘认同和接受，包括其优点、缺点和异质性。而英美对我国文学的认同和接受还基本上停留在初级阶段，基本上只认同和接受他们认为的优点，不能容忍缺点，对异质性的认同和接受很少，他们感兴趣的异质性主要是东方情调和负面政治背景。葛浩文说，中国文学受冷落的程度，只要看看《纽约客》杂志就知道了。《纽约客》上发表了多少篇中国作品？迄今为止一篇也没有！而村上春树发了不下十篇。在美国读书界，"《纽约客》能卖得动书，《纽约时报》什么的，不管用"③。其三，葛译虽然取得了成功，但我们必须认识到，葛式译法是应对中英文学交流不对等现状的权宜之策。从长远

---

① McDougall, Bonnie S., "Literary Translation: The Pleasure Principle", in *Chinese Translators Journal*, 2007 (5), p.23.

② 18世纪，常居广东的英国东印度公司商人詹姆斯·威尔金逊(James Wilkinson)将中国小说《好逑传》节译成英语，手稿上注明译文完成于1719年(*Hau Kiou Choaan or The Pleasing History*. London: Printed for R. and J. Dodsley in Pall-mall, 1761)。学界一般认为这是最早的中国文学英译。据此推算，中英文学交流有近三百年历史。

③ 赋格、张健，《葛浩文：首席且惟一的"接生婆"》，《南方周末》，2008年3月27日。

看,它不应是中国文学英译的常态。随着中国国际地位的提升,中国文学在西方的认可度也会相应提高。当认可度达到一定程度,笔者相信,葛译将逐渐被更忠实、更准确的译文所取代。

(原载《外语与翻译》2015 年第 2 期)

双重书写:非母语再创与译入语创译

——以葛浩文英译阿来《格萨尔王》为例

王治国

一、引 言

蕴藏着浓郁民族气息的长篇"活形态"口传英雄史诗《格萨尔》因其内容跌宕、情节曲折、结构庞杂、气势宏伟,千年来以艺人说唱和文本传承的形式,在藏区及其他少数民族地区传播至今,是中华多民族集体智慧的结晶,于18世纪流传到域外。2006年,这部史诗被列入第一批国家级非物质文化遗产代表作名录,2009年又入选联合国教科文组织"人类非物质文化遗产代表作名录"。同年,作为全球"重述神话"中国项目之一,著名藏族作家阿来先生的小说《格萨尔王》出版。2013年重述神话发起者——英国坎农格特出版社出版了阿来《格萨尔王》的英译本,译者是"中国现当代文学首席翻译家"、中国诺贝尔文学奖获得者莫言作品的英译者——葛浩文。阿来以汉语写作对史诗进行了非母语再创,汉语小说原文本的生成本身就具有文化转码性质。经由葛浩文的英语翻译,《格萨尔》史诗进入异域文化,经历了二度翻译和双重书写。这是《格萨尔》对外传播进程中的一个重要事件,其意义不言而喻。阿来非母语再创和葛浩文英语译入语创译在史诗传播史上留下浓墨重彩的一笔,对当代中国民族文化对外传播带来一定的启示,成为翻译界亟待研究的课题之一。

二、重述神话:阿来非母语再创

作为"诗性智慧"代表的神话和史诗,无疑是人类共同的精神宝库和艺术来源。2005 年,英国坎农格特出版社著名出版人杰米·拜恩(Jimmy Baien)发起了"重述神话"写作,邀请世界各国著名作家参与。正是在这样的文化语境中,阿来,一个以汉语写作的藏族作家,创作了长篇小说《格萨尔王》,并作为"重述神话"全球出版工程推出的中国题材重点图书之一,由重庆出版社于 2009 年 9 月出版发行。该书是阿来继《尘埃落定》之后的又一力作,被媒体誉为"最令人期待的小说",同年作为中国国家代表团的重要推介书目参加了德国法兰克福国际图书展览会,是当年文化界一件重要的事情。"重述神话"不是对远古神话的一种简单改写与再现,而是要求作家根据自己的认知经验,融合自己的个性风格,充分发挥想象思维对神话进行解构与建构,赋予神话以新的意义使其继续流传。如萨莫瓦约所言:"重写神话绝不是对神话故事的简单重复;它还在叙述故事自己的故事,这也是互文性的功能之一;在激活一段典故之余,还让故事在人类的记忆中得到延续。对故事(做)一些修改,这恰恰保证了神话故事得以留存和延续。"①

阿来将《格萨尔》史诗重塑为汉语小说《格萨尔王》,这样一种文学再创,给我们提供了母语文本与非母语创作文化转码、民间口头文学与作家书面文学相互补充并行不悖的典型个案。关于前者,可以从当前西南地区少数民族作家(阿来、吉狄马加、阿库乌雾等)非母语创作的实践中得到印证和解释。关于后者,阿来和众多民间说唱艺人一样,在传唱着藏民族的集体记忆,而且说唱艺人的说唱和阿来重述的汉语本都是《格萨尔》史诗流传过程中的"故事新编"与"异文传承"。区别在于:民间艺人是用自己的母语藏语,以口头说唱的方式传唱英雄颂歌;而阿来则是以汉语媒介,以文本的形式面向更广范围的读者传播藏族的史诗文化。"从活态到固态,从民间传说到作家创作,口头文学与书面文学之间既保持着密切的'互文性',又经历着逐步疏离自身文类独有形态的差异性,体现了传统的民族民间文化精神与现代理性的审美错综。"②正是通过阿来的"重述神话"非母语再创,让更多汉语读者领略到了藏族的民间信仰和民族意识,从这个层面而言,阿来也是藏族的"说唱艺人",只不过媒介和方式有所不同而已。阿来的非母语再创将民族英雄格萨尔召唤到现在,经历了汉语转码之后的格萨尔形象,成为民间文化和民族文化的复合体,存在于代代相传的叙述和记忆之中。作为对"活形态"史诗《格萨尔》的首次小说演绎和本源阐释,阿来以汉语叙事中帝王传说为基点,突出格萨尔王作为人而不是神的一面,小说的开头和结尾也改变了史诗的佛教色彩和返回天界

---

① 萨莫瓦约,《互文性研究》,邵伟译,天津:天津人民出版社,2003 年,第 108 页。

② 丹珍草,《从口头传说到小说文本——小说〈格萨尔王〉的个性化"重述"》,《民族文学研究》,2011 年第 5 期,第 153 页。

的隐喻，因此符合当代读者的阅读趣味。小说的英译更应引起学界的关注，至少是因为"阿来，一个以汉语写作的藏族作家，其原文本的生成本身就具有了文化转码性质，在汉译英的二度翻译中，这种转码……出现了二重转变，并在其过程中，具备了多重的视域，使文本的焦点与意义产生了多重的覆盖与摹写，具有很大的探索价值"[①]。从藏语到汉语再到英语的文本旅行，蕴含着极为重要的翻译课题。

三、文化阐释：葛浩文译入语创译

阿来《格萨尔王》英译本（*The Song of King Gesar: A Novel*）共400页，由葛浩文和夫人林丽君合译。有关葛浩文其人其译，莫言获诺贝尔文学奖之后文学界与翻译界众多学者开展了研究，此不赘述。为了讨论的直接深入，下文直奔主题，关注该英译本的创译特征。

小说以故事叙述和说唱人讲述双线交叉进行，译文也严格按照原文叙事进行翻译。英译本标题翻译选用了简单通俗的词语，紧随原文，近乎直译，每节标题译文与原文保持一种语义对等。实际上，从原文和译文整体对比来看，葛浩文译本体现出他在译介中国文学作品时一贯的翻译主张："think globally, edit locally"，即"全球思维，本土创

---

① 高博涵、程龙，《文本译介与国族身份双重视域下的海外阿来研究》，《当代文坛》，2014 年第 5 期，第 19 页。

译"。葛浩文主张"拿汉语读，用英文写"①，将翻译看作写作、创作，并将此观念付诸中国文学英译的实践中。通观葛浩文英译本，似乎可以将葛浩文翻译策略概括为：全球思维，本土创译；独具译眼，心系读者；亦增亦减，述而译出；文化翻译，阐释有度。当然，上述特点不能囊括葛浩文翻译策略的全部，仅就《格萨尔王》英译本个案而言，这些特点表现得尤为明显。

（一）全球思维，本土创译

藏族史诗的核心部分自然是原史诗中的唱词部分。阿来小说中保留了说唱艺人晋美的唱词和对话部分，这应该是英语读者首先想理解的地方。一方面，对话是连接叙事的重要组成部分，是推动小说两条平行叙事线索的重要手段；另一方面，原作由说唱史诗改编为小说后，尽量体现原文史诗底蕴的一种尝试。毕竟由艺人说唱转为文本叙事，将唱词和对话保留下来，不失为体现史诗原貌的一种稳妥的处理手法。译者也深谙对话和唱词的重要性，从而在译文中做了尽可能多的保留。如在第二部"赛马称王"中，说唱艺人晋美在赛马大会上有这样一段唱词：

> 雪山之上的雄狮王，
> 绿鬃盛时要显示！
> 森林中的出山虎，
> 漂亮的斑纹要显示！

---

① 张耀平，《拿汉语读，用英文写——说说葛浩文的翻译》，《中国翻译》，2005 年第 2 期，第 75 页。

大海深处**的**金眼鱼，

六鳍丰满**要**显示！

潜于人间**的**神降子，

机缘已到**要**显示！①

The lion **on** the snowcapped mountains

Must show its dark mane **when** fully grown.

The fierce tiger **in** the forest

Must show its stripes **when** fully formed.

The golden-eyed fish **on** the sea floor

Must show its fins **when** fully developed.

The son of the gods **among** the humans

Must show himself **when** the moment comes.②

  在《格萨尔》史诗中，说唱艺人的唱词一般采用多段回环体的藏族"鲁"歌谣体。这里晋美的唱词和藏语中仲肯的唱词有所差别，体现出了汉语书写对藏语史诗的再创造。整个唱词二句一节，重复使用"……的……，……要……"句式结构，读来铿锵有力。就词语层面而言，译作没有进行呆板的硬译死译，没有将"绿鬃盛时""出山""六鳍""机缘"等词语用对等的英语词汇译出，而是以忠实为准则，灵活变通，逾越了翻译的桎梏与障碍，运用"dark mane""fully grown""fierce tiger""fully formed""fins""fully developed""the moment comes"来进行创作式翻译。就句式结构而言，译文遵照原唱词的内容，第一行翻

---

① 阿来，《格萨尔王》，重庆：重庆出版社，2009 年，第 126 页。

② Alai，*The Song of King Gesar*. Trans. Howard Goldblatt and Sylvia Lin. Edinburgh：Canongate Books，2013，p.115.

译为"noun phrase ＋ preposition phrase"，第二行翻译为"must show ＋ noun phrase when ＋ verbal phrase"。重复结构句式读起来气势磅礴，预示着格萨尔赛马称王的重要时刻的到来。这样的翻译既传达了唱词的"形"与"神"，又易于英语读者理解，是"忠实"与"背叛"的完美结合，是用"汉语读，英文写"的真实写照，也是葛浩文译入语"创译"的典型体现。

（二）独具译眼，心系读者

译者拥有选择翻译自己喜欢的和出版发行有保障的作品的权利。需要"独具译眼"发现作品的独特之处。所谓作品的独特之处，除了作品自身具备的特征外，恐怕还得考虑作品翻译过后读者群的因素。出版社能否发行？能不能畅销？读者会不会喜欢？所以要时刻"心系读者"，对译前和译后有充分的预判和心理准备。葛浩文在接受季进的采访时曾说："我认为一个做翻译的，责任可大了，要对得起作者，对得起文本，对得起读者……我觉得最重要的是要对得起读者，而不是作者。"[①]类似的话语表达了葛浩文"独具译眼，心系读者"的翻译观念。如何能使美国读者接受是不能忽视的问题，在翻译实践中一个字也不改的做法很难行得通，因而葛浩文选择了创译。作为藏族史诗的格萨尔小说，最吸引读者的部分除了史诗情节之外，还有唱词和对话，这是史诗中的精华，更值得向英语读者翻译介绍。当然，在创译过程中，肯定会有增加和删除的部分，但是全篇唱词和对话部分，葛译本均予以保留。比如姜岭大战中轰轰烈烈的战争场面，就是晋美说唱出来的。

---

① 季进，《我译故我在——葛浩文访谈录》，《当代作家评论》，2009 年第 4 期，第46 页。

将萨丹与格萨尔的打斗场面唱出,一方面表现出说唱艺人的口头表达能力,另一方面通过唱词形式传达出史诗原貌。

> 话说姜国萨丹王,
>
> 这混世魔王有神变,
>
> 张嘴一吼如雷霆,
>
> 身躯高大顶齐天。
>
> 头顶穴位冒毒火,
>
> 发辫是毒蛇一盘盘。
>
> 千军万马降不住,
>
> 格萨尔披挂亲上前。①

There is a King Satham in the country of Jiang,

A devil incarnate, he had great magical powers.

He opened his mouth and roared like a thunderclap,

And he stood tall, as high as the sky.

A poisonous fire shot from a pint on his head,

His queues were coiled poisonous snakes.

Thousands of soldiers and horses could not subdue him.

Gesar put on his armor to take up the fight.②

译文尽可能保留了原唱词中的文化意象和人物形象,"混世魔王"译为"A devil incarnate","神变"用名词词组"magical powers"来翻译,

---

① 阿来,《格萨尔王》,重庆:重庆出版社,2009 年,第 220 页。

② Alai, *The Song of King Gesar*. Trans. Howard Goldblatt and Sylvia Lin. Edinburgh: Canongate Books,2013, p.212.

穴位译为"pint on the head","毒蛇一盘盘"译为"coiled poisonous snakes",量词"一盘盘"转译为"coiled",非常生动,形容毒蛇缠绕而盘的动作和状态。"亲上前"译为"take up the fight",有一种"rise to occasion"舍我其谁的豪迈之情。最后的几行采用异化的翻译策略,旨在为英语读者再现史诗战场的场面。

（三）亦增亦减,述而译出

创译的一个重要特征就是译文一般没有按照原文逐字逐句地翻译,而是在整体上对原文进行把握和诠释后再翻译。这种翻译方法针对的是比较长的故事情节或是不太重要的叙事环节,可以称为"观其大略,述而译出",这与翻译史上的述译有些类似。《格萨尔王》英译本中,译者往往在史诗长篇叙事中整体把握原文意思,然后进行加工处理,以更加短小精练的形式将原文内容表达清楚。如小说的开端的场景描写部分,原文是 256 个汉字,译文是 72 个英文单词。一般来说,在汉译英的时候,英文译文比汉语原文要长一些,占的篇幅大一些。虽然字数的对应与否和篇幅的长短程度并不是原文和译文比较的重点,但进行一番考察也是很有必要的。通过比较发现,译文省略了原文中的一些信息。译者并不计较表层字面的对等,而是忠实于语言的深层意义,在转换过程中进行了增删、改译、概括情节的改写等,体现出一种"观其大略,亦增亦减,述而译出,挥洒自如"的翻译手法。再如在第一部《神子降生》故事前传的开头部分,除了将"说起来……非常复杂"整段和"所谓上中下岭噶十部落,便广布在四水六岗的广阔地带"整句删掉外,对于如此详细的藏族地形介绍,译文娓娓道来,尽管一些藏语地名没有加注说明,但不会给英语读者造成太大的阅读障碍。为了情节发展的需要和段落过渡的自然,在一些地方进行了适当增译和调整。英译本将原来的段落进行了重组，排列为四个段落，仔细想来，确有道理。按照叙事的故事情节进行安排和组合，体现出译者的独特理解和熟练的处理方式。显然，在传统翻译观念里，这是一种叛逆，然而只要多读几次译文就会发现，正是这种创造性叛逆，产生了这样的效果：既避免了英语中最忌讳的重复，又在段末强调了静谧之感，在修辞和词法上做文章，巧妙地将原文信息传递给读者。

（四）文化翻译，阐释有度

对藏族文化特有词汇进行翻译，也是史诗翻译中的重要一环。译者长期的中国文学翻译实践使他对源语文化的特色词汇处理起来得心应手，通过增删、改写等翻译策略最大限度地实现了文化阐释。对于藏文化词汇，译本采取了"就简避繁"的直译（音译）方式，对其进行文化阐释。译文不用脚注，也没有尾注，将"哈达、仲肯、本尊"翻译为"hadas, grungkan, hayagriva"，将"政府搭台，经济唱戏"翻译为"culture erected the stage and economy was putting on the show"。这些直译和音译的译文，可能会让目标语读者在理解这些文化现象的时候产生困惑。然而，也正是这种就简避繁、保留文化信息的方法，会在一定程度上给读者带来一种全新的文化体验。这种看似简单且无创造性的方法，实际上恰恰体现出译者对原著理解之透彻。

译者不仅在对词汇的翻译上有着精微的考量，必要时还采用了文内解释，对英语读者可能难以理解的一些词语进行解释性翻译，以便在不加注的情况下，让读者轻松理解原文的文化意义和内涵。例如，"悲凄的灰与哀怨的黑"这一极具阿来风格的文学性表达，以其夸张的想象和拟人化手法想必能引起很多汉语读者的遐想。译文翻译为"a cheerless grey and a sorrowful black"，既保持了原文的移就手法，又运用了两个同义词,将悲凄与哀怨表达得淋漓尽致。

　　与原文比照,就整体连贯性而言,无论是增加还是删减,创译还是阐释,葛浩文英译文都是比较畅通和完整的。虽然译本没有简介,没有导言,没有加注,没有提供背景知识,可能给英语读者造成一定的阅读障碍,但这一方面是译者故意为之,因为有一种观点认为,加注就是翻译失败,另一方面是出版社有意而为,出版社这样做的目的在于减少页面,降低成本。实际上,阿来的《格萨尔王》将近四十万字,葛浩文将其全部翻译了,但是出版社出版的是节略本,译本附上了"编者按",说明经过原作者与译者同意,出版社删掉了部分译文。在叙述过程中删掉了一些次要的情节和段落,对于不了解藏文和汉语文本的读者来说,并没有什么不同。但无论如何,对于期待在西方世界拥有更广的读者群的译作而言,背景知识和文化知识的加注解释应该是非常有必要的。

四、双重书写:翻译学考量

　　通过对阿来《格萨尔王》译文的分析,可以发现葛浩文对阿来小说的创译之所以能够做到文化翻译、阐释有度,或者能够引起对相关话题的进一步思考,应该与下面几个因素有关。

　　其一是阿来非母语创作与藏族史诗在藏语圈外的传播与接受。阿来的《格萨尔王》汉语版通过非母语再创带来的双重经验,反映了神秘而传奇的藏区民俗风情,对于汉语读者以及西方读者有一定的吸引力,加之阿来藏族作家身份的影响力和葛浩文《尘埃落定》英译本在美国的推广等相关藏文化作品译本的前期基础,阿来重述神话的小说《格萨尔王》在内容和形式上,都潜在地符合西方读者的阅读口味,自然就成为出版社优先考虑翻译的作品。

其二是译者主体的创译与本土文化的调适。作为精通汉语和英语的译者,葛浩文夫妇无疑具有较高的英文写作能力,比较了解中国文学的审美特征,熟悉中国文化底蕴,从而能够对原文进行恰当的文学赏析和文化阐释。出版社独具慧眼,挑中葛浩文进行翻译,体现出了翻译背后的文化诗学和出版媒体的影响力。葛浩文夫妇不负众望,译入语创译使译文地道流畅,也使作品具备了多重阐释的文化空间。

其三是葛浩文翻译理念与中国文学"走出去"翻译语境的关联性。莫言获诺贝尔文学奖之后,学界对葛浩文的翻译研究如雨后春笋般涌现,前期以褒扬为主,近期则出现了理性批评的声音。有学者撰文指出:"部分学者和媒体进而将葛浩文的翻译定性为'连译带改'的翻译,并将这种'不忠实'的翻译方法上升为译介中国文学的唯一正确方法,甚至是唯一正确模式,并据此对以'忠实'为原则的翻译观念提出了质疑。"[①]无论是无限拔高葛浩文翻译理念,称之为译介中国文学的唯一正确方法乃至唯一正确模式,还是借葛浩文创造性翻译之名,对传统的"忠实"翻译观提出质疑,都是不全面、不合理的学术判断。从翻译战略上考量葛浩文的翻译理念,挖掘其对中国文学"走出去"的积极意义,以继续推动中华文化的对外传播,已成为译学研究的当务之急。

其四是民族文化国际传播的翻译转换机制。民族文化"走出去"

---

① 刘云虹、许钧,《文学翻译模式与中国文学对外译介——关于葛浩文的翻译》,《外国语》,2014年第3期,第6页。

远非在少数民族语言、汉语与外语之间进行语码转换那么简单，因其不仅仅涉及二度翻译与双重书写，还与译入语国家的文化诗学、文学史、价值观、意识形态、读者接受、出版社等因素密切相关。当前需要处理好中国译者译介、海外汉学家译介、个人译介与国家译介之间的关系，在海外汉学翻译与中国译者互动的话语空间中，依托国家译介，充分发挥个人译介的积极作用，探索民族文学走向世界文学的可行模式。

《格萨尔》史诗所历经的非母语再创与译入语创译的话语实践给翻译界带来一个启发：将国内翻译与国外汉学翻译结合起来，将个人翻译与国家译介结合起来，在互证互识中开展对话，加强合作，加强中国话语的对外传播力度，以呈现民族文化的精髓。这是民族文化走向世界至关重要的一环，也是阿来和葛浩文的"双重书写"与中国文学"走出去"的翻译问题引发的深层思考。

五、结　语

阿来小说《格萨尔王》中文版在发行之初，就拟在全球以六种语言推出，现在已出版了英译本，可以预测到《格萨尔》走向世界文学的翻译空间和巨大市场。本文以古老民族史诗《格萨尔》的故事新编与异文传承为个案，讨论了阿来重述神话的非母语再创实践与葛浩文对当代中国文学的外译，从而重温了在重述神话的文学实践话语以及中国文学"走出去"的国家话语中，类似于再创与创译的文本转码对中国文学翻译的当代价值与实践意义。但必须指出的是,活态史诗在固定化、标准化之后,表演的随机性和民族性特征也基本上丧失了,需要我们继续探索新的补偿方案和翻译渠道,这也是学界急需通力合作的研究课题。

(原载《北京第二外国语学院学报》2016 年第 2 期)

葛浩文《红高粱家族》英译本中说唱唱词之翻译分析

——基于副文本的视角

黄　勤　范千千

一、引　言

2012 年,莫言获得诺贝尔文学奖后,其作品的英译本开始吸引各界目光,翻译之于莫言获奖的意义受到了国内外媒体的热议。同时,莫言御用翻译家葛浩文及其译作也引得学界注目。作为莫言最具影响力的作品之一,《红高粱家族》的葛浩文英译本自出版以来便受到了西方读者的好评和学界的关注。

中国东北的民俗文化在《红高粱家族》中的说唱唱词中一览无遗,莫言的语言风格也因此显得别具一格。研究被誉为"中国现代、当代文学之首席翻译家"的葛浩文如何将《红高粱家族》中民俗气息浓厚的说唱唱词呈献给西方读者,便可一探中国元素如何走出去。[①]

[①]　刘再复,《百年诺贝尔文学奖和中国作家的缺席》,《北京文学》,1999 年第 8 期,第 22 页。

近年,国内有关《红高粱家族》的翻译研究多以整部作品为研究对象。对于《红高粱家族》中将唱调与叙事相结合、在语言风格上极具特色的说唱唱词,学界少有关注。

有关葛浩文《红高粱家族》英译本中翻译策略以及翻译方法的研究数量颇为可观。大部分是从改写理论和阐释学等视角出发对译本进行分析。[①] 尽管副文本对于翻译研究有着重要意义,但国内仅有极少数学者在研究莫言作品的葛浩文英译本时关注过其副文本。邵璐在其研究中引用了少许副文本,如葛浩文的文章和访谈资料,试图解释葛浩文为何选择"忠实"或"伪忠实"的译法。在探究葛浩文对文化负载词的翻译态度时,邵璐以葛浩文对余国藩《西游记》全译本中完整保留原文细节并大量加注的做法的负面评价为依据,推测葛浩文"反对增量翻译……不赞赏通过大量增加注释的方式来阐释原文"。[②] 然而,副文本在这一研究中仅仅为其立论提供证据,并不是研究的主要视角。从我们所掌握的文献来看,可以说,目前副文本理论在《红高粱家族》葛浩文英译本的研究中基本无人问津。

基于上述两方面的研究空白,本文试图通过分析相关的副文本,探讨葛浩文《红高粱家族》英译本中对说唱唱词具体翻译方法选择之原因。

---

① 如魏旭良,《改写者葛浩文——以〈红高粱家族〉英译为例》,《常州工学院学报》,2014 年第 8 期,第 61 页;胡晓莹,《乔治·斯坦纳阐释学翻译理论观照下的译者主体性研究——以葛浩文〈红高粱〉英译本为例》,《海外英语》,2014 年第 2 期,第 110 页。

② 邵璐,《莫言英译者葛浩文翻译中的"忠实"与"伪忠实"》,《中国翻译》,2013 年第 3 期,第 63 页。

二、《红高粱家族》中的说唱唱词

　　说唱是我国一种独特的、历史悠久的艺术形式。根据我国戏曲理论家的定义,说唱即"说与唱相结合的艺术",是"语言艺术与音乐艺术结合的产物"。① 音乐理论家周青青总结说唱为"讲唱历史、传说故事",融合了"音乐、文学和表演"的综合艺术形式。② 作为一种源于民间的艺术表现形式,说唱与民间文学的关系十分紧密。民间文学中的民间故事、笑话、叙事民歌和歌谣,通过说唱方式表现出来,便成了"说唱文学"。③

　　综合国内学者的观点,可以将说唱的艺术特点概括为下列几点。首先,说唱中的"说"暗示说唱具有叙事性。说唱作品通常讲述故事,情节丰富。其次,"说唱"中的"唱"表明说唱具有音乐性。戏曲理论家汪人元著文详述了说唱语言的音乐性,阐明了说唱语言利用汉语语言的"字声、音韵和句式"营造出音乐的美感。除此之外,他还指出说唱语言有一定的地方性,具体表现为方言的语音特色和独特的文化内涵。④

---

　　① 汪人元,《说唱艺术中的语言问题》,《艺术百家》,2002 年第 3 期,第 1 页。

　　② 周青青,《我国的说唱艺术与文学和语言》,《中央音乐学院学报》,1998 年第 2 期,第 46 页。

　　③ 吴文科,《"曲艺"与"说唱"和"说唱艺术"关系考辩》,《文艺研究》,2006 年第 8 期,第 79 页。

　　④ 汪人元,《说唱艺术中的语言问题》,《艺术百家》,2002 年第 3 期,第 2 页。

莫言的《红高粱家族》中，随处可见带有地方文化烙印的语言。一些十分接地气的山东元素，比如用山东地方小调、民歌、民谣，以及说词等，通过押韵、平仄以及对仗、排比、叠韵等修辞，充分表现出汉语语言的音乐美。这些语段兼具"说唱"艺术所特有的叙事性、音乐性和地方性。

例 1　东北乡，人万千，阵势列在墨河边。余司令，阵前站，一举手炮声连环……女中魁首戴凤莲，花容月貌巧机关，调来铁耙摆连环，挡住鬼子不能前……①

这段文字将小说男主人公余占鳌带领村民反抗日军的英勇之举描写得绘影绘声，女主人公戴凤莲机智勇敢的形象更是呼之欲出。唱词的叙事特征从中可见一斑。而从语言特征来看，选段中前两句错落有致（短、短、长），对仗工整，节奏明朗。句首如"女中魁首""花容月貌"等四字词语的妙用，以及句末如"千"与"边"、"站"与"环"、"莲"与"前"的押韵，使得选段富有音乐性，读起来朗朗上口。这些文字符合学界对"说唱"的定义，因此可以将其归类为说唱唱词。

《红高粱家族》中的这些唱词体裁特别，文化含义丰富。译者在翻译过程中如何重现唱词中的文化元素和音乐元素，一方面将直接影响译文读者对这些唱词以及中国民俗文化的理解，另一方面也将影响原文语言风格的再现。因此，这些唱词的翻译值得我们关注。

---

① 莫言，《红高粱家族》，上海：上海文艺出版社，2012 年，第 10 页。

三、副文本视角下葛浩文《红高粱家族》
英译本中说唱唱词翻译分析

（一）副文本理论概述

法国叙事学家杰拉德·热奈特 20 世纪 70 年代提出了"副文本"的概念。热奈特将"副文本"定义为"在正文本和读者之间起协调作用的、用于展示作品的一切言语和非言语材料"①。热奈特主要研究了13 种副文本类型：① 出版商的内副文本；② 作者名；③ 标题；④ 插页；⑤ 献词和题词；⑥ 题记；⑦ 序言和交流情境；⑧ 原序；⑨ 其他序言；⑩ 内部标题；⑪ 提示；⑫ 公众外副文本；⑬ 私人内副文本。②

根据文本空间位置的不同，热奈特将副文本划分为内副文本和外副文本两个类型。内副文本指文本内的副文本元素，比如封面、作者名、序言、插图和注释等；外副文本则指文本之外公开或私密的语言材料，比如作者访谈、评论和私人信函、日志等。③

副文本之于翻译研究"有重要意义和价值"。④ 土耳其学者科卡

---

① Genette, G., *Paratexts: Thresholds of Interpretation*. Cambridge: Cambridge University Press, 1997, p.1.

② Ibid., p.5.

③ Ibid.

④ 肖丽，《副文本之于翻译研究的意义》，《上海翻译》，2011 年第 4 期，第 17 页。

(Koçak)指出,副文本是将"作者、译者、出版商和读者联系起来的重要纽带"①。在翻译研究过程中,这种纽带能够帮助挖掘、揭示"翻译文本所不能揭示的东西",如翻译过程、译者的翻译观等②。

笔者根据热奈特对副文本的定义和分类,对《红高粱家族》葛浩文英译本的副文本进行了考察和收集,发现该译本的副文本主要以外副文本的形式存在,并辅有少量内副文本。副文本主要包括:译者葛浩文撰写的有关其翻译观和翻译实践的书籍和文章,对译者葛浩文的访谈和相关文章,以及其他有关译者葛浩文和作者莫言的事实性副文本。内副文本则包含葛译本的译者注。以下,我们将对上述副文本进行分析,探讨葛浩文对说唱唱词具体翻译方法选择之原因。

(二)副文本视角下的说唱唱词翻译方法之具体分析

莫言的《红高粱家族》中,说唱唱词共有 15 处。唱词篇幅虽不大,但在情节承转、人物刻画方面起到不可忽视的作用。葛浩文在翻译这些唱词时,根据原文的不同语境,灵活地运用了多种翻译方法。这 15 处唱词,除 2 处短小的抗日民谣节选和 1 处中医抓药的唱段完全采取了直译的方式,其他各处综合了删减、意译、改写和直译的手法。这些唱词中,7 处采取了意译的方法,4 处进行了删减,另有 4 处包含改写。结合具体的副文本分析,我们认为葛浩文对每种翻译方法的选择都是

---

① Içlklar Koçak, M., *Problematizing Translated Popular Texts on Women's Sexuality: A New Perspective on the Modernization Project in Turkey from 1931 to 1959*. Istanbul: Bogazici University Institute of Social Sciences, 2007, p.171.

② Tahir-Guürcaglar, S., "What Texts Don't Tell: The Uses of Paratexts in Translation Research", in T. Hermans (ed.), *Crosscultural Transgressions, Research Models in Translation Studies Ⅱ: Historical and Ideological Issues*. Beijing: Foreign Language Teaching and Research Press, 2007, p.59.

合乎情理的。

1. 删减

葛浩文在翻译《红高粱家族》中的说唱唱词时,对其中一些部分进行了删减。中文唱词常包含拟声、叠词、重复和排比等技巧,以增加唱词的可唱性和节奏感。但顾及英汉语言结构的差异,葛浩文采取删减手法,将原文中这些汉语语言特征明显的部分弱化,使得译文更符合英文的表达习惯。譬如:

例 2 曲儿小腔儿大……**滴滴嗒嗒**……**哞哞哈哈**……**吗哩哇啦**……**咿咿呀呀**……**叽里嗷啦**……直吹得绿高粱变成了红高粱。①

Little tunes,big sounds... all that music turned the green sorghum red.②

在例 2 中,原文描述了《红高粱家族》的女主人公戴凤莲回忆起出嫁至回娘家这三天时跌宕起伏的心情。拟声词"滴滴嗒嗒……哞哞哈哈……吗哩哇啦……咿咿呀呀……叽里嗷啦"奏响了喇叭声、唢呐声、雨滴声和女主人公痛哭之声的交响乐,暗示了女主人公心乱如麻的状态。此处中文唱词展示了汉语独特的语音特征。若直接音译这些拟声词,可能会对英语读者造成一定的阅读障碍,或是让读者感到莫名其妙。英译本中,葛浩文以"all that sounds"概括这些拟声词,为目标语读者扫清理解障碍。

---

① 莫言,《红高粱家族》,上海:上海文艺出版社,2012 年,第 80 页。

② Mo,Yan,*Red Sorghum*. Trans. Howard Goldblatt. New York:Random House,2003,p.87.

例3　大刀向鬼子们的头上砍去!

……

全国爱国的同胞们,抗战的一天来到了!

拿起刀,拿起枪,拿起掏灰耙,拿起擀面杖,打鬼子,保家乡,报仇雪恨![①]

Swing your sabres at the heads of Japs!

…

Patriotic brethren everywhere, the day of resistance is now![②]

例3选自第四章第四节结尾处歌颂"我奶奶"在抗日斗争中英勇就义之壮举的一段唱词。在这段唱词中,莫言对中国广为传唱的一首抗日歌谣《大刀进行曲》进行了创造性的改编。唱词既体现了丧失亲人的悲恸,又展示了反抗侵略、保家卫国的斗争精神。原文通过"拿起刀,拿起枪,拿起掏灰耙,拿起擀面杖……"这些细节描述以及重复的修辞手法增强了抗日救亡的呐喊。葛浩文删除了对中国东北乡村自制武器的罗列,以及在前文中已然展露无遗的"打鬼子,保家乡,报仇雪恨"的目的,保留了唱词的精髓。删减后的英文唱词意义完整,简洁有力。

从葛译本的译者注这一内副文本中,我们可推断出上述删减是译者葛浩文经过仔细思虑后,与原作作者莫言共同商讨下做出的决定。

[①]　莫言,《红高粱家族》,上海:上海文艺出版社,2012年,第326—327页。

[②]　Mo,Yan, *Red Sorghum*. Trans. Howard Goldblatt. New York:Random House,2003,p.326.

葛浩文写道："书中所有删节均经过原作者的同意。"①葛浩文一向作风严谨,翻译态度认真,因此也深得原作作者莫言的信赖。莫言回忆起葛浩文在翻译过程中,常因为一个字或一个问题而致电或写信向他请教,并感慨"能与这样的人合作,是我的幸运"②。根据这一事实性副文本,我们也可以推断,葛浩文不会随意删改原文。另一方面,葛浩文欣赏简洁的文风。在对比《西游记》余国藩译本和韦利译本时,葛浩文认为余国藩的版本虽内容完整,但由于保留了大量细节,可能未必能像韦利的删节版那样吸引英语读者。③ 对于韦利所享有的自由删减译作的权力,葛浩文甚至表露出了一丝羡慕。④ 这些外副文本足以说明,葛浩文反对充斥着大量冗长细节的描述,更欣赏平易、简约的文风。正因如此,《红高粱家族》里的说唱唱词中有如"拿起刀,拿起枪,拿起掏灰耙,拿起擀面杖"这类烦琐的细节描写和复杂的拟声描写在葛译中皆被删除。

2. 意译

说唱艺术继承了音乐艺术的音乐性。因此,为了追求整齐的节拍,唱词有时会凑字以求工整。而另一方面,作为一种民间艺术形式的说唱也具有口语化以及地方化的特征。《红高粱家族》中的部分说唱唱词包含了方言、填充节拍用的词语以及口语化的表述。在翻译这些部分时,葛浩文常采用意译的方法。比如:

---

① Mo, Yan, *Red Sorghum*. Trans. Howard Goldblatt. New York: Random House, 2003, p.326.

② 吕敏宏,《论葛浩文中国现当代小说译介》,《小说评论》,2012 年第 5 期,第 9 页。

③ 邵璐,《莫言英译者葛浩文翻译中的"忠实"与"伪忠实"》,《中国翻译》,2013 年第 3 期,第 63 页。

④ 同上。

例4　只盼着二兄弟公事罢了……回家来**为兄伸冤杀他个乜斜**……①

Second Brother to complete his mission... to return home and **avenge his murder**...②

例4节选自原著中"外曾祖父"赶毛驴时随口哼起的一段武大郎咏叹调。武大郎咏叹调是一段脍炙人口的高密地方腔——"海茂子腔"。唱词中的"杀他个乜斜"为山东方言,此处意为"痛下杀手"。葛浩文没有直译这一方言表达,而是以"avenge"一词概之,准确地传达了原文的意义,也符合英语的表达习惯。

例5　**忍痛**抛掉**亲骨肉**,爹**擤鼻涕嗤嗤嗤**,娘抹眼泪唏唏唏,堵着嘴巴不敢哭,怕被路上行人知。③

It breaks our hearts to abandon our newborn son. Snot runs down his father's chin,**tears streams down his mother's cheeks**,but **we stifle our sobs** so no one will hear us.④

例5的原文是讲述一年轻女子未婚先孕,她与情人迫于家长包办婚姻的压力,不得不另嫁另娶、忍痛弃婴的一段唱词。唱词中有许多

---

①　莫言,《红高粱家族》,上海:上海文艺出版社,2012年,第83页。

②　Mo,Yan,*Red Sorghum*. Trans. Howard Goldblatt. New York:Random House,2003,p.91.

③　莫言,《红高粱家族》,上海:上海文艺出版社,2012年,第82页。

④　Mo,Yan,*Red Sorghum*. Trans. Howard Goldblatt. New York:Random House,2003,p.90.

口语化的细节描写，还包含了一些填充节奏的拟声词，如"嗤嗤嗤""唏唏唏"。葛浩文在翻译这段唱词时，大胆采用意译手法。葛译删除了原文中的拟声词，对"擤鼻涕""抹眼泪"这些细节化的动作描写进行简化，转化为简洁且符合英语习惯的状态描写，如"snots runs down"。对于原文中"亲骨肉"一词，葛浩文没有按照字面意思将其译为"flesh and bone"，而是将其意译为"our newborn son"，如此一来，译文显得更加平易近人。原文中一些口语化的表达，如"堵着嘴巴"，在葛译中被更加书面的表达"stifle our sobs"所替代。意译后的文本平易流畅，表达地道。

葛浩文在《关于中国现当代文学在美国的几点看法》这一外副文本中指出，采用意译的方法主要出于对译本可读性以及译作市场的考虑。葛浩文将直译和意译进行对比，并强调意译"在出版方面更胜一筹"，原因就在于，"无论是商业出版社还是大学出版社都推崇意译派的译著"。[1] 说到出版社为何更加青睐意译派的作品，葛浩文进一步解释道，"无论我们庆幸也好，悲伤也罢，事实依旧是，在那些'可译的'小说里，'可读性好'的译作才能出版"[2]。在一次访谈中，葛浩文谈及自己的翻译标准，提出在翻译过程中，市场"虽不是首要因素……却是非常重要的因素"，而他的目标是尽可能翻译出"可读""平易"甚至"有市场"的作品。[3] 他的读者本位在他的文章中也有所体现。他写道，"读者有'权利'读到流畅易懂的英译"[4]。在上述例证中，葛浩文正是通过

---

① 葛浩文，《论中国文学》，北京：现代出版社，2014 年，第 199 页。

② 葛浩文，《论中国文学》，北京：现代出版社，2014 年，第 199 页。

③ 孟祥春，《葛浩文论译者——基于葛浩文讲座与访谈的批评性阐释》，《中国翻译》，2014 年第 3 期，第 75 页。

④ 葛浩文，《我行我素：葛浩文与浩文葛》，《中国比较文学》，2014 年第 1 期，第 41 页。

意译的方法将中文方言、口语以及习语这些阻碍目标语读者理解的元素转化为地道、平易近人的英语,从而增加了译本的可读性。这些例证是葛浩文所提倡的意译的具体体现。

3. 改写

许多研究葛浩文的中国学者认为他的译作中最明显的特征便是改写。近年来,有关葛浩文改写现象的研究越来越多。有学者给葛浩文冠以"改写者"的名号。① 葛浩文在翻译《红高粱家族》中的说唱唱词时,同样使用了改写的方法。改写的内容多包含文化负载词、隐喻以及细节描写。葛浩文在说唱唱词翻译中常用的改写技巧包括替换、简化、增译等。

例 6 　东北乡,人万千,**阵势列在墨河边**。余司令,**阵前站,一举手炮声连环**。②

Northeast Gaomi Township，so many men；**at Black Water River the battle began；Commander Yu raised his hand，cannon fire to heaven.** ③

例 6 选自原著中一位老太太描述"余司令"当年带领全村人民奋勇击退日军的情景。老太太激昂陈词,出口成章,说中带唱。英译本中,葛浩文对节奏整齐、对仗工整的中文进行了重构和改写。葛浩文

---

① 　魏旭良,《改写者葛浩文——以〈红高粱家族〉英译为例》,《常州工学院学报》,2014 年第 8 期,第 61 页。

② 　莫言,《红高粱家族》,上海:上海文艺出版社,2012 年,第 10 页。

③ 　Mo，Yan，*Red Sorghum*. Trans. Howard Goldblatt. New York：Random House，2003，p.12.

没有拘泥于原文"短、短、长"的句式，舍弃了原文的押韵方式，进行了创造性发挥。译文以"the battle began"替代描述战前列阵情景的"阵势列在墨河边"，以"cannon fire to heaven"概括火炮的发射。

例7　青天哟——蓝天哟——①

葛译：A blue sky yo—a sapphire sky yo—②

例7则体现了葛浩文如何通过改写，调节中英文色彩词汇背后的文化差异。此例中的原文是一位丧夫之妇的"哭腔"。丈夫去世后，妇人悲恸至极，哭天喊地。"青"指介于绿色和蓝色之间的颜色，可译作"green"或"cyan"。然而，英语中更常见的是以蓝色和蓝色类的词语来形容天色。葛浩文将原文的"青"译作"blue"，将"蓝"译作"sapphire"，虽改变了原文所指的颜色，但更符合英文的文化。

例8　……送上**大洋**整二十……③

... and have left twenty **silver dollars**...④

例8则是年轻父母留在弃婴襁褓中的嘱托之词。父母二人在襁褓中包了二十块大洋，望好心人收养弃婴。葛浩文将中国民国时期所流通的银币"大洋"，替换为"silver dollar"这一概念，即"银质的美元"，

---

① 莫言，《红高粱家族》，上海：上海文艺出版社，2012年，第40页。

② Mo，Yan，*Red Sorghum*. Trans. Howard Goldblatt. New York：Random House，2003，p.43.

③ 莫言，《红高粱家族》，上海：上海文艺出版社，2012年，第82页。

④ Mo，Yan，*Red Sorghum*. Trans. Howard Goldblatt. New York：Random House，2003，p.90.

以英语读者熟悉的事物来替代英语文化中不存在的事物。

从葛浩文的翻译观、翻译思想、对译者本质的认识等事实性外副文本中，我们可以找到葛浩文选择改写方法的原因。在葛浩文眼中，翻译是一项融合了"阅读、批评（或阐释）和创造"的工作。[①] 这里的"创造"，是指对故事呈现方式的"再创造"。[②] 葛浩文认为"创造"之于译者而言，是一种"本分"和"责任"。[③] 他主张将翻译出的文本看作一个"新文本"，一个"诠释性的作品"，而不是对原文机械的复制。[④] 这一主张肯定了翻译的创造性以及译者的主观能动性。葛浩文毫不含糊地宣称译者"总是现身的"，并表示会坚持用自己欣赏的风格诠释原著。[⑤] 对于那些认为他在翻译过程中个人风格太过明显的看法，他丝毫不介怀。他曾在一篇文章中写道："读莫言的译著，既是读莫言，也是读葛浩文。"[⑥]葛浩文如此高调地肯定译者的主体性，使用改写的方法便在情理之中。另一方面，葛浩文认为译者是"跨文化协调人"[⑦]。面对中英文语言文化的差异，他赞成欧阳桢所提出的"以熟悉的方式观照陌

---

① 孟祥春，《葛浩文论译者——基于葛浩文讲座与访谈的批评性阐释》，《中国翻译》，2014 年第 3 期，第 74 页。

② 孟祥春，《葛浩文论译者——基于葛浩文讲座与访谈的批评性阐释》，《中国翻译》，2014 年第 3 期，第 74 页。

③ 闫怡恂，《文学翻译：过程与标准——葛浩文访谈录》，《当代作家评论》，2014 年第 1 期，第 202 页。

④ 葛浩文，《我行我素：葛浩文与浩文葛》，《中国比较文学》，2014 年第 1 期，第 43 页。

⑤ 葛浩文，《我行我素：葛浩文与浩文葛》，《中国比较文学》，2014 年第 1 期，第 42 页。

⑥ Goldblatt, H., "The Writing Life", *The Washington Post*, 28 April 2002（BW 10）.

⑦ 孟祥春，《葛浩文论译者——基于葛浩文讲座与访谈的批评性阐释》，《中国翻译》，2014 年第 3 期，第 75 页。

生的体验"，尽可能减少译作对目的语读者的障碍。① 而在上述例证中，对"大洋""青天"等文化负载词的替换，以及对中文唱词句式和节奏的重构，正体现出葛浩文在翻译中所进行的文化调适。

4. 直译

尽管众多研究葛浩文的学者认为他的译作以"归化"为主，但在葛译《红高粱家族》说唱唱词中，"异化"也占有不可忽视的比重，表现为葛浩文在多处采取了直译的方法。比如：

例9　武大郎喝毒药心中难过……**七根肠子八叶肺**上下哆嗦……②

Wu Dalang drank poison, how he bad felt... **His seven lengths of intestines and the eight lobes of his lungs** lurched and trembled...③

例9中的"七根肠子八叶肺"利用夸张的修辞手法，描述了武大郎服毒后剧痛不已的状态。数字的使用使得唱段更具民谣韵味。葛浩文原封不动地将"七根肠子八叶肺"直译为英文，还原其字面意思，并且保留了原文的修辞手法。

---

① 孟祥春，《葛浩文论译者——基于葛浩文讲座与访谈的批评性阐释》，《中国翻译》，2014 年第 3 期，第 75 页。

② 莫言，《红高粱家族》，上海：上海文艺出版社，2012 年，第 83 页。

③ Mo，Yan，*Red Sorghum*. Trans. Howard Goldblatt. New York：Random House，2003，p.91.

例 10　**风在风在风在风在吼**——队员们夹七杂八地唱。①

"The wind is the wind is the wind is howling"—the troops followed.②

例 10 则源自抗日歌曲《保卫黄河》。"风在风在风在吼……"运用了民歌中常见的重复修辞。葛译按照原文的重复方式,逐字翻译了原文,还原了唱词的音乐性和可唱性。

例 11　狗鞭为**君**羊鞭为**臣**,佐以黄酒太子参。③

A dog's penis has **the emperor**,a goat's penis has **the minister**. Some rice wine and crown-prince ginseng.④

例 11 选自原著中一位老中医开药方时的即兴说唱。唱词以君臣关系暗示中药配方中主药与辅药的关系。葛浩文将"君"和"臣"两字直译为"emperor"和"minister",再现了原文的修辞效果和人物的滑稽色彩。

通过研究葛浩文的翻译思想这一事实性外副文本,我们可以推断,葛浩文采用直译的方法,一部分源于"忠实"原则,另一部分则源于对"他者"的包容。葛浩文在一次访谈中强调,翻译活动中的创造是一

---

① 莫言,《红高粱家族》,上海:上海文艺出版社,2012 年,第 184 页。

② Mo,Yan,*Red Sorghum*. Trans. Howard Goldblatt. New York:Random House,2003,p.195.

③ 莫言,《红高粱家族》,上海:上海文艺出版社,2012 年,第 234 页。

④ Mo,Yan,*Red Sorghum*. Trans. Howard Goldblatt. New York:Random House,2003,p.245.

种"忠实(的)再创造","可读、平易甚至有市场"的译本也必须以"忠实"为前提。① 葛浩文虽青睐意译,并多次表明对原著的"忠实"不是指字面忠实,但他主张尽量原汁原味地呈现原作的语言风格。从文化交流的角度来看,翻译时究竟要保留多少中国元素,始终是他关注的问题之一。② 葛浩文将翻译视作"他者的庆典","真正'多元文化'的盛宴"。③ 他不希望自己翻译的莫言英译本"读起来完全像一个美国人的作品",而希望像"一位英语水平很高的中国作家写出的英文作品"。④ 例证中的直译印证了这一点。葛浩文对"七根肠子八叶肺""狗鞭为君羊鞭为臣"等唱词的翻译既还原了莫言的语言风格、修辞手法,又给译文增添了几分异域色彩。

四、结　语

综上所述,葛浩文《红高粱家族》英译本中说唱唱词的翻译方法体现出一定的多样性。葛浩文灵活地运用了删减、意译、改写和直译的

---

① 孟祥春,《葛浩文论译者——基于葛浩文讲座与访谈的批评性阐释》,《中国翻译》,2014 年第 3 期,第 74 页。

② Goldblatt，H.，"The Writing Life"，*The Washington Post*，28 April 2002 (BW 10).

③ 葛浩文,《关于中国现当代文学在美国的几点看法》,《当代作家评论》,2014 年第 3 期,第 192 页。

④ Goldblatt，H.，"The Writing Life"，*The Washington Post*，28 April 2002 (BW 10).

方法。葛译《红高粱家族》的副文本为葛浩文翻译方法的合理选择提供了解释。通过研究葛译《红高粱家族》的内副文本（主要表现为译者注）和外副文本（主要包括访谈与文章等），我们可以推断，葛浩文英译本中的翻译方法是在其翻译思想的指导下做出的合情合理的选择。葛浩文将原文中民俗气息浓厚的说唱唱词较好地呈献给了英语读者。

可以说，副文本分析为译者翻译方法选择之原因提供了有力的解释，并为翻译研究提供了更加客观的视角。

（原载《外国语文研究》2016 年第 3 期）

葛浩文对"陌生化"的捕捉与再现：以《生死疲劳》译本为例

崔玮崧

一、引　言

众所周知，莫言是获得诺贝尔文学奖的首位中国作家。对于莫言的这份世界级殊荣，他的首席翻译葛浩文功不可没。虽然莫言的作品已经被翻译为多国语言，但英语毕竟是世界上应用最广泛的语言，其作品英文版的受众是最广的，所以葛浩文的翻译在莫言作品成功背后的分量是不言而喻的。莫言曾多次在公开场合高度赞扬葛浩文的翻译。例如 2004 年，莫言在哥伦比亚大学演讲时就曾表示："我的小说的翻译者葛浩文教授，如果没有他杰出的工作，我的小说也可能由别人翻成英文在美国出版，但绝对没有今天这样完美的译本。许多既精通英语又精通汉语的朋友对我说：葛浩文教授的翻译与我的原著是一种旗鼓相当的搭配。但我更愿意相信，他的译本为我的原著增添了光彩。"

到底是怎样与原著"旗鼓相当的搭配"能让原作者如此赞赏？为什么在国内外诸多翻译工作者中,葛浩文的翻译能独树一帜,在英语文学圈内产生极大的影响呢？他翻译的独特之处又在哪里呢？葛浩文在一次采访中的表述也许能给我们一些启发。2007 年,葛浩文接受记者采访时被问及有哪些翻译策略,他表示：

> 我的翻译准则是：中国作家那样写作是有特殊用意的,还是他的语言决定了他要那样写？如果是后一种情况,那么我会把原文翻译为我的语言所决定的它应有的任何表达方式。如果我觉得原文是异质的,即作者试着将文本"陌生化",让读者放慢阅读速度,那么我会很努力地捕捉到这点。①

可以看出,葛浩文的翻译"准则"(watchword)非常明确,那就是揣摩作家的写作意图,分情况翻译,即：如果作者只是在正常情况下写作表意,那么葛浩文的翻译就相对"自由",把原作者的文本译为译者自己觉得恰当的文本；如果葛浩文觉得作者在试着将文本"陌生化"以便让读者放慢阅读速度,他便会捕捉到作者的这一用心,使译文也让读者感觉到"陌生",从而引起读者的注意,使他们放慢阅读速度。这段纲领性的"准则"蕴含着一个重要的文学术语——"陌生化"。"陌生化"一词并非英语国家日常表达用语,而葛浩文在自己的翻译准则中提到这一文学专有术语,值得研究者玩味,它也许能够帮助我们探寻葛式翻译的独到之处。

---

① Lingenfelter, A., "Howard Goldblatt on How the Navy Saved His Life and Why Literary Translation Matters". http://fulltilt.ncu.edu.tw/Content.asp? I_No=16&Period=2.

二、"陌生化"

"陌生化"是20世纪初期俄国形式主义的一个核心概念。俄国形式主义的领军人物什克洛夫斯基(V. Shklovsky)曾在《作为手法的艺术》中阐述过"陌生化"理论:

> 艺术之所以存在,是为了使人恢复对生活的感觉,为了使人感觉到事物,为了使石头成为石头。艺术的目的就是要使人感觉到事物,而不是知道事物。艺术的手法就是要使对象"陌生",要使形式变得困难,以增加感觉的难度和时间长度。因为感觉过程本身就是审美的目的,必须设法延长。艺术是体验对象的艺术构成的一种方式,而对象本身并不重要。[1]

什克洛夫斯基的意思是,创造艺术的目的在于:艺术家使用各种"陌生化"的手法,使感受者面对即使已经习惯了的事物也能领略到它们的全新生命力。那些在日常生活中被人们熟视无睹的事物,在艺术中通过各种"陌生化"手法的加工,可以唤醒欣赏者的感觉细胞,使他们对其产生全新的感受。而要对事物进行全新的感受和认知,感受者

---

[1] Shklovsky, V., "Art as Technique", in L.T. Lemon (ed.), *Russian Formalist Criticism: Four Essays*. Lincoln: University of Nebraska Press, 1965, p.12.

要花费比原来更长的时间去欣赏,去领悟。什克洛夫斯基认为,感觉这一过程是艺术最重要的目的,感觉过程被拉长了,审美的目的也就比原来完成得更好了。葛浩文在其翻译准则中除了提到"陌生化"这一术语,还曾表示"陌生化"带来的效果会使读者放慢阅读速度,这一观点与什克洛夫斯基的阐述完全吻合。由此可见,"陌生化"一词出现在他关于"翻译准则"的表述中,并不是日常口语表达的机缘巧合,而的确是指向俄国形式主义。值得注意的是,葛浩文在其翻译准则中指出,他对"陌生化"手法的使用是基于自己对作者"陌生化"手法的捕捉,也就是说,如果作者需要让他的文本对于母语读者来说是"陌生"的,那么葛浩文也会尽量把这种感觉呈现给译语读者。这是一种双重加工的效果,更是一种翻译忠实性的体现。这样的葛式翻译除了力求让读者读到忠实于原文的内容,也会使其感受到莫言小说丰富的文学形式。

每一位读者在开启阅读之旅前都各有期待。阅读外国译作的读者大体可以分为两类:一类是希望体验异国风情、了解异国文化的读者;另一类只关心文学情节,对于异国文化和文本的"文学性"不十分感兴趣。对于第一种读者来说,"陌生化"手法的应用提高了读者感受异国文化的难度,延长了他们体味和欣赏异国元素的时间,从而很好地满足了他们的阅读期待。对于第二种读者来说,葛浩文对"陌生化"手法的还原虽然与他们的阅读期待不符,却大胆地挑战了他们的阅读习惯,引导他们更多地品味作品中的"文学性",促使他们更好地体会异国风情,从而拓宽视野,提升品位。莫言的获奖也在一定程度上肯定了葛浩文的翻译准则。他的翻译方法不仅较好地满足了那些期待领略异国风情的读者的需求,还有利于提高那些有着阅读惰性、只愿获取文本情节而忽视文学创作手法和艺术特色的西方读者的阅读品位。

三、"陌生化"手法的再现

已有学者指出,葛浩文翻译的《生死疲劳》可说绝大部分是忠实的,就算有少许改写和删除的部分,也绝对是在与作者洽谈后,在作者允许的情况下进行的。[①] 也有研究者通过案例分析,指出葛浩文"并不赞赏通过大量增加注释的方式来阐释原文",从而得出结论,认为《生死疲劳》"英译本并非如学界和媒体所说的精确或忠实,而是通过删减文化负载信息来降低目标文本在目标语言文化中的受阻性,使用'伪忠实'译法凸显中国文化和语言特质,从而传达源文本的异国风情"。[②] 笔者对此结论持部分保留意见。一方面,笔者认同葛浩文译文中没有用大量增加注释的方式来阐释原文这一客观事实。但另一方面,通过对葛浩文翻译准则的分析,笔者认为,葛浩文的这种处理方法并不是在有意降低目标文本的受阻性,反而是在加大这种受阻性,加强阅读难度,挑战读者阅读习惯,增加读者阅读时间,让译文读者产生文本"陌生化"的感觉。比如,研究者举例说明,葛浩文把《生死疲劳》中的"天津卫十八街的大麻花"翻译为"fried fritters on Tianjin's Eighteenth Street"[③],却没有加任何注释说明麻花的文化和天津的历史,这种做法

---

① 史国强,《葛浩文文学翻译年谱》,《东吴学术》,2013 年第 5 期,第 103—123 页。

② 邵璐,《莫言英译者葛浩文翻译中的"忠实"与"伪忠实"》,《中国翻译》,2013 年第 3 期,第 62 页。

③ Mo, Yan, *Life and Death Are Wearing Me Out: A Novel*. Trans. Howard Goldblatt. New York: Arcade Publishing Inc., 2008, p.5.

降低了读者的阅读难度。① 笔者却认为,如果葛浩文对麻花的文化和天津的历史做了注释说明,则恰恰降低了外国读者阅读译本的难度。把一个下地狱、进炸锅的人比作麻花,特别是天津卫十八街的麻花,这种写法对于中国读者来说都是新鲜有趣的,更何况是对于外国读者呢?"fried fritters"已经能让读者感受到身体被炸的焦酥感,但这到底是一种什么样的食物,为什么这种食物非得在"Tianjin's Eighteenth Street"上卖呢? 葛浩文之所以在翻译时并未做出多余的解释,正是为了像作者给予母语读者"陌生化"感受一样,让译语读者也产生"陌生化"的感受。如果给出注释,则相当于把学生课后习题的答案直接放在问题后面。退一步说,读者在阅读过程中,出于个人的阅读习惯,有时会出现跳读的情况。如果葛浩文对书中的一些"陌生化"元素加以解释,就相当于给了读者两个选择:可读或跳读。对于习惯跳读的读者来说,阅读过程不会有任何影响。对于没有跳读的读者来说,阅读就降低了难度。而葛浩文选择的做法是不解释。这样一来,相当于不给读者任何选择的余地。这种翻译方式给读者增加了阅读难度,让读者能够感受作者原汁原味的"陌生化"手法,给读者留以悬念,让读者有所期待。

忠实的翻译未必是保守的、落后的,叛逆的翻译也未必是创新的、时髦的。葛浩文使用"陌生化"手法进行翻译也许在一定程度上说明了这一点。在考虑到译作读者阅读习惯的前提下,保留文本中原汁原味的异文化元素的翻译本质上是忠实的。相反,有一些译者打着创新的旗号,遇到异文化元素就"改写"或避而不谈,或者将其转化为目标

---

① 邵璐,《莫言英译者葛浩文翻译中的"忠实"与"伪忠实"》,《中国翻译》,2013 年第 3 期,第 63 页。

语言中已经存在的元素,这种翻译方法并不是真正意义上的创新,译者也无法完成向译入语文化输入新鲜血液的重要任务。接下来,笔者将以葛浩文翻译的《生死疲劳》为例,进一步说明他是如何在翻译过程中再现莫言的"陌生化"写作手法的。

(一)章回体的"陌生化"翻译

葛浩文在《生死疲劳》英译本中对各章回目的翻译是双重"陌生化"的最好体现。章回体是由古代"讲史话本"发展而来的,是中国古代长篇小说的传统体式。而在中国现当代文学中,章回体小说似乎已经销声匿迹。莫言在《生死疲劳》中再次启用章回体小说的写作形式,每一个章节都以对称押韵的方式命名。对于大部分中国当代小说读者来说,这种写作手法既是新鲜的,也是"陌生的"。葛浩文抓住了这个写作特征,在翻译中还原了莫言的这种"陌生化"写法。在翻译章节回目时,"陌生化"手法的还原是建立在准确传达原文意图的基础上的。回目的对称性和高度概括性,可让读者体会这种特殊文体形式的文学性。葛译章节回目"陌生化"手法的再现主要分为三种方式。

第一种是在做到回目句式对称和准确传达意义的基础上,语序也和原文保持一致。这种方法多见于对主谓宾句式的翻译。比如第六章回目"柔情缱绻成佳偶,智勇双全斗饿狼",葛译为"Tenderness and Deep Affection Create a Perfect Couple"和"Wisdom and Courage Are Pitted against Vicious Wolves"。① 两联主语中都有"and"一词,使得译文更加对称。"deep"一词虽然打破了完全对称的句式,却把驴拟人化

---

① Mo, Yan, *Life and Death Are Wearing Me Out: A Novel*. Trans. Howard Goldblatt. New York: Arcade Publishing Inc., 2008, p.53.

的"缱绻"的感情翻译得细致到位。葛浩文把"斗饿狼"翻译为被动式"be pitted against"，这看似不影响结构，却对原文中驴子遇险、背水一战却大获全胜的情节做出高度概括。章回体的最初用意就是吸引听书人再来听下集，发展到小说中也是为了提示和吸引读者。葛浩文对于语态的这一改动较好地传达了莫言使用章回体小说这一文学形式的用意。第三十一章回目"附骥尾莫言巴结常团长，抒愤懑蓝脸痛苦毛主席"，葛译为"A Fawning Mo Yan Rides on Commander Chang's Coattails"和"A Resentful Lan Lian Weeps for Chairman Mao"。[1] 两联的结构都为不定冠词加形容词加主语，再加不及物动词词组。葛浩文把"附骥尾"翻译为"ride on coattails"就很值得玩味。"ride on"在英语中是一个固定用法，有"依靠"和"骑"的意思，用这个词组搭配"coattail"，还在前面添加了一个描述性的提示词语"fawning"，这样不但描绘出了人物的谄媚，连他那卑躬屈膝的姿态也呈现得活灵活现、趣味十足。第四十七章"逞英雄宠儿击名表，挽残局弃妇还故乡"译作"Posing as a Hero, a Spoiled Son Smashes a Famous Watch"和"Saving the Situation, a Jilted Wife Returns to Her Hometown"。[2] 葛浩文把"逞英雄"和"挽残局"单独拎了出来，用现在分词表状态。"a spoiled son"对应"a jilted wife"，让句式的对称性更加明显。这些翻译可谓高度忠实于原文，韵味十足地还原了莫言的"陌生化"手法。

第二种翻译方法是句式依然保持对称，语意依然完整，但个别语序有所调整。比如，第四章"锣鼓喧天群众入社，四蹄踏雪毛驴挂掌"译为"Gongs and Drums Pound the Heaven as the Masses Join the Co-

---

① Mo, Yan, *Life and Death Are Wearing Me Out: A Novel*. Trans. Howard Goldblatt. New York: Arcade Publishing Inc., 2008, p.327.

② Ibid., p.440.

op"和"Four Hooves Plod through the Snow as the Donkey Is Shod"。①
由于四字成语的翻译已经打破了原文的对称性,葛浩文就在两个句式
中都添加了"as"短语,让这看似失衡的句式再次平衡。"Pound"与
"Plod"对应,使得"陌生化"手法得以彰显。又如,第四十三章"黄合作
烙饼泄愤怒,狗小四饮酒抒惆怅",葛译为"Angered, Huang Hezuo
Bakes Flat Bread"和"Drunk, Dog Four Displays Melancholy"。② 他将
两个主人公的状态提前,译作简洁的分词状语,句子主干的翻译紧接
其后,更是干净利落。这种方法最常见于一般翻译之中,即由于源语
言和目标语言的差异性,译者不太可能做到连句式语序都保持一致。
葛浩文虽然调整了句式语序,但还是在准确达意的基础上,特意保持
了句式对称的特点,把章回体这种"陌生化"的手法再现给外国读者。

　　第三种翻译方式则是完全打破了句子的对称性,以忠实地捍卫原
文语意。这说明译者在翻译过程中也的确有力不从心之时。据笔者
统计,在53个章节回目的翻译中,葛浩文保留原文语序的翻译占29
例;改变词语顺序,依旧保持原文对称性的翻译为11例;剩下的13例
为打破章回体对称性的翻译。但是笔者又注意到,在第三种翻译的13
例中,又有7例的翻译手法极其相似,即在回目的一联中把句子断成
两个部分,另一联则保持句式完整。具体章节为第八、九、十一、十七、
二十七、三十五、三十六章。比如,第三十五章"火焰喷射破耳朵丧命,
飞身上船猪十六复仇",葛译为"Flamethrowers Take the Life of Split

---

① Mo, Yan, *Life and Death Are Wearing Me Out: A Novel*. Trans. Howard
Goldblatt. New York: Arcade Publishing Inc., 2008, p.31.

② Ibid., p.415.

葛浩文翻译研究

526

Ear"和"Soaring onto a Boat，Pig Sixteen Wreaks Vengeance"。① 第三十六章"浮想联翩忆往事，奋不顾身救儿童"，译文为"Thoughts Throng the Mind as the Past Is Recalled"和"Disregarding Personal Safety，Pig Saves a Child"。② 在这两章的回目翻译中，下联都含有两个动作，第一个动作用现在分词短语表状态，第二个动作用主动语态的主谓宾句式。这7例翻译结构类似、遥相呼应、自成一体，也可以让读者感受到章回体特别的文学形式。

葛浩文首先捕捉到了莫言运用章回体以达到"陌生化"效果的意图，又通过自己的翻译再现了作者的构思。这样一来，读者就会注意到作者和译者的用心良苦，领略到章回体这一极少出现在中国现当代小说中的特殊形式的魅力。由于英文版的《生死疲劳》没有目录，外国读者在刚刚阅读译文时甚至可能注意不到作者的这一巧思，但随着阅读进程的推移，章回体这种特殊的形式会引起读者的注意。如果读者刨根问底，甚至还会发现章回体这一小说形式有它独特的渊源和演变过程，以及莫言重拾此种小说形式的不易。这一阅读体验想必会延长读者的阅读时间，给读者的阅读增加难度，但正是这样的匠心独运，引导着英语读者深入了解中国当代文学背后的中国文化。

（二）人名的"陌生化"翻译

莫言给书中人物起的名字都很特别，这不光是《生死疲劳》的特色，也是莫言整个创作体系的一大特色。比如在小说《蛙》中，人物都

---

① Mo，Yan，*Life and Death Are Wearing Me Out：A Novel*. Trans. Howard Goldblatt. New York：Arcade Publishing Inc.，2008，p.370.

② Ibid.，p.377.

是以身体器官为名：陈额、陈鼻、陈耳、陈眉、王脚、王肝、王胆、肖上唇、肖下唇、袁脸、袁腮、吴大肠，等等。这一"陌生化"写作特点也体现在了《生死疲劳》中。在此书中，莫言给人物起的名字多数具有时代特征，同时与人物的性格和命运息息相关，如起名龙、虎、豹、彪的四兄弟性格暴躁、心狠手辣。人物名字还有对偶性，比如合作对互助，金龙对宝凤。但同姓不同名，同根不同命，这在那个特殊时代更具有讽刺意味。中文是表意型文字，而英文只表音，葛浩文为了再现莫言的这种"陌生化"写作手法，在小说正式开篇之前，他对主要人物及其关系做了两页的介绍。之后，他又用了半页篇幅的注释来说明中文的拼音系统和英文发音的不同之处，并全部以书中人物名字为例，列出了一个表格来说明中文发音和英文发音的不同。他的具体表格如下[①]：

表 1 《生死疲劳》英译本中的姓名发音说明

c (not followed by h)	ts as in its	Ma Liangcai
he	u as in huh	Huang Hezuo
ian	yen	Lan Lian
le	u as in luh	Wang Leyun
qi	ch as in cheese	Wu Qiuxiang
x	sh as in she	Wu Qiuxiang
zh	j as in jelly	Huang Huzhu

这样的表格提高了对读者的要求。原本读者只需在文本之中识别出人物名字及其关系即可，这一注释还有意让外国读者注意书中人名的发音。原本的视觉载体成了结合视觉与听觉的双重感官世界，这就在无形之中给读者增添了阅读乐趣，也增加了阅读难度。除此之外，在书中主要人物出场时，葛浩文更是用了音译加意译的双重方法

---

① Mo，Yan，*Life and Death Are Wearing Me Out：A Novel*. Trans. Howard Goldblatt. New York：Arcade Publishing Inc.，2008，p.ii.

进行人名翻译：

表 2 《生死疲劳》人物原名及葛浩文译名①

Chinese Names of Characters	Translated English Names of Characters
蓝脸	Lan Lian, or Blue Face
西门金龙	Ximen Jinlong, or Golden Dragon
西门宝凤	Ximen Baofeng, or Precious Phoenix
合作	Hezuo—Collaboration
互助	Huzhu—Cooperation
柳长发	Liu Changfa—Long-haired Liu
范明铜	Fan Tong, which sounded just like the words for "rice bucket"
孙龙	Sun Long—Dragon Sun
孙虎	Sun Hu—Tiger Sun
孙豹	Sun Bao—Panther Sun
孙彪	Sun Biao—Tiger Cub Sun

　　由此可见,葛浩文为了翻译小说人物名字真是下足了功夫。英文译者在翻译中文文学作品中人物名字时通常采用音译,正是由于葛浩文意识到了莫言写作中对人物名字"陌生化"的特殊安排,他才在译文中用三种方式还原了莫言的创意。例如,黄互助和黄合作是小说中两个重要的人物,她们是双胞胎姐妹,她们的名字和命运都和特殊的时代有密切的关系。葛浩文在故事开始之前就对两人的父母和丈夫进行了介绍;随后又向读者示范了二人名字的发音,"合作"的"合"和"u"在"huh"中的发音相似,"互助"的"助"和"j"在"jelly"中的发音相似;之后在文中人物正式出场时把"合作"解释为"Collaboration",把"互助"

① 莫言,《生死疲劳》,北京:作家出版社,2006 年;Mo, Yan, *Life and Death Are Wearing Me Out: A Novel*. Trans. Howard Goldblatt. New York: Arcade Publishing Inc., 2008.

解释为"Cooperation"，两个单词都有"co"和"tion"的词根，这让读者感受到两位主人公名字透出的同胞关系，也让读者联系到书中描写中国土地改革时期的互助组与合作社。而在小说中，她们与西门金龙和西门宝凤虽同是双胞胎，走的路却截然不同，两姐妹互相帮助、互相扶持，甚至在黄合作去世后，黄互助又和同胞姐妹曾经的丈夫走到了一起。这样有千丝万缕联系的双胞姐妹，也难怪莫言会用特别的方式对她们命名。这样一来，也就不难想象葛浩文为了还原莫言的这份心思下了多大的功夫。葛浩文的这种"陌生化"翻译虽然与多数译者的方式不同，会增加读者的阅读时间和阅读难度，但他的"陌生化"还原也一定会让读者注意到莫言的巧思。

四、结　语

对于葛浩文翻译准则的研究也许可以为我们研究葛式翻译提供一些新的视角，比如：译者是怀着怎样的初衷开始翻译工作的，译者的意愿在艰苦的翻译进程中是否得以实现，是如何实现的。葛浩文将文论术语"陌生化"纳入他的翻译世界，并将其作为自己翻译的重要准则，对原作者莫言的"陌生化"手法进行了捕捉与还原。与此同时，他也较好地权衡了"陌生化"与外国读者阅读的可接受性。一方面，葛式翻译在让读者感受中国文学特色和文化传统的同时，也增加了阅读难度，延长了阅读时间，从而给读者留下了更为深刻的印象，使他们得以更好地体验中国作家笔下东方世界的原貌。另一方面，这种体验又是建立在外国读者可接受的基础之上的。葛式翻译不仅满足了期待体验异国风情的读者的需求,还有利于提高那些有阅读惰性且只愿获取小说情节而忽视文学创作手法和艺术特色的英语读者的阅读品位。本雅明曾说过:"译作者的任务就是在自己的语言中把纯粹语言从另一种语言的魔咒中释放出来,是通过自己的再创造把囚禁在作品中的语言解放出来。"①葛浩文做到了,他的翻译将文学的"内容"与"形式"合二为一,将"文学性"还给了文学本身。这也许就是葛式翻译最为独到之处。

（原载《东方翻译》2016 年第 5 期）

---

① 本雅明,《启迪:本雅明文选》,张旭东等译,北京:生活·读书·新知三联书店,2008 年,第 92 页。

基于翻译过程的葛浩文翻译研究

——以《干校六记》英译本的翻译过程为例

许诗焱

一、引　言

2015年1月，中国文学翻译档案馆在俄克拉荷马大学正式落成。近年来，俄克拉荷马大学在中国文学研究方面成就斐然。2010年创刊的中国文学英译期刊《今日中国文学》(*Chinese Literature Today*) 目前已经拥有稳定的读者群和较大的影响力。2009年设立的"纽曼华语文学奖"也已成为世界知名的华语文学奖项，历届获奖者包括莫言、韩少功、杨牧和朱天文。中国文学翻译档案馆目前收藏葛浩文、顾彬和叶维廉三位翻译家的翻译资料，包括书信、手稿、合同等珍贵的第一手材料。笔者于2015年2月至8月在俄克拉荷马大学访学，有幸成为档案馆的第一位访问学者，对馆藏的葛浩文翻译资料进行整理和研究。本文以葛浩文20世纪80年代初翻译《干校六记》期间与编辑、出版商、作者、学者以及读者之间的83封信件为研究资料，对葛浩文《干校六记》的翻译过程进行研究。这 83 封信件的时间跨度长达四年,内容涵盖翻译的各个方面,既有关于文字翻译的细节探讨,也有对于文本风格和文本风格之后的时代历史背景和社会文化因素的思考。希望通过翻译过程研究,为翻译评价提供新维度,为翻译教学提供新素材,为翻译研究提供新思考。

二、翻译评价

葛浩文在访谈中多次提到,不少读者喜欢对比原作和译作,然后向他指出翻译中的问题,"读者英语水平的提高和对翻译的浓厚兴趣固然是可喜之事"[①],但很多批评让他"难以接受或信服"[②],因为它们仅仅局限于原文与译文的机械比对,而很少考虑影响翻译过程的诸多因素。翻译过程研究可以帮助翻译评价超越原文与译文之间的简单比对,将葛浩文的翻译置于更为全面的视野之中加以审视和探讨。下面以《干校六记》书名的译法为例加以说明。

原文是"干校六记",译文是"Six Chapters from My Life 'Downunder'"。"干校"这个具有重要文化负载意义的词被译成"downunder"。"downunder"与"干校"并无直接联系,它一般是指澳大

---

① 李文静,《中国文学英译的合作、协商与文化传播——汉英翻译家葛浩文与林丽君访谈录》,《中国翻译》,2012 年第 1 期,第 60 页。

② 葛浩文,《作者与译者:交相发明又不无脆弱的关系——在常熟理工学院"东吴讲堂"上的讲演》,孟祥春、洪庆福译,《东吴学术》,2014 年第 3 期,第 36 页。

利亚和新西兰,因为这两个国家位于南半球,相对于大多数位于北半球的国家来说,它们的位置是"downunder"(在下面)。2004年澳大利亚小姐詹妮弗·霍金斯(Jennifer Hawkins)摘得"环球小姐"的桂冠,当时就有媒体戏称她为来自"downunder"的冠军。用"downunder"这个词来指代"干校",显然是"归化"译法,为了便于西方读者理解,葛浩文似乎在翻译中删减了中国历史文化元素。但是如果深入翻译过程之后再进行评价,也许会得出不同的结论。

笔者在阅读中国文学翻译档案馆所收藏的相关信件时,发现葛浩文在交稿时并未确定书名的译法,而是与两位编辑——高克毅和宋淇——共同讨论。高克毅和宋淇都是香港中文大学翻译研究中心的教授,该中心于1973年创办中国文学英译期刊《译丛》,高克毅当时担任期刊总编,宋淇担任执行主编。考虑到"干校六记"与"浮生六记"之间明显的互文关系,两位编辑首先参照林语堂对于"浮生六记"的译法"Six Chapters of a Floating Life",确定书名的总体结构——"Six Chapters of..."(译自高克毅1981年3月5日写给葛浩文、宋淇的信)。之后,就"干校"一词的翻译,译者与编辑尝试了三种不同的思路:

(一)按照"干校"的字面意思进行直译,将其译为"Cadre School",但大家都认为这个译法不好,会导致误解,让西方读者联想到干部提拔;

(二)根据"干校"一词的真实含义,将其译为"Reform School"或"Reform Center",但这种译法也不好,会让西方读者联想到改造未成年犯的机构;

(三)参考夏志清对于"下放"的翻译"Downward Transfer",将"干校"译为"Down There",但这种译法过于模糊,西方读者几乎无法理解,究竟"Down where"?

(译自宋淇 1981 年 5 月 16 日写给高克毅、葛浩文的信)

在这三种思路均未取得理想效果的情况下,高克毅建议借用英语中已有的词汇"downunder"来指代"干校"。他认为,不论运用何种翻译方法,英语读者都很难理解"干校"的含义,不如借用英语中已有的词汇"downunder",这个词本身就包含"在下面"的意思,会让人联想到"下放"和"底层",与"干校"的真实含义有一定关联(译自高克毅 1981 年 8 月 21 日写给葛浩文、宋淇的信)。译者和编辑均觉得这种译法比较"别致",但为了避免误解,应为这个词加上引号(译自宋淇 1981 年 9 月 10 日写给葛浩文、高克毅的信)。《干校六记》书名的译法由此基本确定为"Six Chapters of Life 'Downunder'"。高克毅又建议将其中的"of"换成"from",表示这里的六记并非作者干校经历的全部,而只是从中选取了一部分加以记录,同时在"life"前面添加人称代词"my",强调文中所使用的第一人称(译自高克毅 1982 年 1 月 29 日写给葛浩文、宋淇的信)。至此,《干校六记》英译本的书名才被定为"Six Chapters from My Life 'Downunder'"。

《干校六记》英译本于 1983 年作为"译丛"丛书之一出版后很快引起反响,华盛顿大学出版社社长唐纳德·埃尔古德高度赞扬这本书,认为它"记录了'文革'期间知识分子的遭遇,读来令人动容",并建议把它作为单行本发行(译自唐纳德·埃尔古德 1983 年 2 月 19 日写给高克毅、宋淇的信)。而在筹备该书单行本发行的过程中,其书名的译法又一次引起争议:香港中文大学有学者担心,用"downunder"指代"文革"期间对知识分子进行改造的干校,会引起澳大利亚读者的反感,他们有可能认为译者是在暗示澳大利亚最初就是英国政府流放罪犯的地方。当时正在香港中文大学翻译研究中心访学的闵福德曾在澳大利亚求学,并获得澳大利亚国立大学博士学位,两位编辑专门去征求他的意见。闵福德认为,在译本中使用"downunder"应该没有问题,澳大利亚人不但不会介意,反而会觉得这是幽默的双关(译自宋淇1983 年 5 月 6 日写给高克毅、葛浩文的信)。宋淇在 1983 年 5 月 16日写给葛浩文和高克毅的信件中汇总了各方意见:"downunder"尽管有可能在一部分读者中引起误解,但放在标题中能引起读者的好奇心,具有吸引力,有可能成为译本的卖点,因为实在找不到更好的词来替代,"downunder"应予保留。为了避免歧义,宋淇建议:"干校"这个词在史景迁为《干校六记》单行本所写的序言的第一句话中就出现了,应立即加上脚注,以帮助读者理解(译自宋淇1983 年 5 月 16 日写给葛浩文、高克毅的信)。在华盛顿大学出版社 1984 年出版的《干校六记》英译本第 1 页,葛浩文为"downunder"一词添加脚注如下:

"Downunder," of course, refers to Australia/New Zealand in English. Here it stands for the term *xiafang* (下放), literally "downward transfer". It applies more poignantly to the twenty million intellectuals uprooted from their academic and research institutions to live with the peasants in the countryside…during the "Cultural Revolution".

从书名的翻译可以看出,译者与编辑就《干校六记》书名的翻译进行了极其细致的讨论,几乎尝试了"干校"这个词所有可能的翻译方法,对于其中的介词和人称代词也仔细推敲,反映出译者与编辑对待翻译的严谨态度。由于历史文化背景的巨大差异,原书名中所蕴含的意义很难完全传递,但不能仅凭原文与译文的比对就简单地做出一个是非判断,而忽略译者与编辑在翻译过程中的主观意愿和努力。《干校六记》的翻译过程显示,并不是葛浩文在主观上刻意删减"干校"一词中所包含的中国历史文化信息,而是与两位编辑一起,在一系列异化、归化的反复尝试之后,最终选择了归化的译法。可见,归化与异化都是译者进行文化协调的手段,至于采用何种策略,在很多情况下都是具体历史情境中多方协调的结果。在进行翻译评价时深入翻译过程,有助于避免"是非判别"的简单化倾向,让翻译评价更为全面和公正。

如果将《干校六记》的原文与译文进一步对比,还会发现一个问题。《干校六记》译本在 1983 年由香港中文大学出版社出版时,只包含 19 个简短的脚注,正文之后只有一个比较详细的注释,即关于钱锺书在"小引"中所提到的"葫芦案"(Kangaroo Court)。而在华盛顿大学出版社 1984 年出版的单行本中,不仅包含正文中的 19 个脚注,正文之后还附了 20 个非常详细的背景注释,解释与"文革"相关的术语和译文中无法传达的典故与双关。葛浩文在这个版本的译者后记中还专门对此进行说明:

> In order to make some of the material (specialized terminology, puns, allusions, etc.) more accessible to the reader, a few brief explanatory notes have been supplied in the text. More comprehensive notes have been included in the Background Notes, which follow, as an attempt to expand the base for understanding Yang's remarkable work without intruding upon the reader's right to personally experience and appreciate the sophistication and

subtle force of the original.①

为了让读者了解文中的一些内容（比如专门术语、双关语、典故等），我们在文中加了简短的脚注。详细的"背景注释"则被放到书后，在帮助读者理解的同时，又不破坏读者的阅读感受，保持原文的含蓄风格。（笔者译）

为什么两个版本对于背景知识的处理会存在如此大的差异？这种差异是否意味着葛浩文翻译思路的改变？在对这些问题进行评判之前，我们还是先通过档案馆所收藏的83封信件追溯《干校六记》的翻译过程。在《干校六记》作为"译丛"丛书之一出版后，宋淇收到了来自刘绍铭（Joseph Lau）的读者来信。刘绍铭当时在威斯康星大学任教，他在给美国学生所开设的"当代中国文学"课程中使用了这一版本作为教材，但学生们普遍觉得《干校六记》很难理解，因为他们对于作品的背景几乎一无所知。刘绍铭建议为《干校六记》加上详细的背景注释，否则这本书很难在"嚼着口香糖的"美国大学生中引起共鸣（译自刘绍铭1983年8月6日写给高克毅、宋淇的信）。这封读者来信引起了译者和编辑的高度重视。

宋淇在1983年8月18日给葛浩文和高克毅的信中认为刘绍铭的反馈非常有价值。参与《干校六记》翻译和修改的人，不论是葛浩文、高克毅还是他自己，对其背景都比较了解，因此没能站在普通外国读者的角度上来进行思考。宋淇建议，在正文之后增加"背景注释"，将原先脚注中需要仔细解释的部分移至其中，集中加以说明。宋淇还亲

---

① Goldblatt, Howard, "Translator's Afterword", in Yang Jiang, *Six Chapters from My Life "Downunder"*. Trans. Howard Goldblatt. Seattle: University of Washington Press; Hong Kong: Chinese University Press, 1984, p.104.

自为《干校六记》撰写了 33 个非常详细的注释。

高克毅在 1983 年 9 月 27 日写给葛浩文和宋淇的信中赞同宋淇的看法，认为译本的确需要同时满足了解背景的学者和不了解背景的普通读者，但也不宜"用力过猛"。过多的注释会成为阅读的负担，让小说变成"文革""参考书"。如果把作者的含蓄风格加以彻底剖析，这种风格的魅力会被削弱，甚至限制读者阅读时的自由思考。因此，一定要找到一个合适的平衡点，避免"喧宾夺主"。

葛浩文在 1983 年 10 月 20 日写给两位编辑的信中指出，其实并不一定需要每一个读者都完全了解文中所指涉的隐含意义，不同的读者对于作品有不同的理解程度是很自然的事，不必事无巨细地对每一处典故和双关都加上注释，在译文中适当加以解释就足够了。尽管他很赞赏宋淇所撰写的 33 个经过详细考证的注释，但还是认为译者不应该代替读者进行判断，而应该让读者自己得出结论，避免翻译过程中的过度解释。葛浩文建议删去与小说内容不直接相关的注释，以及那些在译文中已经解释得相对清楚的注释。

针对宋淇、高克毅和葛浩文三人的不同观点，出版商 Donald Ellegood 从中协调，最终决定添加"背景注释"，但将宋淇所提供的 33 个注释减为 20 个，由葛浩文负责所有注释的文字修订（译自 Donald Ellegood 1983 年 10 月 25 日写给高克毅、宋淇、葛浩文的信）。由此可见，为《干校六记》添加详细的背景注释是译者、编辑和出版商共同协商的结果，在进行翻译评价时首先不应该将所有责任都推到译者身上，而应该更为客观地还原事实，同时要将翻译评价放在翻译活动所处的特定历史背景中去讨论。只有还原翻译过程以及当时的历史情境，才能了解和体会翻译家当时的选择，而不是武断地进行是非评判。

葛浩文自己曾表示:"我比较乐意看到从更宽的视角评论我的译作。"①翻译过程研究让翻译评价不仅仅局限于原文和译文之间的对比,而是把静态的翻译结果分析扩展为动态的翻译过程进行讨论,并将其置于广阔的文化交流和历史语境中加以探索,"避免认识的简单化和评价的片面性"②,让翻译评价更具建构性,为中国文学"走出去"提供更有价值的参考。

三、翻译教学

自从莫言获得诺贝尔文学奖以来,葛浩文的翻译成为国内许多翻译方向硕士生和博士生的论文选题。很多论文从比对原文与译文入手,分析葛浩文所采用的直译、转译、增补、删减等多种手法,找寻译文中所体现的归化、异化策略,证明葛浩文翻译的精彩高妙。这样的研究的确必要,结论也的确合理,但对于中国文学"走出去"的任务而言,葛浩文翻译研究更应关注翻译教学:通过还原葛浩文在翻译过程中的权衡与思考,让从事中国文学外译的译者明白,在自己的翻译实践中何时该直译,何时该转译,何处宜增补,何处宜删减,帮助译者在归化和异化策略上做出更为明智的选择。换句话说,对于葛浩文翻译的研

---

① 葛浩文,《我行我素:葛浩文与浩文葛》,《中国比较文学》,2014 年第 1 期,第 41 页。

② 刘云虹,《在场与互动——试析许钧关于翻译批评的思考与实践》,《外国语》,2015 年第 2 期,第 102 页。

究不应止步于欣赏他的译本，而应深入翻译过程，从葛浩文对译文的修改完善中汲取经验，让葛浩文翻译研究对翻译教学产生更为直接的促进作用。

中国文学档案馆所收藏的 83 封信件涵盖《干校六记》译稿修改完善的全过程，其中包括《干校六记》中六个小标题"下放记别""凿井记劳""学圃记闲""小趋记情""冒险记幸""误传记妄"的翻译过程。葛浩文在提交译稿时并未确定小标题的译法，而是征求两位编辑的意见。他认为每个小标题中都包含"记"字，因此考虑将每一个小标题都译为"A Record of..."，以保持原文的工整结构。高克毅不同意这样翻译，他认为，六个小标题如果都译成"A Record of..."，首先太过重复；即使不考虑重复的因素，用"record"来翻译"记"也不理想，因为"record"过于正式，让人想到"document"甚至"file"，"record"更多是指由别人所写的记录，而非自己的叙述，尤其是像杨绛这般细腻委婉、娓娓道来的个人书写，绝对不能被译成"record"。高克毅建议参考林语堂对于《浮生六记》中现存的"四记"的翻译：

闺房记乐　Wedded Bliss

闲情记趣　The Little Pleasure of Life

坎坷记愁　Sorrow

浪游记快　The Joys of Travel

林语堂在翻译这"四记"时都忽略了"记"字，也舍弃了形式上的排比结构，只着重翻译每个小标题的核心含义。如果采用类似的思路，《干校六记》中的六个小标题可以译为：

下放记别	Departing for "Downunder"
凿井记劳	Well-Digging Labors
学圃记闲	Vegetable Tending
小趋记情	"Quickie" Comes into Our Lives
冒险记幸	My Several "Adventures"
误传记妄	Home—At Last

尽管这样翻译已经可以表达原文的含义,但高克毅认为这种翻译方法还是不能让人满意,因为译文没有传达杨绛机智灵动的文风。又经过一番推敲,他将这六个小标题的翻译进一步修改为:

下放记别	Farewell：Departing for "Downunder"
凿井记劳	Labor：Digging a Well
学圃记闲	Leisure：Tending a Vegetable Patch
小趋记情	"Quickie"：A Loving Companion
冒险记幸	Adventure：While All Ends Well
误传记妄	Wronged：But Home—At Last

高克毅还特别解释了译文中冒号的运用:从语言学的角度来说,字词和标点其实都是符号,因此可以尝试用冒号来代替"记"字,在冒号前放一个单词,模仿原文中"记"的后面是一个汉字的结构,尽量在意义和形式上都接近原文。按照这个思路,他又将钱锺书在"小引"中提到的"运动记愧"译为"A Sense of Shame：Participating in Political Campaigns"(摘自高克毅1982年5月12日写给葛浩文、宋淇的信)。葛浩文对此的评价是"Excellent!"以及"I agree whole-heartedly."(摘

自葛浩文 1982 年 5 月 14 日写给高克毅的信）。宋淇也非常赞同高克毅的译法，认为比林语堂对于《浮生六记》小标题的翻译更加工整贴切（译自宋淇 1982 年 5 月 13 日写给高克毅的信）。译者与编辑在对六个小标题进行翻译与修改的过程中，不断对翻译实践进行思考，这些思考是翻译实践的升华，对于翻译教学具有非常重要的参考价值。

特别值得一提的是，作者杨绛也参与了译稿的修改。尽管杨绛和钱锺书都是学贯中西的大师，但他们对于葛浩文的翻译并没有任何干预。在《干校六记》的英译本作为"译丛"丛书之一出版后，杨绛通过宋淇转给葛浩文一封信，感谢他的翻译，并对他的翻译大加赞赏，字里行间的谦逊和真诚令人感动：

> 读到您翻译的拙作《干校六记》，深佩译笔高妙，也极感荣幸。曾读过大译 *The Execution of Mayor Yin*，只觉得书写得好，忘了其中还有译者（我只读过英译本）。我但愿我自己的翻译，也能像您那么出神入化。专此向您道谢，并致倾慕，即颂著祺。
>
> （1982 年 12 月 27 日杨绛写给葛浩文的信）

宋淇是杨绛和钱锺书多年的好友，在杨绛写给宋淇的信中，她委婉地指出了翻译中的几处错误，希望再版时能改正：

> 《干校六记》原作有些不清楚的地方，容易误解，我校出几点错误，另纸录奉，万一译本再版，可以改正。
>
> p.13 左，末行。"an eastern kang"，原文看不出是多数少数。其实炕有七、八只，不（止）一只。
>
> p.14 左，第六行。"a pot of water"，原文"一锅炉水"，i.e. 一个

锅炉(boiler)的水,供全连喝并用的。

　　p.15 右,3 至 2 行。"friends and family from their home towns",原文"老乡"有两个意义:(1)同乡(fellow natives),(2)当地居民(natives of the village)。这里指的是本村居民,不是同乡。

　　p.23 右,末 3 至 2 行。原文"地主都让捡",意思是"even the landlords allowed us to pick them"。

　　p.39 左,第一行。"her stool",他是男同志。

(1982 年 12 月 27 日杨绛写给宋淇的信)

　　杨绛的处理方法非常巧妙,既体现了作者对译者的尊重,又从作者的视角指出了译文中必须修改的问题,不仅包括单复数、人称代词等细节,也包括具体器物及方言所指,尤其是对于"老乡"这个称谓的翻译,如果不加修改,的确会引起误解。杨绛所指出的这五个问题在《干校六记》英译本作为单行本由华盛顿大学出版社出版时均得以改正。

　　从对翻译过程的分析得知,译稿因为反复修改而不断完善,如果翻译学习者能在这一过程中同步学习,会对提升翻译水平大有裨益。葛浩文曾在访谈中提到他在最近几年所主持的文学翻译工作坊,由主办单位挑选一部作品让学员和葛浩文一起翻译、共同讨论,作者本人也参与讨论。葛浩文认为,"翻译工作坊的学习经验是一个渐进的过程,大家讨论如何翻译,如何把一个文学作品变成最好的译文"[1]。从某种意义上说,三十多年前葛浩文与编辑、作者围绕《干校六记》的合

---

① 葛浩文,《我行我素:葛浩文与浩文葛》,《中国比较文学》,2014 年第 1 期,第 43 页。

作,就类似于这样的工作坊,很多关于翻译的具体问题都能在这一渐进的过程中找到答案。目前已有学者对葛浩文在译者序言、译后记及访谈中所提及的翻译过程细节进行归纳和研究,对于翻译教学非常有意义。中国文学翻译档案馆所收藏的大量资料更为系统地再现翻译过程,如果能对这些资料进行整理和利用,并将其作为翻译教学的素材,一定能培养出更多高水平的译者,为中国文学"走出去"提供保障。

四、翻译研究

翻译过程研究的价值不仅在于翻译评价和翻译教学,更在于它以一种实践的方式揭示了翻译的本质,为翻译研究提供了新的思路。在翻译研究经历诸多转向之后,很多学者呼吁,翻译研究要回归本体,"将目光拉回到翻译活动本身,让翻译理论探索围绕翻译活动展开"[1]。翻译过程研究通过翻译活动本身来探究翻译的本质,"以理性的目光关注文本以及文本背后折射出的翻译根本性问题"[2],应该就是这样一种翻译研究的"本体性回归"。

《干校六记》的原文只有大约 33000 字,而翻译过程中这 83 封信件的总字数是原文字数的好几倍,可见翻译的本质绝不仅仅是从源语到目标语的简单置换,原文与译文之间的复杂过程和丰富内涵一目了

---

① 　许钧,《翻译研究之用及其可能的出路》,《中国翻译》,2012 年第 1 期,第 9 页。

② 　刘云虹,《在场与互动——试析许钧关于翻译批评的思考与实践》,《外国语》,2015 年第 2 期,第 99 页。

然。《干校六记》的翻译过程首先体现了母语为英语的译者和母语为中文的编辑之间的合作。译者和编辑发挥各自的母语优势,在两种语言、两种文化之间充分交流,努力使译文既符合目标读者群的阅读习惯与审美趣味,又准确传达原文文字背后深刻的文化内涵。杨绛的写作风格低调含蓄,看似平淡却意味深长,文中暗藏很多典故,而且经过巧妙的戏仿处理,对译者来说是不小的挑战。两位编辑国学底蕴深厚,不仅敏锐地发现穿插于原文中的典故,如"高力士""神行太保""不三宿桑下""八月十五夜赠张功曹"等,还为译者提供可以参考的翻译方法。例如:

> 我记得从前看见坐海船出洋的旅客,登上摆渡的小火轮,送行者就把许多彩色的纸带抛向小轮船,小船慢慢向大船开去,那一条条彩色的纸带先后迸断,岸上就拍手欢呼。也有人在欢呼声中落泪;迸断的彩带好似迸断的离情。这番送人上干校,车上的先遣队和车下送行的亲人,彼此间的离情假如看得见,就绝不是彩色的,也不能一迸就断。①

宋淇认为,杨绛在这里用了李后主《乌夜啼》的典故:"剪不断,理还乱,是离愁,别是一般滋味在心头。"并且下文中也有呼应:"我们等待着下干校改造,没有心情理会什么离愁别恨,也没有时间去品尝那'别是一般'的'滋味'。"②宋淇建议葛浩文加上脚注(译自宋淇在 1981 年 12 月 28 日写给葛浩文的信)。高克毅则对 *The White Pony: An*

---

① 杨绛,《干校六记》,北京:生活·读书·新知三联书店,1981 年,第 7 页。
② 同上,第 9 页。

Anthology of Chinese Poetry 中《乌夜啼》的译文进行修改，将"Cut, and not severed. Disentangled, not unraveled"①修改为"Cut it, and it severs not. Comb it, and it remains a knot"（摘自高克毅 1981 年 12 月 28 日写给葛浩文的信）。葛浩文采纳两位编辑的意见，添加如下注释：

> Here the author adapts a well-known lyric by Li Yu (937 – 978), "Last Emperor" of the Southern Tang dynasty. The original lines read：剪不断，理还乱，是离愁，别是一般滋味在心头。Rendered loosely, the lyric should read as follows：
>
> *Cut it, and it severs not,*
>
> *Comb it, and it remains a knot.*
>
> *Tis the sorrow of parting,*
>
> *Yet another kind of flavor in the heart.*

相似的例子还有钱锺书在"误传记妄"中所引用的宋词："衣带渐宽终不悔，为伊消得人憔悴。"②宋淇提供原词全文及刘若愚（James Liu）在《人间词话》英译本中的翻译，并对译文进行修改，将"I have no regrets as my girdle grows too spacious for my waist; with everlasting love for you I pine"改为"Although my girdle grows loose, I care not; for her I pine with no regrets"。宋淇还特别指出，这句词原来是词人为自己的爱人而写，王国维借用它来描述追求真理的境界，而钱锺书在这里是指自己对祖国的感情（译自宋淇 1981 年 12 月 28 日写给葛浩

---

① Payne, Robert, *The White Pony: An Anthology of Chinese Poetry*. London: Theodore Brun Limited, 1949.

② 杨绛，《干校六记》，北京：生活·读书·新知三联书店，1981 年，第 64 页。

文的信）。葛浩文采纳了宋淇的建议，将该句译为：

Although my girdle grows loose, I care not; for her I pine
with no regrets.

并加脚注：

The final two lines of Liu's *ci* to the tune of *Feng Qi Wu*.
Here the "her" clearly refers to the motherland.

除了对典故翻译进行探讨，《干校六记》中出现的学术机构名称也是译者与编辑交流的重要内容。文中所提到的专业机构名称非常集中，需要精确翻译，否则容易混淆，例如：

中国社会科学院，以前是中国科学院哲学社会科学部，简称学部。我们夫妇同属学部；默存在文学所，我在外文所。①

文中还有一些讽刺是建立在学术机构名称之上的，更需要细心传递，否则讽刺意义无法体现。例如：

一九七一年早春，学部干校大搬家，由息县迁往明港师部的营房。干校的任务，由劳动改为"学习"——学习阶级斗争吧？有人不解"学部"指什么，这时才恍然："学部"就是"学习部"。②

---

① 杨绛，《干校六记》，北京：生活·读书·新知三联书店，1981年，第4页。
② 同上，第56页。

为了解决这些复杂的机构名称的翻译,在宋淇 1982 年 6 月 18 日写给葛浩文的信件中,他专门整理出了《干校六记》原文中出现的所有学术机构名称和翻译方法,为葛浩文的翻译提供了可靠的参照。

学院:Academy

学部:Division

研究所:Institute

中国科学院哲学社会科学部:Philosophy and Social Sciences Studies Department of the Chinese Academy of Science

外文所(外国文学研究所):Institute of Foreign Literature

学习部:Studies Department

而作为翻译合作另外一方的葛浩文,则利用自己的母语优势,将原文中陌生的中国文化元素用地道的英语传递给英语读者,让英语读者能够跨越语言的障碍,真切体会原作细腻委婉的风格。《干校六记》的翻译过程证明,译者与编辑各自拥有母语优势,在翻译过程中同时在场,及时沟通,因而既能全面理解原文的内涵和意境,又能使译文的表达流畅地道,最大限度地传达原作的艺术特色,这一合作模式后来也成为公认的中国文学外译最佳模式。目前在海内外发行的中国文学英译期刊《今日中国文学》《中华人文》(*Chinese Arts & Letters*)和《人民文学》英文版《路灯》(*Path Light*)均采用这种"译者—编辑合作模式"完成译稿。①

此外,如前文所述,这 83 封信件还体现了作者、出版商、学者及读

---

① 许诗焱,《中国文学英译期刊评析》,《小说评论》,2015 年第 4 期,第 44 页。

者对于翻译过程的积极参与。杨绛对译者的尊重和对译文的严谨让人崇敬，华盛顿大学出版社社长 Donald Ellegood 也一直对《干校六记》英译本作为单行本发行鼎力支持，著名汉学家史景迁欣然为单行本撰写序言。当时已经是知名学者的夏志清对于"下放"的英译为《干校六记》的书名翻译奉献灵感。当时还是年轻学者的闵福德为是否能将"干校"译成"Downunder"提供咨询。当时在威斯康星大学任教的年轻教师刘绍铭则作为读者，为译本中背景知识的处理提出了有价值的建议。这些日后均成为汉学大家的学者在中国文学外译尚未全面起步的阶段，就围绕《干校六记》的翻译进行了卓有成效的合作，共同为译本的完善做出了贡献，堪称中国文学外译史上的一段佳话。由此可见，"翻译不仅仅是一种语言转换活动，更是一种跨文化的交流活动"①。余光中认为，"翻译如婚姻，是一种两相妥协的艺术。譬如英文译成中文，既不许西风压倒东风，变成洋腔洋调的中文，也不许东风压倒西风，变成油腔滑调的中文，则东西之间势必相互妥协，以求'两全之际'"②。《干校六记》的翻译过程就是这样一个"相遇、相知与共存的过程"，不同文化相互接触、相互碰撞、相互了解、相互交流，而"各种关系的和谐是保证涉及翻译的各种因素发挥积极作用的重要条件"③。《干校六记》的翻译过程不仅从实践的角度体现了翻译的本质，更为中国文学"走出去"目前所面临的"为谁译""该谁译""如何译""译如何"等翻译研究核心问题的解决提供了思路。

---

① 许钧、曹丹红，《翻译的使命与翻译学科建设——许钧教授访谈》，《南京社会科学》，2014 年第 2 期，第 3 页。

② 余光中，《余光中谈翻译》，北京：中国对外翻译出版公司，2002 年，第 55 页。

③ 许钧，《翻译的主体间性与视界融合》，《外语教学与研究》，2003 年第 4 期，第 290 页。

五、结　语

　　本文以《干校六记》翻译过程中的 83 封信件为研究资料,旨在为翻译过程研究提供一个具体案例,唤起大家对于翻译过程的关注与思考。由于当时的条件限制,葛浩文并未保留《干校六记》的翻译手稿,否则一定能为翻译过程研究提供更多的鲜活素材。进入数字化时代之后,保存翻译手稿相对容易:译者只需在电脑中分别保存每一稿,或者在每次修改时将修订功能打开,就可以将翻译的整个过程详细记录下来。俄克拉荷马大学中国文学翻译档案馆馆长石江山教授目前正在收集翻译家们的电子版手稿并寻求这些手稿的使用权,筹备建立中国文学翻译档案馆在线资料库,向世界各地的学者呈现更为全面的中国文学外译过程,为翻译评价、翻译教学和翻译研究提供新的空间与可能。

(原载《外国语》2016 年第 5 期)

葛浩文的翻译诗学研究

——以《红高粱家族》英译本为例

甘　露

一、引　言

近年来,翻译诗学研究已经成为翻译研究的热点之一。"诗学"一词最早出现在亚里士多德的文艺理论与美学名著《诗学》一书中,是指"组成文学系统的文体、主题与文学手法的总和"[①]。1973 年,亨利·梅肖尼克(Henri Meschonnic)在《诗学——创作认识论与翻译诗学》(*Pour la poétique—épistémologie de l'écriture, poétique de la traduction*, Gallimard, 1973)一书中,提出了"翻译诗学"这一概念,后又出版了专门研究翻译与诗学的专著《翻译诗学》。梅肖尼克把诗学界定为"关于作品价值与意蕴的理论",认为必须将翻译纳入诗学的轨道。[②]翻译文化学派旗手安德烈·勒弗维尔在《翻译、重写以及对文学名声

---

① Aristotle, *Aristotle's Poetics*. Iowa: Peripatetic Press, 1990, p.54.

② 袁筱一、许钧,《"翻译诗学"辨》,《外语研究》,1995 年第 3 期,第 60—66 页。

的操纵》(*Translation, Rewriting, and the Manipulation of Literary Fame*)中指出,影响文学翻译的三个因素是诗学、意识形态和赞助人。在勒弗维尔看来,所谓"诗学"有广义和狭义之分。广义上的诗学是指文学在整个社会系统所具有的功用和发挥的效能,狭义上的诗学主要指具体的文学策略和文学题材,包含文学手法、文学样式、主题、原型人物、情景与象征等。[1] 在文学翻译过程中,译者对原文进行"改写",任何形式的改写都是译者诗学观念和意识形态的反映。而译者的诗学观念又是整个社会主流诗学的反映,更是译者个人诗学取向的见证。

作为中国文学的知音,葛浩文三十多年来对中国文学的研究和翻译从未间断。其深厚的中英文功底、良好的中国文学素养、敏锐的文学眼光、高超的翻译技巧成就了获诺贝尔文学奖的莫言,同时也为中国文学在世界范围内的传播和与世界文学的平等对话做出了卓越贡献。《红高粱家族》是葛浩文诸多译作中最为成功也最受英语世界读者喜爱的一部。本文拟从翻译诗学观的视角,探讨和分析葛浩文在《红高粱家族》译介过程中所采取的策略和措施。在翻译《红高粱家族》的过程中,葛浩文充分发挥译者主体性,他的译本选择、翻译策略、改写技巧都充分彰显了他个人的翻译诗学观和社会主流诗学观。

---

[1] Lefevere, A., *Translation, Rewriting, and the Manipulation of Literary Fame*. London: Routledge, 1992, p.26.

二、文本选择的诗学取向

文学翻译中译者的首要任务就是选择合适的文本。关于文本选择,葛浩文认为:"确定选择标准,选择翻译谁的作品,对作者的多部作品进行取舍,什么时候开始翻译,对于译者而言,这些问题都是确定翻译的关键因素。"①

就葛浩文而言,首先,文本要满足译者的个人爱好。他个人非常欣赏莫言的作品,他曾称赞道:"我认为莫言写的东西不会不好,绝对不会,所以他的新作我都会看。"②葛浩文翻译过二十几位中国现当代作家的作品,但他毫不讳言地指出:"他是一个了不起的人。我必须承认,无论是从读者的角度看,还是从译者的角度看,他都是我最喜欢的作家。"他把莫言称为他的"英雄"③。他还认为翻译家最要紧的,是应该受到自己翻译作品的感奋。在葛浩文看来,"翻译一本劣书,根本不是错误,也非罪过,简直就是浪费"④。

---

① Goldblatt, Howard, "Border Crossings: Chinese Writing, in Their World and Ours", in Corinne Dale (ed.), *Chinese Aesthetics and Literature*. New York: State University of New York Press, 2004, p.218.

② 季进,《我译故我在——葛浩文访谈录》,《当代作家评论》,2009 年第 4 期,第 45—56 页。

③ Goldblatt, Howard, "Mo Yan, My Hero", *The Guardian*, 12 October 2012.

④ 葛浩文,《葛浩文文集——葛浩文随笔》,史国强编,闫怡恂译,北京:现代出版社,2014 年,第 11 页。

其次,译者的翻译诗学观潜在地操控着译者的翻译选材。作为一名资深的中国文学学者,葛浩文教授具有犀利的文学眼光,积累了对中国文学独到的鉴赏力,他翻译的五十余部中国文学作品基本反映了其个人的诗学爱好:质朴大胆、幽默风趣的民间创作风格。而他之所以选择《红高粱家族》,一个很重要的原因就是作品本身的文学价值:主题的象征意义和"寻根意识"、多角度的狂欢化叙事、浓墨重彩非常规的语言特色、魔幻现实主义手法的运用等。

再次,翻译文本选择还体现了葛浩文的译者责任。葛氏说:"美国一些书评家认为中国的文学有一个很普遍的问题,那就是都是写黑暗的、矛盾的、人与人之间坏的事,其实不是这样的,原因是大部分作品都是译者挑选的。这不是一个良好的现状,在这一点上我要负起责任来,可是我不能违背我自己的要求和原则。"①因此,葛浩文多次强调,翻译选材应该十分慎重,因为文学作品外译对于构建一个国家的形象至关重要,若选择错误或是译者诠释原作的能力有限,不能准确地表达原意,会造成译入语读者的误读,同时也是对原作者的不尊重。

译者的翻译选材还受到目标语本土文化意识形态的影响,同时也折射出目标语国家和地区的主流诗学爱好。葛浩文对西方读者的阅读兴趣有着非常清醒的认识,在翻译选材上基本符合他们的审美取向和阅读期待:"一种是 sex(性爱)多一点,第二种是 politics(政治)多一点,还有一种是侦探小说,中国的历史小说也颇受欢迎。"②除此之外,

---

① 曹雪萍、金煜,《葛浩文:低调翻译家》,《新京报》,2008 年 3 月 21 日。
② 季进,《我译故我在——葛浩文访谈录》,《当代作家评论》,2009 年第 4 期,第 45—56 页。

葛氏提到美国人对讽刺的、批评政府的、唱反调的作品特别感兴趣。①
而《红高粱家族》正是符合西方读者审美的优秀作品,作品细致地叙述
了"我爷爷"和"我奶奶"在高粱地里违背伦理的野合,精彩刺激;夸张
地描写了日本鬼子逼迫孙五活剥罗汉大爷的场面,血腥震撼;入木三
分地刻画了不同民间抗日地方武装各自为阵的局面,混乱无序。莫言
的这些叙事安排,对中国传统的革命历史文学而言,是彻头彻尾的解
构。"让长期以来被《荷花淀》《林海雪原》那样的传统中国革命文学史
观的'细粮'喂大的读者的肠胃受到了极大的考验。"②

　　在上述文本选择诗学取向的指导下,迄今为止,葛浩文教授已经
翻译了莫言的十部作品:《红高粱家族》(1993)、《天堂蒜薹之歌》
(1995)、《酒国》(2000)、《师傅越来越幽默》(2001)、《丰乳肥臀》
(2004)、《生死疲劳》(2008)、《蛙》(2009)、《变》(2010)、《檀香刑》
(2012)、《四十一炮》(2012)。《红高粱家族》英译本在英语世界的成功
译介与传播,是葛浩文审慎选择和考量文本的最好证明,其翻译目的
十分明确,选材标准和翻译原则十分清晰。

三、忠实翻译的诗学策略

　　随着20世纪七八十年代翻译研究的文化学转向,翻译研究的焦

　　① 罗屿,《葛浩文:美国人喜欢唱反调的作品》,《新世纪周刊》,2008年第10期,第
120—121页。
　　② 叶开,《莫言评传》,郑州:河南文艺出版社,2008年,第254页。

点从语言文字层面转到了文化层面,翻译活动也被视为两种不同文化之间的交流和传播。但忠实于原文仍是译者的基本要求,也是译者伦理规范的基本原则。关于翻译的"忠实性"问题,巴恩斯通认为,译者一定要心存读者,恰当运用直译与意译的翻译策略,力求达到忠实于原文和原文作者,传达原文的内涵色彩,再现原文的风格。

译者葛浩文对原著和原作者的忠实可以从莫言 2000 年 3 月在科罗拉多大学博尔德校区的演讲中窥见一斑:"我与葛浩文教授 1988 年便开始了合作,他写给我的信大概有一百多封,他打给我的电话更是无法统计……教授经常为了一个字、为了我在小说中写到的他不熟悉的一件东西,而反复磋商……由此可见,葛浩文教授不但是一个才华横溢的翻译家,而且还是一个作风严谨的翻译家……"①葛浩文一贯坚持译者应该忠实地传达原文原作者的意图,而不一定是作者写出来的语句,因此,他主张的忠实,应该是意义上的忠实、风格上的忠实、审美上的忠实。

莫言的创作植根于乡土,浸润着独特而深厚的中国文化,特别是《红高粱家族》,极富地域风格,同时充斥着魔幻色彩,蕴含着大量的源于历史和民间的文化负载词、成语、俗语、典故、谚语、神话和民间传说等,因而充满了浓郁的"中国特色"。通过对比《红高粱家族》原著和英译本,笔者发现译者葛浩文对上述这些文化专有项大多采用了"异化"的翻译策略,最大限度地保留了源语文化的异质性。劳伦斯·韦努蒂认为,"翻译的目的不是在翻译中消除语言和文化的差异,而是要表达这种差异,异化就是偏离本土主流价值观,保留原文的语言和文化差

---

① 莫言,《我在美国出版的三本书》,《小说界》,2000 年第 5 期,第 170—173 页。

异"①。

《红高粱家族》中蕴含大量的历史典故,这些典故言简意赅,语义含蓄深邃,能引起中国读者思想上的共鸣,但如何将其内涵传递给与中国人没有共同文化基础的英语世界读者,这是译者面临的一大难题,也是对译者翻译技巧的考验。葛浩文在处理这些文化典故时,采取了灵活的翻译策略,有逐字直译,也有在直译基础上的简单解释,最大限度地保留了源语的文化特质,但又照顾到了译本的接受度。如:

例1 "你简直就是**关爷面前耍大刀,鲁班门前抡大斧,孔夫子面前背'三字经',李时珍耳边念'药性赋'**。"②

莫言在这一段的写作中,一方面引经据典,另一方面也生动地刻画出曹梦九这个看上去正义凛然、文绉绉、颇有些装腔作势又滑稽可笑的人物形象。原文中的"关爷""鲁班""孔夫子""李时珍"都是中国传统文化的象征性符号,每个人物背后都有着复杂的历史文化背景,中国老百姓耳熟能详。而且,四个典故的引用是同义反复,都有"在行家面前卖弄之意",如果采取归化的翻译策略将其翻译为"to teach your grandma how to suck eggs",会丧失跨文化交际的作用,但是如果字字对应翻译又会使读者不知所云,引起阅读障碍。

葛浩文翻译如下:

---

① Venuti, Lawrence, *The Translator's Invisibility: A History of Translation*. Shanghai: Shanghai Foreign Language Education Press, 2004, p.5.

② 莫言,《红高粱家族》,北京:作家出版社,2013年,第110页。

"...like someone wielding an axe at the door of master carpenter Lu Ban, or waving his sword at the door of the swordsman Lord Guan, or reciting the Three Character Classic at the door of the wise Confucius, or whispering the 'Rhapsody on the Nature of Medicine' in the ear of the physician Li Shizhen..."[1]

在对这一段经典文字的翻译过程中,葛浩文整体进行了直译,但是正如香港岭南大学孙艺风所说:"对外交流时过度强调原汁原味,无异于难以下咽的中草药,若人家没有喝这苦汁的习惯,那也只好作罢。"[2]因此,为了让目标语读者对句中历史人物有一定了解而不至于过度显异,译者在人名前添加了"master carpenter""wise""the physician"等对人物身份进行说明,降低了译作的陌生化程度,帮助译文读者顺畅地阅读而不至于望而生畏,同时又保留了"中国元素"。

在《红高粱家族》英译中,类似保留文化异质性、旨在传递东方情调的译例不胜枚举。众所周知,中西方社会意识形态差异巨大,宗教信仰也有所不同,西方读者往往是以猎奇的心态阅读中国文学作品,期望从中国文学作品中管窥东方国度的神秘,探测中国的社会政治、经济文化、生活方式和宗教习俗等。作为目的语译者的葛浩文深知西方读者的阅读期待,因此在翻译过程中充分地保留了中国文化所特有的"异质性",力求"原汁原味"地传播中国文化之精髓。

莫言小说的语言极具个性,正如他自己所说:"如果说我的作品在国外有一点点影响,那是因为我的小说有个性,语言上的个性使我的

---

① Mo, Yan, *Red Sorghum*. Trans. Howard Goldblatt. London: Arrow Books, 2003, p.128.

② 孙艺风,《翻译与跨文化交际策略》,《中国翻译》,2012年第1期,第16—23页。

小说中国特色浓郁。"①在《红高粱家族》中，莫言淋漓尽致地展现了自己在语言运用上的高超技艺和独特风格：词语搭配往往突破传统语言学的规范，通感修辞的运用也时常出乎意料，以至于很多评论家用"感觉世界的爆炸"和"审美领域的突破"来评价《红高粱家族》的语言，这是莫言的作品大受中国读者喜爱之处，同时也是译者葛浩文所称道的地方。因此，葛浩文力图向译语读者展现、传达作家的语言魅力，忠实地再现原文刻画的意象和原作的文学性，以达到形神兼备的目的。如：

> 例2　我们村里一个九十二岁的老太太对我说："东北乡，人万千，阵势列在墨河边。余司令，阵前站，一举手炮声连环。东洋鬼子魂儿散，纷纷落在地平川。女中魁首戴凤莲，花容月貌巧机关，调来铁耙摆连环，挡住鬼子不能前……"②

这是《红高粱家族》中的另一个叙述者——九十二岁的老太太对"我奶奶"和"我爷爷"当年抗日壮举绘声绘色的描述。原文以快板的民间艺术形式呈现，句式工整、押韵，极富节奏感，充满地方色彩，凸显了作者莫言独具个性的语言。

葛浩文的译文为：

An old woman of ninety-two sang to me, to the accompaniment of bamboo clappers: "**Northeast Gaomi Township, so many**

---

①　舒晋瑜，《莫言：土，是我走向世界的原因》，《中华读书报》，2010年2月3日。
②　莫言，《红高粱家族》，北京：作家出版社，2013年，第11页。

men；at Black Water River the battle *began*；Commander Yu raised his hand，cannon fire to *heaven*；Jap souls scattered across the *plain*，ne'er to rise *again*；the beautiful champion of *women*，Dai Fenglian，ordered rakes for a barrier，the Jap attack *broken*…"①

在翻译中，葛浩文用"men""began""heaven""plain""again""women""broken"等词创造了新的韵脚，同时保留了原文工整的句式和短促明快的节奏，使目的语读者读上去仍然朗朗上口，体会到原文的神韵，再现了原作的诗学语言特征，真正达到了艺术性和可读性兼具的效果。

《红高粱家族》的英译本体现了译者葛浩文以忠实为首要原则的翻译诗学取向。然而，译者如果绝对地忠实于原文，那译文必定拘谨、生硬、晦涩难懂。葛浩文认为，"（它）通常是无意出之，但或许是失真中最狡黠的，便是一种矫揉作态、古古怪怪，有时甚至是佶屈聱牙的译文，而原作中丝毫没有这种疵瑕"②。如此，译入语读者不会有兴趣阅读这样失去了艺术性的译作，也就达不到有效传播原作的目的。因此，忠实并不只是一味追求与原文语言层面的字句对应，为了更好地达到交际目的，译者需要在忠实于原文意义的基础上，适度地进行再创作。

---

① Mo，Yan，*Red Sorghum*. Trans. Howard Goldblatt. London：Arrow Books，2003，p.13.

② 葛浩文，《漫谈中国新文学》，香港：香港世界出版社，1980 年，第 106 页。

四、适应性的诗学改写

众多国内外的翻译家并不否认翻译是一个再创作的过程。根茨勒指出文学翻译的过程是一种"二度创作"。勒弗维尔认为翻译就是改写，也就是操纵。赫曼斯认为，"所有的翻译都意味着为了某种目的对源文本进行的某种程度上的操纵"①。在翻译实践过程中，译者不可避免会受到译入语国家意识形态、主流诗学观和赞助人的操控和影响，对原文进行改写。

在《写作生涯》一文中，葛浩文谈及了自己的改写翻译观："就我的翻译经验而言，原文作者应该宽容和理解译者，因为毕竟是用另一种语言在叙述原文作者所描述的事情，改写在所难免，何况翻译其实就是改写，如普希金所言，'百分之九十的翻译都是不充分的'。"②在他看来，一个称职的译者"应尊重原著，但不必畏惧原著"③。

葛浩文自己也不否认在翻译《红高粱家族》的过程中为了符合译入语规范而适当运用改写策略的事实。在他看来，为了适应译入语意识形态、迎合读者阅读旨趣、遵从编辑专业判断、接受赞助人要求和建

---

① Hermans, Theo, *The Manipulation of Literature: Studies in Literary Translation*. London: Worcesler, 1985, pp.10 - 11.

② Goldblatt, Howard, "The Writing Life", *The Washington Post*, 28 April 2002.

③ 赋格、张健，《葛浩文：首席且惟一的"接生婆"》，《南方周末》，2008 年 3 月 27 日。

议,"改写"实属无奈之举,因为翻译的目的是被接受。但这种改写是建立在尊重原作者、忠实于原文基础上的适应性改写,而非随心所欲,目的是在源文本与二度创作之间寻求平衡。

改写往往是出于目的语意识形态的需要,尤其是在不同的政治意识形态和宗教信仰差异下,为了适应目的语读者的心理接受度,译者必须对原文进行适应性的调整和变通。如:

例 3 "我们是**共产党**,饿死不低头,冻死不弯腰。"[①]

"We're **resistance fighters**. We don't bow our heads when we're starving, and we don't bend our knees when we're freezing."[②]

在上例中,葛浩文没有把"共产党"一词直接译为"members of Communist Party",而是进行了创造性的改写,译为"resistance fighters",淡化了译作的政治色彩,但又尽力保留了原作的主要信息,展现了人物的气节,避免了因意识形态的差异而导致的读者的抵触和抗拒,增强了译文的可接受性。

葛浩文对《红高粱家族》原文中诸如"共产党""八路军""毛泽东"等具有政治信息的词语都进行了省译,或者将其改译为政治色彩不太明显的词。针对这些改写现象,葛浩文曾多次表示,为了调和中西方在意识形态上的差别,满足目的语读者的阅读喜好,顺应出版商的经济利益要求,对译文进行调整,实属不得已而为之,由此可见赞助人对

---

① 莫言,《红高粱家族》,北京:作家出版社,2013 年,第 345 页。

② Mo, Yan, *Red Sorghum*. Trans. Howard Goldblatt. London: Arrow Books, 2003, p.367.

译者翻译过程施加的影响和操控。

　　不同民族，不同国家，由于历史背景、地理环境、传统文化、具体国情等方面差异显著，人们在价值取向尤其是道德观念等方面的差别也不容小视。因此，葛浩文在翻译过程中对道德观念信息方面的改写也较多。如：

　　　例4　爷爷与她总归是**桑间濮上之合**。①
　　So she and Granddad were **adulterers**.②

　　"桑间濮上"源出《礼记·乐记》："桑间濮上之音，亡国之音也。"《汉书·地理志下》："卫地有桑间濮上之阻，男女亦亟聚会，声色生焉。"意指卫国是在淫靡之音的熏陶下，男女礼法不严，纵情声色，幽会于此地而已。因此原文中"桑间濮上之合"是用来委婉表达"我爷爷"和"我奶奶"不被社会伦理道德所接受的野合。由于这一典故对西方读者而言非常陌生，而且西方读者对"性"的话题毫不避讳，因此葛浩文在翻译的时候进行了合理的创造性改写，将"桑间濮上之合"译作"adulterers"（通奸者），毫不隐讳，直截了当，减少了译语读者的阅读困难，增加了他们的阅读兴趣。

　　葛浩文对道德观念的改写还体现在对人名的翻译上。小说中一个较为重要的女性人物是"二奶奶"，她本名"恋儿"，是"我奶奶"家里雇的下人，后因为与"我爷爷"发生私情而变成了我的"二奶奶"，即余占鳌的小老婆。葛浩文没有将她的名字音译为"Lian Er"，而是改写成

---

　　① 莫言，《红高粱家族》，北京：作家出版社，2013年，第90页。
　　② Mo, Yan, *Red Sorghum*. Trans. Howard Goldblatt. London：Arrow Books, 2003，p.107.

"Passion"。"Passion"有助于刻画她充满"激情"的性格特征,使她不守妇道、与身为有妇之夫的东家通奸的形象赫然现于读者眼前。

从上述译例可以看出,葛浩文在翻译实践中创造性地运用了改写理论,灵活采用了增译、省译、音译、改译、意译等策略与方法。其目的是使译入语读者更好地阅读源语作品,涉猎源语文化,促进跨文化传播与交流。正如孙艺风教授所说:"葛浩文的难能可贵之处在于他把现当代中国文学以生动、鲜活的状态,呈现给西方读者。缺乏活力的译作缺乏竞争力,葛译的成功之处在于极好的灵动性与可读性。"[①]因此,翻译即改写的观点合理地阐释了葛浩文的翻译诗学观和中国历史上"走出去"了的文学作品成功的原因,甚至可以说翻译改写是中国文学"走出去"的有效模式之一。但是,译者的诗学改写并不能随意而为、自由发挥,必须把握好度,要把文学经典形式、主流诗学地位、社会诗学态度和意识形态等诸多因素考虑在内。[②]

五、创造性的诗学叛逆

在《文学社会学》一书中,法国著名文论家埃斯卡皮率先提出"创造性叛逆"这一概念。他指出:"说翻译是叛逆,那是因为它把作品置于一个完全没有预料到的参照体系里(指语言),说翻译是创造性的,

---

① 孙艺风,《翻译与跨文化交际策略》,《中国翻译》,2012 年第 1 期,第 16—23 页。
② 杨柳,《翻译的诗学变脸》,《中国翻译》,2009 年第 6 期,第 42—47 页。

是因为它赋予作品一个崭新的面貌，使之能与更广泛的读者进行一次崭新的文学交流，还因为它不仅延长作品的生命，而且……赋予它第二次生命。"①国内最早关注翻译的"创造性叛逆"这一特征的学者是谢天振。他在 1992 年撰写的《论文学翻译的创造性叛逆》一文中从译者—媒介者、读者—接受者和接受环境这三个方面对文学翻译中的"创造性叛逆"这一概念进行了深入的研究，后又在其著作《译介学》一书中加以丰富与深化，并指出："没有创造性叛逆，也就没有文学的传播与接受。"②在译入语主流意识形态和诗学观影响下，为了增强译作的可读性和可接受性，葛浩文在翻译《红高粱家族》的过程中也在不同层面进行了创造性叛逆。

《红高粱家族》突破了传统叙事的藩篱，不是采用线性的叙事结构，而是在时空上不断变换，顺叙倒叙交替，连源语读者都容易产生无所适从的无序感。为了减轻目标语读者的阅读负担，葛浩文在翻译过程中适当改动了段落顺序，按照事件发生的先后顺序重新叙述，使译文读起来更流畅自然，更容易被译语读者理解。尽管在叙述顺序上进行了逻辑上的调整，但译者在字句层面基本上都是逐字逐句翻译的。不过，改写后的问题也随之出现："《红高粱》译文对事件的重组和调整虽然没有改变小说的故事，却改变了小说的情节，使译作的情节不像原作那样有较强的时空跳跃和闪回，从而造成译作读者不同的心理感受。"③

---

① 埃斯卡皮，《文学社会学》，王美华、于沛译，合肥：安徽文艺出版社，1987 年，第137 页。

② 谢天振，《译介学》，上海：上海外语教育出版社，1999 年，第 141 页。

③ 吕敏宏，《葛浩文小说翻译叙事研究》，北京：中国社会科学出版社，2011 年，第122 页。

另外，葛浩文还删除了一些前后矛盾或是容易产生歧义的内容，以减少目的语读者的阅读障碍，增强译文的可读性。例如，在《红高粱家族》第一章中，有这样一段话："县志载：民国二十七年，日军捉高密，平度，胶县民富累计四十万人次……农民刘罗汉，乘夜潜入，被捉获。翌日，日军在拴马桩上将刘罗汉剥皮零割示众。刘面无惧色，骂不绝口，至死方休。"①此段文字将"刘罗汉"刻画成一个高风亮节、临死不屈的英雄形象。而细读原著可以发现，刘罗汉只不过是一个普通的农民，勤劳、忠诚，还有几分懦弱，他之所以铲伤骡马，并不是什么抗日义举，而只是因为骡马不仅没有听他的召唤，还踢伤了他，他暴怒之下"用铁锨铲伤骡体马腿"，由此可见其心胸狭窄、充满报复心的个性。葛浩文在译文中进行了创造性的改写，将"铲伤骡体马腿无数"译为"took a hoe to our captured mule"，在刘罗汉名字后添加了"a conscript（被征召的）himself"以说明他只是被抓的农民而并非大义凛然的抗日英雄，消除了原文带来的歧义，后文也没有再出现这一矛盾的叙述。

在翻译《红高粱家族》的过程中，葛浩文发挥其译者主体性，进行创造性叛逆的译例还有其他。

例5　他确实是饿了，顾不上细品滋味，**吞了狗眼，吸了狗脑，嚼了狗舌，啃了狗腮**，把一碗酒喝得馨尽。"②

He was ravenously hungry, so he dug in, **eating quickly** until the head and the wine were gone.③

---

①　莫言，《红高粱家族》，北京：作家出版社，2013年，第92页。

②　同上。

③　Mo, Yan, *Red Sorghum*. Trans. Howard Goldblatt. London: Arrow Books, 2003, p.107.

原文中，莫言细致入微地描述了余占鳌吃狗头的过程："吞了狗眼，吸了狗脑，嚼了狗舌，啃了狗腮。"读之令人触目惊心，不寒而栗。而译者却用"eating quickly"将其一笔带过、轻描淡写，目的是照顾目的语读者的心理接受度。狗这种动物在西方文化中是忠诚的象征，同时也被视作人类的朋友，对于西方读者来说，以残忍的方式杀狗并吃狗肉的细节是不忍卒读的。深知西方读者接受心态的葛浩文看似对原文进行了背叛，实则是为了译作在异域的接受。正如葛浩文所说："我喜欢既要创造又要忠实——甚至两者之间免不了的折中——那股费琢磨劲儿。"[1]

在翻译过程中，译者葛浩文在目的语意识形态、主流诗学、赞助人和目的语读者的阅读期待显性或隐性的影响和操控下，看似对原作和作者进行了一定程度上的叛逆，但正如许钧教授所言："愚笨的'忠诚'可能会导向叛逆，而艺术的'叛逆'可能会显出忠诚。"[2]

这种合理、适度的创造性叛逆在文学的跨文化传播尤其是弱势文化向强势文化输出的过程中是不可避免的，也是值得提倡的。

六、结　语

通过对《红高粱家族》英译本和原文的对比分析和研究，笔者认

---

① 张耀平，《拿汉语读，用英文写——说说葛浩文的翻译》，《中国翻译》，2005 年第 2 期，第 75—77 页。

② 许钧，《文学翻译批评研究》，南京：译林出版社，2012 年，第 20 页。

为,在翻译过程中,译者葛浩文逐渐形成了他独特的翻译诗学观:以读者为中心,以忠实为基础,合理进行适应性改写和创造性叛逆,以译文的可读性和可接受性为旨归,以跨文化交流为最终目的。正是在这样的翻译诗学观指导下,葛浩文不遗余力地致力于中国文化、文学的对外传播,为中国文化"走出去",为中国文学在世界文学领域争得一席之地做出了杰出贡献。

(原载《上海翻译》2017 年第 1 期)

附录　访谈与评述

十问葛浩文

舒晋瑜

葛浩文先生为中国文学翻译到美国做了大量卓有成效的工作。他是把中国现当代文学作品翻译成英文最积极、最有成就的翻译家，翻译过老舍、巴金、莫言、苏童、冯骥才、贾平凹、阿来、刘恒、张洁、王朔，甚至还有春树等人的大量作品。

葛浩文，美国加州人，现任北美著名的圣母大学的"讲座教授"。汉语是约三十年前在中国台湾学的，但后来在大陆住过，所以他说自己的普通话有点南腔北调。这三十年来，他一直迷恋着东北著名女作家萧红，写过她的传记，译了她的几本小说，说了她半辈子的好话。

夏志清教授在《大时代——端木蕻良四十年代作品选》的序言中说，葛浩文是"公认的中国现代、当代文学之首席翻译家"。由于葛浩文的英文、中文都出类拔萃，再加上他又异常勤奋，所以他在将中国文学翻译成英文方面成就十分惊人。本报记者几经周折联系上了葛浩文，听他聊起翻译中的苦与乐。

读书报：您现在主要的工作是从事大学的教学工作，翻译中国小说占用您生活中的多少精力？ 向读者介绍一下您个人的情况好吗？

葛浩文：其实，翻译现在是我的主要工作，在大学只是一年教一门课。我偶尔也写一些杂七杂八的文章，但是大部分的工作时间都专用来翻译中文小说。除此以外,我也做点编书的工作,目前已编了七八本中文和英文书籍。

读书报:您被称为把中国现当代文学作品翻译成英文最积极、最有成就的翻译家,到目前为止您翻译了中国多少作家的多少部作品?谁的作品您翻译得最多?

葛浩文:到目前为止,我翻译了约二十五位作家(大陆与台湾)的四十来本书,包括长篇和短篇小说集。有五六本是和别人合译的。翻译得最多有两位(各五本):民国时代的作家萧红和当代作家莫言。

读书报:您什么时候开始接触中文和中国现当代文学?是通过什么方式接触?网络,报刊,还是图书?然后您通过什么方式接触作家?与中国作家打交道,您有什么样的评价和印象?您最喜欢中国的哪些作品和作家?能否评价中国文学的现状。

葛浩文:我在美国读研究院时已经开始阅读及翻译中文小说。那时(20世纪70年代)基本上只能看民国时期中国大陆的作品和60年代台湾地区的文学。怎么接触?主要是通过图书和报刊,当时根本没有网络。我翻译的作家有的认识,有的没见过,有的偶尔通信,有的没有机会认识(是出版社、经纪人等找我翻译的)。

我最喜欢的作品是正在翻译的那本,最喜欢的作家当然就是其作者。中国的文学现状非常多样,谈起来恐怕太广泛。简单地说,值得翻译、介绍到国外的作品比有能力、有时间翻译的人多得多。不可否认,各国读者的文学口味很不一样,因此有些本国人赞扬的作品不一定会在国外有市场。举个例子吧:在中国几乎无人不知的《牛虻》,美国大概没有几个人看过,连听都没听过。

读书报:您确定翻译的作家和作品时,是以什么样的标准?请您介绍一下出版的过程。版权问题和确定是否出版由国外的出版社还是您来负责？从事翻译工作的过程中,您遇到过最大的困难是什么？

葛浩文:我选作品,通常有两个条件:其一,我喜欢;其二,适合我译。这自然是个理想,有时达到,有时达不到。我和出版社之不同,主要是我不能考虑到市场,而出版社不能不考虑到市场。不需要考虑市场也算是一个理想情况。总而言之,翻译我喜欢的小说绝对是件不亦乐乎的事;翻译我不喜欢的小说为莫大的痛苦。

翻译中的困难多得很。一般不甚了解翻译的人认为最大的问题该是懂不懂原文。其实,这往往是最好处理的一面。为什么？因为解决方法很多:各类辞典,专家,等等。而自己的母语掌握得好才算是翻译成功的决定性因素。

读书报:在中国销量很大的作品,翻译到国外也许销量并不多,从事翻译工作,您的收入如何？

葛浩文:你说得很对,在中国能销十几万甚至于几十万册的小说一旦以另一个语言介绍到另一个国家,一万册算不错。日本大概是一个例外,而美国在这方面近来不如比它小的国家,像法国、意大利等。有些作品是出版社找我翻,给一个不算过分小气的翻译费。有些作品我与作者分预算版税,分法对双方都算公平。有时候也会有基金会支持某一本书的翻译。但无论如何,一个人最多能一年翻两本书,因此在我国靠翻译过日子不太容易。

读书报:在这些翻译作品中,您比较偏爱哪部作品？最喜欢的作家是谁？

葛浩文:对不起,我无法说我最喜欢哪个作品,一来,我翻译而且喜欢的小说很多;二来,我不愿意得罪任何作家。但我愿意提一提我翻译而销得最好的作品。详细数字我不知道,可是莫言的《红高粱》十二年来一直未绝版,销路该算很不错。再下来最好的恐怕是中国台湾作家李昂的《杀夫》及白先勇的《孽子》。阿来的《尘埃落定》(跟林丽君合译)销得也不坏。别人翻译的作品亦如此吧。

基本上,我没有不喜欢的中国作家!

读书报:中国现当代文学作品在西方的销路怎么样?什么样的作品最畅销?中国哪些作家和作品最受欢迎?把这些作品推荐给国外读者,您觉得容易沟通吗?您是否还做些其他的工作,比如宣传推广,或者写书评向读者推荐。

葛浩文:近几年来,历史小说相当受欢迎,再者或许是所谓"美女作家"的作品(chick lit),如棉棉、卫慧、春树等。

大概因为英语算是世界语,美国人不太爱读翻译小说,所以,只要我能帮出版社推销,我什么都愿意做。

读书报:苏童的《我的帝王生涯》和莫言的《丰乳肥臀》,最近由您完成了英译本,已在美国书市推出,反响怎么样?

葛浩文:苏童的《我的帝王生涯》和莫言的《丰乳肥臀》确实引起了外国文艺界的注意,两本都得到不少重要的评论。

大家比较重视的是在5月的《纽约客》里发表的、厄普代克写的四大页的评论《苦竹》。这对中国当代文学在国外的名声算是件大事吧,只可惜这位"酸老头"的基本心态是欧洲中心,用非常狭隘的、西方的文学标准来衡量中国文学。一旦发现有不同之处,并不认为是中国文学的特色,而是贬为中国文学不如西方/欧洲文学之处。

他连翻译都有所批评,可是他不懂中文,凭什么批评翻得好不好?所以他能提出的唯一的例子是"舔吮自己的伤口",认为是滥套。对他而言,这在英文里是个陈腔滥调,但中文原文就是这么写的,他无法对照苏童原文,以为我用了什么滥套把苏童小说译坏了。其实,我并不觉得这是什么滥套,他不过是吹毛求疵。

值得高兴的是,好评很多,也都发表在美国各大报刊。可惜对销路好像也没有特别明显的影响。不可思议的是,中国香港地区某读者看了厄普代克的书评,照单全收,写文章质疑我的翻译。我不敢自大说我的翻译绝对完美,但我不懂这位读者为什么相信厄普代克说的就一定是对的。

读书报:您认为中国的作品如何在西方文学市场打开销路,如何才能被更多的西方读者所接受、所认可? 在版权贸易方面,您对中国的出版社和作家有什么样的建议?

葛浩文:这个问题我希望中国作家不要放在心上,因为在这方面他们爱莫能助。市场问题不是我们所能控制、掌握的。

版权贸易方面我没有建议,有的话,只不过是班门弄斧而已。

读书报:为什么中国作家难获诺贝尔奖? 您愿意谈谈自己的看法吗?

葛浩文:说实话,我真不知道此奖到底肯定了什么,而更重要的,有上千好作家一辈子得不到此国际大奖,比如说厄普代克也尚未得过,而他的书评被看得这么重,也怪。严格来说,中国当代文学也只有二十多年的历史吧,来日方长。我相信将来一定有更多的机会。

(原载《中华读书报》2005 年 8 月 31 日)

《狼图腾》译者葛浩文：中国文学欠缺个人化

顾　湘

　　由全球最大出版集团之一的企鹅出版社买断的《狼图腾》英文版，2008 年 3 月在 110 个国家和地区发行。此次全球发行的英文版《狼图腾》共有 3 个版本：覆盖北美和拉美地区的美国版、覆盖亚太地区的澳洲版和覆盖整个欧洲地区的英国版。3 个版本均由美国著名汉学家葛浩文先生翻译。长江文艺出版社已获得在中国（不包括港澳台地区）以中国出版社的名义出版发行该书英文版的授权。

　　亚马逊书店关于《狼图腾》英译本的"编辑推荐"，开头就提到了这本书在中国四年多时间里总计发行 240 万册的破纪录销售情况，成为一种现象，并称此书是"仅次于毛泽东的'红宝书'的最受广泛阅读的书"。

　　英译者葛浩文近日来到上海，并接受了本报专访。葛浩文的中文说得很好，采访全部是以中文进行的。

　　B：《外滩画报》

　　G：葛浩文

　　B：听说你真的很喜爱《狼图腾》这本书。你不认为这本小说的语言存在平庸累赘等缺陷吗？还是说经过你的翻译之后，这些缺陷消失不见了?

G:我真的很喜爱这本书。就这本书而言,它最大的特点不是语言,而是它其中的一些精神。也许是因为作者是一个学者的关系,他比较能从西方的角度来看待一些问题,比如追求自由。有些东西西方人考虑到而中国人不太想得到,作者在这本书中却有了提示。另外这本书很个人化,中国文学普遍欠缺个人化。

B:有人将《狼图腾》的作者比作拉封丹,还有人将它与《白鲸》或杰克·伦敦的作品相提并论。你认为它与那些作品的区别在哪里?

G:比如杰克·伦敦笔下的狼,反映出的是狼性、狼的表现,但姜戎更以人为主,从人的角度去思考狼性是什么、为什么会那样。虽然我们都觉得狼是很凶狠的动物,但就像爱尔兰前几个世纪消灭狼,没想到使得二十年后当地的红松树林几乎消失了,就是因为狼的消失导致了生态失衡。狼性说起来很可怕,但世界没有这个就很危险。

B:那么你也赞同,此书中的人和狼,与其说是真实的人和狼,不如说都是作者说教、讲道理的传声筒?

G:作者的确是通过写它们在表述自己的观点。

B:那可以认为此书是在宣讲一种政治理念吗?

G:不能说这当中没有政治,但目标不是讲政治。像德国汉学家顾彬说该书宣扬狼性,甚至用了"法西斯"这个字眼,那是胡闹。不能简单地说作者的意图就是论政治。就像米兰·昆德拉提出,小说家的责任就是提问,而不是做出解答。姜戎提出了问题,引起读者们进行这样那样的思考,但他的责任已经到此为止了。他干的就是写小说,写完就完了,我干的就是翻译。顾彬是非常聪明的人,文学底子很强,我也很敬佩他,可我还是要说他错了。他重点研究的是诗歌而不是小说,而且他这个人,爱煽情,爱说耸人听闻的话。

B：在中国，推崇此书的有相当一部分是企业管理人员、集团董事局主席什么的，他们从中得到了诸如"狼性回归与企业进化"和一些团队策略的启发，称比读孙子和克劳塞维茨更长见识。你认为，在英语世界，它的读者最主要会是些什么样的人？

G：首先，西方的读者会追求那种异国情调。我们对蒙古民族一无所知，完全不知道蒙古族人是怎么过日子的。另外一些评论中提到了这本书的故事发展很吸引人。再就是这本书里写到了全世界人都关心的几件事，一是大自然的冲突，环保、生态方面的问题，再就是文化的冲突，比如西方与伊斯兰世界的争斗，这是全球很大的问题，但作者并没有说怎么解决。

B：作者没有引导读者得出结论吗？比如达尔文主义？

G：怎么说呢，弱肉强食是不可避免的，但如果为了让弱者生存而消灭强者，那么强者不存在了，弱者也无法生存。

B：你刚才提到评论认为此书的故事性很强，是否跟英译本对原作进行了删节有关？原书的议论占比重还是颇大的。

G：嗯，删去部分内容是英文版的编辑提出的。一个是各章节前的引言删掉了，编辑的意思是：我们读者爱看连贯的故事，受不了论文式的东西。还有就是结尾处一大篇都是议论的对话，很难让美国人已经读了五六百页的书，再去看两百页的讲道理。剩下的，整本书最多就少了十几页的内容。日译本是全部翻译的，上下两册，但上下两册的书在美国根本没人要看。

B：有评论认为，《狼图腾》的成功，只是出版人的成功，今天中国读者越来越习惯接受任何书籍都有可能忽然之间变得炙手可热。出版人认为那不叫炒作，只是推动，然后自然而然形成了包括读者、图书市场、媒体等因素的一个生态现象。你如何看待这个生态？它是健康的吗?

G:中国的情况我并不太了解,但是普遍来说,一本书,要同电影、音乐等形形色色的文化竞争,抢一个位置,是太不容易了。现在不会有几个人早上起床想到要去书店找本书来读读,就只能帮助他们去发现有那样一本书可以被读,各式各样的宣传和辅助手段都是应该的、必要的,总之能让本来没想到读书的人去读了那本书,就是件好事。

B:英文版的《狼图腾》也将在中国(不包括港澳台地区)发行,出版社发布的新闻稿说:"原价近30美元的美国版回归中国故乡,被削掉一半,最终定价确定为96元人民币。中国读者在品味原汁原味英文版的同时,还可以享受到《狼图腾》娘家人的实惠。"我不是很理解中国人有什么必要去读中文原著的英译本。

G:说实话我对此也有点怀疑。但出版社印了5万本,现在尚未上市,网上已经订出去5000本。按理说中国并没有那么多的外国人需要读英译本,但出版社考虑到中国有许多英语爱好者,他们可能想通过50万字的英文《狼图腾》来提高汉译英的水平,作为学习英语的途径。

B:你本人是从哪些渠道了解中国小说的?

G:在过去的十几年里,我每隔两年到中国,就是逛书店,买好多好多书,看起来有点意思的都买。回去之后就开始一本本读。是不是好书,读两页就能判断出来,不好的就放到一边,给学生或是图书馆。现在不这样了,我精力有限,而且会有学生、朋友、出版社或作者本人给我书。所以我翻译的中国小说,有自己发现去联系作者和出版方的,也有对方找上我的。比如阿来的《尘埃落定》是我自己看到发现真好,毕飞宇的《祖宗》也是,还有莫言和苏童的书我都是认定的,而且译得多了,对他们很熟悉也很对胃口。有次出版社找我翻译春树的书,我一开始想的是：别开玩笑了，不。但当时正好在完成一件工作、新工作还没开始的空档。我问别人："译她的书真的不会有损我的名誉吗？"他们说挺有趣的，结果我也发现那次的翻译经历是愉快有趣的，在休闲状态下轻松地做了件好玩的事。我译完的书，自己都不愿再看，因为可能再看就会觉得应该有不一样的翻译，会不舒服。

B：你因为《狼图腾》而荣获首届曼氏亚洲文学奖的翻译奖，获奖原因是你译得好，还是你选择了这本书来翻译？

G：这个……我也没想过，大概就是表扬我把这本书译成英文，给了我一个红包吧。

（原载《外滩画报》2008 年 3 月 25 日）

葛浩文谈中国文学

赋 格 张 英

一、中国小说与西方小说的差异

西方优秀小说格外注重对开篇第一个句子的经营，要写得吸引人，叫人一读而不能释卷。我们都忘不了《洛丽塔》开头那句"洛丽塔，我生命之光，我欲念之火……"。杰弗里·尤金尼德斯的《中性》开头写"我"出生过两次，第一次是女人，第二次是男人那段，也令人过目不忘。读到这样的句子，你怎么可能不继续读下去呢？

中国作家却不这样写小说。他们往往从久远的历史或作为故事背景的故乡娓娓说起。对西方读者来说，这样的写法不大容易在第一时间激发他们的阅读兴趣。

二、《废都》的遗憾

有一年,夏威夷大学出版社的编辑交给我一份贾平凹《废都》的译稿,让我看看有没有可能修改得像样一些。是一个在美国留学的中国博士生翻的,他跑到西安找到贾平凹,自报家门,说他想翻译《废都》。贾平凹就同意了。可惜这位留学生的英文水平实在太差了,翻出来的东西让人根本读不下去,完全是一堆文字垃圾。

我翻译过贾平凹的《浮躁》,这本小说得到了美孚石油公司赞助的一个文学奖。小说里有些我看不懂的西安土话,我就一笔一画地写下来向作者请教,但据说作者因此认为"葛浩文不懂中文",甚至得出"只有中国人能翻中国书"的看法。

《废都》英译本始终未能出版。时至今日人们还在谈论此事,为它遗憾。我不是说我有多么喜欢《废都》——其实我觉得这本书有点乏味——只是觉得应该把它介绍到美国,毕竟是一部重要的小说。

三、压在手里的好货

我抽屉里有五六本小说,已经翻译得差不多了,或者已经翻译到一半了(之所以没有继续进行),很简单,就是卖不出去。举个例子,梁晓声写"文革"的《一个红卫兵的自白》,直到现在我仍然认为这是一本值得出版的小说。我找人出版，他们说你多翻译一点给我们看，我说我全翻完了你不要我怎么办呢？我觉得有点对不起梁晓声，这本书已经放了十多年了，总有一天我要把它翻完。刘震云的《手机》我译了一半以上，没人要。

四、我不抢张爱玲

别人争先恐后地翻译张爱玲。大家翻，要我翻干什么？我不愿意任何人以为我是抢生意的人，很多人都在等着我做错事，然后批评我。当然，我的看法可能有点过分，但我知道有些人就是那样的，有好几个人写有关翻译的博士论文，都要把我写上去，好的有，不是很好的也有……最坏的名声是葛浩文不道德地和别人抢生意。

五、蛮欣赏王朔这孩子

我喜欢王朔，蛮欣赏这个孩子的。他说话很直，不拐弯。不过说实话，这个人我看不穿，但是我蛮欣赏他。在美国的时候，我看到的王朔是一个谦虚的人。真谦虚还是假谦虚不知道，但是我认为就是谦虚。我喜欢愿意唱反调的人，喜欢愿意表现个性的人。有人认为那是弱点，我认为是优点。

六、最好的合作是不用"合作"

翻译中遇到疑问，我一般会和作家联系，有的联系得多，有的很少。多的，像毕飞宇的《青衣》，恐怕我们两个人电子邮件里交流的字加起来，比整部小说的字数还多。比如第一句话我就犯愁："乔炳璋参加这次宴会完全是一笔糊涂账"，这"糊涂账"到底怎么翻译？糊涂账的意思我明白，但在小说里，为什么说参加宴会是一笔糊涂账？后来我在伦敦见到毕飞宇，他说，中国人喜欢请客，宴席上人多的时候，可能请人的和被请的都互不相识，不清楚谁请的谁，所以说是糊涂账。后来我爱人想到了一个好词，"blind date"——约会的双方互不相识。如果没有和作者交流的话就翻不出来。

曾有一位作家把他的一本小说交给我翻译，说："一个字都不能改。"

相反的例子是莫言。我们合作得好，原因在于根本不用"合作"。他总这样说："外文我不懂，我把书交给你翻译，这就是你的书了，你做主吧，想怎么弄就怎么弄。"其实，他的小说里多有重复的地方，出版社经常跟我说，要删掉，我们不能让美国读者以为这是个不懂得写作的人写的书。如果人们看到小说内容被删节，那往往是编辑、出版商为考虑西方读者阅读趣味做出的决定，不是译者删的。

（原载《南方周末》2008 年 3 月 26 日）

我译故我在

——葛浩文访谈录

季　进

　　2009 年 3 月,葛浩文来苏州参加第二届中英文学翻译研讨班,我说好请他和阎连科、毕飞宇、盛可以,还有蓝诗玲吃饭。那天在凯莱酒店大堂匆匆握手见面,连寒暄都免了,他是主事者之一,忙得不可开交。我和阎连科他们回房间边聊边等,可左等右等,总是不见他的踪影,我们只得先去吃饭的地方,留了学生等着陪他过来。幸好我订的饭店"土灶馆"就在凯莱酒店对面古色古香的平江路上,步行十分钟就到,不然真怕他连吃饭的时间都没有。到了第三天,陈霖请原班人马再到凤凰街吃晚饭,苏州的作家荆歌、朱文颖也来助阵。可能是研讨班已近尾声,葛浩文神闲气定了许多。荆歌为了检测葛浩文的汉语水平,说了两三个很荤的段子,葛浩文悠悠地拆解,闲聊中还偶尔利用一下。荆歌的检测结论,当然是绝对优秀。酒足饭饱之后,再到隔壁的茶楼,分成两拨喝茶。阎连科、毕飞宇,还有荆歌他们一拨,我们则找了个小间,跟葛浩文聊天访谈。其实后来想想,真应该请阎连科他们一起聊天,作家与翻译家之间也许更能激发出一些有趣的话题。那天晚上,葛浩文一支接一支地抽着烟,谈兴甚浓,妙语不断,我们的话题也像那圈圈烟雾,随意展开。可惜,访谈中的不少"妙语"都被葛浩文审阅时无情地删掉了,留下来的只是比较正经的、适宜发表的内容,却少了些葛浩文可爱、性情的一面。未经删节的版本，只能永远保存于我的电脑里了。

季进：葛老师，谢谢你接受我们的访谈。前天看到你那么忙碌，我都不好意思再提访谈的事。

葛浩文：没关系啦，老朋友了，我们随便聊聊吧。

季进：对对，我们只是随意聊聊天，至于能不能整理成一篇访谈，到时候再说。你这次来苏州主要是参加第二届中英文学翻译研讨班。我知道上一届是在莫干山，这是第二届。这个研讨班是个什么性质的活动？

葛浩文：这是中国国家新闻出版总署与英国艺术委员会、英国文学翻译中心、澳大利亚西悉尼大学等机构合作，由凤凰集团与英国企鹅出版集团联合承办的一个中英文学翻译研讨班，主要以交流研讨的形式进行中英文学互译实例分析。所以除了我、杜博妮、蓝诗玲等翻译者之外，还邀请了阎连科、毕飞宇、盛可以、王刚等作家，以及几十位从事中英文学翻译的学员，一起进行翻译实例的研讨。另外还有英译中的研习班，邀请了几位以英文写作的作家与中国的译者研习英翻中的技巧。

季进：其实是一个中英文学翻译的培训班吧？这对于培养中英文学的翻译人才倒是很有意义啊。

葛浩文：我们希望是这样，但效果如何，就难说了。

季进：这么多年，你一直坚持不懈地做中国文学的翻译，我知道这在美国绝对是一项孤独的事业。夏志清先生称你是中国当代文学的首席翻译家，应该也包含了一种敬意在里面。到目前为止，你大概翻译过四十多种中国小说？

葛浩文：翻译这玩意儿，一言难尽啊。我像个鲨鱼，你知道鲨鱼要不停地游动,一旦停止就死了。我做翻译就是这样,一定要不停地翻,一旦没事干,没有货了,没有小说翻了,恐怕就要归西天了,是吧?所以我说"我译故我在"。我没有统计过确切的翻译数量,我翻译完了,就不愿再看了。因为看到第一页、第二页就会觉得这里、那里应该翻得更好,结果我的自信心就会受到打击,于是我索性不再看我自己的翻译作品了。有时精装本要改出平装本,需要重看一遍,我也请别人代劳。

季进:这不是毛病,是精益求精,追求完美,可能你总是想着下一部会更好。

葛浩文:希望是那样子,但往往开始动笔了,信心就又受打击了。我认为一个做翻译的,责任可大了,要对得起作者,对得起文本,对得起读者,我要多想的话,恐怕早就放弃了,所以我不大去想这些问题。我觉得最重要的是要对得起读者,而不是作者。一般的作者英文并不好,他们都信任我。要是将来中国的作家英文都好了,那翻译这口饭就更难吃了。他们可能会对你的翻译说三道四,就更难做了。当然,也许等他们英文搞好,这种事情早就不在考虑之中,或许他们就用英文写作了。

季进:这可能不是最大的问题。你曾经说过,其实翻译不是最困难的,最困难的是选择。你现在是不是还这么认为?

葛浩文:也许说"困难"绝对了点,但重要的还是选择,这话没错。中国每年不知道要出多少小说,我们只能选三五本,要是选错了的话,就错上加错了。美国人对中国不了解的地方已经够多了,还要加上对文学的误解,那就更麻烦了。

季进:你选错过吗?

葛浩文:我选错过。

季进：比如说？

葛浩文：这个不能说了。呵呵。当然，有的也不是我选错的，而是出版代理给我的。代理告诉我有一家出版社愿意出钱找人翻译某一本小说，正好那个时候我有空，就接下来了。像这个就不是我选错了，而是非做不可的。

季进：有时候好奇怪啊，像《北京娃娃》《狼图腾》这样的作品在国内并不被看好，却在国外获得不小反响，甚至评价很高，真正是墙内开花墙外香。这里面文化的差异、解读的取向应该是不可忽视的因素。

葛浩文：没错没错。一个国家的评价标准或者说文学观，跟另外一个国家的文学观当然是有差异的。《狼图腾》的书评普遍说它非常好，甚至有人说是年度最好的中文小说，连美国的《国家地理》也会发《狼图腾》的书评。《国家地理》发行量很大，每个月上百万份，这对《狼图腾》的销量肯定会有影响，现在已经出了平装本。到目前为止，《狼图腾》也许可以说是一本突破性的中文作品。有时候我也纳闷，我常常选择我特别喜欢，也认为是老美非读不可的作品来翻译，可是他们未必那么喜欢。其实美国人爱什么，我也不知道。我只知道我爱中国文化、中国文学。

季进：哈哈。那一般的美国读者比较喜欢哪一类中国小说？

葛浩文：大概喜欢两三种小说吧，一种是 sex（性爱）多一点的，第二种是 politics（政治）多一点的，还有一种侦探小说，像裘小龙的小说据说卖得不坏。其他一些比较深刻的作品，就比较难卖得动。

季进：裘小龙的小说不能算中国小说吧？算是华裔作家的英文小说。不管怎样，你基本上还是按自己的兴趣来选择翻译的作品，那现在国内每年都有大量的作品，你怎么选择呢？是有固定渠道，还是很随机的？找你翻译作品的人应该不少吧？

葛浩文：我就是照自己的兴趣来，基本上只翻译自己喜欢的作家作品。有的是出版社找我的，有的是作者本人给的，有的是我自己偶然看到的。我也不可能天天在刊物上寻找什么作品，那样我就没时间做别的了，我在家里还有自己的生活。很多时候一部作品能不能翻译，还得看出版社的意思呢。我抽屉里面翻完的，或者快翻完的，或者翻了相当部分的小说大概不少于十本，但是出版社不要也没辙。

季进：那些别人给的作品，也要看看是谁给的吧？

葛浩文：对啊。比如说莫言，我们都认识好多年了，我认为他写的东西不会不好，绝对不会，所以他的新作我都会看。

季进：说到莫言，那我们就先聊聊他吧。我知道他和苏童可能是英语世界中最有影响的中国当代作家，也是你翻译得最多的作家。你最早怎么会想到翻译莫言的？这种信任感是怎么形成的呢？

葛浩文：我最早读到的莫言的小说是《天堂蒜薹之歌》，我很惊讶，也很喜欢，其中的爱与恨很能打动人。我就写信给莫言，莫言回信说很高兴我能翻译他的小说。后来，我又读到《红高粱》，没看几页，我就坐不住了，马上跟莫言说，《天堂蒜薹之歌》是很了不起，但是我觉得作为他的第一本与英语读者见面的作品，《红高粱》会是更好的选择。所以，我先翻译了《红高粱》，然后是《天堂蒜薹之歌》《酒国》《丰乳肥臀》《生死疲劳》，还有一本中短篇小说集。

季进：好像莫言的作品销得还不错？

葛浩文：也就《红高粱》最好，我查了一下，已经发行到两万册左右了。虽然是印了十几年累计的数字，但中国文学的翻译能够到两万册，我已经很高兴了。

季进:可是翻译小说在中国很受欢迎,销量很大的,这个问题其实涉及中国文学在国外的传播问题,我们一会儿再聊。我想问你,你觉得莫言写得最成功的作品是什么?

葛浩文:我觉得《生死疲劳》是一部非常非常有意思的小说,写得真好,《檀香刑》写得也不错,但是非常残酷的,真的残酷。

季进:对,虽然是想象出来的,可是看得人毛骨悚然。

葛浩文:对,毛骨悚然,都是想象出来的。凌迟其实不是这么一回事,凌迟嚓嚓砍头,他不是,他写凌迟到最后只剩下两只眼睛。还有檀香刑的刑法,太恐怖,太可怕了。我始终认为莫言是一个非常了不起的作家。他的《酒国》看过没有?

季进:看过,《酒国》在国内评价并不高,并不受重视。

葛浩文:这本小说也很有意思,结构上有两个主线,一个是侦察员丁勾儿到酒国市调查干部烹食婴儿事件的故事,还有一个是作者莫言和文学青年李一斗的通信,最后还有李请求推荐发表的几篇短篇小说。那个人的小说写得实在不怎么样,但是每一篇小说,都是模仿中国各种各样的小说,从狂人日记到武侠小说,再到魔幻小说、先锋小说之类,都模仿了一遍。我觉得最了不起的是一个好作家愿意而且能够写那样的小说。故事演变到最后,几个线索都合并起来了,真不简单。

季进:莫言的长篇结构上都很讲究,他最大的成功也是结构。他的几部长篇的结构都各具特色,那个《檀香刑》用猫腔,《生死疲劳》变成了六道轮回。我觉得莫言是当代作家中少有的、天才式的作家,他那种文学的感觉是其他作家学不来的。

葛浩文:是啊,这个人真是聪明,你要是跟他一起,你问他什么,他都能说。还不是扯淡,他真能说。有一次,他在我美国家里住过三个晚上,他住的小房间有一个书架,有不少中国台湾地区的作品,很多是当时大陆看不到的。他临走前我对他说,那个书架上你要什么书就带回去,他说,没有关系,我都看过了!好几十本呢,他竟然都翻过了!

季进:所以,这么聪明的作家学什么东西都快,包括对外国文学的借鉴。

葛浩文:说到这事,我问过莫言,他说很喜欢福克纳,也很喜欢马尔克斯。有一天我问他,你到底看了多少福克纳和马尔克斯?他说《百年孤独》没看完,一直想看,总是看了一点,就放下。前不久,他告诉我,说后来邀请他到日本去参加一个什么会,听说马尔克斯也要参加,他说,啊呀不好意思了,就很快地把那本《百年孤独》看完了。结果那个会马尔克斯没去,书白看了。

季进:他有一次在日本的演讲,题目就是"两座灼热的高炉",指的就是福克纳和马尔克斯,会不会就是那次会议的演讲?

葛浩文:不知道是不是那次会议,有可能。我又问他福克纳的看了多少,《喧哗与骚动》看了没有?没看。那你到底看了什么?就看了几个短篇。他说我不用看福克纳很多作品,我能够跟他认同的,他是我的导师,这个人(福克纳)大概就是我。我劝莫言说,多看看福克纳的作品,说不定你的观念就要改变了。他说,所以我不看!

季进:哈哈,有意思,只要看几篇短篇就可以成为"灼热的高炉"了。不过,福克纳的短篇是写得精彩啊。如此看来,莫言小说里的高密乡,未必就跟福克纳的"约克纳帕塔法世系"直接相关了。以后研究莫言与外国文学的关系,还真得小心求证呢。除了莫言,你翻译作品最多的是苏童吧?

葛浩文:对啊,苏童也翻得比较多,《米》《我的帝王生涯》《碧奴》,现在正在翻第四本,中文好像是《河上十一年》,快要翻完了。

季进：现在的名字是"河岸"，比"河上十一年"好多了。这本小说刚刚在《收获》上发表，写得真不错，是我们熟悉的苏童。你能不能评价一下苏童的小说？

葛浩文：我喜欢他的作品，尤其是《米》和《我的帝王生涯》。《米》写得特别好，小说里一片黑，一个好人都没有，一点好事都没有，就像陀思妥耶夫斯基抓住人内心的黑暗面，然后完全把它表现出来。其实，人不可能总是那种 good side，不可能，每个人都有 bad side，坏的黑暗的一面，一辈子都在压，压压压，压下去，但偶尔也会爆发出来。苏童更加极端，他全部写 bad side，甚至把好的一面也压下去了，所以他描写的那些人的内心世界真是丰富。我基本上同意"人性本恶"。《我的帝王生涯》虽说是历史小说，可还是能看出它的当代指向。对了，这里有没有苏北人？苏童的新小说里面有一个词儿，没有人知道，他说这是苏北的土话。

季进：哪个词？

葛浩文："空屁"。

季进：这是小说主人公的绰号，"空屁"，在我们家乡话里就表示什么都没有，什么都不是。

葛浩文：嗯，我明白他的意思了。小说里写主人公对他爸爸说，你这样就空屁了，全世界都空屁了，别人把我叫作空屁，现在我不跟你姓了，我姓空了，名字是屁，空屁。小说里还形容这个人比空还虚，比屁还臭。我明白他的意思，但是我得琢磨琢磨如何翻译，理解和翻译往往是两码事儿。

季进：你可以用拼音，然后用注释说明它的意思，照你这样一转述，"空屁"已经不仅仅是一个语义的效果了，它也像一个符咒。

葛浩文：我现在用的就是拼音。这个词用声音念出来，才更有意义,很难找到合适的英文,也不能直译。

季进:翻译确实很困难。毕飞宇的作品你翻译过《青衣》? 你好像很喜欢毕飞宇,既喜欢他的作品,也喜欢这个家伙。

葛浩文:对对,我特别喜欢。我和我太太翻了《青衣》,已经出版了。《玉米》也已经翻好,刚看完校样。《推拿》刚看完,也很好,我很愿意翻,他也愿意我翻。不过,一旦版权卖给出版社,出版社就要选择译者,未必会找我,找我的话,我当然很愿意。毕飞宇很能写,是很独特的一个人,你看他跟京戏没有接触,可是能写出《青衣》;《玉米》写三个小镇里的姐妹,他能写得入木三分;《推拿》也是,所写的经验,跟他几十年在世界上的生活毫无关系。特别是那个《玉米》,他怎么能那么了解女人呢? 我问过他,怎么能写出这些完全不同的作品,他说,我只要抓住人的内心、人的思想、人的感觉,那么再找个故事套在上面就可以了。

季进:一直都说苏童写女人写得很好,没想到毕飞宇的《玉米》《玉秀》也是很厉害。

葛浩文:毕飞宇将来也会是大作家,我相信。

季进:毕飞宇在隔壁听到这话,一定乐开了花。呵呵。你现在是不是在翻译阎连科的东西?

葛浩文:我只翻过阎连科的短篇。《丁庄梦》别人正在翻,还没有翻完,听说还要半年才能完工。大概很难吧。

季进:如果这个不容易的话,那《坚硬如水》就更难了。《坚硬如水》里面所有的叙事语言,全是从"文革"时期各种各样的大字报啊,口号啊,标语啊,三句半啊,顺口溜啊,这些东西转化过来的,外国读者根本搞不清楚,除非你每一页都加很多很多的注解。小说的情节翻译起来没有问题,但它的叙事语言的不可译性很明显的,很难。我们是20

世纪 60 年代出生、70 年代成长的一代,还能够感受到《坚硬如水》那种语言的氛围,没有经历过那个时代的"八零后""九零后"的读者,已经读不出《坚硬如水》文字背后的东西了,也不会喜欢。对于外国读者来说,可能更难,你哪怕用很好的英文传达过去,背后的东西他们还是很难体会。

葛浩文:这当然是个挑战。那天我和阎连科坐在咖啡馆,谈了一个多小时,谈到新小说的构想,构想得真是好,但我不能多说,因为他还没写呢。如果跟出版社说好了,倒愿意翻译他这部新小说。这部小说应该比《为人民服务》《丁庄梦》更能代表阎连科的实力。

季进:给你这么一说,我们也对阎连科的新作充满期待了。你好像也翻过李锐的东西?

葛浩文:我翻过他的《旧址》,我觉得是好小说,也翻了一部分《万里无云》,还有一个忘了名字。

季进:《银城故事》?《无风之树》?

葛浩文:对,《无风之树》,翻了大概三分之一,给出版社,出版社不要,他们说绝对没有市场。后来马悦然急着要出版,找了另外一个人翻译,那个人是我的一个学生,挺不错的,我就跟李锐说很抱歉,我不能跟我的学生抢工作,就让他来翻译好了。

季进:他的《银城故事》可能倒有市场的,对中国现代史感兴趣的人也许可以看看。

葛浩文:李锐写得很不错的,特别是《旧址》写得很好的,书评也好,《华盛顿邮报》《纽约时报》都发过很好的书评,可惜还是卖得不好。

季进:像《华盛顿邮报》《纽约时报》上的这些评论,是媒体组织的,还是出版商组织的?

葛浩文:都是媒体自己选择和组织的,出版商会把书送给他们,由他们自行决定是否评论。你绝对不能去拉什么关系,一拉关系就死了,就完全封杀掉了。

季进:嗯,这种独立的评论,保证了它的权威性。除了这几位,你最近还有什么翻译计划?

葛浩文:还有王安忆的书,就是《富萍》,已经翻译了一部分。我认为《富萍》写得很好,王安忆是写自己熟悉的上海弄堂生活,我很喜欢,所以主动跟王安忆说我要翻,希望能快点做完。另外,还有家出版社邀我重翻《骆驼祥子》。《骆驼祥子》已经有三个译本了,都不好。最早的译本是抗战时一个日本集中营里的英国人翻的,他认为英美读者看中国的东西要是一个悲剧的话,会接受不了,所以就改了一个喜剧性的结局,完全歪曲了原著。后来北京外文出版社又出一本,可是他们依据的是老舍根据政治需要改过的版本,又是照字面翻译,没了老舍作品的味儿。还有一个译本是一个美国人翻的,夏威夷大学出版社出的,这个译者不知道文学作品的好坏,英文的把握也很有问题。我觉得这实在对不起老舍。我喜欢老舍,由我来翻可能会做得稍微好一点。

季进:其实,从数量上来讲,华语文学(包括港台文学)翻译成英文的已经不少了,但是影响还比较有限。

葛浩文:美国人不怎么看重翻译的东西,他们对翻译总是有些怀疑,而美国人又懒得学外文,所以就只看英美的作品。不要说中国文学的翻译,拉美的、东欧的文学翻译,他们也都不大看的。现在渐渐好一点了。

季进:除了对翻译的偏见外,跟美国人的心态也有关系吧? 是不是有一种文化上的优越感?

葛浩文:是语言上的优越感吧。世界上很多国家的人都要学英文,说英文,美国人不用,因此对外文不重视。

季进：不管怎样,美国人对翻译的这种态度,还有他们的优越感,已经决定了中国文学翻译作品在美国属于边缘的边缘,这么多年你却坚持了下来,让中国文学有了更多发声的机会,我们应该对你表示敬意。这么多年仅靠兴趣是不足以支持的,靠的应该是信念。

葛浩文：没话了。

季进：哈哈,一表扬就没话了?

葛浩文：我的傲气现在是一点都找不着了。不是原来没有,有的,年轻时我吊儿郎当,很自信的。有一段时间我很想当个中国人,二三十岁的时候,觉得中国话美,中国姑娘美,什么都美,在家里穿个长袍什么的,多好。后来一想真笨,你要想当中国人,再怎么下功夫也没用,只有等转世投胎了。现在经常有人说我,葛浩文,你比中国人还中国人! 后来我听腻了,就问他,这是好话吗?

季进：呵呵。那说点实际的,在美国做翻译,经费主要从哪里来?

葛浩文：经费申请不太容易,幸好我在大学还有教职,有薪水,不需要完全靠翻译过活。我还有太太挣钱,可以支持我。有时也会申请一些经费,比如最近我刚刚申请到古根海姆基金会的资助,可以专心翻译《檀香刑》。古根海姆基金会很少资助翻译的,大都是资助科学、艺术创作方面的项目,所以我觉得很意外。

季进：你太太业余时间也做些中国文学的翻译?

葛浩文：我跟我"屋里的"已经合译了五本书了,包括刚才说到的《青衣》。我很想再跟她合作翻译一些,她很喜欢,因为她自己也写小说。可是她在大学工作,很难抽出时间一起做翻译。她的学问做得挺不错,应该让她把时间放在更重要的事情上,我来做做比较次等的工作,就是翻译。

季进：你的工作对于中国当代文学来说，也非常重要啊。

葛浩文：可惜英语界专门从事中国当代文学翻译的人实在太少了。现在专门翻译中文作品的，在美国和英国也许只有我跟蓝诗玲两个人。蓝诗玲目前翻了有四五本吧，阎连科、韩少功的小说就是她翻的。其他人只是偶尔客串一下。这也难怪，你如果在大学工作，翻译作品对评职称升等什么的没有用，绝对没有用。

季进：国内也一样。

葛浩文：所以我们才搞这个中英文学翻译研讨班，希望能培养一些年轻人，他们当中只要有几个人愿意下功夫翻译点东西，那就好了。

季进：有了翻译人才，还得看出版社的兴趣啊。美国的大学出版社重视积累、传播，可能还好，不会以经济效益为唯一的标准，可商业性的出版社，可能就只肯出有市场、有效益的译本了。

葛浩文：对了。商业性的出版社绝对不会慢慢地卖销量很小的作品，如果放在书店里两个礼拜还卖不好，就把它收回、毁掉。目前美国出版的中国当代文学作品主要是小说，每年大概也就出版三五本的样子，肯定不会很畅销。像莫言的《生死疲劳》能够卖一两千本就算是好的了。莫言的小说，除了《红高粱》，一直都卖不好，连苏童的东西也不太好卖。余华的《兄弟》可能好一些，海外也得到好评，但是我不知道会有多少人买。

季进：《兄弟》是我朋友翻译的，哈佛东亚系的周成荫和她老公罗鹏（Carlos Rojas）合作的。他们也是客串翻译，还获得了法国的一个奖。《纽约时报》又是登余华的访谈，又是登书评，也不知道会不会卖得好一点。

葛浩文：不见得会有什么作用，除非你得布克奖、诺贝尔文学奖、普利策奖，那销路一定好。不过，幸好还有一些美国的大学出版社不

"唯利是图",比如哥伦比亚大学出版社一直在坚持出中国文学的翻译作品,有台湾系列,有大陆系列。大学出版社的缺点是,不管作品多么好,销路总是一般,因为没什么钱做广告,但它会持续地销售,可以作为教材,一年就卖个两三百本、三五百本,他们也很乐意的。

季进:我知道哥大的这个系列,是王德威主编的,最新的一本就是王安忆的《长恨歌》,应该是最有系统的中国文学的翻译系列了吧?

葛浩文:是。我给他们翻译过好几本了,像朱天文、朱天心、施叔青、王祯和。王祯和的《玫瑰玫瑰我爱你》不知道看了没有,真好,讽刺得真到位,里面用了普通话、英语、中国台湾地区的闽南语等,还有些没法写的话,就画个小图,很好玩。

季进:既然说到王祯和,那就说说台湾文学吧。从你的翻译来看,你觉得台湾文学和大陆文学有什么不一样?

葛浩文:嗯,是有区别,区别在哪呢? 很难讲,要看具体的时代。20 世纪七八十年代的台湾作品比较带有国际性,不是那么狭隘地只写台湾,当然黄春明这样的作家是例外,他只写自己本地的故事,可是刻画人物及人性,很能吸引台湾以外的读者。像白先勇、陈映真这些作家,他们的作品就涉及台湾以外的地方。而那时候的大陆作家只写大陆,大陆背景、大陆思想、大陆故事,所以那时候大陆的作品我就不怎么喜欢。

季进:可以理解,那是特殊年代的特殊产物,其文学性是有限的。那你现在的感觉呢?

葛浩文:现在就不一样了,我觉得不少作家的作品具有中国特色,但又能"走向世界"。而现在台湾作家反而不写台湾了,写一些新时代的现代派的作品,我实在看不下去。要是写台湾,又太局限在台湾,没有能够吸引台湾以外的读者的"普遍性"。现在台湾的作家也不多了,可惜了。

季进:那香港文学你关注吗?

葛浩文:只翻过零星的几篇,西西、钟晓阳、董启章他们都是很不错的作家。

季进:到目前为止,除了巴金、老舍,你翻译的都是当代作家的作品。翻译这些作家作品的时候,你觉得他们的作品是不是构成一个看待当代中国的窗口?

葛浩文:通过翻译,我只能对作者本人有进一步的了解而已,并没有想通过他们的作品去了解什么社会。呃,社会很抽象,我看重的还是作者本人的思想观念。比如黄春明的那些故事、阿来的那些故事写得都很好看,我翻译的时候,就会对一个人、一个作者的人生观有了新的认识。这种人生观既是代表他本人的,也可以扩大到代表所有的人,这是一个谜,a puzzle,我就喜欢琢磨这个。

季进:嗯,你用了"puzzle"这个词,有意思。你翻译了几十部当代小说,那么你作为一个翻译家,对中国当代文学怎么评价呢?我个人感觉中国当代文学,放在整个世界文学的框架中来看,它的总体成就还是有限的。至少在引领 20 世纪文学潮流方面,中国作家从来没有走在前面,从这个角度来讲的话,中国当代作家恐怕还要努力。

葛浩文:很难评价。我们不说有没有伟大的作品,陀思妥耶夫斯基、曹雪芹这样的作家毕竟是百年难遇的。但我想当代文学还是有不少优秀作家和优秀作品的,很多作家都很努力,我对他们在不远的将来写出真正的杰作,还是很期待的。不过,我上次接受访谈时说过,中国文学还没有走出自己的道路,连作家自己都不太清楚要走向何方。我认为技巧不是最重要的,最重要的是要找到自己的声音。

季进:有道理。刚才你说中国的小说翻译在美国并不好卖,但你也说毕竟比以前好多了。一个很有意思的现象是,《纽约时报书评》去年罕见地以整版的篇幅介绍几本中国当代文学的翻译作品,包括《生死疲劳》《长恨歌》《为人民服务》和《狼图腾》,今年又发表关于《兄弟》等作品的评论,这在以前是不可想象的。

葛浩文:现在跟二十年前完全不一样了。因为奥运会,因为世博会,因为金融危机,中国的影响力越来越显现出来,当然也包括文学、电影方面的影响力。我相信再过几年,中国文学的地位在美国会超过日本文学。现在关于中国文学的书评还是不少的,《尘埃落定》《丰乳肥臀》的书评都是发表在《华盛顿邮报》《纽约客》这样的报刊上,有的作者还是很有名的书评家。

季进:我们曾经把《纽约客》上厄普代克评论《我的帝王生涯》和《丰乳肥臀》译本的文章译成中文在国内发表。《纽约客》的影响力甚至比《纽约时报》还要大,它们发表厄普代克的评论,也间接说明了中国的影响力。你好像对厄普代克的评论颇有微词?

葛浩文:厄普代克那个评论非常有问题。也许他评艺术评得好,可他连翻译都要批评,他不懂中文,凭什么批评翻得好不好呢? 他说"Duanwen was now licking his wounds"这句英语是什么陈词滥调,也许对他而言,这在英文里是陈词滥调,可是我回去看原文,原文就是"舔吮自己的伤口",还能翻成什么? 他无法阅读苏童原文,就以为我用了什么陈词滥调把苏童小说译坏了。我最不喜欢的是厄普代克的那种自我中心的心态,字里行间似乎总在说,这些人写的东西,没有一个能跟我比,不是我喜欢的东西。那他喜欢什么? 他喜欢自己,他就是标准,唯一的标准。一旦发现有不同之处,并不认为是中国文学的特色,而是认为中国文学不如西方文学。中国作品要都像西方作品,没有一点自己的特质,那还是中国作品吗?

季进：嗯，可能美国文学界、美国读者接受中国或者其他国家文学作品的时候，或多或少都是以自己作为一个重要的参照和标准的，厄普代克这样的大家也不能免俗。

葛浩文：其实我也管不了那么多，我只能考虑自己，翻译自己喜欢的作品。

季进：你对一些华裔作家的英文小说感兴趣吗？今年 3 月的《纽约时报书评》中国专版除了评价《兄弟》，还评了两位华裔女作家的作品，一个是欣然的 *China Witness*，一个是李翊云的 *The Vagrants*。还有哈金的作品，在美国也备受好评，我记得厄普代克也在《纽约客》上评论过哈金的《自由生活》。以前《纽约客》极少发表华裔作家的作品，可是这个李翊云连续发表了好几篇。这恐怕也是"中国热"的一部分吧？

葛浩文：他们的作品我看得不多，很奇怪《纽约时报书评》怎么会把欣然跟余华、李翊云放到一起。欣然的那本书基本上是纪实文学。李翊云是最近几年冒出来的女作家，很值得注意。《纽约客》上小说水准参差不齐的，有的完全是靠名人的名字。我看过那么多《纽约客》的小说，也没觉得有多少好作品。

季进：哈金的小说我看到现在就觉得《等待》写得不错，其他都很一般，像《战废品》（*War Trash*）可以说比较差了。

葛浩文：我同意你的看法。比如那本《等待》的开头，"孔林每年夏天都回到乡下去和他的妻子离婚"，多精彩啊，让人一见之下就想一口气读下去。

季进：夏志清夸你是中国文学最好的翻译家，这是对你几十年的翻译工作的充分肯定。可是这么多年坚持背后曾经遇到的困难，可能也难以言说吧，冷暖自知啊。

葛浩文：什么都是困难的，研究是困难的，翻译是困难的。那天我们小组讨论"好色之徒"这个词如何翻译，讨论了很久，到底表示坏到什么程度，又好到什么程度？不一定坏，也不算太好。要用哪一个英文词语才是最恰当的，很难决定。

季进：好吧，说了半天你的翻译工作，再简单说说你的研究工作吧。大家最早知道你，还是因为你的《萧红评传》，这本书是萧红研究的拓荒之作，也是经典之作。我听夏志清说，他对萧红的评价很高，本来也准备研究萧红，后来你跟他说起你要研究，所以他就没有再进行下去。

葛浩文：是吗？我最早开始研究萧红是很偶然的，大概 1970 年还是 1971 年，我在印第安纳大学图书馆，偶然读到了《呼兰河传》，没读几页，马上就喜欢上了她。当时中国的资料很难看到，不要说在美国，就是在中国也看不到萧红的书。后来有机会去北京，我还见到了萧军、舒群、罗烽、冯牧、萧乾一大帮人，还去了哈尔滨，去了呼兰河，到了那个地方，我激动得热泪纵横。

季进：那大概是什么时候？

葛浩文：1981 年。我后来还申请到一笔资助，在哈尔滨待了一年，做伪满洲国时期的中国文学的研究。说起来，我的翻译最早也是从萧红开始的，因为研究萧红，我要向美国汉学界介绍她，就开始翻译她的作品。后来，逐渐就完全转向了翻译，评论写得越来越少。

季进：你觉得你的《萧红评传》表达出来的感情，是对作品的感情，还是对萧红这个人的？

葛浩文：说实话，我的文学感觉太差，所以文学批评我做得不太好，我承认。我也不会为此难受的，不行就不行了，好在我还找到了一个我认为我能行的，那就是翻译。其实那个时候，萧红的作品我也只看了几本,其他的找都找不到。我的老师柳无忌先生是做中国古典文学的,这些不是他的专长,但他很支持我研究萧红,我非常感激他。再加上那时也没有什么文学理论,我就把她当作一个作家,当作一个人来研究,觉得她的生活、她的作品非常有意思。

季进:看来《萧红评传》表达出来的感情,既有对作品,也有对萧红的感情。仅凭这本《萧红评传》,已经确立了你在汉学研究方面的地位了。你是美国比较早从事中国现代文学研究的学者了,除了这本《萧红评传》,还有什么评论著作?

葛浩文:在中国台湾地区出过一本集子,叫"弄斧集",收集了一些研究性的论文,还有一些演讲稿,再加几篇随笔。本来想叫"班门集"的,后来我知道能写出这一本已很不容易了,所以就直接用"弄斧集"了。

季进:这一本我倒没看过,应该把《萧红评传》和《弄斧集》等一起在大陆重出一下。其实你写过不少译本的译者导言,汇集起来,也是很好的一册啊。

葛浩文:我考虑一下,好不好?有点不好意思,我学问搞得不怎么样的,要出洋相了。

季进:哪里啊,你太谦虚啦。后来你接触那么多中国作家,有没有发现气质上、性格上,或者作品的文体上,比较接近萧红的?

葛浩文:好像没有。萧红只活到三十多岁,我熟悉她最后十年的生活。看起来她好像没什么个性,老是依靠别人,老是看错了人,是很容易受伤的一个人,可以说她确实是一个弱者。可是,她写的小说却一点都不弱,她的小说是很硬朗的,跟她个性好像不大一样。这就像要看一个人的自传,不如看他的小说,更能够了解他的真实人生。自传假的多,真的少,很多没做过的事情,都会把它写进去,很多做过的,当然也就不写了。

季进：钱锺书曾经讲过，某些人写自传的时候想象力是最丰富的，你要知道一个人，你得看他为别人作的传，你要知道别人，你倒该看他为自己作的传。自传就是别传。

葛浩文：对，但萧红写小说呢，没有这些动机，所以很愿意把心里的真话，都写到作品中，写到人物身上。

季进：你在科罗拉多大学待了多少年？

葛浩文：十三年。

季进：很久了。你带过不少学生，刘剑梅就是跟你读的硕士。学生中有没有人继承你的衣钵？

葛浩文：没有搞翻译的。说实话，我当老师当得不怎么好的，我是很自私的，我的"自私"和一般人的理解不大一样。我觉得自私不见得完全是不好的，我不害人，也很关心人，但是，每个人都有自己的一片天地需要去经营，不可能完全为公的。几十年之后，等我去向马克思，或者上帝、耶稣老爷报到时，我不能什么都没有，对吧？我不信教，虽然我现在教书的大学是天主教会办的。

季进：明白你的意思了。圣母大学给你讲座教授，需要教书吗？

葛浩文：不教了，挂个名，名义上是亚洲研究中心的 Director。没什么事做，我一个礼拜去一趟吧。

季进：那不错啊，可以全力以赴做翻译。本来想跟你再聊聊欧洲汉学家研究中国现代文学的情况，比如马悦然、顾彬、柯雷、贺麦晓这些人的，时间关系，我们就避开吧。如果请你对中国当代文学还有当代文学翻译说几句话，你会怎么说？

葛浩文：这样太正式了，呵呵。虽然我对中国当代文学很难准确地评价，但是我对中国当代文学的未来还是充满信心的。中国文学今后的发展方向不会是退步，一定是进步；不会走向封闭，一定是更加自由。我也说过，中国文学已经开始了创造的时代。我希望不远的将来能翻译中国文学真正的杰作。

（访谈已经葛浩文教授审阅、删定。）

（原载《当代作家评论》2009 年第 6 期）

葛浩文"没有翻译，我就不能生活"

付鑫鑫

今年 3 月 17 日，香港，毕飞宇凭《玉米》荣获第四届曼氏亚洲文学奖，成为该奖项自 2007 年创立以来，第三位获此殊荣的中国作家。前两部作品分别是 2007 年姜戎的《狼图腾》和 2009 年苏童的《河岸》。

《狼图腾》与《河岸》都由葛浩文教授翻译，而《玉米》则是他与太太林丽君教授合译。

夫妇合译的新作——贝拉的《魔咒钢琴》即将由上海电影集团制作完成公映。就在上周六(6 月 11 日)举行的第 14 届上海国际电影节开幕式上，《魔咒钢琴》剧组主创人员还踏上红毯登台亮相。

20 世纪 60 年代，葛浩文在美国海军服役时被派到中国台湾地区时学习过汉语，后在美国印第安纳大学获中国文学博士学位。1976 年，他翻译了第一本中文小说——萧红的《呼兰河传》，从此一发而不可收，至今已出版四五十本译作。

他严谨而讲究的翻译风格、以原著为中心的翻译原则、追求"信、达、雅"的翻译手法，"让中国文学披上了当代英美文学的色彩"(语出戴乃迭)。在把中国文学翻译成英文介绍给世界的"金字塔"里，葛浩文排在顶尖位置，被誉为英文世界地位最高的中国文学翻译家。

在 ILLY 咖啡馆，与葛浩文聊天。他说："我天生就爱翻译，翻译是我的爱好。对我而言，翻译就像空气一样，没有翻译，我就不能生活。"

一、没拿到第二届亚洲文学奖，"很生气"

夏日的上海，空气有些湿热，1933 老场坊多少也因为阴天，显得有点枯燥。从车上一跃而下的葛浩文先生一句标准的普通话"你好！"打破了周遭的沉闷，为即将开始的访谈注入了些许动感与活力。

葛浩文年轻时的工作是在科罗拉多大学教书，后来跟太太一起去了圣母大学。尽管现在教职已弃，但翻译工作却未曾停止。在他的翻译名录里，从最早的萧红、陈若曦、白先勇、李昂、杨绛、冯骥才，到后来的贾平凹、李锐、苏童、老鬼、王朔以及莫言、阿来、朱天文、朱天心等，总共有二十多位名家，四五十本译作，其中有五六本是与太太林丽君教授合译的。

葛浩文开玩笑说："其实，我挺生气的！没拿到 2008 年的第二届亚洲文学奖，被菲律宾的米格尔·西乔科（Miguel Syjuco）的《幻觉》（*Ilustrado*）抢了……当然，这是开玩笑了。"说完，他哈哈大笑起来，顺便啜了一口咖啡。

2010 年，亚洲文学奖的评选规则改变，从原来用以奖励"未经出版的英语亚洲小说"改为奖励"已经翻译成英文，且已经出版了的作品"。规则变了，评委换了，但葛浩文的译作还是拿奖了。

谈起三部获奖作品，葛浩文说，其实各有不同，不管是从题材还是风格上看。

姜戎的《狼图腾》是从社会学观点创作人物，除了探讨汉族人与蒙古族人的互动外，也关怀人类与环境，某些部分有纪实小说的特色，故事相当动人。

苏童的《米》与《我的帝王生涯》读起来可能比较灰暗。此外，他的作品，比如《河岸》，小说主人公都是活在作者所建构的世界里。也就是说，苏童的特点是想象力特别丰富。

毕飞宇的语言有很大创新，以至于有时候都不知道究竟怎么翻译，因为字典里查不出来。"比如说，名词动词化。通常，我会在相应的语境中，尽量翻译得长些，来表现原著想要表现的意思，"葛浩文略带欣喜地说，"当然，语言创新是件好事情，语言本身就需要发展，否则，语言的进步就太慢了。"

毕飞宇还有个成功之处——写女人比一般男作家写得更好，包括这次的《玉米》，还有之前的《青衣》。毕飞宇观察人物更加深刻细致，尤其是内心活动，他写女人就像王安忆写上海的日常生活一样，到位传神且入木三分。

他接着评论道，就亚洲文学奖本身而言，相比于已经出版的作品，没有出版的作品可能由于未经编辑的润饰和作者的深加工，质量上会稍逊点。而已经正式出版的作品，因为有编辑的润饰和作者的深加工，质量上可能会更好点。

"今年，同样是拿奖，但最开心的是胜过了诺贝尔文学奖得主（指与毕飞宇同时入围的大江健三郎）。"葛浩文略显得意地说。

二、如何选择翻译作品

如何选择翻译作品？"如果中文小说本身很好，而且有朋友推荐，碍不过情面，我就会去翻译。"葛浩文说，做翻译不能只为钱。企鹅出版社的《狼图腾》获奖，他只拿了基本的翻译费。

葛教授又说，选择哪一部小说来翻译，其实有种种不同的因素。比如春树的《北京娃娃》。"我平时不太会看这类书，也就不会去翻。但当时，有出版社找我，推荐它，所以答应了。没想到，在美国著名的时尚网站'每日糖果'（DAILY CANDY）上面，还真是火了一天。那天，很多年轻人都去买这本书，销量骤增。"

三、原著就是"指南针"

从第一本译作《呼兰河传》到最新的《魔咒钢琴》，葛浩文说，他的翻译道路从来没有约定之规。

在他的眼里，没有什么翻译的技巧，也没有直译或者意译的理论。"我翻译每一部作品的方式方法都不一样，而且我是个翻译家，不是作者。原著本身就是我的'指南针'，我只能跟着它去走，不能用固定的方式来翻译那么多部不同的作品,否则《河岸》里面的人物说的话翻译出来,就跟《狼图腾》里面的主人公说话一样了,那是要不得的!"

对严复先生所倡导的翻译讲求"信、达、雅",葛浩文很赞同。他觉得,三者缺一不可,尤其是"雅"。因为翻译不是给作者看,也不是给译者看,而是给读者看,即读者的需要才是最重要的。做到了"信",做到了"达",最关键也最难的还是要做到"雅"——让读者读懂作品,能够发现其精髓,不要因为语言产生障碍。

"不过,我翻译《狼图腾》的时候,因为这部作品太精彩,以至于我没看完就直接开始翻了。简单来说,就是一边当读者,一边当译者,保持对作品的新鲜感,"葛浩文接着说,"通常情况下,我都会先通读完一遍再来做翻译,而翻译过程中,语言之间的转换又是一个字一个词进行,那样不就是在深入了解整部作品吗?"

四、改或不改错都苦恼

对葛浩文而言,做翻译最难的不是选择动笔的节点,而是发现原作中有错误,不知道如何应对。

人非圣贤,孰能无过?"作者在作品中犯错属于正常,翻译家在翻译中也会犯错,同样,你们记者在报道中也会犯错。这些都是可以理解的。而我们做翻译的时候,每个字对于我们来说都是一个单位,一旦出错,到底是纠正错误还是保留错误,这个问题一直困扰着我。"葛浩文对错误既理解,又无奈。

一方面，如果保留错误，他会觉得很对不起读者，毕竟原著出错了，自己却不及时纠正；另一方面，如果纠正错误，他又会觉得对不起作者，毕竟做翻译的不能等同于作者。甚至，有作者会认为，译者纠错实际是在篡改作品。

如何处理？葛浩文坦诚相告："如果作家和我是认识很久的老朋友，我就会试图跟他沟通，商量好到底改还是不改。举例来说，有部作品里面有首歌曲，作家将歌词的第二段和第三段弄倒了。发现以后，我就跟作家联系，说歌词本身不是这样的，改不改？作家很大气，就说帮我改了吧！改正过后，又犹豫了：在作品里面，作家是不是有意让主人公将歌词唱反了呢？还是作家真的犯了错？如果是前者，肯定不能改，因为颠倒了的歌词是有深意在里面的；如果是后者，就应该改掉。单就为了这段歌词，又打了第二次电话求证，到底要不要改。"

五、对中国文学进入世界舞台，"很乐观"

其实，每次翻译完一部作品，葛浩文都尽量避免不再去看。他说，作品与作品之间的跨度很大。

"我总希望，自己翻译完一部作品，就直接将这部作品的一切都从脑子里洗掉。尽管这实际上不太可能，但我尽量让自己做到这点，否则，上一部作品的残留就会影响到下一部作品的翻译。"

谈到对中美小说的看法，他强调，两者并无优劣之分，只是在选材上有区别。欧美文学喜欢性题材，而大体上看，中国作家可能呈现得不及欧美作品那么淋漓尽致。

其次，中国小说大多沿用传统的编年体。故事在线性发展，哪年哪月发生了什么，接下来的哪年哪月又发生了什么，等等。"美国人的思维不只是线性思维，所以，编年体的故事就不容易引起注意。"葛浩文强调说。还有，就细节而言，写小说难的是描绘内心活动。

"换我来写小说，单纯写故事，发生了什么容易描述，但难的是心理细节的展现，就是一个人为什么选择这样做，而不是那样做。他在特定环境下，究竟是基于怎样的考虑才做出某种举动，"葛浩文补充说，"作为一个读者，最希望的，毫无疑问是通过作品看出主人公的内心活动，了解他们的心理。所谓知其然，还要知其所以然。"

最后，中国的小说也不能一概而论，在不同地方、不同时期都有不同的风格。总体来说，中国文学进入世界舞台，还是指日可待。

比如说，现当代文学中也有细分，尤其在文字方面。

"老舍、巴金那代人，受过西方教育，经历过辛亥革命、白话文运动，放弃了早先的文言文传统，学的是欧美、日本文学。因此他们的作品文字，多少都有点'洋化'，不是纯正的中文，甚至在遣词造句方面，是用英文句式套中文。这样的文字，翻译起来反而更容易，"葛浩文的眼里闪过些许光亮，"中国当代的作品则恰恰相反，它们是用现在鲜活的语言在创作，写中国的生活，写上海的生活。当然，这绝对不是说过去的作品就不好。相反地，像老舍的《骆驼祥子》、萧红的《呼兰河传》恰恰是能够反映那个时代的代表作品。"

而大陆文学与台湾文学的区别则表现在文风层面。从地缘学角度看，思维上的差异必然会导致文风上的差异。比如说，小岛上的人很容易产生孤独感，不可能像住在大地方的人那样。

六、对话录:希望不是"一个人在战斗"

今年 6 月 3 日晚,纪念萧红诞辰一百周年的首届"萧红文学奖"在哈尔滨颁发。其中,葛浩文的《萧红传》、季红真的《对着人类的愚昧》以及叶君的《从异乡到异乡》共同获得萧红研究奖。

文汇报:听说,1980 年,您第一次来大陆,就是奔着萧军、萧红而来?

葛浩文:对。早在旧金山州立大学读研究生时,我就看过萧军的《八月的乡村》,那也是我读的第一本中文小说。后来,博士论文也是做关于萧红、萧军的研究。

有次,在美国报纸上看见有关萧军重在社会出现的报道,很兴奋,马上给萧军写信,但是没有他的地址,只好写"中国作家协会萧军收"。没料到,萧军竟然收到我的信,而且给我回信,心里特激动,我就马上从香港飞到北京去拜访他。

文汇报:自此以后,您到中国哪里最多? 哈尔滨么?

葛浩文:上海来过五六次。在大陆,我最喜欢的两个城市是哈尔滨和上海。我喜欢上海的夜生活,很热闹;同时,也喜欢老上海的静谧。

文汇报:你们是怎么接触到贝拉的《魔咒钢琴》这本书的?

葛浩文:《魔咒钢琴》最初是由《狼图腾》的出版人安波舜介绍给我的。刚开始没时间看,后来有机会看了,觉得特别有意思。每个人看一部作品,尤其是好小说,受到感动的原因不一定是完全一样的。

对我而言,当然那个爱情故事很动人。你想想在那样的时代,跨国恋情是如何不被允许,但李梅那么执着。另外李波的身份,他追求认同犹太文化,是多么令人同情和感动。我个人认为,中国人对这一点恐怕不能够完全理解,因为中国人一般没有身份认同的问题,所谓生为中国人,死为中国鬼。但是对像李波这样的人,他们总是在两个文化之间徘徊。李波想参与、介入犹太文化,表示对父亲的向往,他的母亲却不太能够理解,令人伤感。

文汇报:您和林丽君教授一起翻译《魔咒钢琴》,大概用了多长时间?

葛浩文:差不多六个月。我们合译时,都是由她负责第一稿,我负责第二稿,第三稿则是我们两个人一起商榷修辞,以期把翻译做得尽善尽美。

文汇报:今年年初,上海电影集团决定将《魔咒钢琴》改编成同名电影,并由好莱坞顶级制片人迈克·麦德沃(Mike Medavoy)出任执行制片。年内,你们合译的《魔咒钢琴》也将出版发行。您估计,这本书在美国销量会如何? 它对于中美文化,尤其是美国人了解上海、了解上海人,可能产生哪些影响?

葛浩文:老实说,小说市场,尤其是中译英的小说在美国的市场,是我们译者无法掌握的。只能说,贝拉的《魔咒钢琴》有动人的爱情故事,也有跨文化的议题,应该会有热烈的反应,尤其是在犹太人的圈子,我想有不少人会感兴趣。

再者,贝拉只是想描述一个动人的故事,完全没有说教的心态,应该会受到许多人的欢迎。他们会对中国有更深刻的理解,也能更欣赏上海人以及所有的中国人。我们一直说,中国人很有人情味,很乐意帮助受灾难的人,《魔咒钢琴》这部以历史事实做根底的小说就是最佳例证。

文汇报:您接下来还会翻译哪部作品?

葛浩文:刚译完莫言的《檀香刑》。年内,应该会把王安忆的《富萍》译完,已经拖欠她好几年了。

文汇报:现在,中国越来越需要向世界推介自己。如果让您给同行的晚生后辈提些建议,您会说什么?

葛浩文:其实,前两年来中国,我就在类似的培训班上做过演讲。2008年,企鹅中国举办了第一届中英文学翻译培训班,我参加了。2009年,在苏州举办第二届,我也参加了。因为,我喜欢看见有个团队在一起从事翻译工作,将中国的小说介绍到世界上去。那样,我就不是"一个人在战斗"。要知道,中国有多少有成就的作家? 但能够推介出去的作品太少了! 如果有越来越多的年轻人来从事中译英的工作,我觉得这是件大好事,值得鼓励。

(原载《文汇报》2011年6月14日)

中国文学英译的合作、协商与文化传播

——汉英翻译家葛浩文与林丽君访谈录

李文静

      在中国文化"走出去"的战略中,如何为中国文学走出国门提供优质的翻译成为最根本的问题,也是文学创作、出版和翻译各界所共同关注的话题。葛浩文教授自20世纪80年代初投身中国现当代文学的英译工作,三十多年来,他翻译了萧红、白先勇、李昂、贾平凹、李锐、苏童、王朔、莫言、虹影、阿来、朱天文等二十多位作家的四十多部作品,是目前英语世界最具影响力的中国现当代文学翻译家之一。葛浩文的多部译作,包括部分获奖作品,是与林丽君教授合作完成的。林教授主要从事现当代中国文学文化研究,也翻译了中国台湾地区的大量文学作品。近日,葛浩文教授与林丽君教授一同访问香港岭南大学翻译系,在此期间,笔者应《中国翻译》之约采访了这对中西合璧的翻译"梦之队"。在访谈中,两位译者结合实例,讲述了他们在中国文学的翻译出版过程中的真实经历,分享了对中国文学和文化传播的体会和看法,希望能对有志将中国的文学文化介绍给国外读者的翻译学者和实践者有所启迪。[①]

---

    ① 此次采访以英语进行,由笔者后期翻译整理为中文,并加入了两位教授2011年11月8日在岭南大学的讲座"Et tu, Translators! Acts of Literary Betrayal"的部分内容。

一、译无止境

李文静(以下简称李):葛教授和林教授的此次讲座是作为一个翻译团队进行的,您二位各自也都翻译了大量文学作品,你们更喜欢哪一种翻译方式?

葛浩文(以下简称葛):我们的合作分为两种。即便是我自己单独署名的翻译,每次也必定要请丽君先帮我看过之后,才会交给编辑。在认识她以前,我会找一些母语是汉语的人帮我看译文,以确保不会有所失误。我也曾尝试让自己的研究生帮忙看译文,但这些研究生都太客气了,不敢指出老师的错误。现在的方式很好,她帮我修订错漏或者提出建议。所以,就算是各自的翻译任务,我们之间也是有合作的。如果是共同署名的翻译任务,这种合作就是正式的了。两人会有明确的分工,会坐在一起讨论每一个问题,但所需要的时间(比独自翻译)更多,相当费时。①

林丽君(以下简称林):合作翻译可以在各个方面为译文带来益

---

① 根据《台湾光华杂志》的采访,两位译者的合作主要通过以下方式:林丽君先译第一稿,葛浩文再根据原文修改,增减译文,这是第二稿。林再把译稿对照原文,从头到尾看一遍,再做修改,成为第三稿。然后葛再看一遍,但此次不对照原文,只专注修饰英文翻译,使之流畅,是为第四稿。将第四稿交给出版社编辑,编辑看完后,两位译者再针对编辑的意见和想法修改、润饰(但不一定全部采纳编辑的意见),此为第五稿。排版后再给译者看一次,为第六稿,不过这时候碍于已经排版,能修改的幅度很小,顶多只是个别的词而已。

处。自己译可能会重复使用同一个词,两人合作就能带入新的表达方法。就我个人而言,英语并不是我的母语,所以合作翻译也是我学习进步的过程,每次阅读浩文修改过的稿件,我都会学到一些新的东西。常常有人问我如何才能做一个好的译者,我的回答就是要不断地练习。译得越多,就做得越好。

李:葛教授的母语是英语,是不是花更多的时间在学习汉语上呢?但听说您平时喜欢看的是英语小说。

葛:读英文小说首先是因为我喜欢读,是一种消遣。更重要的是,阅读别人用英文创作的小说,看他们如何遣词造句,我也能从中学习。看书的时候我手边总是放着纸笔,读到什么有趣的东西就会马上记下来。比如上一次看到"she had lank hair",我从没有用过"lank"这个词,觉得很喜欢,就会去查一下,记下来,翻译的时候说不定就会用到。坦白说,很多做翻译的人英文书籍读得不够。母语是英语的译者花很多时间读汉语,这当然很可取,但他们的英语水平却停滞了,不能持续地增加英文表达能力,所以我总是对想做汉译英的人说,要多读些英语书籍。汉语要读,但更要读英语,这样才会了解现在的美国和英国的日常语言是怎样的。

李:有评论说您从事的中国文学英译是孤独的领域,您自己也曾说希望有更多的人一起做,现在还有这样的想法吗?

葛:已经有不少人在做了。比如陶忘机,还有蓝诗玲等,不过,大部分人只是翻译了一部小说,隔好几年才又有新的译作。我当时说希望有更多人从事汉英翻译,现在觉得已经足够了。如果太多的话,就会抢我的工作了(一笑)。

李:您说的两位都是汉学家,对于母语不是英语的中国人从事文学汉英翻译的工作您怎样看?

葛：我在中国参加过几次翻译培训班,汉译英那一组,除了一两个中国人之外,全都是来自美国、澳洲、英国的外国人。几乎所有的中国人都在英译汉的小组。当然也有不少中国人做汉译英,但一般做得不大好。

我自己也不做英译汉。过去做过一点儿,但只是翻译自己写的文章,不知道该怎么翻译的时候,直接用汉语改写就可以了。至于翻译别人的英语作品,因为汉语毕竟不是我的母语,有时候我知道意思,但无法即刻想出很合适、恰当、传神的汉语译文。中国人就可以,因为从小到大说的是汉语,能够很快找到最好的汉语词语。我27岁才开始学汉语,已经错过了培养语言本能的最好时机。所以,虽然我的中文不错,很自然,写作没问题(有两三本书是用中文写的,《中国时报》上也曾经有过一个专栏),但要做英汉翻译比较吃力,就好像中国人做汉英翻译,总没有做英汉翻译来得顺手。

李：翻译中最困难的在哪方面?

葛：在翻译的不同阶段,我的情绪是完全不同的。做初稿当然是最困难的,要查字典,做很多研究工作,这些都没问题,主要是这个阶段我的心情总是紧绷着的。因为尽管可能当下很顺利,可是一定会在某处碰到不知道的一些东西,或者非常难的地方。一旦如此,我的心情就会急转直下。所以在做初稿的时候,我的情绪起伏比较大。初稿的困难并不是在语言或理解方面的困难,而是不知道下一秒会遇见什么挑战。

开始做第二稿的时候,就会放松很多,因为我知道问题都在哪里,并且准备好如何应付这些问题,同时可以看到自己的译文越来越好。之后的第三稿简直就像在天堂一样,感觉美妙极了。这时可以专注于润饰自己的译文,我非常喜欢这种感觉。从初稿到三稿不仅是专业工作的三个阶段,我还经历了三种不同的心理阶段。从一开始紧张地面对别人的作品,不知道自己会对这个作家/文本做些什么,到最后的轻松自如,终于变成是我自己的产品了。

林:是的,这就是翻译的过程。我最近在翻译李昂的一篇小说,她的语言非常复杂,有古文的感觉,非常具有挑战性。如果遇到一段很难翻译的部分,暂时不能处理,我会放下,第二天再重新回来看,就比较容易进行了。

葛:我也有这种感觉。实在做不下去的时候就停下来,等到第二天早上,起床后第一件事就是把这一段做完,让它成为过去。有的时候一天只能翻译半页或一页,有时一天可以完成七八页,这不仅是因为文本的难度,有一部分也是情绪的推动。比如我特别讨厌刀,特别不喜欢有刀切割的场面,那翻译到割脉自杀的场面,我真是要硬着头皮才能继续。如果实在不行,我会标上"以下段落未翻译",然后跳过这一段。丽君在读译稿的时候看到就帮我补上。这种情况好像没有看到别的译者讨论过,也许他们没有类似的问题吧。

二、文化传播与中式小棉袄

李:中国文学的英译被赋予了传播中国文化的使命,人们总希望作品中的中国文化成分保留得越多越好。葛教授的译文中也有"reciting the Three Character Classic at the door of Confucius, engaging in swordplay in front of the warrior Guan Yu"这样直译的例

子,这是否出于保留中国文化的考虑? 您如何把握传达中国文化与保持译文可读性之间的平衡?

葛:当然希望能做到既保留文化特色又保持译文的流畅。但很多时候不能两者兼得,所以必须做出选择。一些中国的成语和俗语,如"偷鸡摸狗",按照字面翻译会让中国人听起来愚蠢可笑,像小孩子说话。

林:我们在讲座中也提到这样的问题,一些文化特有的词汇是很难按照字面翻译的,否则会显得很幼稚。"一朝被蛇咬,十年怕井绳"按照字面翻译成"once bitten by a snake, you will be afraid of a coiled rope for the next ten years",听起来就有异国风味。哈金的作品里面有许多来自中国的习语,美国人就很喜欢,觉得中国人说话真有意思(cute),真与众不同啊。但作为一个译者,我觉得如果我也这么做,我不但对不起原著的作者,我更对不起中国文化与文学。

李:这样看来,反而林教授更倾向于用地道的英文,让译文更加流畅和透明,而葛教授更倾向于保留原文的文化特色?

林:是啊。也许是因为我以前读的那些华裔作家的英文作品,如谭恩美把"堂姐"写成"sugar sister"(《灶神之妻》),我感觉这样的英文就像西方人领养了中国的孤儿后给孩子穿上中式小棉袄。但实际上在中国,人们平时并不会这样穿衣服,除非是春节之类的特殊情况。我不喜欢这种让人听起来幼稚可笑的翻译,在这种情况下我不会保留那么多文化成分。你在香港地区可能没有那么强烈的感觉,香港是很好地融合了东西方文化的一个地方。

葛:还有"山口"本来是"entrance to the mountain",非要译成"mouth to the mountains",我也很不喜欢这样的翻译。基本看来,丽君比较倾向减低这种"异国情调"(exoticism),而我则不觉得强调中国文化或语言特质就一定是在传达异国风情。我想原因之一在于她是中国人，可以抛弃自己的中国性（Chineseness）而不怕被人责备，我却不能。我不是中国人，如果也那样做就变得像殖民者了，好像在说"我们的语言更好，我们不需要这种表达法"。所以跟丽君相比，我会保留更多。不过在她的影响下，我现在越来越不那么直译了。但是，如果作者是为了表达特定的意义，就需要仔细考察了。总而言之，要看中文读者从中读到了什么，是我们日常使用的套语？还是只有在这个语境中才使用的？如果是后者，译者就需要多花心思找到最合适的表达方式。

林：小说人名的翻译也是如此。比如你的名字里有个"静"字，难道英文名就要叫你"Quiet"什么的？说汉语的人谁会想那么多呢？把"袭人"翻译成"Aroma"，就一定很好吗？

葛：这是那位译者的策略吧。翻译黄春明的小说时，我清楚地表明只翻译那些具有特殊意义的名字，如"瞎子阿木"就不能简单音译，或者"瘸子某某"，是有特殊意义的，这样的情况就需要翻译，要不然可能会很可笑。

三、做编译的斗争与妥协

李：看来您非常注重读者的阅读效果。中国与英美文学的传统不同，读者的阅读期待也不尽相同，翻译是否会考虑到英美读者的阅读习惯，以吸引更多读者？

葛:这是国外出版商/编辑最关心的问题。译者交付译稿之后,编辑最关心的是怎么让作品变得更好。他们最喜欢做的就是删和改。比如我几年前翻译姜戎的《狼图腾》,编辑看了译文说,很棒的作品,不过要删一些,至少三分之一吧!先删了最后一章的那个论文,作者勉强同意了。后来又删减文中重复的部分。现在的结果是,大家都说"英译的文学作品'一贯'都是被这样删减的,其中葛浩文删得最厉害"。现在我的脸皮也不得不变厚了,否则如何经得起一再被人冤枉!还有莫言的小说也一样,都不是我决定的。其中一两本被删去十分之一,甚至八分之一,我还争取又加回去了一些。但莫言对此没有意见,他说"反正我看不懂"。

林:这其实是很常见的。最近从编辑那里拿回译稿,打开一看,第一页仅剩下两个字没有被删,整个第一章剩下十分之一。也许这种删减让小说变得更好了,但这种"好"是按照谁的标准来定的呢? 其实是编辑和他所代表的英美读者的标准。英美读者习惯先看小说的第一页,来决定这个小说是否值得买回家读下去;中国作家偏偏不重视小说的第一句话,而中国的读者对此也十分宽容,很有耐心地读下去。国外的编辑认为小说需要好的开篇来吸引读者的注意。作为译者,我们又不能让编辑这样随意改动,这次从香港回去后,还要继续跟那位编辑争取,尽量保留更多的原文。这是我们完全不能控制的事情,却常常因此受到批评。

葛:除了删减之外,编辑最爱提的另一个要求是调整小说的结构。举个例子,刘震云的《手机》开篇的回忆,编辑认为中国三四十年前的事情是很难吸引美国的读者的,他们想要看的是现在发生的故事。于是我把小说第二章讲述现在故事的一小部分拿出来,放在小说开头。幸好作者刘震云也非常喜欢这个调整。另一个例子是莫言的《天堂蒜薹之歌》，那是个充满愤怒的故事，结尾有些不了了之。我把编辑的看法告诉了莫言，十天后，他发给了我一个全新的结尾，我花了两天时间翻译出来，发给编辑，结果皆大欢喜。而且，此后再发行的中文版都改用了这个新的结尾。

李：有时候编辑的意见也是值得商榷的。毕飞宇的《青衣》中筱燕秋的丈夫在浓情之时对妻子说："如果我们没有女儿，你就是我的女儿。"编辑觉得这简直就是乱伦，西方读者不可能接受。毕飞宇是非常合作的作家，他表示如果真的触犯了英语读者，也可以改掉这句话。他跟我们解释，这个男人没有受过太多教育，他是为了向妻子表达自己的爱意，虽然词不达意，却十分真实。于是我们跟编辑极力争取，最终得以保留这句话的原意。至今还没有看到任何评论说那个人有乱伦倾向。这说明即便是编辑本人不喜欢，并不意味着就一定要牺牲作品来取悦编辑。

李：对于那些无法取得原作者同意的作品呢？

林：没有作者的同意就不能随意改动。比如说萧红的《呼兰河传》，如果是以"我"和祖父在后院的那一章开篇的话，会不会更有趣一些呢？但是已经没办法了，因为无法征得她的同意。

葛：这是翻译当代作家作品的好处之一。不过，翻译已经去世的作家的好处是，你不用担心他们会对你的翻译表示不满甚至是气愤（一笑）。

李：戴乃迭曾评价您的译作"让中国文学披上了当代英美文学的色彩"，看来其中编辑发挥了非常重大的作用。

葛：是的。但译作的编辑比较受约束，不能改动太多。我们面对的是已经出版了的作品，而不是未出版的稿件。写作就不同，美国的编辑在文学创作中是有很重要的角色的，例如菲茨杰拉德、海明威、托马斯·沃尔夫这些伟大的作家,如果没有他们的编辑珀金斯也不会那么成功。如果珀金斯跟海明威说,"欧尼,你这一章太差了,根本不行",海明威就会把整整一章都删掉。[①] 这些作家可以说是在他的指导下写作的。但中国的编辑没有那样的权力,他们不可能说"想要发表,就必须这样改"的话。我希望能够给编辑一些权力,使他们能够和作者合作,来改进一些未发表的作品。我从未见过中国作家在前言或后记中对编辑表达感谢。而在美国,作者会在前言后记中对他们的编辑表达很真诚的谢意,因为编辑在他们的创作中扮演了很重要的角色。如果有人能帮我把翻译做得更好,我也会非常感激,感激他们使我的作品在读者的眼中变得更好。我并不会觉得自己的自尊心受到伤害。我想目前大部分的中国作家并不愿意接受编辑对自己作品有较大幅度的修改意见。

李:您如何看待通过翻译出版来推动中国文学文化走向世界的努力?

葛:这当中涉及相当复杂的问题,要做好这个工作需要一些条件。首先,出版社要肯花钱。我不明白人们为什么会觉得译者的时间是免费的。最近有人找我们翻译一篇小说,给三千美元让我们翻译一个长篇。这个报酬可以说是非常无理/礼的,要知道我们至少得辛苦工作三四个月才能完成。这就是问题所在,一定要愿意支付合理的报酬才行。这方面日本就做得非常好,还有其他许多地方做得也很好。

其次,译者要能够参与选择要翻译的作品,而不仅仅由官方决定把什么作品推给欧美读者。(林:我们最近在做一个双语的诗集,一些

---

① Perkins, Maxwell E., *The Sons of Maxwell Perkins: Letters of F. Scott Fitzgerald, Ernest Hemingway, Thomas Wolfe, and Their Editor*. Matthew J. Bruccoli & Judith S. Baughman (eds.), University of South Carolina, 2004.

世界著名诗人的作品都没有被选入，但译者没有发言权。）

最后，翻译的稿件不应该由于一些不应有的原因而被任意修改，当然我们欢迎任何出于文学的考量的编辑修改。

总之，我认为中国的政府和相关机构希望推广中国文学是非常好的意愿，也应该这样，但想要做好这件事的前提是支付合理的报酬，同时让译者参与选择文本。我不确定中国的出版社是否能够做到以上这些，但我希望能做到。

四、是谁动了译作？

就在访问结束后不久，笔者读到另一位汉学家这样评论《狼图腾》的英译本：葛浩文"决定了该书英文版应该怎么样，他根本不是从作家原来的意思和意义来考虑，他只考虑到美国和西方的立场"。这位汉学家认为葛浩文删去《狼图腾》最后一部分，是因为身为犹太人，他不喜欢这一部分"法西斯主义"的倾向。[①] 在此且不论《狼图腾》英译本被删减原因究竟何在，或者所谓"西方立场"从何而来，这种将译作中的任何改动都归咎于译者的做法还是相当普遍的。这种倾向无论在中国还是西方都普遍存在。厄普代克批评葛浩文的译文中使用"lick his wounds"是"陈腔滥调"，却不知苏童的原文就是"舐吮自己的伤口"。"其中的问题可能在于'舐吮自己的伤口'在汉语中还是比较新鲜的表

---

① 李雪涛，《顾彬中国现当代文学研究三题》，《中华读书报》，2011 年 11 月 23 日。

达,但在英语文学中却被视为滥调了,"葛教授在讲座中解释道,"作者是对的,厄普代克是对的,我也没有错。但他不懂中文。"

正如两位译者在采访中谈到的,西方的文学编辑会在很大程度上参与文学作品的创作,帮助作者改进他们的作品。当中国文学作品译入西方市场时,他们同样希望把更好的作品呈现给读者。笔者认为这不但无可厚非,而且是值得中国文学的创作和出版行业借鉴的做法。如果译出国门的作品没有人愿意读,不能吸引更多的西方读者,那么,即便是走出了国门,也走不进市场,更无法走进西方读者的眼中和心中。中国文学要打入海外的图书市场,要跨越的不仅是语言的屏障、文化的隔膜,还有行业规范的差异。因此,以开放的心态接受批评与意见,不但有利于作品为更多读者所接纳,还能为创作本身带来益处。《手机》和《天堂蒜薹之歌》英译本的修改就是很好的例子。其中译者扮演的也并非单纯提供译稿的角色。正如我们所看到的,在不懂外语的原作者和不懂中文的编辑之间,译者起到了非常关键的沟通和协调的作用。他们不但把以编辑为代表的西方读者的观点带给作者,还站在作者的立场与编辑据理力争。一篇译文的最终形成是各方因素共同作用的结果,文字的选择之下暗藏的可能是译者、作者和编辑之间的争议和妥协,但现实中译者却被迫承受了许多不公平的责难。

除了国外编辑的介入之外,其他的因素,如原作者的失误,也常使译者面对两难的境地。大部分中文读者或许不会察觉到这个问题,但总有英文读者会看出其中的错误。问题在于,类似这样的错误无论是改还是不改,译者都有可能成为被指责的对象:不改,英文读者会觉得翻译连最基本的都做不好,甚至指责翻译翻错了;改了,懂英文的中国读者又可能会说翻译不忠实于原著,更何况有的作者并不是那么乐意接受指正。

外语水平日渐提高的热心读者也是译者要面对的一个新的批评群体。"懂英语的中国读者越来越多，"林教授说，"有不少人喜欢对比原作和译作，然后给我们发来邮件，提出这样那样的问题，说翻译出错了。但有些问题很难一一回答。比如，有读者会来信跟我们说，某个小说中你们用'noodle'翻译面条是不准确的，而且吃面条的那个人家境贫困，他是吃不起白面的，应当是杂粮面。但问题在于，在现代社会，哪些人才会吃'whole wheat'食品？怎么跟美国人解释一个穷人却买得起全麦食品？"确实，越来越多的中国读者开始阅读英译作品，并且乐于寻找译文的错漏之处。读者英文水平的提高和对翻译的浓厚兴趣固然是可喜之事，但任何作品的选择翻译和出版发行都是复杂的社会文化事件，译作评论并不等于译者评论，回归适当的语境才是可行之道。

（原载《中国翻译》2012 年第 1 期）

作者与译者：一种不安、互惠互利，且偶尔脆弱的关系①

葛浩文　（王敬慧 译）

我最近听到这样的传言——大家一直在谈论的这些享有国际声誉的小说，其真正的作者是美国人葛浩文，而这个葛浩文，事实上，就是莫言。对此我要断然否认。莫言是位中国小说家，12 月份他从瑞典国王卡尔十六世·古斯塔夫那里获得三枚金牌和 120 万美元奖金，瑞典国王与他握手表示祝贺。而葛浩文与他的妻子，随同来自其他国家的莫言作品译者——一位法国先生和一位法国女士、一位意大利女士、一位瑞典女士、一位挪威女士以及一位日本先生，在斯德哥尔摩开心地度过了一周，其中部分原因是对将莫言作品翻译成本国语言的奖励。我希望上述内容能够终结这一传言。不过，在我开始谈论莫言本人之前，以防万一，请允许我继续探讨一下刚才提到的译者所发挥的作用的问题。

我觉得，大多数没有做过翻译的人并不重视译者在文学创作中总体上所起的作用，也不重视他们所读到的具体译著中个体译者所起的作用。他们会说为什么要重视译者的作用呢？译者就应该是无形的。

---

① 在 2013 年 5 月 2—4 日美国普渡大学举行的第六届中美比较文学双边讨论会上，美国著名文学翻译家葛浩文和中国著名学者王宁分别代表中美双方做了主题发言。本文即为葛浩文的发言稿，由清华大学外文系王敬慧老师翻译而成。

根本没有必要关注译者是否得到了他所该得到的东西，凡是译著中美的地方要归功于作者本人，而不好的地方则要找译者算账。但是，有时事实并非如此。西班牙语和葡萄牙语文学领域有一位著名的翻译家，格里高利·拉巴萨，曾得到加西亚·马尔克斯本人的赞赏。据说，他认为《百年孤独》的英文版本比他的原著还要好。也不知道这一启示会不会让译者感到高兴。在这里，我想起了幽默作家詹姆斯·瑟伯说过的一句话。当一位法国读者告诉他，他的法文版故事比英文版故事更好读的时候，他回答说："是的，我往往会漏掉原版里一些东西。"

　　为什么要将聚光灯打到译者那里？因为我和我的同行们将异域的作品呈现在新的读者面前。在很多圈子里，人们都在激烈地谈论着我们译者是用什么方法翻译的，并产生了什么样的结果。今天我就不拿这类内容来烦扰你们了。不过我得说，尽管翻译不是一种走近带有异域文化背景的作品十全十美的方式，但是它确实是一种方式，而且几乎总是一种能够让作者获得国际声誉的方式。过一会儿，我会说说这方面的内容，但是现在我先讲一下诺贝尔文学奖得主本人。

　　小说家莫言今年58岁，在中国生活并进行文学创作。现在，这些情况都已经为人所熟知。但是在1987年的时候，他还只是个出身农民家庭、主要靠自学成才的解放军军人，他发表了一些作品，并被认为有一定的潜力。那一年，他出版了五篇系列的中篇小说，后来汇总为一本书，取名为"红高粱家族"。然后，该小说被当时名不见经传的导演张艺谋改编成了电影《红高粱》。该电影不仅赢得柏林电影节金熊奖，还获得奥斯卡奖提名。这些让莫言逐渐成为国际名人。

　　在1989年，我只是美国科罗拉多大学一位新转行的、不为人所知的中文教授。我偶然发现了中国台湾地区出版的一本《红高粱家族》，读过之后立刻感觉到，这本书应该有英文版。1993年，维京出版社出版了我翻译的《红高粱》。

我相信在任何时候,莫言的写作都足以将他推入中国作家的顶级行列。而那个时候,"文化大革命"刚刚结束十年,中国处于高度自省的历史时刻,与其他作家不同的是,他的写作捕捉到了当时的时代精神。

有人曾经这样写道:"历史是前行的,但书写是可逆的。在我们考虑书写历史的开端时,我们已经知道结局,我们永远不可能完全体验真正的历史的开端。"我觉得这对于你、我和作家本人来讲也是如此,它就是一种挑战。通过重新想象历史发生的空间,再加之自己对行为规范的理解,历史小说家从后往前重新建立过去的历史,并成为他者化的历史(那种曾经存在却没有被书写过的历史)的编撰者。那些后"文革"时代的作家在挖掘中国历史的过程中,不论是远古还是近代,心中总有一种重塑历史的使命感,几乎就是在寻求对国家的拯救。特别是在思考"文化大革命"中的过激行为时,年轻的知识分子们苦苦思索一个问题:为什么会有如此多的普通老百姓陷入盲目的"革命"热情之中,对他人、家庭和朋友做出如此多的坏事? 在探寻中最大的问题在于,他们发现历史记录的神圣性不复存在,因为一系列的记录材料似乎与现实中伤痕累累的这一代人所感知到的内容完全不一致,就如同伏尔泰所观察到的那样:"一个内心公正的人,在读历史的时候,总是想彻底地反驳它。"

正如我们所见,这一批作家中最突出的一位就是莫言。他对 20世纪中国过去与现在的历史,特别是对战争年代历史的再创造,引发了强烈的徒劳无益感。《红高粱》融合了神话与现实、个人经历与历史事件、英雄行为与平凡活动,引导人们关注对过去历史的重建。这是一部关于家庭、神话与记忆的小说,重点围绕 20 世纪 30 年代抗日战争的那一黑暗阶段,但是也通过令人信服的无所不知的第一人称叙述者,在时代的长河中前后徘徊。这是一部饱含矛盾的作品,作者笔下的高密东北乡是关于整个中国的一个比喻,既包括她的美德,也包括她的缺陷。

下文描述了故事的叙述者/莫言的另一个自我对自己出生地的感情:

> 我曾经对高密东北乡极端热爱,曾经对高密东北乡极端仇恨,直到长大成人,我终于悟到:高密东北乡无疑是地球上最美丽最丑陋、最超脱最世俗、最圣洁最龌龊、最英雄好汉最王八蛋、最能喝酒最能爱的地方。

《红高粱》引领了"后毛泽东时代"文学发展的新潮流。就其内容而言,它非常具有革命性。用一位评论家的话说,它对"中国现代文学史的贡献在于从肉欲切入的,但结果却是在道德上模棱两可的角度,重写现代历史"。但是,这部作品在对现代主义叙事手法的运用、不断使用陌生化技巧的方面也是具有开创性建树的。另一位与其大不相同的小说家谭恩美写道,莫言的"想象力是惊人的、感性的和本能的。他的故事如史诗一般,读起来激动人心"。

有些人说,莫言的小说里有一些令人毛骨悚然的东西,那是因为他经常无法找到比令人不安的场景更好的途径来展现他丰富多彩(从文字层面上讲的)和富有想象力的语言。比如《红高粱》里有这样的例子:

> 黑皮肤女人特有的像紫红色葡萄一样的丰满嘴唇使二奶奶

恋儿魅力无穷。她的出身、来历已被岁月的沙尘深深掩埋。黄色的潮湿沙土埋住了她的弹性丰富的年轻肉体,埋住了她的豆荚一样饱满的脸庞和死不瞑目的瓦蓝色的眼睛,遮断了她愤怒的、癫狂的、无法无天的、向肮脏的世界挑战的、也眷恋美好世界的、洋溢着强烈性意识的目光。二奶奶其实是被埋葬在故乡的黑土地里的。盛殓她的散发着血腥味尸体的是一具浅薄的柳木板棺材,棺材上涂着深一片浅一片的酱红颜色,颜色也遮没不了天牛幼虫在柳木板上钻出的洞眼。但二奶奶乌黑发亮的肉体被金黄色沙土掩没住的景象,却牢牢地刻印在我的大脑的屏幕上,永远也不溻散地呈现在我的意识的眼里。

只是这么一想,所有的颜色就展现了出来:紫色,蓝色,黄色,黑色,酱红色,金黄色。

《红高粱》仅仅是个开始。在随后的小说中,莫言继续为历史小说这种艺术形式注入新的活力并加以改写,这也呼应了爱德华·吉本(Edward Gibbon)在《罗马帝国的衰亡》一书中所写到的:"历史……只不过是人类恶罪、愚蠢与不幸的记录。"

随着 20 世纪 80 年代落下帷幕,尽管中国当时的恶势力尚未完全被清除,但是中国人,特别是中国作家开始将目光投向前方的道路。在 1970 年举行的反越南战争的游行中,肯特州立大学有四名学生被国民警卫队成员枪杀,公众持不同政见竟成为死罪!这一事件,导致莫言创作出下一部小说《天堂蒜薹之歌》。这部小说讲述了山东的农民被当地贪官欺骗种了蒜薹,收成好了,却没有活路后奋起反抗的故事。这个故事很神奇,因为讲述的故事是令人不安的,但故事讲述的方法是有磁性的。这个故事充满了激情与愤怒,既有全景描述,也有具体细节的生动描绘，该小说的发行受到了一定的限制。有些人认为《天堂蒜薹之歌》本质上是一部意识形态小说，毫无疑问，这部小说证明了一部虚构的作品可以带来社会与个人的进步，尽管莫言不一定会如此认为，但是他确实相信艺术的人文力量。小说的背景是虚构的天堂县，通过一位盲民谣诗人吟唱的歌谣，描述了乡村中国，也展现了中国的文化传统。盲民谣诗人的歌谣的功能不仅仅像前现代时期小说、故事里起到的那种作用：每章节是开篇和预告，小说也通过民谣诗人本人在故事中的参与来突出故事中人物时而表现的英雄主义，时而又会莫名其妙地做出轻率行为所造成的悲惨后果。这部小说再一次发出了《红高粱》中的哀叹，用作者自己的话来说就是"唠叨一下我们人类的退化"。民谣诗人所表达的是对中国农民既源于先天因素，又有后天因素影响而形成的一种无能的绝望感：

> 天堂县曾出过英雄好汉
> 现如今都成了熊包软蛋
> 一个个只知道愁眉苦脸
> 守着些烂蒜薹长吁短叹

莫言这位小说家能够很轻松地将其叙事能力与怪诞、梦幻相融合。例如，抗争群体的领导者发现他那已有身孕的情人上吊自杀了，在他情人的尸体面前，我们看到了这样恐怖的场景：

> 高马爬起来，又莫名其妙地，向前栽倒了。七八只花花绿绿的鹦鹉从敞开的窗户飞进屋里。它们穿过梁头，贴着墙壁，擦着金菊的尸体，愉快地飞翔着。它们羽绒般光滑的皮毛使它们好像

赤裸裸的没有皮毛。金菊的身体在门框上悠来荡去,门框的卯榫处发出细微的嘎吱声……高马抓住门框,像弯曲生长的树木,缓慢、倔强地站立起来……金菊鼓起的肚子使他喉咙里的血腥味加浓加重。他踏着一条凳子,去解拴在门框上的绳子。他摸索着,手指哆嗦,指肚发软,金菊身上浓烈的蒜薹味刺激着他,血腥味刺激着他,他辨别出金菊身上的血腥味与自己身上的血腥味的细微差别。男人的血是灼热的,女人的血是冰凉的。女人的血是洁净的,男人的血是污浊的。花皮鹦鹉从他的胳肢窝里、从他的腿胯之间穿飞着,它们不怀好意的丑恶叫声促使他心跳失去规律。

然后,高马与他大着肚子的情人的尸体开始了一段对话,之后开始了血腥的杀戮场面,高马杀死了那些身份怪异的花皮鹦鹉。经过了长达一个月的能量、激情与愤怒的爆发,该作品更加突出了作者自己说过的一句话:"我可能看起来像一个作家,但在内心深处,我仍是一个农民。"

《天堂蒜薹之歌》之后的作品是另一部元小说——《酒国》。这部小说通过描绘食人来批判中国浮夸的享食主义。该小说很轻松地成为中国作家所创作的作品中最为精辟、最为犀利的社会批判性作品。《酒国》这部作品就如同莫言家乡所产的一种无色白酒一样,给读者带来真正的冲击力。没有多少作品具有《酒国》这样的机智与破坏性,并展现出中国人对食物的持久痴迷;之前没有任何小说可以让读者惊喜地发现如此聚集的喜剧性、创新性与技巧的灵活性。在我们惊讶于这种前所未有的小说叙事结构的过程中,莫言的目的逐渐显现在我们面前,这种情形类似于劳伦斯·斯特恩的《项狄传》。到最后,它成了一个复杂的寓言体小说,不仅展现了中国人的特性,也表现了更大的主体,诸如我们如何定义真理、现实、想象力和创造力。哦,对了,关于食人这一点,莫言小说中倒霉的特级侦察员丁钩儿到了那个以煤炭行业为主导的地方城市,去政府官员的官邸参加欢迎宴会,当看到那个他觉得被蒸煮的男孩时(据说,那个地方养一些男孩子就是为了给腐败官员当盘中餐),他的反应如下:

> 丁钩儿……眼前迷蒙一片,那只缩回茧壳的美丽蝴蝶又开始向上爬行,恐怖的感觉沉重如巨石,压着他的肩头,他感到自己立场不稳,骨骼随时都会瓦解,面前是一个散发着臭气的无底泥潭,陷下去就不可自拔,陷下去就是灭顶之灾。但那个调皮的小家伙、香气扑鼻的小家伙、坚决站在他母亲阵线上的小儿子,正坐在莲花一样形状、莲花一样颜色的仙雾里,对着我,对着我举起了他的手! 他的手指短促,肉滚滚的,肥美异常。手指上的纹路一圈圈陷进去,一共三圈,手背上有四个肉涡涡。他的甜蜜的笑声在香气里缭绕。莲花升腾,孩子随之升腾。肚脐眼儿圆圆,天真童趣,像腮边的酒窝……被你们煮熟了的婴儿对着我微笑。你们说不是婴孩是名菜? ……我听到儿童们在蒸笼里啼哭,在油锅里啼哭。在砧板上啼哭。在油、盐、酱、醋、糖、茴香、花椒、桂皮、生姜、料酒里啼哭。在你们胃肠里啼哭。在厕所里啼哭。在下水道里啼哭……

你可以想象,莫言就这样接着写下去,一连串孩子在不同场景的啼哭,读者会深陷其中。随着故事的发展,完全不同的章节开始融合到一起,直到"莫言"本人获得了丁钩儿的视角,以乔伊斯式意识流的形式收尾,重新强调了这场生理与心路历程的重点,指涉了过去几十年中国历史上的一系列政治运动。通过深入食人社会的内部结构，分析消化链的迂回曲折，作家/主角被排泄到屋外茅厕的粥状物质中，而远处他不可及的船舫上食人的野蛮人正在享受着他们的盛宴。《酒国》饱含文学的想象力，我可能需要再加上一句，也给我这个译者提供了更多的乐趣。

1996 年，莫言出版了一本近五十万字的巨著《丰乳肥臀》。在该部小说中，他重新审视了自己祖父那一代的历史，着重于一个女人、她的九个孩子（八个女儿生父各不相同）及其结婚的对象，再次质疑了他所处时代中，学校里被灌输的黑白分明的官方历史。正如书名所暗示的，这本书的主体是强大的母系社会中妖娆的女性。莫言仍旧坚定不移地描述着一个家族在几十年中如何与贫困做斗争，但是在写作中，他运用了充满活力的幻想和超现实主义的风格。《丰乳肥臀》是中国乡村的灼热写照，有怪诞，有黑色幽默，有色情，也有暴力与死亡。

在英文版小说的出版过程中，《丰乳肥臀》之后的另一部小说《生死疲劳》彻底重塑了中国近代史。它讲述了一个地主转世的故事。这位地主被暴民枪决之后，经历了六次轮回：驴、牛、猪、狗、猴子和男孩。而轮回到最后的男孩也是小说中众多叙述者中的一个。莫言用他特有的平行回忆叙述，让小说从故事结局处出发，用迅速、欢快的步调回讲到故事的开始。如果你读了这部小说，就会明白我的意思。该部小说荣获两大奖项——2008 年香港"红楼梦奖"首奖和首届纽曼华语文学奖，以表彰他在中国文学领域的建树——以他特有的风格给中外读者带来享受、教育与满足感。

莫言的小说《四十一炮》在 21 世纪初曾经被忽视，但是去年，这部小说被翻译成英文出版（POW！）。该书在美国大受欢迎，并广为评论界所关注。正如我们所知道的，中国人喜欢说，除了四条腿的桌子以外,其他任何四条腿的东西他们都会吃。莫言的《四十一炮》就是最好的例子。在《酒国》里,莫言所运用的是酒,在《四十一炮》中,莫言所运用的是肉——其生产过程中的残忍,消费过程中的饕餮,以及其令人烦扰的社会作用。肉就像一个多棱镜,通过它可以看到当代中国诸多有争议的问题。这部由中国最著名的作家所创作的、新近出版的小说,时而充满指责,时而滑稽,时而虚幻,着实令人着迷,它将进一步为其作者增添国际声誉。

这部小说在英美的出版是恰逢时机,因为最近来自中国的报告都会涉及其市场上公开出售劣质猪肉的问题,这已经造成中国一条河流被超过 10000 头病死猪污染的实例。莫言似乎很有先见之明,他呼吁人们小心一些人的自私与贪婪,他们会采取掠夺性资本主义的方式,为了赚钱而不讲任何道义。

最近将要在英语世界出版的另一部莫言的小说是《檀香刑》。在这部小说中,我们这位国际知名作家既展现了中国近代史中黑暗的一面(具体地说,就是一个多世纪以前的义和团运动),也展现了面对不堪忍受的残酷,人性中尽管脆弱,但还是可能存在的人间之爱。故事的背景仍然是他的家乡山东,中心人物是一个带着可怕的行刑设备的刽子手。如果有谁得罪了朝廷、外国侵略者,或者有钱有势的人,他会用这一设备来折磨和肢解他。这是一个“历史奇观”。这部小说中的暴力,以及莫言所有其他作品中的暴力既代表着 20 世纪的现实,也是历史进程的一个暗喻。莫言不仅看到中国历史中存在的黑暗与邪恶,同时与许多同代人一样,他对全能的“伟人”保持着警惕的态度,并为过去的中国对现代中国所产生的退行性影响感到忧心忡忡。用莫言作品中盲民谣歌手的话来说,这片土地上过去的英雄好汉,已经变成了“愁眉苦脸的熊包软蛋”。

令人觉得遗憾的是，2012年诺贝尔文学奖选定莫言的最初着重点并非是他应该获得该奖的真正原因。这个诺贝尔文学奖公告遭遇刺耳的反对声，有人说选择莫言是一个"灾难"，有人说莫言是一个政府的"傀儡"，本来很有理性的人也发表了不同意见，连圈外人都希望利用他的影响呼吁委员会改变结果。但是，在之后几周以及几个月后，情况已发生了巨大的变化。部分是因为他最近的翻译作品得到了很好的评价。几乎每一个评论者在行文中都提到这些争议，但最后都得出结论，莫言获得诺贝尔文学奖确实是名实相符的。那些专栏版中情绪化的和过激的言论，那些长篇累牍的文章，那些恃强凌弱不公正的言辞攻击倒是可以提醒我们，有时应该在批判之前先研究一下事实。

莫言的《蛙》本来是强有力地揭露了中国实行的计划生育政策的高昂代价，但是有人莫名其妙地批评说，莫言发表这部小说之时，中国正在重新审视这一政策，其情形与十年前政府完全禁止谈论这一话题的境况大不相同。当然，十年前，他是不可能出版这部小说的，但问题的重点在于，莫言所要批判的并不是被误导的中国人及其性格，而是过去与现在国家的一些政策。批评者所认为的莫言的懦弱与同谋，实际上正是莫言与众不同的勇敢之处。

现在，请允许我将注意力从中国作家莫言那里转出来片刻，回到我们这些通过西方的眼睛看待他的人——你、我和他的批评家们。

莫言的作品往往让评论者想到西方模式。他们经常会提到的人有加西亚·马尔克斯、劳伦斯·斯特恩和 J. L. 博尔赫斯。还有人会提到皮兰德娄、拉伯雷，以及莫言最喜爱的西方作家威廉·福克纳。人们几乎总是在赞许莫言的艺术，但是很少有将他提高到西方标准的意图，直到约翰·厄普代克，才有人做到了这一点。

在《纽约客》中一篇典型的、清楚且全面的长篇书评中，厄普代克没有选择评论单独一部作品,而是将莫言的《丰乳肥臀》与他同时代作家苏童的《我的帝王生涯》放置到一起,并感叹一个事实:"中国小说创作有没有类似维多利亚全盛时期文学为其提供规范",莫言的隐喻是"泛滥而亢进的",而这两部小说的主角似乎都是"不成熟的弱者"。

现在,作为中国文学,特别是中国小说的媒介,每当我所涉及与参与的作家或作品得到全国的重视,我总是很高兴的。角谷美智子在《纽约时报》中写道,《尘埃落定》的作者"阿来已成功创建了一个有说服力的虚构世界,里面绘制了鲜明的男性和女性人物,并成功地神化了一个西方读者所不知晓的西藏的过去,同时创建了一部全景的、令人感到亲切的历史小说";《纽约客》以四个版面报道中国的坏小子王朔的故事。我感觉,不管有没有被提及,我作为译者的努力已得到了充分的回报。通常情况下,我或我所翻译作品的作家(目前已经有二十多位作家)真正关注的是,他们应该被单独公正地对待。没有人怀疑这样的一个观点,即文学翻译的行为会造成读者在阅读翻译文本中遭遇缺失,但是在外国文学接受过程中的损失与其说与新的外语表述有关,不如说与作品本身有关。小说只是历史或记录,一个人并不要期望从小说家那里得到什么。

诺贝尔文学奖评委会提到:莫言的语言大部分是幻觉的,这是他对几十年来文学作品创作一直受限于僵硬的、公式化的、意识形态话语束缚的一个回应;他使用这样的语言来描述他对历史的回望态度,并解剖自己的民族。例如,他对描述性行为的隐喻力量深信不疑,这一点是国内批评者常常反感之处,另外还有对残暴事件的描述,厄普代克和其他批评者认为这些本来都是不必要的,却弥漫在他虚构的世界里。在这方面,莫言确实代表着当下中国创意写作的特点。对他而言,如果说性是种强有力的小说隐喻,暴力则是一种强有力的提醒,提醒人们记得人类是如何有本事给其他人造成痛苦的。厄普代克先生将莫言的小说描绘为充斥着"屠杀、酷刑、饥荒、洪水,以及农民群众非人的过度劳累",他是对的。就是因为他认为这些是坏事!

要感谢厄普代克,因为是他提醒着读者,这是一部翻译小说,通过中国境外人士的参与才使得这本书与英语读者见面。如果说我给莫言带来什么不公平的地方,或盲目地追求一位中国作家给我带来的巨大的享受与满足(如果不是名或利),我深表歉意。

现在,莫言的国际知名度已经达到新的高度,他的作品会在许多场合出现,也会使越来越多的人关注其作品的其他语言翻译者与出版者。那么,作者如何看待这种关系?几年前,在一篇长篇访谈中(最后以图书形式出版,书名为"说吧,莫言"),莫言谈到他与一些译者的愉快合作。在他的诺贝尔文学奖演讲词中,他谈到了译者如何翻译他的作品《生死疲劳》的标题。他说:"我的译者告诉我,他们在想着如何用其他语言表述这个书名的时候,感觉真是很挠头。"

我在翻译该书名时,也有同样的感觉,虽然出版商和我在多方面都对这个书名感到满意,但是,我的翻译只能被看作一种解释,而不是直译佛经中的话语。在佛经中,它来源于"生死疲劳,从贪欲起"的一部分。我认为我和我的翻译同行普遍更重视原文的表达,而非打动人的雅致结果。

不过,在最近一次给一所中国大学的观众做演讲的过程中,莫言更详细地谈到了作者与译者的关系:

> 如今,越来越多的中国小说被翻译成外文广泛传播,但这涉及一个问题——作家创作的出发点:作家到底为谁写作?为自己写作,还是为读者写作?如果是为读者写作,到底是为中国读者

还是为外国读者？小说翻译成外文需要译者，那是不是可以说作家是为翻译家写作？

这种为翻译家写作的趋势绝不可取。尽管文学走向世界必须经过翻译家的翻译，必须经过他们创造性的劳动，但是作为一个作家，在写作的时候如果想着翻译家，那势必使自己的艺术风格大打折扣，势必为了翻译的容易而降低自己作品的高度和难度。因此，作家在写作时，什么人都可以想，就是千万别想着翻译家；什么人都不能忘，但是一定要忘记翻译家。只有如此，才能写出具有自己风格、具有中国风格的小说来。

莫言可以这样说，因为他并不是为译者或我们这些外国读者写书。但是我怀疑，就算是他有这么做的打算，可他并不懂外语，也不知道其他国家读者的品位特点，所以也不会知道该怎么做。这个问题的另一面就是译者为谁而翻译的问题。我们的工作目的是尽量取悦一位并不了解目标语的作家，尽力忠实于他的原作吗？答案当然是否定的。作者写作不是为自己，也不是为他的译者，而是为了他的读者。而我们也是在为读者翻译。通常情况下，这不是一个问题。但有时也会是个问题，我也透露过。在过去曾有作者对我的翻译不满意。我那时已经清楚地表明了我的态度，在这里我再表述一下，只要我在翻译词汇、短语或更长的东西上没有犯错，我的责任在于忠实地再现作者的意思，而不一定是他写出来的词句。这两者之间有细微差别，但也许是一个重要的区别。

译者与作者的关系并不总是愉快的。当然，一些作家欣赏和理解作者和译者的关系。很幸运的是，我与大多数小说家的合作都很愉快，尤其是与莫言的合作，他对我将其作品翻译成英文的工作大力支持、鼎力相助。他很清楚汉语和英语之间是不可能逐字逐句对应的，与其他语言之间也是如此。他会很体贴、和善地给我解释作品中一些晦涩的文化和历史背景，他明白翻译是对原文的补充而非替代。大多数作者都乐意信任他们的译者，因为他们知道，翻译，用欧阳桢的话说，"赋予过去的作品以新的生命，并使它成为当下的一部分"，翻译可以延长一部文学作品的生命，并可以揭示原来文本中所隐藏的东西。

虽然作者和译者之间的关系可能是不安、互惠互利，且脆弱的，但正是这种关系让世界文学成为可能，让我可以不要做莫言。

最后，我觉得应该这样对翻译做一个评论：我们不应把翻译看成全球化的或跨文化的工具，而是应该把它看成一种对个人的拯救。当庞德在圣伊丽莎白精神病院翻译着古希腊与古中国的文学作品，试图逃避对他支持墨索里尼和其他法西斯分子的叛国罪指控，助理总检察长说，鉴于他所翻译的这些作品，庞德先生似乎已经恢复了理智并应该受到审判。庞德的精神科医生答道："不是这样的，他仍然完全没有任何产出性——翻译不应该被认为是一个理智的迹象。"

（原载《中国梦：道路·精神·力量——上海市社会科学界第十一届学术年会文集（2013 年度）》）

葛浩文：我翻译作品先问有没有市场

谢勇强

1993年，在读完莫言的作品后，身在哈尔滨的美国人葛浩文给莫言写了一封信，征求莫言的许可，以翻译他的作品。

从翻译第一部作品《红高粱》开始，过去二十年里，葛浩文已经翻译了莫言的十部作品，而他也成为世界认识中国文学的一个非常重要的窗口。

葛浩文也翻译了姜戎的《狼图腾》，近期他和妻子林丽君一同翻译了刘震云、阿来和毕飞宇的作品，他说自己并不偏重一个作家与一种风格。葛浩文被著名中国小说评论家夏志清称为"公认的中国现代、当代文学之首席翻译家"。他的选择，往往决定了被选择的中国作家被世界认识的程度。

一、选书标准：看其在将来的影响力

谈到刚刚出炉的诺贝尔文学奖，葛浩文说去年的这个时候，他在早上五点接到电话，说莫言得了诺奖。今年10月的第二个礼拜四，他知道了加拿大的作家艾丽斯·门罗得奖。他很喜欢门罗的作品。

在美国出版东方的书，葛浩文说不容易。他一般不看作家在中国的影响力，而一定要看其在美国的、将来的影响力。"如果不好卖，我们的工作就白做了。翻译最头疼的决定是在翻译之前，怎么选择一个让我们四到六个月的工夫不白做的作品。"

葛浩文选择翻译的标准是："首先我们自己一定要看得下去；第二要看它的来源。如果是出版社找我，或者一个作家的代理人找我，并担保能出，那就太容易了。我们的工作不是义务的工作，但也不是能发财的工作。"如果自己看上的一本小说，认为这本书在英文世界会有读者，就愿意冒险去做，但不能不考虑读者和市场。

"我家里的抽屉里，已经翻好的没人要的小说有三四本，是费了我两年工夫的作品，有的是译了一半，有的是译完了还没润色。我这个年龄了，一定要考虑出路了。翻译莫言、苏童的书我考虑了一个礼拜。"

二、澄清误传：会改动，但没有把书改坏

关于葛浩文修改莫言小说结局的故事传得很广，葛浩文对此做出澄清。他说，莫言的编辑把《丰乳肥臀》交给自己时说，四十万字一个字不能动，他翻译的时候也就一字不动，但后来还是删了一点。

在翻译李锐的一部小说时，李锐在开头把整个书的过程都交代

了，"出版社就不干了。我就问李锐，出版社问可不可以把头一章里后来要发生的事都删掉，不然大家看了一段后面就不用看了。李锐说可以"。翻译刘震云的《手机》时，第一章是古老的事，第二章是现代的。他发邮件给刘震云：能不能第一、二页里写现代的，然后再译古老的。刘说没问题，他就改了。"为了适合读者的口味，要他们第一眼觉得这小说不错，我是改了，但没有把书改坏了。有人这么说是在侮辱我。"

葛浩文特别强调，他对作者的作品一直没有删过，但阿来的《格萨尔王》被出版社删掉了一半，因为这个长篇有四五十万字，苏格兰的出版社的小说系列都要在三十万字之内。面对删节问题时，葛浩文对出版社说："你一定要在书上说明：与作者达成一致，出版社删了多少字。"

三、莫言效应：再过一年海外读者会问谁是莫言

谈到莫言获得诺奖的影响力，葛浩文笑着说，再过一年说莫言，可能海外的读者就会问谁是莫言了。"莫言获得诺奖的三个月内，书卖得真棒。从第四个月开始就下降了，莫言不会英语，他去欧美都要有翻译跟着，所以出版社不愿意花钱请他来。过去很多得奖的人都会外语，可以出国宣传。韩少功、西川都会外语，台湾作家的英语好得多，但莫言不想花时间去学外语。"

三年前，葛浩文问铁凝，中国怎么没有资助翻译的政策？这一提议得到了铁凝的支持。但葛浩文认为，申请资助要提交好多东西，比

如在国外要印多少本,在中国销了多少本,等等,太麻烦了。"如果有不太麻烦的,美国年轻的翻译很愿意翻,这些人的中文往往比母语还要好。如果有一笔钱让他们半年不在外面打工,就做翻译,他们会很愿意。"

葛浩文挑选作品进行翻译时,偏重备选作品的语言美。"能朗诵的,语言美的,我非翻译不可,但不一定能因为语言美而向国外推荐翻译小说。国外读者爱看故事,所以我现在翻译刘震云的小说。英语世界看他的小说没有问题。"

至于国外读者喜欢哪一方面的作品。葛浩文说:"评论家喜欢看悲苦的,但一般读者爱看的是幽默的、轻松的。我认为在美国,评论家还是比较喜欢阎连科。我给美国的代理人寄了刘震云的《我不是潘金莲》,不到两个礼拜,他们就打电话说:好小说!所以我这次来要找刘震云老师签个名,不是我要,是美国的出版社代理人要。"

葛浩文认为,在刘震云这个年龄段中,幽默、轻松的作家不多。"我所翻的阿来、苏童、李锐、刘恒,没有一个是以幽默为触点的。"

四、译介平凹:认为应该始自《高兴》

葛浩文曾翻译过贾平凹的《浮躁》,译本出来后,贾平凹也到他家里待过好些天,后来不太联络了。最近,葛浩文又在翻译贾的书。"《高兴》是贾比较独特的长篇,他本人认为如果《废都》没人翻,就是他一生中最痛苦的一点。有人要翻,他不同意,非得让我翻。"

葛浩文觉得贾的《秦腔》难翻译,三四十万字的长篇要半年以上才能翻译出来。葛浩文翻译了贾的《秦腔》《废都》《高兴》的一部分。"我喜欢看他的书,也喜欢翻他的书,问题是从哪部开始?"贾认为应该从《废都》开始,他认为应该是《高兴》。"《高兴》会有读者,《废都》应该有,《秦腔》就说不上了,它的题材连中国人都不一定特别接受吧。"

　　当被问到方言翻译是否是障碍时,葛浩文认为不是问题:"方言问作者就好了,但问题是你看不出是方言。"

　　德国汉学家、翻译家顾彬说,莫言得奖很大程度上是因为葛浩文的翻译。葛浩文说自己的第一个反应是他在瞎说、胡扯。"后来一想,我写了一篇文章,说得奖的是莫言,但评委除了马悦然都非看外文版不可。顾彬的话有道理,那些老人第一看的是瑞典语,其他语言法文、英文也看。但不能这样说。我给他写信说你这个老顽童怎么胡扯呢,他回信就哈哈笑。前年的马尔克斯获奖,没有一个评委懂西文,全部要靠外文。翻译的贡献毫无疑问,可是还要归到作者本人。"

(原载《华商报》2013 年 10 月 15 日)

文学翻译：过程与标准

——葛浩文访谈录

闫怡恂　葛浩文

2013 年 10 月，葛浩文先生应邀来沈阳参加"中华文化对外传播学术研讨会"。从美国来华之前，就约定好了这次访谈。访谈中葛先生低调、幽默，风趣不失严肃。谈及的话题从文学翻译的过程、方法到翻译的标准以及如何评价一部翻译作品，等等。访谈持续了两个多小时，充实而愉快。访谈语言以中文为主，也有英文夹杂其中。本文经采访者整理而成。

闫：我之前在读您写的东西，包括别人写您的文章、媒体对您的报道。我是觉得有这么一个外国人，他对中国文学如此热爱，又源于对一个作家——萧红的追寻，是很让人感动的。我还看到有一张您在她墓前的照片，那时您很年轻，看到那样的照片我真的眼泪都要下来了。

葛：我看我的脸啊，我好久没看了，我也能看出我感慨万分啊。

闫：我在中国长大，一直特别喜欢英文。但是由于我工作的关系，我没有翻译很多国外的作品，我在教书。然后当我了解到您的这些情况的时候，我就觉得我怎么就一下子喜欢上了葛浩文呢，我指的不是这个人，而是他的翻译作品、他的精神、他的思想等。昨天在研讨会上，听到您讲作者与译者关系这个话题。我今天想从翻译过程这个话题切入。

葛:我先说一个情况,也算是笑话又不是笑话,我既然说出来了也就算是俏皮话了。阿瑟·韦利大家都知道,一个鼎鼎有名的老翻译家。阿瑟·韦利死的那一年是我开始翻译的那一年,我不信教的,我更不信佛教的轮回。可是阿瑟·韦利人死了,他的灵魂会不会偷偷跑到我这边来呢? 这是俏皮话,可是我不能说完全没有道理,而且那个时候,我也看了他很多作品。在我的导师中,阿瑟·韦利当然是一个,再就是杨宪益、戴乃迭夫妇。那时我就看他们翻译的文学作品,看他们翻译的鲁迅,还有《红楼梦》《儒林外史》,还有好多其他的。看了这些英译作品,那时候又看不懂中文,我就觉得这些东西真是不错的,应该多多接触。所以阿瑟·韦利对我来说,是一个现象,也是一个偶像,指引着我。好吧,说起翻译过程,你愿意我说哪一方面呢?

闫:比如说您在读一部作品,有一个阅读的过程,还有一个理解的过程,还有一个您翻译时再创作的过程。那说到阅读过程,您觉得它是一个什么样的情形,和普通的读者有区别没有?

葛:翻译的一切过程都由阅读开始。翻译是阅读过程,阅读也是翻译过程。因为在阅读的时候脑子里也是做翻译的。刚开始翻译的时候,是在 20 世纪 70 年代,因为没有任何出版社找我,没有任何一个作家找我翻译,也没有一个代理人,我选的那些要翻译的作品,就是我自己选一本书看看,看完了就放在那儿。

闫:出于一种兴趣去选择吗?

葛:就是兴趣。

闫:萧军的《八月的乡村》是您读的第一本汉语小说吗?

葛:是第一本,最早在旧金山。

闫:完全是奔着这本书去寻找呢,还是因为图书馆找不到别的书?

葛:因为图书馆没有太多别的东西。当时,我的一个老师在旧金山州立大学,这个老师我忘了名字,姓杨,不是博士,不是教授。他就住在旧金山,能看懂中文的书,所以有人请他来教书,真的很不错的一个人。他对东北作家群特别感兴趣,不是因为他们的书,是因为他们的私人关系。他们的私人关系非常戏剧化了,萧红跟萧军,萧红跟端木,端木跟萧军,他讲得就像花边小报里的故事,我们听了都哈哈笑了。有一天在图书馆看到这本《八月的乡村》,我就想会不会是这个萧军啊。当时找点时间我就看了,我很兴奋啊,因为这是我看的第一本中文小说。后来,我到印第安纳大学跟柳无忌先生开始读博士,他就问我博士论文你想写哪一方面?我说我还没有想过,柳先生。他说你回去想一想,我说朱自清的散文怎么样?他说,不好。他不是说朱自清不好,而是选这个就没意思了。我说那戏剧方面呢,像田汉呢?他说不行不行,不要做这一方面。他说你也不一定要跟我一致。他研究元曲和杂剧。他说我知道你兴趣在哪儿。

闫:真的很难得有这样一个老师,鼓励您去考虑不跟他完全一致的研究方向。

葛:是啊,很难得的。到最后我写的时候碰到些问题,我说柳先生,这方面您看合不合理。他说,你还问我,这方面我一点也不知道,你是专家了,你写完后我还要学你的东西。你知道他的背景,柳亚子的公子,他真是一个好老师。

闫:你很幸运,有这么多中文老师帮助您,您那时候多大?

葛:博士毕业我三十五岁,那是在我三十到三十五岁的阶段吧。有一年我在香港一个旧书店,那个时候香港旧书店很多,现在都没有了。我找到一本叫柳无垢的人写的东西,是他姐姐编的一个抗战时期的日中词典。我拿回去给他,他不知道有这么一本书,他也很兴奋。

我说这是不是您姐姐写的？他说，大概是吧。另外，他也不知道柳亚子和萧红有过短时间的交往。

闫：所以您当时说要研究萧红的时候他特别高兴？

葛：他也有所收获了，因为要写到有关他家里的事情嘛。柳先生，他非常好。他说你要写东北作家，这样好了，你就选一个作家，这个学期你就做他的研究。第一个学期就开始做萧军的。我说萧军的作品，《八月的乡村》写得还可以的，其他作品就一般啊。后来又看了萧红的。当我看了萧红的《呼兰河传》，二话不说，就是萧红了。

闫：所以我说萧红对您的影响是一生的，有起始点的。

葛：对，没错。

闫：除了研究萧红，又开始翻译萧红的作品。后来又开始翻译其他现当代作家的作品，我统计了一下，您翻译的中国现当代作家，包括中国台湾地区和香港地区的作家，大概有四十二位。这个数字准确吗？

葛：大概不会太离谱吧。

闫：在这样的一个过程当中，应该说翻译真的是成了您生活中的一部分，或者说一大部分。可能每天您都会经历一个翻译过程，您对整个翻译过程一定是非常有体会。

葛：本来是由阅读启发开始做翻译的。后来慢慢地，有些人说是不是找葛浩文来翻译，到现在呢，我很少自己找一本书看看，说我要翻译这本，很少。

闫：那都是什么情形呢？

葛：都是出版社找我。可也有例外，比方说，《红高粱》是一个。另外一个，就是五六年前看到的王安忆的《富萍》，我也翻译了王安忆的其他作品。

闫:王安忆您好像翻译得不多。

葛:不多,不多。但是我看《富萍》写得比她其他的大本书作品细腻、有意思,讲的是小弄堂的那些保姆的生活,写得真好。这个我已经跟她说了要翻译,我已经翻译了四分之三,但是出版社难找。前年,我们在哈尔滨见了面,我跟她说,总会有的。她说交给你了,我信任你。

闫:她的英文怎么样?

葛:不太好。

闫:也是像莫言一样,反正读不懂(笑)。

葛:可能比莫言强一点。比莫言的英语弱一点的人不多(笑)。

闫:那您怎么来确定哪些可以翻译哪些不翻译呢?

葛:有些作品没有把它翻译成第二个语言的必要,或者没有把它翻译成第二个语言的可能性。

闫:可能翻译的时候会丧失很多原文的美丽,是有不可译的现象的。

葛:对。

闫:那么在选择翻译作品的时候,除了出版社直接给您的翻译作品,如果您自己选择翻译作品,您看什么? 看语言还是看文化? 还是美国读者或者世界范围内的英语读者对作品感兴趣的程度?

葛:不费我很多时间的吧(笑声)。因为我看书看得慢,特别是中文书看得很慢。《红高粱》那本书我看得爱不释手,也花了一个礼拜的时间。我现在挑厚厚的一本看不可能的。但好书,我是不在乎的。我还是以语言为主,人物的描写我喜欢。我认为以前的中国小说如果有一个缺点就是把人性写得不够仔细深刻。表面结构都好,故事也好。但是现在就慢慢改变了,有一些年轻人,不知道为什么这些年轻人还是懂得这些人物刻画的技巧的。

闫:可能是受到全球化的影响吧。

葛:可能是,可能是。

闫:您翻译的作品应该属于翻译文学,它在美国的市场是怎样的呢? 就是有多少人会去读翻译文学?

葛:在美国,出书总量平均一年是五万到七八万。3%是翻译的,97%是英文的。所以呢,这个市场非常非常小,打都打不进去的。但是在意大利,有50%是从英语翻译到意大利语的。英语还是一个世界性语言吧,所以说老美啊,我们同胞都会想,为什么要看翻译的东西呢? 不是英文写的还有价值吗? 他们都是这个狭隘的想法。所以翻译的文学作品市场很小,亚洲的翻译作品又占这3%中的一小部分。在美国,中国当代小说翻译成英文出版的一年也不过十来本。

闫:比如说您刚才谈到《红高粱》,那个时候莫言还没有现在这么出名。就像韩少功翻译的昆德拉的《生命中不能承受之轻》,后来一位法语教授许钧就曾评论说很佩服他。因为相当于韩少功发现了昆德拉,把他的作品翻译过来并推介给了中国读者。从某种意义上讲,您对于莫言的《红高粱》,可能也是这样,您从一个译者的角度,把莫言的作品推向了世界。

葛:我插一句,昆德拉是我发现的,他的名字也是我先译的。我在中国台湾地区的一个《中国时报》有一个专栏,专门介绍昆德拉。写完之后,我问韩少功看了没有。他说看了。但是韩少功翻译了昆德拉,而我没有翻译,我只是介绍。

闫:所以我想,您当初选择《红高粱》这部作品应该说是独具慧眼的。是什么吸引了您? 作为译者,在选择作品的一刹那,您的意识是什么? 有一个声音在呼唤吗?

葛:是这样的,我在美国要看英文的书评的。有的作者我认识,有的不认识。我就是看书评里的,每个礼拜有好多个书评的。

闫:你读书评,然后从中选择?

葛:对,但是我不读中文书评。我知道中国台湾地区有《中国读书》,还有其他一些杂志,都有书评。现在我这些都不大看的,过去是看的,现在没时间看。可是英文的报纸上每个礼拜的书评都有十来个,我就很快地看。所以选的中文的小说,有几条路,一个是出版商,比如长江文艺出版社,那边有时候会送一些书过来,或者告诉我有什么新书。还有几个出版社他们有人会让我知道,新书有哪一些。比方最近有一个年轻的女孩子,李锐的女儿,笛安。我还没看过她的书,可出版社建议说应该去看看,所以这样的书我也要看的。有一两个在中国香港地区的朋友,他们对新发行的小说消息很灵通的,他们有新出版的书也会告诉我。问题是这些书在美国是买不到的,一定要从中国或是什么地方,送过来,寄过来,或者亚马逊网上购书也可以,可是太贵了,我不是花不起,就是花得不高兴了。那现在呢,主要的来源是几个作家。一个莫言,我翻了他十本;一个毕飞宇,我现在翻了他第三本;一个苏童,我翻了他四五本;一个刘震云,翻了两本;还有王安忆,还有贾平凹。因为这些人的作品排队已经够我翻译好几年的。可是如果有新来的,特别是年轻的,我会腾出时间来翻译,一定要花一些时间翻译年轻作家的。

闫:您是觉得这是对年轻人的一个支持?

葛:因为不能老是那一群熟悉的作家作品。

闫:您想扩大您的翻译对象?

葛:对,扩大我的翻译对象,以及读者的阅读范围,一定要的。还有中国台湾地区的作家,不能忘的。因为我现在就在写我的回忆录,已经写了三分之二,大概是我与台湾的半个世纪之情,因为我是 1961

年到台湾,一直到现在,我夫人丽君是台湾人,所以我跟台湾的关系非常密切,那是我的第二个故乡。我现在去得少,不像以前了。

闫:就是说那时候的经历都比较集中在跟台湾的联系上。

葛:对,当时中国大陆是封闭的,我进不来的。

闫:那个时候您又年轻,是一个成长的情怀,可能更容易在您的心里有烙印。

葛:对,那个时候我也是个浪子,喜欢到处跑。所以呢,台湾的作家,黄春明、白先勇,这些我都很熟了,他们的作品我也翻了不少,还有李昂、朱天文、朱天心,所以我很想让台湾的作品占我翻译的一部分。

闫:您的意思是一定要有他们的作品。

葛:一定要有他们的。所以要是有新的,像朱天文的《巫言》我就想翻译。丽君说你绝对不要翻,因为不会有任何人要出版的,非常难翻的,也不是什么小说,归类就很难定了。但是我很喜欢这个东西,所以就想翻译。

闫:你喜欢的原因是什么呢? 觉得有情愫吗?

葛:就是一个挑战。

闫:挑战,你喜欢挑战?

葛:是的,我喜欢挑战,我喜欢朱天文的作品,我愿意翻译她的作品。我跟她提了,她说你不要浪费你的时间,我说我还是看看吧。所以呢,这些老作家,像贾平凹啊,莫言啊,甚至于毕飞宇,已经算老作家,但是不能占全部的翻译啦。可是问题呢,问题是出版社。

闫:出版社要寻找那些比较知名的作家。这是一个大的矛盾。所以,您作为译者是不断地发现新人,发现挑战。但是出版社为了市场,会寻找那些著名作家。这样的话您在选择作品上可能要花很多的心思吧?

葛：对，要花很多心思。

闫：那说到您的翻译作品，有人会因为您删减或者做了一些结构调整，对您的翻译提出批评。那您作为译者，怎么看待一个翻译作品的好坏？或者说我们在谈一个翻译标准的问题，就是到底根据什么来判断一部好的翻译作品呢？

葛：这是你问的问题里面最难答的。说到翻译，当然有批评，每一本书都有批评，不仅仅我的翻译受到批评，其他的人也有的。因为我们有自己的视角，自己的译法。删减是一个非常头疼的问题。有几本有删减的，一个《狼图腾》，一个《丰乳肥臀》，还有刘震云的《手机》。一个朋友愿意出版这本译作，他就提出说美国读者会不会对 20 世纪 30 年代的中国感兴趣？我说，那很难说。我就有一个想法，作品第二章里的开头，也不过两三页，讲的是现在的事情，说到男主人公闹离婚。我就问刘震云——那个时候我们还不认识——我说如果我把那几页放在前头，开头不是 30 年代的，而是眼前的，然后又回到从前。他说可以啊，没问题，我就做了调整。

闫：就是一种叙述结构上的处理。

葛：我没有删，就是把一些结构做了调整。

闫：那您当时为什么一下子就找到这一段，说把这个放到前面，就能增加它的可读性，是从读者本身去考量还是你自己的一个直觉？

葛：就我自己的吧。

闫：这是经验吗？

葛：就是觉得这部分可以动，有些地方就不可以动，不能随便拿一个就放在那儿，那就会拆乱作者的整个创作。莫言的《天堂蒜薹之歌》的情况你知道吧？

闫：好像不厚，讲农民的事的，是吧？

葛:讲农民闹事情的,是莫言老家发生的一个真实的事情。这十九章都写这个故事,也有一点魔幻现实主义那一类的,很不错。可是莫言这个人,他真是一个才子,他的脑筋是清楚的,他的小说几乎都是在脑子里面写的,定了,他就坐下,抽烟,喝茶,写啊写啊,几天就把它写完了。他的《生死疲劳》写了四十三天,就一个多月。

闫:就好像是他小时候听过的故事一样,写出来一下子就成作品了。

葛:对,就一下成了。我相信《天堂蒜薹之歌》还没写完呢,他已经开始想第二本了,下一本了。《天堂蒜薹之歌》的最后一章,写的不过是报社的一些贪官给调到什么地方,撤掉了职务。出版社说,这算什么结尾?

闫:所以您不喜欢这个结尾?

葛:不是我不喜欢,出版社不喜欢。他们说,这不是最好的结尾,很多人物都没有下落。我就给莫言写信,我说有这么一个看法。不到两个礼拜,他又邮来了一个新的结尾,二十页,我还保存着那个手写的章节。出版社高兴极了,说好,真是好。我马上给翻过来,几天吧,熬夜就翻完了。

闫:这个故事我听到过,后来好像这个《天堂蒜薹之歌》在国内出版了两版。第一版是没有结尾的,第二版是您翻译完之后建议重新加上的。一般来说,我们说译者是隐身的,那这个时候实际上您的意见是影响了作者的。出版社其实也是译者这一方的了,因为出版社是出版您的译作,而不是莫言的。那您觉得译者该登场吗?该什么时候登场?

葛:这个事情我们后来也没有说出来,在中国大家可能知道。在英文读者这面,我们没让任何读者知道有这么一个事情。何苦啦。

闫:假如莫言跟您不是很熟,他会接纳您的意见去加一个结尾吗?

葛:我也不大可能提出这个问题了。但是那时我只翻过他一本《红高粱》,《天堂蒜薹之歌》是第二本,所以其实那个时候我们并不认识,我们没见过面,我们见面认识是通过《酒国》。那个时候就是通过作品认识,通信什么的。但是我认为出版社花钱、花工夫出作品,还要挂上出版社的名字,他们如果有什么意见,还是值得听一听,值得考虑的。

闫:另外也是因为您在翻译当代作家的作品,有机会跟他们对话,甚至成为朋友,所以才有机会把这个文学翻译做得更丰富、更圆满,然后做译者的时候,您加了您的意见,我觉得这真是很难得的。

葛:我觉得我跟莫言合作得蛮有意思的,而且大家都没有任何人不高兴的,我们都心满意足地说:"哎,又做了个事儿。"

闫:所以实际上您在加这个结尾的时候,相当于您是他的一个好朋友,读小说的时候提出来:"这样好不好?"这个时候您不是译者的角色,译者是没有办法去影响作者说你要去怎样写什么东西。就像您昨天也讲,说作者是没办法心里想着译者的事情的,他一定要想着他自己的创作,如果他只想着怎么去翻译,那他的创作可能就失去了它原本的意义。

葛:中国作家跟他国的作家差不多,有一个共同的毛病,但是如果能克服这个毛病,那就更好了。

闫:您指的是?

葛:作者没有办法把自己写的东西退过来,从而作为读者重看你自己刚写的东西,而不把你写作的经验放在脑子里面。这不好做,但是如果你能这样,你会发现很多问题。美国作家、中国作家都有这种问题。这时如果有一个特别能干的编辑就很好。可是现在美国的编辑的水准也不是那么高的,不像过去,因编辑建议,海明威、菲茨杰拉德他们的东西有的是重写了。有个编辑,大概是 20 世纪三四十年代的吧。他就曾对海明威说,你的这个结尾不好,修改吧,就这样。然后海明威就要回去重写,因为这个编辑说不行。现在,不大可能有这样的情况了。

闫:这样的编辑很负责任。

葛:现在,不管在哪儿都不会有这样的情况。

闫:现在编辑会很尊重作者的选择。您觉得这是个好事吗?

葛:不是好事情了,美国和中国应该培养出一批有权威,或者能给出版社提供建议的编辑。编辑不要怕作者,因为是出版社付钱,给出版社做。作者对你不高兴没有关系,出版社来妥协、协商。这样,读者对作品才会更满意,读者才会更受益。现在,读者往往会说"译者为什么这么做?""译者为什么要加那个东西?"如果有一个好编辑之前就说出来,读者就不会有这个问题了。

闫:那您在做翻译的过程中,碰到过特别好的编辑给您提些意见吗?

葛:有的,有的非常好。但是,有的会愚蠢到什么地步呢,比方说,他们就说这个地方的逗号可不可以放在那一边? 我说随便放。可是那些重要的问题、文字里面的问题、值得讨论的问题就错过了。现在的编辑,一般在美国的情况是——别的国家我不大清楚了——大部分编辑都是大学刚刚毕业的美编硕士(Master of Fine Arts),没上过写作课的,没有经验,也不够成熟。

闫:他们主要是搞设计的,文字的排版之类的工作更多是吗?

葛:对,是这样的。

闫:所以可能对文字本身和写作不是特别了解。

葛:而且,他们是按规矩处理的,那些句子都是规规矩矩地处理。实际上规矩应该由作者定,因为他们才是创作者。应该让作者随便弄的,有的时候弄得越怪越有意思,越值得看的。

闫:好像中文也有这样的现象,语言就是这样的。

葛:对,中文也是这样。所以毕飞宇对生词新词创造的用法,我们很欣赏。可是我和丽君翻译的时候就会说,怎么翻译这些新词呢? 我们不知道,我们还要问作者。我给你举个例子,这个很好玩的。他的《青衣》的第一句话,"乔炳璋参加这次宴会完全是一笔糊涂账"。这要怎么翻译呢? 什么是"糊涂账"? 会计我知道,但是"糊涂账"到底是什么? 怎么会是一个"糊涂账"?

闫:那后来您翻译的时候是怎么去处理的呢?

葛:我们问作者。他说,在中国,人们请客是这样子的,有些有钱人他们请某甲、某乙、某丙,还有其他人,但是这些人之间是不认识的,根本不知道还有谁参加,到了宴会那边才知道,这就是糊涂账。后来丽君就说翻译成"like a blind date"。

闫:他的语言很灵动,很生活。

葛:对,他的胆子很大的,是自信感非常强的一个人。

闫:我记得您曾说,毕飞宇将来肯定是一个大作家。

葛:他已经在往那边靠近。在他的《推拿》中,他对那些天生就是盲人和那些后来才看不见的盲人的人生观的描写是不一样的,他不是在小说中说他们人生观很不一样,而是你一读,你就会知道原来他们的人生观很不一样。

闫:您的意思是说,他很有写作天赋吗?

葛:可以这么说。但是不能老和他说这句话,要不然他的头就变大了。

闫:就膨胀了(笑)。

葛:他这个伙计很好,我们在英国一起四五天,推销他的第一本书《青衣》,那几天我们都混在一起,就发现他是一个非常有趣的人。他一点也不缺自信。

闫:而且,他写女性也很有特别之处。我反倒觉得有些男作家写女性更突出。比如莫言的《丰乳肥臀》里描写的母亲,理论上来讲,在中国的文化中来看,这不是一个好女人。但是,读过之后你没有这样的感觉。你会觉得这个女人一生含辛茹苦,女儿们命运也都各有不同,有很多都很悲惨,你就会觉得女性很不容易,心里感觉在流泪。

葛:真的不容易,真是不容易,我老师他是华裔,那个时候"文化大革命",在中国遇到很多不愉快的事情。他回来后说女人确实不容易,男人能做的,女人都能做,可是白天做完了之后,还要回家洗衣服、烧饭,做这个,做那个。可是男人不做这个,在那个时候,绝对不会有男人带孩子的。

闫:所以莫言说这本书是献给母亲的。母亲非常不容易。

葛:母亲确实是不容易。我的一位同事,他说,我要去见我的父亲。父亲在屋里坐着,我要站在门口等,死等,等到父亲什么时候抬头看。要是父亲不看他的话,就一直等。我就问,那你妈妈怎么样? 他说:我和你说,妈妈叫什么名字我不知道的,大家叫太太,我叫妈妈,没有任何人愿意用她的名字的。后来,他说她的那个墓上刻的是曾周氏。

闫:对,在莫言作品中也是这样,《丰乳肥臀》里面的母亲叫上官鲁氏。

葛:还有,在那个小说里,男人都是窝囊废。除了国民党里像个爷们的那个,其他都是很窝囊的。很多人不喜欢那本小说。他们就没有看准了。

闫:我很喜欢。我看完之后觉得,莫言对女性的描写真是到了极致了。他并不是用那种积极的语言来赞美,而是用事实来描写。我还特别喜欢您在翻译时加了人物关系表。这太重要了。

葛:这对美国读者很重要,可能对中国人来说也很重要。

闫:很重要。因为作品里面出现那么多的人物,一时真的搞不太懂他们之间的关系。莫言笔下的这个女人不是所谓的"良家妇女",在那样的一个年代,把这帮儿女养大,这些女儿的命运又很悲惨。那您在翻译和阅读的过程中有没有很难过,情绪受影响,还是说您能客观、冷静地翻译下去呢?

葛:我没有什么印象。但是肯定会有的,我是比较重感情的一个人,所以肯定是会的。他的小说有的不好翻译,不是说文本本身。比如说,他的《檀香刑》,我要翻译那些残忍的杀人的、枪毙的场面的描写等。还有,你看过我在《萧红传》的序文里说的,我在写论文的时候,快写完了,就要写她1942年在圣玛丽医院,因肺病快死掉了,我写不下去了。说到这儿,我现在就已经感动了。我就到外面散步,抽支烟,后来再硬着头皮写,那就好像把她弄死了,我也有责任一样的。

闫:您觉得您不停笔,萧红就一直活着。我觉得您做翻译,能把作品当成一个孩子一样,再比如您对萧红的这种感受,其实您是一个很中国的人。

葛:我跟你说个很秘密的事,我翻译的小说,出版之后,我不愿意去看。可能有例外,但大部分我不敢回头去看。因为我会觉得对不起作者,对不起文本,对不起一切。事实上,翻译的时候我尽全力了。但回头看,我一定会发现很多问题。还有好多没有做好的,我可以做好但是没有做好的。

闫：就是每一部作品，您都觉得不够完美？那翻译下一部作品的时候，您会带着这样的情绪进入吗？

葛：不会，通通都忘掉了。书译完了，放在书架上，我是不会拿下来看的。偶然看到某个书评，我会拿出来再对一下。有时候发现问题，就想给编辑写一封信。跟一个做出版商的老朋友提这件事时，他说绝对不要，因为这些很快就过去了，没人记得。要是提了，会有人很注意这一点，然后就会一直提下去。

闫：在中国就会有人说您炒作了（笑）。

葛：苏童有个作品，中文名字是"河岸"。起初这个中文名字我是不知道的，为什么呢？因为我译的时候他还没有出书，我是根据电子稿翻译的，当时还没有确定书的名字。我翻了三分之一的时候，他又来了一个稿子，说旧的稿子要扔掉了，可是我的翻译要作废的。我就和他说，千万别这样，我已经翻译了，就定稿了好不好。他说好，后来我都翻完了，出版社出书，香港的《南华早报》登了一个书评，评论这小说很好，等等。可是译者为什么没有把原文的第一句话译出来呢？我就太奇怪了，为什么没有？我回去查看原文，又看我的翻译。结果是他又加了一句，没告诉我，我气坏了。我真气坏了，我就骂他。第一句话就是"It all started with my father"，这是很简单的一句话，我和苏童说，这是非常不够朋友的一件事情（笑）。

闫：可能会有人对此做文章，绝对不会有人想到这是一个误会。

葛：没有人会想到原来原文中没有。后来苏童道歉，说他忘记了，现在我们还是朋友了（笑）。这样的事情还有很多，所有的人都不会说作者，不会的，都是说译者。一定是译者这样子做的。所以在翻译时，我们译者特别小心。现在我不会去翻译任何一本还没有成书的小说，必须是以成书的形式才行。莫言给过我电子版的，但是莫言不会再加,他已经想到下一本书了。还有他的传记,叫"变",一本小薄册子。我已经翻译完了。他应人之邀写了一本小传,打了一个电子稿给我,让我很快就把它翻出来,就是印度那个出《四十一炮》(*POW!*)的出版社出的。

闫:谈到做翻译,译者的素养很重要。您觉得译者素养是怎样养成的? 您有没有对母语做有意识的提高,如何去做的呢?

葛:有,我认为这是很重要的责任。多看,多看一些英文的,多看一些小说,多看一些翻译的,翻成英文的,德国的,北欧的,不管是哪国的,我都要看。

闫:为什么要看翻译的呢,是为了去和原文进行比较吗?

葛:这些也要是以英文为主的,我要看他怎么处理。当然英文原作看得最多。像加拿大的艾丽丝·门罗,今年得了诺贝尔文学奖,我特别喜欢她的作品。我认为翻译要先把自己的母语搞得差不多,要把母语搞好。源语是其次的,源语好查,因为有问题就问人,看不懂就问人,可是你的目的语,你还问谁呢? 我现在知道我的中文大大地退步了,因为我在家里很少用。以前因为我教书,有中国学生还会用一些,尤其是我在旧金山州立大学的那十几年,我上研究生课,学生全部是中国人,我还能用中文讲课的。我在中国台湾地区也有专栏,我还可以用中文写报纸的,我到台湾或者大陆还是会用中文说话的。可是现在,我知道我的中文退步了。

闫:您翻译的是当代作家的作品,所以您有可能跟作者对话。是不是也是基于这样一个原因,您愿意选择当代作家的作品,而不是已经逝去的作家的作品呢?

葛:也不见得。20 世纪 30 年代的作品,语言比较西化,好译。那个时候,中国提倡中学为体,西学为用,所以茅盾的、巴金的,还有萧红的,他们的写法比较接近西方,好译。老舍的语言还有点不一样。后来到了当代的就不太好译了,因为有中国自己的特点嘛。那么年代更远一些的,像清末的小说,我不大碰的。但我那时候喜欢读,比如《红楼梦》《西游记》等。我以前还翻译过《西游记》,大概翻译了三分之一。我在大学读研究生的时候给柳先生的,后来就放弃了。因为还有太多别的事情,还有功课要做,还有论文要写,还有家里人。我家里有两个小孩儿,现在也四十多岁了。那个时候,家里事情也够多了。

闫:我们常说,中国文学"走出去",中国文化"走出去",您觉得这个"走出去"的翻译任务由谁来做更合适?

葛:我一直都认为,一个翻译应该只译入他的母语。我一直都这么想的,可是呢,人数就很有限。你刚才说的传播中国文化,传播中国文学到国外,我认为你们谁都要做,就是作家本人不要做。他就要写小说,就写他自己的小说。现在也有不少,像丽君和我两个人合译的,她的英语比我的汉语要好,但英语毕竟不是她母语,所以我们两个人合译。我认为是,将来会继续发展像我们这样两人合作翻译的模式。当然,也会引起一些问题,也会有不同的意见,要是一个人翻译,我说了算。像我们这样是一家人的,还好,有长处。我认识好几个合作翻译的。最近,铁凝的一个长篇,是一中一外的两个人合译的。外国人是不懂中文的,这是一个问题。我认为最理想的是像我们这样,我也懂中文,丽君也懂英文;我的母语是英文,她的母语是中文。两个语言两个人都能用的,这个更好一点。总之一个中国人想做翻译,又不想做外翻中,想做中翻外,那就最好是找人跟他合作。

闫:就是要有一个外语是母语的人合作。

葛:没错。如果没有几十年住在英文的环境里面,那些细小的语言表达,还没有深入你的语言中。我译过一两篇英翻中的,发现太困难了,我知道这个意思,可是我就无法自然而然地想到那句话。如果有人翻出来,觉得就是这句话,平时说话的时候我也会用。可到了翻译的时候,我就是想不起来。这是一个不可避免的问题。

闫:语言习得有一个过程,知道和说出来是两回事。您自己的汉语水平已经很高了,您对汉语似乎有特殊的情感。

葛:我打个比方,就好比两个人恋爱,结婚,但是三十年后这种爱完全变了样子,完全是一种新的感受,不同于年轻的时候。这种爱可能就变成了一种习惯,甚至是一种舒适的感觉。虽然我的汉语还没有纯熟到这个程度,但是不再像以前那样是一种热情,现在更多是一种成熟的情感。这就是我对翻译的感觉,对中国文学的感觉,对中文的感觉,这些已经是我的一部分了。爱,是你对一个人、一件事的表达,我现在对中文的感觉就不只是说我爱中文,而是中文已成为我的一个部分,我真的不太好用任何语言来表达。我发自内心地去爱中文,就是觉得它是世界上最美好的东西。我的中文大不如从前了,有的时候我会因此不开心,因为我刚才也说过,又教书,又要过日子,忙忙碌碌的。

闫:您曾经说,力求自己的翻译不比原文更坏,要老老实实尽一个译者的本分。您觉得译者的本分到底应该是什么?其实这里面就涉及您的一个翻译观,也就是您对翻译本身的一个看法。到底什么是一个译者的本分?

葛:有人说,他就是一个中间人物嘛,他就是桥梁。我觉得一个翻译也是一个创造者,是有创作的责任和本分的。虽然也要听原作者的,要把原作忠实地表现出来,不能把它加得变样子,也不能减得变样子。有人曾经问翻译中的改动的问题。翻译都是要改动的。这就要看改动的方式。我懂中文,我又能用英文,可是中文跟英文之间是存在创造性的,这是我们要抓住的,也是最难抓住的。我们歪曲原文,那是不对的;在表达英文的时候超过原文,也是不对的。在我们常说的翻译标准"信、达、雅"中,我倒认为"雅"比"信"和"达"重要。

闫:那您说应该是"雅、达、信"?

葛:对,"雅、达、信"好了,或者"雅、信、达",都行。翻译中,我认为"雅"是最重要的。当然这三者不能分的。有时大家都说"信"。"信"什么呢?忠于什么呢?文字,意义,还是文章的语气?那是当然的了。那说到"达",这是理所当然的。原文说我有一个妈妈,要翻译成"He has a father",那就错了。而"雅"是很重要的,这是译者的创造性的问题。

闫:所以,您的翻译观里边包含了译者的创造性,还有忠实,译文要贴切,要表达得踏实、明明白白、对应,然后同时还要考虑一个接受的问题。所以您说要做好译者的本分。

葛:所以我做翻译,要是我一个人,要一稿、二稿、三稿,起码要四稿。第一稿呢,不大查字典。我不明白的,就跳过,或者有时会影响我下面继续译的,那我查一下字典。第二遍,就把查出来的对一下,看看有没有什么大问题。那么第三遍呢?我是把原文搁到一边,不管它,再弄一下稿子。如果我真的遇到一个问题,这个可能是什么,如果我看不出来,那就又要把原文拿出来看看。第四稿呢?是什么?"雅",就是到"雅"这个层面。

闫:润色。

葛:但是遇到我不确定的,我总是反复回到原文,我不要"雅"压倒"信"。如果"雅"压倒"信",那就不好了。所以,遇到自己满意的翻译,我就会说:"哎呀,我非常高兴。这句话译得真美!"就会拿出来看,太美,臭美(笑)。

闫:那像做结构上的调整的时候,您是在第几遍的过程中做的呢?刚才提到的《手机》《天堂蒜薹之歌》,这个是全译完之后的呢,还是一边翻译一边做结构调整?

葛:是全译完以后才调整的。

闫:这应该还都属于"雅"这个层面的。

葛:有些人翻译的时候,他们随便从某个地方开始,中间跳来跳去的。我不行,我必须先翻译最开始的段落,如果要调整的,也要跟作者有直面的联系沟通。我不能随便调整,随便翻译。如果是原作里的一两句的调整,那是可以的。而且我认为,不但是可以的,也是必须的。因为中英文的句子结构不同,中国人的逻辑跟美国人的逻辑也是不一致的。在中文中,第一句话引起第二句话,可是在英文中呢,可能是有第二句话才会有第一句话。如果有人说这是改动,那他要回去考察一下原文。这是翻译,不是什么改动,这才是翻译。

闫:我在一篇论文里面也提到,就是说译者的认知观、翻译观决定了你遣词造句以及对待整个文本的态度。

葛:今天,我说了几句很精彩的话,以前没有说过的,但是记不得是什么了。以后看到这个访谈,我会说,"哎,葛浩文还有一点思想了"(笑)。有时候,我在讲这些事情,我会想到以前根本没有想过的。像那个"雅",这是我想过的。有时说完了某一句话,就会问自己,我为什么那么晚才想到这一点呢?

闫:今天有吗?

葛:今天有。可是想不起是什么。很期待读到这篇访谈。

闫:有人会对你的翻译挑毛病,你如何看待?

葛:经常有。有一个叫陈红的英国学者,她说葛浩文的翻译都是一律的,都是一个味儿的。她到科罗拉多州去采访我,然后就说我坏话。我说，陈红，你是我最坏的敌人，哈哈，然后我们就喝酒去了（笑）。她现在在香港的那个中文大学，以前在伦敦的。我也经常会收到邮件：亲爱的葛浩文先生，您的翻译棒极了，可是您能告诉我，为什么把这个字翻成那个，为什么不用那个词，等等。还有一个人写论文，硕士论文还是博士论文，我记不得了。他问我很多问题，我不认识他，而且他的态度我不是特别欣赏。他说写完了我就寄给你。我说免了，我为什么要读一个让我很伤感的，对我的自信心产生动摇的论文呢？为什么要看这个呢？我不会的。有一年，莫言写信来，他说他在北京参加一个会议，汉学方面的，他说里头有些人对我的翻译、他的小说有所批评，把很多我们已经谈好的认为是译坏的，就归我的错了。他说，我们当时就这个问题都谈好了。所以，他就写了一个小论文，就是护着我的，然后给我看，说："我站在你身后。"我说："我知道你会的。"翻译这个东西，真是费力不讨好。你不可能让大家都高兴，有的时候不讨好作者，有的时候是不讨好读者。

闫：其实也不必讨好谁啊。

葛：是啊，我们需要讨好谁呢？

闫：我们自己。

葛：对，我们自己！

闫：非常感谢您！

葛：谢谢！

（原载《当代作家评论》2014 年第 1 期）

我行我素：葛浩文与浩文葛[①]

葛浩文 （史国强 译）

对话是今年春天在葛浩文家里进行的，先后数次。一般来说，这个长度的对话一次就能完成，大不了之后再补充几句。但葛浩文教授非要一边说话一边听音乐，有时碰上他特喜欢的曲子，还要调高音量。一次，播放巴赫的《双小提琴协奏曲》，他停下对话，一边听一边哼哼，还要同时哼两个小提琴的演奏。还有一次，我们聊得比平时晚了，他索性打开一瓶 2007 年份的金粉黛，接下来的谈话内容不算访问，在此略过不提。他是个待客十分周到的主人。已经上了年纪，但手脚轻健，反应灵敏。最近，他的一位博客迷评论说："葛浩文好像黔驴技穷了。"我看还不像。

——浩文葛

浩文葛：开始之前，先要感谢你允许我来采访，同意有问必答，而且让我公开发表访谈内容，这很难得，因为我老觉得一碰上中国的话题，太多的人总是三缄其口。

---

① 文章选自 *Chinese Literature Today*，2011，Vol. 2，No.1，pp.97 - 104。其中几个地方原文作者因考虑到中美文化和中英文语境差异而有所改动。

葛浩文:我这么做聪不聪明,还不能断言。

浩文葛:我第一个要问的问题,可能要冒犯你了,希望见谅。《华盛顿邮报》和《纽约时报》在头版上评论你的译著,就连《时代周刊》也发了书评,要是我没记错的话,评价一般都很高,而且,写评论的人也是研究中国的专家。后来还有《纽约客》刊登的约翰·厄普代克的评论。听说他的评论要发表了,你一定喜出望外。

葛浩文:是呀,不过,读完之后又不是了。

浩文葛:是吗?我先前还想问问你的感受,现在不用问了。说到厄普代克,他在评论里说:"在美国翻译当代的中国小说,那片寂寞的领域上好像就一个人。"难道你不想就他的评论多说几句吗?

葛浩文:别人如何评论,不论是好是坏,我一概不回应。要是回应正面的评论,总让人觉得有点洋洋自得或自我吹捧;回应负面的评论,不就是再次向读者指出我疏忽之处?甚至还会让人觉得我在为自己辩护。厄普代克先生不太喜欢莫言的《丰乳肥臀》,或苏童的《我的帝王生涯》,我感到惋惜,不是为我,也不是为作者,而是为他感到惋惜。他失去了一次开阔自己眼界的机会,无法进入一个陌生的文学领域。我个人认为,如果对所谓"好的"文学持有狭隘死板的定义,那就关上了太多艺术欣赏的大门。译者给全世界的人送上文学瑰宝,使我们大家的生活在各种不同层面上都能更丰富,而最能帮助我们达到这个目标的,就是给读者呈现对文学性的不同的看法。

至于他说我的那句话,我很不高兴。首先,我并没有那么寂寞,其他人翻译的诸多作品也在出版,其中一些译作出自当代很有天分的译者,而且颇受好评。不过我也知道误解是如何产生的。不知道为什么没碰上几个"对手",其实我总是竭尽全力鼓吹、推荐和赞扬他们翻译的作品。那些译者大多数是年轻人,大概他们选择翻译的作品不合英文出版社编辑或读者的口味；也许他们因为自己的工作和嗜好，没法在翻译上投入足够的时间和精力；也许他们需要提高中文或英文的水平。不管怎么样，总有一天他们中有人可以成为翻译名家。

浩文葛：你提到翻译过的那两位作家和他们的两部作品，请允许我接着提个问题。总有人问，你喜欢的作家是哪一位？你满意的译作又是哪一部？对此，你总是顾左右而言他。谁没有自己喜欢的呢？我不相信你不青睐哪一位或哪几位作家，或没有对哪几部译作更满意。不要闪烁其词，现在是说出你喜欢的作家或作品的时候了吧？

葛浩文：不，还不到时候。我当然有自己偏爱的作家和作品。有些作家的风格，翻起来觉得更顺手。我翻译过的作家，不管是男的也好，女的也好，大多数我都喜欢，但其中有几位和我有点对不上眼。有的译作让读者觉得翻得比原文好，有的却让他们说有点失败。不管怎么样，哪个好，哪个不好，说出来对我又有什么好处？我不能说，因为我知道，说了以后会失去把更重要的作品推荐给新读者的机会，甚至还可能丢掉饭碗。多谢你好言相问，但我不能说。

浩文葛：有些关于你的文章提到你翻译出版的小说和小说集，有人说是三十部，也有人说是五十部以上。今天你就把正确的数字说出来，澄清一下。

葛浩文：数字不重要。译著是出了不少，主要是我从事翻译已经有很长一段时间了。我工作很卖力，全心投入，因为我最喜欢的工作就是翻译，从中得到的乐趣无穷。译文的数量不是重点，质量才是关键所在。我的"记录"显示，评价优劣的翻译都有，还好，大部分的评价都是褒多于贬。翻译的大多数作品让足够多的人感到满意，让我觉得至少没白费力气。有些翻译在品质、书评和销售方面都相当成功，那我就更高兴了。说到书评，如果评论觉得小说写得很好，我与作者都有功;如果他们认为小说不好,那就完全是我这个翻译的错了。不过,我还会继续翻译下去,希望能越译越好。翻译出版面临的挑战越来越大,但我还是对翻译作品的前景格外有信心。

浩文葛:你只翻译小说。为什么刻意回避散文和诗歌呢?

葛浩文:现在我可以更正这个传言了。散文或诗歌,我都没回避,是你没发现罢了。当然也不怪你啦。且听我一一道来,1984年我翻译了杨绛的"文革"回忆录,1990年又翻译了一卷刘宾雁的演讲。还翻译过朱自清的散文和一批非小说作品,其中有作家刘心武、萧红、闻一多和王蒙,还为《台湾文学英译丛刊》杂志译了不少作品。我常说,散文这个文类最难译,至少是难译好。风格简明,语言洗练,题材与当地的文化历史息息相关,对译者和读者都是一大挑战。

诗歌又有所不同。我译得不多——说白了,就是萧红的短诗,再就是小说里偶尔出现的诗歌。不过,请不要就此以为我对翻译中国诗歌不感兴趣,或从来没译过。我只是觉得不是每一个人都能也都应该翻译诗歌、小说、散文、戏剧等所有的文类,每个人都有自己觉得比较顺手的,何必每一文类都触及? 你看,马尔克斯小说的英文翻译——格里高利·拉巴萨,他是否也去翻译诗歌?

浩文葛:做翻译的似乎要花不少时间为自己辩护,证明他们在文学创作中的作用,并接受或回应外面的批评,不管这些批评是否言之有理。你在我读到的几次访谈里对此有所提及。你又是怎么应对外面对你的关注?

葛浩文:首先,我得到的关注,比我应该得到的或希望得到的要多。有人请我写文章谈翻译,谈译者,我挺高兴的。要是请我接受采访,我就不太乐意,不过,通常会勉强而为。之所以不乐意接受采访,原因是采访者和他们的文字编辑太容易断章取义(对不起,不是说你啊），在某一个场合针对某一件事或某个作品说的话，常常被乱引用。这跟翻译有类似的地方，某物/某人所指为何，这才是重要的，不能只凭字面定夺。当然不是所有人都会同意这个说法。但就我个人而言，有些专访因为被断章取义，给我惹来一些麻烦，也让我耿耿于怀。所以专访发表之后，我一般是不读的，而现在我则完全拒绝采访了。

据我所知，英国至少有三篇博士论文是写我的翻译，或是全部内容，或是相当一部分内容以我的翻译为主。翻译研究在英国是相当严肃的项目。答辩通过的博士把他们的论文邮寄给我，但是，为保护脆弱的自我——我经不起打击——我是不读的。对中国硕士或博士生寄来的论文也一视同仁。偶尔会接到中国某一所大学翻译系学生的电子邮件，对方一般先要说："长时间以来，作为你的崇拜者……"看到这个总让我浑身发凉，因为接下来很可能就是从字面上比较译文和原文，结尾还要写上："你认为我说得对吗？"这样的邮件多了以后，我一看到开头，就不看了，基本上也不回复。前一阵子，一位活跃的青年学者来函说他正在写一部专论，研究我的三部译著，我最先出版的三部，萧红的《呼兰河传》(*Tales of Hulan River*, 1979)，莫言的《红高粱家族》(*Red Sorghum*, 1993)，再就是朱天文的《荒人手记》(*Notes of a Desolate Man*)，后者是我与林丽君合译的，但这位学者不知是疏忽了，还是执意认为是我一个人翻译的，总之他选这部作品是非常不合适的。他这项研究究竟会有什么结论，我不得而知，但让我不安。其实，我很希望有机会重新译《呼兰河传》，这部优秀的作品应该有一个新版的翻译。格外优秀的文学作品，每隔二十年左右就需要有新的译文。不少人同意这个说法，西方文学里也有不少例子，比如俄国文学巨著《战争与和平》《安娜·卡列尼娜》，或西班牙的《堂吉诃德》，都有几个翻译版本。我最近出版了老舍《骆驼祥子》的新译本。为什么？因为前一个译本出版至今已经几十年了，更重要的是之前的三个翻译都很糟，不是改结尾，就是删减部分内容，要不就是译文生硬。这部小说太重要了，不能让它因此得不到读者的青睐，读者有"权利"读到流畅易懂的英译，这样才能体会为何中国人会说这是一本了不起的作品。

浩文葛：我看你的译文有时（经常？）被人再三地剖析。我想你是不在意的。

葛浩文：这也不一定不是好事，可让我和其他译者在工作时如履薄冰。不过，话又说回来，剖析也不尽相同，有微观的，也有宏观的。微观的，比如人家指出问题，我总是心存感激，多少也会不好意思。但我仍然比较乐意看到宏观式的剖析，希望他们能从更宽的视角评论我的译作，从一整部作品的忠实度（fidelity）上来判定作品的成功度（degree of success），如语调、语域、清晰度、魅力、优美的表达，等等。要是因为一个文化的或历史的所指没有加上脚注（可悲但又是真的批评），或者，因为一个晦涩的暗指解释不当，据此批评译文不够好，这种批评是没有益处的。当然任何一部翻译都是免不了被批评的，这是一个译者必须接受的事实。如果译者要求把自己的名字印在显著的地方（最好印在封面上），而译作得不到一等的好评就不高兴，那就有点虚伪了。

显然，我们希望评论者至少粗知原著的语言，希望他们的评论指出一个众所周知的事实，即，翻译的小说里所用的语言（优美的也好，粗俗的也好）是译者使用的语言，不是原著作者的语言。不过我认为，这样的评论是可遇不可求。给你举个例子，莫言的《四十一炮》的英文出版商，印度的海鸥出版社的老板跟我说过几次，他如何欣赏莫言的语言。我不愿意跟他点明，其实那是我的语言（不好意思自我吹捧一下）。

浩文葛：这就引出了另外一些话题。首先，我们近来听到不少人谈论翻译理论。对此，你是怎么看的？其次，也是有意从事翻译的人一定要考虑的问题：文学翻译的技巧能传授吗？

葛浩文：最近，我与他人共同评估了香港一所大学的翻译系，引发了我对你上述两个关注的思考。我的倾向是，文学翻译是可以传授的，但理论不能挡道。其实，我也读了不少翻译理论，发现其中不少说法——作为知识性的学科——很有意思。理论对从事翻译的人有无实用价值，那我就不得而知了。为了使自己成为一个更好的翻译而特意钻研理论，这有点像一边下楼一边研究膝盖的骨骼关节如何运转。另外，目前有不少研究讨论，一部作品跨越语言/文化的边界之后，译者的隐（invisibility）与不隐（visibility）。我可能比较天真，但对我来说，译者总是现身的，也总是隐身的，如此而已，无须多言。如同我的众多同行——拉巴萨、韦弗（William Weaver），也许还有我的朋友韩孟海（Mike Heim）——我多多少少也把自己视为老派人物，在文学的丛林中搜索文字猎物，并不需要借助高深的理论。另一方面，还有很多与翻译相关的实际问题。比方说，译文读起来是否应该像翻译？改变原文行不行？改正作者的错误行不行？"改善"原文行不行？润色冗长无趣的片段，让译文比较有可读性，行不行？说也说不完。但这些问题的答案要在译者的翻译过程中才能出现，而且各有不同。当然这个情况有点像无政府状态，译者各行其是，自作主张。不过，作家或诗人创作时又何尝不是如此，他们也都在一边写，一边摸索最恰当的表达方式，不是吗？

最近几年内，我主持过两个为时一周的文学翻译工作坊。① 我个

---

① 这个翻译工作坊是由企鹅出版社主办的，有两个班同时进行，一个专注英翻中，另一个中翻英，每一个班各有一个主持人。葛浩文主持的是中翻英的那个班。主办单位挑选一部作品让学员和主持人一起翻译，讨论翻译方式、措辞用字等。作者本人也在场。

人认为一周里大家学到了不少，当然不是每一个参与者都一定同意我的看法，但我确实觉得大家的翻译技巧得到显著提高，对翻译的看法也比去之前精辟一些。但这些是可以教授的吗？很难说。翻译工作坊的学习经验是一个渐进的过程，大家讨论如何翻译，如何把一个文学作品变成最好的译文。在讨论及尝试翻译的过程中，大家也渐渐体会到翻译出来的是诠释性的作品，即使与原文相关，也是一个新文本。拉巴萨说得最好："一部作品无法用另一种语言全部复制，只能模仿。"

浩文葛：显然接下来要问的是：你有自己的翻译哲学吗？

葛浩文：我自己也说不清到底有没有。换一个问法，要是有的话，又是什么？我不知道。不过，对待翻译我有一个基本的态度，有一个目标。我怀着虔诚、敬畏、兴奋，但又有点不安的心态接近文本。翻译完成以后，文本就仿佛是新认识的一个朋友。作为一个译者，我首先是读者。如同所有其他读者，我一边阅读，一边阐释（翻译？）。我总要问自己：是不是给译文读者机会，让他们能如同原文读者那样欣赏作品？有没有让作者以浅显易懂的方式与他的新读者交流，而且让新读者感受到对等程度的愉悦、敬畏或愤怒？诸如此类。

浩文葛：你说的，好像是一大难题。或许我们可以换个话题。方才你提到朱天文的《荒人手记》，那部获奖译著，如你所说，是合译的作品——我相信，是你与他人的首次合作。你为什么决定与另一个译者合作，合译与独自翻译又有什么不同，能告诉我们吗？

葛浩文：不对，《荒人手记》不是我的首次合译。之前还有几次，与以前的研究生合作翻译他们感兴趣的作品。不过，《荒人手记》是我与林丽君的首次合作，可谓天衣无缝，因为她熟稔文化背景，也熟悉原著。那部小说特别艰涩复杂，这次的翻译经验凸显所有译者要面对的困难。但是，与作者的沟通——以电传为主——也巩固了我们与朱天文之间来之不易的友谊。此后我们又合译了两部台湾小说、两部藏族作家阿来的小说、两部毕飞宇的小说，其中毕飞宇的《玉米》还得了曼氏亚洲文学奖。我们将来可能合译更多的作品。

虽然历史上并不多见（在中国现当代文学翻译方面，杨宪益和戴乃迭属于特例），但现在二人合作翻译变得越来越普遍，通常是二人各占一门母语。显然，我们就是这种组合，效果似乎还不错。我不知道其他人合译的过程如何，也不是完全不知道，我曾在什么杂志上读到皮维尔（Pevear）与沃洛霍斯基（Volokhonsky）自己写的文章，说他们二人翻译俄语小说，都是一起讨论，翻完一句再翻下一句。而我们的做法与你预料的差不多。林丽君先翻出第一稿，然后我接过来对照原文修改翻译，是为第二稿。之后我们一同改稿，讨论措辞用字，有疑问的部分仔细推敲，甚而请作者解答，是为第三稿。改完后我全部重新看一遍，润色修饰以求完美，为第四稿。她复读一遍，这时基本上不看原文，偶尔觉得翻译不清楚时才对照一下。要是时间宽裕的话，我们就把译稿放一放，先忙别的。她要做研究、教学，还有学校种种大小杂事，而我就译下一部。最后我们以全新的眼光再看一次译稿，这一稿还要改改，这是必要的，我们送交出版社的就是这一稿。虽然我从来没有计时，但我能断定，两人合作要比一人翻译花费更多的时间，因为译稿必须让两人都满意。好在是两个人分享完工的乐趣，而且我们二人几乎从无龃龉发生。

浩文葛：你们翻译一部作品，是不是有固定的程序？动手之前，原著要读几遍？是不是先要专注于一部作品，从头到尾翻完后再进行下一部？

葛浩文：翻译之前读原著，很少超过两遍。多读几遍原著，可能帮助欣赏和理解，但未必就能翻出更好的作品。说到读原著，即使还没有读完,只要有灵感,碰巧有特别巧妙的词语,我都会先写下来。一般来说,我读原著的目的是体验原著的感觉和神韵,并注意结构,以便动手之前心里有个底,然后就可以开始了。不过第一稿是着重把词汇和句子翻译出来,不是要一气呵成,一下子就想有完美的译稿。有一些还没有找到出版社的作品,我一般会先译出一部分,三五十页,先请经纪人或出版社过目,看看是否有出版的可能。如果有出版社感兴趣,我就继续翻完然后出版。如果没人表示有兴趣,那就算夭折了。我的抽屉里还有三四部没译完的,说白了,就是没人要的小说。很可能抽屉就是它们最后的归宿。

最近我对外"告白",说我边读边译。其实,这已不是第一次,但都是在出版社买下翻译出版权、找上我翻译的情况下。如果是我自己看到喜欢的作品,当然一定是全部看完以后才能决定是否翻译。后来我很高兴地得知,如此翻译的,还不只我一个人,那个伟大的拉巴萨也曾经这么译过。这不是为了抢时间,原因是,一边读一边译,能同时体验并阐释一部作品,我相信这能使翻译作品产生一种即兴感,而且译稿在仔细地修饰润色两三遍之后,还能保有这种感觉,读者也可以感受到。当然我不建议所有作品都这么译,但这个方式是可行的。

我一般有两三部作品同时进行,不过进度不同。一部译稿送交出版社后,出版社的文字编辑通常花几个月的时间看稿子,我就有一段空档,开始翻译下一部。可能翻到一半,出版社把稿子给我,就得去看他们修改过的稿子,这就是为什么通常会翻译两部的原因。有时,手边的翻完了,会暂时搁一边,开始进行第三部,等第三部的初稿完成了,再回去润色第二部译稿。常有人问我,翻译一部小说要多长时间?其实我也不知道。

浩文葛:你总说翻译要服侍两个主人,作者和读者,让他们同时高兴并不容易。不过至少有一次，这两个主人，你一个也没让他们高兴。我是指出版姜戎的《狼图腾》引发的争论。到底是怎么回事？

葛浩文：这与两次互不相关的批评有关，一次是说文本"被做了手术"，一次是指译文的选词。一天，我接到一个我翻译过的作家发来的邮件，说在北京的一次汉学大会上，有人公开批评我的译文。这位作家说他撰文反驳，对此我表示感谢。根据这个作家所言，大会上那个批评者把我比喻成外科医生，小心翼翼地（或相反）删除我不满意的文字。有人如此批评我的翻译，这也不是第一次。另外，一位不懂汉语的法国批评者在互联网上发文说，用英语翻译的中文小说一般要经过删减，不像法语的翻译那么忠于原著（他不懂中文所以完全不知道，其实法文翻译也常常有删改，他要能把法译本拿来对照一下中文原著就不会这么说了）。他批评的对象自然是我。我知道有时候自我辩解可能适得其反，但今天非说清楚不可。

我翻译的小说删短了吗？是的，是有几部有所删改。为什么，是谁动手的？我先回答后一个问题，是我。为什么？因为出版社要求缩短一些。其实，明显删减的小说也就四部。一是施叔青写的香港三部曲，经作者和出版社的要求，把三部小说浓缩成一卷。与我合作翻译的林丽君，花了足足六个月才把字数减下来。再就是两部莫言的小说，是被出版社（Arcade Books）删减的，其中一部删了不少文字，后来我把删减的文字又补回了一半多。凡是出版社要求删改，我都会和莫言联络，征求他的许可。有一次莫言回信写道："按你们的意思办，反正我也读不懂。"

美国出版社一般都有资深而且一言九鼎的编辑，很多时候作家反而要听编辑的话。比方说，大作家海明威的编辑珀金斯让托马斯·沃尔夫把他的第一部小说《天使望故乡》删掉9万字。我不知道如果中国也有这样的编辑，莫言或其他成名的作家会如何应对，也不知道他是否完全同意美国出版社对译文所做的修改。但出版社购买英文版权，我们（翻译和作者）就得听他们的话。

最后一部就是《狼图腾》，一本极有争议性的小说。这部获得曼氏亚洲文学奖的小说译文超过 50 万字，译稿送出去之后，我收到企鹅出版社编辑的来信。她在信中说：

> 这部小说实在翻得太好了！特别是原著十分具有挑战性，你能把它翻译出来，而且翻得这么好，就更是令人折服。接下来我们要做的是，让这部作品更容易被西方读者接受，为了达到这一目的，依我所见，主要是要做一些（很多）关键性的删减。……到底要删掉多少，我初步认为先删去三分之一左右。……小说有不少重复的短语、段落，甚至概念，不过这些应该很容易就可以撤去的。

删掉三分之一！我的天哪。

还好，最后出版的翻译没有删掉那么多，而且主要是小说后面那个虚构的、将近 80 页的"附录"被删掉了。英文版比中文版短了一些，也比日文版、法文版或其他语种的《狼图腾》短，效果如何让大家来说。我唯一要强调的是，要求删减的人不是我。

浩文葛：但争论并没就此结束，对吗？小说出版之后，你不是和姜戎又发生了一次公开的论战？

葛浩文：不是论战，就是我和姜戎被邀请到在莫干山举办的翻译工作坊，讨论《狼图腾》的翻译。听众有中国人也有外国人，100 人左右。一周之前我们在北京见面时，他就译著对我表达了谢意和祝贺，给我一种错误的安全感，以为他对我的翻译很满意。因此，我对他提出的第一个问题是："你对我的译文哪里不满意?"他的回答引发了一个漫长的、热烈的讨论，说来话长，我就不多说，占用你的时间。我给你一个比较简单的例子吧。

我的翻译中有几个句子，他觉得不妥："熊可牵，虎可牵，狮可牵，大象也可牵。蒙古草原狼，不可牵。"我的英语译文是："You can tame a bear, a tiger, a lion, and an elephant, but you cannot tame a Mongolian wolf."

这里涉及的问题是，做翻译的人是否要照翻原字意思或者应该给予诠释而不要照字面翻译。作者认为应该用"pull"（拉、拽、牵）（还有听众建议用"tug"[猛拉、猛拽、用力扯]），根据上下文倒是讲得通，因为绳索拉紧之后，小狼四爪流血，但还是一动也不动。可是呢，对英文读者来说，"pull"把一个严肃的场景变成了一个滑稽的画面。再说，上述这些动物要是不乐意的话，你是拉不走的，所以用"pull"来翻译"拉"是行不通的。然而对作者来说，"tame"这个词还不够有力，无法表达狼的犟。其实，"tame"所诠释的就是狼的桀骜不驯，马戏团可以看到驯过的熊、老虎、狮子，或大象，但是没有驯过的狼，对不对? 因此"tame"所传递的信息已经很清楚了。最终，在"牵"如何翻译上，我并没说服他。

我认为，除非译者完全解释错误，否则译者有自由去选择他认为最恰当的译法来传递信息或意象，不必唯作者是从。就上面这个例子而言，我要让我的读者读到这里时，可以想象蒙古草原狼不屈的形象，而不是看到一个人拉虎、熊或狼的古怪的描述。

浩文葛：你不用那么激动，那都是过去的事了。话又说回来，我看过你和作者合拍的照片，你看起来的确有点受挫的样子。这样吧，我们不谈他们对你的评论,说说你对他们的评论。我读了对你的访谈,是用汉语写的,好像所有采访你的人,几乎总要问问你对别人——作家、译者、采访者——的看法。其中,他们最感兴趣的是你对德国汉学家顾彬的反应,他对中国当代小说及其外语译文有犀利的批评,贬多于褒。而你是翻译中国当代小说的,看起来你们二人好像随时都可能有正面冲突。你还从来没有对外表示过你对顾彬的看法。现在说说,可以吗?

葛浩文:好,我就说几句吧。我和顾彬见过几次,不很熟。他这个人聪明绝顶,而且有坚持信念的勇气,使我十分敬佩欣赏。我认为,他个人是在浓烈的德国知性传统中长大的,所以在看中国当代小说时,当然就是从这个角度来评估,因此他发现中文小说有所欠缺,就不足为奇了(你看看德国 20 世纪及 21 世纪所产出的小说,就可以了解他为何如此严苛)。不过,顾彬的偏好和研究,主要还是以诗歌为主,他并不是小说翻译家。也就是说,中国的小说家,他要批评谁就批评谁,得罪了谁也无所谓,不必顾及后果。事实上,说中国小说家的作品是"垃圾",反倒提高了他的知名度。我可没有那种"优厚的条件"。他说他弄不明白,我们这些翻译为什么要把"低劣的"作品译成各种外语。为什么? 我来告诉你(还有他):我们是译者,翻译是我们的行业。要是每部作品都能在国际上引起轰动,谁不高兴呢? 但我们选择作品来翻译时,不能以此为先决条件。仅仅以我们自己文化里通行的文学标准来判断,而不从中国文化的角度评估他们的作品,并据此接受或拒绝翻译一部作品,那我们就大错特错了。这话我早就说过,在此有必要再说一次。在文学上或文化上,唯我为大,这对译者是不适用的。言归正传,回到顾彬。我会说:"老友,再接再厉,绝不放弃。我知道有些小说家觉得你的评论不只是耸人听闻,其实也是真知灼见,甚至有所帮助。"对其他人，我则要说："不要再找我问顾彬，好不好？"

　　浩文葛：既然你自己先提起了，那我们再听听你对中国文学的看法，请你谈谈中国文学在国内和译著出版国的现状、水平、前景——我们把话题限定在小说上。我知道由于学术背景和训练的影响，你自有一套不同的文学价值观，或许会跟厄普代克一样认为中国当代小说的某些方面去掉也无妨，同时可能希望西方小说的某些特点可以被中国当代小说家采用。因此，我以及大多数将要读到这次对话的人，希望听听你的意见。

　　葛浩文：作为一个采访者，你有这样的想法，实在有点……让人觉得你不够资格做采访。啊，抱歉，我话说得太重了，你可别生气。不过，你不可能知道我的价值观，对不对？你把我和厄普代克相提并论，我也不高兴，尤其是他竟然会说中国作家无法仰赖维多利亚时代的文化传统是很可惜的！

　　不过，我首先要指出，中国小说如同韩国小说，在西方并不特别受欢迎，至少在美国是这样。日本的、印度的，乃至越南的，要稍好一些。之所以如此，可能是与中国小说人物缺少深度有关。当然，也不是所有小说人物都没深度，不少女作家的人物写得就很好。但大体来说，中国小说还是有着明显的倾向，即，叙述是以故事和行动来推动的，对人物心灵的探索少之又少。仅就人物塑造来说，《红楼梦》和《浮生六记》算是杰作，鲜有作品能与之相比。中国台湾地区那边要好一些，白先勇、黄春明、朱天文和朱天心姐妹等作家，还能深度剖析人物的心理状态。这可能也是我被萧红吸引的一个原因，读她最好的小说，你会追问人物为什么（why）要那么做，而不仅仅要知道人物做了什么（what）或是怎么（how）做到。你看看美国小说的书评，一般评论者通常会提到一个或者几个人物的内心世界。把人物写得跃然纸上，使人物的形象烙印在读者的记忆里，这当然不容易做到，但这样才能吸引读者，这也是西方敏感的读者评价小说好坏的一个标准。

要是你用枪顶在我的脑袋上，逼我再说几句批评的话，那我只好说，中国当代小说有着太大的同一性。更大的多样性，不论是形式还是内容，必是可喜的变化。每当一部有明显突破性的作品出现，很快就有人模仿，坊间充斥着类似的小说，令人生厌（照搬魔幻现实主义和元小说，就是明显的例子），要等读者实在读不下去了，才会有所改变。当然了，我们美国的小说界也有这种现象，彼此彼此。说到这里……还有一个不好的现象：不少小说家粗枝大叶，小说写完以后不再细读，不会"逼"着自己以读者的角度把小说再看一遍，看是否有什么写得不清楚或者需要修正的地方，所以常常会看到一个词在同一页出现三四次，或者前后不一致。我前面说过，中国没有严格的编辑把关，因此小说家只好自己来改正错误。在中国台湾地区，他们有一个说法，叫球员兼裁判。不论作家的写作经验如何丰富，也不论知名度多高，他或她都无法客观地对待自己的作品，所以必须有另一双眼睛来帮助作家发现作品可能有的问题，又能在大方向上提供新的视角，以求作品尽善尽美。中国的出版社一向不给予编辑改动作品的权力，所以这份差事就落在译者和外国编辑身上。恕我直言，这方面谁也不如美国人。问题是，编辑怎么改动，都没有人会去追究，译者可没这么幸运。

以后会怎么发展，谁知道呢？我看了一些年轻的新秀作家的小说，大略的印象是，虽然年轻作家还不是特别注意人物的塑造，但有明显的创新，有新的尝试——通常是可喜的——超越极限，大胆前进，等等。有时会有耸人听闻的作品出现，当然这类小说永远不缺读者，但他们不应该因此就满足，还有其他方面需要有所更新，比方说，追求优美精确的语言，创造新的意象，而不要一味使用陈腔滥调的成语（我最

常举的例子是,"惊心动魄"被滥用,看到夕阳惊心动魄,海浪波涛汹涌
也让人惊心动魄,恋爱的感觉也是惊心动魄的)。再过几年,也不知这
批新面孔的作品还有几部能继续被人阅读、讨论。作家的写作生涯如
何演变,对此有两种看法。下面是某位小说家的说法:"文学史上,大
作家的成名之作,在 35 岁至 45 岁之间就完成了;不仅如此,在其后的
岁月里,不管作家是否继续全心投入写作,作品水平的差异总是微不
足道的。"(要是你感兴趣,这话是朱天心在《古都》里说的。)这话跟一
般人所理解的可能正好相反。另一种比较通行的看法是,人生经验丰
富自然就有助于一个作家写出成熟的作品,也有助于他们掌握写出好
作品的种种艺术要素。我想我比较赞同第二个说法,因为我们可以看
到,中国有不少文学佳作是一些年轻作家的第一部小说,但之后这些
新秀没能写出更好的作品。相对的,那批 20 世纪 80 年代成名现在算
是中年的作家,多数人的作品还在继续演变,继续成熟,给作为读者的
我带来不少快乐的时光,也向作为译者的我不停地发出挑战。

　　浩文葛:最后的问题,与你个人有关:既然你已经不在大学教书,
以后如何安排时间?

　　葛浩文:骑自行车运动、读书、旅行、翻译……

(原载《中国比较文学》2014 年第 1 期)

我只能是我自己——葛浩文访谈

孟祥春

　　2013 年 10 月 24 日,笔者有幸与葛浩文、林丽君夫妇等译界与批评界的几位学者共进午餐,之后聆听葛浩文关于译者与作者关系的演讲,又对其进行了学术访谈。访谈由林建法与洪庆福两位教授主持。该访谈涉及葛浩文的翻译经验以及他对翻译过程、本质、标准等问题的见解,颇有启示意义。本访谈实录基于笔者席间与休息间隙与葛浩文进行的学术对话以及一个小时的正式访谈整理而成。下文"问"指笔者或其他参与者,"葛"指代葛浩文,"林"指代林丽君。

　　主持人:刚才聆听了葛浩文先生的演讲,我想很多人跟我一样深受启发。葛先生的演讲传达出来的一些翻译理念与中国的传统译论形成了极好的双向关照,因此,这或许也会引出一些值得我们深入探究的问题。在接下来的座谈中,我们可以在翻译、中国现当代文学"走出去"等大框架内就自己感兴趣的问题与葛先生展开对话。

　　问:葛先生自从 20 世纪 80 年代以来,已经翻译了二十几位汉语作家的五十多部小说,也因此被夏志清先生称为中国现当代小说的"首席翻译家"。而且我发现,葛先生汉语讲得很地道,您的汉语学习有什么秘诀?

　　葛:我从小就特别喜欢音乐,经常听巴赫和其他音乐家的音乐,我如果当一名音乐家会比做翻译家更开心。或许是音乐的关系,我对音调非常敏感。汉语"妈麻马骂"四个声调,我分得很清楚,闽南语八到九个声调,我也很熟悉。其实我接触汉语特别晚,已经 28 岁了,就外语学习而言,的确是太晚了。当时我被派往中国台湾地区,对汉语特别有兴趣,看见路牌、广告、商号什么的就念,不懂就问。我学习态度很认真,每天不停,根本不像现在的美国学生学汉语,每周就几个小时。现在想来,一个是环境的关系,一个是耳朵的关系,一个是态度的关系。

问:葛先生学习汉语态度认真,这是否也间接地影响了做翻译的态度?

葛:我做翻译从来不敢马马虎虎。翻译是"不曾完成的工程"(unfinished project)。我的每部译作都要反复修改几遍才敢交稿。我给你讲个故事。在翻译白先勇的《孽子》时,我对小说中含糊的同性恋话语感到困惑不已,只好来到旧金山的同性恋酒吧①,为里面的同性恋者买上一杯啤酒,与之聊天,希望能找到恰当的译文。坦白说,啤酒买了不少,译文没找到几个(笑)。

问:我们知道,葛先生走向翻译道路,似乎不乏偶然性和戏剧性。那么请问葛先生是否接受过翻译训练呢?

葛:没有。从来没有。所以我花了这么长的时间(才能进行像样的翻译)。我不愿意看我早期的译作,有时真想一把火全烧了!当然,有时也想重译其中的一两本。如果我现在重译《呼兰河传》,肯定要比以前好很多。

问:葛先生主要从事中国现当代小说翻译,并且成就斐然。您是

---

① 旧金山是著名的同性恋之都,该市同性恋酒吧很多。

否考虑过尝试中国古典文学翻译？

葛：译者要有自知之明，不能走出自己的"舒适区"（comfort zone）。我的汉语水平毕竟不能像中国人一样，我理解中国古典的东西有时会很困难，翻译中国现当代小说我感到很自在。

问：从母语译成外语与从外语译成母语这两种翻译形态，葛先生认为哪一种更为理想？或者说理想的目标语言是母语还是外语？

葛：毫无疑问，译者理想的目标语言是自己的母语。总体而言，由中国译者把中国文学翻译成外语并不是最好的选择，而且也很难真正成功。

问：葛先生是否关注翻译理论？翻译理论对您的翻译有什么帮助？

葛：对我的翻译实践直接的好处和影响真的不多，但我们应该了解翻译的本质是什么，过程如何。问题是，你即使对理论很熟悉，到翻译时依然会面临很多问题，因为理论只能解释有限的问题。东西译好了，给别人看，别人总能指出一些问题。翻译过程中一定不能想着翻译理论，否则你会无从下笔。翻译要有情感投入，而且灵感很重要。

问：这个问题就涉及葛先生的翻译标准了。在 2005 年的《写作生涯》一文中，您这样写道："我每每发现一部作品让人兴奋，便会因此萌生将其译成英文的冲动。换言之，'我译故我在'。当我意识到，自己已忠实地服务于两个地区的读者，那种满足感让我欣然把或好或坏或平庸的中文作品译成可读、易懂，甚至有市场的英文书籍。天哪！"请问葛先生，"可读、易懂、有市场"是否可作为您的翻译标准？

葛：你居然记得原文。算是吧。但忠实是大前提，也必须以读者为中心。作者为读者而写，希望读者多多益善。同样，译者为目的语读者而译，因此不能不考虑市场，译者希望更多人买自己的译作阅读品味。因此，译者总要好好打理译作，弄得漂漂亮亮的。市场很重要，但不是最主要的。

问：市场既然是要考虑的重要因素之一，而文本选择又关乎读者市场，这是否意味着选择哪些文本来翻译非常重要？

葛：一点儿没错。美国人有美国人的阅读趣味，有他们感兴趣的题材和叙事方式。相对于翻译错误，文本选择错误是更糟糕的错误。其实我翻译过很多类型和题材的小说，如历史小说、都市小说、乡村小说、心理小说、同性恋小说，等等。我有我自己的鉴赏趣味，有时候我选择文本，有时候文本选择我。

问：我想知道葛先生现在的真实工作状态是怎样的？譬如说，是否使用现代的翻译辅助工具？

葛：我们住在一所小房子里，一个书房，两张书桌，资料不多，因此要时时提问。通常，我刚开始问，她（林丽君）就有答案了。我现在开始越来越多地让谷歌做各种各样的事情了。

问：葛先生对谷歌翻译软件那样的计算机辅助翻译怎么看？

葛：谷歌翻译很蹩脚，但正变得越来越好。计算机辅助翻译能日益接近我们，却永远无法取代我们。如果真有那么一天，我葛浩文就改行吧，或者干脆自杀算了。坦白说，我很喜欢谷歌翻译，可作为消遣，或者当作笑话。

问：无论是计算机辅助翻译，还是译者，都算是中间人。美国著名作家厄普代克曾在《纽约客》发表了关于莫言《丰乳肥臀》和苏童《我的帝王生涯》的书评，其中提到，葛浩文是"中国当代小说英译孤独领地里的独行者"，是"接生婆"。对这一身份界定，您怎么看？

葛：我不认为"接生婆"有贬义色彩，它最起码是中性词。把译者称为桥梁、中间人或协调者都可以。其实，厄普代克的书评问题很多。

他对中国小说持有"西方中心"的个人化的偏见。当时,出版商告诉我说,厄普代克要在《纽约客》发表这两本书的书评,我非常激动,因为《纽约客》很有名,其书评对销量会大有帮助。但后来发现,厄普代克对这两部小说评价不高,而且仅凭我的一句译文"He licked his wounds"就断定我的翻译属于"陈词滥调"。这让我非常难过。我又查了原文,就是"舔舐自己的伤口"。这是完美的翻译啊!我本想给编辑写封信,但朋友告诫我不要这么做,或许有很多人去买书,就是想看看为什么厄普代克不喜欢(笑)。大家或许知道,厄普代克早年作品卖得不好。

问:说到了莫言,您能否谈一下翻译莫言作品时里面那么多的成语和俗语是怎么处理的?

葛:举个例子,《丰乳肥臀》中的俗语成语以及"爹""娘""亲家"等词汇都不好处理。"好"能否翻译成"How do you do"?"一朝被蛇咬,十年怕井绳"要不要直译?无论如何,译文首先要读起来通顺,我总不能把译文弄得怪里怪气的,让英语读者觉得中国人的语言很古怪。我有时直译,有时意译,最难的我就直接跳过去不译了。还有,阿来和毕飞宇的语言都有地方特色,怎么处理?有的小说语言具有时代特色,怎么应对?译者只能妥协,而翻译就是妥协。

问:的确,翻译就是妥协。是何种妥协呢?

葛:翻译过程中的种种自我选择就是自我妥协;译者与译者之外的种种因素(players),如编辑、出版商等也要达成某种妥协。大删《狼图腾》并不是我本意,但这"黑锅"只能由译者来背了;我本想把虹影的小说《饥饿的女儿》译成"*Daughter of Hunger*",但最后不得不接受出版商的主意,译成"*Daughter of River*";李锐的《旧址》标题极好,既关乎时间,又关乎空间,我很想忠实地译成"*Old Place*"或"*Old Home*",

但出版商坚持要译成"*Silver City*",对此,我没有办法。

问:让我们再稍稍回到葛先生翻译莫言这个话题上。2013 年 5 月 2 日在香港岭南大学举办的"五四现代文学讲座"上,顾彬说:"葛浩文对莫言获得诺贝尔奖有很大的贡献,他创造了'国外的莫言'。"顾彬认为莫言的小说冗长而无趣,而您的翻译正好弥补了他的缺陷。顾彬在另外的场合还说,莫言的英译小说应该有两个作者。对此,您做何回应?

葛:顾彬是个老顽童。我们是多年的朋友。他那么说,我不知道是认真的,还是玩笑话。顾彬不太懂小说,他本身就低估中国小说,他的专长是诗歌。必须承认,没有我们这些莫言的"化身"(avatar),世界就不知道有莫言这样一位作家,但莫言获得诺贝尔文学奖是因为其文学成就,我们和他是合作性的关系,他在前,译者在后。顾彬也说过,如果葛浩文不翻译莫言而是翻译王安忆,那么得奖的就是后者了,我认为这种说法简直是胡扯。有件事儿很有意思,我说一下。几年前,顾彬当面批评莫言,莫言不但没有生气,而且还感谢顾彬时时提醒自己,要写出更好的东西。

问:葛先生能否谈谈您在翻译过程中是如何与作者进行合作的?

葛:贾平凹小说中的方言随处可见,有时我看不懂,必须要和他沟通交流。我译了莫言十一部小说,就其中的种种细节问题我们有过很多讨论,甚至争论。莫言小说中有些器物、文化背景等给我带来不小的挑战。莫言不懂英语。其实他不懂英语倒大有好处:他对我只能解释,不能翻译。《四十一炮》中有个器物,我一直不明白,为此,莫言专门画了草图,用传真发给我。我和二十多位中国小说家有过合作,与其中大部分人关系良好,他们从不拒绝或者回避我的问题,也没人显得不耐烦,因为这关乎他们的书。有时我和作者的讨论也没有结果,那就只能靠我葛浩文了。我们的合作也不都是愉快的。其实，这种合作很脆弱，误解时有发生。

问：您能否举个例子？

葛：我曾译过中国某位张姓作家（笔者此处隐去全名）的一部小说。他拿着我的译本，拆成几个部分，然后让自己的几个学生去阅读，听取他们的评估汇报。结论是：葛浩文的翻译很糟糕。他那几个学生英文水平如何？懂不懂文学？懂不懂翻译？懂不懂批评？只有天晓得！作家把作品委托给我，就要信任我。那位作家的做法当时让我很难过。

问：译者之外的人看翻译往往有两种倾向，一种是"神化"（idolization），一种是"妖魔化"（demonization），所以真的用不着难过。

葛：确实是这样。但我以前的确很难过，我现在只是为那样的作家感到难过。译者必须面对来自批评家、作者以及读者的种种批评。这是翻译工作的一部分。大多数人看到的只是翻译的结果，看不到也不了解翻译的过程。

问：那葛先生认为翻译是一个怎样的过程？或者说，葛先生自己的翻译是一个怎样的过程？

葛：译者需要同时做三项不同的工作：阅读（reading）、批评或阐释（critiquing or interpreting）以及创作（writing creatively）。别人对我的翻译或许有看法，那也正常。我的责任就是尽可能忠实地"再造"（reproduce）作者的意思，或者更准确地说，是我所理解的作者的意思。这二者区别很微妙，但很重要。

问：译者所理解的作者的意思，这种说法很有启发性。这是否就是罗兰·巴特意义上的"作者死了"？

葛：这个问题请她（林丽君）回答吧，她比我聪明。

林：严格说，"作者死了"并不是针对翻译。这一观念来自批评，原先只是强调了"文本"的地位。做翻译就不能不考虑作者。比如，苏童和毕飞宇分属南北不同地域的作家，翻译二者的作品时，其背景不能不考虑；莫言的作品又是另一个样子，句子特别长，有时八九个成语并列，翻译时又要考虑莫言的独特情况。所以说，在翻译过程中，原作者永远不死，但译者不能丢失自我，要有自己的再创作。

问：葛先生和林教授都强调译者的再创作。这是否也能部分地解释翻译的本质？

葛：翻译就是再创作，而译者就是"再创作者"（rewriter）。

问：也就是说，译者不能对原作者亦步亦趋？

葛：正是。先向韦努蒂致敬！但韦努蒂所说的"译者隐形"根本不可能（Invisibility is impossibility）。我有我喜欢用的词语和句法，如果把这些全放弃，转而接受作者的用词，我翻译不出任何东西。我一定要用我能把握的、我习惯的、我欣赏的东西去翻译。有人认为，我的翻译太"葛浩文"化了，英语读者不是在读莫言，而是在读葛浩文，对此，我只能说声对不起。我做翻译，作者与读者往往满足不了，但总有一个人能满足，那就是我自己。译者永远不能"放弃自我"（surrender one's ego）。我只能是我自己，我只能是葛浩文。

问：非常感谢！今天的访谈很有启发意义。非常期待下次见面。也期待葛先生更多的翻译作品问世，让更多的中国现当代文学作品走向世界。

葛：谢谢！

（原载《东方翻译》2014 年第 3 期）

中国文学如何走出去

葛浩文 （林丽君 译）

中国小说为何走不出去？当代作家太过于关注中国的一切，因而忽略掉文学创作一个要点——小说要好看！造成这个现象的原因很多，可能是跟教育有关，或是作家一般无法不通过翻译来阅读其他国家的文学。

今年 4 月中旬我参加了在上海举行的一场翻译研讨会，与会者除了研究翻译的学者和法文、德文与日文译者，还有三位国际闻名的作家，以及对中文外译有兴趣的社会大众和媒体。在这个会上，我发表了一个演讲，据说引起不少争议，主要原因大概是我对中国当代小说有些批评。之所以有争议，很可能是因为讲稿被断章取义。我的演讲是用英文发表的，但有鉴于在场的听众不是都听得懂，特地将讲稿翻译成中文，投射在屏幕上。有的记者就用手机拍下他们有兴趣的部分，隔日刊登出来，读者看不到完整的讲稿，不知道上下文的思维逻辑，难怪有人会不高兴。因此我回美国后特地修改讲稿，借《文学报》的版面将我的想法仔细陈述，希望能与中国的读者共同切磋。

一

　　讨论正题之前,我想先谈谈中国文学走出去这个最近几年相当热门的话题。这个问题有两个层面,第一,所谓中国文学为何。我听了不少学者、专家、作家提起中国文学要走出去,还没有听到任何人给"中国文学"下个定义,很明显的是,要走出去的是某一种文学,所谓的严肃文学吧。这是唯一一种可以并且应该走出去的文学吗?那不一定。在场的诸位,想必有不少看过史迪格·拉森的"千禧三部曲",《龙纹身的女孩》等,不算是严肃的文学。这三部曲翻译成许多国的语言,风靡世界,是近年来瑞典文学走出去的最成功的例子之一。这也引出几个议题:一个国家的文学以此类型的通俗小说闻名世界是好事还是坏事?严肃文学是否为一个国家唯一应该向外传播的类型?是不是只有某一种类型的小说能够走出去?许多中国读者喜爱的武侠小说该不该,能不能走出去?最近来自中国的谍战小说《解密》在英语国家受到报章杂志书评的注目,这类小说可否代表中国当代文学走出去?

　　中国文学如何走出去,第二个层面就是,何谓走出去?有人认为既然中国已经有一个诺贝尔文学奖得主,那么中国文学就已经走出去了,这其实有待商榷。一个作家的作品能代表全中国的文学吗?得了诺奖就算走出去了吗?如果一个作家的作品曲高和寡,虽然获得诺奖评审委员会的青睐,但不受国外读者的欢迎,这算不算走出去了?中国小说家追求的是什么?希望有广大的国外读者群,还是有小众欢迎就满足了？有大批国（内）外读者,作者是否就成为通俗作家,是否就贬低了作家的才华和地位？

问这些问题不是因为我有答案,而是希望借此可以激发大家更深一层的思考和讨论。现在言归正传。简单地说,中国文学走出去有两个要素:作家与其作品;翻译。

谈作家与作品的时候要先声明一下,本文讨论的重点在小说,因为我主要是翻译小说的,而且,我关注的是"想要"走出去的作家和作品,而不是中国所有的文学。在座的可能有不少人知道,十多年来,中国小说在美国、英国等英语世界不是特别受欢迎,出版社不太愿意出中文小说的翻译,即使出版了也甚少做促销活动。文学市场和股票市场一样也有高低起伏,方向很难预料,不过原因还是有迹可循,一如某一个评论所言:

> 中国作家写作一般缺乏纪律,书写的速度大概是一个小时五百英里,因此写成的作品里常有前后不一致的地方,与事实不合的错误,缺乏说服力的人物和荒谬的情节等问题,可以说是一种"浮躁"的现象,中国作家和评论家也承认有这样的问题。的确,由于作家赶着要把小说送出去发表或急着要出名,他们常常缺乏耐心,无法创造出比较宏伟和美好的作品。这类问题属于写作态度方面,另外还有写作技巧或经验方面的缺憾。由于缺乏客观的角度或经验,作家看不到他们小说的一些可以理解的错误。

这个评论有些地方我还是挺同意的。之前我也写过,谈过我自己对中国当代小说"外销"的一些看法,不是要挑作家的毛病让他们"洗心革面",而是希望能更进一步地了解为何中文小说在英语世界的受欢迎度如此低，并提供一些如何改善的意见。下面是我前年为《今日中国文学》杂志写的自我访问：

　　中国小说如同韩国小说，在西方并不特别受欢迎，至少在美国是这样。日本的、印度的，乃至越南的，要稍好一些。之所以如此，可能是与中国小说中的人物缺少深度有关。当然，也不是所有小说人物都没深度，不少女作家的人物写得就很好。但大体来说，中国小说还是有着明显的倾向，即，叙述是以故事和行动来推动的，对人物心灵的探索少之又少……把人物写得跃然纸上，使人物的形象烙印在读者的记忆里，这当然不容易做到，但这样才能吸引读者，这也是西方敏感的读者评价小说好坏的一个标准。

前一阵子刚过世的著名中国现当代文学评论家和学者夏志清教授提起的一个现象，有助于说明中国小说为何走不出去。那就是现代中国作家的"感时忧国"倾向使得他们无法把自己国家的状况和中国以外的现代世界的人的状态连接起来。夏老的评论重点在于现代作家如鲁迅、茅盾等人，但我个人认为当代作家也有类似情况，太过于关注中国的一切，因而忽略掉文学创作一个要点——小说要好看，才有人买！造成这个现象的原因很多，可能是跟教育有关，或是信息不够流通，或是作家一般无法不通过翻译来阅读其他国家的文学，也可能是传统的文以载道的思想作祟。

　　关注中国国内的社会现状当然无可厚非，但是若因此忽略了文学作品应有的普遍性（universality），很可能有不良效应。想要"认识中国"的西方读者自然就会偏爱这方面的作品，如厄普代克一般，把文学作品当作窗口来窥视一个国家的文化、政治、社会，把小说变成历史，但这类读者毕竟是小众，中国小说要走出去，必须能吸引其他的读者。而且，希望能看到中国作家如何探索人类生存和生活状态的读者就不免要失望了。另外一个问题是所有想要走出去的作家得问问自己，作为一个文学创作者，他们是否就满足于自己的作品被当成社会文化教材来阅读？他们是否更愿意读者欣赏他们的艺术境界，并且得到共鸣？如果是后者，那么作家们就必须有更高的自我追求，不能画地自限。

二

德国汉学家顾彬曾把当代中国文学作品（至少是那些翻译成外文而广受评论注意的小说）贬为"垃圾"，他认为最好的当代小说也不过是一般，不足为道。他批评的最为严重的一个现象就是，中国作家很少看得懂外文。比方说莫言，他可能是近年来唯一一个不懂任何外语的诺贝尔文学奖得主。不可否认，他一定看过其他诺奖得主的作品，但是他得通过翻译来阅读，这也不仅仅是莫言一人而已，我知道的所有作家大多是一样。顾彬认为这个缺失导致中国小说视野过于狭隘，我同意他的说法。中国作家到国外旅行演讲，必须完全仰赖口译的协助，因此自行到处走动与当地人接触的机会少之又少，通常就是和中国同胞在一起，等于是人的身体出了国了，但是其他种种（语言、心态）还是留在中国。难怪不少人认为当代文学缺少国际性，没有宏伟的世界观。

我个人的看法是，许多作家写得太快，常给人粗制滥造的印象，出版后评论家和读者照单全收，不太会批评作品的缺失，或许是没看到问题所在，还有一个毛病，就是小说过于冗长，似乎不知见好就收的道理。大部头的长篇小说有时的确会让看译文的读者却步，但长度本身不是问题，主要的问题在于内容的取舍。为什么要加入那么多描述，甚至是芝麻小事的细节，把小说变成文学百科全书？仔细描述每一个大小人物的特征是否有助于叙述？不断岔开故事主要情节并加入一些无关紧要的细节是否有必要？是否更有助于读者的阅读？我想，这个写作倾向或许跟传统章回体小说根深蒂固的影响有关。几乎所有我认识的作家都是读这些章回体小说长大的，潜移默化的影响力不可忽视。中国古典名著，如《红楼梦》或《石头记》等，要是用西方当代小说评论标准来看，读起来很有趣，但这些作品不见得能算是伟大的小说（novel），因为书里夹杂了太多无关紧要的琐碎细节，使得叙述不够流畅。《红楼梦》或许可以当作清代贵族生活的记录，但是否算是一个结构严谨的小说（novel）？不该有的都有了，该有的却不一定都有。这些看法极具争议性，我猜想读者看了报纸后的负面反应可能跟我对《红楼梦》的批评有很大的关系。当然，这些缺点也不是中国作家的"专利"，其他国家的作家也会有的，只是中国读者和评论家度量很大，对他们来说不成问题。美国的评论家可没那么客气了，下面的例子来自《纽约时报》，评乔纳森·弗兰岑的《纠正》：

　　　　很明显的，如果有严谨的编辑过程，弗兰岑先生的小说便可获益匪浅。小说里冗长的叙述不但远离主题，而且除了让作者对各种社会形态的人得以发挥之外毫无用处。另外，全知全能的叙述者在不少片段里强行闯入故事告诉读者他们正在目睹的情况或事件，实在很没有必要。一些过度戏剧化的部分给人一种妄自尊大的感觉……

当年"五四"时期的改革派文人提倡除去传统写作的影响，效果为时不长。以我看来，传统文学的结构与写作方式对当代作家的影响还是很大的，因而导致中国文学走不出去。这关联到一个最根本的问题：是否有一个国际公认的文学标准？我这么说，可能有人要指控我宣扬文化帝国主义，以西方的文学标准来评价中国小说。我的想法是，如果中国小说构思写作严谨又具国际性，我相信绝对可以走出去的。西方小说（fiction）这个类型经过长时期的演变，到了20世纪基本定型，怎么写才算是好作品，有不成文的约定，当然也有例外。我个人认为最关键的是，中国的长篇小说跟西方的 novel 之间还存在相异之处，中国作家写的是小说，但翻译成英文，英文读者和评论家是以 novel 来看待，用的是判断 novel 的标准，因此，中国的小说的一些写法在中国作家和读者看来理所当然，但放到西方 novel 的文学传统里有时就变成一种缺失。

另外，市场也会决定一个小说该怎么写，这是很现实的，尤其在世界各地读者日益减少的现在。因此，英文小说有不少出色的开头，吸引读者的注意，如《白鲸记》的开头："Call me Ishmael（管我叫依实麦尔吧）."或《双城记》："It was the best of times, it was the worst of times, it was the age of wisdom, it was the age of foolishness（这是最好的时代，这是最坏的时代；这是智慧的时代，这是愚蠢的时代）..."相较之下，中文小说很难找到这么脍炙人口的第一句。相反，大部分的中国小说一开始就是长篇大论，不是介绍一个地方，就是把开头写得好像是学术著作的序文，可以吸引国内的读者，但对英文读者来说，可能会造成一个隔阂，让他们立即失去继续读下去的兴趣。

以上这些对中国当代小说的批评可能让读者反感，因此需要强调的一点是，我的重点放在"想走出去"的作品。我想我们都同意不是每一本小说都能或都需要翻译成外文的。有些作品就是纯粹为国内的读者写的，能受到这些读者的欢迎就可。但当一部作品想要走出国境，就必须注意一些潜规则，才可能在翻译后得到广大读者的认可。以后是否有中国小说可以成功地违反所有潜规则以及市场标准？很难说。但对大部分的小说而言，不管是在翻译后寻找出版社时，或是出版后向读者介绍时，这些潜规则是不容违逆的。

<h1 style="text-align:center">三</h1>

这自然就连接到我的第二点，翻译与译者。常常有人问，什么样的翻译是好翻译？答案是见仁见智，不过可以简单归纳出两派说法。

第一派，我称为纳博科夫派，他认为翻译的作品读起来就该让读者觉得是从外文翻译过来的，不能让读者感觉好像是用他的语言写的。第二派是帕斯派，即墨西哥的诺贝尔文学奖得主，奥克塔维奥·帕斯。他的主张刚好相反。近年来翻译小说出版情况如此不乐观，我看只有勇气超人的翻译才敢遵循纳博科夫的原则，刻意尽量接近原文，让译本读起来生硬得像外文。英文和中文可以说是截然不同的两种语言，真要逐字翻译，不但让人读不下去，而且更会对不起原著和作者。

前一阵子,有人问我,翻译莫言的最新小说时是否还会跟以前一样那么 creative,意思是"有创造性"。我开玩笑说,既然莫言得了诺奖,我的翻译要更接近原文。事实是,翻译他的《蛙》时,我当然没有这么做,不能让莫言和他的小说受损,更不能破坏他的国际名声。我还是照我一贯的翻译哲学进行,翻出作者想说的,而不是一定要一个字一个字地翻译作者说的。

说到莫言,我们来看看他有什么想法吧。以下是他从瑞典领奖回来后在北师大演讲时所说的:

> 如今,越来越多的中国小说被翻译成外文广泛传播,但这涉及一个问题——作家创作的出发点:作家到底为谁写作?为自己写作,还是为读者写作?如果是为读者写作,到底是为中国读者还是为外国读者?小说翻译成外文需要译者,那是不是可以说作家是为翻译家写作?
>
> 这种为翻译家写作的趋势绝不可取。尽管文学走向世界必须经过翻译家的翻译,必须经过他们创造性的劳动,但是作为一个作家,在写作的时候如果想着翻译家,那势必使自己的艺术风格大打折扣,势必为了翻译的容易而降低自己作品的高度和难度。因此,作家在写作时,什么人都可以想,就是千万别想着翻译家;什么人都不能忘,但是一定要忘记翻译家。只有如此,才能写出具有自己风格、具有中国风格的小说来。

作为一个译者,我同意莫言的想法,莫言自己是不为译者写作的。如果是的话,那么我十几年前开始翻译他的小说后,就不需要问他那么多问题了!不过我要再加一句:假如一个作家写完一部小说以后,不仔细地用客观批判的眼光把自己的作品重新看一遍,以确保成品达到尽善尽美的程度——严格审视构思是否谨慎,结构是否严密,是否有错误,是否有不清楚的地方,前后是否一致,遣词用字是否有所变化——这样是不是有点对不起读者?我个人认为是,应该有一个编辑来帮他们抓出这些缺失。

四

我曾经看过一篇采访,某个作家说他的小说出版前,不仅请朋友帮读一遍,而且自己也会设法从读者的角度审视作品,常常抓出一些错误,有时是十分严重的毛病。但身为一部小说的作者,很难完全客观看待自己的作品,因此编辑可以发挥很大的作用。

世界闻名的作家都有了不起的编辑帮他们成为伟大的作家。即使是写作才华很一般的,我们翻开小说,也常会看到作者感谢他/她的编辑的致语。很不幸的,中国小说只有在出版后翻译成外文时才得到如此应有的待遇,但这些外文编辑不懂中文,不了解中国社会文化,当然只能用他们熟悉的西方标准来看这些小说。

我以前也提过的一个现象是,编辑和翻译在中国出版界的地位是不够高的,报酬也微薄得很,大概是作家抢尽了风光,编辑和翻译这类“二等职业”就只能靠边站了。也可能是“面子”问题,作家可能觉得他们最懂得如何写作,要借助一个不是作家的人有损尊严,甚至也可能认为自己写的当然是最好的。编辑不是作家,但可能是最好的读者,编辑挑毛病，不是作家的敌人，而是作家求之不得的好友。在中国绝对找不到珀金斯这样的编辑来帮助菲茨杰拉德、托马斯·沃尔夫和海明威写出不朽的大作。作为一个客观的旁观者，像他这样的好编辑可以让作家看到作品表面上或者结构上的缺失，帮作家解决创作技巧或艺术层面的问题，因此出版的还是作家自己的小说，却是一部更完美的作品，一个作家的写作才华和潜力可以得到充分的发挥。

相对的，中国出版界没有这个过程。据我所知，很多出版社缺乏具有特殊才华的编辑，因此小说有毛病也就无法避免了。我在自我访问里也提到过：

> 不少小说家粗枝大叶，一部作品尚未深思熟虑，构思有缺陷，却急着拿去出版。中国没有严格的编辑把关，因此小说家只好自己来改正错误，修正主题前后不连贯之类的问题，但一般都做不好。不论作家的写作经验如何丰富，也不论知名度多高，他或她都无法客观地对待自己的作品，所以必须有另一双眼睛来帮助作家发现作品可能有的问题，又能在大方向上提供新的视角，以求作品尽善尽美。

所以我说中国的出版界其实需要一个全面性的整顿，当然这恐怕是个梦想而已。一部作品从书写到出版到阅读的过程，最重要的配角还是编辑，但是与西方出版界截然不同的是，中国的编辑几乎没有任何权力或地位，顶多就是抓抓错别字罢了。我知道的特例只有两个，编辑或出版社负责人给作家提意见，修改之后才出版的作品。在美国，这是出版程序中不可或缺的一个步骤，包括翻译的小说在内。很多人批评我和他人的翻译大都与编辑改动有关，他们认定是我做的，其实不是。

这么说，译者都不做改动了？当然不是。但是大部分都只是一些很简单的修饰，或修正作者的错误或马虎的地方。有人曾指责我连译带改，指责与事实相差甚远。最近几年老有人说我的翻译是"creative translation"，我不太清楚这是褒词还是贬语，有几个中国朋友跟我说，是褒奖，但是他们似乎不知道这听起来多么刺耳。我不知道说过多少遍了，书里也都说明了，译文中的改动绝大多数是美国或英国出版社的编辑所做的，但中国读者，尤其是媒体，总指认我为罪魁祸首。这些英文的编辑既然不懂中文或中国文化，编辑过程中，当然就用他们唯一可用的准则——英文读起来顺不顺，这也是他们判断一部译文优劣的标准。这可能是某些法文译者看不懂中文或看到难翻的部分常常就删掉不翻的原因之一，因为出版社老板看不懂中文，删了也可能使译文读起来顺一些。我知道的就有一个中文小说的德文翻译得了一个大奖，但事实上那个德文翻译几乎是把整本小说重新改写。对中国文学和那个作家来说是一大胜利，却牺牲了"信达雅"里的"信"，顺便附加一句，我觉得很多人都误解了这个"信"的概念。不过这些都是特例，我所认识的翻译大部分是绝对敬业、值得信赖的专业翻译，他们都竭尽所能设法翻出忠于原著又好读甚至又有销路的译文。有人常常说，译者是一个作家最好的最认真的读者，我想大家都同意这个说法。

最后还有一个要素：读者。我不打算多说，只提一个问题和一点小意见。为什么一个国家的文学需要走出去？换一个问法：为什么一个国家需要输进另一个文化的文学作品？以下是某个专家学者的回答："翻译的作品让我们进入生活于另一个时空的人们的内心；翻译宣扬相异性，是个地道的多文化活动，可以丰富我们自己文化的文学、语言和思想。"虽然中国现在是世界瞩目的焦点所在，但绝对不可以因此就断定外国读者当然会喜欢中国文学。话又说回来,世界各国读翻译文学的读者群虽然相当小,但这一小众对翻译作品情有独钟,总是期待有优秀的而又有意义的人的文学作品。

诸位读者对我说的这些可能不是特别满意,因此需要再次声明一下,我不是特意来贬损中国作家或文学作品的,忠言肯定逆耳,我就是希望能引起讨论,激发思考,大家一起为中国文学走出去继续努力下去。

(原载《文学报》2014 年 7 月 3 日)

图书在版编目（CIP）数据

葛浩文翻译研究 / 刘云虹主编. —南京：南京大
学出版社，2019.1
（翻译理论与文学译介研究文丛 / 许钧主编）
ISBN 978 - 7 - 305 - 20982 - 6

Ⅰ.①葛… Ⅱ.①刘… Ⅲ.①翻译理论-文集 Ⅳ.
① H059 - 53

中国版本图书馆 CIP 数据核字（2018）第 223674 号

出版发行	南京大学出版社
社　　　址	南京市汉口路 22 号　　　　　邮　编 210093
出 版 人	金鑫荣

丛 书 名	翻译理论与文学译介研究文丛
总 主 编	许　钧
书　　　名	**葛浩文翻译研究**
主　　　编	刘云虹
责任编辑	顾舜若　张　静

照　　　排	南京紫藤制版印务中心
印　　　刷	江苏凤凰通达印刷有限公司
开　　　本	635×965　1/16　印张 46　字数 534 千
版　　　次	2019 年 1 月第 1 版　2019 年 1 月第 1 次印刷
ISBN	978 - 7 - 305 - 20982 - 6
定　　　价	118.00 元

网址:http://www.njupco.com
官方微博:http://weibo.com/njupco
官方微信号:njupress
销售咨询热线:025 - 83594756